| 父 | 母 | 学 | 室 |

没有教不好的孩子，只有不会教的父母

杨光　编著

民主与建设出版社
·北京·

图书在版编目（CIP）数据

父母学堂 . 5, 没有教不好的孩子，只有不会教的父
母 / 杨光编著 . -- 北京：民主与建设出版社，2020.8

ISBN 978-7-5139-3133-5

Ⅰ . ①父… Ⅱ . ①杨… Ⅲ . ①家庭教育 Ⅳ . ① G78

中国版本图书馆 CIP 数据核字 (2020) 第 138690 号

没有教不好的孩子，只有不会教的父母
MEI YOU JIAO BU HAO DE HAI ZI，ZHI YOU BU HUI JIAO DE FU MU

编　著	杨光	
责任编辑	刘树民	
封面设计	喆人	
出版发行	民主与建设出版社有限责任公司	
电　话	（010）59417747　59419778	
社　址	北京市海淀区西三环中路 10 号望海楼 E 座 7 层	
邮　编	100142	
印　刷	三河市德利印刷有限公司	
版　次	2020 年 8 月第 1 版	
印　次	2020 年 8 月第 1 次印刷	
开　本	880 毫米 ×1230 毫米　1/32	
印　张	6	
字　数	120 千字	
书　号	ISBN 978-7-5139-3133-5	
定　价	168.00 元（全 5 册）	

注：如有印、装质量问题，请与出版社联系。

前　言

　　所谓家庭教育者，就是家庭里能够对孩子产生影响和教育的人，主要是指孩子的父母。家庭是孩子人生的第一站，也是孩子第一所学校。孩子在父母的抚育关怀和直接教导中学习，也从父母的一言一行中进行模仿，父母的潜移默化使孩子受到了最初的教育。因此，父母是孩子的第一任老师，也是孩子永远的老师。

　　著名教育家苏霍姆林斯基说过："如果没有整个社会的教育，特别首先是家庭高素质的教育，那么不管在学校老师付出了多大努力，都可能达不到完美的效果。孩子在学校里的一切问题，都会在家庭里折射出来，而学校复杂教育过程所产生一切困难的根源也都可以追溯到父母。"由此可见，父母对孩子教育的作用是多么的重要啊！

　　其实，所有父母都希望培养出一个优秀的孩子，都希望自己孩子从小就具有良好的品格、出众的成绩和较强的能力，长大以后更是能够出类拔萃，功成名就，集成功与荣耀于一身。

　　但是，愿望毕竟是愿望，要使美好的种子开花结果，就必须进行辛勤施肥和浇灌，就必须进行良好的家庭培育。因为只有把根基扎稳了，才能长出参天的大树来。

问题是每个父母都尽其所能地教育和培养自己的孩子，可为什么有的孩子能够十分优秀，而有的孩子却非常平庸呢？造成孩子差别的根本原因，就在于有没有采用正确的教育方法，如果从心理学的角度来说，就是有没有根据孩子的心理特点采取针对性和适宜性的教育，这是孩子是否成才的关键。

　　俗话说，知子莫如父，知女莫如母，这个"知"就是指要知道孩子的心理，然后采取有的放矢的教育。如果你连自己孩子的心理都不知道，那么就更谈不上正确的教育和培养。

　　那么，怎样了解孩子的心理，又怎样针对孩子的心理进行良好的教育呢？

　　为了帮助家庭教育者解决家庭教育的困惑，我们特地编撰了本套丛书，包括《不吼不叫培养好孩子》《如何说孩子才会听，怎么听孩子才会说》《好妈妈胜过好老师》《正面管教》《没有教不好的孩子，只有不会教的父母》五册书，分别讲述了作为家长如何培养孩子的良好习惯，怎样提高孩子的情商智商，如何培养孩子的学习精神、道德品质以及独立能力等问题。可以说，这些是成就孩子一生最重要的资本。

　　总之，本套书集针对性、指导性和实用性于一体，对于进行良好的家庭教育大有好处，每个父母都可以从中发现适宜用来教育孩子的不同方法和诸多措施，是一套家庭教育的优秀读本，适合不同年龄段孩子的父母学习和珍藏。

目　录

第一章 ／ 你的教育观念正确吗

你希望孩子成功还是幸福

　　每个家长都希望培养出有出息、有前途的孩子，但落实在行动上却没有那么容易。都说没有教不好的孩子，只有不会教的父母，所以，父母一定要有正确的教育理念。

　　对于教育，父母最关注的是什么？是学习成绩、考试名次，是孩子以后是否会成功，还是孩子身体更健康、心里更幸福？答案当然是孩子的身体更健康、心里更幸福了。只要孩子已经具备了一定的能力，即学习能力、获得快乐的能力、生存能力，做父母的就不要再过多地干涉孩子了，因为如果一个孩子身体不健康、心理不健全，那么他是无法让自己快乐、让父母幸福的。

　　所以，父母最大的幸福，不是孩子的功成名就和飞黄腾达，而是孩子的身心健康与思想的独立。

　　让孩子知道母亲是爱他们的，在他们幼小而稚嫩的心里告诉他们什么才是真正富有的东西，让孩子们记住，在学业、生活的道路上，勇往直前奋斗的时候也不要忽略了亲情，那是血浓于水的亘古不变的感情，也是孩子任何时候任何境况下的永恒的支撑。

一个母亲对孩子的希望

　　孩子永远都是父母心中最大的财富。父母对孩子的要求也是极其简单的。我们一起来看一下这封母亲写给孩子的信。

我的孩子：

你什么都不缺，你要自由自在地成长。无论你将来是否成材，父母都希望你能成人——成为一个堂堂正正的人。

你要孝顺。你的身体受之父母，你的成长源于亲情。世界上什么都可能是假的，只有你的亲情最真。家——永远是你最坚实的后盾。

你要坚强。人生之路并非坦途，总会有风有雨有荆棘，无论是爱是恨是酸是苦，你可以哭泣，可以跌倒，但是你不能不站起来。人永远不能放弃的是自己。做个坚强的人，做个独立的人，做个从眼泪里寻找太阳的人。

你要自信。芸芸众生，人群汹涌，你不过沧海一粟，可你这一粟是独一无二的。你有温馨的家庭，有美丽的容颜，有聪慧的头脑，有健康的身体。你什么都不比别人差，你应该自信。自信，就是一种自我肯定。拥有自信，你就拥有一半的成功。

你要不断完善自己。你的自信来源于你的不断完善，从知识上，从品质上，从与人处事、待人接物上。你要从书本上学习知识丰富你的内心，你还要从社会中不断汲取经验完善你的人格。人的一辈子就是学习的过程，学习的一辈子，没有最好只有更好。

你要有原则。你的一生会遇到无数的选择，孰是孰非孰轻孰重孰黑孰白，你要衡量要思考。为人处事可以圆滑，为人之本必须方正。只有行得正才能立得稳。人后不做亏心事，人前方可昂首过。

你要善良。与人为善就是与己为善，怀着一颗善良的心，你可以拥有天空的湛蓝、阳光的灿烂，你可以感受到人间的美好，体验人心的和善。坚强是你的钢盔，善良是你的软甲。

你要身体健康。

你要学会思考。

你要懂得放弃。

你要把握自己。

你要一生努力。

人的一生很辛苦，没有辛苦你不会知道甜。

人的一生很平淡，没有平淡你不会懂得灿烂。

我们只希望你的一生健康快乐。

我们只希望你好好做人，做一个步态轻盈、脊梁挺直的人！

孩子，妈妈觉得要做到这些并不难，只要用心去做，就一定能做到。

妈妈相信你！

送给一生幸福的我的孩子！

爱你的妈妈

这是一个母亲通过书信的方式，告诉孩子做父母的心里最真切的愿望。这些期待与要求真的很简单，也很朴实，只是希望孩子踏踏实实地做好一个人，做一个对自己有益、对家庭有爱、对社会有用的人。这就是一个母亲的希望与心愿，而天下母亲同此心，天下此心同此理。

任何父母都不是在让孩子追求所谓的成功与功名利禄，父母严格地教育孩子的目的是让孩子成人，而不是让孩子成龙成凤。父母最大的愿望就是孩子健康、幸福、快乐地生活。

做最成功的父母

做父母的对孩子最大的期望是什么？最重要的期望应该是让孩子有一个美好而幸福的人生。无论将来从事什么职业、有多少收入，只要孩子发掘出了自己的最大潜力，实现了自己的生命价值，找到了足以让自己独立且快乐的职业，那么我们做父母的就成功了，就应当为孩子所取得的一切而感到骄傲。

有这样一个故事道出了一位母亲的心境：

泰国总理川·立派的老母亲川·梅，是一个摆食品摊的小贩，她闲不住，虽然高龄了，还在曼谷的一家市场内摆摊卖虾仁豆腐、豆饼、面饼。

她说："儿子当了总理，那是儿子有出息，与我摆摊并没有什么矛盾。我不觉得有什么丢人的，我很喜欢摆摊，在这儿，能见到很多的老朋友。"

川·梅最高兴的事，就是看到儿子下班回家后狼吞虎咽地吃她亲手做的豆腐。

泰国的媒体称赞说："一个来自平民阶层的平凡母亲，教育出一名以其诚实正直而受人尊敬的总理。"而川·梅在面对记者时却谦逊地表示："我其实没有做什么，我只不过在他小时候教导他做人必须诚实、勤劳和谦虚。我从不打骂他，但我也不记得他有哪件事让我失望。"

望子成龙是普天之下所有母亲的共同心愿，任何一条"龙"都是在父母的教育及影响下成长起来的，可有几个母亲做到了川·梅这一点？又有多少母亲在儿子"成龙"之后不母以子贵，仍甘于平凡？因此，这更值得中国母亲们深思。

所以，父母心里对孩子的希望与期待，直接影响着孩子，影响着孩子的心态与人生。孩子的生活与人生在父母的正确的观念与希望的指导下，一定会不断地克服学业、生活中的挑战，战胜自己，不惧怕困难，轻松而愉快地努力经营好自己的生活与人生，让父母看到一个快乐、幸福的自己。因此，要想孩子拥有一个好未来，父母一定要先树立正确、积极的观念与态度。

不要把自己的梦想寄托在孩子身上

　　父母对孩子的学习与发展，最好不要抱有功利的心态，否则会不自觉地给孩子带来许多压力，甚至会对孩子造成不必要的伤害。因此，父母对孩子应该持一颗平常心，少一颗功利心；多一分宽容与理解，少一些责怪与要求。

　　细心观察，我们就不难发现，身边的许多很优秀的学生虽然大多身处名校，成绩突出，被荣誉的光环笼罩着，是金字塔中的佼佼者，但他们中的绝大多数都表现出一种非常平稳和踏实的心态：他们拥有远大的志向，但却很清楚地知道"千里之行，始于足下"的重要性。更为重要的是，这些孩子都始终保持着"胜不骄、败不馁"的平和心态，"不会因为一次的成功'飞上天'，也不会因为一次的失败'摔下地'"。

　　所以父母要以一种正确的态度对待社会上的诱惑、他人的评价、自身的价值，而不是放弃自己内心原本正确的追求，随社会上的潮流而改变。

　　对待孩子，家长要少点功利心，更不要让孩子的心变得功利。

每周六上午，我都带孩子去学书法。最近书法班举办了一次书法展览，这几次上课都是点评进行展览的作品，这次也是。一上课，老师从一堆作品里拿出一个12岁男孩写的作品——"国富民强"。这几个字对于大家来讲再熟悉不过了，老师解释说，他的这个作品曾经参加了两次书法比赛活动，还得过什么奖。我一面欣赏着孩子的字，一面感叹这个孩子真了不起啊。

这一节课孩子学得很认真，可是我却什么也没听进去，因为一直在想着老师表扬的那个孩子，"我的孩子什么时候才能像那个孩子那样呢"？于是，我决定对孩子进行强化训练。

回到家，等孩子预习完明天的功课后，我对孩子说："你好好练习书法，妈妈希望你可以像那个小哥哥一样，写一手好字，然后参加比赛，得个奖。所以，你以后一定要刻苦地练习，上课好好听讲，把写好的作品多让老师看，然后让老师给你指点指点……"

我的话还没说完，孩子就已经听不进去了。

"妈妈，"孩子打断我的话，"妈妈让我学书法是为了什么啊？"

是啊，当初让孩子学书法的时候，只是想让孩子陶冶一下情操，有个良好的气质与素质。可是怎么一看到别的孩子被表扬，而自己的孩子默默无闻，就一时这么要强呢？

中国古语有云：吃得苦中苦，方为人上人。我想，其中苦的经历与人上人的结果，并不是刻意为之、费力追求而得到的。这句话只是对我们每一个人的鼓励与劝勉，特别是对年龄尚小、心理承受能力尚脆弱的孩子来说，更应该多给他们希望，让他们不懈地努力。作为父母千万不要一门心思地希望自己的孩子通过学习绘画、书法、舞蹈等技能来取得胜于一般人的成功。虽然有些家长也知道自己的孩子将来不一定能成名成家，也不打算以此为生，却也按照要求专业人士的标准，来严格要求自己的孩子。这样一来，不管父母有没有功利心，孩子都是在以累的状态来应付，使得孩子在技艺方面得不到提高，在心理上也得不到放松。以一种健康的、陶冶性情的方式，来让孩子争名逐利，或是仅让孩子技高一筹，这对孩子来说都是不公平的。因此，父母应以一种轻松的态度支持孩子，孩子不仅在课外学习中能得到成长、学到东西，而且又可以结交到好朋友，这样何乐而不为呢？

无可否认，在巨大的压力面前，孩子不成为艺术家没有关系，但如果有损于孩子的身心健康与以后的发展，那就得不偿失了。

曾经有一位大学老师说过，儿童学习乐器、练习书法，这是艺术教育的很好形式，既能感受文化熏陶、培养艺术特长，也有益于修身养性，培育孩子健康的心灵。更重要的是，艺术教育中的基本功训练强调的是持之以恒，这其实也是一种磨难教育，有助于培养孩子们做事的恒心和毅力。但是，艺术教育毕竟不是竞技教育。过多的功利主义，不但会抹杀艺术教育的积极性，而且对孩子的个性发展也是非常不利的。

著名钢琴演奏家托萨也告诫人们：“如果有一个满怀功利心的家长站在身后，即使孩子是天赋神童，也难成大师。因为家长把音乐艺术作为追求成功的手段，功利心会污染孩子纯洁的心灵，中断孩子对艺术的攀登。"

有些父母让孩子学习各种技能，希望孩子能成名成家；有些父母倒没有希望孩子成为艺术家的渴望与企盼，而是让孩子好好学习，给孩子制定了一个又一个的目标，让孩子不断地考第一，充其量只是为了获得一个向他人炫耀的资本。

一个青年背着一个大包裹千里迢迢跑来找无际大师，他说："大师，我是那样的孤独、痛苦和寂寞，长期的跋涉使我疲倦到了极点；我的鞋子破了，荆棘割破了双脚；手也受伤了，流血不止；嗓子因为长久的呼喊而喑哑……为什么我还不能找到心中的阳光？"

大师问："你的大包裹里装的是什么？"青年说："它对我可重要了。里面是我每一次跌倒时的痛苦，每一次受伤后的哭泣，每一次孤寂时的烦恼……靠着它，我才能走到您这儿来。"

于是，无际大师带青年来到河边，他们坐船过了河。上岸后，大师说："你扛着船赶路吧！""什么，扛着船赶路？"青年很惊讶，"它那么沉，我扛得动吗？""是的，孩子，你扛不动它。"大师微微一笑说，"过河时，船是有用的。但过了河，我们就要放下船赶路。否则，它会变成我们的包袱。痛苦、孤独、寂寞、灾难、眼泪，这些对人生都是有用的，它能使生命得到升华，但须臾不忘，就成了人生的包袱。放下它吧！孩子，生命不能太负重。"

青年放下包袱，继续赶路，他发觉自己的步子轻松而愉悦，比以前快多了。原来，生命是可以不必如此沉重的。

这个青年是自己往自己身上、心里加负担、加包袱，而现实生活中呢？却是我们这些做父母的在孩子的幼小心灵中不断地添加重担。印度诗人泰戈尔说过："鸟的翅膀上一旦系上了黄金，它就飞不远了。"孩子的生命也一样。父母一厢情愿地给孩子增添一些孩子的生命中本来就不看重的东西，这必将成为一种负担。所以，要让孩子的生命尽可能地优化、简单，父母不要太功利，更不要让孩子有一颗功利的心。这样，孩子轻装上阵，才能走得更远、更稳，而且会越来越愉悦，越来越轻松。

经营好家庭氛围这块领地

每一个孩子的成长都离不开家庭氛围的熏陶，因此营造温馨、和谐的家庭氛围对孩子的成长是十分重要的。

而家庭氛围也有很多种，如民主和睦的、专制矛盾的、放任自流的，等等，那么什么样的家庭氛围是有利于孩子健康成长的呢？显而易见，当然是民主和睦的家庭氛围了，有调查显示这样的家庭氛围中产生品学兼优的学生的比率最高。这是因为民主和睦的家庭富有爱心，人际关系和谐，人人都是主人，孩子不仅有幸福感、安全感，而且还有归属感、自豪感，孩子做事、求知都有一种良好的情绪，忧虑少、紧张少、烦躁少，自然有利于培养孩子良好的品质与习惯，有利于孩子踏踏实实地搞好学习。

由此可见，一个家庭是不是幸福，一个家庭中的孩子是否能够健康地成长，并不在于钱的多少，而在于家庭成员之间亲情的深浅、家庭凝聚力的大小。

下面案例中小明是个上初中的男孩，但他的想法却很成熟，对于很多事情，他都有自己的见解和解决之道。这对于一个初中二年级的学生来说，让许多老师和家长都刮目相看。为什么小小年纪的何小明比同龄的孩子想法成熟呢？我们现在来看看他生活在怎样的家庭氛围中。

　　小明的爸爸妈妈下班回家了，当然首先要做饭，因为一会儿宝贝儿子就该放学回来了。

　　饭还没做好，小明就蹦蹦跳跳回来了。看还没做好饭，小明和爸爸妈妈说了几句话，就去写作业了……

　　吃饭时，爸爸妈妈在聊着一天工作中遇到的事情和问题，小明也不时地询问事情的发展。

　　人到中年，很多人在此时遇到了工作、事业中的瓶颈。在工作、生活的压力下，一时间困惑得找不到方向。爸爸妈妈问小明怎么想。这时，小明像个大人似的，告诉爸爸妈妈要制订人生、事业的规划，这样有计划、有步骤地去做，就不会迷茫，不会偏离大方向太远。如想做到怎样的成绩，要花多长时间，做哪些方面的努力，在努力的过程中都会遇到哪些麻烦与困难……

　　"你怎么知道这些？"爸爸妈妈问。

　　"在书上看到的，我早就用到学习中了，现在向你们推荐。"小明说。

　　过了一会儿，小明的爸爸说："妈妈换工作了，新的上班地点离家比较远，交通也不是特别方便，所以考虑在妈妈的单位附近租一个房子，可这样一来，我们虽然方便了，但你上学就远了，不过坐车还算方便，因为有直达车……"

　　听到爸爸的话后，小明说："我觉得这样做比较合理。我们可以把现在的房子租出去，我虽然远了，可没有关系，坐车方便也不错，在车上可以看书、听英语，很好啊！"

　　这只是小明家中一天晚上发生的事，不过他家经常这样。爸爸妈妈不论遇到什么事情，只要是家里的事、家庭成员的事，都会和小明说，问一问他的想法，因为小明的爸爸妈妈认为虽然小明还是个孩子，但也是家庭中的一员。这样做可以锻炼小明的思考能力与处理问题、解决问题的能力，虽然这样做对小明现在不会有多大的帮助，但对以后总是会有帮助的。如果遇到小明的事，父母更会询问小明的想法与意见，让小明自己决定，父母只是提一些经验之谈和他们的见解，最后的决定权还是在小明手里。因为这是小明自己的事，他有权利按自己的想法做自己想做的事。这样也可以让他更自信，更积极主动。

　　这就是小明父母的良苦用心，时刻为孩子提供一个民主的、开放的、畅所欲言的家庭空间。在这一空间中，孩子可以在父母的启发下，在和睦美满的家庭氛围中，释放天性，让身心无所拘束地得到健康的发展。

　　家庭是孩子成长的初始环境，父母一定要给孩子提供一个有利于人生发展的基础，给孩子营造一个良好的家庭氛围。

无拘无束是孩子的天性

　　无拘无束是孩子们的天性，他们的手脚、思想和头脑总是自由地、漫无边际地发散着自己的想象力。

　　就如我国著名教育家陶行知先生所分析的那样，孩子的成长和发展需要一个宽松的、开放的、积极的活动环境。父母不要总是规定孩子一定要这样，或者一定要那样，孩子毕竟是孩子，不可能像大人那样，注意力集中很长的时间，所以，父母首先就是不要束缚住孩子的手脚，应该让孩子尽情地跑跳，在这样一种自由而轻松的氛围中，孩子的思想和头脑才不容易被束缚住。如果父母不按社会上的定式、常规来限制孩子的想法，那么孩子的那种发散的思维、独特的见解、灵活的头脑，就不会被束缚住。孩子的世界才会更快乐，更五彩纷呈。

　　　　有一天，幼儿园的老师问一群孩子："花儿为什么会开？"

　　　　第一个孩子说："花儿睡醒了，它想看看太阳。"

　　　　第二个孩子说："花儿一伸懒腰，就把花骨朵给顶开了。"

第三个孩子说："花儿想跟小朋友比一比，看看谁的衣服更漂亮。"

第四个孩子说："花儿想看一看有没有小朋友把它摘走。"

第五个孩子说："花儿也有耳朵，它想出来听一听小朋友们唱什么歌。"

年轻的幼儿园老师被深深地感动了。老师原先准备的答案十分简单，简单得有几分枯燥——"花儿为什么会开？""因为天气变暖和了！"

孩子的心里总是装着创新，孩子眼里的世界总是色彩纷呈。成人往往循常识、按常理办事，而孩子并不关注所谓的社会规则，只是听花儿开放的声音、看雨滴的伤心。所以我们做父母的不要将孩子的思维、头脑束缚住。

那么，父母如何才能做到不束缚住孩子的头脑呢？

第一，不要束缚住孩子的双手。

小的时候，孩子的双手都是很灵活的，撕纸、折纸、剪纸、小制作……就像孩子在美术课上学到了剪雪花，回家后给家里人进行展示。不光是这类的小创作，就是父母在家里进行大扫除时，孩子也是喜欢帮忙的，可是父母却总是对孩子说"去学习吧"之类的话。更有甚者，爷爷、奶奶、外公、外婆、爸爸、妈妈，反正就是家里所有的人都统统围着孩子一个人转，而孩子却饭来张口，衣来伸手，连力所能及的事情都不做。这正是很多父母对孩子提出的要求，"什么都不用你做，好好学习就行"。如果父母还是这样的话，那孩子怎么会自立呢？长大后，离开父母怎么办？所以，父母要解放孩子的双手，不但要让孩子做一些小手工，还要让孩子参加一些力所能及的劳动，这样还可以养成孩子珍惜时间的习惯。勤于动手对孩子能力的培养是十分重要的，因为人类的活动靠双手进行，不许孩子动手其实是在摧残孩子的创造力。培养孩子的动手能力，不仅要学会书本上已有的知识，而且要学会动手动脑搜集、加工知识，要消化、吸收知识，形成自己的内在储备，开阔视野，增长见识，并转化为基本素养和实践能力。

第二，不要束缚住孩子的想法。

很多父母都在向孩子灌输这个社会的一种思维定式，比如打雷是很可怕的；一定不要在雪地里踩，这样鞋会湿，会很冻脚；等等。其实，孩子的想法是没有任何所谓的定式的，他们从不迷信权威，反而总是对问题与事情提出自己想当然的想法。所以，父母要解放自己的教育观念，不要束缚住孩子的想法，要鼓励孩子张开想象的翅膀，发挥创新的潜能。

　　小女孩每天都从家走路去上学。

　　一天早上天气不太好，云层渐渐变厚，到了下午时风吹得很急，不久开始有闪电、雷鸣，一会儿大雨就倾盆而下。

　　妈妈很担心小女孩会被雷鸣吓着，甚至被雷打到，于是赶紧开车沿着上学的路线去找小女孩。

　　这时，妈妈看到自己的女儿一个人走在街上，每次闪电时，小女孩都停下脚步，抬头往上看并露出微笑。看了许久，妈妈终于忍不住叫住了女儿。

　　妈妈问女儿："你在做什么啊？"

女儿说："上帝刚才在帮我照相，所以我要笑啊！"

第三，要解放孩子的嘴巴。

每个人都有自己的想法，也都有发表见解的权利。所以，让孩子想说什么就说什么，鼓励孩子表达出自己的独特见解，允许他们不懂就问。

著名教育家陶行知先生曾指出"发明千千万，起点是一问"。因此，父母一定要让孩子说，而且不要在孩子还没有说之前，就给孩子设下一个又一个的障碍。这样做是会限制孩子的思维发展的。

在生活中，父母要鼓励孩子积极寻找并发现自己的想法与主见。

第四，也是最重要的，就是要解放孩子的时间，将时间还给孩子。

不要将孩子学校以外的时间排得满满的，要给他们一些空闲时间来消化知识，并将一些重要的东西变成自己的。现在的孩子睡眠严重不足，压力空前的大，心理也相当脆弱。所以，让父母们把时间还给孩子，就是让他们可以得到休息的时间；让孩子从苦不堪言的书山题海中解放出来，使他们有时间思考、有条件实践，在进行很好的休息、调整之后，更好地投入到学习中去。

第五，要打开孩子的视野。

不要把孩子关在家中，带他们到户外去开阔视野。让孩子接触大自然、大社会，扩大眼界，以发挥其内在的创造力。在大自然中感受到美，往往能激发孩子的勃勃生机与创造力。

孩子的成长环节不缺席

如今对大多数父母来说，一家就一个孩子，与老一辈，一家三五个孩子相比，应该是轻松多了，可是由于孩子所处的时代不同，成长的环境不同，好父母越来越难当了。如何能成为好父母呢？其中很重要的一点就是：父母要与孩子一起成长。所以，当我们有下面这位爸爸这种情况的时候，就应该思考一下自己对待孩子的态度和与孩子之间的关系了。

一位父亲下班回家已经很晚了，发现他5岁的儿子在门旁等他。"我可以问你一个问题吗？爸爸，你一小时可以赚多少钱？""假如你一定想知道的话，我一小时赚20美金。""爸爸，可以借我10美金吗？"父亲非常生气。大概1小时后，他平静了下来，开始想着自己可能对孩子太凶了……或许孩子真的很想买什么，再说他平时很少要钱。于是，父亲走进儿子的房间，给了孩子10美金。"爸爸，谢谢你。"小孩欢笑着从枕头底下拿出一些被弄皱的钞票，慢慢地数着。"为什么你已经有了钱还和我要？""因为这之前还不够，但我现在够了。"孩子回答，"爸爸，我现在有20美金了，我可以向你买一个小时的时间吗？明天请早一点回家——我想和你一起吃晚餐。"

时间可以换取金钱，也可以换取家庭的亲情和快乐。给家庭挤出些时间吧，因为有些东西是拿金钱买不到的。

《三字经》里说："养不教，父之过。"故事中的这个小男孩想和爸爸一起吃晚饭都那么难，还要花钱买爸爸的时间。对于父母来说，既然生了他，就要养他；不但要养他，还要教他；不但要教他，还要陪他一起成长、一起感受亲情与世界的美好。这样的教育才完整。工作重要，但尽责、负责、努力进取就好；金钱虽然很重要，有钱虽然能让孩子参加很多兴趣班，但上兴趣班却夺走了父母与孩子进行情感沟通的宝贵时间，相比之下，哪个时间更值钱呢？

也许父母常常在忙碌的工作中，不经意间发现——孩子什么时候长得和我一样高了，孩子怎么一下子就长大了，我还没来得及抽出时间和他一起玩呢！

因此好父母就一定要与孩子一起成长，不缺席孩子成长中的任何环节与阶段。这样一来，父母就也获得了和孩子一起成长的机会。父母只有与孩子一起成长，才能成为了解孩子、与孩子亲密无间的好父母。

成为孩子欣赏的榜样

美国教育家克莱尔曾说过："如果你自己都不准备去有所成就，那么你也不能期待你的孩子去做什么。"这一句就足以说明父母的形象及榜样示范作用对孩子的影响。而从孩子的角度考虑，孩子当然也是有自己的判断的。

有教育专家分析了孩子喜欢的和不喜欢的妈妈的形象。

孩子喜欢什么样的妈妈呢？

建功立业、敬业进取的妈妈；

勤奋好学、自强不息的妈妈；

充满爱心、亲切活泼的妈妈。

孩子不喜欢什么样的妈妈呢？

只图享乐、不关心孩子的妈妈；

心胸狭窄、处事不公的妈妈；

缺少教养、不讲公德的妈妈。

诚然，榜样的力量是无穷的。可借助于革命领袖、英雄模范、历史上的伟大杰出人物和文艺作品中的正面典型形象，来影响、教育孩子，也可引导孩子向周围的同学、老师、亲朋和社会上各行各业的普通劳动者学习。这样的方式更具有针对性，尤其是身边的人与事，更能对孩子起到很好的榜样作用。但最亲近的人还是孩子的第一任老师——父母。引导孩子向榜样学习固然重要，但首先父母要成为孩子的榜样。对孩子来说，外界的影响当中最重要的因素是父母的形象。努力成为孩子接受的、爱慕的、模仿的父母对孩子将有意义重大的影响。因为父母和孩子接触最早、最多，时间也最长，所以是孩子学习的最直接、最具体的榜样。

一方面，父母与孩子朝夕相处；另一方面，幼儿期是孩子自我意识形成的时刻，因此，父母的看法会给孩子留下极其深刻的印象。所以，父母一定要给孩子树立一个好的榜样，让自己的形象成为孩子效仿的对象。

居里夫人经常教育自己的孩子："应该不虚度一生，应该像蚕一样，自愿地、坚持地工作，永远忍耐地向一个极好的目标努力。"居里夫人以勤劳节俭的美德要求自己，也这样要求下一代。她正是用自己的行动为孩子树立了一个好的榜样。

报载，一个孩子跟妈妈一起坐公共汽车，孩子发现一个小偷在伸手掏别人的钱包，孩子对妈妈说："妈妈，那个人在偷东西！"妈妈看了一眼偷东西的人，对孩子说："别瞎说，那个叔叔跟人家闹着玩儿呢。"这位母亲是害怕小偷报复才这样说的，因而把是非、善恶完全混淆了，可想而知，这件事对孩子会是什么影响？

所以父母一定要避免这样的事情发生，不要给孩子塑造一个这样的不良形象，一定要规范自身的行为，为孩子树立一个好榜样。

第二章 ／ 有爱的孩子才会快乐

爱的力量是无限的

　　有人说："父母对孩子的爱，就如滔滔奔涌的大江大河，永无止息；而子女对父母的爱，却如树上的叶子，风吹一吹，树叶就动一动。"看到这句话，很多父母会觉得说得太对了，父母只是一味地奉献自己的爱，从没想过交换条件，只是觉得应该这样做，而正是这样的溺爱，才造成了孩子对父母和其他人的"无爱"。渐渐地，孩子也就只知道索取而不知道奉献了。

　　就如下面这对无奈、伤心的父母向孩子索取爱与关怀一样。

　　"亲爱的爸爸妈妈：我最近很忙□，一般□，空闲□；我的功课优秀□，中等□，差□；最近一次考试成绩90分以上□，60分以上□，不及格□；身体很棒□，有一点不舒服□，很不好□；我准备在暑假□回家，寒假□回家，明年□回家……"

　　"孩子，我们知道你没有时间写信回家，现在，请你花一点点时间，在前面的空格里选择你目前的状况，画个"√"，寄给我们。信封我们已经写好并贴了邮票，随信附上。孩子，我们老了，不知道还有多少时间，不要让我们久等。非常想念你的爸爸妈妈。"

这样的一封信，这样的一种毫无办法下的奇思妙想，来督促孩子在繁忙的学业之余，别忘了时常挂念、担心他的父母。

这样的孩子眼里只有学业……而学业除了占据本身的位置以外，又占领了不属于自己的位置。对于这种现象，很多方面、许多人都有责任。那我们应该怎样做，应该采取怎样的教育方式呢？不要让孩子缺少爱与关怀，所以，父母在给予孩子爱的同时，更要教孩子学会爱。否则，无论孩子的学业多么的成功，孩子的人生都不会获得真正的幸福。正是因为孩子的心里没有爱，孩子的路才走不长远。

虽然这样，但是父母还是要付出自己全部的爱，希望父母在爱孩子的时候，要有个度，也要讲求方式、方法。因为父母的爱是最温暖的，也是最柔和的，它能融化最顽劣的心。

一个儿子因犯盗窃罪正在服刑。探监的日子到了，家住贫困山区的老母亲来到了监狱，对狱警说有东西要亲自交给儿子，狱警询问清楚了，就把这位老母亲带到了她儿子的面前，只见她撩开衣襟，从里面兜里拿出了一个白布包，儿子打开来一看，是一包嗑好的瓜子仁，白白的，香香的，温热得像一片片雀舌。

这包瓜子在别人五颜六色的探监物品中是那么平淡，那么不起眼，但服刑的儿子知道，这包瓜子是母亲卖了鸡蛋换来，又一个一个不分昼夜地嗑好，先坐马车再坐汽车又坐火车，最后从车站步行到监狱送给自己的。

望着老母亲花白的头发，儿子拿瓜子的手颤抖了，他"扑通"一声跪在了母亲的面前："妈，我不是人，我欠打，欠打啊……"母亲摇摇头，努力止住泪水，含笑抚摸着儿子的头……

这就是母爱，无论孩子什么样，只要母亲用自己的爱去呵护、温暖孩子，就会使误入歧途的孩子改邪归正，重新做人。如果孩子品学兼优的话，那么加之父母的爱，孩子会更明白爱的意义，更愿意用自己的爱去温暖、鼓励、帮助更多的人。

无论孩子是自然的年龄的增长过程还是在向梦想前进的路上，都少不了父母、家人的爱与关怀。从小生活在有爱的、融洽的、和睦的家庭中的孩子，会用一颗充满爱的心去体会世界，就算是对陌生人，眼里也会流露着温暖与关爱。这样的孩子，既珍惜得到的爱，也时时刻刻在付出自己的爱。这样的孩子坚信——付出爱与关怀，不是为了得到爱，而是可以温暖大家的心，这大家也包括自己。

谈到父母给予孩子的慈爱，马卡连柯认为："爱是一种最伟大的感情，它总是在创造奇迹、创造新的人、创造人类最伟大的珍贵的事物。""没有父母的爱所培养出来的人，往往是有缺陷的人。"同时，他又认为，对子女的爱也应当是有分寸的，正如服用药物或对待食品一样，"任何人不能吃十公斤面包并由此来夸耀他吃得很好"。因此，"爱也是要求有分量，有尺度的"。

而有尺度的父母的爱，既可以让孩子更加健康地成长，知道亲情的重要性，也可以让孩子知道要回报最爱他们的父母。

一位从山里来去火车站送儿子远行求学的母亲，发现儿子旅行包带断了，而这时火车马上就要开动了，怎么办？母亲急了，解下自己的腰带给儿子绑上了旅行包。儿子走了，母亲满脸涨红站在车站，儿子不知道母亲后来是怎样一步步走回家的，但母亲的腰带，儿子却一直保存着，陪着自己在人生的旅途上奋进，因为在他的心里，时刻都忘不了母亲的爱。这个儿子在学业结束后，虽然刚开始工作赚的钱只是刚刚够用，但是他还是将远在山里的母亲接到了自己身边，因为父亲已经去世，孩子说，"尽孝是最重要的，不是一定要等到发财、赚到大钱时"。

体会到了父母的爱，就要用自己的一片孝心去回报父母。父母永远不需要孩子的钱，而是只要能够感受到孩子的爱就已经知足了。所以，长大了的孩子要记着"常回家看看"，而还生活在父母身边的小孩子，要好好学习，尽量地让父母放心，做一个懂事的、知道进取的孩子。

孩子需要摸得着的爱

有爱心的人，总是会受到大多数人的欢迎。因为有爱心的人，是一个善良的人，这样的人会给家人、朋友、同学、伙伴，甚至是陌生人，带去关爱、祝福、温暖和帮助。试问一下，谁会不喜欢这样的孩子，这样的孩子走到哪里不受欢迎呢？

如今，父母不仅仅想让孩子过上幸福的日子，更想让孩子成为世界上最幸福的孩子，因此其中就不可能不产生攀比的心理。久而久之，父母就只知道赚钱，满足孩子在物质上的任何要求，以求孩子在他人面前不失去别人的尊重。这种样子时间一长，父母很容易就忘记了父母的爱与关怀对于孩子的重要性。

诺诺今年四岁了，爸爸妈妈总是忙着工作，虽然给他买了很多书和好吃的东西，可是他还是觉得十分不高兴，因为爸爸妈妈好久都没有陪他玩了。在一个下雨天，雷声让诺诺感到害怕，他在黑暗中叫喊："爸爸，快来，我害怕。"爸爸说："哦，孩子，上帝爱你，他会保护你的。"可诺诺却回答说："我知道上帝爱我，可现在我需要的是一个摸得着的上帝在我身边啊！"

"我需要的是一个摸得着的上帝在我身边啊！"这发自孩子内心深处的简简单单的话，让一个父亲知道了他在孩子心中的重要性。能给孩子温暖与力量的其实正是父母的爱与关怀，这远远不是金钱与优厚的生活条件可以满足的。

所以，父母不要将孩子的心想得很复杂，因为孩子的心往往是最简单的。

凡事表现出善良和给予他人关爱，是孩子天真无邪的本性的体现。而且孩子最可贵的地方就是，对所有的事、所有的人的要求都很低，他们的心很容易满足。大人认为重要的许多事情，在孩子看来，多数都是无关紧要、毫无兴趣可言的。而孩子心里记住的美好与点滴幸福，却能让忙碌、烦躁的大人得到心灵深处的净化与安慰。

一位父亲问儿子："你记忆中最美好的生活片断是什么？"

儿子毫不迟疑地说："是那个晚上，我参加完童子军聚会，你接我回家。在路上，你停下车帮我捉萤火虫。"

事情如此普通，这位父亲也许已经不大记得了，但却成为了儿子最美好的回忆。儿子当时知道父亲很繁忙，本以为父亲是不会停车的。这是父子在一起的最美妙的晚上，父亲的行动等于在对儿子说："我爱你。"

父母为孩子做的点滴小事，孩子都会记在心里，因为他们在乎的只是那些让他们感动的，温暖、幸福的瞬间。从上面这对父子之间的事情，我们可以清楚地了解到——孩子的心中是充满爱的，因为他们能感受到每一个细小的感动的瞬间，并将那种幸福记在心灵深处，在某一个时刻会不经意地温暖父母的心，回报父母的关爱。心中有爱的孩子，是简单可爱的，他们的爱很大，渴望温暖所有的人和世界，然而他们的欲望却是最小的，父母小小的爱的举动，他们都会认为是最幸福的事情。

所以，父母不用辛苦地、劳心劳力地去为满足孩子的需求而拼命赚钱，其实父母只要多抽出些时间陪孩子，用行动告诉孩子"我爱你"，孩子就会认为自己是最幸福的人，因为有父母的呵护与陪伴。

生活中任何的小事对孩子的影响都是巨大的，虽然小，但也会给孩子留下深刻的印象，就像故事中的那美好的回忆，在父母眼里，其实都已经淡忘了。因此，虽然孩子的心，孩子记得的美好生活与外界的评价无关，但是爱在孩子幼小的心里扎下的根却是牢固而扎实的。这也就是孩子之所以简单可爱的原因。所以，父母不但要珍惜孩子的这种财富，更要保护好孩子的心灵不受到污染。

因为孩子的心总是简单地相信任何事情，从不去怀疑他人的好意，总是用纯真简单的心信任他人的帮助与言行。

有一个人在沙漠里迷失了方向，饥渴难忍，濒临死亡。可他仍然拖着沉重的脚步，一步一步地向前走，终于找到了一间废弃的小屋。在屋前，他发现了一个吸水器，于是便用力抽水，可滴水全无。他气恼至极。忽又发现旁边有一个水壶，壶口被木塞塞住，壶上有一个纸条，上面写着："你要先把这壶水灌到吸水器中，然后才能打水。

但是，在你走之前一定要把水壶装满。"他小心翼翼地打开水壶塞，里面果然有一壶水。

这个人面临着艰难的选择，是不是该按纸条上所说的，把这壶水倒进吸水器里？如果倒进去之后吸水器不出水，岂不白白浪费了这救命之水？相反，只要把这壶水喝下去就会保住自己的生命。一种奇妙的灵感给了他力量，他决心按照纸条上说的做，果然吸水器中涌出了泉水。

他痛痛快快地喝了个够！休息了一会儿，他把水壶装满水，塞上壶塞，在纸条上加了几句话："请相信我，纸条上的话是真的，你只有把生死置之度外，才能尝到甘甜的泉水。"

如今的生活中，这种简单的、完全相信别人的话的事情，看来只是在故事中才有，但是我们每个人却都可以简单地、毫不怀疑地相信，在我们的身边，很多孩子就是这样简单地相信着他人的话语和好意。知道了这一点，我们就更应该保护好孩子纯真善良的心和爱了。

有爱，就有一切

"有爱，就有一切。"让孩子知道有爱就有一切，有爱，才有奋斗的力量。没有爱的人，是最贫穷的人；没有爱的人，是最孤独、最没有价值的人。而孩子心中的爱的最早培植者就是父母。孩子的爱有多大，就要看父母以怎样的方式去爱孩子，以怎样的态度去发掘孩子心中的爱。以爱来对待爱，爱会越来越大，越来越好。因为有爱的人内心都是幸福的，有爱的孩子才能获得成功。

一个小男孩开门后看到三个陌生的老人坐在他家门前，好像很饿的样子。小男孩便请他们进屋吃东西。

"我们不能一同进屋。"老人说。

"那是为什么？"

一个老人指着同伴说："他叫财富，他叫成功，我是爱，你现在进去和家人商量商量，看看你们需要我们哪一个。"

小男孩回去和家人商量后决定把爱请进屋里。谁知，爱起身朝屋里走去，另外两位也跟在后面。

小男孩很惊讶，问财富和成功："你们两位怎么也进来了？"

老人们一同回答："哪里有爱，哪里就有财富和成功。"

心中有爱，成功与财富便不再遥远，坚持爱满心田，幸福将永远伴你左右。所以父母不要一心只让孩子好好学习，拼全力去获得大大的成功，而是要在孩子的心灵深处种下爱的种子，让孩子有奋斗的力量，有分享快乐、幸福与胜利的爱人之心。

只要孩子心中有爱，只要让孩子感受到爱，就会让孩子产生出一种对自己不放弃的心理，如此他们才会更加努力地去追求生命的辉煌。

美国一位大学教授和他的学生来到黑人贫民窟搞调查，其中有一个课题是预测该地区250名黑人孩子将来的前途。学生们认真地做着报告，几天后，这份报告的结果出来了，但它令教授忧心忡忡。学生们在报告中预测，这250名黑人孩子将来无所作为，只能成为社会的负担。

三十年后教授去世了，教授的一个同事从他的档案中发现了这份忧心忡忡的报告，在好奇心的驱使下，来到了当年的贫民窟。他看到，事实并不像报告的结论那样令人沮丧，相反，发生的一切让教授的这位同事佩服得五体投地。原来接受调查的250名黑人孩子中，除了18人离开故土，无最新消息外，其余的232人都成就斐然，他们当中有的成为了银行家，有的成为了大律师，有的成为了企业家，有的成为了著名球星、影星。

教授的同事逐个采访了这232人，追问他们何以能够成功。这些人说得最多的就是："我们应该感谢我们的小学老师。"教授的同事费尽周折找到了那位小学老师，此时，她已是白发苍苍的老人，说话也不太清楚，可是有一句话教授的同事却能听懂："我爱这些孩子。"

正是因为这位老师爱这些孩子，不放弃这些孩子，清楚无论这些孩子是什么样子的，都是有资格、有权利得到爱的。孩子们感受到了来自他人的无私的爱，也就学会了爱；因为这些孩子们有爱，所以当他们长大后就可能成就斐然。而如果当初这些孩子没有得到来自老师的爱，那么他们很可能会因为很多原因而自暴自弃，乃至放弃了自己的人生。

心里有爱的人知道爱的可贵与价值，就会真心地接纳爱，以爱的标准看待一切，同时又会给生活中的人和事投以爱的回报。

有两个人死后来到了阴曹地府，阎王查看过功德簿后说："你俩前世未作大恶，准许投胎为人。但是现在只有两种人可供选择：付出的人和索取的人。也就是说，一个人必须过不断付出、给予的人生，另一个则必须过不断索取、接受的人生。"

甲暗想：索取、接受就是坐享其成，太舒服了！于是他抢先道："我要过不断索取、接受的人生。"

乙见此情景，别无选择，就表示甘愿过不断付出、给予的人生。

　　结果，要求过不断索取、接受的人生的甲，投胎转世后，成了一个乞丐，每天都在索取和接受。而乙呢，因为选择过不断付出、给予的人生，转世后，变成了一个富人，每天都在给予和付出。

　　其实，只知道索取的人才是真正的乞丐。因为这样的人心中没有关怀与爱。只知道接受却不知道付出，也正因为心中没有爱，才会如此贫困地度过一生。所以，父母一定要让孩子从小感受到爱，让孩子真切地意识到爱的重要性与爱的力量。人活一辈子，并不是简单地从生活中、从他人那里一味地获得就是幸福，而是要在孩子的心中种满爱，让他们知道什么是爱，怎样接纳来自人们的真心的爱，又应该如何拿出自己的爱心温暖他人。这些都是父母要在孩子小的时候就应灌输给孩子的。

　　父母要想使孩子有一个精彩的人生，就一定要让孩子学会爱，学会奉献。父母是教会孩子爱的最好的老师，只有培养、教育出一个心中有爱、懂得爱、会爱的孩子，孩子的生活才会是幸福而有意义的。孩子带着父母与他人的爱，无论在学业上，还是人生发展上，都将是有动力、有信心的人。而在这一过程中，孩子也会时时刻刻用他的爱心去帮助那些需要爱与温暖的人。

　　所以，父母要意识到，有爱的人才是生活中最成功的人。

教孩子学会爱

现在许多父母都有这样的感叹："这一代独生子女自私、冷漠、不关心人。"孩子的心就像一张白纸，所接触到的一切，尤其是家庭的教育，都会在记忆里留下痕迹，乃至影响他的一生。如果父母的做法不当，使孩子形成了"好吃的应该由我独享"的心理暗示，长此以往，就会滋长孩子自私、贪婪的意识。

孩子生来都有潜在的爱心，但由于社会竞争激烈，多数父母过于重视孩子的学习成绩和技能培养，热衷于让孩子参加各种兴趣班、辅导班，开发智力，提高才艺，却忽略了教给孩子"爱"。

心中有爱的孩子，才不会在社会的追逐中失去自我。

让孩子学会爱，有这样一个《妈妈爱吃鱼头》的故事。

小的时候，我家里很穷，一年难得吃上几次鱼肉。每次吃鱼，妈妈总是先把鱼头夹在自己碗里，并说"妈妈最爱吃鱼头"，然后把鱼肚子上的肉夹下来，极仔细地拣去很少的几根大刺，放在我碗里，其余的便是父亲的了。当我也吵着要吃鱼头时，她总是说："妈妈喜欢吃鱼头。"我想，鱼头一定很好吃的。有一次父亲不在家，我趁妈妈盛饭之际，夹了一个，吃来吃去，总觉得没鱼肚子上的肉好吃。

时间就这样，一晃二十多年过去了，我结了婚，有了孩子。有一次我发现，吃鱼时，妻子的表现和我小时候妈妈的表现一样，我想原来做妈妈的都喜欢吃鱼头。是啊，妈妈的爱是天下最完美的爱，总是把最好的留给孩子，剩下的苦与累都自己咽在了心里。

孩子首先要爱父母、爱亲人，将来才会去爱他人、爱社会。而教孩子学会爱，是家庭教育最主要的内容。

我曾经看到过这样的场景：妈妈给宝宝买了好吃的，宝宝津津有味地吃着，这时，奶奶走过来逗宝宝："这么多好吃的，让奶奶尝尝。"然后拿起来轻轻咬了一小口。宝宝大哭，非要奶奶吐出来。妈妈连忙哄宝宝："宝贝别哭，妈妈再给你买更多好吃的，谁也不给吃，都给宝宝。"

家庭教育中一定要让孩子明白爱，知道爱的意义与力量。孩子就会不断地收藏生活中关于爱的细节，并积淀在心里，然后用关爱的情怀温暖身边的人。

实际上，我们很多做父母的，对孩子的爱都是无条件的，不讲回报的。但却没有在爱孩子的同时，让孩子学会将自己得到的爱变成一种关爱、奉献他人的能力。以至于很多孩子认为无论是来自父母的爱，还是来自外界的关怀，都是理所当然的，而如果别人对自己不友好，则会愤愤不平。

教孩子学会爱，是个长期的过程，最有效的方法莫过于身教，用自己的一言一行，像春雨般慢慢滋润孩子的心田。

总之，爱是一种无畏而可贵的东西，善于付出爱的人是幸福的人，善于付出爱的家庭是美满的家庭，愿我们的孩子都在美满幸福的家庭中体会到幸福的人生！

宽容是一种爱

宽容，是在琐事的纷扰中，给别人一些理解。

人的一生那么长，会遇到那么多人，那么多事。其中必然有一些事情，让我们不愉快，也必然有一些人，他们无意或故意的行为让我们恼怒愤慨。我们必须承认，你所受到的一切可能都不是你的错，你受到的完全是不公平的伤害，你有足够多的理由去发怒、去抱怨、去咒骂、去愤恨，可是，为什么不转换一下角度，尝试着理性地思考人生，平静地去接受生命中各种各样的人和事呢？

江海纳百川，方能波涛汹涌；森林纳万草，才可郁郁葱葱；而对一个孩子来说，只有学会包容他人、宽恕他人，才可以健康地生活和成长。常常站在别人的位置想一想，易地而处，或许你会发现他们的行为可能只是不小心，那么，就应多给予一些理解；就算对待那些故意的伤害，也要学会冷静地对待，学着感激，学着用包容和爱去化解这些不愉快，就像《菜根谭》中所言："觉人之诈，不形于言；受人之侮，不动于色。大量能容，于人于己，受用无穷！"

教孩子善待他人，让孩子明白，他人是自己的影子，所以说善待他人，也就是善待自己。对他人多一份理解和宽容，其实就是支持和帮助自己，有句俗话：赠人玫瑰，手有余香。

　　有这样一个孩子，他不知道回声是怎么回事。有一次，他独自站在山谷里，大声叫道："喂！喂！"附近大山立即反射出他的回声："喂！喂！"他又叫："你是谁？"回声答道："你是谁？"他又尖声大叫："你是个大笨蛋！"立刻又从山上传来"你是个大笨蛋"的回答声。孩子十分愤怒，向大山骂起来，然而，大山仍旧毫不客气地回敬他。

　　于是孩子怒气冲冲地回到家，他对母亲说了这件事。母亲对他说："孩子呀，那是你做得不对。如果你恭恭敬敬地对它说话，它就会和和气气地对待你。"孩子说："那我明天再去那里说些好话。""这就对了，"他的母亲说，"在生活里，不论男女老幼，你对人好，人便对你好；如果我们自己粗鲁，那么是绝不会得到人家友善相待的。所以，你一定要记得，只有善待别人，别人才会善待你啊！"

　　这位母亲非常聪明，她恰到好处地教会了孩子怎样待人。孩子一旦学会善待他人，也就学会了宽容别人，因为孩子已经有了一颗友善的、宽容的心。那么，孩子自然也就会在日常生活行为中容忍他人、宽容他人了。

　　很多事情都是有原因的，也都遵循着这种回声原理，所以自己的所作所为才是人际交往后果的根本原因。

　　宽容的人能够对别人的不同的看法、思想、言论、行为都加以理解和尊重。他们不轻易把自己认为"正确"或者"错误"的东西强加给别人。他们也有不同意别人的观点或者做法的时候，但是他们会尊重别人的选择。所以，父母在日常生活中就应该注意培养孩子宽容、理解别人的态度，告诉他们每个人都有自己的想法，都有自己的情况，不能把自己认为是对的东西强加给自己的伙伴们，不能以自我为中心，并要求小伙伴按自己说的去做。不要因为朋友对自己做了一点错事，就去怨恨，就去报复。当我们受到无辜的伤害时，总是会有一颗报复心的，但是，报复却并不能给我们带来快乐。

有人曾经说过：一个不肯原谅别人的人，就是不给自己留余地的人，因为每一个人都有犯过错而需要别人原谅的时候，学会宽容，学会大度，是我们每个人生活中的一件大事。整天被不满、怨恨心理所控制的人是最痛苦的人，学会宽容，也就是学会了爱自己。这是父母一定要教给孩子的。

让孩子学会宽容，因为宽容意味着理解，其实也就是要让孩子摒弃斤斤计较的毛病。在日常生活中，父母们只有从具体事件入手，教育才可行、有效。要教育孩子不能只看到别人的短处，不能看不起别人，不要斤斤计较。比如说，当孩子抱怨："我的玩具车强强都借了好多天了，还没有还我。"父母可以这样回答："没关系的，他可能很喜欢，还没有玩够呢，上次他把篮球借你玩了那么久呢。你还有很多车可以玩呢，别着急呀。"当听到孩子抱怨："我太讨厌他了。"父母们就要注意了，这是个危险的信号，要适当地开导孩子："为什么呢?"要教导孩子多看别人的长处，不要把别人的缺点牢记在心里，只有宽厚地对待别人才能获得别人的爱戴与敬重，才能赢得更多的朋友，才能很好地和别人沟通和交往，才能使人际关系协调。

作为父母，应该充分认识到宽容对于孩子来说不仅仅是一种待人准则，而且是一种保护心理健康的习惯。现代科学揭示，宽容有利于一个人的健康长寿。美国密歇根州立大学的研究人员进行的一项研究就发现，当人们想要报复他人时，血压会明显上升；而在宽容他人时，血压则显著下降。因此，作为父母一定要培养孩子宽容的习惯。首先，就要教孩子善待他人。而父母作为孩子的第一任老师，很多事情孩子都是向父母学习的，所以父母不仅要对人宽容，更要学会宽容自己的孩子，这样孩子自然会以父母为榜样，学到宽容。

溺爱不是爱

关于父母对孩子的爱，简单地说，父母都会说我爱我的孩子，但是有的父母却忘记了爱孩子是要讲究方式、方法的。爱是没有错的，但父母也要把握好爱孩子的尺度与方法。所以，为了孩子的健康成长，家长在给予孩子充分的爱的同时，也要讲究一个"度"，因为爱得过度了往往就变成了溺爱。而这样的爱，对孩子的健康成长是十分有害的。那么，父母对孩子的溺爱有哪些表现呢？

一切满足于孩子，有求必应、百依百顺，没有原则，没有条件。包办孩子的一切，一味照顾，本来孩子自己可以做的或应该做的也不让孩子自己做。给孩子提供的物质生活过于优越，甚至超出了家庭的经济条件。不给孩子接触困难和艰苦环境的机会，不让孩子受一点儿委屈。经常当众夸耀孩子的长处和优点，处处为孩子的缺点辩解。

作为父母应该尽量避免出现上述那些溺爱孩子的行为，也应该充分地认识到，虽然被溺爱的孩子可能身体健康、聪明伶俐，但这些孩子在很多人生必备的重要的素质方面却未必完美，如任性、自私、依赖性强、不能与人平等相处、性格软弱等，这些肯定会影响到孩子智力的正常发展，也会影响到孩子将来的人生发展的宽度与深度。这样的孩子长大后，不仅会难以适应正常的社会生活和竞争环境，还有可能会产生行为问题。

孩子是家庭的希望、社会的未来。关爱孩子是一种神圣而伟大的情感，全世界的父母都在为孩子的成长付出自己的心血。当孩子逐渐长大，父母应该给予孩子更大的空间去独立思考和作决定，让他们学习自己面对问题与解决问题的方法，而不再是处处被照顾得无微不至。

在心理学上，有这样的说法：人如果长期在一种"特别幸福"的空间里，就会造成"健康心理过剩症"。这种心理疾病的特点：一是对幸福的感觉明显降低；二是特别害怕困难，不愿接触人世间的艰难困苦，甚至会将一些平常的事也误认为是痛苦以致神经过敏。

在溺爱中成长的孩子会有很强的优越感，常常眼高手低，不善于与人相处，而当他们看到别人的进步时，又很容易产生怨恨与沮丧的情绪。

由此可见孩子在生活中的不快乐、不顺利和对待他人的自私自利都根源于父母的溺爱。为了不让孩子的爱心枯竭、泯灭，为人父母者不仅要爱孩子，更重要的是让孩子学会爱。无私奉献的爱固然是伟大的，但是只懂辛勤耕耘而不问收获的父母之爱，很容易变成一种对孩子自私的爱与可怕的溺爱。"溺爱是父母与孩子关系上最可悲的事，用这种爱培养出来的孩子不肯把心灵献一点儿给别人。"这是一位教育家的经验之谈。溺爱只会让孩子变得无情，使父母让孩子过"幸福平安的生活"的想法变成空中楼阁。

　　4岁的天天是一个任性、放纵、骄横的独生子，奶奶、父母的娇惯，使得他在家里像个"小王子"，想干什么就干什么，谁也阻挡不了。一天，他用一根尼龙绳子拴住家里的猫玩，谁知拴得不牢，猫逃走了。他玩兴未尽，要把绳子套在奶奶的脖子上玩，70多岁的奶奶让他拴脚，可天天不同意，非得套在脖子上。老太太对孙子一向溺爱，迁就放任，百依百顺，这时见小孙子哭闹起来，心疼了，便依他把绳子套在了自己的脖子上。谁知打的是个死结，小孙子一拉，便紧紧勒住了奶奶的脖子。老太太一时感到气闷难忍，便挣扎起来，从床上滚到地上。小孙子见奶奶挣扎，越发觉得好玩，更是使劲儿拽住绳子不放，直到老太太不动弹了，他才松手扔下绳子去屋外玩了。天天的妈妈回来，一摸老母亲的心脏，已经停止了跳动。

溺爱并不是爱孩子，而是把孩子往火坑里推。这个例子酿成的恶果源于父母及亲人对孩子无原则的溺爱。父母一味地慷慨给予，溺爱孩子，而不教会孩子如何理解爱与培养孩子对他人的爱。被溺爱的孩子很难遵守规矩和自我约束，他们以自我为中心，凡事只会想到自己，自私自利，会认为规矩都是为别人制定的，与他们无关。"剃头挑子一头热"的单向传递的爱造成了孝敬的颠倒，使得孩子只知享受别人的爱却不知爱别人，久而久之就会造成孩子自私、冷漠、任性、放纵等不良个性。小猫和奶奶的生命在他眼里变得无足轻重。

其实，爱孩子，可以智爱。放弃用过分控制或纵容的方法对待孩子，用慈爱而坚决的方法教育孩子、培养孩子，会对孩子的成长更有好处。当孩子做了错事，父母要讲明是非，纠正错误，再以适当的方式表示关怀，使其感到父母仍然是爱他的。这样既能激起孩子对父母由衷的爱戴与尊敬，也能使孩子体会到父母对自己养育的艰辛和期望的殷切。

第三章

尊重孩子，孩子学会尊重

保护好孩子的尊严

　　大卫有两个天真活泼的孩子，一个五岁，另一个七岁。一天，大卫正在教他七岁的儿子凯利如何使用割草机割草。当教到怎样将割草机调头时，他的妻子简突然喊他，向他询问一些事情。当大卫转过身回答简的问题时，调皮的凯利却把割草机推到了草坪边的花圃上，并充分利用他刚刚学到的技术，开展工作。真是可惜，割草机所过之处，花"尸"遍地，原本美丽的花圃留下了一条 2 尺宽的伤痕。

　　面对眼前的事实，大卫怒不可遏，大声呵斥。因为这个花圃花费了大卫很多时间和精力，才侍弄成今天这个令邻居们无比羡慕的样子。就在他要继续呵斥凯利的时候，简快步走到他身边，制止道："大卫，别这样，要知道，我们是在养孩子，而不是在养花。"

　　"我们是在养孩子，而不是在养花"，这句普普通通的话如雷鸣一般地震撼着我们的心，让我们每一个做父母的人不得不思考——是一些身外物重要，还是孩子的生命、身心健康更重要。

大卫的妻子在提醒我们，并把我们每个人引到正确的方向上来：为人父母必须明了孰轻孰重。孩子以及他们的自尊比他所破坏的任何物质上的东西都要重要。被球砸碎的窗户，被孩子不小心碰倒的灯以及掉在厨房里的碟子都已经破了，花也已经死了，再责备孩子又有何用？我们必须记得不要打破一个孩子的心灵，不要因为一个无心的错误而伤害孩子的自尊心，不要让他们充满活力的感受变得麻木，不要因此再增添更大的损失。

无论何时何地，孩子永远是最重要的。只要孩子渴望被尊重，拥有自尊心，哪怕是只要旁敲侧击地点拨一下，孩子也会意识到自己无心的情况下做了哪些最好不做的事，他以后就肯定会注意的，所以，父母千万不要生硬地去伤害孩子的尊严。

"我们是在养孩子，而不是在养花"，这句普普通通的话犹如一道耀眼的闪电，令人眼前一亮，心灵为之一震。叩问自己：在潜意识中我们是不是也时常把"花"看得比孩子还重要？

也许，我们时时把"学习"看作是在养花。我们看重的不是孩子弹性学力的成长、积极习惯的生成、学习兴趣的浓厚，而是孩子显性的学业成绩、期待的学习表现。我们是否常常为孩子拖拉作业、做错习题、学习热情减退、考试砸了而怒不可遏、大发雷霆？为一两个错字、一分两分甚至半分的差距而斤斤计较呢？

其实，一切的差距与不足都不重要。父母也就不必为孩子的一些失误而懊恼，多想想大卫妻子的话，"我们是在养孩子，而不是在养花"。

被尊重的孩子自尊且自立

捷克教育家夸美纽斯指出："应当像尊敬上帝一样地尊敬孩子。"因为对于一个人来说，最宝贵的东西就是尊严。更何况是对孩子，最可怕的不是棍棒相加、拳打脚踢，而是父母让孩子失去面子、失去尊严。尊严是人类灵魂中最应该精心呵护、绝不可糟蹋的东西。有一位作家曾经说过："人受到的震动有种种不同，有的是在脊椎骨上，有的是在神经上，有的是在道德上、感受上，然而最强烈的、最持久的则是在个人的尊严上。"

要教育孩子，首先要尊重孩子。孩子最初受人尊重的感觉是从父母那里得到的，尊重别人的意识也是在日常生活中经过多次的体验训练、教育，不断地强化而逐渐建立起来的。

现在有些年轻父母由于自身受过良好的教育，对孩子的成长需求认识得比较到位，在日常生活中能做到尊重孩子。但也有相当一部分父母虽说也知道一些尊重孩子的道理，但在实际生活中却做不到。在他们眼里，孩子是自己的私有财产，子女必须一切听从父母的安排。这样的父母往往把孩子置于完全依附于自己的境地，没有把孩子当成一个独立的个体来对待。一旦孩子的行为与他们的意志相左，或达不到他们的期望与要求，那么斥骂与棍棒将随之而下。

对不少父母而言，学会尊重孩子不是一件容易的事，因为它不是一朝一夕想学就能立即学成，并起到立竿见影的效果的。它应是建立在正确的认识基础上，花费百倍心思，万般工夫，真正发自内心的自觉行为。

因此，父母一定要养成尊重孩子的习惯，因为一个孩子受没受到尊重，有没有尊严，不取决于家庭经济条件的好坏，而完全在于他们生长在怎样的环境中，在成长过程中受到怎样的教育。苏联教育家苏霍姆林斯基曾说过："教育者只有关心人的尊严感，才能使被教育者通过学习而受到教育，教育的核心就其本质而言，就是让被教育者始终体验到自己的尊严感。"

对于孩子来说，教育者可以是学校里的老师，也可以是同学、伙伴，从抽象意义来考虑，教育者也可以是书籍、展览，等等。但就父母作为教育者而言，其各方面的作用都是最大的。因为父母和孩子接触的时间最长，特别是在孩子处于幼儿期时，接触的主要教育者就是父母，而这一时期又是孩子可塑性最强的时期，所以，在这一时期，父母一定要给孩子以积极的影响，特别重要的是，父母一定要从孩子小时候起就给孩子充分的尊重，这样才能更有效地树立孩子的自尊意识，让孩子得到尊重，学会尊重，并给予尊重。

我们来看看下面这位老师对待孩子的态度，就知道平时我们在生活中应该如何对待孩子了。

飞飞是个典型的厌学孩子，他从厌学到"厌学校"，以至发展到后来动辄与同学"打成一片"的地步，结果成了学校里人人讨厌的"坏孩子"。回到家里，一塌糊涂的学习更招来父亲的暴打。现在，飞飞已麻木到哭也哭不出来的地步了。

寻常的钥匙打不开不寻常的锁。对飞飞这样的孩子，在人格上更要平等对待，必须用教婴儿学说话、学走路的心态来感化他。

有一次，他狂风暴雨般地把桌子、椅子和书架全移了位，尽管同学们也活泼有余，但还是被飞飞惊呆了。飞飞高高地站在桌子上，一副谁也不怕的表情。老师却用柔和的声音对有些愤怒的同学们说："飞飞发脾气肯定有他的理由，我们相信他会把桌椅归位的。现在我们出去玩一下，让飞飞同学冷静一下。"

当老师半小时后回来时，发现一切都归复原位了。三天后，飞飞旧"病"复发，老师却表扬了他，说："飞飞有进步，上次移动了桌椅、书架，这次却只推倒了桌子，大家是不是该给他鼓掌呢？"同学们热烈鼓掌。飞飞很不好意思，立即就把桌子放好了。飞飞第三次发脾气，恰好在阳台上，老师又一次表扬了他："飞飞怕影响大家学习，而跑到阳台上发脾气，这是一大进步。"

在老师一次次给面子、给台阶的过程中，飞飞渐渐地找到了好孩子的感觉，找回了自尊和自信。飞飞完全变了，在一次晚会上他表演节目："我要上学校，花儿对我笑，小鸟说早早早，我喜欢背书包。"

这就是尊重的力量，也是尊重孩子所带来的好的结果。无论是老师父母，还是同学伙伴，只要是获得了外界的尊重与认可，孩子的心里就开满了鲜花，也就能够更好地学习与发展。孩子找到自信，对理想与未来也会充满憧憬与希望，并能积极地为之奋斗。

　　每一个人无论身份的高低贵贱，他的灵魂、人格都是平等的，任何人都没有资格轻视、贬低他人。父母一定要以身作则，自己要记住也要让孩子意识到，每一个人都是平等的，都有获得他人尊重与维护自身尊严的权利。关爱每一个人，平等地对待每一个人，给予尊重，才能获得尊重，这是每一个孩子都可以做到的。

尊重孩子从小事做起

每个人都渴望得到他人的尊重，都有强烈的自尊心。一个人有了自尊心，就会自强不息，就会有一种追求成功的热情。因此，从小培养孩子的自尊意识很重要。

首先，家长要尊重孩子，因为孩子最初的自尊意识源自父母对他们的尊重。因此，家长要多说鼓励、肯定孩子的话，如"在妈妈心里你是最棒的""你一定会成功的""我们大家都为你的进步感到高兴"，等等；有的父母也会这样做，"来，宝贝，让妈妈抱一抱"，或是拍着孩子的肩膀说"你真厉害"……

而如果说"你真没出息""你真让我失望""你已经无药可救了"……这些话，则会极大地损伤孩子的自尊心。

更有甚者，有些孩子的父母虽不说那些伤害孩子尊严的话，却用无声的行为来刺伤孩子的心，如孩子和他们说话时，他们不理不睬地用白眼、冷漠的态度来回应孩子，实际上这对孩子是一种更大的伤害。所以，父母一定不要让这样的言行发生在自己身上，来伤害孩子自尊自强的内心。

一个小女孩站在花丛中，正扶着花枝，歪着脑袋，然有介事地对花私语。诗人走过去，靠近她，蹲下去，问："你在说些什么呀？"

小女孩说道："我说，花朵你好漂亮啊。"

"花朵能听到你的话吗？"

"能的，"小女孩很自信，"只要靠近它，它就能听到你说的话。"随后，她又机灵地说："你对我说话时，不也是蹲下来，靠近我的吗？"

孩子的天真，让诗人不禁笑了起来。但诗人并不怀疑女孩所说的话的真实性。诗人相信小女孩与花的心灵是相通的。

诗人牵着可爱的小女孩，默默地走上回家的路。此时，小女孩刚才的一番话仍萦绕于心，让诗人心生感触。

诗人相信小女孩对花朵所给予的尊重与关爱是真挚的，而诗人对孩子的尊重，站在孩子的立场所想的问题、所说的话，也让孩子感受到了爱与尊重。

所以父母一定要从日常的身边小事，从一点一滴的细节举动中，给孩子以尊重，让孩子感受到被尊重的意义，也让孩子学会尊重他人。让孩子意识到人与人是平等的，没有高低贵贱之分。渐渐地，孩子就会在心里明白尊重的真正意义。

一个青年来到城市打工，不久因为工作勤奋，老板将一个小公司交给他打点。他将这个小公司管理得井井有条，业绩直线上升。有一个外商听说之后，想同他洽谈一个合作项目。当谈判结束后，他邀这位也是黑眼睛、黄皮肤的外商共进晚餐。晚餐很简单，几个盘子都吃得干干净净，只剩下两个小笼包子。他对服务小姐说："请把这两个包子装进食品袋里，我带走。"外商当即站起来表示明天就同他签合同。

第二天，老板设宴款待外商。席间，外商轻声问他："你受过什么教育？"他说："我家很穷，父母不识字，他们对我的教育是从一粒米、一根线开始的。父亲去世后，母亲辛辛苦苦地供我上学。她说：'俺不指望你高人一等，你能做好你自个儿的事就中……'"在一旁静听的老板的眼里渗出了点点泪花，端起酒杯激动地说："我提议敬她老人家一杯——为你受过的人生最好的教育！"

在生活中，我们要告诉孩子不要瞧不起生活不富裕的人。一个受过苦、并从贫寒中奋斗出来的人，更值得人们尊重。贫穷并不可怕，可怕的是人在贫穷中什么也学不到，并进而失去了作为一个人的尊严。

尊重孩子的生命

　　有人在一个城市开展调查，发现患有各种身体疾病的孩子约占受检人数的65%，而有心理障碍的却占69.9%，超过了身体疾病的患者。这一结果说明增强孩子的心理承受能力势在必行。年幼的孩子的心理正处于发育阶段，心理十分稚嫩，更需要父母加倍呵护。所以父母在为孩子建立良好的成长环境的同时，还要尊重孩子生命的自然成长规律。要知道真正对孩子的成长有利的应该是尊重孩子的生命，同时要教孩子尊重和爱惜自己及他人的生命。只有在尊重生命的环境中，孩子才会保持一颗善良健康的心灵！

　　甜甜的爸爸妈妈都事业有成，因此都对甜甜给予了很高的期望。他们毫不吝惜地花高价的辅导费为甜甜聘请了钢琴教师，还安排了各种课程：舞蹈、书法、英语、象棋……虽然甜甜学得有点儿吃力，但是父母在朋友面前，还是喜欢称呼甜甜为"一学就会的小天才"。

　　直到有一天，甜甜累倒了。原因是甜甜的压力太大，负担过重，导致了厌食。

　　身体虚弱的孩子就晕倒在钢琴旁。

其实，甜甜的爸爸妈妈这么做，是虚荣心的原因。因为虚荣心，我们就会被自己的期望蒙蔽了双眼，看不到孩子真实的发展水平，看不到孩子真正的心理需要，认为让孩子有更为宽广的发展，是对孩子最好的教育。于是，就会有父母像甜甜的爸爸妈妈那样过早地强化孩子知识、技能的训练；就会有家长追求短期行为的成功结果，不顾孩子的感受，过分要求孩子。这些不恰当的做法剥夺了孩子的快乐，进而影响到孩子的心理健康。孩子就在父母过高的期望中产生了巨大的压力。

家庭环境是父母引导孩子完善自身素质、建立良好世界观的最好场所，而家庭教育只是针对家中的一个孩子而展开的教育，所以父母一定要以孩子的自然成长状态为根本，尊重孩子自身成长的发展规律，尊重孩子的生命，不要对孩子提出不切实际的过高的期望，以致使孩子的心里产生莫大的压力，发生父母、学校、社会都不希望发生的有损生命的事情。生命不保，还谈何幸福？

"一高三女生凌晨跳下六楼身亡。"

记者去采访时，无意间听到了同学之间的这样的对话。

"最近，她一直压力特别大，老师、父母都希望她考上名牌大学，每个人都给予她很高的期望。她前几天和我说'好像我的名字叫优秀似的'。真没想到……"

如今，学生不堪学习的压力而自杀的事件频繁地见诸媒体，有多少孩子在压力之下，选择了放弃承受压力的生命。"学习压力太大""怕考不上名牌大学，让父母、老师失望"…… 这样的悲剧反映出，现在高中生的压力确实很大，而有些孩子采取了不尊重生命的解决办法，用结束生命的方式来寻求解脱，以求摆脱外界的压力所带来的痛苦。这样的结果让人痛心，更值得每位父母深思。

所以，我们要加强孩子尊重生命的教育。要让孩子在父母的期望中看到父母的爱与关怀，在亲情中懂得尊重生命，热爱生命。

在孩子的成长过程中，不仅要让孩子有一个健康的体魄与健全的心理，还要学会给孩子减压，让孩子轻松自在地按照自己自然的成长规律去发展。不要在孩子的生命中添加虚荣、功利的因素，以孩子为本，尊重孩子的生命。

教育孩子要注意场合

现在的教育理念不再认可"棍棒"教育了，而是更加提倡赏识教育，也就是我们要对孩子多赞扬、多鼓励，少批评、少责骂。因为每个孩子都有自尊心，所以，作为父母，一定要清楚地认识到这一点。尤其在他人面前，更不能做伤害孩子自尊心的事，也不能说伤孩子自尊心的话，否则对孩子的伤害会更大。而当着别人的面赞扬孩子，却能使孩子的内心获得一种成功感和荣誉感，从而增强他们学习和做事的信心。

可有时情况往往是这样的，父母自尊心比较强，处处要强，事事努力，维护着自己的尊严，也不允许任何人侵害自己的尊严，但是却对孩子的自尊心毫不在意、漠不关心，就算某些事情、某些人已经伤害到了孩子的自尊，也不顾及孩子的感受，认为小孩子不会在意那些大人看重的东西。比如，在现实生活中，有些父母发现孩子稍有"过失"，就立即发怒，不知道冷静，也不顾是否有人在场，就当着众人的面对孩子严加呵斥。其实，这种做法非常不理智，因为这不但不能激励孩子，而且会给孩子造成心灵上不可磨灭的伤害，甚至会使孩子怨恨父母，造成紧张的亲子关系。

由此可见，当着别人的面批评、教育孩子是极不冷静，也是十分不可取的。其实父母应该采取的方法是要经常赞扬、鼓励孩子，尤其是在他人面前赞扬孩子。这样孩子会觉得父母因为他们或者是他们的表现而感到自豪，孩子的自尊心会得到极大的满足，就能够使孩子更加努力。所以父母一定要明白，当着他人的面不要批评、指责孩子，孩子不是父母拿来和其他孩子进行比较的工具，每个孩子都是一个独立的个体。父母要知道孩子不是用来比较的，而是用来夸奖的。只有这样，才能最大限度地调动孩子学习、进步的积极性。因此，在他人面前赞扬孩子，往往能够收到事半功倍的教育效果。

在一次家长会上，老师讲了这样的故事来和学生的父母们分享。

有一次，一些朋友在共进晚餐，一件不愉快的事情发生了。其中一对夫妇的儿子弄翻了桌子上的牛奶杯。当他们要责备儿子的时候，这对夫妇的一个朋友也把自己的杯子弄翻了。随后，这个朋友就开始解释说："我都40多岁了，还会弄翻东西。"这时，那个小男孩开心地笑了，而他的父母似乎也明白了这个朋友的意思，不再生气了，不再责备孩子了。

事后，这对父母感谢这个朋友时，他说："有一天我和妻子带着7岁的女儿外出到朋友家吃饭，吃饭时女儿打翻了果汁，把干净的淡粉色桌布弄得很脏很脏。我们尴尬地擦着洒了的果汁，但并没有责备女儿。因为我和妻子很少责备女儿，再有就是此时我女儿的心里也一定十分的难过。我的朋友说'没事儿'，我们就又开始吃饭了。过了一会儿，朋友抬头看看我们说：'你们知道吗？我真的很感谢你们不像别的父母一样。我大部分朋友都会对孩子无意间犯的小错咆哮，并且教训他们要更小心一点。谢谢你们没有那样做！'所以，我只是受到了我的朋友的影响，我们是父母，所以一定要尊重孩子的心，不要伤害他们的自尊。"

故事讲完后，老师没有多说什么，只是告诉家长："要多给予孩子一些尊重，不仅仅因为孩子的心是脆弱而敏感的，更因为在给予孩子尊重之后，孩子也会学到尊重他人。特别是在外人面前，可以不表扬、赞美孩子，但一定不要挖苦、责备、批评孩子。"

每一个孩子都是不想犯错误的，但对于孩子来说，粗心大意是在所难免的。而一旦犯错，孩子的内心则是非常紧张与惶恐的，害怕父母的批评，害怕见到外人，害怕看到朋友的不友善的眼光，更害怕别人因此事产生对父母不好的印象。所以，父母不要在孩子本就很内疚的心上再雪上加霜。

有一个有关史蒂芬·葛雷的故事。他是个曾经取得过重要医学成就的科学家。有个报社记者采访他，问他为什么会比一般人更有创造力，是什么因素让他超乎凡人？

他回答，在他看来，这都与自己小时候母亲对他的教育有关。有一次他尝试着从冰箱里拿一瓶牛奶，但失手把瓶子掉在了地上，牛奶溅得满地都是——像一片牛奶海洋一样！

他的母亲来到厨房，并没有对他大呼小叫、教训他或者惩罚他，相反，母亲说："哇，你制造的混乱还真棒！我几乎没有看见过这么大的水塘。反正损害已经造成了，在我们清理它之前你要不要在牛奶中玩几分钟？"

他的确这么做了。几分钟后，他的母亲说："你知道，每次当你制造这样的混乱时，最好你还是得把它清理干净，让它物归原处。你想这么做吗？我们可以用一块海绵、一条毛巾或一只拖把。你喜欢哪一种？"他选择了海绵，于是他们一起清理打翻了的牛奶。

他的母亲又说："你知道，我们在如何有效地用两只小手拿大牛奶瓶上已经做了个失败的试验。让我们到后院去，把瓶子装满水，看看你是否可以拿得动它。"小男孩学到了，如果他用双手抓住瓶子上端接近瓶嘴的地方，他就可以拿住它不会掉的。这堂课真棒！

这个知名的科学家说，那一课使他知道他不需要害怕错误。除此以外，他还学到，错误只是学习新东西的机会，科学实验也是如此。即使实验失败，我们还是会从中学到有价值的东西。

英国哲学家洛克曾说过："父母越不宣扬孩子的过错，孩子对自己的名誉就越看重。他们觉得自己是有名誉的人，因而会更小心地维护别人对自己的好评。若是当众宣布他们的过失，使其无地自容，他们便是觉得自己的名誉已经受到了打击，设法维护别人好评的心理也就随之淡薄。"

鼓励是对孩子的尊重

　　孩子和父母在一起的时间比较长，但有的父母并不在意和孩子所说的话，更准确的应该是说他们和孩子说话时从来没有考虑过如何说会更好，说什么孩子会更有兴趣。而只是一味地冲孩子喊，摆出一副家长权威的架子。有的父母并没有意识到自己的粗暴态度，其实这就是家教中的家庭语言暴力，这会给孩子的心灵带去比拳脚相加还要严重的创伤。"瞧人家的孩子，多好！""我怎么会有你这样的孩子！""你怎么这么笨啊！"这样的家庭语言暴力一定要避免发生，一切伤害孩子的话永远都不要说，一切伤害孩子的事永远都不要做。因为父母一句不经意的责骂，很有可能会毁了孩子一生的大好前程，而父母所说的一句表扬，很有可能会让一个孩子高兴一天，信心满满地去做每一件事。

　　因为每个孩子都渴望得到父母的鼓励与认可，而在民主和睦、充满温情的家庭中能否培养出一个好孩子，取决于父母是否会用赞赏的口吻和肯定的态度对待孩子。所以，父母对孩子所说的话是非常重要的。

　　就像美国心理学家威廉·杰姆斯曾经说过的那样："人性最深层的需要是渴望得到别人的赏识，这是人类有别于动物的地方。"

许多伟人的成功都是因为父母的赏识，正是这种赏识不断鼓励着他们，让他们坚定地走向了成功。

据气象台的天气预报，最近将有台风袭击一座海滨小城。

小城里的百姓们惊慌起来，都积极地投入到预防工作中。一位母亲忙碌着收拾东西，旁边站着她的小女儿。

"这该死的台风……"母亲一边收拾东西，一边诅咒。

"我喜欢台风。"旁边的小女孩不同意母亲的说法。

母亲感到很诧异，因为台风破坏力极强，毁坏庄稼、吹倒房屋、阻塞交通，给人们生活带来巨大的不便并造成损失，可眼前这个小不点儿居然说她喜欢台风。

"孩子，告诉妈妈，你为什么喜欢台风？"母亲疑惑不解地问。

"上次台风来了，就停了电。"小女孩不假思索地回答。

"停了电又怎么样？"

"晚上就会点蜡烛。"

"你喜欢点蜡烛，是吗？"

"是的，那回（指上次台风吹过的晚上）我拿着蜡烛走来走去，你说我像小天使。"

母亲顿时无言，随即放下手中的活儿，抱起小女孩，亲吻着她的小脸蛋，凑近她的小耳朵并说了一句话："孩子，你永远是天使！"

在孩子的内心深处，永远渴望得到父母的赞美。孩子在为父母的一句赞美和鼓励而努力，听到赞美和鼓励之后，会带着这个美丽的肯定继续努力，因为自己的付出与努力得到了父母的认可。

作为家长和教师，在教育孩子时务必要懂得给予孩子信心的重要性，给予肯定，让孩子发挥自身的优势。如果你想让孩子成为聪明人，就要以聪明人的标准来要求他；如果你想让孩子成为成功者，就要以对待成功者的态度来对待他。

第四章

做知心朋友，无话不谈

知心朋友从良好的沟通开始

要做孩子最真诚的知心朋友，和孩子之间的沟通就变得非常重要。

父母要想和孩子进行良好的沟通，就一定要尊重孩子的内心感受，用心去体会孩子的心声与烦恼，用亲切、和蔼的沟通方式与温和的态度让孩子表达出他们内心的最真实的想法与感受。而这种父母对孩子感受的认同感，将会影响孩子今后的发展。

认识到了与孩子进行良好沟通的重要性之后，又如何与孩子进行沟通呢？

与孩子沟通时，应该多听少说。父母多听少说，是与孩子沟通的重要的一环。了解孩子没有说出来的思想感情、内心活动时，父母应加强对孩子的内心情感的了解，而这种直觉的建立，最重要的途径便是聆听孩子的说话和帮助孩子进行流畅的、完整的、有效的表达。

首先，听孩子说话时一定要专心，一定要抽出些时间，在这一时间里什么都不做，只是和孩子聊天，听孩子谈心；其次，当听到孩子的倾诉时，一定要抛开家长原有的思想与观念，站在孩子的立场去考虑那些孩子正在亲身经历的问题，然后给孩子一些意见，也可以说些自己的经验。

虽然有一些沟通上的方法，但父母在实际生活中总免不了以家长的身份强硬地对待孩子，这样再好的方法都无法应用到生活中。所以父母需要冷静客观地分析与孩子之间的关系到底是怎样的和最好应该是怎样的，应该采取怎样的态度对待孩子。

思考得出的结论往往是，用心和孩子沟通，以平等的身份对待孩子，用平和的态度面对孩子的问题。就像下面这位母亲，她的态度与方式就非常值得借鉴。

　　有一对母女刚刚剑拔弩张地吵完架，现在正坐在沙发上沉默着。

　　母亲冷静片刻后，想了想，说道："我们能不能静下来好好谈一下。"

　　女儿望了一下母亲，没有说什么。

　　"刚才我们都太冲动了，你知道我想对你说什么吗？"

　　"不知道。"

　　"孩子，对不起，刚才我说的是气话，希望你别放在心上。"

　　听了母亲的话，孩子有些不知所措，因为一切来得太突然了，她感到很局促，脸上一阵红一阵白。

　　"谢谢你对我的理解，我希望我们能够永远这样平静地交谈。但现在我们的分歧还存在，是吗？"

　　"因为你连续几天都没有做家庭作业，老师非常生气，我也很生气，有什么办法补救吗？"

　　"我可以利用今天晚上的时间将没有做的作业补上。"

　　"哦，将作业补上去是很容易办到的，但是，我想
知道，你不想做作业的原因是什么？孩子，能告诉妈妈
吗？"

　　就这样，母女俩平静地坐在沙发上聊了起来。

　　这位母亲是睿智的，她没有让争吵、责备继续下去，而是利用
沉默中的时间静静地思考，积极地调整，然后以平静的态度和朋友
的身份来和孩子展开沟通，开诚布公地承认先前的不对，并向孩子
道歉，用询问的方式平静地和女儿商量问题的解决办法。这才是要
达到的理想结果——父母与孩子一起以友好、温和的方式来解决问
题，来帮助孩子更好地发展。

主动向孩子敞开心扉

在和孩子相处、交流的过程中，父母要保持一种主动的姿态。何谓主动的姿态呢？就是父母要先表明自己的态度，以求让孩子知道自己的想法，使双方（父母与孩子）的关系处于明朗透明的状态，而不是彼此在猜对方的心理，"我的这种行为，对方会有怎样的反应"？而一般情况下，不管主动权还是发言权，往往掌握在父母的手中。如果父母总是板起脸孔，拒孩子于千里之外，那么除极个别孩子外，大多数孩子都会隐藏起内心真实的想法与秘密，而不是主动与父母分享。所以，父母要主动地让孩子了解自己目前的工作状态、对子女的期待等问题，以求换来孩子的主动。就像下面要说到的这个父亲的感受一样。

一天，儿子像往常一样回到家，开门后看见在客厅看报纸的我，头一低就回他自己的房间了，表情还是和以前一个样子，闷闷不乐，无精打采。

对于儿子的这种状态，我们好像一直都视而不见。虽然前段时间工作很忙，但也不能成为忽视孩子的理由啊。于是，我起身放下报纸，走到儿子的"家"门口，轻轻地敲了敲门："你好啊，爸爸可以进来坐坐吗？"只听一声低低的声音说："进来吧。"

"爸爸、妈妈前段时间的工作太忙了，忽视了你，真是对不起啊！生爸爸、妈妈的气了吧？能原谅爸爸、妈妈吗？"儿子一愣，没说什么。我就接着说："和你要学习一样，爸爸、妈妈也要好好工作，而且有时会很忙，没有关心你是我们的不对。但是你也要关心我们啊。像我们关心你那样，问你现在学习累不累，和哪些朋友在一起交往，都干什么，等等。我们愿意和你说话，你也得愿意和我们说话啊。你想去踢球，就可以问问爸爸有没有时间陪你和你的伙伴踢球……"

在不知不觉中，谈了很多。这次主要是我说，因为我想告诉儿子我的态度，我愿意走进他的世界，以便他的世界的大门向我敞开。当意识到我的时间也有一部分是属于儿子的时候，告诉他我愿意倾听他的任何事情和遇到的问题，在我主动的说明之后，儿子会知道我的想法，所以他会主动找我去他的世界。不论我忙不忙，他都会问一声："爸，你有没有时间和我出去玩？"……这是因为我主动地告诉了孩子我的想法，我认为怎样会更好，如果他同意我的想法，我们就这样相处。

如果不这样的话，会怎样呢？孩子会一个人在一个我们大人没有孩子引路就进不去的世界里徘徊，他在里面很孤独、很迷茫，想说没有人听，想前进却发现没有路。而我们大人却在那世界的外面安静地爱着孩子。其实，只需要大声地说："孩子，有我呢！我愿意陪你在你的世界里。

有什么事你说，我听。"

所以父母应该主动地说出自己的想法与愿望，让孩子不再迷茫地猜父母的想法，总是犹豫是否和父母沟通。

记住：父母只要迈出一小步，孩子就会迈出一大步。

倾听孩子的心声

　　许多孩子在幼儿园或学校与老师、小朋友、同学待在一起一整天，在这段时间里，幼儿园的小孩子还有和小朋友嬉戏玩耍的时间，而上了学的学生们就没有那么多自己的时间了，回到家后又有大量的作业，有的还要参加一些课外辅导班或者是特长班，所以什么时候有时间和父母沟通呢？对了，就是在饭桌旁的吃饭时间。

　　孩子吃饭时，总是嘴里闲不住，说说这，问问那，想让父母对自己说的话题感兴趣，将学校里的事说给父母听。而父母似乎对孩子不在自己身边的那段时间里发生的事总是漠不关心。孩子想说一下在学校的事情时，父母总是以"吃饭说话，影响消化""快吃饭，然后做作业"等话语将孩子的好心情打断了。

　　这时，最好的办法其实是父母让孩子说，并配合孩子，让孩子将他想说的话和他在学校中的经历讲出来，这样既锻炼了孩子的表达能力，也增加了孩子的信心。

　　如果孩子要讲的是他在学校里遇到的苦恼与麻烦，那么家长就应该认真倾听每一个细节，然后客观地、真诚地给孩子一些建议与应对方法，在这之前，父母最好询问一下孩子的感受与想法。

　　这样做，吃饭时说话，既不会影响消化，也不会耽搁学习的时间，最重要的是既满足了孩子的表达以及渴望被重视的欲望，又解决了孩子遇到的困难与心理压力。

如果父母还是觉得吃饭的时候说话不好，那么可以和孩子在饭前饭后的时间里谈谈心，也不错。

其实父母有的时候并不需要说什么，对于孩子来说，一个好的倾听者很重要，因为有的时候，无论是愉快还是沮丧，孩子只是想说出自己内心的感受，只是想倾吐一下，至于父母能否解决都不在他们当时的考虑范围内，孩子就是想我们做父母的听完之后说一声"我知道了""明白了，能想到你是怎样的感受"，这样就够了。

就像陈敏的妈妈，在这方面就做得很好。

陈敏和妈妈总是沟通，而且常常沟通得很好，这一天，她们又聊起来了。

陈敏情绪低落，非常沮丧地回到家。妈妈一看就知道，一定发生了什么事，因为女儿是很开朗的。妈妈问怎么了，陈敏张了张口，还没说话就哭了。妈妈说："来这边坐下。"陈敏说："期中考试马上就要到了，学习很紧张，任务很重。我们还在准备学校的舞台剧大赛，老师期望我们拿到好的名次。我的剧本写得很辛苦，这段时间压力很大，可是老师什么都没问，也没说，就只说了一句'不好，重写吧'……"

陈敏向妈妈"哭诉"着，而她的妈妈并没有插话，只是不时说一些"嗯""也是""真是的"之类的话，所以，说过之后，陈敏的心里好受多了，又去写作业、写剧本了。

其实，像陈敏妈妈说的这些话，使孩子觉得有人在认真听她说话，理解她此时的感受就可以了。

陈敏妈妈的做法，让我们体会到她是在真诚地倾听孩子的心事。而在倾听之后，就要真诚地提出宝贵的意见。

> 当陈敏写完作业、写了一些剧本之后，妈妈对她说："孩子，咱们聊聊。"于是，陈敏很高兴地出来了，因为她和妈妈经常这样。妈妈对她说："孩子，刚才我听了你的话，你感到委屈，我可以理解。妈妈要告诉你的是，可以委屈，但不要抱怨。因为抱怨是于事无补的。而且在你做事情之前为什么不问明白老师的要求与想法呢？……"
>
> 妈妈的一席话，让陈敏明白了很多。

陈敏的妈妈真的很厉害，在孩子委屈、情绪激动时，能够真诚地倾听，在孩子冷静之后，又说出自己的想法、建议与忠告。这样的妈妈真是聪明、理智、明智的妈妈。

做孩子成长的伙伴

对于孩子的未来，做父母的，当然是想让孩子衣食无忧，能替孩子做的，都会为孩子考虑到，并且无怨无悔地心甘情愿地去做任何事。但是做父母的不要忘了，你们有自己的生活，孩子同样也有他自己的生活，你可以陪伴孩子成长，但不能代替孩子生活，生活中必要的经历、必需的磨砺对孩子的心灵成长是有很大帮助的，父母要做的不是代替孩子去经历其中的必经过程，而是在事情发生之前要鼓励孩子，协助孩子做好必要的准备工作，在事情胜利之后要给孩子降温，不让孩子过于自满，若失败了，要给孩子奋斗的热情与支持，让孩子信心满满地继续努力。

在成长的过程中，孩子要经历许许多多的考验，父母不能因为怕孩子受到伤害，弱小的心灵经不起创伤，所以就让孩子闭上眼睛，牵着孩子的手走路，遇坑洼，家长填平了，让孩子走；遇荆棘，父母拨开了，让孩子过。这表面上看是爱孩子的表现，实则是替孩子成长，是在害孩子。

对于人生的道路上要遇到的坎坷与挫折，父母的正确态度应该是：首先，指出可能会出现的问题与产生的麻烦，为的是让孩子有个心理准备；其次，让孩子有个光明、健康的心理状态；再次，父母的支持，父母对孩子要一直微笑，无论何时。这样会给孩子无形但却巨大的力量，帮助孩子战胜一切困难。

要做好孩子成长的伙伴，一个重要的方法是陪孩子参与活动。陪伴孩子的过程就是教育孩子的过程，因此家长要抓住每一次和孩子共同参与活动的机会，教会孩子更多的技能与本领。

作为父母一定要知道，与孩子共同参与活动，对于亲子关系非常重要。孩子们通常有自己的社会活动，比如学校组织的风筝大赛、篮球比赛、乒乓球比赛等。父母们要积极参与孩子的这类活动，因为你的参与就是对他们的肯定。

斯科特先生从未忘记参加有儿子参与的每一项活动：市篮球联赛、运动会、学生音乐会、话剧表演——即使儿子只是演一棵树。斯科特先生是一个牙科医生，对运动一窍不通，对音乐也不大感兴趣，但他还是努力抽出时间去为儿子加油。他说，希望自己在孩子成长过程中尽量陪着他。

最近一段时间，儿子迷上了制作遥控飞行器，为此，他甚至办了寄宿，专心地在学校里做试验。每天，他都会给斯科特先生打电话，报告自己的新进展：他的飞行器反应更灵活了、飞得更远了……一天，儿子打来电话："爸爸，明天下午就比赛了，来替我加油吧！"爸爸兴高采烈地回答："太棒了！我明天一定准时去。"

第二天，斯科特先生把诊所停业一天，上午跑到书店里找了很多遥控飞行器方面的书，又给儿子买了一组昂贵的飞机模型，下午准时赶到学校。遗憾的是，儿子那天并没有取得好名次，面对专程赶来的爸爸，孩子有点惭愧。

斯科特先生拿出自己准备好的礼物——书和模型——递给了儿子，然后用玩笑式的威胁口吻说："小子，看到了吗?这么贵的礼物都买了，你要是敢因为一次小小的失败就放弃，那我绝对饶不了你!"儿子大笑着接过礼物："什么放弃呀!等着吧，下次第一名就是我!"这时，他已经完全振作起来了。

腾出时间陪孩子一起做孩子热衷的事情，是很值得的。如果你希望孩子养成持之以恒的品质，掌握其他与学习、生活相关的技能，你就要在参与孩子活动的过程中指导孩子，并以身作则，为孩子树立榜样，让孩子更健康地成长。

向孩子露出你的微笑

时下一些父母感到和孩子很难接近，觉得孩子见到他们的表情是痛苦的、无奈的，很多事情不愿意向他们倾诉，回到家里就进到自己的小屋里，将父母关在门外……所有这些，原因何在呢？父母找出了许多原因，如学习压力大，对学习不感兴趣，和老师、同学相处得不愉快……我们先不考虑这些存在可能性的因素，设想一下，有多少家长会意识到原因也很有可能出在自己身上。

天天啰嗦着学习、成绩，孩子只要稍有懈怠，哪怕是进行片刻的休息，家长都要督促一下孩子，生怕孩子贪玩忘记学习。凡此种种，在家长不信任的态度下，有的孩子腻烦了，于是脸上表现出不愉快的表情；有的孩子无奈了，不在乎那些不理解的声音了，于是将沟通与理解关在了门外。

其实，孩子年龄虽小，但他们心里什么都明白。父母对他们的爱、对他们的好、对他们的打骂，他们都明白那是为了他们好，只是由于一些家长的观念还比较传统，孩子不愿意与他们沟通，所以才出现了双方之间的鸿沟。

家长应该换一种方式，以"此时无声胜有声"的方式，微笑地面对孩子，让孩子知道，家长只是想告诉他怎样做也许会更好，给他建议，但这些建议与忠告还得在他的生活与行动中得到积极、有效的结果后才可能证明是好的。他们之间不是监控与被监控的关系，不是监督与被监督的关系，也不是裁决者与执行者的关系，而是平等的、处于可沟通状态下的、永远彼此支持的最最亲的亲人与朋友，所以无论何时，做父母的一定要给孩子最真诚的微笑，让孩子从这微笑中体会到父母的爱与关怀，用积极的行动与开心的笑脸迎接父母的叮咛与嘱托，而不是用冷淡的表情与生硬的态度来回应父母的良苦用心。

微笑很简单，但它的作用却很大，还具有很多东西所不具备的优越性。就像希尔顿先生的母亲所说的那样。

世界著名的希尔顿大酒店的创始人希尔顿先生的成功，得益于他母亲的"微笑"。母亲曾对他说："孩子，你要成功，必须找到一种方法，符合以下四个条件：第一，要简单；第二，要容易做；第三，要不花本钱；第四，能长期运用。"这究竟是什么方法？母亲笑而未答。希尔顿反复观察、思考，就在某个瞬间，他突然找到了答案，那就是微笑。因为只有微笑完全符合这四个条件。后来，他果然用微笑闯进了成功之门，将酒店开到了全世界的大城市。

难怪一位商人如此赞叹："微笑不用花钱，却永远价值连城。"

是啊，简单而朴实的微笑，说明你热爱生活；微笑，表达着美好的情感；微笑，带你去与许多机会碰面；微笑，在艰难困苦中给你力量，在掌声与祝福中让你知道感恩。而孩子也就能从父母的微笑中，从父母对待生活的态度中，体会到对待生活的真正的态度，和应该持有的正确的观念。

相信孩子

　　家庭教育与家庭环境的良好影响，是通过父母和孩子在朝夕相处的生活中良好的沟通来实现的，其中教育的方法自然是一门学问，可是相处与沟通需要的不仅仅是语言的交流，更要有彼此之间真挚的情感作为支撑，而彼此之间最重要的也莫过于一定要信任对方了。

　　那么什么是信任呢？信任是人与人之间的一种心与心真诚以待的关系。朋友之间、同事之间，只要有信任，就会产生非常美好、真挚的感情。在家庭里，父母与孩子之间的相互信任，更是亲子之间的良好关系的表现。

　　心理学家经过调查分析指出：渴望获得他人的信任，并为之努力的这种状态是一种积极进取的行为的表现。在获得信任的这一过程中，孩子的心理素质、办事能力都将得到很大的锻炼，对孩子的许多方面都将产生有益的影响。在生活中不断地给予孩子信任，其实也是鼓励孩子的一种方法，让孩子在父母的信任中成长，以期获得更好的发展。

　　父母与孩子的相互信任是家庭教育获得成功的重要因素。一些教育专家在家庭调查中发现，孩子对父母有特殊的信任，他们往往把父母看成是自己学业、知识上的启蒙老师，言行举止方面的榜样，生活上最亲密的顾问，情感上最真挚的朋友。同时，他们也希望通过自己在各方面的良好表现来得到父母的信任，像同龄的朋友一样和父母平等地、毫无保留地交流。一般情况下，孩子都认为，来自父母的信任，才是真实、可靠的，是会令自己有莫大的满足感的。

十四岁的女儿不知从什么时候起，抽屉上多了一把锁，而且房里的灯经常半夜还亮着。

有一天，妈妈看见女儿神神秘秘地拿着一个小盒子放在了带锁的抽屉里。妈妈不经意地问了女儿一声，女儿高兴地说："保密。"

妈妈帮女儿收拾房间，发现垃圾桶里有一团被女儿揉成一团的纸，妈妈好奇地捡起来一看，上面写着"我爱你……"，后面还有字被墨水弄脏了，看不清。妈妈非常吃惊，她想起了每天晚上，女儿房里亮着的灯，女儿拿着盒子……妈妈觉得女儿有点不对劲，但妈妈又马上想："不，我相信我的女儿，她不会……一定是我弄错了，我坚决相信我的女儿。"

以后几天，妈妈都没有"监视"女儿，仍像往常一样对女儿。

那天晚上，女儿早早回到家里，帮妈妈做家务，还亲自下厨，炒了妈妈最喜欢吃的菜。

吃饭的时候，女儿从房里拿出了一个盒子和一张纸条，妈妈非常吃惊，因为女儿手里的盒子正是那天女儿神秘地放进抽屉里的那个。女儿依偎在妈妈的背上，拿出纸条，深情地读着："妈，我爱你，如果我是荷花，您就是为荷花遮风挡雨的荷叶……"女儿读完后，笑着说："妈，今天是您的生日，这段话是我反复修改后写的，这个礼物是我用零花钱买的，送给您，祝您生日快乐！"顿时，妈妈全明白了。

妈妈非常感动，也觉得对不起女儿，于是把她原来的想法告诉了女儿。女儿听完后，笑着说："妈，您不是没偷看我的抽屉嘛，而且您也仍然信任我嘛，只是'想想'没关系。"

妈妈笑了，得意地笑了，因为她庆幸当初只是"想想"。

因为父母的信任往往是发自内心的真正的信任，这意味着父母的那份关爱与鼓励，才是真正令他们内心感动的荣誉。因此，来自父母的信任对孩子有很大的鼓舞与激励作用。

对孩子的信任，做孩子最真诚的朋友，能够激发出孩子内心潜在的巨大动力，让孩子体会到被尊重和认可的快乐。孩子们会在父母充满信任和友好的目光与言语中，一步一个脚印地走向成功，实现他们心中的理想。

父母给予孩子信任的同时，也会教会孩子去信任他人，因为被别人信任是一种幸福，是一种人生中最可贵的财富。

一艘货轮在烟波浩渺的大西洋上行驶。一个在船尾搞勤杂的黑人小孩不慎掉进了波涛滚滚的大西洋。孩子大喊救命，无奈风大浪急，船上的人谁也没有听见，他眼睁睁地看着货轮拖着浪花越走越远……

求生的本能使孩子在冰冷的海水里拼命地游，他用尽全身的力气挥动着瘦小的双臂，努力使头伸出水面，睁大眼睛盯着轮船远去的方向。

船越走越远，船身越来越小，到后来，什么都看不见了，只剩下一望无际的汪洋。孩子的力气也快用完了，实在游不动了，他觉得自己要沉下去了。"放弃吧。"他对自己说。这时候，他想起老船长那张慈祥的脸和友善的眼神。不，船长知道我掉进海里后，一定会来救我的！想到这里，孩子鼓足勇气用生命最后的力量又朝前游去……

船长终于发现那个黑人孩子失踪了，当他断定孩子是掉进海里后，下令返航，回去找。这时，有人规劝："这么长时间了，就是没有被淹死，也让鲨鱼吃了……"船长犹豫了一下，还是决定回去找。又有人说："为一个黑人孩子，值得吗？"船长大喝一声："住嘴！"

终于，在那孩子就要沉下去的最后一刻，船长赶到了，救起了孩子。

当孩子苏醒后，跪在地上感谢船长的救命之恩时，船长扶起孩子问：

"孩子，你怎么能坚持那么长时间？"

孩子回答："我知道您会来救我的，一定会的！"

"你怎么知道我一定会来救你的？"

"因为我知道你是那样的人！"

听到这里，白发苍苍的船长"扑通"一声跪在黑人孩子的面前，泪流满面："孩子，不是我救了你，而是你救了我啊！我为我在那一刻的犹豫而感到耻辱……"

一个人能被他人相信也是一种幸福。他人在绝望时想起你，相信你会给予拯救更是一种幸福。就是这样一种人与人之间的真挚的信任，才使这个世界如此的美好，也才使孩子可以真心地交到许多值得信赖的朋友。

第五章

优秀品质，是终生财富

善良是根本

我们经常听到身边有父母这样告诉孩子，"别人打你，你也打他，打不过就咬"，"咱们宁可赔钱，也不能吃亏"。这是现在很多父母在教育孩子时经常说的话。为了纠正父母这一错误的教子方法，专家提出：不能忽视孩子对爱的感受，要对孩子进行关于善良的教育。父母要用自己的爱，让孩子的心里充满关爱与善良，教育孩子"从善如流"，让孩子从小就有一种博爱、同情、友善的品德与情怀。

生活中，许多父母想说什么就说什么，不注意在孩子面前的言行，什么都当着孩子的面说，例如灌输"社会如何尔虞我诈""人与人之间如何钩心斗角"等。也许父母那时并没有意识到这样做会对孩子形成一种不良的指向。那么，我们应在孩子的心中埋下什么样的种子呢？

有专家指出，关于善良的教育，其内容包括四个方面：

（1）保护自然环境和动物；

（2）同情并帮助弱者，创造机会让孩子帮助有困难的人；

　　（3）用一颗宽容的心去包容他人；

　　（4）唾弃暴力，不给孩子提供暴力玩具，远离暴力镜头，在处理问题时不用暴力行为。

苏联教育家苏霍姆林斯基曾说过："善良的情感是良好行为的肥沃土壤。"因此，从小培养孩子善良的情感，是强化孩子品德教育的重要一环。

善良是内心修养的一种境界；善良的举动亦是内心一种自然而然的真诚流露。所以善良不需要理由，它是孩子内心的关爱与温暖指导下的关怀、帮助他人的一种高尚的品德与美好的情感。

平时要让孩子对人善良、给予关爱，同时也要对他人给予自己的友好与善良，回报以感恩和谢意，这样人与人之间、孩子与孩子之间的善良，才有形成良性的、美好的循环关系的可能。这样，孩子才会在接受善良、友善的同时，丰富自己内心的善良，向外界传递更大的友善与帮助。

　　在一个闹饥荒的城市，一个家境殷实而且心地善良的面包师把城里最穷的几十个孩子聚集到一块，然后拿出一个盛有面包的篮子，对他们说："这个篮子里的面包你们一人一个。在上帝带来好光景以前，你们每天都可以来拿一个面包。"

　　瞬间，这些饥饿的孩子仿佛一窝蜂地拥了上来，他们围着篮子推来挤去大声叫嚷着，谁都想拿到最大的面包。当他们每人都拿到了面包后，竟然没有一个人向这位好心的面包师说声"谢谢",转身就走了。但是有一个叫依娃的小女孩却例外,她既没有同大家一起吵闹,也没有与其他人争抢。她只是谦让地站在一步之外,等别的孩子都拿到以后,才把剩在篮子里最小的一个面包拿起来。而且她并没有急于离去,她向面包师表示了感谢,并亲吻了面包师的手之后才向家走去。

第二天,面包师又把盛面包的篮子放到了孩子们的面前,其他孩子依旧如昨日一样疯抢着,羞怯、可怜的依娃只得到一个比头一天还小一半的面包。当她回家以后,妈妈切开面包,许多崭新、发亮的银币掉了出来。妈妈惊奇地说道:"立即把钱送回去,一定是面包师揉面的时候不小心揉进去的。赶快去,依娃,赶快去!"当依娃把妈妈的话告诉面包师的时候,面包师面露慈爱地说:"不,我的孩子,这没有错。是我把银币放进小面包里的,我要奖励你。愿你永远保持现在这样一颗平和、感恩的心。回家去吧,告诉你妈妈,这些钱是你的了。"

我们常常对别人的善良与恩惠不以为意,认为是应该的,因为自私、狭隘,生活的美意也变少了。但如果用善良、感恩的心加以回馈,那么生活中的爱与温暖就会感染更多的人。

诚实是原则

孩子是否有诚实守信的品德，直接关系到孩子将以一种什么样的态度去对待人生，也关系到他人将对其行为作出何种评价的问题。为此，作为父母，应利用一切可利用的机会以各种形式对孩子进行引导、教育，鼓励孩子养成诚实的品德。

诚实的品德掌舵着孩子人生的方向，铺就着孩子辉煌的人生之路，对孩子学业、人生的成功，有着非同小可的决定性影响。

那么，怎样培养孩子诚实的品德呢？

首先，父母要以身作则，对人对事要诚实，对待孩子时，更要诚实。绝对不能敷衍孩子，说话不算数。

言而有信是一种处世立身的基本品德。做一个言而有信的人，给孩子做一个榜样，这样孩子就会诚实地待人处事。

其次，就是父母要告诉孩子，一定要说真话，不能因为说谎有时可以得到好处，就在细小的事情上对自己放宽要求。有一句古话是"勿以恶小而为之，勿以善小而不为"。一定要让孩子明白其中的道理。

就像一个品学兼优的学生在演讲比赛中所说的一件父亲对他影响很大的事情一样。这件事情虽然只是平常生活中毫不起眼的小事，可是却在他幼小的心灵里，画上了重重的印记。

记得那是10年前冬天里的一个阳光普照的早晨，父亲带我和弟弟去城里的姑姑家做客。在车站，父亲走近售票窗口问道："我们三个到郑州要花多少钱？"

年轻的售票小姐回答道："大人4元，高于1米20的小孩和大人一样，低于1米20的不要票，他们两个有多高？"

父亲答道："这个小的1米15，那个大的1米22，我想我得付8元钱。"

那位售票小姐笑道："嗨！师傅，你是刚捡了钱还是发了大财？你只要告诉我较大的男孩1米20，你就可以省下4元钱。我的眼睛不是标尺，我又看不出有什么差别。"

父亲回答："你说得没错，但是孩子们知道他自己有多高！"

做一个诚实的人，其实是最需要勇气的。他必须敢于面对事实和真理，在别人含含糊糊、唯唯诺诺的时候，勇敢地指出真相。

把孩子送到学校，可以学到一些知识与规范，但是做人所需的最基本的东西却不是在学校课堂的有限时间内可以学习到的，这种诚实的品德需要日积月累，所以父母就要以身作则，在日常生活中给孩子良好的熏陶，在每一个细节上时刻对孩子进行诚实的教育。

这个孩子的父亲以自身的行为告诉孩子，任何时候，任何情况下，无论别人是否察觉都不能欺骗他人，因为欺骗别人，其实是在欺骗自己，自己的内心会明白一切事实的真相。诚信能获得别人的肯定，谎言看似蒙蔽了别人的眼睛，但真正蒙蔽的却是自己的心灵。所以孩子的任何行为与言行一定要善良，不能有违道德。

　　要让孩子知道，诚实是一种可贵的、无价的美德，而欺骗与说谎则是一种可耻的恶行。很多时候，它不但会伤害到自己，更会伤害到无辜的他人，从而使自己的内心遭受本不必遭受的煎熬。

　　无论何时，诚实的孩子都是优秀的，他们真诚地对待每个人、每件事，坦坦荡荡，光明磊落，他们一定会在学业与人生的发展道路上越走越稳，越走越好。

担当是责任

责任感是少年儿童健全人格必不可少的一部分，它将为孩子身心的健康发展提供动力和保障。责任感的培养有助于孩子摆脱以自我为中心的心理，养成自制、自理能力。教给孩子责任感，能使他明白自己的言行会对别人产生什么样的影响，进而明白责任的完成与否对自己的将来有什么作用。比如有一个孩子上小学时，家长给他买了一个闹钟，告诉他："什么时候起床由你来定闹钟，迟到挨老师批评也不要埋怨别人。"结果孩子每天都早早起床，不用父母再费心去叫了。

责任感的培养不仅有助于孩子理解、体谅别人，养成合群的好习惯，还有助于孩子关心、疼爱别人，能很快从别人对自己的态度和评价中，意识到自己的行为是否合适，并及时纠正错误。而没有责任感的孩子往往以自我为中心，对别人的反应不闻不问，我行我素。

让孩子懂得承担责任，因为责任是一个人对社会、对家庭的爱与自身人格的体现。不要让"我就是这种人"成为孩子逃避责任或可耻行为的借口。让孩子有一颗充满责任感的心，孩子就能够立足于社会、获得事业的成功与家庭的幸福。而是否有责任心，则是衡量一个人是否值得信赖的重要标准。

现代社会是一个竞争异常激烈的社会，不仅需要有知识、有技能的人才，同时更需要有责任感、能承担风险的人。当你勇敢地承担自己的责任或者失误的时候，你也就赢得了他人的信任和谅解。在现代社会中，不论是商场交易或一般的人际相处，负责任都是非常重要的品格。

教导孩子从小做一个为自己的言行负责的人，是培养孩子健康人格的基本内容之一。所以，有必要从小就培养孩子，让他学会选择，学会承担责任，那样，当他有一天长大成人后，他就能够很从容地面对生活，知道自己身上肩负着什么，哪些事情可以做，哪些事情则不能做，知道一旦选择了，就要为自己的决定负责到底。

每个人都应该有责任心，父母的责任心应该体现的地方不是在孩子的衣食住用行等具体的方面，而是对孩子心灵的塑造，培养孩子的责任心。

如果不能正确地爱孩子，教育孩子，其实就是没有尽到做父母的责任。现在的很多家长对孩子的愿望就是"现在生活好了，我们不需要你为家庭操心，只要你好好学习，将来有作为，我们再苦再累也心甘情愿"。但往往是事与愿违。越是怀着这种心态对待孩子，孩子越是辜负他们的期望，这种现象似乎令人费解。但如果我们仔细分析一下，父母的这种心态对孩子的负面影响就暴露无遗了。对孩子盲目地给予自以为是的爱，不仅是无效的行为，更是缺乏责任心的表现，如果不注重孩子的责任心的培养，那么将来孩子长大以后就很可能是一个极不负责任的人。

艾森豪威尔小时候家庭境况不错。但后来由于父亲的生意破产，欠下一笔数目不小的债务，家里的日子开始拮据起来。艾森豪威尔的母亲是一名勤劳乐观的女性。她巧妙地在3间屋子里给6个孩子安置了舒适的床铺，安排孩子们轮流值日、做家务，让他们学会帮厨、洗碗和洗衣；学会修剪果树，采摘果实，并把它们储存过冬；学会给菜园除草、堆草垛；学会喂鸡、挤牛奶。在全家人的共同劳动中，孩子们不仅体会到劳动的乐趣，更领悟到对家庭的责任感。

在一定程度上，孩子有想承担责任的愿望，这是受到父母对他们的期望值的影响。如果你对孩子承担自己的责任充满信心与期望，那么孩子就会满足你的期望。相反，如果你从来不给孩子承担责任的机会，不相信孩子，那么孩子怎么可能凭空具有责任心呢？

谦虚是力量

谦虚是一种优秀品质，也是中华民族的传统美德之一。19世纪英国著名的诗人丁尼生曾经说过："真正的谦虚是最高的美德，也是一切美德之母。"

谦虚的人并没有一心渴望得到别人夸奖的目的，尽管人们常常夸奖他们。骄傲的人却恰恰相反。他们时刻想获得别人的表扬与夸赞，但情况往往是除了自夸之外，就再没有第二个人夸奖他了。

没有一个人有骄傲、狂妄、藐视一切的资本，因为任何一个人，即使他在某一方面的能力很强，也不能够说明他就是无敌的强人了。对于学业上的追求也是一样，任何一门学问都是无穷无尽的知识海洋，谁都不能够认为自己已经达到了最高境界而停步不前、趾高气扬。只有谦虚、虚心地对待学问与有学识、有才能的人，才可以获得更大的进步。

被称为美国人之父的富兰克林，一生功绩卓绝，这与他的一次拜访不无关系。

富兰克林到一位前辈家拜访。一进门，他的头就狠狠地撞在了门框上，疼得他一边不住地用手揉搓，一边看着比正常标准低矮的门。

出来迎接他的前辈看到他这副样子，笑笑说："很痛吧？可是，这将是你今天来访问我的最大收获。一个人要想平安无事地活在世上，就必须时时刻刻记住'低头'。这也是我要教你的事情，不要忘记了！"

富兰克林把这次拜访看成最大的收获，牢牢记住了前辈的教导，并把它列入他一生的生活准则之中。

无论你的成就有多大，都要保持一种谦虚的态度，时时刻刻记得"低头"，因为谦虚、谨慎才是做人与学业取得进步的根本。

所以，做父母的要教育还处于学业中的孩子一定时时处处都要保持谦虚的作风。

人民艺术家老舍先生曾经说过："骄傲自满是我们的一座可怕的陷阱；而且，这个陷阱是我们亲手挖掘的。"意识到这一点之后，父母一定要根除孩子心中的骄傲自满的种子。让孩子知道每一个人都会有一些不足，可以扬长避短，可以张扬个性，但绝对不可以有骄傲自满的态度，否则不但会停滞不前，还会惨遭退步的打击。下坡路是很好走的，若再加上骄傲这一不良行为，理想就真是遥不可及了。更重要的是，良好的品德与性情就很难再形成与建立了，这样无疑就是自己毁了自己，也毁了自己的美好前程。

因此，父母要时刻提醒孩子，"虚心使人进步，骄傲使人落后""人外有人，天外有天"。对于世界上的事情，未知的有很多，学业与做人方面更是有许多要学习的地方，所以，不要因为取得了一点点的成绩，就洋洋得意。要让孩子认识到：自己还小，知识少，经验少，要认真学习，向大人学习，向朋友学习，"三人行必有我师"，只要有谦虚的品德、虚心的态度，就能向任何人学到东西。而骄傲恰恰是看不起他人，也就谈不上前进了，其结果必然影响自己的成绩。

孩子只有谦虚，才可以看到他人的长处，学到他人的优点，来弥补自身的不足；也只有谦虚，才能冷静地对待、处理外部的事情，而不狂妄自大，目中无人。

奋斗是源泉

每个孩子都有梦想，而对于向梦想努力、实现梦想，则需要进取的精神、勤奋的品质、奋斗的态度和持之以恒的行动。

心甘情愿地为理想奋斗，有一点是绝对不能缺少的，那就是勤奋。勤奋有时并不需要花很多的时间，废寝忘食地拼命工作也不是勤奋的唯一表现形式。认认真真，努力干好一件事情，不怕吃苦，踏实工作，这也是一种勤奋，而且是更为可贵的勤奋。

许多科学家、文学家的成才之路都是从小就刻苦勤奋，不怕吃苦。

经济学家王亚南也不例外。他从小就胸怀大志，酷爱读书。在读中学时，他为了争取更多的时间读书，特意把自己睡的木板床的一条腿锯短半尺，成为三脚床。每天读到深夜，疲劳时上床去睡一觉后，迷糊中一翻身，床向短脚方向倾斜过去，他一下子就被惊醒过来，便立即下床，伏案夜读。天天如此，从未间断。结果他年年都取得优异的成绩，被誉为班内的三杰之一。由于他少年时勤奋刻苦读书，后来，终于成为我国杰出的经济学家。

读书、学习，为理想奋斗，需要刻苦的精神与持之以恒的毅力，而要想长久地进行艰苦的行动，就一定要热爱所选择的道路。这样，成功离孩子就不会再遥远了。

孩子具有进取心，且勤奋、努力，是未来奋斗所应该具备的很重要的一个成长要素之一。所以，如果孩子本身就具有很强烈的进取心，那么父母就应该呵护好，让孩子取得更大的成绩，朝他的理想与憧憬去不断地奋斗。而如果孩子没有很强的进取心，那么父母就要多观察孩子，发现孩子的兴趣和他们哪些方面有热情，而这很可能就是能激发出孩子进取心的方面。父母应多鼓励孩子，陪孩子一起玩，表达出父母的期望，让孩子觉得他完全可以达到，而且这并不是多难的事情，这样一来，孩子的信心就不断地增强了，内心也就会充满对梦想及美好事物的追求，从而也就会产生进取心。

孩子有了进取心和挑战探索的精神，这是实现远大理想的重要条件。但是，任何人要想实现理想、取得成功，仅仅靠进取、探索是远远不够的，还必须坚持不懈、敢于行动，用坚强的意志力去不断地尝试、不断地采取行动，去向自己的理想飞奔。古今中外那些成就大事的人，无一不是坚持不懈、永远行动的人。

正如心理学家所认为的那样，凡是有恒心的人，总有两种心理因素作为支柱，一个是有明确的目标，一个是有顽强的意志，二者缺一不可。而在这两者之外，还有更为重要的一点就是不懈地行动。想到，还要做到，只有做了，才知道自己那不达目的誓不罢休的奋斗的力量。有理想，就要奋斗，只有这样，憧憬理想的热情才不会被生活中遇到的困难与不顺所冷却掉。爱拼才能赢得好未来，这就是奋斗的意义。

鲤鱼们都想跳过龙门。因为只要跳过龙门，它们就会从普普通通的鲤鱼变成超凡脱俗的龙了。

可是，龙门太高，它们一个个累得精疲力竭，摔得鼻青脸肿，却没有一个能够跳过去。它们一起向龙王请求，让龙王把龙门降低一些。龙王不答应，鲤鱼们就跪在龙王面前不起来。它们跪了九九八十一天，龙王终于被感动了，答应了它们的要求。鲤鱼们一个个轻轻松松地跳过了龙门，兴高采烈地变成了龙。

不久，变成了龙的鲤鱼们发现，大家都成了龙，跟大家都不是龙的时候好像并没有什么两样。于是，它们又一起找到龙王，说出自己心中的疑惑。

龙王笑道："真正的龙门是不能降低的。你们要想找到真正的龙的感觉，还是去跳那座没有降低高度的龙门吧！"

要想取得成功并不是一件容易的事，成功之门是不会降低标准的，只有不断地奋斗，才能到达成功的彼岸。所以，父母一定要告诉孩子，在成长的道路上，无论是对于理想还是自身行为，都不能走捷径，或者是投机取巧，这样做有时往往会害了自己，那时就连可以奋斗的机会都没有了。

目标是方向

生命本身就是一连串的目标。没有目标的生命，就像没有目标的船，只会在海中漂泊，永远不会到达彼岸，也无所谓顺风逆风。目标就是方向。有了目标，就有了人生的方向，就有了前进的动力。

也许有些孩子会说，我有目标呀：我想在学习上取得好成绩；我想考上名牌大学；我想成为校篮球队的队员；我想以后赚很多很多钱；我想成为歌星……可我有时还是觉得空虚，不知该干什么好。

出现这种情况并不奇怪，因为这些孩子对目标的认识太混乱、太模糊，以至于所谓的目标无法正确指导其行动。

这样的目标未免有些临时性的性质，如果一旦这些目标实现了，那么接下来，孩子要如何做呢？会不会因为目标已经实现，失去了奋斗的目标而不再努力了呢？

以预计实现目标要花费的时间长短为标准，把一个人的行动目标主要划分为三种：短期目标、中期目标和长期目标。这样更有利于孩子有效地实现所设立的目标。

一个城郊的居民区住着三户人家，他们的平房紧紧相邻着，三个男人都从农村招工进了一家炼铁厂。

厂里工作辛苦，工资又不高。下了班，三个人都有自己的活。一个到城里去蹬三轮车，一个在街边摆了一个修车摊，还有一个在家里看书，写点文字。蹬三轮车的人钱赚得最多，高过工资；修车的也不错，能对付柴米油盐的开支；看书写字的那位虽没有别的收入，但也活得从容。

有一天，三个人说起自己的愿望。蹬三轮车的人说，我以后天天有车蹬就满足了。修车的说，我希望有一天能在城里开一间修车铺。喜欢看书写东西的那个人想了很久才说，我以后要离开炼铁厂，我想靠我的文字吃饭。其他两位当然都不信。

五年过去了，他们还是过着同样的生活。十年后，修车的那位真的在城里开了一家修车铺，自己当起了老板。蹬三轮车的那位还是下了班去城里蹬车。十五年后，看书写字的那位发表的一些作品，在地区引起了不小的关注。二十年后，他的作品在全国获了奖，并被译到国外，成了一名著名的作家。

这就是目标对人生发展所起的作用。长期的大目标可以帮助孩子去克服道路上的一切苦难与障碍，只要实现了一个又一个小的近期的目标，在最终的坚持、努力之后，一定会实现那个设定已久的大目标。

无论是学业还是人生长远的发展，有目标的孩子生活态度总是表现得积极乐观，愿意尝试新的方法，学习主动性强，愿意为自己的事情承担责任，意志力较强。

帮助孩子树立目标，父母可以从两方面着手：一是发现孩子究竟对什么感兴趣；二是让孩子多看报纸、杂志和书籍，多与外界接触，让孩子多接触新的思想和新的信息，激发孩子产生自己的兴趣，树立自己的目标，最后一步一步地将自己的目标各个击破。

家长要注意的是：不要把孩子设立的目标不当回事，父母需要做的是给予孩子有效的支持，并时刻地激励孩子。帮助、监督孩子定下的小目标是否按孩子的计划完成了，在孩子懈怠时，要敦促孩子一步一步地按计划将目标坚持完成；在孩子实现目标的过程中遇到困难时，父母要多鼓励孩子，与孩子一起找出解决问题的办法，以使目标实现起来更加顺利。

有位古代哲学家说过："志不立，天下无可成之事。"立志，就是确立人生的努力方向，树立远大理想。一切远大的抱负与理想都有赖于从一个个小目标的完成做起。有志向、有理想的人，往往能承受一些短期目标甚至中期目标的失败而坚韧不拔地奋斗到底。

可以说人生犹如登山，目标就是一个又一个的山头。有了目标，就有了努力的方向，孩子的人生就会充实而坚强起来；如果缺乏目标，那么孩子就会失去积极上进的动力。而帮助孩子从小树立一个一个的目标正是为孩子的将来所作的最好的考虑。

第六章 /

乐观阳光，收获良好心态

磨难是一种财富

　　在人的一生中，遇到挫折是在所难免的事情。虽然不幸和挫折可以使人沉沦，但也可以铸造人的坚强意志，成就充实的人生。明智的人会将苦难视为人生的一大财富，每一次磨难都是生命的财富。历经磨难之后，生活会给予强者丰厚的馈赠。磨难只是表象，一般其后都隐藏着一个巨大的幸运。因此，磨难在孩子成长中有着重要的意义与作用。

　　苦难是人生的一位良师，也是人们重新定位自己的良好机会。它能教给孩子学会用感激的心情、积极的态度对待一切问题，勇敢地在生活中打拼，积极地参与社会竞争。

　　谁不企盼生命之旅一帆风顺，可是缺少了磨难的个体从某种意义上来说未必不是潜在的生命危机。有一位思想家曾经说过："草木不霜雪，则生意不固；人不经忧患，则智慧不成。"所以，当生活中的种种挫折无情地把孩子推向磨难之海时，父母必须帮助孩子、鼓励孩子孤注一掷地奋力一搏，否则，就会因怯懦而被溺。试看历史上的那些伟大人物，无一不曾经受过磨难的锻打，无一不是因磨难而发愤千古的典范。古今中外，凡成就大事业、大学问者，都经受过艰苦的磨难：文王拘而演《周易》，仲尼厄而作《春秋》，屈原放逐乃赋《离骚》，孙子膑脚而修列《兵法》，司马迁遭"宫刑"而作《史记》，曹雪芹家道中落而著《红楼梦》，正所谓自古英雄多磨难。

由此可见，磨难是人生必需的经历，即使是父母百般呵护的、正在成长中的孩子也不例外。在人生的道路上，谁都会遇到困难和挫折，就看当事人能不能战胜它。战胜了，我们的孩子就是英雄，就是生活的强者。正所谓苦尽甘来，不经历风雨，哪见得彩虹。再渺小的生命，只要永不服输，磨难就会把他推向成功，就如水滴也能壮大成为海洋。但是在经历磨难与挫折的过程中，父母一定要给孩子信心与鼓励，并时刻支撑着孩子，让孩子有信心有勇气走出困苦，迎接辉煌。

清人王永彬认为，苦字挂在人的脸上，"人面合眉眼鼻口，以成一字曰苦（两眉为草，眼横鼻直而下承口，乃苦字也），知终身无安逸之时"。人活着就要接受许多的挑战，要面对许多难题，所以生活的本质是苦。人的一生也只有在与磨难的抗争中才能逐步走向自我的完善，并在苦中感受着快乐。

人是脆弱的，但在苦难面前，人往往又超乎寻常地坚强。苦难是所学校，肄业的人都是弱者，毕业的人才是真正的大写的人。战胜苦难，让困难臣服于我们的孩子，做生活的主宰，凌驾于逆境之上，行走出真我的风采。

人不能摆脱他的处境，但可以自由地对待他的处境，可以通过选择，自由地赋予处境以意义。那时，掩隐在困境后面的帷幕就会拉开，就会出现一个全新的生活的舞台。

现在的孩子大多是独生子女，生活在优厚的物质环境和家长的保护圈中，没吃过什么苦，也不知道什么是苦。做父母的，宁愿自己去经受磨难，也要为孩子铺平道路，设计充满笑脸和鲜花的明天。但是，在现实生活中，人难免会碰到失败和挫折，每个父母时刻疼爱的孩子当然也不例外，他们由于受身心发展水平的限制，心理承受能力较弱，即使在成人看来很微小的一次失败，对于孩子来讲，很可能就是一次不小的打击，会使他们不知所措、失望退缩，丧失热情和信心，甚至出现逃学、离家出走、自杀或精神疾患等不良结果。所以，父母在平时一定要对孩子进行苦难教育，让孩子们经历挫折也好，磨难也罢，这都是在磨炼孩子的心智，让孩子在将来的生活中，可以承受住一切风雨的洗礼。

　　　　　　　　美国著名电视节目主持人舒勒博士曾经举过一个例子：

　　　　爱荷华州的农民以种植土豆为主，他们每年都习惯于将收获的土豆按体积不同分为大、中、小三类，然后分类包装，以不同的价格出售。然而分类包装却占去了他们大量的精力和时间。

　　　　可是有一个农民却从来不这样做，他是当地农民中收入最高的人。

　　　　有一天，他的一位邻居忍不住问他："为什么你从来不用对土豆进行分类？"

　　　　他回答道："其实道理很简单，我只是把所有的土豆装上车，然后将车开到最崎岖的路上。经过十公里山路的颠簸，小的土豆自然会没到下面和四周去，而个头较大和体积中等的土豆则会自然地留在上层和中央。"

土豆经过崎岖的山路的颠簸，自然分出了大小。人也一样。在苦难中毅然走过来的人，便是生活的强者。

磨难是人生的另一颗太阳，历经一次磨难，就获得一次人生的亮丽。如同月穿云层，光华照人。磨难使人生充满智慧。如果说人生是一尊雕像，磨难则如一把锋利的雕刻刀，人就是用这把刀来刻画命运的雕塑家。一尊完美的雕像的诞生，不仅需要经过磨难的洗礼，还需要雕塑家的坚毅与深沉。哲人说空白的人生才没有磨难。真正的人生需要磨难，同时磨难以它的冷峻和无情使强者的命运获得了价值与升华。

在苦难这所学校里毕业的学生，一定会有坚强的意志力去克服生活中的重重难关。所以父母不要总把孩子保护在自己的羽翼之下，不要溺爱孩子，应该让孩子去飞翔高处，搏击风浪，这样孩子才能健康地成长，才能成为一个不畏险阻、珍惜困难的人。

困苦中不言弃

人的一生会遇到许多令人痛苦的难以忍受的事情，学业上的不顺，生活中的坎坷，来自外界的打击与不理解……面对这些艰难、苦楚，很多大人都被它们打败了，就此一蹶不振，更不用说是一些孩子了。可是有些孩子却能用积极的心态、健康的心理，在苦难、挫折中寻出一条通向希望、光明的坦途。这些孩子是坚守自己内心的信念，坚强地挺过来的人，他们更能体会到重新沐浴阳光时那一刻的幸福与欣慰，一切只是因为他们执著而坚定地相信自己，相信最终能以坚强的毅力走出来。

所以遇到困难、挫折时，坚强、乐观的孩子告诉自己，要坚持，一定要坚持；不顺利、黑暗，都会在坚持之后，变成顺利与光明。无论情况如何变化，都要坚持，坚持，再坚持，这就是成功的秘诀。就像丘吉尔的那场演讲一样。

1948年，牛津大学举办了一个题为"成功秘诀"的讲座，邀请丘吉尔来演讲。在讲座开始前三个月，媒体就开始炒作，各界人士翘首以盼。

这一天终于来了，会场上人山人海。人们都准备洗耳恭听这个伟大人物的成功秘诀。丘吉尔用手势止住大家雷动的掌声后，说："我成功的秘诀有三个：第一是决不放弃；第二是决不，决不放弃；第三是决不，决不，决不放弃！我的演讲结束了。"

失败的孩子之所以总被失败打倒，是因为在遇到挫折时放弃了自己，放弃了希望和努力，他们从不想让自己在困难中多坚持一刻，他们没有告诉自己："决不，决不，决不放弃！"

就此，我们也可以在孩子遇到困境与挫折时，告诉孩子"坚持，坚持，再坚持"。因为成功也好，幸福也罢，从来就不会那么轻易地到来。而成功也从来不是来自那最后的一击，总要经历许多磨难与坚持。

当孩子因为努力之后仍没有取得进步而感到失落时，当孩子由于某种原因成绩滑坡时，就给孩子讲讲下面这个故事吧，鼓励孩子再次扬起风帆，在哪里跌倒就在哪里爬起来，不断挑战，不断奋斗，带着希望，直到迎来转机的那一刻。

以下是一个人的经历：

1832年，他失业了。同年，他竞选州议员落败。

1833年，经商失败。

1834年，当选州议员。

1835年，丧偶。

1836年，患精神衰弱症。

1838年，竞选州议会议长落败。

1843年，争取党提名竞选联邦众议员未成。

1846年，当选众议员。

1848年，党再度拒绝提名他为众议员候选人。

1849年，争取国有土地管理局局长一职被拒。

1854年，竞争参议员落败。

1856年，争取党提名为美国副总统候选人未成。

1858年，竞争参议员再度落选。

1860年，当选为美国总统。

这个人就是美国人都敬仰的总统——亚伯拉罕·林肯。

在一次又一次的跌倒、落寞中，林肯都没有放弃努力的希望；一次又一次的打击都没有击溃他的心理防线，这就足以证明他的内心有多么强大的力量。看林肯的故事，不是要让孩子去做伟大人物，去不顾一切地争取成功，而是让孩子在第100次失败后有第101次站起来的勇气。这样，孩子才有不断抗击风浪的自信与毅力。

跌倒后要勇敢地站起来

考大学三次失败，尤其最后一次，对我的打击确实很大，让我无颜面对江东父老。特别是当同学、朋友来电询问战果时，心中的苦涩、无奈、失落与悲观，真的很不愿去面对。当听到他们安慰的话的时候，我也只能强装镇静、笑声朗朗、侃侃而谈地说："没有什么，嘿嘿，从头再来！"有几个较熟悉的朋友开玩笑说："不行就找份比较不错的工作挣钱找对象结婚生子好了。"虽然是笑语，且亦是出于一片好心，但此刻个中滋味真是难以名状。

这些日子以来，虽认真总结了失败的经验与教训，也制订了下一年考试的学习计划，但一直不能静下心来。我突然发现有时我一个人独处时，很孤独和无聊；与较好的朋友在一起的时候觉得特没有面子，说话和做事情亦特没有劲；与不熟悉的人或陌生人交往时少了往日的自信，隐约有一种莫名的胆怯，说话老觉得没有底气。我觉得这样下去是可怕的，是到了该拾起自己的自信，鼓起十二分的勇气，整理失落而复杂的思绪的时候了。

我想每个人都有自己的梦想。我是一个天生爱做梦的人，梦很多且很宏大；但如果老是把时间浪费在对过去的回忆或对未来的梦想上，那么我的梦想何时才能实现。于是我毅然对自己说："跌倒了，再站起来吧！"其实一个人失败了多少次并不可怕，关键是下一次还有没有勇气再站起来。我们虽然无法改变失败，但我们可以改变面对失败的态度。用希望来代替绝望，用坚韧来代替胆怯，用决心来代替犹豫，用乐观来代替悲观。

这个孩子是成功的，虽然他考试失败，但他的人生是非常成功的，因为他有一个健康的心理以及不屈不挠的精神。

即使跌倒了100次，也要有第101次站起的信念与决心。有这种心态与毅力的孩子，他的人生不会是失败的，一定会是充满幸福与满足的人生，而且能坚强乐观地迎接生活中的一切挑战。

跌倒后的站起，需要的不仅仅是勇气，还有对理想的不弃不舍，对自己的不放弃，对人生的美好憧憬。

而在这一过程中，每一个孩子当然也离不开父母的支持、鼓励、建议与在很多方面的指导。但是父母的角色并不只是人生的指导者，更重要的角色是孩子的依靠，是可以倾听孩子心底的声音的、孩子身边最亲近的人。

因此，跌倒的时候，孩子并不需要我们做父母的说多少大道理，讲多少处事的经验，父母要循循善诱地告诉孩子如何做，如何才能走出低谷，继续奋斗。在这种情况下，孩子其实需要的仅仅只是来自父母的一句安慰，孩子跌倒时，委屈时，只是父母说出"我们明白你的感受""你现在的心情，我们完全可以理解"，这样对于孩子来说，就足够了，内心就得到了莫大的满足。对于孩子来说，有时需要父母的鼓励、赞美，当然有时也需要父母严厉地提出批评。但是，当孩子遇到挫折、不顺，孩子已经身心俱疲时，这时需要的只是来自父母的安慰的语言。因此，很多时候，我们的孩子就和下面故事中的这个小女孩儿是一样的处境与心情。

> 据说英国一个著名的芭蕾舞童星埃利，12岁时不幸由于骨癌准备截肢。手术前，埃利的亲朋好友，包括她的观众，都闻讯赶来探望。妈妈不住地安慰说："别难过，没准儿出现奇迹，还有机会慢慢站起来呢。"亲戚说："你是个坚强的孩子，一定要挺住，我们都在为你祈祷!"埃利一言不发，默默地向所有人微笑致谢。
>
> 她很想见到戴安娜王妃，她优美的舞姿曾得到戴安娜王妃的赞美，夸她像"一只洁白的小天鹅"。经过别人转达她的愿望，戴安娜王妃终于在百忙之中赶来了。她把埃利搂进怀里说："好孩子，我知道你一定很伤心，痛痛快快地哭吧。"自从得了病，什么安慰的话都有人说了，可就是没有人说过这样的话，埃利觉得最能体贴理解她的就是这句话，埃利一下子泪如泉涌。
>
> 戴安娜虽出身富家，但也没受过什么高等教育，然而我们相信她的情商一定很高，这种独有的天赋让她的形象在人们心中永远那么慈善温柔，颇具亲和力，无人能够替代。

戴安娜王妃的一句安慰，说到了孩子的心坎上，伤心的眼泪终于得到了倾泻。受伤时，我们需要的不是多少鼓励与赞美，而一句

"我懂你的感受"就足以让整个心慢慢愈合。

通过这个故事，相信很多父母自然就会明白这个道理。

学会安慰孩子，让孩子在挫折中收获更多的财富，这样孩子在失败中才不会有所损失，才可以让心磨砺得更加坚强，以战胜一切，走更远的路。

每一个坚强的孩子都不在乎前进道路上的挫折与跌倒，而是信心百倍地投入每一次新的战斗。每一个孩子都不在乎奔赴理想的道路有多苦，在这个过程中，他们会调整自己的心态，转换自己的思维，以求离自己的梦想更近一步。

> 一个走夜路的人碰到一块石头上，他重重地跌倒了。
>
> 他爬起来，揉着疼痛的膝盖继续向前走。他走进了一个死胡同。前面是墙，左面是墙，右面也是墙。前面的墙刚好比他高一头，他费了很大力气也攀不上去。
>
> 忽然，他灵机一动，想起了刚才绊倒自己的那块石头，为什么不把它搬过来垫在脚底下呢？他折了回去，费了很大力气，才把那块石头搬了过来，放在墙下。
>
> 踩着那块石头，他轻松地爬到了墙上，轻轻一跳，他就越过了那堵墙。

生活中这样的孩子有很多，他们是优秀的、了不起的。因为每一个孩子都知道，有时，绊倒我们的不幸，恰恰是锻炼我们的机会，只要不灰心丧气，积极地寻找解决问题的办法，就会将危机变为转机。在变化之中，不断地提升自我的潜能，以准备走更为艰苦的人生之路。

不论怎样，不管孩子多么的坚强，多么的阳光，在孩子跌倒之后，我们做父母的还是要在孩子身边做很多事情，而其中，最重要的就是，告诉孩子跌倒后应保持的态度与姿态：

（1）可以哭，可以痛痛快快地哭。但是要记住的是，要将这哭之前的所有痛苦与疲累都统统地哭出来，然后轻松地对待下一秒、下一刻。

（2）分析失败、跌倒的原因，最好是写在纸上，分条地列出来，这样看起来更清晰、直观。

（3）调整好心态，以应付面前的道路，因为谁也不知道在哪一刻会出现什么差池。

（4）无论道路多么艰难，也一定要相信自己，相信自己的力量。有梦才会有力量、有行动，也就会有希望。

希望就在某个角落

很多人的成功清楚地告诉我们这样一个道理：我们每个人都必须在失望中保持着冷静，保持着希望，也保持着慎独而为的信念，即便一次又一次失望，也决不要放弃我们心中最终所要寻找的希望，最起码也要在充满苦难的抗争中辉煌地完成属于自己的独特一生。失望也罢，绝望也罢，希望之出现就在于我们是否真正尽了最大的努力，来完成一次令人为之瞩目且有意义的蜕变，并被社会认同的自我创造。

很多父母都会经历孩子遭受失望的时候，孩子也都会有很多不自信的表现，但是父母一定要给孩子信心，在生活中多多鼓励孩子。

有一年，一支英国探险队进入了撒哈拉沙漠地区。茫茫的沙海里，阳光下，漫天飞舞的风沙像烧红的铁砂一般，扑打着探险队员的面孔。队员们口渴似炙，心急如焚，可是大家的水都喝光了。

这时，队长拿出一个水壶，说："这里还有最后一壶水。但是在走出沙漠以前，谁也不能喝。"

一壶水，成了穿越沙漠的信念的源泉，成了队员们求生的希望。水壶在队员们的手中传递，那沉甸甸的感觉使队员们每每在濒临绝望的时候，又显露出坚定的神色。

终于，探险队顽强地走出了沙漠，挣脱了死神的魔掌。大家喜极而泣，用颤抖的手拧开了那壶支撑他们精神和信念的水……

而缓缓流出来的，却是一壶满满的沙子。

人生不能没有希望。希望，是沙漠中的一壶水，虽然那水是沙子。但只要心中有希望，就能走出生活的沙漠，跨越险途的沟壑，擦亮心灵的暗夜。

让孩子具有一种精神，这种精神可以帮助孩子走出困境，永远不失去希望，让孩子有勇气、有信心走出来，并且可以冷静地对待困境，不怨天，不尤人。

失去了钱，可以再赚；而如果失去了希望，再多的钱也买不来，那么存在的一切将不再有意义。而对于孩子来说，最重要的就是希望，因为希望可以让残缺的世界圆满，可以让孩子从阴霾的谷底走向开阔的草原，可以鼓舞孩子不断重拾信心、积攒力量，为自己的梦想打拼。

时常听人们这样说，希望就在眼前，希望就在某个转角，希望就在前方，有了希望人生才有意义，等等。其实，很多时候，生活中就是这样的，而希望就蕴涵在简单的生活中。

两个在山上放牛的男孩发现了一个废弃的矿井，于是，他们举着火把，钻进洞里去。呈现在他们眼前的是一个新奇的世界。矿井极深极长，且纵横交错，很像一个地下迷宫。两个男孩一时兴起，就顺着一条偏井走了进去。

不一会儿，火把燃尽了，他们顿时置身于无边的黑暗和冷寂之中，两个人都有些害怕，慌忙往回走。但是，他们却找不到洞口。

恐惧和焦虑越来越甚，他们在里面盲目地左冲右突。

3天之后，孩子的父母在矿井里找到了两个孩子的尸体。他们的尸体在一个偏井里，离主井的出口不到50米。

法医尸检时说："这两个男孩不是死于饥饿，依据他们的生理能量，完全可以走出井口获救。经过我们的分析，他们是死于心里的恐惧和绝望。"

可以想象，这两个男孩也曾在矿井里努力地寻找出口，但因为久久没有找到，所以陷入了极度的恐惧和绝望之中，正是这种恐惧和绝望使他们最终放弃了努力，在离井口50米的地方，放弃了生还的希望。

其实，只要他们再向前走几步，转一个弯，就能看见洞口的阳光。

在生命的长河中，会遇到许许多多的不如意之事，难免失望、恐慌，越是这种情况，孩子就越要冷静地对待，而这正是父母要指导涉世不深、经历不多的孩子必须注意的事项。要让孩子明白，成功、胜利有时就在拐角处等着我们呢，所以在任何时候、任何情况下，都一定要坚守希望，增加内心希望的能量，因为希望越浓，恐惧越淡；希望越多，恐惧越少。

当孩子悲观失望时，我们做父母的一定要让孩子知道这些话，更要让他们明白其中的道理，在明白这些之后，就要和孩子一起按照这种美好的状态去走。只有这样，只有在期许希望中，我们和孩子才不会让绝望变成那可怕的自杀毒药；特定的苦难也永远不会让人喋喋不休地抱怨。有了希望，孩子才不会陷于"为什么我如此倒霉"的自我中心的深渊；有了希望，才不会沉溺于"我是天下最不幸的人"的悲叹中而无力自拔；有了希望，才不会稍不如意就大发雷霆或唉声叹气，并将自身的怨恨、愤怒、悲观、厌世、颓废等情绪转嫁到外在环境或亲人、朋友及其他人身上。只有哀怨而没有希望，那么便无从在苦难中发现生活的意义，无法将消极的苦难变成积极的生活动力并从中汲取人性的滋养。

那么希望在哪里呢？其实很简单，就在孩子天真、稚嫩的心里，就看孩子自己是否能找到那颗遗留在心里的一点希望。就算孩子一段时间内沉浸在了失望、消极之中，父母也要帮孩子走出来，给孩子力量与鼓励。

那么希望是什么呢？其实希望就是孩子心里那盏明亮的灯，不要把它轻易熄灭了，更不要用消极来替代自己活着的意义。所以，父母一定要和孩子一起，主要是协助孩子呵护好孩子内心的那盏灯。因为孩子的心中一旦充满希望，这种特性便能使孩子在黑暗中看到光明，敢于迎接挑战。

无论面对怎样的困境，遇到了多大的困难，心里有多失望，都要让孩子记住，时刻提醒、告诫自己，"明天还有希望"，太阳会照常升起。这样不仅会使孩子不再抱怨，也会使孩子更有信心面对挫折的挑战。

要培养孩子对生活充满希望，父母首先要从自身做起，父母本身就应该是乐观主义者，比如教导孩子：失败乃成功之母。这样，当困难真的来到时，孩子就会敢于面对现实，临危不惧，从而建立起坚强的个性和忍耐力。这一点，正是其一生成功的希望所在。

有时努力、行动之后，就会获得成功，但那一定是在之前进行了很多次尝试、积累了巨大的力量与信心，才取得的成果。这种情况只是少数，大多数时候，孩子还是会经历失望、伤心的痛苦历程，只要教导好孩子，让孩子有一个正确、客观的认识态度，这些失望、不顺就只是暂时的，积极乐观地走过这段时期，孩子就一定会迎来在坚持之后，在耐心忍受住巨大的失望之后的那份幸福与满足。而这些都是生活带给年幼的、经历不多的孩子的最大财富，让孩子在失望中拥有胜利的心态与信念，永远以一个强者的身份满怀希望地迎向未来，带着经验与热情、勇气与智慧走向成功与辉煌。

热情地拥抱生活

热情是一种素质，是一种性格。伟大的热情能帮助孩子战胜一切困难与遭遇到的所有不顺，因此一个人只要满怀信心地、永不失望地、坚持不懈地追求，他就能实现他的理想。因为当一个人有无限的热情时，就可以成就任何事情。

卡耐基先生的办公室和家里都挂着一块牌匾，麦克阿瑟将军在南太平洋指挥盟军的时候，办公室里也挂着一块牌匾，他们两人的牌匾上写着同样的座右铭：你有信仰就年轻，疑惑就年老；你自信就年轻，畏惧就年老；你有希望就年轻，绝望就年老；岁月使你皮肤起皱，但是失去快乐和热情就损伤了灵魂。

热情使孩子斗志昂扬地进行着自己的努力，让生活的水永远沸腾，不因为生活中遇到的各种难题而放弃所追求的理想。这就是热情对于孩子的重要性，使他们永远不对生活、自己、理想感到失望，永远不对困难妥协。

所以，父母一定要在生活中培养孩子的热情。父母也要在生活中尽量积极、乐观，充满热情地待人处事，这样孩子在以父母为榜样的同时，也会像父母那样做，这样就将形成一个良性的循环。

那么应该怎样培养孩子做事情的热情，以及使孩子在生活中即使遇到不顺也能保持热情的精神呢？

方法其实很简单，就是要不断地鼓励、赞美孩子。因为孩子都是渴望得到父母的认可与支持的，无论大事小事，当他完成一件事情的时候，就要鼓励他，并且真诚地相信他，培养他做事的兴趣与积极性，这样孩子就会越来越有激情，就会充满热情地去面对一切。

为什么要如此地强调一定要培养孩子的热情呢？这是因为一个人如果缺乏热情，那么任何事业都不能成功。热情，对大多数孩子来说，是生来就有的。然而要使其不因生活中一些不好的因素来打击孩子的热情，继续把热情保持下去，却不容易。因为热情是脆弱的，很容易被诸如他人的嘲笑、接连的失败、考试的分数等挫伤，以致被摧毁。因此，父母要十分注意保护孩子的热情，千万不要随意伤害它。

父母一定要在平常的生活中不断地使孩子一直保持热情、乐观、积极的状态。那么当孩子一时意志消沉时，父母应该如何帮助孩子扭转这一不好的心理状况呢？看看下面这则故事会给我们每位父母带来很好的启示。

美国心理学家霍特举过这样一个例子：

> 有一天，友人弗雷德感到意志消沉。他通常应付情绪低落的办法是避不见人，直到这种心情消散为止。但这天他要和上司举行重要会议，所以决定装出一副快乐的表

情。他在会议上笑容可掬、谈笑风生，装成心情愉快而又和蔼可亲的样子。令他惊奇的是，不久他发现自己果真不再抑郁不振了。弗雷德并不知道，他无意中采用了心理学研究方面的一项重要原理：装着有某种心情，往往能帮助他们真的获得这种感受——在困境中有信心，在不如意时表现快乐。

多年来，心理学家都认为，除非人们能改变自己的情绪，否则通常不会改变行为。我们常常逗眼泪汪汪的孩子说"笑一笑呀"，结果孩子勉强地笑了笑之后，跟着就真的开心起来。这就是行为改变导致了情绪改变。

心理学家艾克曼的最新实验表明，一个人老是想象自己进入某种情境，感受某种情绪，结果这种情绪十之八九真会到来。一个故意装作愤怒的实验者，由于"角色"的影响，他的心率和体温会上升。心理研究的这个新发现可以帮助我们有效地摆脱坏心情，其办法就是"心临美境"。例如，一个人在烦恼的时候，可以多回忆愉快的时候，还可以用微笑来激励自己。当然，笑要真笑，要尽量多想快乐的事情。高声朗读也有帮助，只是读书时要有表情，且要选择能振奋精神的而非忧郁之作。一项心理研究显示，心情烦恼的病人带着表情高声朗读后，他们的情绪会大为改善。

意志消沉，不开心；痛苦坎坷，有沉浮。这样的生活景况，每个人都会遇到，更何况是一心积极向上、追求完美的孩子。因此，父母鼓励、帮助孩子拥有一种对待生活的热情，就会使孩子在失望悲观时，仍能燃起生命的火把，给生活一个笑脸。这样当孩子带着信心与热情，走过那段不顺的道路之后，自然会看到奇迹的出现。

第七章 ／

自主选择，不做『乖娃娃』

给孩子选择的机会

教育是完善人格的事业，再小的孩子也有自己的意愿和想法，而孩子的心灵是纯洁而美丽的，孩子的心灵也是脆弱而易碎的，因此他们的想法与意愿，也很容易在父母的不注意或是否定下而伤心地付诸东流了。

在很多情况下，父母的硬性规定、强硬态度对孩子是起不到好的教育作用的。

有一次，大思想家爱默生和他的儿子想把牛赶进圈，可是牛就是不愿意进圈。于是他在前面使劲地拉，儿子在后面使劲地推，父子二人累得筋疲力尽也没能把牛赶进圈。这时，他家的女仆见此情景就拔了一把草，轻而易举地把牛引进了圈。

所以父母首先要尊重孩子的意愿，因为这很可能就是孩子的优势与兴趣点，然后在正视、尊重之后，再来进行积极有效而有针对性的指导。这样既尊重了孩子的意愿，维护了他们的自尊心，激发了他们的积极性，又使孩子得到了发展与完善，何乐而不为呢？

父母要给孩子自己作决定、作选择的机会，尽可能地让孩子说出自己的想法和愿望，这样做不仅是在用行动向孩子表示父母尊重他们的意愿与想法，更使得孩子积极主动地去为实现自己的想法而努力，这样就会形成一个良性循环。

孩子是有主见的，不要认为孩子什么都不懂。孩子的想法才是真正重要的想法，父母要用心地了解孩子的想法，孩子合理的想法，父母一定要和孩子一起保护好、维护好。

一天下午在厨房做饭的一个男孩的妈妈听到了这样的一段对话。

一个叫孙浩的男孩儿来到了家里，他是儿子的同学，更是儿子的好哥们儿。他们俩约好了今天下午一起写作业，再讨论一些典型题，然后就去和一些球友踢足球。学习完之后，孙浩特别无奈地说："我有一件不好的事要告诉你……"

"什么事？"儿子打断了他的话。

孙浩说："一会儿，一起玩的人中有一个叫赵亮的，是三班的同学，昨天他和别人说你的坏话，让我听到了。"

可是儿子却说："噢，这样啊。忘了是在什么时候了，我看到过一个《用三个筛子筛一下》的故事。"

于是，就听儿子讲起了那个故事。

一个人急急忙忙地跑到一位哲人那儿，说："我有个消息要告诉你……"

"等一等，"哲人打断了他的话，"你要告诉我的消息，用3个筛子筛过了吗？"

"3个筛子？哪3个筛子？"那人不解地问。

"第一个筛子叫真实。你要告诉我的消息，确实是真实的吗？"

"不知道，我是从街上听来的。"

"现在再用第二个筛子审查吧。"哲人接着说，"你要告诉我的消息就算不是真实的，也应该是善意的吧。"

那人踌躇地回答："不，刚好相反……"

哲人再次打断他的话："那么我们再用第三个筛子，请问，使你如此激动的消息很重要吗？"

"并不怎么重要。"那人不好意思地回答。

哲人说："既然你要告诉我的事，既不真实，也非善意，更不重要，那么就请你别说了吧！这样的话，它就不会困扰你和我了。"

孩子有自己的想法，如果孩子的想法正确，父母就要对其给予尊重与保护，而如果孩子的想法不对或是不好，父母就要及时地纠正孩子的想法，将孩子的想法引向正确的方向。孩子有想法，还要让孩子学会判断，凡事有主见，不因为外界的判断标准而轻易地改变。

所以，要给予孩子足够的信任，让他们有机会去按自己合理的想法决定自己的事情。

尊重孩子的意愿，顺应孩子想做某件事情的愿望，往往能激发孩子承担责任的热情，对于孩子责任心的培养大有好处。

法国思想家卢梭说："为了使每一个孩子能够成为明智的人，

就必须培养他有自己的看法，而不能要他服从我们的看法。"

　　钱雨上初三了，虽然已经是一个大男孩了，但是却没有什么自己的想法。上星期六，同班的几个男同学要去饭店吃饭，他们找到钱雨说让他和他们一起去，因为钱雨没有主意，既然同学叫他了，那就去吧。可是吃饭时，一些同学又说要喝酒，钱雨从来没有喝过酒，于是就喝醉了……几经周折，钱雨到了家。第二天早上醒来，妈妈和他郑重地进行了一次谈话。

　　妈妈说，你从小到大，无论在幼儿园还是在邻里间，以至现在上了初中在学校里，大家都夸你是个乖巧、听话的好孩子。在家里，大人让你做什么，你就做什么，让你怎么做，你就怎么做，表现得十分听话；和朋友、同学一起玩时，你也总是按别人的意愿做事，顺从别人的领导，很少有自己的想法。以前妈妈没有意识到，一直都觉得你是个听话、懂事的好孩子。可是，你现在已经长大了，凡事要有自己的主见才行啊。否则，以后走上工作岗位，在将来的生活中，总是听别人的怎么行啊。

　　听了妈妈的话，特别是在经过了吃饭、喝酒事件之后，钱雨也更加地意识到，有自己的想法，有主见，无论是学习还是处事，都是十分重要的。

孩子总是没有自己的想法，总是别人说什么，就跟着做什么。所以为了改变孩子没有想法的这种情况，父母一定要观察孩子，看看孩子没有主见的原因是什么。一般来说，主要有三个原因：第一，孩子喜欢模仿，容易盲从。第二，父母、老师本来就是孩子心目中的权威，再加上有些父母习惯于替孩子决定一切，所以容易造成孩子唯命是从，不敢干甚至不敢想违背父母或老师意愿的事情。第三，有些父母因为工作忙，和孩子之间缺少沟通，不理解孩子，往往造成孩子的畏惧心理，不敢说、不敢做想做的事情。

让孩子成为他自己

　　当今世界，优秀人物、成功人士众多。因此，许多父母就想把孩子培养成下一个名人、下一个成功人士。可是不知做父母的有没有想过，所有的成功都是一个人个体的成功，并不是所有人按此法做都会成功。因此，教育的真谛是让孩子成为他自己。

　　每个孩子都是一个独立的个体，不是父母的附属品。他们有自己的思想、人格和尊严，而这些都不是父母所能主宰的。其实，我们的孩子有自己的特点，他们也有自己的、别人无法企及的优势，所以，父母要勇于肯定孩子的价值，并要保护好孩子的个性与特点，不要让社会上的所谓的规范与标准将孩子淹没。

　　古希腊阿波罗神殿的石柱上赫然地刻着"认识你自己"这一至理名言。它的含义就是人要有自知之明，要懂得避己之短、扬己之长。而认识你自己之后还有更深层的意义，就是要成为你自己，勇敢地做你自己。

　　每个人都是一个独一无二的个体，都应该认识到自己独特的先天禀赋和自身价值。身为父母，更应该意识到这一点。孩子既不是父母实现未达成的愿望与理想的工具，也不是社会中所谓的标准与条框的产品，他们具有自己的核心优势与价值，因此父母一定要保护好家中这个世界上独一无二的个体，尽早地和孩子一起发现真正属于孩子自己的价值与优势，使孩子在成长的道路上不迷失自我，并逐渐地从无意识到有意识地发现自我，然后鼓励孩子勇敢地成为他自己，成就他自己。让孩子早一点成为自己，将有利于孩子自信心的获得，让孩子找到自己的价值与位置，将使孩子努力、奋斗的目标与途径更加明确。这就是让孩子发现自己、成为自己、做自己的重要性。

那么，如何让孩子发现他自己，父母又如何帮助孩子发现他们的兴趣和优点？

观察孩子或者和孩子一起分析，首先，孩子是内向，还是外向；是擅长用语言表达自己，还是擅长用文字表达自己，再或者是用其他方式表达，如绘画等。

再者，孩子做什么事情的时候最轻松，最快乐，最有成就感，那就是孩子的兴趣、优势所在。

所以，父母一定要善于观察孩子，并敏感地发现孩子的优势。

小文上初中二年级，学习成绩还算可以，在班级排名第十左右。小文的妈妈大概花了一年左右的时间来观察小文，而后发现女儿的成绩出奇地稳定，上下的波动不大，再怎么努力也进不去前八，考试题难或是稍不用心，也出不了十二三名。于是，明智的妈妈不再和自己较劲，也不再和女儿较劲了。但没过多久，妈妈不经意间发现，小文对书法感兴趣，特别是最近这段时间她在钻研篆刻。原来，小文在语文课上听到老师讲古文字的知识，只是觉得很感兴趣，上网查了一些资料，便觉得篆刻很有意思，就用零花钱买了这方面的书，可是石料、工具太贵了，小文想现在自己又不太懂，等以后再买吧。她想了个办法，先用美工刀在橡皮上划，虽然这样并不能真正地练习篆刻，但自己现在感兴趣的是文字，留个纪念也好。在妈妈的询问下，小文把自己的这些想法告诉了妈妈。妈妈感觉女儿真的长大了，有自己的想法了。妈妈告诉小文，自己很支持她。妈妈和小文买来了毛边纸、毛笔、墨汁和颜真卿的书法字帖。因为小文喜欢颜体的端正之感。

就这样，小文的兴趣加上妈妈的支持与鼓励，学习古文字与书法的热情更高了。

在这个学期期末的家长会上，小文的老师对妈妈说："小文的成绩总是得不到提高，我和其他科的老师很是着急啊。我们做老师和家长的一定要好好配合，让孩子的成绩提高上去。"可小文的妈妈却说："我作为妈妈，早已经观察了一段不短的时间了。小文很努力，我也发现了她其他方面的优势，我会和老师一起多多鼓励她的。"可是，小文的老师却觉得小文的妈妈和其他的家长不一样。小文的妈妈在主动地观察、发现孩子的长处，而有的家长则是根据老师的一些话去责备孩子。所以小文成绩还是一直很稳定，没有大的起色，也没有落后，可是她却因为找到了自己的兴趣与兴奋点而变得更有信心、更加积极了，她的书法也越练越好了。

拥有这样的父母的孩子是幸福的，他们一定会尽己所能地帮助孩子认识到真正的自我优势与价值。每个人在做自己的时候最自信，最有成就感，当然孩子也不例外，他会感受到来自父母的信赖与认可，在自己擅长的领域开心、快乐地争取到最好的位置，不是为了炫耀，也不是为了名利而去进行奋斗，只是因为想成为自己，发挥出自己的最佳优势与潜能。

生活中这样的人很多，这样的事也每天都在发生。每一个人都有属于自己的价值，并不是只有读完博士、赚到大钱、功成名就才是了不起，才是成功。当然也并不是每个人都要追求这样的生活，这是千百种活法、千百种追求中的一种，仅此而已。优秀是一种成功，平凡也是一种优秀，那么平凡也是成功。父母当然也就没有必要一定要急功近利地追赶这个潮流，逼着孩子去向许多高难度的事情挑战。

而这个时候、这种情况下，父母必须要做的是，抵住所有的狂风巨浪，如果孩子有自己的兴趣、爱好，有自己的想法，脚踏实地地为自己的理想和目标一步一步地去努力，那么父母就要抵得住社会上那些所谓的成功标准与条框，就要帮助孩子实现他的愿望，让孩子按照自己的个性自由成长，将孩子身上特有的天性发挥得淋漓尽致，最终让孩子成为他自己，做他自己，这就是我们这些做父母的应该有的本事。

教孩子学会拒绝

现在有许多孩子，在家中受到父母良好的影响与熏陶，在学校里受到来自老师的帮助与教育，又会得到同学、朋友间的关怀与友谊。

这许多方面的有利因素，对于孩子的成长虽然是有益的，但在实际的生活中，我们也可以看到这样一种现象，就是在老师、父母、朋友的爱与关怀的包裹下，有些孩子居然将自己的想法隐藏了起来，不知是迁就、忍让，还是觉得自己的主见和群体、朋友比起来，变得不那么重要了。因此，凡事他们都接受，都一味地说"是""知道了""好的""没问题"，而忘记了不合理的要拒绝，因为他们已经不会说"不"了。

佟烨上小学五年级了。这几天放学回家后，他总是和妈妈说："同桌这几天总是要借我的作业抄。她说不借就告诉老师，我欺负她，还不让其他同学和我一起玩。"妈妈问他："你怎么做的呢？"他说："我借给她了！"妈妈说："那你为什么不拒绝呢？"他说："我同桌很厉害的，以前她也欺负过我，这次……"听到这儿，妈妈一时间懵了！从孩子开始咿呀学语时起，妈妈就告诉他，要关心帮助小朋友，要和同学团结互助，孩子也一直很懂事，会谦让，也乐于帮助同学，同学、小伙伴也都愿意和他一起玩！可是在今天的这种情况下，孩子竟然变成这样，这是让佟烨的妈妈没有想到的事情！

"从前的教育是不是不对。"而此时，佟烨的妈妈也意识到了，是该让孩子学会说"不"的时候了！

在与人交往，在同学、朋友提出请求时，孩子有可能为了友谊、面子，或因胆小、不懂得拒绝的技巧，而常常使自己处于被动的状态，只能接受别人的命令与请求。如果孩子是因为这样的原因不会说"不"，那么父母就要及时地纠正孩子的这种心理，确保不会让这种情况影响到孩子的生活和学习，甚至形成怯懦的性格。

那么，无论是本来就很怯懦的孩子，还是在生活中慢慢地不坚持自己的想法的孩子，父母要怎样对待他们，要怎样对待这种情况，要如何教会孩子说"不"呢？

不论何种情况，无论什么样的孩子，父母首先要告诉孩子两条最基本的原则：

第一，要有自己的想法与主见，一旦遇到和自己原则的大方向偏离的、不一致的，就要说"不"。比如，孩子自己的理想是成为舞蹈演员，父母却认为舞蹈演员又苦又累，而且成为独舞演员又很难，大家在一起跳不会有什么出息，于是父母建议孩子学钢琴、学书法、学表演……可是孩子只有热爱，有兴趣，才会在学习中激发热情，创造出自己所追求的成绩与理想境界。而孩子的这种想法并不与社会上既定的标准相吻合。所以，此时，孩子要敢于对父母说

"不"，坚持心里最真实的想法。

第二，要让孩子能分清好坏，不符合法律与道德要求的事情，要坚决予以拒绝。如果朋友有不正确的想法和行为，要坚决反对，并要制止。

这样，在生活中，孩子在想拒绝时，就有应对的方法了。

在日常学习和生活中，有时会碰到朋友或同伴不合理的要求，这时，孩子一定不能迁就对方，而要勇于说"不"。孩子应该学会做到有效地拒绝，又不伤害彼此的感情。

教孩子学会抵御诱惑和干扰

　　如今，孩子处于怎样的大环境与小环境中呢？来自父母的期望，学校的要求，社会上对孩子的成功、优秀的标准的界定，等等。这些因素都干扰着孩子。所以父母要帮助孩子抵御那些来自外界的诱惑与干扰，既让孩子免受不良事物的摆布，也让孩子意识到人生有许多美好的东西，但并不是说所有美好的东西我们都要拥有，这是不可能的。成功从某种意义上界定，就是不断地拒绝外界不良干扰与摆布的过程。所以，但凡成功的人都知道什么对于自己来说是最重要的，什么是自己舍弃不了的，那么其他的就都不在考虑范围内了。

　　让孩子学着抵御诱惑与干扰，明确地知道作为一个孩子，作为父母的子女，作为一个有道德、有修养的人，什么是应该做的、什么是不应该做的。成长不一定是狭义的成功的过程，但一定是在拒绝诱惑与干扰中找到自己的方向与位置、不断完善人格、不断超越自我的过程。只有从这中间走过来的孩子，才经历了真正的成长，才获得了人生真正的成功。这样的孩子，才会让长辈、父母荣耀一生，才会让所有人放心。

　　生活中，在孩子们的身边有许多的影响因素，这些因素中有好的，也有不好的，所以父母一定要帮助孩子接受好的因素的影响，而摆脱不好的因素的干扰与支配。对于外界不良的摆布，要让孩子将自己的原则、想法坚持到底，决不妥协。因为一时的自制是没有任何意义的，只有每次考验来临时，都能坚决地说"不"，才能把握好自己人生的方向盘，才不会有"刹车失灵"时的追悔莫及。

孩子人生的胜负由孩子自己决定，让孩子不要受不良的环境与人为因素的影响。要坚持自我，坚持自己认为正确的方向一直走下去，一定要坚持自我到最后。

不但不要让不好的事情影响、干扰到孩子，更不要让孩子被坏的话语、思想所制约住，从而陷入他人的评论中。要让孩子明白，他人的言论、评价有时是不对的、不公正的、不客观的，所以要经过仔细的分析后，再予以正确的对待，"有则改之，无则加勉"。

　　白云守端禅师有一次和他的师父杨岐方会禅师对坐，杨岐问："听说你从前的师父茶陵郁和尚大悟时说了一首偈，你还记得吗？"

　　"记得，记得。"白云答道，"那首偈是：'我有明珠一颗，久被尘劳关锁，一朝尘尽光生，照破山河星朵。'"语气中免不了有几分得意。

　　杨岐一听，大笑数声，一言不发地走了。

　　白云怔在当场，不知道师父为什么笑，心里很愁烦，整天都在思索师父的笑，怎么也找不出他大笑的原因。

　　那天晚上，他辗转反侧，怎么也睡不着，第二天实在忍不住了，大清早去问师父为什么笑。

　　杨岐禅师笑得更开心，对着失眠而眼眶发黑的弟子

说："原来你还比不上一个小丑，小丑不怕人笑，你却怕
人笑。"白云听了，豁然开朗。

他人的一句评论、一声大笑、一种姿态常常能影响到孩子的
情绪与想法，让孩子陷入无法自拔的困境中，而之所以产生这种情
况，很多时候都是因为孩子受到了外界环境的影响与摆布。作为大
人，仔细想想，有的时候也会被外界的不良因素干扰到情绪，所以
孩子同样会遇到这种情况。这就需要父母帮助孩子对自己有一个恰
当而正确的定位，自信地面对一切，明白什么是自己一定要坚守的
原则，然后坚持到最后。

很多时候，对于孩子来说，抵抗外在的干扰与诱惑，要比坚持
自己的想法容易。一个孩子一旦有了一个正确的世界观，对事物有
了一个正确而合理的判断，那么就会很自觉地抵制外界不良因素的
侵扰。而如果孩子自己内心渴望的、追求的东西，得不到别人的认
可，甚至会听到一些怀疑、否定、批评的声音，那么孩子的心里就
会产生一些疑问，"我这样做对不对""如果对，为什么会有反对
的声音"。

遇到这样的情况，父母就要告诉孩子，每个人的想法、见解都
不一样，理想与追求也不相同。所以要多倾听自己心底的声音，在
不违反道德、法律的前提下，自己认为是对的事情，就要坚持认真
地做到底，开拓一条属于自己的路，并记录下自己的收获与成绩。

一场大雪过后，一位年轻的父亲带着年幼的孩子走在
路上。

雪地上不知被谁扫出了一条窄窄的路，很多人都规矩

地沿着这条路缓缓走过。当这父子俩也走到这条路上时，儿子却调皮地走到雪地上去了。

父亲见了便呵斥道："快回来，别人没有走过的路有危险，摔倒了怎么办？"

孩子却用稚嫩的声音回答："爸爸，你看，我并没有摔倒，还踩出了一条自己的路呢！"

父亲一看，果然，儿子身后留下了一串小小的脚印。而自己的身后，却依然是那条别人走过的路，没有留下任何痕迹。

成功有一条法则就是做别人没有做过的事。成功是用自己的双脚踩出一条属于自己的路。而走好这条路，也不是那么简单的。要抵御外界的摆布，要抵制许多干扰与诱惑，不陷入消极、不理解的声音中，这样每一个孩子都可以自豪地说"我在认认真真地走在我的理想之路上，带着一切的积极因素一路前行"。

把握好张扬与乖巧之间的度

我们身边有的父母觉得自己的孩子太淘气，不好管，希望孩子能乖巧一些。而又有一些父母觉得自己的孩子太"乖巧"了，也并非就是好事，所以想让孩子变得张扬一些。

可是，我们的孩子到底是应该张扬还是应该乖巧呢？

"乖巧"的孩子一般有以下这些特点：有问题提不出来或不敢提出来，大人说东他往东，说西就向西，就算心里不满意，也会适应、服从别人的想法。特别是对长辈，无论说的是对还是错，都不敢与之辩论，因为他们的心里已经形成了一种定式：自己是个乖巧的好孩子。这样"乖巧"的孩子，大都是顺从、礼貌的，遇事不敢说出自己的要求，提出自己的观点。这样的孩子，渐渐地就形成了一种被动接受的心理，最后变得即使有想法，也不敢说出来，因为那样就会破坏好孩子、乖孩子的形象，从而使孩子产生一种极其压抑的心理状态，而这种状态如果得不到很好的调适，就会大大地影响孩子的身心健康成长。

这样的孩子，不由得令人想到驯化鹰的过程。

　　猎人捕到鹰后，不给它吃，不给它喝，在它反抗时，

就打它的头，"扇"掉它的野性和傲气。直到最后，鹰屈服
了，顺从了，由搏击长空的鹰变成了捕兔的猎鹰。

搏击长空的鹰屈服于生活了，试想一下，乖巧的孩子长期在别
人设定的形象下生活，很多时候他们的举止行为都是有悖于他们自
己的意愿与初衷的，这样时间久了，孩子的心里自然会积累许多压
抑的因素。这对孩子的身心健康与发展都是极为不利的。

所以对待十分乖巧、懂事、听话的孩子，父母应该让他们张扬
一些，找出他们的优势，告诉他们张扬自己的长处，并不是骄傲，
这样做不但会让他们更加积极进取，而且他们这种热情昂扬的精神
与学习的斗志，也会影响、感染到其他的同学、朋友，让他们也具
有进取的、勇攀高峰的热情。

那么，张扬的孩子又如何呢？

在我国的传统文化中，含蓄、内敛、深藏不露一直以来都是人
们所尊崇的。而一个孩子一旦被认为是张扬的，势必就被人理解为
骄傲、不谦虚、狂妄自大。

可是现在很多教育专家和父母却认为，张扬是一种精神、一种
信念，是将自己的一腔热情无畏地投入到自己的理想之路的一种美
好境界。张扬代表着活力，也代表着积极进取。而这些都源于"张
扬"是一个孩子在奋力扬帆，为了一个执著的梦想而不懈地努力。

所以，我们总结出，张扬的孩子有积极争取自己渴望的事物的
决心与斗志，他们会格外努力，将自己的优势与想法毫无保留地表
现出来，这更表现出孩子的一种自信与坚忍不拔的精神。

秦天是高中一年级的学生，由于刚升入高中，无论是

同学之间，还是学生老师之间，彼此都不了解。在这样一种情况下，有的同学在安静地、细心地观察同学们，这样既可以知道哪些人适合做自己的朋友，哪些不可以，也可以了解到同学都是怎样的情况。可以说这些学生都是相当低调的，也许他们明白在一个新的环境下，在竞争如此激烈的时候，最好不要做出头鸟。

可是，秦天一向是一个积极向上、主动进取的孩子。

这时，鉴于这样的一种情况，在课间的时候，秦天到老师的办公室去了。

他对老师说："我在初中时是班里的班长，在校学生会担任宣传部长。因为大家刚聚在一个班级里，彼此都不熟悉。那我就借现在这样的一个机会，先让大家了解我，然后我再组织一个班会，让全班同学彼此之间都有机会进行一下深入的了解。我并没有多想，比如说我想让大家选我当班长，只是觉得现在班里的氛围太沉闷了……"

秦天这样的学生就是一个张扬的孩子，他不担心别人会如何想他，也不觉得自己这样做是自大或是骄傲。他只是想将他的热情与自信带给大家，让大家都能更积极、主动地学习与生活。这样的孩子既是家庭中父母身边的开心果，也是班级中同学之间调节关系与氛围的润滑剂。这样的孩子，他的热情与自信会感染许多人。

那么如何让孩子在张扬与乖巧两者中间得到一个平衡呢？

首先，要明确的就是张扬的孩子不一定总张扬，乖巧的孩子也并不一定总乖巧。

其次，就是孩子应该在哪些方面张扬，在哪些方面乖巧。这也许是父母和孩子最关心的问题了。

在孩子有优势的方面要让孩子在谦虚的同时张扬一些，张扬孩子的优势，只是要增强孩子学习的情趣和自信心，这样就会带动其他科目乃至其他方面的学习。但并不是说让孩子标榜自己的优秀，从而变得目中无人、狂妄自大。在孩子自己有优势的地方，可以张扬，不能怕张扬而不正视孩子的成绩，只是在做人、在对待他人方面，要让孩子学得乖巧与低调。否则，总是压抑孩子渴望得到表现与表扬的心情，孩子自然就会在心理上失衡，不知道该如何处理自己的言行了。

教孩子学会选择

人的一生，会面临很多的选择，并不是所有的选择你都能为孩子去做，所以教会他们去选择要比命令他们去做重要得多。车尔尼雪夫斯基曾说过："你可以放弃选择，但决不能选择放弃"，千万别让你的孩子在没学会选择之前，就已经学会了放弃。

"生命的价值在于选择。"就像《哈里·波特》中的哈里·波特的校长所说的那样："决定你是谁的，不是你的能力，而是你的选择！"其实人生就是这样，我们选择了走什么样的路，就会有怎样的人生。

选择就意味着在两难中抉择，放弃与得到，大人都总是难于做出决定，更何况是孩子了。在选择之后，势必要得到一些，失去另一些，有得必有失，有失也必有得，诚如"大失则大得，小失则小得"。

什么样的选择决定什么样的生活，今天的生活是由几年前我们的选择决定的，而今天的选择将决定我们几年后的生活。很多孩子都要经历小学、初中、高中，一年一年的选择、一年一年的坚持，孩子在选择刻苦学习时，虽然失去了快乐地嬉戏玩耍的时间，但却获得了人生更丰富的发展。

学会选择，是一个人自主性地把握人生发展与方向的标志。孩子学会了选择，就可能成为比较有主见、有责任感、具有自我约束力的一个人。可以说，这样的孩子在学习与生活中会更加游刃有余地处理好各种关系而使一切变得顺利以有利于发展。

一般来说，这样的孩子都知道，什么标准是可以违背的，什么原则是必须坚守的。从而让孩子在面对困难与选择时，不再迷茫。也就是说，一个会选择的人，就是能看清前进方向的人，也就不会被选择所困惑。

对于孩子来说，在生活中，无论是遇到困惑，还是遇到诱惑，都要拥有选择的能力。而不是内心没有原则与标准，要么迎合社会上的要求，要么没有选择地无条件地接受。

因此，学会选择，对孩子来说就显得尤为重要了。首先，如果孩子学会了选择，那么无论是他们遇到困惑，还是面对机遇时，都能明确地知道自己真正想要的是什么，自己到底想成为一个怎样的人，要拥有怎样的人生，然后所选择的目标自然就清晰了。其次，一定要培养孩子进行选择的能力。许多人，无论是大人还是孩子，所缺乏的往往不是意志力、机遇之类的问题，而恰恰是选择的能力。这个世界上意志力也好、机遇也罢，比比尔·盖茨强的人有很多，但是他们的成就却无法和比尔·盖茨相提并论，原因就是他们缺少比尔·盖茨的选择机会的能力与把握机会的慧眼。

选择的能力固然重要，但也要让孩子明白进行选择的标准与原则。否则，一旦具有了能力，而选择时却把握不好自己，那么于人于己造成的伤害更大。首先，选择要符合社会上的道德与法律标准。其次，任何选择都不能伤害到别人，伤害到与家人、朋友的感情。最后，选择时，一定要从长远考虑、从大处把握，切不可贪图眼前一时的近期的快速的好处与利益。

人的一生，时刻面临着选择，甚至天天都要面对选择，小到每天的吃饭穿衣、休闲娱乐，大到一些决定人生命运的选择。有的选择无关紧要，而有的选择却决定着人一生的前途和命运。因此，一定要教会孩子学会选择。

> 一个年轻人离开部落，去开创自己的未来。少小离家，心里难免有几分惶恐。于是，他动身前的第一站，是去拜访部落酋长，请求指点。
>
> 酋长正在临帖练字，听说部落有位后辈开始踏上人生的旅途，就随手写了3个大字："不要怕"。然后抬起头来，望着前来求教的年轻人说："孩子，人生的秘诀只有6个字，今天先告诉你3个字，供你半生受用。"
>
> 20年后，这个年轻人已是中年，他有一些成就，也添了很多伤心事。归程漫漫，还乡情切，他又去拜访那位酋长。
>
> 他到了酋长家里才知道，老人家几年前已经去世。家人取出一个密封的封套来，对他说："这是老酋长生前留给你的，他说有一天你会再来。"还乡的游子这才想起来，20年前他在这里听到人生的一半秘密。拆开封套，里面赫然又是3个大字："不要悔"。

其实，"不要怕，不要悔"这六个字同样受用。在孩子进行选择时，父母要告诉孩子，按照自己的理想、真正的渴望进行选择，不要因为害怕失败或可能出现的不好的局面而犹豫不前，而一旦选择了，就要无怨无悔地坚定地走下去，意志上不动摇，具体的行动与方法则可以根据变化了的情况而进行调整。

在家庭教育中，应多给孩子选择的机会，在日常生活中，培养孩子掌握选择、判断和取舍的能力就显得尤为重要。如果我们能多给孩子选择的机会，那么孩子会感受到他们正在被尊重、被信任，从而带给他们自信和成就感，使他们感受到自己也能把握生活。

总之，从小给孩子机会选择做什么事情并承担由此而来的后果，有助于他们建立起良好的自信和自我负责的品质。

第八章 ／ 提升素养，成就人生

和孩子一起经营梦想

　　每个人都有自己的梦想。有些梦想随着年龄的增大会有所改变，而有些梦想则会长期植根于一个人的脑海，只要时刻都记得，并努力付诸实践，终会迎来那希冀已久的渴望。

　　孩子的梦想是五彩缤纷、千姿百态的。由于还未受到社会习俗的条条框框的束缚，孩子总是敢想敢为的，所以他们有时会很执拗地坚持自己的梦想，就算遇到所有人的否定也决不放弃，因为他们朴素而执著地相信只要自己努力朝自己的梦想全力以赴，梦想就一定会实现。

　　面对孩子海阔天空的梦想，身为父母，先不要否定孩子的梦想，认定孩子的想法简直是异想天开，太不切合实际。父母应该换一个角度想一想，最起码正是因为有了孩子的这些想法，我们的生活才多了很多美丽的期盼。没有梦想的人才是真正的穷人，梦想对于每一个人来说都是极其宝贵的财富。尤其是对于孩子来说，梦想更显得尤为重要，它能指引孩子走向属于自己的幸福之路。所以，父母千万不要扼杀孩子的梦想，那会让孩子遗憾、痛苦终身，失去前进的方向与动力，也无处去寻自己的幸福了。父母要和孩子一起经营梦想、展望梦想。

多年前，一位穷苦的牧羊人领着两个年幼的儿子，以替别人放羊来维持生计。

一天，他们赶着羊来到一个山坡，这时，一群大雁鸣叫着从他们的头顶飞过，并很快消失在远处。牧羊人的小儿子问他的父亲："大雁要往哪里飞？""它们要去一个温暖的地方，在那里安家，度过寒冷的冬天。"牧羊人说。他的大儿子眨着眼睛羡慕地说："要是我们也能像大雁那样飞起来就好了。"小儿子也对父亲说："做个会飞的大雁多好啊！"牧羊人沉默了一下，然后对两个儿子说："只要你们想，你们也能飞起来。"两个儿子试了试，并没有飞起来，他们用怀疑的眼神瞅着父亲。牧羊人说："让我飞给你们看。"于是他飞了两下，也没有飞起来。牧羊人肯定地说："我是因为年纪大了才飞不起来，你们还小。只要不断努力，就一定能飞起来，去想去的地方。"

儿子们牢牢记住了父亲的话，并一直不断地努力，等到长大以后果然飞起来了——他们就是飞机的发明者，美国的莱特兄弟。

如果在莱特兄弟小的时候，他们的父亲就否定了他们那个庞大的想法，那结果会如何呢？对于涉世未深的孩子来说，永远都是只要想飞，插上梦想的翅膀就可以飞。所以父母不要主观上认为孩子的想法是不切实际的空想，就将孩子梦想的翅膀剪断。

美国某个小学的作文课上，老师给小朋友的作文题目是："我的志愿"。

　　一个小朋友非常喜欢这个题目，在他的本子上，飞快地写下了他的梦想。

　　他希望将来自己能拥有一座占地十余公顷的庄园，在辽阔的土地上植满如茵的绿草。庄园中有无数的小木屋、烤肉区及一座休闲旅馆。除了自己住在那儿外，还可以和前来参观的游客分享自己的庄园，有住处供他们憩息。

　　写好的作文经老师过目，这位小朋友的簿子上被画了一个大大的红"×"，发回到他的手上，老师要求他重写。小朋友仔细看了看自己所写的内容，并无错误，便拿着作文去请教老师。

　　老师告诉他："我要你们写下自己的志愿，而不是这些如梦呓般的空想，我要实际的志愿，而不是虚无的幻想，你知道吗？"

　　小朋友据理力争："可是，老师，这真的是我的志愿啊！"

　　老师也坚持："不，那不可能实现，那只是一堆空想，我要你重写。"

　　小朋友不肯妥协："我很清楚，这才是我真正想要的，我不愿意改掉我梦想的内容。"

　　老师摇头："如果你不重写，我就不能让你及格了，你要想清楚。"

　　小朋友也跟着摇头，不愿重写，而那篇作文也就得到了大大的一个"×"。

　　事隔30年之后，这位老师带着一群小学生到一处风景优美的度假胜地旅行，在尽情享受无边的绿草、舒适的住宿及香味四溢的烤肉之余，他望见一名中年人向他走来，并自称曾是他的学生。

　　这位中年人告诉他的老师，他正是当年那个作文不及格的小学生，如今，他拥有这片广阔的度假庄园，真正实现了儿时的梦想。

我们每个人在儿时都拥有过伟大的梦想。只是不知道在成长过程的哪个时刻，淡忘了这些梦想。所以我们不要再毁掉孩子的梦想了。如今孩子所处的环境，社会上一些所谓的标准已经够多了，所以父母一定要保护好孩子的梦想，不允许周围环境中任何破坏孩子梦想的因素有可乘之机。

引导孩子拥有光明思维

世间万事万物，都具有两个方面，一方面是正的、积极的，另一方面是负的、消极的，就像钱币，一正一反，会有不一样的结局。但对于我们所遇到的情况，该怎么看，这一正一反，积极、消极的两方面，就是心态的问题，这完全取决于你看问题的方式与心态。

好的心态可使人快乐，进取，有朝气，有精神；消极的心态则使人沮丧，难过，丧失主动性。

你认为自己是什么样的人，你就可以成为什么样的人。你认为自己有怎样的心态，你就会以怎样的心态去对待、处理事情。

烦恼与欢喜，成功和失败，仅系于一念之间，这一念即是孩子所抱持的心态。

心态决定很多方面，小到决定孩子的学习成绩、升学、就业，大到决定孩子的生活状态与人生发展的方向。就如有人说过这样的一句话："如果你的女儿是林黛玉式的性格，她非倒霉不可；如果是薛宝钗式的性格，那她则可以有光明的前途。"且不论，这两个人物形象的积极意义与否，只单就两人的性格而言，薛宝钗无疑是积极、乐观的代表，而林黛玉则不置可否地成为了悲观、消极的代名词。所以，由此可知，心态是乐观的，还是悲观的，是积极的，还是消极的，直接影响着孩子一生的命运、发展与前途。

当孩子养成了并习惯于用这种光明思维去面对遇到的一切事情及困难挫折时，刚开始也会有小小的挫败感，也会觉得有点儿灰心，但是很快就能将状态调整过来，积极应对。对周围人友善；面对事物，总能看到事物积极的一面；有目标，对于自己的未来有大体的方向，并且知道向哪个方向努力，不会轻易放弃。这样的孩子，就会在学业与生活的道路上越走越远，越走越开阔、越明朗。

那么究竟什么是光明思维呢？

光明思维是指当行为个体遇到事情时善于使自己沉浸在乐观向上、积极进取的良好心理氛围，使大脑处于活跃开放、正向求索的信念状态，从而调动和开发自己的创新潜能并导向成功的思维方法。光明思维能使人看到世界具有光明和黑暗两方面，并能以积极的心态将黑暗面不断地往光明那一面转化。这种好心态，会令孩子在遇到困难时豁然开朗，转不利为有利，将黑暗变辉煌。

光明思维是一种积极的心理导向，是一种有益的心理暗示，是一种健康的心理品质。孩子一旦具有了光明思维，就能够进行自我教育与自我激励，遇到困难不是沮丧与逃避，而是调整好自己的心态，积极努力地找出解决的办法。

光明思维决定着孩子的成败。正是这种积极、健康的光明思维产生的好心态使孩子学习与发展的坎坷前途更加光明。

　　一次我们一家三口驾车去郊外玩。

　　一路上，自然是高兴得很，一家人有说有笑的。可是，刚开出不久，就连续遇到了五六个红灯。眼看快到路口了，又碰到了一个红灯。开车的孩子他爸倒没觉得什么，我心里却有些急了："真倒霉！一路净碰到红灯了，每次就差那么一步。"

听到我的话后，孩子他爸笑了笑，摇了摇头，似乎遇到红灯，他的心情反倒好了。

这时，儿子却对我说："妈妈，我们不倒霉！绿灯时，我们总是第一个开过去。"

听到孩子的话，我也笑了。我这个做妈妈的还不如孩子，经历的事情多了，应该变得更平和，更加的包容，更应该知道凡事应该朝好的方面想的道理。

可是，就儿子今天的表现，回想以前我和他爸爸对他关于积极、乐观、光明思维的说教与影响，我觉得除了这次之外，我的表现与做法还是可圈可点的。但今天我确实意识到了让孩子有一个光明、积极的思考问题的态度真的是相当重要。

生活中的很多事情，得失、成败，都取决于一个人能否进行光明思维。俗语说，"即使是地狱，也有一条通向天堂的路"，关键是是否用心去寻找这条路。

就像这位妈妈的感受一样，积极、健康的光明思维对孩子的学业、人生发展是起着十分重要的作用的。所以在平时的生活中，父母就要有意无意地向孩子传达这种观念与处事态度。

那么积极、健康的光明思维该如何培养呢？

（1）遇到事情，总是往积极的方面去想。

（2）如果看到有半杯水的杯子，会说"杯里还有半杯水"，而不会说"杯里只剩下半杯水了"。

（3）不将困难、难题无限地扩大，而是客观、冷静地分析应该采取怎样的行动。

（4）乐观：在遇到困难的时候首先想着如何去克服而不是去害怕。

（5）勇敢：不怕可能会出现的失败，勇于承担后果。

（6）不气馁：虽然失败，但是可以很快调整心态，重新投入。

玛丽今年12岁了，可她还像小时候那样害羞和内向，因为她一直有个心结解不开：她觉得自己不漂亮。

某天下午放学后，她慢慢地沿着街边往家走，心情很沉重。忽然，一家商店门口的牌子吸引了她，只见那上面写道："新到魅力饰物"。她走进去一看，原来商店里摆着许多颜色鲜艳的大蝴蝶结。

玛丽站在柜台前看了好久，却一直犹豫不决，因为她不知道自己戴上会是什么效果。

"亲爱的，这个对你来说再合适不过了。"女售货员忽然从柜台下拿出了一个绿色的蝴蝶结，"它很配你草绿色的裙子。"

"噢，不，我不能戴那样的东西。"玛丽立刻拘谨地摇了摇头，虽然她是那么渴望试一试。

女售货员故作惊讶地说道："天哪，为什么不呢？你有一头这么可爱的金发，又有一双漂亮的大眼睛，我看你戴什么都好看！"

也许正因为女售货员的这几句话，玛丽把那个蝴蝶结戴在了头上。

"再往前一点。"女售货员提醒她道，并开始亲自为她佩戴，"亲爱的，你要记住，不管你戴上什么东西，都要像没有谁比你更合适戴它一样，所以，你应该自信一点，抬起头来。"

说着，女售货员轻轻地托起了玛丽的下巴。结果，镜子里出现了一个脸蛋红扑扑、眼睛亮晶晶的小姑娘，她看上去是那么迷人。

"这个我买了。"玛丽说道，然后，她便为自己这么快就做出决定暗自惊奇起来。

付过钱后，兴奋得有些无法自控的玛丽迅速跑出了商店，以至于差点儿被一位正在进门的妇女撞倒。

来到大街上，玛丽想象着刚才镜子里的自己，高高地抬起了头，并在不自觉间露出了一丝微笑。她悄悄地看了看四周，感觉大家似乎都在看她。

"他们一定是觉得我很漂亮。"玛丽有点儿得意地想。

"玛丽，今天你有点儿与众不同呢。"刚来到家门口，邻居比尔便恭维她道。

玛丽高傲地一昂头："当然，以后我会越来越与众不同的。"

"玛丽，今天看起来好精神啊，是不是遇上什么开心事了。"进入房间后，妈妈也这么问她。

"当然是有开心事啦。"玛丽一边高兴地自言自语着，一边走到了镜子前，她想再欣赏一下自己戴着绿蝴蝶结的样子。

"啊！"她惊讶地叫了起来——头上居然什么都没有！后来她才知道，她的蝴蝶结早在跑出商店门口被撞时就掉了。

这就是光明思维的力量与作用。

就像契诃夫在他的《生活是美好的》中写到的那样：

要是火柴在你的衣袋里着火了，那你应该高兴，而且要感谢上苍：多亏你的衣袋不是火药库。

要是有穷亲戚上别墅来找你，那你不要脸色发白，而是要喜洋洋地叫道：挺好，幸亏来的不是警察！

要是你的手指头扎了一根刺，那你应当高兴：挺好，多亏这根刺不是扎在眼睛里！

要是你有一颗牙痛起来，那你该高兴：幸亏不是满口的牙痛。

契诃夫在文章最后写道："依此类推……朋友，照我的劝告去做吧，你的生活就会欢乐无穷了。"

告诉孩子凡事注重细节

老子说过："天下难事，必做于易；天下大事，必做于细。"成大业若烹小鲜，做大事必重细节。

一个铁钉微乎其微，但它出差错就可能使一匹马的马蹄铁掌松动，铁掌松动就可能使一匹战马摔倒，一匹战马的摔倒就可能使一个士兵丧命，一个士兵的丧命就可能使一个军队失败，一个军队的失败就可能使一个国家灭亡。

其实，在我们生活中有太多这样的"铁钉"，我们往往忽视了它们的存在，而正是由于对这些铁钉的处理不周才阻碍了我们通往成功的道路。

他是知名大学的毕业生，以优异成绩考入一家省级机关。他胸中豪情万丈，一心只想鹏程万里。

不料上班后才发现，每日无非是些琐碎事务，既不需太多智力，也看不出什么成果，心便渐渐地冷了下来。

一次单位开会，部门同人彻夜准备文件，分配给他的工作是装订和封套。处长再三叮嘱："一定要做好准备工作，别到时弄得措手不及。"他听了更是不快，心想：初中生也会的事，还用得着这样嘱咐！根本没理会。同事们忙忙碌碌，他也懒得帮忙，只在旁边看报纸。文件终于交到他手里。他开始一件件装订，没想到只订了十几份，订书机"咔"的一响，书钉用完了。他漫不经心地抽开订书钉的纸盒，脑中"轰"的一声——里面是空的。他立刻发动所有人翻箱倒柜，不知怎的，平时满眼皆是的小东西，现在竟连一个都找不到。

那时已是深夜十一点半，文件必须在次日八点大会召开之前发到代表手中。处长咆哮道："不是叫你做好准备的吗？连这点小事也做不好，大学生有什么用啊。"他低头无言以对，脸上却像挨了一巴掌。几经周折，他在凌晨四点找到一家通宵服务的商务中心，终于赶在开会之前，和同事们微笑着将文件整齐漂亮地发到代表们手中。没人知道，他已是彻夜未眠。

事后，他灰头土脸地等着训斥，没想到平时严厉得不近人情的处长，却只说了一句话："记住，工作面前，人人平等。"他对他的朋友说，那是他一生受用不尽的一句话，让他深刻地领悟到：用十分的准备迎接三分的工作并非浪费，而以三分的态度来面对十分的工作，将带来不可逆转的恶果。

最后，他还不无感慨地总结道："千里马失足，往往不是在崇山峻岭，而是在柔软青草地。"

人的失败往往是由于忽略了细节、态度不端正造成的。认真做好手上每一件琐碎的小事，做到事无巨细，这样才能灵活、稳重地处理每件事。

古人云："不积小流，无以成江海；不积跬步，无以至千里。"说的就是要想成就大事必须从小事、细处做起的道理。在生活中让孩子关注小事，把每一件小事、每一个细节做到完美，这样，孩子的好品德、好习惯就会在点滴琐事上得到积累和发展，孩子就会逐渐地养成注重细节的品格。

正如托尔斯泰所言："一个人的价值不是以数量而是以他的深度来衡量的，成功者的共同特点就是能做小事情，能够抓住生活中的一些细节。"正是这些细节，可以从小锻炼孩子处理事情的能力，对孩子日后的生活、发展一定会有不小的帮助。这样的细小"行为"日积月累，将会给孩子带来不可估量的作用。

让孩子学会思考

18世纪德国哲学家、教育家康德曾经断言：人的教育不能只是简单地、机械地接受训练，最重要的是要使儿童学会思考。父母教育孩子，不仅要让孩子学会倾听，学会表达，还一定要让孩子学会思考。尤其是在孩子取得成功或遭遇失败的时候，在孩子犯错而尚未认识到的时候，给孩子一点时间和空间，让孩子进行反思或反省，是十分必要的。

思考，是人的天性。父母即使对孩子进行强迫教育，也千万不能剥夺孩子去想一想的权利。每一个孩子都是聪颖的小天使，而思考正是小天使的翅膀；假如父母无意中把他们的翅膀损伤了，那么小天使很可能会再也飞不起来。

一个犹太人如此教导儿子："我们唯一的财富就是智慧，当别人说1加1等于2的时候，你就应该想到大于2。"

1974年，美国政府为清理给自由女神像翻新而产生的大堆废料，向社会广泛招标。但好几个月过去了，没有人应标，因为在纽约州，垃圾处理有严格规定，弄不好会受到环保组织的起诉。

犹太人的儿子当时正在法国旅行，听到这个消息，立即终止了休假，飞往纽约。看过自由女神像下堆积如山的铜块、螺丝和木料后，他一言不发，立即与政府部门签下了协议。

消息传开后，纽约的许多运输公司都在偷偷发笑，他的许多同僚也认为废料回收吃力不讨好，能回收的资源价值也实在有限，这一举动实乃愚蠢之极。

当这些人在看笑话的时候，他已经开始组织工人对废料进行分类。他让人把废铜熔化铸成小自由女神像，旧木料则加工成底座，废铜、废铝的边角料则做成纽约广场的钥匙，他甚至把从女神像身上扫下来的灰尘都包装起来，出售给花店。

这些废铜、边角料、灰尘都以高出它们原来价值的数倍乃至数十倍卖出，且供不应求。不到3个月的时间，他让这堆废料变成了350万美金，每磅铜的价格整整翻了1万倍。

思维永远没有固定的形式，当别人还在认为1加1等于2，而他却坚持1加1可以大于2。改变思维，就能使废物变成宝贝。

父母如果想把孩子培养成为具有独立人格的有智慧的人，那么就必须让孩子学会独立思考。有专家分析：一个人的与众不同有许多表现，其中最有意义的方面就在于能够展示并表达独具特色的思想，而这思想往往都是思考得来的。

爱因斯坦曾说过："发展独立思考和独立判断的能力，应当始终放在首位，而不应当把获得专业知识放在首位。如果一个人掌握了所学学科的基础理论，并且学会了独立思考和工作，他必定会找到他自己的道路，而且比起那种主要以获得细节知识为其培训内容的人来，他一定能更好地适应进步和变化。思考、思考，我就是靠这个学习方法成为科学家的。"

英国学者培根曾经把哲学家分为三类，并形象地将其分别比喻为蜘蛛、蚂蚁和蜜蜂。他把盲目地堆积材料的求知方式称作蚂蚁方式，把主观随意地创造体系的方式叫作蜘蛛方式。他认为最好的思考与做事方式是像蜜蜂一样，从花园里和田野里的花朵中采集材料，并用自己的力量来改变和消化这些材料，"蜜成花不见""酿造出比鲜花的甜汁更甜美和精粹的蜂蜜"。

让孩子学会思考就一定要给予孩子独立思考的机会。孩子在家长的帮助下对事情可能的结果有了一个初步的预期后，家长要给孩子一个思考的时间，让孩子对所提供的结果选择，实际上家长是在给孩子一些基本的价值判断的机会，家长在给孩子一个分析问题的示范，孩子自然而然地模仿家长去分析，进而做出选择。这样一个过程，就是引导孩子逻辑思维发展的过程，会帮助孩子在下一次面临类似问题时自己努力分析、判断，并作出最终的选择。

将一杯冷水和一杯热水同时放入冰箱的冷冻室里，哪一杯水先结冰？很多人都会毫不犹豫地回答："当然是冷水先结冰了！"非常遗憾，错了。发现这一错误的是非洲中学生姆佩姆巴。

1963年的一天，坦桑尼亚的马干马中学初三学生姆佩姆巴发现，自己放在电冰箱冷冻室的热牛奶比其他同学的冷牛奶先结冰。这令他大惑不解，并立刻跑去请教老师。

老师则认为，肯定是姆佩姆巴搞错了。姆佩姆巴只好再做一次试验，结果与上次完全相同。

不久，达累斯萨拉姆大学物理系主任奥斯玻恩博士来到马干马中学。姆佩姆巴向奥斯玻恩博士提出了自己的疑问，后来奥斯玻恩博士把姆佩姆巴的发现列为大学二年级物理课外研究课题。随后，许多新闻媒体把这个非洲中学生发现的物理现象，称为"姆佩姆巴效应"。

有时候人们认为是正确的，并不一定就真的正确。这就需要孩子有打破常规的思考精神，通过自己的分析、思考，得出自己的结论，因此，我们在这里讲的突破常规，就是不迷信权威、迷信经验，而是要有一种求知和思考的方式。

因此我们就知道了敏锐的思维不会从天上掉下来，而是需要严格的训练和培养的。许多父母以为聪明的孩子与生俱来就思维敏锐，其实不然。专家表示：多数聪明的孩子虽能迅速回答出问题，但却不善于思考或懒于思考。相反，反应较慢的孩子却常常在深深地思索。

那么，如何培养孩子的敏锐思维的能力呢？首先，就是要创造良好而持久的家庭思考环境。父母要给孩子提供思考的机会，培养孩子学会思考，时时事事都让孩子自己先"想一想"。因为大多数父母在教育孩子的过程中，总是习惯于告诉孩子应该如何去做，从不让孩子去想。一旦孩子没有按照父母的要求去做，便会在批评之后立即逼迫孩子认错，久而久之，不仅会在一定程度上损伤孩子的独立人格，还会使孩子享受不到通过思考获得认识的欢乐，就如苏联教育家苏霍姆林斯基所说的这种思考的快乐是人类最大的欢乐。

任何一个人对事物的正确判断，总是赖于思考，孩子也是如此。从某种意义上说，孩子学会思考的过程，就是孩子成长的过程。

放大孩子的点滴进步

什么是进步？所谓进步是指孩子的标准还是指父母的标准？孩子有了怎样的变化才是进步？有多大的进步在家长看来才是进步？

这些问题，每一个父母都应该好好地问问自己。其实答案就在家长的心里，就看家长怎样界定孩子的进步。

父母对孩子的要求要在孩子的能力范围之内，但更要告诉孩子的是，进步是一点一点积累而来的，凡事都不可能一蹴而就。

从读小学起，他就一直很努力地学习，可成绩总是平平。有一段时间，他曾对自己失去了信心。

后来，父亲带他去公园，指着园内的两排树问："你知道那些是什么树吗？"他一看，一排是白杨，一排是银杏，与高大的白杨相比，银杏显得十分矮小。

父亲说："我特意问过公园管理员，这两排树是同时栽下的。刚栽下时，都一样高。它们享受同样的阳光，同样的水土，同样的条件，到后来，白杨为什么长得高大，而银杏却长得矮小呢？"

父亲见他回答不上来，接着说："孩子，要知道，珍贵的东西总是慢慢成长，每天只要有一点小小的进步，通过一天一天的积累，到某一刻就会收获不小的成绩，只要它在不断地坚持，取得一点点的进步也是好的。"

这诗意般的语言，像一道阳光，一下子照亮了他的心头。他努力着，努力着，从不放弃，到了高中，他的学习成绩终于有了质的飞跃，在全年级中名列前茅。高考那年，他以优异的成绩考入了一所名牌大学。

来自父亲的一句鼓励让孩子记住了：成功需要一个漫长的过程，并不是一蹴而就即可实现的。珍贵的东西总是经过了漫长而艰辛的成长过程才积累起来的。所以，父母不要因为孩子没有取得明显的进步而变得焦躁不安，在孩子没有取得进步的时候，就对孩子不闻不问，总是吝啬自己的鼓励与赞美，只有在孩子取得了很大、很明显的进步之后才说出自己那宝贵的认可与赞扬。这样会使孩子觉得自己平时的努力都是不值得的，会认为父母只是在乎自己取得的成绩，而不关心自己的努力与付出。所以，父母要善于观察孩子取得的那一点点小进步，因为没有这一点点小的进步，孩子的突飞猛进是不可能的。但是孩子的每一点进步都要在正确的方向上发展，既不是在一种不良的方向上的进步，也不是原地打转。这样一点一滴地积累的进步才是稳步的。

就像车轮与陀螺之间不同的旋转一样。

一天，一只金色的陀螺滚到一只乌黑的车轮旁边。它踮起小小的脚尖问车轮："喂，黑不溜秋的大家伙，你有什么本事呀？"

"旋转。"车轮答得很干脆,"漂亮的小弟弟,听说你的本事也是旋转,对吗?"

"对呀!"陀螺趾高气扬,"我旋转快如飞,堪称世界第一。一分钟能旋转几千次,一个钟头旋转的次数,恐怕比天上的星星还要多哩!你呢?"陀螺用轻蔑的眼光看着车轮。

车轮说:"我嘛,一分钟大约旋转几百次,一个钟头不过两万多次。"

"俗话说:'不怕不识货,只怕货比货。'看来,我比你强多了!"陀螺更目中无人了。

车轮瞥了陀螺一眼,说:"孰多孰少,要看实质。"

"你这话是什么意思?"陀螺疑惑不解地问。

车轮说:"就旋转的速度而言,你旋转快如飞,我根本没法跟你比。但是我旋转一次,就前进一大步;不断旋转,就不断前进。而你呢?尽管旋转的速度很快,频率很高,却始终在原地打转。"

只要有进步,就不怕慢。今天的每一点小进步,都是凝聚自身价值的积累。当有一天,积累的能量足够强大时,自然是昔日的积累所形成的质的飞跃与提高,而绝不是偶然性的幸运。

因此,父母要让孩子每天进步一点点,告诉孩子不要因为进步不明显,就抱怨,乃至放弃。我们都要知道"不积跬步,无以至千里;不积小流,无以成江海"的道理,然后告诉孩子,学习是不可以停止的事情,巩固成绩是最重要最基本的事情,然后就是要不疏忽一点一滴的小进步,这样就可以不断地超越自己。

在孩子只是取得小进步的时候，父母千万不要拿孩子的弱项跟别人的强项比，这样会无形中打消孩子的积极性，挫败孩子的自信心。聪明的父母要拿孩子和他自己比，拿他的今天与昨天比，只要有进步，哪怕是一点点，也要及时地给予表扬和鼓励，只有这样才能帮助孩子树立自信心，让他保持愉快的情绪和积极的心态。有了积极的心态，才能有积极的行动。因此，只要努力，努力，再努力，永不放弃，你的孩子就一定会取得成功。

提升孩子交朋友的能力

有这样一个关于朋友之间友情的小故事。

> 有一天，一个小女孩回家晚了，做好晚饭却久等孩子不归的母亲不免生气，就责问女儿究竟去了哪里。
>
> 小女孩回答说："我停下来等詹妮，詹妮在骑车回家的路上跌倒了，自行车也摔坏了。"
>
> "可是你又不懂修车啊。"母亲说。
>
> "那没关系，"小女孩说，"我停下来，帮她哭就是了。"

都是小孩子，虽然不能帮她做什么，但是没关系，和她一起哭，陪她度过难过的时刻，那颗同甘共苦的心是珍贵的。愿我们的孩子都可以交到这样的朋友，都可以成为这样的人去温暖朋友。

对于每个人来说，友谊都是其生活中非常重要的部分，朋友是人生之中不能缺少的人，对我们的成长、发展有着重要的作用，是我们困难时强有力的支撑与慰藉。成年人是这样，孩子也不例外。更因为孩提时的友谊是简单、纯洁的，因而又显得更加的珍贵。而从某种程度上来说，孩子比成年人更需要朋友。如果缺少朋友，会令孩子感到孤单，也会使孩子的童年缺少许多乐趣。而拥有朋友，与朋友相处，能让孩子获得一种真正的幸福、愉悦与内心的归属感。孩子和朋友的相处、交流，有利于孩子身心的健康发展，能开阔孩子的视野，使孩子接触到不同的世界，因为每一个孩子的所见所感都代表着一个不一样的世界，朋友越多，朋友的见解、见识越丰富，他的世界才更精彩、更有意义，因此每个孩子在交朋友和与朋友交流的过程中，每个人的世界又都会变得更加盛大了。就像英国大作家萧伯纳所说的："假如我有一个苹果，你有一个苹果，我们互相交换的话，我们各自还是都有一个苹果；但如果你有一种思想，我也有一种思想，我们再进行交换的话，我们就会各自同时拥有两种思想。"这就是朋友对孩子的生活、人生的重要性，因此孩子的生活中、生命中不能没有朋友。

许多父母虽表面上不限制孩子的交友行为，但看到孩子的朋友总是流露出这不满意那不满意的态度，觉得孩子交到的朋友不好，这样相处下去肯定会影响自己孩子的学习与发展。有的孩子看到父母的这种表现后，常常会问父母"应该交怎样的朋友""怎样的朋友才算是好朋友"。显然，孩子这样的疑问里有许多的不高兴。原因大多是因为我们做父母的干涉孩子的交友行为，规定孩子的交友条件，总是硬性而不切实际地让孩子按父母的想法与标准交友。"这样的孩子，学习不好，不要和他在一起，否则你会落后的。""他天天打架，品行不好，你和他交朋友，也会变成坏孩子的。"做父母的对孩子提出的任何建议与要求的出发点都是好的，但这种假设不仅仅是给别的孩子下了个不好的定义，而且对自己的孩子也会有影响。

事实确实如此，孩子的很多行为都是从朋友那里学来的，所以父母一定不要忽视朋友对孩子的影响。帮助孩子扩大他们的交际圈，使孩子获得更多的有效支持，尤为重要。那么，如何让孩子选择朋友呢？

其实，父母只要把握住孩子交友的大方向就可以了。在孩子选择朋友方面，身为父母，不要规定一些条条框框，如最好和学习好的孩子交朋友，和班级干部交朋友，不要和学习不好的孩子交朋友等看似为孩子着想的好办法。父母应该做的是，要给孩子积极的择友引导，在孩子交朋友的时候，给孩子一个择友的大的原则与方向的把握，从而避免孩子陷入交友的误区。

就像张磊的妈妈对孩子所说的那样。

　　明天是周日，虽然晚饭后，张磊本该去写作业、预习功课，可是张磊却说想和妈妈谈一谈。于是母子俩就坐了下来，妈妈问张磊想要说什么。

　　张磊说："明天是同学李军的生日，他家不怎么富裕，父母都在外地打工，他和奶奶一起生活，他的学习成绩虽然中等，可是一直都很努力，人也很不错，乐观上进。我们是朋友，明天是他的生日，就说我们家里有点活儿，爸爸上班，我和妈妈干不了，请他来帮忙，然后做点好吃的，行吗？"

　　"怎么不行？"听完儿子的话后，张磊的妈妈马上同意了，"妈妈早就说过，选择朋友不要以学习好、家里有钱有势等这些条件为标准，这样做不是在寻找朋友而是在寻找靠山，而人生最好的靠山是什么？是自己、自己的努力。李军没有因为家里不富裕而自暴自弃，所以他是一个好孩子，他是很优秀的。妈妈知道，你的朋友不管家里的条件如何，他们都是有理想、积极乐观、努力向上的，这样就够了。你们这样的一些孩子在一起生活、学习，会互相帮助，互相鼓励，以后长大成人后彼此都会留下一段十分珍贵而美好的回忆。"

张磊妈妈的那些话是非常有道理的。同时，父母也要明确指出，不能和逃学、不孝顺父母等有此类不好行为的孩子相处，以免孩子陷入不良的交际圈。

就像孔子所说的："益者三友，损者三友。友直、友谅、友多闻，益矣；友便辟、友善柔、友便佞，损矣。"意思就是说：有益的朋友有三种，有害的朋友有三种。与正直的人交朋友、与诚实的人交朋友、与见多识广的人交朋友，有益处；与走邪门歪道的人交朋友、与谗媚奉迎的人交朋友、与花言巧语的人交朋友，有害处。正直的、诚实的、见识广博的朋友，孩子交到这样的朋友，是孩子一生的福气。反之，父母也要把孩子教导成这样的人，让孩子成为一个于人于己都有益的人。

父母要给孩子建议与指导，让孩子交到有益的好朋友。同时，也要培养孩子努力成为对别人有益的人，以交到越来越多的益友。

最后，不论孩子交到怎样的朋友，父母都不要用社会上的标准、成年人的眼光去衡量孩子的友情，这样只会拉大孩子与父母之间的距离，还有可能使孩子就此变坏。所以，在孩子交友时要把握好大方向。之后，就要尊重孩子的选择、尊重孩子的朋友、尊重孩子之间纯洁的友情。

|父|母|学|堂|

好妈妈胜过好老师

杨光　编著

民主与建设出版社
·北京·

◎ 民主与建设出版社，2020

图书在版编目（ＣＩＰ）数据

父母学堂 . 3, 好妈妈胜过好老师 / 杨光编著 . --

北京：民主与建设出版社，2020.8

ISBN 978-7-5139-3133-5

Ⅰ . ①父… Ⅱ . ①杨… Ⅲ . ①家庭教育 Ⅳ . ① G78

中国版本图书馆 CIP 数据核字 (2020) 第 138692 号

好妈妈胜过好老师

HAO MA MA SHENG GUO HAO LAO SHI

编　　著	杨光
责任编辑	刘树民
封面设计	喆人
出版发行	民主与建设出版社有限责任公司
电　　话	（010）59417747　59419778
社　　址	北京市海淀区西三环中路 10 号望海楼 E 座 7 层
邮　　编	100142
印　　刷	三河市德利印刷有限公司
版　　次	2020 年 8 月第 1 版
印　　次	2020 年 8 月第 1 次印刷
开　　本	880 毫米 ×1230 毫米　　1/32
印　　张	6
字　　数	120 千字
书　　号	ISBN 978-7-5139-3133-5
定　　价	168.00 元（全 5 册）

注：如有印、装质量问题，请与出版社联系。

前　言

所谓家庭教育者，就是家庭里能够对孩子产生影响和教育的人，主要是指孩子的父母。家庭是孩子人生的第一站，也是孩子第一所学校。孩子在父母的抚育关怀和直接教导中学习，也从父母的一言一行中进行模仿，父母的潜移默化使孩子受到了最初的教育。因此，父母是孩子的第一任老师，也是孩子永远的老师。

著名教育家苏霍姆林斯基说过："如果没有整个社会的教育，特别首先是家庭高素质的教育，那么不管在学校老师付出了多大努力，都可能达不到完美的效果。孩子在学校里的一切问题，都会在家庭里折射出来，而学校复杂教育过程所产生一切困难的根源也都可以追溯到父母。"由此可见，父母对孩子教育的作用是多么的重要啊！

其实，所有父母都希望培养出一个优秀的孩子，都希望自己孩子从小就具有良好的品格、出众的成绩和较强的能力，长大以后更是能够出类拔萃，功成名就，集成功与荣耀于一身。

但是，愿望毕竟是愿望，要使美好的种子开花结果，就必须进行辛勤施肥和浇灌，就必须进行良好的家庭培育。因为只有把根基扎稳了，才能长出参天的大树来。

问题是每个父母都尽其所能地教育和培养自己的孩子，可为什么有的孩子能够十分优秀，而有的孩子却非常平庸呢？造成孩子差别的根本原因，就在于有没有采用正确的教育方法，如果从心理学的角度来说，就是有没有根据孩子的心理特点采取针对性和适宜性的教育，这是孩子是否成才的关键。

俗话说，知子莫如父，知女莫如母，这个"知"就是指要知道孩子的心理，然后采取有的放矢的教育。如果你连自己孩子的心理都不知道，那么就更谈不上正确的教育和培养。

那么，怎样了解孩子的心理，又怎样针对孩子的心理进行良好的教育呢？

为了帮助家庭教育者解决家庭教育的困惑，我们特地编撰了本套丛书，包括《不吼不叫培养好孩子》《如何说孩子才会听，怎么听孩子才会说》《好妈妈胜过好老师》《正面管教》《没有教不好的孩子，只有不会教的父母》五册书，分别讲述了作为家长如何培养孩子的良好习惯，怎样提高孩子的情商智商，如何培养孩子的学习精神、道德品质以及独立能力等问题。可以说，这些是成就孩子一生最重要的资本。

总之，本套书集针对性、指导性和实用性于一体，对于进行良好的家庭教育大有好处，每个父母都可以从中发现适宜用来教育孩子的不同方法和诸多措施，是一套家庭教育的优秀读本，适合不同年龄段孩子的父母学习和珍藏。

目 录

❖ 第四章 ／好成绩,妈妈只需要1%的改变

❖ 第五章 ／好品德，从孩子的一言一行开始

第一章 /

好习惯，从孩子的生活小事做起

孩子爱睡懒觉

——"妈妈，让我再睡会儿吧"

亚宇5岁了，他有一个和大多数孩子相同的嗜好——睡懒觉。

每天早晨6点多钟，妈妈起床为一家人准备早餐。7点的时候，妈妈开始喊亚宇起床。然而，亚宇总是闭着眼睛答应两声，之后继续在被窝里躺着。一直到7点半，妈妈迫不得已走进亚宇的房间，把他的小被子掀开，说："宝贝，该起床去幼儿园了，不然的话就要迟到了。"这时的亚宇还处在半睡半醒状态。他迷迷糊糊地请求妈妈："妈妈，让我再睡会儿吧。""不行，万一你睡过了头，就真的要挨老师的批评了。"可是，亚宇并不管这些，他依旧赖在床上不肯起来，一直磨蹭到非起床不可的时候才慢悠悠地穿衣服。

尤其是周末的早晨，亚宇更不愿意起床了。来看一下亚宇在星期天的表现吧。

"儿子，抓紧时间起床，吃过早饭我们要去超市买东西。"妈妈已经记不清这是第几次喊亚宇了。亚宇似乎很烦躁，他躺在床上告诉妈妈："妈，今天是星期天，幼儿园里不上课。我要多睡会儿。"妈妈不同意："不可以，早睡早起有利于身体健康，即使是星期天，也要出去运动运动才好。"

然而，无论妈妈怎么说，亚宇非要睡到很晚才肯起床。

孩子早晨不起床，尤其是已经开始上幼儿园或小学的孩子，赖在被窝里不肯起来，让原本就十分宝贵的清晨时光变得更加紧张。

想让孩子早起，并不是一朝一夕能够做到的事情，因此，妈妈要有足够的耐心和巧妙的办法，循序渐进地引导。其实，孩子晚上不肯睡、早晨不愿意起床的根源在妈妈身上。为什么这样说呢？因为对孩子生活习惯影响最大的就是妈妈。假如妈妈每天都睡到很晚才起床，那么孩子肯定也会向妈妈学习。所以，妈妈要以身作则，坚持早睡早起，不要让自己成为孩子睡懒觉的理由。

想让孩子早点起床不睡懒觉，妈妈先要了解孩子晚起的原因。从根本上来讲，就是孩子不良的作息习惯所致，因此，妈妈最好根据孩子的实际情况，为孩子制订一个合理的作息时间表，并严格按照时间表要求孩子，没有特殊情况不允许变动。久而久之，孩子的生物钟就会逐渐趋于正常，从而使其养成遵守作息制度的好习惯。只要生活有规律，无论什么季节，孩子都能做到按时作息，不再赖床不起了。

做个智慧好妈妈

1. 让孩子早起，首先要让孩子早睡

孩子，睡一睡就长一长。美国最新的科学研究报告表明，孩

子小时候睡眠不足或睡眠习惯不良，长大后有可能成为"问题少年"。早睡早起，其实是一对孪生兄弟，对于正在迅速成长的孩子来说，如果只一味要求孩子早起而没有确保其足够的睡眠时间，肯定会对孩子的成长发育及智力发展都有不良影响。所以，要让孩子早起，首先要让孩子做到早睡。

> 萱萱就是一个因为睡得晚而不能早起的孩子，这令妈妈非常头疼。每天晚上，萱萱的精神头都特别大，她一会儿蹦蹦跳跳，一会儿看看电视，即使妈妈催了好几遍，她都不肯上床睡觉。而早晨呢，妈妈喊了好多遍，她也不肯起床。
>
> 一天晚上，都9点多了，萱萱仍然不去睡觉。为了给萱萱营造一个良好的睡眠环境，妈妈先把电视关了，以免萱萱时不时地看电视；然后将大灯也都关掉了，只留下卧室床头柜上的台灯还亮着。房间里变得昏暗了许多，也非常安静。妈妈温柔地和萱萱说话、聊天或者讲故事。妈妈很会给小孩子讲故事，她经常以萱萱小时候发生的事情为原材料，编成一个个小故事讲给萱萱听。萱萱呢，特别喜欢听这些小故事。很多时候，她都是伴着妈妈讲的故事进入梦乡的。为此，妈妈开玩笑说："我讲的故事有催眠的效果。"
>
> 时间长了，萱萱就养成了早睡的好习惯，睡眠充足的她，到了第二天早晨也能早早地起床了。

通过案例我们可以看出，良好的睡眠环境以及安静、有趣的睡前活动能让孩子更顺利地入睡。另外，在孩子不想睡觉或不易入睡时，妈妈一定不要强制性地让孩子快点睡觉，否则会激起孩子的逆反心理，使其更加难以入睡。

2. 自然苏醒，让孩子轻松早起

医学证明，只有自然苏醒，才能使人一整天都神采奕奕。除了确保安稳、充足、高质量的睡眠以外，清晨的唤醒活动也是促使孩子早起的必要手段。其实，聪明的妈妈只要稍用心思，就可以让孩子在妈妈的巧妙安排下，自然而然地醒来。

3. 进行比赛，激励孩子早起

与其在清晨直接冲着孩子大喊："快起床，我们要出门了。"倒不如走"曲线"唤醒的道路。妈妈可以和孩子进行游戏式的比赛，比如，看谁起得早，看谁衣服穿得快，等等。这样，既能够有效调动孩子的积极性，妈妈也达到了自己的目的。

孩子爱偏食挑食

——"我不吃土豆丝，我要吃鱼"

4岁的小雪是个惹人喜爱的孩子。然而，她有一个坏习惯——偏食挑食，只爱吃肉、鱼，不爱吃蔬菜。每次吃饭时，总会挑三拣四，自己喜欢的菜才肯吃。

一天吃晚饭时，妈妈做了两道菜——炒土豆丝和水煮鱼。水煮鱼是小雪的最爱，所以她不停地吃鱼，奶奶就在旁边帮她把鱼刺挑出来。妈妈见小雪不吃土豆丝，就夹了一些土豆丝放到她的碗里，并说："宝贝，妈妈今天做的土豆丝可好吃了，你尝尝吧。"

可小雪一点都不给妈妈面子，她立刻将土豆丝夹了出来，说："土豆丝不好吃，我才不要吃呢。"妈妈对她说："你看你，只吃鱼不吃点蔬菜怎么行呢？"小雪反驳道："我就喜欢吃鱼，我就不要吃土豆丝……"

看到母女俩吵架的阵势，奶奶赶紧劝："好，好，听小雪的，咱们不吃土豆丝。来，这块鱼肉里已经没有刺了。"说着，奶奶将鱼肉送进了小雪的嘴里。

每次吃饭都是这样，妈妈又一次以失败告终。

如今，绝大多数孩子都是独生子女，偏食挑食的孩子也越来越多。孩子偏食，主要表现为特别爱吃某些食物或者特别讨厌某些食物，只拣几种食物吃，不吃其他食物。然而，偏食挑食会造成孩子营养摄入不全面、不均衡，久而久之，会对孩子的身体健康造成不同程度的损害。比如，营养不良、抵抗力差等。因此，妈妈一定要让孩子养成良好的饮食习惯，以保证孩子的身体健康。

造成孩子偏食挑食的主要原因是大人对孩子的宠爱，从上面的实例中我们可以看出，假如奶奶不过分迁就、溺爱孩子，和妈妈站在同一条战线上，或许就能轻而易举地帮孩子改掉不吃蔬菜的坏习惯了。

帮助孩子纠正偏食挑食的不良习惯，妈妈不能操之过急，千万不可以使用哄、骗、打、骂等强制性的手段，否则会引起孩子的逆反心理，起不到任何效果。其实，随着孩子年龄的增长、知识的丰富、食欲的增强，再加上妈妈的循循善诱，孩子是很容易选择并接受各种食物的。因此，对于偏食的孩子，聪明的妈妈应该提供多种食物让其选择。例如，蔬菜是许多孩子都不愿吃的，妈妈可以变换蔬菜的品种、烹饪方法和菜肴搭配，利用孩子的好奇心促使孩子尝尝"新"的食物。

此外，饭前妈妈不要征求孩子的意见，问孩子想吃什么菜，这无疑是教孩子偏食、挑食。在饭桌上妈妈要创造轻松的气氛，切忌在吃饭时批评或教育孩子，否则会影响孩子的心情，导致孩子食欲下降。

做个智慧好妈妈

1. 提高烹饪技术，让孩子更有食欲

帮助孩子改掉偏食、挑食的坏习惯，手巧的妈妈可以在饭菜的烹饪技术和方法上下功夫，要将一日三餐做得色、香、味俱全，也要注意颜色搭配和形状的多样化。

2. 巧妙诱导，让孩子吃下不喜欢吃的食物

妈妈可以带动其他家庭成员，在孩子面前进行"表演"，故意津津有味地吃着孩子不喜欢的食物，并且互相交流对食物的正面感受，诱导孩子吃下自己不喜欢的食物。

3. 夸奖称赞，为孩子树立效仿的榜样

孩子最喜欢听别人的夸奖和称赞，抓住了孩子这一心理特点，妈妈就可以在偏食、挑食的孩子面前，大大称赞不偏食、挑食的孩子，从而使孩子因羡慕而积极地效仿。

> 5岁的芳芳不喜欢吃芹菜，每次妈妈做芹菜炒肉丝的时候，芳芳都会把芹菜挑出去，只吃肉丝。
>
> 有一次，姑妈和表哥辉辉来家里玩。中午，妈妈留他们在家里吃饭。妈妈做了许多美味的菜，其中就有芹菜炒肉丝。芳芳像以前一样，不吃芹菜。还好，辉辉不挑食，芹菜和肉丝一起吃。妈妈看到后，就说："辉辉吃芹菜，真是个好孩子，又健康又聪明，我知道芳芳也会像辉辉一样，喜欢吃芹菜的，对吗？"小孩子不能激，一激就"上当"，芳芳听妈妈在夸哥哥，便尝试着吃了一口芹菜。在辉辉的带动下，加上妈妈做的芹菜炒肉丝很可口，渐渐地，芳芳也能吃些芹菜了。

需要注意的是，在夸奖其他孩子时，避免孩子之间的妒忌是非常重要的。案例中妈妈的说法就恰到好处，既使芳芳有了效仿的榜样，又没有打击孩子的自尊心，教育效果自然不错。

孩子爱喝饮料不喝白开水

——"我不喝白开水，我要喝可乐"

筱筱4岁了，她很少喝水，渴了就喝果汁或可乐。

星期天的上午，邻居家的航航来家里找筱筱玩。两个孩子一会儿过家家，一会儿捉迷藏，来回跑动，很快就玩得满头大汗。妈妈看到后，就倒了两杯水给孩子们喝。筱筱看到白开水就皱起了眉头："妈妈，我不喝白开水，我要喝可乐。"妈妈说："白开水最解渴了，可乐喝多了会打嗝的。"筱筱不同意："不嘛，我就要喝可乐。"说完，筱筱便叫奶奶："奶奶，我想喝可乐。"正在厨房忙碌的奶奶听到后，马上答应了一声，然后走出来从冰箱里拿了两瓶可乐。两个孩子一人捧着一瓶可乐，大口大口地喝了起来。之后，又开开心心地继续玩游戏。

妈妈很无奈，孩子只喝饮料不喝白开水，时间长了肯定对身体不好，而老人又无条件地满足孩子，这可怎么办呢？

近年来，市场上的各种饮料五花八门，层出不穷，广告宣传更是诱人。而这些饮料，无非就是在水里添加了糖、香精、色素等原料，有的甚至还加了防腐剂，这对孩子的健康有百害而无一利。

营养学家明确表示，世界上最好的饮品是白开水。然而，越来越多的孩子经常以饮料代替白开水，这就陷入了一个习惯的误区。长期下去，不仅不利于孩子的身体健康，反而会给他们的身体带来危害。因此，为了健康，一定要让孩子从小拒绝各类饮料的诱惑，引导孩子认识白开水真正的"健康滋味"。

水是七大营养素之一，白开水的好处多多，可加强血液循环，促进新陈代谢，增强自身免疫功能，提高抗病能力。喝水，不但是为了解渴，满足身体对水的生理需要，同时也能使人从中摄取少量的无机盐和微量元素。从营养学观点分析，饮料的蛋白质含量很低，仅有1%，而白开水含有人体所需的十几种矿物质。由此看来，任何饮料都比不上白开水的营养价值。

另外，许多孩子往往是在口渴时才想起喝水，这种做法是不正确的。聪明的妈妈应该让孩子掌握喝水的学问，切忌渴了再喝水，否则容易出现轻微的脱水状况。正确的喝水时间是：白天大约每隔一个小时喝一杯水，晚上睡觉前要少喝水。

细心的妈妈还可以根据孩子尿液的颜色来判断孩子是否需要喝水。一般来说，尿液的颜色以淡黄色为宜，如果颜色太浅，则可能是水喝得过多；如果颜色偏深，则表示需要多补充一些水了。

做个智慧好妈妈

1. 偷梁换柱，以水代饮

孩子不喝白开水，有很大一部分原因是白开水没有味道，而汽水、可乐等饮料酸酸甜甜，有滋有味。针对这种情况，妈妈切不可操之过急，聪明的做法是，在白开水中兑入适量的果汁或蜂蜜，以后逐渐递减，让孩子慢慢适应并接受白开水的味道。

2. 清空"仓库"，备足白开水

有些妈妈喜欢在冰箱里存放大量的饮料，孩子渴了就让孩子喝饮料。时间一长，孩子难免会对饮料"上瘾"，甚至错误地认为饮料能够代替白开水。因此，妈妈要严格控制孩子饮料的摄入量，最好将冰箱里的饮料减低到最少的量，同时，应为孩子准备充足的白开水，以备孩子随时饮用。

3. 激将法，激励孩子多喝白开水

许多孩子都爱争强好胜，妈妈可以利用孩子的这一特点，来一招"激将法"，激励孩子多喝白开水。"激将法"不仅在平时行得通，在紧急状况下仍然十分有效。

孩子爱吃零食不爱吃饭

——"我不想吃饭，我想吃蛋糕"

一天晚上，要吃饭了，6岁的岩岩却说："妈妈，我不想吃饭，我想吃蛋糕。"妈妈看了他一眼，坚定地告诉他："不可以，妈妈已经将饭菜做好了，不能吃那些零食。"

然而，岩岩不乐意，拽着妈妈的衣角嚷嚷着要吃蛋糕，妈妈没再理他。一旁的爸爸见岩岩一直纠缠，看不下去了，厉声呵斥："到吃饭的时间了，就应该吃饭，不好好吃饭的话，小心我揍你！"吓得岩岩"哇"的一声哭了出来。爷爷奶奶闻声而至，奶奶边给岩岩擦眼泪边哄："乖乖不哭，不就是想吃蛋糕吗，为啥不让孩子吃？来，奶奶给你钱去买。"爷爷也有些生气地说："你们两个大人怎么老惹孩子哭，冲孩子发什么火？走，爷爷带你去超市买。"说着，爷爷便拉着岩岩的小手下了楼。

妈妈无奈地摇了摇头，之前的招数全部泡汤。从那之后，岩岩有了靠山，他更加喜爱吃零食了，即使爸爸对着他大声怒吼也无济于事。唉！以后教育岩岩更加困难了。

孩子只吃零食却不好好吃饭，这可是个大问题，也是令许多妈妈非常头疼的问题。众所周知，饮食要合理搭配才能吃出好身体。如果零食吃得过多，而主食和水果蔬菜吃得比较少，那么，孩子体内的酸碱度将会失衡，从而导致孩子食欲不振，对一日三餐不感兴趣。长此以往，孩子就会营养不良，影响身体的正常发育。因此，千万不能让孩子将零食当饭吃。

然而，通过上面的案例我们可以看出，无论是父母强制性地要求孩子不可以吃零食，还是老人毫无原则地迁就孩子，都不是解决问题的好办法，往往还会适得其反，让孩子找出窍门来把家长控制住了。所以，在教育孩子的过程中，智慧的妈妈要力求主动，不能总以孩子为中心，要尽量以柔和的方式说服孩子。

首先，妈妈要发动家里的大人，使大家达成一种共识，齐心协力地"应付"难缠的孩子。这样，家里的大人就可以利用各自不同的身份优势，用不同的表达方式，达到同一种教育孩子的目的。其次，妈妈可以给孩子制定规矩，让孩子有节制地吃零食。比如，花生米、大枣、核桃、葵花子、牛肉干等零食可以适当地吃，而薯片、虾条、炸鸡腿、方便面之类的零食要少吃。再次，妈妈要努力提高自己的厨艺，使饭菜色香味俱全，以增进孩子的食欲，让孩子养成良好的饮食习惯，从而抵制住零食的诱惑。

做个智慧好妈妈

1. 巧施妙计，"控制"住孩子

最了解孩子的人是谁？毋庸置疑，肯定是与孩子朝夕相处的妈妈。明智的妈妈一定要利用好这一优势，将孩子琢磨透彻，必要的时候，可以耍点小"聪明"，"控制"住不听话的孩子。

2. 现身说法，淡化孩子物质需求

妈妈要学会研究孩子的个性特征，善于抓住孩子的心理特点，制订有针对性的方法和策略来"对付"孩子。在孩子特别想吃零食时，可以声东击西，淡化孩子的物质需求。

3. 充耳不闻，视而不见

在自己的需求得不到满足时，九成以上的孩子会不依不饶地发脾气、闹乱子。这时，妈妈可以让孩子尽情发泄，不对孩子的要求做出任何回应。慢慢地，孩子就会自认为没意思而不再胡闹了。

孩子贪吃没饥饱

——"妈妈，我还想再吃点儿饼干"

宽宽6岁了，他的胃口很好，每顿饭都能吃很多东西，这直接导致他成了一个小胖子。在学校里，他是体重最重的几个孩子之一。

一天下午，奶奶去学校接宽宽回家。正在厨房里忙碌的妈妈还没看到宽宽的影子倒先听见了他的声音："妈妈，做了什么好吃的？我饿了。"妈妈说："这孩子，回到家就想到吃。去玩一会儿吧，饭菜马上就好了。"

宽宽扔下书包，打开冰箱门，从里面拿出了一块面包，津津有味地吃了起来。妈妈看到后制止了他："先不要吃面包，等一会儿就吃饭了。"已经很饿的宽宽根本不听妈妈的，继续吃面包。

吃饭的时候，宽宽吃了一小碗面条，两个荷包蛋，两只鸡腿，外加一些炒菜。吃完了，宽宽擦擦嘴，心满意足地去玩玩具了。

快到9点的时候，宽宽肚子里的"馋虫"又开始作怪了。宽宽跑到厨房，拿了一袋饼干。妈妈看见了，对他说："儿子，你今天已经吃得够多了，你看你都多胖了。"宽宽可怜兮兮地请求："妈妈，我还想再吃点儿饼干。我就再吃一点，好不好？"妈妈坚决不同意："不行，宝贝，睡觉前不要再吃东西了，乖，咱们明天再吃。"

奶奶听到了，说："小孩子胖点就胖点呗，没关系的，多吃点有利于长身体。""可是，宽宽现在都已经营养过剩了。"宽宽管不了那么多，趁这空隙，赶紧溜到自己的房间里，去吃饼干了。

如今，很多孩子都特别贪吃，而且喜欢暴饮暴食，虽然年纪很小，但是体重却已经严重超标。导致这种情况的原因之一，就是一些家长和上述案例中奶奶的想法一样，认为孩子吃得多才能长得快，才有利于身体健康。其实不然，这种思想是错误的。如果孩子吃得太多，反倒容易致使其胃肠功能紊乱，消化吸收不良，进而影响孩子的正常发育。

我们知道，胃的容量是有限的，假如孩子吃得过多，就容易引起胃肠道疾病或者类似"吃伤了"的情况。胃的排空是有规律的，假如孩子摄入的热量大大超过其消耗的热量，热能转变成脂肪积蓄在体内，就会导致孩子肥胖。贪吃会使孩子的消化器官负担过重，受到损伤，引起肠胃疾病，影响孩子的身体健康。暴饮暴食还会使孩子出现头昏脑涨、精神恍惚、肠胃不适、胸闷气急、腹泻或便秘等不良反应，严重的还会引起急性胃肠炎。所以，明智的妈妈不要对孩子百依百顺、一味迁就。一定要学会对贪吃的孩子说"不"，从而适当地控制贪吃孩子的饮食量，科学合理地安排孩子的一日三餐，帮助孩子养成良好的饮食习惯。

另外，妈妈不要以好吃的食物奖励孩子，这会在无形中使孩子吃得更多。同时，要让孩子明白，饮食也是一种文化，贪吃是一种不文明的行为。

做个智慧好妈妈

1. 定时定量，让贪吃的孩子养成科学合理的饮食习惯

妈妈要让孩子养成科学合理的饮食习惯，可以让孩子定时、定量进餐，每天的食物要多样化，应该有主食、有副食，有荤、有素，以保证孩子的营养全面。每顿饭尽量安排合理，千万不要将孩子爱吃的食物放在一餐里让其尽情享用。

2. 摸透孩子的心思，让贪吃的孩子控制住自己的食欲

教育孩子就是一场心理战争，所以，妈妈们要学会摸透孩子的心思，知道孩子心里在想什么。这样，才能在这场"战争"中百战百胜。许多孩子贪吃，但他们同样不喜欢自己胖胖的体型。针对这种情况，妈妈可以如此"上阵"解决：告诉孩子贪吃对身体不好。

3. 哄哄骗骗，适当限制孩子的进食量

许多贪吃的孩子都比较喜欢暴饮暴食，对于自己喜欢吃的食物就一次吃好多。这时，妈妈一定要适当地限制孩子的进食量，不要让孩子吃得太多。

孩子不吃水果

——"我不要吃苹果，太酸了"

6岁的湘湘聪明又可爱，然而，令妈妈头疼的是，她已经有很长时间没吃一点水果了。

秋天到了，市面上新鲜的水果越来越多。有一次，妈妈从超市买了几斤苹果。一回到家里，妈妈就高兴地对湘湘说："宝贝，妈妈买了又大又红的苹果，快过来吃吧。"可是，湘湘只瞅了一眼，便说："我不要吃苹果，不好吃，上回吃的酸死我了。"妈妈告诉她："宝贝，吃苹果对身体很有好处。我听说在每顿饭前吃一个苹果，就不容易生病，用不着看医生。所以，你要多吃点苹果。像梨、香蕉等水果也要经常吃。"湘湘听后仍然摇了摇小脑袋，说："不，我不吃，太酸了。"妈妈接着告诉她："你想好了，真的不吃吗？苹果中富含锌，能增强你的记忆力，让你越来越聪明，还能使你的小脸蛋光滑细嫩，这样，你就越来越漂亮了。"湘湘却很自恋："我本来就很漂亮、聪明，不用再吃苹果了。"

无奈的妈妈只好使出最后一招："那么，这样吧，你每天吃一个苹果，或者你想吃的其他任何一种水果都行，连续吃一个月，妈妈就带你去动物园玩。""动物园我已经去了好多次了。"

就这样，无论妈妈怎样说教和引诱，湘湘就是不肯吃苹果。

许多孩子都不喜欢吃水果，妈妈可以把水果榨成汁给孩子喝，并且让孩子看看榨汁的过程，当孩子看到水果由固体变成五颜六色的液体时，肯定会感到很神奇。如此一来，孩子就会将美味的果汁喝到肚子里，这种方法能够使孩子更好地吸收水果中含有的各种营养素。同时，妈妈也要做出表率，在要求孩子吃水果时，最好和孩子一起吃。孩子看到妈妈吃了，他自然也会尝尝的。妈妈也可以根据时节给孩子介绍不同的水果让孩子认识，还可以给孩子讲一下水果中含有的营养素。久而久之，说不定孩子会主动向妈妈要水果吃呢。

实际上任何一种水果都不爱吃的孩子特别少见。有的孩子可能只是不爱吃梨或桃，但并不排斥草莓或西瓜；有的孩子可能在某个时间段内不想吃水果，特别是妈妈提供水果的品种比较单一时，孩子吃腻了，肯定会对水果失去原有的兴趣；有的孩子可能想吃甜味的水果，但妈妈却买了酸酸的橘子。所以，妈妈在给孩子买水果时，一定要先考虑孩子的口味，在纠正了供应方面的偏差和局限性时，相信水果就会成为孩子喜欢的食品之一了。

另外，让孩子吃水果，妈妈也要学会选择适当的时机。当孩子吃完饼干之类比较干的食物之后，妈妈马上递上清脆可口的水果，孩子肯定会喜出望外的。在出去玩或逛街的时候多带点水果，当孩子累了或渴了之后也会吃一些水果的。

做个智慧好妈妈

1. 投其所好，利用孩子感兴趣的事物进行诱导

孩子不爱吃水果，妈妈要多动脑筋，平时注意一下孩子对什么事物比较感兴趣，再利用孩子感兴趣的事物诱导他吃下其本不喜欢的水果。时间长了，孩子同样会对水果感兴趣。

2. 变换形状，增加孩子吃水果的欲望

孩子喜欢变化多样，妈妈可以考虑在水果的外观上做些"文章"，给水果变变样子。例如，摆成水果拼盘或做成水果沙拉；也可以把水果做成菜肴，比如，拔丝苹果或水果羹；还可以自制一些酸酸甜甜的草莓酱或苹果酱，作为孩子的餐后食品。在心灵手巧、足智多谋的妈妈的引导下，相信孩子会逐渐喜欢吃水果的。

3. 根据孩子的体质，让孩子科学、合理地吃水果

有些孩子吃水果后会出现一些症状，比如，拉肚子、口腔溃疡、过敏等。因此，给孩子吃水果，妈妈还需要学习与水果有关的知识，要根据孩子的体质，帮孩子选择合适的水果，让孩子科学、合理地吃。

孩子浪费，不懂节俭

——"吃不完就扔掉呗"

星期天，妈妈带陌陌去超市买下一周的生活用品。

来到超市，陌陌看到货架上琳琅满目的商品，兴奋得不得了。他跑来跑去，一会儿帮妈妈拿东西，一会儿帮妈妈推购物车。尤其是来到零食区，陌陌要这要那，火腿肠、面包、饼干、沙琪玛，等等，要了一大堆。妈妈觉得东西买得差不多了，便制止陌陌："儿子，你买了这么多零食，下周根本吃不完。"陌陌却不以为然地说："吃不完就扔掉呗。"陌陌能说出这句话令妈妈很惊讶，便问他："扔掉不就浪费了吗？多可惜呀。""没事，妈妈，浪费就浪费呗。"见陌陌这样说，妈妈不知道该怎样教育他。

回到家里，陌陌将零食往桌子上一放，迫不及待地大口吃了起来。一会儿，陌陌便吃饱了，可是，还剩下半块沙琪玛。陌陌吃不下了，便将沙琪玛扔进了垃圾桶里。晚上，妈妈倒垃圾时发现了那半块沙琪玛，便问陌陌："儿子，这沙琪玛是不是你扔的？"陌陌一副一人做事一人当的样子，回答："是啊，我吃不了，就扔了。"妈妈生气地说："你看你，又浪费！"

陌陌总是这样，对任何东西都不知道爱惜。

现在有一些孩子不懂得节俭，盲目花钱。其实，孩子铺张浪费，责任在于大人。许多大人出于疼爱孩子的心理，一味迁就孩子，孩子要什么就给什么，殊不知，这其实是在纵容孩子浪费。也有些人出于虚荣心，自身也有不良的消费心理——家境富裕的人认为自己的孩子吃、穿、用都要比别人好；而一些并不富裕的人觉得别的孩子有的，咱也得有，不能让孩子受委屈。久而久之，就会让孩子认为只要我要，就会有，并且不会怀着感恩的心享用。

浪费，很可能会给孩子的将来埋下祸根，所以，帮孩子克服铺张浪费的不良行为，刻不容缓。首先，大人要以身作则，必须要有正确的金钱观和消费观，做孩子的表率。聪明的妈妈会让孩子明白家里的钱是怎么样分配的，使孩子将自己的物欲控制在家庭经济条件允许的范围之内。其次，要教育孩子正确认识金钱，让孩子懂得，钱是父母通过辛勤劳动换来的，其所吃、所穿、所用都来之不易。随便浪费是不珍惜、不尊重父母劳动的表现。如有条件，可以带孩子去工厂参观工人的生产劳动过程，或去乡下看农民耕种、收割的过程。再次，教孩子学会正确花钱，从小，妈妈就应该教孩子如何货比三家，如何选择物超所值的物品。随着年龄的增长，要让孩子学会认真思考后再花钱，避免盲目消费。妈妈也可以让孩子"当一日家"、"当一周家"、"记收支账"，这些都是培养孩子节俭品质的有效途径。

从小培养孩子节俭的好习惯，教育孩子懂得如何花钱和节约用钱，可以为孩子学会自立打下必要的基础。

做个智慧好妈妈

1. 多教育孩子，让他少一些浪费

日常生活中，妈妈要多教育孩子，让他知道，农民伯伯以及工人叔叔在工作的时候是多么辛苦，多让孩子看一些公益片，同时告诉他，在一些地方，许多小朋友根本吃不饱、穿不暖，让孩子不要浪费粮食，可以将节省出来的粮食送给吃不上饭的小朋友。

2. 不要在财务上对孩子保密，适当给孩子零用钱

孩子浪费，归根到底是对钱的浪费。因此，妈妈要让孩子真正理解金钱的含义，让孩子懂得节约金钱，教给孩子节约金钱的方法。妈妈不要在财务上对孩子保密，对于孩子的零用钱，也要适当地给一些。

3. 适当惩罚，让浪费的孩子懂得节约

孩子有浪费的行为时，妈妈要耐心教育，不要使用暴力。可以适当惩罚一下，最好是能立刻实现的惩罚，并且一定要及时兑现。这样，孩子就会记住这次教训，不再浪费了。

孩子不讲卫生

——"妈妈，已经很干净了"

坤坤今年6岁了，他是个特别调皮的孩子，而且不讲卫生。每天在地上爬、打滚是很正常的事情；手脏了就往身上抹，嘴上有脏东西就用衣袖擦。为此，妈妈说过他好多次，然而根本没有效果，妈妈愁坏了。

一天下午，坤坤从外面回到家，看到奶奶刚买来的炸鸡腿，伸手就要拿着吃。一旁的妈妈看到了，立刻制止了他："儿子，你还没洗手呢，快去洗手，洗完才能吃。"坤坤却不屑一顾地说："我的手很干净，不用洗。""不行！吃东西之前必须洗手。"拗不过妈妈，坤坤只好不情愿地跑到卫生间，打开水龙头，简单地用水冲了冲，便又跑了出来。妈妈看到后，责怪他："你那样洗手怎么能行，肯定没洗干净，快，再去洗一遍。"坤坤有些委屈地说："妈妈，已经很干净了。我饿坏了，不要再洗了，我要吃炸鸡腿。"话音没落，坤坤就麻利地抓起一个炸鸡腿，啃了起来。

唉！坤坤每次都是这样，一点都不知道讲卫生，怎样教育他才好呢？

如今，一些妈妈只注重孩子的学习，却忽视了孩子良好卫生习惯的养成。卫生习惯会影响孩子一生的健康。习惯是从小养成的，好习惯如此，坏习惯亦如此。妈妈一定要注意培养孩子的良好习惯。

对孩子卫生习惯的具体要求为：早晚刷牙、饭后漱口，不抠鼻孔，不挖耳朵，勤洗头、洗澡、洗脚。不吃不干净的食物，生吃瓜果一定要洗干净，并且要削皮。不乱扔果皮、纸屑，不随地吐痰和擤鼻涕，更不能随地大小便。衣着要保持干净整齐，勤换勤洗。在外面也要讲究卫生。有的孩子在家里不乱扔垃圾，可是，在外面就全忘记了，垃圾随手就丢。针对这种情况，妈妈可以给孩子准备一个塑料袋，让他随身携带，有了垃圾就放在里面。

孩子良好的卫生习惯并不容易培养，妈妈要和幼儿园老师对孩子的要求一致，不要强行逼迫孩子，要持之以恒，坚持一贯地要求孩子。妈妈可以和孩子共同制订具体的卫生规则，并给孩子讲明这些规则的意义，也可以将这些规则以标语的形式贴在墙壁上，以便孩子随时都能看到。当发现孩子不能自觉遵守规则时，妈妈应当立即给予提醒，以督促孩子形成习惯。

总之，让孩子养成良好的卫生习惯是一项烦琐而又细致的工作，妈妈一定要注重各种小细节，做到防微杜渐。

做个智慧好妈妈

1. 让孩子明白讲卫生的重要性，他就会自觉地讲卫生

如果孩子只是被"逼"或"催"着讲卫生，是很难培养出讲卫生的好习惯的。所以，妈妈要循循善诱，给孩子讲明道理，让孩子明白讲卫生的重要性，久而久之，孩子自然会自觉地讲卫生。需要

注意的是，教导要符合孩子的理解水平。

2. 做孩子的好榜样，时时刻刻影响和教育孩子

要让孩子形成讲卫生的好习惯，父母一定要做孩子的好榜样，时时刻刻地影响和教育孩子，要求孩子做的父母首先一定要做到。然后，再软硬兼施，帮助孩子养成良好的卫生习惯。

3. 给孩子强调讲公共卫生

在要求孩子讲个人卫生的同时，也要注意强调孩子的公共卫生意识，培养他的公德心。要让孩子明白，只有大环境干净了、卫生了，大家才能获得真正的健康。

孩子乱花钱

——"这些不够用，再多给我点儿吧"

豪豪是家里的独生子，从小被爷爷奶奶溺爱惯了，导致他想要什么就买什么，花钱大手大脚，经常随便乱花，一点都不懂得节约。

这天早晨，豪豪吃过早饭，要去学校上课了，他想：看看还剩下多少钱，够不够今天买零食的。于是，他掏了掏书包，翻来翻去，发现只剩下一块多钱了。于是，豪豪伸手朝妈妈要钱："妈妈，我没零用钱了，再给我些钱吧。"正在收拾碗筷的妈妈很惊讶："你怎么又没零用钱了？上个星期天我不是刚给了你钱吗，今天才星期四，你就把一周的零用钱全给花完了？""还剩下一块多。"妈妈接着问："这些钱你都买了什么呀？""下了课我会饿，就买一些面包、火腿肠吃。对了，昨天忘记带笔记本，还买了两个笔记本。"

妈妈拿出一些钱，交给豪豪，并嘱咐他："以后要少花点，不该买的东西就别买，在家吃饱，外面的那些食品不卫生。"豪豪点点头，接过钱，看了看，对妈妈说："这些不够用，再多给我点儿吧。""这些还不够用？你要买什么呀，你想花多少钱？"妈妈皱起了眉头，质问他。见妈妈不高兴了，豪豪便说："那好吧，就拿这些吧。"

妈妈叹了一口气：现在的一些孩子，太能乱花钱了，根本不把钱当钱，一点都不知道节俭。

如今，一些孩子花起钱来没有节制，给多少就花多少，花完了再要，并且经常盲目消费，看到什么就想买什么。这是一种非常不好的习惯，长此以往，会让孩子不懂得如何理财，长大后，孩子也容易出现"经济危机"。因此，妈妈要引导孩子有计划地消费，让孩子合理用钱。

其实，即使是大人，也很难做到合理利用每一分钱，有时也会忍不住买下许多不必要的物品，尤其是商场做特价促销的时候。所以，在孩子受到诱惑想要花钱买东西时，妈妈可以引导孩子，让他想想这个东西是"想要"的还是"需要"的，如果是"想要"而不是"需要"的，尽量不要买，以免浪费金钱。另外，妈妈不要无条件地满足孩子的购买欲望，当孩子一时兴起买这买那时，妈妈最好对孩子解释，为什么不给他买，要说出合理的理由，绝不能因为孩子的哭闹而妥协。

杜绝孩子乱花钱，妈妈一定要让孩子学会有计划地合理花钱，让孩子树立储蓄目标以及理财的意识和观念，在孩子消费的过程中和结束后，及时给孩子建议，并告诉他如何购买既便宜又好的物品，以培养其理财本领。

做个智慧好妈妈

1. 教孩子学会记账，初步建立他的理财意识

有的孩子不知道父母的辛苦，平时不注意节约，只知道乱花

钱。妈妈可以让孩子将自己所花的钱全部记在一个本子上，并且教他学会算账，从而初步建立他的理财意识。

2. 该狠心的时候就得狠心，让孩子懂得合理利用每一分钱

日常生活中，许多妈妈唯恐孩子受一点委屈和苦难，每当孩子伸手要钱时，立即就给，而且是要多少给多少。其实，这种做法不是爱孩子，而是在害孩子。因为一味地娇惯孩子，容忍孩子乱花钱的恶习十分不利于孩子的成长。所以，该狠心的时候就得狠心，坚决不给孩子过多的零花钱，孩子才会懂得合理利用每一分钱。

孩子长时间看电视

——"我看完电视再睡觉"

曼曼11岁了，她简直就是一个"电视迷"。只要她在家里，电视机就甭想闲着，因为除了写作业的时间之外，曼曼总是坐在电视机前，几乎从不和伙伴或者同学玩，也很少和爸爸妈妈说话。

一天晚上，曼曼刚吃过晚饭就一屁股坐到沙发上看电视。妈妈催促曼曼去写作业，然而曼曼总是嘴上答应着，却不行动。好不容易，曼曼磨磨蹭蹭地去写作业了，写完后，就又坐在电视机旁看起了电视连续剧。

快到晚9点的时候，妈妈对曼曼说："孩子，去睡觉吧，不然明天早晨又要因为害怕迟到而慌慌张张地起床了。"曼曼却说："不要，我看完再睡觉。"妈妈瞪大了眼睛，说："看完得几点呀？快去，该上床睡觉了。""哎呀，妈妈，不要再管我了，你如果困就去睡吧，为了不影响你休息，我会把音量调小点的。"

妈妈知道曼曼的脾气，一件事情，她想怎么做就非得那样做才行，尤其是她非常喜欢看的电视。曼曼如此爱看电视，令妈妈很着急。

孩子对电视节目欲罢不能，而妈妈呢，内心焦虑却毫无对策。孩子为什么沉涵于看电视呢？主要有以下几方面的原因：

第一，绝大多数的孩子都是独生子女，父母的工作又比较忙，因此在孩子的业余时间里，陪伴他的只有电视。第二，电视节目里有一些让孩子特别喜爱、迷恋的偶像，比如，奥特曼、孙悟空、喜羊羊等，孩子看电视也是在追捧自己心目中的偶像。第三，在电视节目里，孩子可以看到日常生活中看不到的丰富多彩、非常有趣的场面，让孩子在精神上得到快感。第四，如今的电视节目都是连环式的，一个节目今天不结束，明天接着演。这就很容易吊起孩子的胃口，让孩子越看越想看，从而沉迷其中。第五，与写作业相比，精彩的电视节目是轻松而充满乐趣的，所以更能够吸引住孩子的注意力。

的确，电视节目非常诱人，几乎没有一个孩子不喜欢看电视的。然而，长时间看电视，会使孩子出现视神经疲劳、视力暂时减退等症状，经常这样，孩子就会早早地成为近视眼。电视节目中有一些粗俗、少儿不宜的东西，很有可能会污染孩子的心灵，对孩子的成长极为不利。假如孩子除了看电视之外，没有时间和心思发展业余爱好，严重的就会导致"电视孤独症"，具体表现为，不喜欢与他人交流，对电视以外的事物毫无兴趣。

其实，适当地看电视还是有意义的，对于孩子学习知识、了解信息提供一条良好的途径。因此，妈妈要采取一定的方法来限制孩子看电视的时间以及节目，而不是完全禁止孩子看电视。

做个智慧好妈妈

1. 制订相应的规则，让孩子和电视保持一定的距离

孩子看电视上瘾，妈妈可以和孩子协商，然后制订一个规则。

需要注意的是，一旦制订了规则，所有人都必须遵守，一定要说话算话，千万不能违反。如此一来，孩子就能和电视保持一定的距离了。

2. 把好电视节目关，利用电视促进孩子学习

孩子看电视，节目很重要，妈妈一定不要让孩子看有关凶杀、暴力等不良的电视节目，只要帮孩子把好电视节目关，让孩子有选择地看电视，就完全能够避开电视对孩子的不良影响，从而利用电视促进孩子的学习。

3. 转移孩子的注意力，降低电视节目产生的负面影响

孩子过于依赖电视，多是由枯燥无聊的生活方式造成的。所以，妈妈要适当转移孩子的注意力，减少孩子看电视的时间，降低电视节目产生的负面影响。培养孩子别的兴趣，当孩子发现还有比看电视更有趣的活动时，自然地就会远离电视。

孩子沉迷于网络游戏

——"不就是玩会儿游戏吗"

霁霁12岁了，正在上小学六年级，他很聪明，可是，学习成绩却一般。这是为什么呢？因为最近一段时间，霁霁迷上了网络游戏。

每天晚上，霁霁都会坐到电脑前，噼里啪啦地打游戏玩。这不，一天晚上，妈妈知道霁霁肯定是在玩游戏，便拿着一杯牛奶，准备劝他不要再玩了。不出所料，还没走进霁霁的房间，妈妈就看到他正在全神贯注地玩游戏。妈妈走到霁霁身旁，把牛奶放到桌子上让他喝，然后问他："儿子，作业写完了没？""嗯……"霁霁仿佛没听到似的，随便答应着。"告诉妈妈，作业写完了没有。"妈妈提高了音量。"哦，妈妈，还没有呢，我先玩会儿。"妈妈听后皱起了眉头："作业都不写，只知道玩，这样下去，我看你的学习成绩什么时候能有进步。赶快把电脑关上，别再玩了，去写作业，写完之后就去睡觉。"霁霁听后很不高兴，他不耐烦地说："哎呀，妈妈，你不要再管我了，不就是玩会儿游戏嘛。"说完，霁霁继续玩游戏，无论妈妈说什么，他都不听。

霁霁深陷于网络游戏之中不能自拔，妈妈想要改变这种状况却毫无办法，很是烦恼。有什么方法能帮妈妈解决这个问题呢？

　　现代社会已经进入了信息时代，每个家庭配都置了电脑，有了智能手机。然而，许多妈妈因忙于工作而无暇顾及孩子。孩子在家上网的自由度加大，导致其沉迷于网络游戏。其实，有些游戏适时玩玩，对开发孩子的智力有一定的帮助，可是，孩子的自制力以及意志力往往比较差，当他迷上游戏之后，会对游戏情节产生强烈的信赖，并在生活中处处模仿，长此以往，肯定会对孩子的心理健康有不良影响。因此，妈妈千万不要掉以轻心，必须采取有效措施，发挥网络游戏的益智功能，将负面影响降至最低。

　　第一，妈妈要以身作则，坚决不进行有违道德的网上活动，利用网络做些有意义的事情，以自身的文明上网行为为孩子健康上网做好榜样。第二，教育孩子认识网络游戏的两面性，让孩子玩游戏的时间不能过长，因为长时间对着电脑，无论对视力还是对身体都极为不利。第三，很多孩子沉迷于网络游戏是由于他的课余生活单调、无聊，因此，妈妈可以有意培养孩子的兴趣爱好，从而转移孩子对网络游戏的注意力。第四，妈妈可以和孩子一起学习网络知识，了解网络游戏，一起探索网络，这样，不仅可以增进与孩子之间的感情，还能正确引导孩子合理运用网络。

　　除此之外，目前市面上的网络游戏没有评级标准，成人的游戏和少年的益智游戏很难划清界限，很多含有色情、暴力、凶杀等成分的游戏是不适合孩子玩的，所以，妈妈有必要对游戏内容进行审核，让孩子玩健康的游戏。

做个智慧好妈妈

1. 帮助孩子玩游戏，减少孩子玩游戏的时间

孩子迷上了网络游戏，几乎达到了废寝忘食的地步。这时，您大可不必焦急万分，可以和孩子一起玩游戏，让孩子将网络游戏当作一种缓解学习压力、放松身心的方式。也可以帮助孩子玩游戏，以减少孩子玩游戏的时间。

铭铭10岁了，妈妈发现，他经常打网络游戏，并且一打游戏连饭也顾不上吃。为此，妈妈和铭铭谈了多次，铭铭每次都答应不再那么痴迷游戏了，可过后就忘，还是照样玩。妈妈绞尽脑汁，终于想出了一个好方法，那就是帮孩子玩游戏。

因为妈妈知道，大多数的网络游戏都有一个特点，就是积累等级，当铭铭看到积累的等级在不断增长时，心里就会十分满足。一天晚上，铭铭写完作业后就想要玩游戏，妈妈告诉他："快要期末考试了，你去复习功课吧，我来帮你玩游戏。"说着，妈妈用铭铭的游戏账号登录，铭铭看到后，开心地跑进房间，去看书了。

白天上班时，妈妈就把铭铭的游戏账号给挂上，如此一来，就可以掌握铭铭玩游戏的量，因为在妈妈登录的时候，铭铭自然就不能登录，如果铭铭想要玩游戏，就必须给妈妈打电话。这样，妈妈就能有效控制铭铭玩游戏的时间了。

另外，加强对孩子玩网络游戏的监管，妈妈还可以通过技术手段对孩子加以合理控制，比如，为电脑设置密码，来适当限制孩子的上网时间。需要注意的是，监管不能粗暴蛮横，否则容易适得其反。

2．抽时间多陪陪孩子，用爱感化沉迷网络的孩子

许多孩子玩网络游戏，是因为内心孤单、寂寞、无聊、空虚等，所以，妈妈不要以工作忙为借口，长时间地对孩子不管不问，而应该抽出时间多陪陪孩子，用爱感化沉迷于网络的孩子，丰富、充实孩子的生活。

3．培养孩子的多种兴趣，让孩子明白除了网络游戏还有更有趣的事情

孩子总是玩网络游戏，对生活中其他的事情一概不感兴趣。这时，妈妈就要培养孩子多种兴趣爱好，让孩子明白，除了网络游戏，还有许多更有趣的事情可以去做。

孩子随手乱丢东西

——"我的袜子哪儿去了"

轲南7岁了，上小学一年级，他一直都是个比较懒散的孩子，总是喜欢将东西随手乱丢，因此，他的东西在用的时候总是找不着。

一天早晨，轲南起床穿袜子。可是，袜子怎么都找不着了。轲南只好求助于妈妈："妈妈，你见到我的袜子了吗？我的袜子哪儿去了？"妈妈回答他："我怎么知道？袜子不是昨天晚上你自己放的吗？再好好找找。"然而，轲南找了好长时间都没找着，昨天穿的那双洗了，还没干。没办法，正在准备早饭的妈妈只好下楼给他买了一双。

吃过早饭，要去学校了，轲南开始整理书包，他发现自己的课本又找不着了。快要迟到了，这可怎么办呢？轲南急得出了汗，爸爸妈妈只好帮他找，妈妈很生气，责怪他："昨天晚上你把课本放哪儿了？真浪费时间！"最后，妈妈终于在客厅的沙发下找到了课本。

轲南总是这样，将东西随手乱丢，这令妈妈很苦恼，怎样才能帮他改掉这个坏习惯呢？

把东西随手一丢，这是一些孩子共有的坏习惯。妈妈为此也很头疼，小家伙不帮忙收拾房间不说，还净添乱，每天都会将房间弄得乱七八糟，害得妈妈只好在他屁股后面收拾烂摊子。还有一点，乱丢的东西会让孩子在下次使用时很难找到，这会给家人带来很多不便。所以，妈妈从小就必须要求孩子不随手乱丢东西，把用过的东西放回原处，最好教孩子自己整理物品。这样，孩子不仅能养成一个良好的生活习惯，还会形成较强的责任心，使其在做事情时做到善始善终。

然而，许多孩子喜欢依赖妈妈，不知道如何整理物品，甚至有时会越理越乱，这就需要妈妈经常提醒孩子，必须将物品摆放在合适的位置，并且要摆放整齐。如此一来，孩子就会有"归位"意识，从而建立有条不紊的秩序感。

做个智慧好妈妈

1. 教孩子学会自己整理物品，并要求孩子保持物品整洁

有的孩子喜欢随手乱丢东西，很大一部分原因是他不会整理物品。因此，要让孩子改掉乱丢东西的坏习惯，妈妈可以教孩子学会整理物品，并要求孩子保持物品整洁。这样一来，孩子就会懂得爱惜物品，从而不乱丢东西。

2. 让孩子将用过的东西放回原处，督促孩子做到善始善终

不难发现，在日常生活中一些孩子有这样一个坏习惯——把用过的东西到处乱放，等下次着急用的时候却怎么也找不着。针对这种现象，妈妈可以要求孩子将用过的东西放回原处，督促孩子做到善始善终。

3. 告诉孩子不乱丢东西给自己和他人带来的便利

不仅在家里，在公共场合，孩子也喜欢将东西随手一丢就完事。这时，妈妈应该告诉孩子，不乱丢东西表面上看只是方便了别人，其实也方便了自己。

孩子不注意保护眼睛

——"我就喜欢躺着看书"

　　祥祥10岁了，正在上小学五年级。别看祥祥这么小，他的近视史可不短，镜片厚得像啤酒瓶底。为此，妈妈特别发愁，想方设法避免他的近视度数增加。

　　一天晚上，妈妈做完家务后便坐到沙发上看电视。这时，祥祥也凑了过来，依偎在妈妈的肩膀上看电视。见祥祥歪着脑袋，斜着眼睛看，妈妈将他的脑袋扶正，告诉他："把身体摆正，好好看电视。"祥祥却仍然保持着那种姿势，说："这样看着舒服。""这样对你的眼睛不好。"妈妈说出了不让祥祥那样看的理由，也说出了自己的担心之处。可是，祥祥并不在意。

　　过了一会儿，在妈妈的催促下，祥祥跑到自己的房间里写作业去了。妈妈看完电视后，给祥祥送去一杯牛奶。妈妈一进门，看到祥祥枕着枕头和被子，手里拿着一本书，正看得津津有味。妈妈对他说："宝贝，快起来，坐在椅子上看书，不能躺着看。"祥祥根本不听，还说："我就喜欢躺着看书。"

　　就这样，祥祥一点都不注意保护自己的眼睛，这使他所戴眼镜的度数越来越高。妈妈不知道怎样教育他才好。

数据调查显示，小学生近视患病率为30%至40%，中学生高达60%。这个问题非常值得重视。因此，让孩子学会珍视自己的眼睛，督促其养成良好的用眼习惯，极其重要。

眼睛负担过重，用眼距离过近，用眼时间过长等都是导致孩子近视的直接原因。然而，孩子的自控力不够，这就需要妈妈时常监督，加强对孩子的教育，提高孩子爱护眼睛的意识，让孩子拥有一双健康、明亮的眼睛。

一般情况下，只要孩子懂得了这些，并且时刻提醒自己注意，要求自己做到以上几点，那么，孩子眼中的世界将不会越来越浑浊不清。

做个智慧好妈妈

1. 教给孩子正确使用眼睛的方法，让孩子科学、正确地使用眼睛

2. 教给孩子正确的护眼方法，让孩子关爱自己的眼睛

许多孩子近视，是因为不知道如何保护自己的眼睛，针对这种情况，妈妈应该时刻提醒孩子保护眼睛，并且要教给孩子正确的护眼方法，从而让孩子珍视、关爱自己的眼睛。

3. 辅助训练，帮助孩子调节视力

孩子用眼过度，视力差，妈妈可以教给孩子一些恢复视力的辅助训练方法，帮助孩子调节视力。

第二章 ／

好性格，一定要懂得慢养

孩 子 任 性

——"你别管我，我就要这样"

5岁的晨峰是个特别任性的孩子，他想要什么就必须给他，而且想干什么就得干什么。

舅舅家的表哥要过生日了，妈妈带晨峰一起去给表哥庆祝。中午在表哥家吃饭，晨峰特别喜欢吃舅妈做的糖醋鱼，为了不让别人吃到鱼，他居然拿着筷子在盘子里挑来挑去。妈妈看到了，打了一下他的手，呵斥他："不能拿筷子在盘子里挑来挑去，你还让不让人吃了，那样很不礼貌！"晨峰却对妈妈的训斥不屑一顾："你别管我，我就要这样！"见晨峰在好几位亲戚面前顶撞自己，妈妈特别生气，但她也无计可施。

吃完饭，表哥把礼物都拆开看了看。其中有一架精致的飞机模型，晨峰觉得特别漂亮，他也想要。于是，在下午回家的时候，晨峰抱着飞机模型不放手，非要把它带回家，据为己有。妈妈不同意："不行，那是阿姨送给表哥的生日礼物，你不能拿回家。"晨峰不听，拿着飞机模型就跑到了楼下。妈妈把他追了回来，亲戚们都知道晨峰的脾气，阿姨对他说："晨峰，你先把这个飞机模型还给表哥，明天阿姨就买一个一模一样的送给你，好不好？"

晨峰听了很高兴，这才依依不舍地将飞机模型还给了表哥。

日常生活中，像晨峰这样很任性的孩子并不少见。如果妈妈过分溺爱、娇宠孩子，经常无条件满足孩子的各种要求，无原则地迁就孩子，那么，孩子就会变本加厉，更加为所欲为。

因此，在孩子有任性行为时，妈妈一定不要盲目妥协、顺从孩子，即使孩子以撒泼打滚等野蛮行为来反抗，妈妈也一定要把握住自己的立场，绝对不能孩子说什么就是什么。这样，孩子就能认识到无论怎么样都达不到目的，他就不会再那样做了。否则，当下次孩子有什么要求时，他还会如法炮制来威胁大人，也会越来越任性。

聪明的妈妈可以根据孩子的个性来具体解决孩子的任性行为，对于软硬不吃，一点都听不进劝的孩子，妈妈可以强制性地要求他坐在一个安静的角落，好好想一想自己的做法对不对；对于好奇心强，容易被新鲜事物吸引的孩子，可以想办法把他的注意力转移到使他感兴趣的事物上，让他忘记之前的事情。

总之，对待任性的孩子，妈妈一定要坚持原则，方法灵活，渐渐地，孩子的任性行为就可以得到纠正了。

做个智慧好妈妈

1. 冷处理，让孩子没有兴致再闹下去

孩子任性，通常表现为大声哭闹或大发脾气，妈妈可以对此置之不理。没有了"观众"，孩子就会觉得无趣，也就没有兴致再闹了，他自己就会逐渐安静下来。在这个过程中，妈妈的态度必须坚决，千万不能心软迁就孩子，否则会强化孩子的任性行为，使他的目的得逞。

2. 明确拒绝，让任性的孩子达不到目的

任性的孩子总是想怎么样就非要怎么样，达不到目的就以大哭大闹来要挟妈妈。这时，妈妈一定要保持冷静，明确地拒绝孩子。

3. 适当惩罚，让孩子为自己的任性付出代价

孩子任性时，妈妈最好先和孩子讲一些道理，如果孩子不听，就要给予相应的警告。假如警告仍然解决不了任何问题，妈妈就可以对孩子进行适当的惩罚，让孩子为自己的任性付出代价，让孩子记住教训，从而不再任性。

孩子自私

——"这盘烤鸭是我的，谁都不能吃"

晓迪7岁了，长得很可爱，非常招人喜欢。可是，由于从小和奶奶一起生活，他非常自私，事事总是先想到自己的利益。

有一次，爸爸出差去北京，回来的时候带回了美味的烤鸭。妈妈把烤鸭切好盛在盘子里，摆到饭桌上之后，喊大家来品尝一下。晓迪赶紧跑了过来，看了看香喷喷的烤鸭，卷起一块鸭肉，放进嘴里吃了起来。这时，爷爷也走了过来，妈妈笑着说："爸，这可是北京正宗的烤鸭，很好吃的，快尝尝吧。"爷爷正想吃，晓迪看着桌子上的鸭肉，一下子把盘子拉到自己面前，并用两只胳膊盖住，大声向大家声明："这盘烤鸭是我的，谁都不能吃。"妈妈对他说："你这孩子，怎么这么不懂事，快拿开你的手，让爷爷尝尝鸭肉。"晓迪依然保持着刚才的姿势不动，并且说："不要，你们都不许吃这鸭肉，这是我一个人的。"妈妈只好和晓迪商量："爷爷平时那么疼你，让爷爷尝一口吧。"

晓迪听了似乎想改变主意，但是，他闻着烤鸭的香味，还是不肯让爷爷吃一口。爷爷忙打圆场说："爷爷不吃了，让晓迪吃吧。"为此，妈妈感觉很尴尬，也很苦恼。晓迪如此自私，他的眼里只有自己，没有别人，这可怎么办呢？

目前，绝大多数孩子都是独生子女，家里的大人都围着孩子转，以孩子为生活重心。祖辈的疼爱更是让孩子感觉到他是家里的中心，所有的要求都要得到满足才行。而大人，几乎每次都向孩子举手投降，久而久之，孩子就形成了以自我为中心的性格倾向，常常以自己的需要和兴趣为出发点，多从自我的角度思考问题，以自己的经验来认识和解决问题，很少关心别人。其实，这是孩子心理发展的必然阶段，妈妈不必恐慌，也不要感到束手无策。因为这一年龄段的孩子可塑性强，只要妈妈认真对待，方法得当，就一定能够收到良好的教育效果。

孩子自私，主要表现为过分关心自己，只注重自己的欢乐和幸福，很少考虑到他人的想法和感受，一切以满足自己的需求为主。妈妈可以根据上述表现来判断孩子是否已经变成一个"自私自利"的人，假如答案是肯定的，妈妈就要有意识地对孩子进行积极正确的引导，让孩子认识到除了自己以外，还有别人。遇到事情时，除了想到自己，还要考虑到别人的感受和需求。这样，孩子就能逐渐养成为他人着想、关心他人、帮助他人的好习惯。

另外，妈妈要做孩子的好榜样，不能对他人漠不关心，不要过于自私，要尊重他人，孝敬长辈，善待别人，从而让孩子在潜移默化中受到影响。这样，孩子就会逐渐接纳他人，减少利己行为，改变自私的性格。

做个智慧好妈妈

1. 不给孩子搞特殊，让孩子明白不能只顾自己不顾别人

为了避免孩子产生自私的不良性格，妈妈应从孩子最在乎的吃喝等小事开始，注意对孩子进行利他行为的教育。使孩子既看到自己也要想到别人，知道自己与其他人是平等的。自己有需要，别人同样也有需要，不能只顾自己不顾别人。

2. "移情"，提高孩子体验他人情绪的能力

妈妈可以根据孩子的年龄特点，以讲道理的方式，让孩子通过"移情"来体会他人的感受，引导孩子进行思考，在满足自己的同时，也乐意与他人分享。孩子体验他人情绪的能力提高了，也就不会那么自私了。

3. 创造机会，让孩子认识到自私是不受欢迎的行为

平时，妈妈要创造机会，经常让孩子与小朋友一起玩，玩的同时，指导孩子如何去做，让孩子体会到与他人一起分享、合作带来的愉悦感受，从而让孩子认识到自私自利是不受欢迎的行为。

孩子霸道

——"这个小板凳是我的，谁都不能坐"

宸宸是家里的独生子，深受爸爸妈妈、爷爷奶奶的宠爱，这直接导致他成为一个名副其实的"小霸王"，从小他就特别喜欢独占家里的东西。

有一次，奶奶买回来一个带有卡通图案的小板凳，宸宸看到后非常喜欢，就霸为己有。中午爸爸下班回家后，看到小板凳感到很新奇，就准备坐在上面休息一下。可是，刚坐下，就被宸宸训了一顿："爸爸，你起来，这个小板凳是我的，谁都不能坐。"说着，宸宸就拽着爸爸的胳膊，要求他坐到别的地方去。

爸爸故意"逗"他："不，爸爸累了，就想在这个小板凳上坐会儿。"谁料，宸宸开始大哭大闹起来，两只小手挥舞着要打爸爸。爸爸只好一边躲一边起身离开，将小板凳还给了宸宸。

在家里如此，在幼儿园里，宸宸依然表现得非常霸道。他喜欢指挥其他小朋友，吃的、玩的都喜欢和别人抢，一旦有人不顺着他，他就想"教训"人家。随着年龄的增长，他霸道的行为也愈演愈烈。

　　如今，霸道的孩子越来越多，这已经成为令妈妈头疼的一个大问题。导致孩子成为"小霸王"的原因有很多，主要有以下几个方面：孩子从小受到父母及长辈的溺爱，对于他的一切要求都尽量满足，使他逐渐养成"要什么就必须给我什么"的习惯，如果没有得到满足，他就大吵大闹，直到"胜利"为止；孩子以自我为中心的意识在发展，有了自己独特的想法，对于他人的观点或做法很难接受，也很难从别人的观点和角度思考问题，从而给人一种"霸道"的感觉；孩子在生活中、电视上看到了"霸道"的场景，觉得那样很神气，就会试着模仿，这时，父母如果再将个人主义的思想灌输给孩子，孩子就更容易以自我为中心了。

　　无论是由哪种原因造成的，"霸道"都不是一件好事，它不利于孩子的人际交往和健康人格的形成。所以，妈妈一定要在孩子小的时候就对他的霸道行为及时予以纠正，以免孩子变得越来越霸道。假如孩子因为霸道而出现攻击性行为，甚至将别人打伤，妈妈往往会勃然大怒，把孩子训斥一顿或者将孩子痛打一顿。然而，这种做法不仅会伤害孩子的自尊心，而且会让孩子认为，暴力是解决问题的唯一方法，从而形成恶性循环。

　　要改变孩子霸道的坏习惯，妈妈不能凡事都顺着孩子，更不能无限度地满足孩子的任何要求，要什么就给什么。假如孩子提出过分的要求，一定要加以拒绝，并坚持到底，千万不能妥协。

　　同时，妈妈要和爸爸商量好，全家形成统一战线，教育孩子的态度以及方式方法要一致，这样才能有效地帮助孩子改正错误，从而培养其健康、良好的性格。

做个智慧好妈妈

1. 引导，让孩子反省自己的霸道行为

在孩子表现出霸道行为时，尤其是孩子因为霸道而出现攻击性行为时，妈妈一定要耐心地引导孩子，让孩子明白自己的行为会给对方带来了怎样的伤害，让孩子自我反省。这样，孩子就会从中明白一些事理，进而收敛自己的行为。

2. 教给孩子解决问题的正确方法

有些孩子之所以霸道，甚至采取暴力行为，是由于不懂得如何化解与他人的摩擦。在遇到不顺心的事情时，就会表现得很霸道。针对这种情况，妈妈应教给孩子一些说话、处事的原则和解决问题的正确方法。

3. 以身作则，为孩子创造良好的成长环境

霸道的孩子会有这么一个特点：喜欢命令其他小朋友。导致孩子产生这种行为的根源在于父母。如果父母总是以打骂为手段教育孩子，或者父母之间经常争斗不休，就会让孩子觉得：强权是争取自身利益的有效手段。如此一来，孩子肯定会养成霸道的坏习性。因此，父母要做好榜样，以身作则，为孩子创造良好的生活环境。

孩子性格腼腆

——"我下次再和阿姨打招呼"

7岁的昭昭是个很内向的孩子，平时，家里来了客人他总是躲在自己的房间里不出来，即使是舅舅或姑姑，昭昭也只是腼腆地笑一下，不怎么说话。

一天上午，昭昭和妈妈一起去公园玩。在路上，遇到了妈妈的同事李阿姨。妈妈和李阿姨打过招呼，让昭昭也和李阿姨打招呼。可是，腼腆的昭昭紧紧地拉着妈妈的手，只是冲着阿姨笑了笑，脸就红了。妈妈在一旁催促他："快呀，向阿姨问好。"昭昭显得更加局促不安了，一个劲地往后躲。妈妈见状，笑了笑，对李阿姨说："这孩子就这样，见了人不爱说话。"然后，妈妈和李阿姨聊了一会儿，就各自走了。

妈妈对昭昭说："儿子，你都这么大了，以后见了长辈要主动打招呼问好。不然人家会说你没礼貌的。"昭昭小声地说："我下次再和阿姨打招呼，好吗？"

妈妈很无奈，一个男孩子却这么腼腆、害羞，这可怎么办？

许多孩子生性内向，比较腼腆、害羞，具体表现为：不愿与他人接触、交往，不主动和人打招呼，怕见生人，容易脸红，说话声音小，易自卑，一遇到事情就胆小、害怕、退缩。

孩子腼腆、害羞的性格并不是不能改变的，妈妈不要过分关注孩子，强迫孩子一下子变得开朗。要多让孩子接触人和事，可以多带孩子参加社交活动，同时教给孩子一些实用、必要的社交技巧，提高孩子的人际交往能力，渐渐地，孩子就能变得落落大方。

造成孩子腼腆害羞性格的原因是多种多样的，妈妈要学会走进孩子的内心世界，深入了解孩子的想法，才能有针对性地帮助孩子摆脱腼腆害羞的性格。

做个智慧好妈妈

1. 增强孩子的自信，让他学会自我肯定

许多孩子腼腆、害羞，是因为没有自信心，所以，妈妈不要任意指责孩子，以免挫伤孩子的自信心和自尊心。要善于发现孩子身上的闪光点，多表扬孩子的长处，从而改善孩子腼腆、害羞的性格。

> 友友是家里的独生子，从小就深受爷爷奶奶、爸爸妈妈的宠爱，什么事情都替他做好。这就直接导致他什么都不会做。在同龄的小朋友面前，友友显得比较笨拙。妈妈一看到他笨手笨脚的样子就很生气，经常对他发火。因此，友友越长大越腼腆。
>
> 这让妈妈更恼火，妈妈反思了一下，觉得更多的问

题可能在于自己的教育方式。所以，为了改变友友的这一状态，妈妈决定放开手，任何事情都让他自己去做。有一次，友友在外面玩完球回到家，妈妈发现他的裤子脏了，就让他自己洗。只见友友接了半盆水，往衣服上倒了些洗衣粉，就搓了起来。妈妈看友友干起活根本不像样子，就耐心地教给他应该接多少水，怎样揉搓才合适。在妈妈的帮助下，友友终于将裤子洗好了，用衣架撑好晾在阳台上，妈妈夸奖他："洗得真干净！"友友听后美滋滋地笑了。

慢慢地，友友学会了做许多事情，由于做起事来得心应手，他也充满了自信，不再像以前那样腼腆害羞了。

认识到自己的不足之后，妈妈及时地改变了教育方式，从包办代替转变为鼓励友友做些事情，做得好的，给予表扬，做得不好的，除教给友友应该怎么做之外，还鼓励他下次做好。这样，友友肯定了自己的价值，变得不再腼腆了。

2. 创造机会，让孩子多与他人接触

帮助孩子克服腼腆、害羞的心理，妈妈要利用生活中的各种情境，积极为孩子创造与他人交往的机会，让孩子多与他人接触，这样也可以提高其人际交往能力。

3. 正面引导，不给孩子贴上腼腆的负面"标签"

要改变孩子腼腆的性格，妈妈千万不能在孩子面前给他贴上腼腆的负面"标签"。否则，孩子会认为自己就是这样了，无法改变。聪明的做法是，坚持正面引导，适当地给予表扬和鼓励，同时，向孩子提出一些要求，使孩子逐渐变得落落大方。

孩子依赖性强

——“妈妈呢？我要妈妈”

6岁的盈盈上小学一年级了，然而，都已经这么大的她却特别依赖妈妈。无论是吃饭、穿衣、睡觉，还是接送她上下学，都必须妈妈亲力亲为。

一天下午，妈妈要加班，便委托奶奶去接盈盈放学。盈盈一看接自己的人不是妈妈而是奶奶，就有些不高兴了。她噘起小嘴问奶奶：“妈妈为什么没来接我？”奶奶告诉她，妈妈在加班，所以让奶奶来接她。盈盈有些不乐意，一路上，她都是闷闷不乐的。

回到家，盈盈玩了一会儿玩具。她时不时地问奶奶：“妈妈什么时候回来？”奶奶告诉她，等她吃完晚饭，看着看着动画片，妈妈就回来了。吃晚饭的时候，奶奶给盈盈一个小勺子让她自己吃。可盈盈却说妈妈都是喂她吃饭的，如果奶奶不喂她，她就不吃了。没办法，奶奶只好一口一口地喂盈盈。然而，盈盈只吃了几口就再也不吃了，迫不及待地跑到电视旁看动画片。看了一小会儿，盈盈摇着奶奶的手问：“妈妈怎么还不回来呀？”奶奶告诉她：“妈妈在加班，得等一会儿才能回家。”这下，把盈盈给气哭了，她边闹边问奶奶："妈妈呢？我要妈妈……"

无奈的奶奶只好给妈妈打电话，催她赶紧回家。

许多妈妈都特别头疼，为什么孩子会有那么强的依赖性呢？其实道理非常简单，这是由于孩子在优越的生活条件下长大，从小受到无微不至的照顾造成的。比如，孩子想喝水时，没等他把需求说出来，妈妈就已经把水递到他手上了。长此以往，孩子就会在潜意识里认为，只要妈妈在，任何事情都能很顺利地解决，这样就会导致孩子越来越依赖妈妈。同样是喝水，假如妈妈的做法是，告诉孩子杯子在哪里，饮水机怎样使用，如果不放心，可以在旁边看着孩子做，但绝对不动手帮忙，孩子自然而然就会有独立意识。因此，只要妈妈大胆地放开手脚，让孩子自己多去实践，就能在很大程度上降低他的依赖性。

要改变孩子处处依赖他人的心理，妈妈必须支持、教导孩子独立做事，不能事事包办代替，可以让他先学着自己的事情自己做。当孩子具备一定的能力时，也要让他学着做一些家务，这样不仅可以培养他的独立性，还可以培养他的家庭责任感和感恩意识，体会到妈妈的艰辛。另外，当孩子自己做了一件事情时，即使事情不大，即使做得不够完美，妈妈也不要打击、嘲笑孩子，而要鼓励他做事情的勇气，这样才能逐渐增强孩子的自主性。

做个智慧好妈妈

1. 不娇惯，减少孩子的依赖性

许多妈妈特别宠爱孩子，拿孩子当宝贝似的供着，含在嘴里怕化了，捧在手里怕摔了，见不得孩子受一点苦、一点委屈。长此以往，孩子遇到事情时就会自然地依赖妈妈。

　　有这么两位妈妈，她们是邻居，也是同事，她们的孩子是从小一起玩的好伙伴。然而，两位妈妈的观点不一样，做法自然不同，教育出来的孩子也各异。

　　有一次，一个不小心，孩子摔倒了。一位妈妈看到后赶紧把孩子扶起来，又是给孩子揉摔疼了的膝盖，又是一遍一遍地喊着孩子的乳名哄。可越是这样，孩子越觉得自己委屈，更加肆无忌惮地哇哇大哭了起来。于是，这位妈妈就让孩子用手拍打地面，一边拍打，还一边说："可恶的地板，该打！"打了两下，孩子解了气，不再哭了。可是，之后每一次摔倒，这个孩子都会哭好一阵子，并且把责任归咎于地面。

　　同样地，在孩子摔倒后，另一位妈妈的做法是，假装没看见，继续做自己的事情。孩子疼得哇哇大哭，妈妈看了孩子一眼，表示很同情，然后告诉他："孩子，摔倒了自己爬起来。"孩子受到了鼓舞，小心翼翼地爬起来，然后自己揉揉摔疼了的膝盖。没过一会儿，孩子就又很开心地玩了起来，把摔倒的事情忘在了脑后。以后，每次摔倒在地，这个孩子就会想起妈妈的那句话：咬咬牙，自己爬起来。

　　显而易见，在对待孩子摔倒这件事情上，第二位妈妈的做法是正确的。她让孩子知道摔倒了就得依靠自己重新爬起来，别人没有义务去搀扶他。这样不仅会减少孩子的依赖性，也会让孩子变得更加坚强。

2. 放手，让孩子自己去做

如今，一些家长什么事情都帮孩子想到、做好，殊不知，这是导致孩子依赖性强的根本原因。因此，妈妈要大胆放手，遇到事情时不要替孩子做好，而是鼓励孩子自己去做。

3. 让孩子明白依靠他人不可靠

在不包办代替的同时，也要从小就告诉孩子，不要事事都指望别人，否则，将来受苦的肯定是自己。

孩子有暴力倾向

——"他不和我玩，我就打他"

　　7岁的汀汀上小学二年级了，他是个特别调皮的孩子，和小朋友们一起玩总能产生一些摩擦。

　　一天上午，课间时，汀汀想和同桌伟伟玩游戏，可伟伟不想和他一起玩："汀汀，我要写作业呢，你去找别人玩吧。"汀汀依旧不依不饶："不要，我就想和你玩。快别写了，咱们玩完之后再写。"汀汀越是这样，伟伟越不愿意和他一起玩。伟伟有些生气了，他不耐烦地对汀汀说："你真烦人，我要写作业，不和你玩。"刚说完，汀汀就"啪"、"啪"两巴掌打在了伟伟的背上，疼得伟伟大声哭了起来。老师闻讯赶来，了解情况之后，批评了汀汀。汀汀不服气，顶撞了老师。无奈的老师只好打电话给汀汀妈妈，妈妈代汀汀向伟伟道了歉。

　　放学回到家，妈妈训斥汀汀："你这孩子，怎么那么爱动手，为什么要打伟伟？"汀汀却理直气壮地说："他不和我玩，我就打他。"妈妈听后特别生气，这孩子真不讲道理。同时，妈妈也很苦恼，怎样才能改掉汀汀动不动就打人的坏习惯呢？

大多数孩子都会有一定的暴力倾向，这是非常普遍的一种现象。当孩子以暴力行为伤害到其他孩子时，妈妈要注意关心、安慰受伤害的孩子，并要严肃地告诉孩子他的所作所为使别人很难过。久而久之，孩子就会明白他的行为很不好，从而有所改变。

孩子有暴力倾向的原因多种多样，像引起别人的注意、表达自己的不满、情绪不好借此发泄，等等。因此，在发现孩子有暴力行为时，妈妈要根据具体情况，实施具体的解决办法。需要注意的是，孩子们在一起发生争执而打闹是在所难免的事情，妈妈不要太在意，更不能小题大做，自己也掺和进去。正确的做法应该是，先问清楚事情的原委，然后循循善诱地教导孩子如何处理问题，留给孩子自己解决与他人之间冲突的空间。当然，如果孩子的暴力行为经常发生，并且带有恶意的报复性，妈妈千万不要纵容，必须出面严教。

另外，在日常生活中，妈妈也尽量不要与人发生冲突，教育孩子时也不能棍棒相加、非打即骂。否则，孩子会误以为暴力可以解决一切问题，并逐渐养成习惯。这样一来，不仅不利于孩子的人际关系，而且不利于孩子形成健康、良好的性格。所以，妈妈一定要注意自己的言行举止，尽力为孩子创造温馨的生活环境，让孩子在耳濡目染的影响下成为彬彬有礼的绅士或淑女。

做个智慧好妈妈

1. 讲清道理，让孩子明白打人是不正确的行为

当孩子有暴力倾向时，妈妈不要认为孩子小，什么都不懂，不给孩子讲道理而直接训斥甚至打骂孩子，这样会引起孩子的逆反

心理，越教训，孩子越要那样做。妈妈正确的做法应该是，给孩子讲清道理，让孩子明白打人是不正确的行为。孩子知道了这一点，就会注意自己的言行举止，从而改正。

2. 抓住时机，在孩子被打后对其进行教育

孩子有暴力倾向，爱打人，正因为如此，孩子难免也要挨别人的打。当孩子亲身经历了被打时就是教育孩子最有利的时机。妈妈一定要抓住这一时机，从而达到事半功倍的效果。

3. 不包庇祖护，让孩子用自己的实际行动道歉

孩子有了暴力行为时，有的家长往往让孩子甚至替孩子向受伤害的一方道歉，说一句"对不起"就把事情解决了。久而久之，孩子就会认为即使自己犯了错误，也没有什么大不了。所以，妈妈不仅要让孩子在口头上向对方道歉，还要让孩子用实际行动弥补自己的过失，使孩子清楚受伤害的人所受的委屈，从而减少孩子的暴力行为。

孩子爱发脾气

——"哼，不让我玩茶壶，我就摔了它"

原原9岁了，上小学三年级，妈妈发现孩子长大了，脾气也见长了。

星期天的上午，爷爷买了一个茶壶。拿到家里之后，原原看到了，觉得茶壶特别有趣好玩，便拿在手里当作玩具玩来玩去。妈妈担心原原会把茶壶给摔坏了，就对他说："宝贝，小心点儿，别把茶壶摔坏了，否则爷爷会生气的。"原原却像没听见似的，仍旧把玩着茶壶。

过了一会儿，爷爷想仔细观察一下新买来的茶壶，就朝原原要。原原以为爷爷把茶壶要走了就不再让他玩了，于是，无论怎样原原都不肯把茶壶给爷爷。妈妈训斥他："你这孩子怎么这么不懂事？这茶壶是爷爷花很多钱买的，你千万别给弄坏了。快，把茶壶还给爷爷。""我不，我不。就不还给爷爷，我还没玩够呢。"妈妈特别生气，扬起巴掌佯装要打原原："再不听话我就打你了。"软硬不吃的原原居然将茶壶高高举起，作势要摔它，并威胁妈妈说："哼，不让我玩茶壶，我就摔了它！"一旁的爷爷看到母子俩的矛盾升级了，赶紧打圆场："好，好，乖孙子，你玩吧。等你玩够了再给爷爷看看。"原原冲着妈妈撇撇嘴笑了笑，还做了一个鬼脸，得意扬扬地继续玩茶壶。

孩子的自控能力差，易冲动，感情脆弱，容忍不了挫折，就爱发脾气。然而，随着年龄的增长，孩子明白了一些事理，假如还是频繁哭闹，经常发脾气，这就说明妈妈教育孩子的方式方法存在着某些问题，使孩子养成了爱发脾气的坏习惯。

做个智慧好妈妈

1. 不理不睬，让孩子自己觉得索然无味

当孩子情绪烦躁，乱发脾气时，妈妈的处理态度显得尤为重要。有的妈妈赶紧想尽一切办法哄劝，对孩子也有求必应，过分迁就，时间长了，孩子就会把发脾气作为"治"大人的手段；有的妈妈采取强硬的态度，非要把孩子制服不可，这样无异于火上加油，妈妈可以这样做，先指出孩子的错误，然后在一段时间内对他不理不睬。

2. 转移注意力，让孩子忘记发脾气

相信许多妈妈都特别害怕带爱发脾气的孩子到商场、公园等公共场所去，因为只要孩子无理取闹发脾气，就会引来无数双眼睛的围观，令妈妈十分尴尬。其实，孩子在公共场所乱发脾气时，妈妈只要稍动脑筋，就能将孩子的注意力转移到他感兴趣的事物上去，从而使孩子忘记发脾气。

3. 弄清原因，从而对症下药

孩子爱发脾气，不仅严重损伤孩子的情绪，不利于孩子形成健康、良好的性格，而且也使妈妈狼狈不堪，感到很棘手。制止孩子发脾气，妈妈可以找出孩子发脾气的原因，从而对症下药，方能奏效。

孩子倔强不认错

——"那不是我的错"

岚岚9岁了，上小学四年级，和大多数孩子一样，从小被娇宠惯了，很任性也很倔强，犯了错误从来都不主动承认。

星期天，表妹来家里玩。两个孩子在一块儿很高兴，玩得不亦乐乎。表妹来到岚岚的房间，看见桌子上摆放着五颜六色的彩笔，便伸手拿了一支，翻开一本书，在上面画了起来。这时，岚岚也走了过来，她看到表妹竟然在自己的语文书上画画，立刻火了起来："那是我的语文课本，不许往上面画！"说着，便将表妹手里的画笔夺了下来。表妹吓了一大跳，她很不服气，反手一把攥住了画笔，要从岚岚的手中抢下来。岚岚急了，"啪"、"啪"两巴掌打在了表妹的后背上，表妹疼得大声哭了起来。

妈妈听到后，赶紧走过来安慰表妹，在表妹断断续续的哭诉中，妈妈了解了具体的情况。妈妈训斥了岚岚，并且要求她诚挚地向表妹道歉。可是，岚岚却振振有词地说："谁让她在我的语文课本上乱画的。那不是我的错，我干吗要向她道歉！"妈妈生气地对她说："你打了人，还

有理了！快，道歉！"只见岚岚噘起小嘴，不满地说："妈
妈，你偏向表妹，我不喜欢你！"说完，岚岚转身就跑到
客厅看电视去了，不再理会妈妈和表妹。

妈妈禁不住感慨：唉！如今的孩子，让她认个错怎么
这么难？！

人非圣贤，孰能无过。尤其对于心智发育尚不健全，认知能力
还不足，是非观念也不够强的孩子而言，犯错误是再正常不过的事
情。然而，绝大多数孩子都不想承认自己的错误，因为承认了错误
就意味着将要挨批评或惩罚。

孩子做错了事，却不愿承认，无非有以下几方面的原因：孩子
性格倔强、任性、自以为是，怕认错之后丢面子；家长的教育方式
有问题，比如，在孩子与小伙伴产生纠纷时，总袒护自己的孩子，
如此一来，孩子就会以为万事应以他为中心才行；有的家长教育方
法简单、粗暴，不是呵斥就是打骂，常使孩子惊恐万状，孩子担心
受到惩罚或责怪，做错了事情不敢认错；孩子没有一定的责任心，
犯了错误后为自己找借口，推卸责任，等等。

孩子没有养成承认错误的好习惯，对于这样的孩子，妈妈不要
急于追究错误的大小，而应把重点放在如何帮助孩子承认错误上。
要本着实事求是的态度，是谁的错就是谁的错，绝不混淆孩子的是
非观念。

其实，孩子犯错误都可以说是"被动"的，孩子毕竟是孩子，
他也不想经常犯错误。另外，孩子所犯的错误并没有什么大不了
的，妈妈不要表现出过度紧张或气愤的样子，以免孩子误会，认为
自己犯了不可饶恕的大错。

总之，在孩子犯了错误后，妈妈要保持冷静的态度，积极分析

孩子做错事情的原因，本着重动机、轻后果的原则，原谅孩子因生理、心理因素及缺乏经验造成的过失。

做个智慧好妈妈

1. 鼓励孩子说出实情，让孩子心甘情愿地改正错误

孩子犯了错误，妈妈要鼓励孩子说出实情，让孩子明白，犯了错误不要紧，只要改了就可以得到原谅，仍然是个好孩子，从而让孩子心甘情愿地改正错误。不要给孩子施加心理压力，要让孩子知道，错误并不是不可挽救的，避免孩子因害怕承担后果或负责任而产生畏惧感。

2. 以身作则，培养孩子错了就改的好习惯

几乎所有的妈妈都会这样认为：自己做了错事向孩子道歉，就会在孩子面前失去做家长的威严。所以，为了维护所谓的"面子"和"尊严"，即使自己犯了错误，妈妈也坚决不向孩子道歉。其实，这也是一种错误的想法和做法。大人犯了错误之后向孩子认错，并改正自己的行为，可以起到以身作则的作用，对培养孩子知错就改的好习惯大有裨益。

3. 正面引导，不要总盯着孩子的错误不放

有些妈妈喜欢"翻旧账"，当孩子犯了一个错误时，喜欢把他之前犯的一些错误都扯出来，或者时不时地把孩子的某个错误翻来覆去地讲，以此来提醒孩子不要再犯同样的错误。其实，妈妈走进了一个教育误区，这样做的结果会在无意中伤害孩子的自尊心和自信心。所以，在教育孩子时，妈妈要坚持正面引导，不要总盯着孩子的错误不放。

孩子叛逆不听话

——"我不要去，就不去"

8岁的晓超是家里的独生子，从小深受爷爷奶奶爸爸妈妈的宠爱，什么事情都顺着他，这使他成了家里的"小皇帝"，什么都得听他的才行。稍有不如意便大哭大闹，而且很不听话，他的口头禅就是："不，不要。"

星期天的早晨，晓超起床后妈妈告诉他要带他去阿姨家玩。可是，晓超想和小伙伴们出去打篮球，便对妈妈说："我不去。"妈妈问他："为什么呀？""我不喜欢表弟，他总是和我抢东西。我要和程程他们一起去打篮球。"妈妈和晓超商量："去吧，你都这么大了，应该让着表弟。更何况你都好长时间没去阿姨家了，上次阿姨打电话过来，说很想你呢。"晓超又找了一个理由："阿姨家不好玩，我不去。"妈妈说："阿姨家有玩具小手机、小汽车、飞机模型，还有许多咱们家没有的东西，怎么会不好玩呢？"这些玩具都诱惑不了晓超，他还是坚持自己的意见："就是不好玩，我不要去。"妈妈便拿出给晓超新买的一件衣服，还有一顶可爱的小帽子，让他穿戴整齐，并竖起大拇指夸奖他："这小伙子，真帅。走，去阿姨家，让阿姨看看，肯定更喜欢你了。"晓超一把将帽子从头上扯掉，生气地说："我不要去，就不去！"说完，晓超便打开门，"蹬、蹬、蹬"跑下了楼。

无奈之下，妈妈只好一个人去阿姨家串门了。

随着年龄的增长，孩子有了自己独特的想法，每当大人和孩子的意见不一致时，孩子就会和大人唱反调，让他往东，他偏往西，越不想让他去做的事情，他偏要去尝试一下。其实，这是孩子的自我意识在发展的具体表现，孩子希望别人听取他的意见，尊重他的想法。然而，大人不理解，总是觉得孩子不听话，一味对孩子斥责或打骂，可是，越是这样，孩子反抗得越厉害，与大人发生争执的现象就越来越多。

当孩子叛逆时，妈妈就不要凡事都和孩子对着干了，要多采用"攻心术"，循循善诱地进行引导，在合情合理的前提下，尽量尊重孩子，不要过于限制孩子，否则，会使孩子特别反感。日常生活中，妈妈要多和孩子交流和沟通，多关注、关心孩子的生活、学习、健康等，再忙也要抽出时间多陪陪孩子，不要让孩子觉得受到了冷落。否则，孩子就会通过叛逆的行为来引起大人的注意。

现在，许多家长"望子成龙，望女成凤"的心理非常急切，希望自己的孩子赢在起跑线上，从而对孩子严格要求，给他报这样或那样的培训班，让孩子学一些他并不感兴趣的东西。其实，父母的这种心情可以理解，可是，孩子不是父母的私有财产或附属品，孩子是个独立的个体，对孩子过于压制，自然就会引起他的不满与反抗。

做个智慧好妈妈

1. 多听听孩子的想法，减弱孩子的抵触情绪

在家庭生活中，妈妈要尽可能地和孩子平等相处，有了事情多听听孩子的想法，尤其是孩子自己的事情，要赋予孩子一定的权利，从而减弱孩子的抵触情绪。

2. 提供解决方案，让孩子自己做出选择

在这里，教给妈妈一个"对付"叛逆的孩子比较有效的方法，那就是，在遇到事情时，为孩子提供两种解决的方案。这样，孩子有了选择的余地，他会比较一下哪种做法对自己最有利。如此一来，妈妈达到了自己的目的，也不至于遭到孩子的强烈反对。

3. 改正自己的说话方式，以平等的身份和孩子进行协商

很多事情，不能由着孩子的性子来，但是，妈妈的教育方式以及说话的方式也需要改进一下，不要居高临下地命令孩子，而要以一种平等的身份来和孩子进行协商。

莹莹9岁了，上小学四年级。妈妈总觉得莹莹很不听话，让她帮着干点家务比做什么都难。

一天晚上，妈妈做好晚饭，一家人吃完之后再收拾碗筷、洗刷盘子，还擦了桌子、扫了地，干完这些已经很累了，可是，垃圾还没扔到楼下去。妈妈便喊莹莹："宝贝，去，把垃圾扔到楼下的垃圾桶里。"正在玩玩具的莹莹看都不看妈妈一眼就说："为什么让我去倒，我不去！"妈妈很生气，没再指望她，自己拖着疲惫的身躯跑下楼把垃圾倒掉了。

有一次，妈妈下班回到家，看到家里又脏又乱，然而，上了一天班，自己太累了，实在是不想去收拾。只好问莹莹："宝贝，妈妈太累了，帮妈妈把客厅收拾一下吧。"听到妈妈连说话都是有气无力的，莹莹很爽快地把桌子上的东西收拾得整整齐齐，还将地板拖了。

几乎所有的人都不喜欢别人用强制性的语言命令自己，孩子也不例外。假如妈妈在和孩子沟通时，放下家长的架子，以温和的口吻和孩子商量，孩子一般会很容易接受。

孩子胆小怕这怕那

——"妈妈，我害怕"

熙熙已经9岁了，上小学四年级。然而，他是个特别胆小的孩子，不敢参加任何冒险的活动或游戏，晚上一个人不敢待在家里，甚至有时不敢主动和别人说话。

有一次，妈妈带熙熙到邻居家玩，邻居李阿姨养了几条金鱼，看着金鱼在水中游来游去，特别漂亮，熙熙觉得很有趣，目不转睛地趴在鱼缸旁看。回到家，熙熙仍然对那几条小金鱼念念不忘，总想再看看。一天上午，妈妈正在打扫房间，熙熙小声地对妈妈说："妈妈，李阿姨家的金鱼可好看了，你再带我去他们家看看行吗？"妈妈看着他，说："妈妈正在干活，你自己去吧。""不要，你带我去吧，妈妈，我害怕。""李阿姨就住在咱们楼下，下了楼梯就到了，有什么好怕的？""我就是害怕，妈妈，你和我一块去吧。""现在不行，妈妈还要干活呢。你自己去就行，又不是不认识路。""哦，那我就不去了。"

没有妈妈的陪同，熙熙一个人就不敢去邻居家玩，并且一直说自己害怕，而当妈妈问他怕什么时，他又支支吾吾答不上来。一个男孩子，这么胆小，长大了怎样做事情呢？

孩子胆子小，一个人不敢睡觉，一个人不敢去学校……总是缠着大人，要大人陪着，这令妈妈既烦恼又无奈。那么，如何改变孩子的现状呢，我们先来看看导致孩子胆小的原因主要有哪些情况：有时孩子不听话，大人就拿鬼怪来吓唬孩子，殊不知，这样孩子是听话了，可是，这同样会使孩子失去安全感，容易畏畏缩缩；大人对孩子的限制过多，比如，担心孩子摔倒就不让孩子爬山，怕孩子掉进水里就不让孩子去湖边玩，害怕伤到孩子的手就不让他拿剪刀，等等。这样一来，孩子什么都不敢尝试，就会胆小；大人对孩子过于严厉，经常对孩子大声批评或训斥，在这种环境下被吓大的孩子，自然而然地会内向胆小；孩子的交际面太窄，很少与人交往，那么，孩子就会逐渐形成胆小怯懦的性格；孩子自卑，不敢为自己争取应当的权益，遇事就一味忍耐，久而久之，孩子也会变得胆小。

孩子的胆子太大，妈妈会担心孩子发生危险；但是如果孩子的胆子太小了，妈妈又会担心他过于老实而受别人的欺负。这种担忧不无道理，因为，胆子太小不利于孩子的心理发育，也不利于孩子融入集体，长大之后，对孩子的社交能力会有很大的影响，容易致使孩子形成胆小怯弱的性格。

让胆小的孩子变得胆大一些，并不是一朝一夕所能做到的事情，这需要妈妈有相当大的耐心，并且多想些办法，在自然、宽松的环境中，努力增添孩子的勇气。

做个智慧好妈妈

1. 放手锻炼孩子，不包办代替孩子的事情

如今，绝大多数的孩子都是独生子女，大人们对孩子过度保护，任何事情都包办代替，如此一来，孩子就成了温室里的花朵，一旦离开了大人的保护，就会变得胆小怕事。因此，妈妈要有意识地对孩子进行锻炼，让孩子自己处理问题，从而使孩子变得胆大一些。

9岁的琳琳是个非常胆小的孩子，她什么事情都不敢去做，总是让妈妈替她办好。

星期天的上午，琳琳想去小区的空地上骑童车玩，可是，她的童车坏了，根本无法骑。想到对门邻居家的小哥哥也有一辆童车，于是，琳琳便央求妈妈："妈妈，你帮我去借小哥哥的童车吧。"妈妈听后，想到琳琳都这么大了，这点小事都办不了，也太说不过去了，便问她："你自己为什么不去？""我害怕小哥哥不借给我。""不会的，小哥哥平时那么友好，一定会借给你的。"然后，妈妈教给琳琳应该如何做，如何说，以及要注意哪些礼节和礼貌用语。琳琳将这些一一记在心里，然后鼓足了勇气，敲开了邻居家的门。小哥哥很爽快地将童车借给了琳琳，她骑着车子在小区里玩了好半天才开心地回家。

从那以后，每当遇到诸如此类的事情，妈妈就不再帮琳琳做，而是让她自己去做。渐渐地，琳琳做事情的能力提高了，她再也不会因为担心自己不会做而不去做了。

如果妈妈对孩子所有的事情都一手包办，那么，从现在开始，一定要立刻停止，把锻炼的机会还给孩子。平时，要处处注意培养孩子的独立性和坚强的毅力，鼓励孩子去做力所能及的事情。

2. 培养孩子的勇气，带孩子参加一些"冒险"活动

孩子胆小害怕，有所畏惧，这就需要妈妈培养孩子的勇气，可以带孩子去参加一些"冒险"的活动或游戏。

3. 让孩子正确面对害怕的事情

孩子胆小，常常怕这怕那，这时，妈妈不要逃避，而要鼓励孩子去面对他所害怕的事物，对孩子所怕的事物进行科学的解释和适当的安慰。如果孩子害怕与人交往，妈妈就要创造机会，让孩子多和他人接触。

孩子懦弱常受欺负

——"我如果反抗，他们还会打我的"

  10岁的霖霖是个善良的孩子，也很老实，因此，经常被其他的小伙伴欺负。

  一天下午，霖霖回到家，妈妈发现他的胳膊上有几道被抓的痕迹，便问他是怎么回事。霖霖吞吞吐吐地说了事情的经过，就在刚才，他和几个小伙伴在小区里的健身器材上玩。霖霖在玩吊环，其中有一个小伙伴铭铭要求霖霖下来，他要玩会儿吊环。可霖霖还没玩够，况且之前朋朋已经告诉霖霖，他玩完之后朋朋来玩。于是，霖霖告诉铭铭，自己玩过了，还得等朋朋玩过，他才能玩。见霖霖不同意，铭铭就威胁他："你让不让我玩？不让我玩我就打你！"霖霖小声地说："等朋朋玩过你才能玩。"刚说完，铭铭的巴掌便打在了霖霖的胳膊上，还有另一个和铭铭玩得非常好的孩子也过来帮助铭铭。见这阵势，霖霖只好跑回了家。

  妈妈一边心疼地给霖霖按摩，一边教训他："你这个傻孩子，他们打你，你就让他们打，不会还手啊？"霖霖却说："我如果还手，他们还会打我的。"妈妈很生气，她有些恨铁不成钢地说："你呀，能不能勇敢点，不再受人欺负。"

　　孩子性格懦弱，免不了受其他伙伴的欺负。其实，大多数孩子都曾有过被捉弄、被欺负的经历。再者，孩子之间的小吵小闹属于正常情况，妈妈最好不要教育孩子"以牙还牙"，这样无异于鼓励孩子的攻击性行为。可以告诉孩子：你不能主动欺负别人，但是别人欺负你时，要学会保护自己。可以尽量躲开，也可以与人理论，或跟老师和长辈说，寻求帮助。

　　孩子受欺负时，妈妈不要过于限制孩子的反应，假如孩子过分忍让，不仅不利于孩子的健康成长，也会助长对方的攻击行为，造成恶性循环。因此，在日常生活中，妈妈可以教孩子一些自我保护的方法，比如，讲故事或看电视时，给孩子讲如何对待他人的欺负以及怎样处理，让孩子学会捍卫自己的权益不受侵害。也要多给孩子提供解决问题的机会，当孩子受了委屈，不要急于出面替他解决，而是教给他一定的方法，让他自己去面对，否则，孩子遇到难题时就容易躲避、退缩。

　　一般来说，经常受欺负的孩子与其人际交往能力弱有一定的关系，针对这种情况，妈妈要有意识地为孩子创造与人交往的机会，让他从自己的小圈子里走出来，开阔视野、丰富知识。孩子的能力提高了，曾经欺负过他的伙伴就会对他刮目相看，从而改变以前不正确的行为。

做个智慧好妈妈

1. 不报以情绪反应，让孩子镇定自若地面对

许多受了欺负的孩子往往只以泪水相对，而越是如此，越会让欺负他的人变得肆无忌惮，甚至变本加厉。因此，妈妈要让孩子学会镇定自若地面对他人的欺负，不报以情绪反应。

楚楚10岁了，是个很文静的小女孩，也因此常受同学的欺负。有时楚楚的马尾辫会被扯；有时坐在她后面的同学会用笔或其他东西戳她的后背；有时楚楚好好地走着路，鞋子会被踢掉……每当被欺负时，楚楚要么大声喊叫，要么瞪着眼睛怒视，要么和别人吵起来。这令欺负她的同学觉得很有趣、好玩，因而更加有恃无恐地欺负她。

一天下午放学回到家，楚楚将书包往沙发上使劲一甩，然后闷闷不乐地一屁股坐到沙发上。妈妈关心地问她怎么了，楚楚愁眉苦脸地说自己很心烦，今天又有一位同学朝着她吐唾沫，她就和那人吵了一架，还差点动了手。妈妈告诉楚楚："以后他们再提弄你，你不用再和他们理论了，否则就正中他们的下怀，可以不理他们，然后转身走开。"

楚楚采取了妈妈的建议，每当有人挑衅时，她就置之不理，当没发生过一样。这一招果然奏效，渐渐地，欺负她的人越来越少了。

由此可见，孩子学会了镇定自若，对欺负、捉弄自己的人不加

理睬，那些人就会自讨没趣，便会停止他们的恶作剧。这样，能大大地减少孩子受欺负的次数。

2. 分析对策，让孩子自己解决问题

如果孩子向家长告状，说有人欺负他，家长千万不要带孩子去找人算账，而要跟孩子一起找出对策，然后教给孩子处理的方式及方法，让孩子自己解决问题。

3. 反击"三部曲"，让孩子不再受欺负

孩子经常受欺负，不论是从生理还是从心理上来说，都是一种折磨。如何才能让孩子不再受欺负呢，必要时，妈妈要让孩子进行自我保护，以捍卫自己的尊严和利益。我们来看一看下面这位妈妈是怎么做的。这就要教给孩子学会反击，首先，警告对方不要再欺负人；第二，告诉老师，让老师来帮忙解决；第三次，反击，并不意味着"他欺负你，你就打他"，让孩子学会保护自己，并不一定非要用武力。无须细说，让孩子动脑筋，就能发现很多种解决问题的办法。

孩子动不动就哭闹

——"呜呜呜……我就要那架小飞机"

舜舜是个很任性的孩子，特别爱哭，他想干什么就要干什么，他想要的东西，必须给他才行，不然就边哭边闹，或者踩脚，或者打人。

暑假里的一天，妈妈带舜舜去外婆家玩。表哥拿出一架非常漂亮的飞机模型和舜舜一起玩，舜舜看着飞机模型，觉得可新奇了，爱不释手地一直玩。下午，该回家了，舜舜非要把表哥的小飞机带回家。妈妈不同意，舜舜就抱住飞机模型不放，还掉下了眼泪："呜呜呜……我就要那个小飞机。"外婆看到了，训斥妈妈："你看你，又惹孩子干什么？舜舜，外婆给你做主，把小飞机带回家玩吧。"表哥听到奶奶要把自己的玩具送给别人，不高兴了，上来一把将飞机模型给抢了回去。这下，舜舜闹得更凶了。

无奈的妈妈只好答应给舜舜买一架一模一样的飞机模型，舜舜这才停止了哭闹。

由于认识能力和自我控制能力的局限性，孩子的情绪往往容易冲动，哭闹也就成了孩子表达情感、情绪和挫折感的一种方式。

随着孩子年龄的增长，其表达自我需要和体验的能力也会增强，哭闹就不再是他表达的主要手段，而是更多地依靠语言、动作等方式，并开始学着解决他所遇到的问题。因此，孩子爱哭闹在很多情况下属于正常现象。

然而，有的孩子，到了五六岁以后仍然非常爱哭闹，这就可能存在某些不正常的原因。第一，错误的教育，使孩子认为哭闹是解决问题的唯一手段，孩子只要急了就哭闹，常以哭闹来说事。当孩子总能通过哭闹得到自己想要的东西，或者在和大人发生冲突时，孩子一哭闹大人就做出让步，满足孩子的愿望，就会使孩子养成哭闹的习惯。第二，孩子在外面可能遇到了某些事情，而大人不知道，事件的突发性与破坏性会让缺乏自我调节与保护能力的孩子心理反应剧烈，如过度担惊受怕等，这些影响可能会持续数月或数年，甚至终生。第三，先天性因素，有些孩子情感比较脆弱，一遇到事情就易激动、爱哭闹，遗传因素和周围环境是两个重要的原因。研究表明，在敏感的孩子中，约有10%是天生的。

爱哭闹的孩子其情绪经常处于消极状态，身体器官也会受到不同程度抑制，影响其正常发育。哭闹的孩子容易影响到周围人的情绪，不利于孩子形成积极有效的人际沟通。所以，妈妈要注重使孩子产生积极、愉快的情绪，使孩子的身心更加健康、快乐。

做个智慧好妈妈

1. 耐心讲道理，让孩子停止哭闹

在孩子哭闹时，妈妈可以用一些较为形象、浅显的语言给孩子讲道理，不要以为孩子年龄小不懂，其实，孩子能够懂得妈妈说的话。

2. 转移注意力，使孩子忘记哭闹

孩子年龄小，忘性也比较大，鉴于孩子的这个特点，妈妈可以转移孩子的注意力，使孩子忘记之前的事情，进而忘记哭闹。

3. 教会孩子正确处理问题的方式和方法

孩子遇到事情时往往不知该怎么办才好，因此常以哭闹而告急。针对这种情况，妈妈应该经常给孩子讲些处理问题的方法。

4. 拒绝孩子的不合理要求，让孩子知道哭闹不能达到目的

有些孩子哭闹，是为了得到某些东西，希望通过哭闹的办法来达到目的。这时，妈妈一定不要陷入孩子的"圈套"，要让孩子知道，哭闹这种途径是行不通的。

孩子动不动就生气

——"你走开，我不和你玩了"

10岁的媛媛是个小心眼的孩子，她很爱生气，即使遇到一丁点儿的小事，她也会得理不饶人。

这不，星期天的上午，媛媛写完了作业，妈妈的家务也做完了，母女两个便开始玩跳棋。她们将棋子摆好，然后一步一步地攻击对方的"阵地"。走棋的规则是隔一个棋子才能走一步，然而，有一步妈妈不小心走错了，她没隔任何一个棋子就直接往前走了。正好，这一步被紧盯着棋局的媛媛看到了，她赶紧提醒妈妈："你走错了！""是吗？"妈妈还不知道自己错在哪儿。媛媛指着棋盘告诉她："在这个地方你没隔棋子就走了，这个棋子原来的位置在这儿，你再按照原路重新回去，就能发现。"妈妈按媛媛说的，又拿着棋子跳了回去，可不是嘛，自己真的犯了规。妈妈笑了笑，说："还真是，这步不算，妈妈重新走。"然而，媛媛生气了，她不高兴地说："别走了，不玩了！"

"我错了还不行吗？来，宝贝，咱们继续玩。"媛媛的态度仍然没改变："你走开，我不和你玩了。一点都不遵守规则，你想赢也用不着这样做啊。""媛媛，妈妈真的不是故意的。"妈妈继续向她解释，可是，媛媛根本不听。

见媛媛不理自己，妈妈只好默默地走进了卧室。

有些孩子很容易生气，动不动就噘起小嘴不高兴。其实，生气是人们发泄情绪的一种正常方式，是任何人都避免不了的。引起孩子生气的原因有很多，包括遇到事情自己解决不了，也得不到帮助；担心自己的学习成绩提高不了，压力很大；孤单时没有同伴和自己玩，只能默默地生闷气；和小朋友闹了矛盾，认为别人有错，自己受了委屈；受到了老师或大人的批评，觉得自己不该表现那么差，心里不舒服；自己合理的要求遭到了拒绝，没有得到满足，等等。孩子生气的程度与问题的严重程度往往不成正比，孩子总会因为一些特别小的事情而不开心，这是因为孩子的自控能力差，有什么事情都表现在脸上，这也正是孩子单纯、可爱之处。

即使这样，妈妈也不能认为孩子爱生气就随他去，没什么大不了的，因为经常生气不利于孩子形成良好的性格，也不利于孩子的成长发育。所以，妈妈要多关心、照顾孩子，多和孩子交流、沟通，让孩子说出他生气的原因，从而帮助他解决相应的问题；在孩子生气时，妈妈不要不停地训斥甚至打骂，而应正面引导，表扬他好的行为，促使孩子产生良好的情绪；妈妈还可以主动亲近孩子，让他感受到亲人的温暖，他的情绪常常就会稳定下来；妈妈也可以和孩子一起游戏、劳动或进行孩子感兴趣的体育活动，使孩子的情绪得以发泄，让孩子渐渐忘记不愉快。

总之，只要注意方式、方法，让爱生气的孩子心情好起来并不是一件很难的事情。

做个智慧好妈妈

1. 讲道理，让孩子学会控制自己的情绪

孩子爱生气，妈妈可以等孩子平静下来之后，和孩子分析一下生气的原因，给孩子讲道理，让孩子明白经常生气的坏处，并且教育孩子要学会控制自己的情绪。

2. 开玩笑，让生气的孩子高兴起来

孩子不高兴了，妈妈可以开个玩笑逗乐孩子，也可以和孩子说一些开心的事情，如此一来，他的心情就会随之好起来。

3. 化生气为动力，让孩子改变发泄的方式

孩子生气了，很大一部分原因是他受到了挫折，比如，遇到难题解不开，得不到理想的成绩，等等。这时，妈妈要鼓励孩子，教孩子用其他的方式来发泄，让孩子将不良情绪转变为战胜挫折的动力。妈妈是孩子的第一任老师，所以，妈妈也要善于控制自己的情绪，遇到事情时，要保持冷静和理智，轻易不要动怒、生气，给孩子树立良好的榜样。

孩子自卑没信心

——"我不行，我怕我做不好"

10岁的澹澹上小学五年级了，他学习成绩不错，可不知为什么，他总是很自卑，不像其他孩子那样自信满满。

有一次，市里要举行奥林匹克数学竞赛，老师鼓励同学们踊跃参加。然而，澹澹却不愿意参加竞赛。老师问他："你为什么不参加呢？""我不行，我怕自己做不好。"澹澹愁眉苦脸地回答。老师鼓励他："澹澹，你的数学基础不错，你应该对自己有信心。再说了，重在参与，你还没参加，怎么就知道自己不行呢？报名试试吧，好不好？"澹澹仍然摇摇头，说："我还是不要报名了，一听到竞赛我就紧张，就更加做不好了。"澹澹如此没自信，老师很无奈。

妈妈知道了这件事情，对澹澹说："不就是一次奥林匹克竞赛吗，那么多没你成绩好的同学都报了名，你害怕什么呀？你得相信自己能做好，即使做不好也没关系的。"澹澹还是不听劝，他说："报名参加了也没用，我肯定做不好。到时候，同学们不是嘲笑，就是同情，我才不要那样呢。"

无论妈妈怎么说，澹澹就是不去参加竞赛。唉，这孩子如此没自信，妈妈不知道如何教育他才好。

自卑，就是严重缺乏自信的表现，这是因过多地自我否定而产生的情绪体验，长期下去甚至会发展成心理缺陷。孩子自卑，往往对自己的能力认识不足，常常认为自己在某些方面或各个方面都不如别人。导致孩子自卑的原因主要有以下几个方面：

孩子自卑，有的是由于一些客观原因造成的，比如，生理残疾、相貌不出众、体弱多病等，这些自身无法改变的原因会使孩子感到自卑；有的是因为家庭条件不好、经济困难等产生自卑感。孩子年龄小，各种能力都处在逐步发展的阶段，假如孩子在不断完善自己的过程中，经常受到挫折，没有多少成功的经验，他就会怀疑自己的能力，从而产生自卑感；如果父母或老师对孩子有偏见，经常打击孩子，对孩子的评价过低，孩子会认为自己就是那样的。因为孩子总是根据他人对自己的评价和期望来认识自己的长短优劣的，孩子会将困难夸大，经常低估自己的能力，总觉得自己不行，这种消极的心理暗示，会使孩子产生心理负担，限制其能力的发挥，做得自然就不好，如此形成恶性循环，会加深孩子的自卑感。

妈妈要用正确的教育方法，来培养孩子的自信心，让孩子在成长的过程中获得一些成功经验。妈妈可以教孩子进行自我激励，比如，让孩子经常说，"我很棒"、"我能行"、"大家都很喜欢我"，等等，经常给自己正面的心理暗示，孩子就会变得自信起来。

做个智慧好妈妈

1. 降低期望值，使孩子慢慢找回自信

妈妈对孩子的期望值要适度，不要总是要求孩子这样，要求孩子那样，要降低对孩子的期望值，使孩子慢慢地找回自信。

2. 多鼓励、赞美孩子

6至12岁是帮助孩子建立自信的重要时期，因此，妈妈不要经常用难听的语言来伤害孩子的自信心，而应该耐心教导，多鼓励、赞美孩子。

3. 用名人的事例来教育，使孩子不再否定自己

孩子自卑有多种原因，妈妈可以根据孩子的具体情况，给孩子讲一些名人的事例来教育孩子，使孩子不再否定自己。

孩子好动坐不住

——"老是坐着多累呀"

朵朵是个活泼、调皮的孩子，她像个假小子似的，整天都活蹦乱跳的，一刻也闲不下来。

这不，星期天的上午，妈妈忙着做家务，朵朵拿出了许多玩具，她一会儿爬到沙发上，一会儿蹦到床上，还时不时地从这个房间跑到另一个房间。玩腻了，朵朵就打开电视机开始看电视。电视里播放的是古装武打剧，朵朵将声音开得很大，并且学着电视上演员的动作挥拳、踢脚。妈妈受不了这么大的噪音，便大声对朵朵说："把电视的音量调小些，不要再蹦了，老老实实地坐在沙发上看电视。"见妈妈有些生气了，朵朵就安静地在沙发上坐了一会儿。

然而，她只坐了不到10分钟，就又站起来开始活动手脚。妈妈命令她："你看你，坐没坐相，站没站样，好好地坐在那儿。"朵朵却说："我不要总坐着，老是一动不动地坐着多累呀。"妈妈反问她："那你又蹦又跳就不累？"朵朵学着电视上演员的样子，深呼一口气，并且做了一个动作，说："我在练武功，等我长大了就成为江湖上的大侠了！"

妈妈摇摇头，朵朵天天都这么好动，真拿她没办法。

孩子天性好动，精力也很旺盛，虽然整天都活蹦乱跳，但从来不知疲倦，并且小动作特别多，不是动动这里，就是弄弄那里。看到孩子的这种现象，妈妈不禁会怀疑：孩子这么好动，是不是患有多动症呀？

其实，孩子天性活泼好动与多动症是有很大区别的。患有多动症的孩子做事情时注意力往往不集中，对自己的行为没有明确的目的。因此，孩子好动并不一定是患有多动症。妈妈可以仔细观察一下，只要孩子做事情有条不紊，而且能够全神贯注、专心致志地去做，那么孩子就不是患有多动症。另外，妈妈千万不要轻易地给孩子扣上"多动症"的帽子，也不要经常带孩子去医院检查或给他乱用药。否则，不仅会影响孩子的身体健康，还会给孩子增加不必要的心理压力，不利于孩子的身心健康发展。

改善孩子好动的习性，妈妈可以营造人人安静做事的家庭环境，让孩子在潜移默化的影响下逐步变得更加安静、专注。需要注意的是，好动是孩子探索世界的表现，妈妈要顾及孩子的个性，最好不要严格限制。只要妈妈开动脑筋，将孩子的好动往正确的方向引导，孩子的缺点就会成为优点，使他一生受益无穷。

做个智慧好妈妈

1. 以动制动，帮助孩子选择一项适合他发展的体育项目

改变孩子好动的状况，妈妈可以运用"以动制动"的方法，具体操作如下：根据孩子的身体情况以及兴趣爱好，帮助孩子选择一

项适合他发展的体育项目，让他每天都有一定的时间充分运动。

9岁的恺恺从早到晚都不闲着，只要不睡觉，他的手脚就别想停下来歇会儿。

一天晚上，爸爸在看NBA篮球赛，恺恺也凑过来，看得津津有味。妈妈见恺恺看得出神，便拍了拍他的肩膀，对他说："宝贝，你看这些打篮球的大哥哥，他们投篮的动作帅不帅？"恺恺鼓起了掌："帅！好棒啊。"妈妈想，既然恺恺这么好动，不如让他练习打篮球，这样还能锻炼他的身体，比他每天瞎闹腾强多了，并且他的个子也挺高。

妈妈便对恺恺说："儿子，以后你也练习打篮球吧，你想不想学？"恺恺一听很兴奋，这正合他的心意，就爽快地答应了。于是，妈妈给恺恺买了一身舒适的运动服和一个篮球，并给他报了班让他学习。

以后，恺恺每天放了学都去培训班上课，然后汗流浃背地回来。学会了打篮球，恺恺加入了学校篮球队，经常和队员们在一起练习。周末，恺恺也会约上几个爱好篮球的伙伴，到附近的学校或公园打篮球。

妈妈再也看不到恺恺经常"动手动脚"了，而且，打了一段时间的篮球之后，恺恺的身体也比以前更壮了。

案例中的妈妈充分利用了孩子好动的特点，让孩子练习打篮球，如此一来，不仅释放了孩子的能量，而且使孩子拥有了一项体育特长，还让孩子拥有了健康的体魄。

2．以静制动，让孩子做一些安静的事情

让好动的孩子安静下来，妈妈可以试着教孩子做一些安静的事情，比如下棋、绘画、书法、钓鱼、集邮等，这些事情都有助于培养孩子安静、专注的好习惯，还可以帮助孩子修身养性。

3．做游戏，让孩子动中有静

孩子都喜欢做游戏，好动的孩子亦如此。妈妈可以利用孩子这一共性，让孩子做一些可以让他自我控制的游戏，例如，"捉迷藏"、"木偶人"、"扮冰棍"等，促使孩子改变好动的行为，从而让孩子动中有静。

第三章

好素质，细节决定孩子的品位

孩子爱顶嘴
——“不用你管，我就爱这样”

10岁的婷婷长得很漂亮，很招人喜欢，学习也很刻苦，是班里的尖子生。可是，有一点，婷婷在家里很任性，经常和妈妈顶嘴。

星期天的早晨，妈妈要带婷婷去动物园玩。爱美的婷婷穿了一件自己最喜欢的紫色连衣裙。可是，都已经是秋天了，早晨和晚上气温比较低，妈妈担心婷婷会受凉，便对她说：“宝贝，天凉了，不能再穿裙子了，去换一件长袖。”婷婷不同意：“不冷啊，我穿这件正好，不要换。”“听妈妈的话没错，去换。”婷婷也很犟：“不要，穿长袖会很热的，也不好看。”妈妈让婷婷走到窗前，对她说：“你看，人家都穿着长袖长裤，都什么时候了，哪儿还有人穿裙子呀。”见妈妈怎么都不让自己穿裙子，婷婷很生气，她小嘴一噘，顶撞妈妈：“不用你管，我就爱这样。”妈妈也火了，说道：“你再不听话，我就不带你去动物园了。”“你不带我去，我自己去，反正我也知道怎么去。”

妈妈了解婷婷，她说到的真的会做得出来。于是，妈妈改变了语气，好声好气地对婷婷说：“宝贝，现在穿裙子真的会冷，妈妈担心你会感冒，你怎么不听劝呢？"婷婷仍然固执己见："不要，我就是要穿裙子去动物园玩。"

婷婷如此爱顶嘴，妈妈怎么都说不过她，真令妈妈头疼。

孩子的生理和心理在逐渐成长，他们对事物有了自己独特的看法，假如大人和孩子的想法不一致，孩子就会产生逆反心理，引起不良情绪，表现在行为方式上就是和大人对着干，并且任性固执，经常用语言顶撞大人。

孩子爱顶嘴，不外乎有以下几种原因：孩子的合理要求遭到大人的拒绝，无法得到满足；孩子从小在溺爱中长大，很任性，不懂得尊重他人；大人对孩子进行不必要的干涉或压制，不顾及孩子的感受强行命令孩子，孩子的心里自然而然不舒服，就会以顶嘴的形式来反抗；大人的批评、责备或训斥伤害了孩子的自尊心，为了让大人不再那样对待自己，孩子只好以顶嘴来引起大人的注意……

针对上述几种情况，妈妈要注意自己的教育方式，日常生活中，要多考虑一下孩子的想法和感受，多听听孩子的意见，不要时刻以权威自居，任何事情都强迫孩子去做。在孩子顶嘴时，要学会用恰当的方式来稳定孩子的情绪，因势利导，让孩子正确地表达自己的意愿，从而清楚孩子内心的真实想法。

另外，妈妈也要学会控制自己的情绪，当孩子和您顶嘴时，千万不要大发雷霆，给孩子原本不愉快的心情火上浇油。一定要心平气和地给孩子摆事实、讲道理，让孩子明白他那样做的不良影响，从而让孩子改正自己的行为。

当然，如果孩子无理取闹，以顶嘴来达到自己的目的，妈妈绝对不能姑息迁就，要选择合适的方式进行批评教育，让孩子更加懂事明理。

做个智慧好妈妈

1. 耐心倾听，给孩子辩解的机会

在孩子顶嘴时，妈妈先不要发火动怒，要学会耐心地倾听孩子，让孩子说出自己的理由，然后和颜悦色地和孩子讲道理，说服孩子，让他接受自己的建议。

需要注意的是，如果孩子说得有道理，那么，妈妈就不要端着家长的架子不肯让步，否则，孩子不服气，就会变本加厉地和妈妈顶嘴。

2. 发扬民主，给孩子发表意见的权利和机会

在家庭生活中，妈妈也要发扬民主，不能因为孩子小，就一味地替孩子安排一切，把自己的意愿强加给孩子，要给孩子发表意见的权利和机会，让孩子自己拿主意。

让孩子自己拿主意，不仅能缓解紧张的亲子关系，还能培养孩子独立的性格，果断行事的作风。所以，妈妈要懂得放手，减少孩子顶嘴的次数。

3. 减少溺爱，杜绝孩子不礼貌的语言

许多爱顶嘴的孩子，还会说出一些不礼貌的语言。每当遇到这种情况，妈妈肯定又气又恨，其实，您不必大动肝火，造成这种局面，有相当多的原因是由于过于宠爱孩子。因此，妈妈一定要减少对孩子的溺爱，多一些礼仪教育，杜绝孩子讲不礼貌的语言。

另外，榜样的作用同样重要，妈妈要以身作则，做个文明人，孩子就会向妈妈学习，不再顶嘴。

孩子没有耐心

——"真烦人，公交车怎么还不来"

11岁的康康是个很没有耐心的孩子，最让他受不了的事情就是等待。

星期天，康康和妈妈一起去超市购物。超市离家有一段距离，需要坐公交车。来到小区门前的公交车站，妈妈和康康就站在那儿等。康康一刻都不闲着，他要么和旁边的小朋友说说话，要么翻翻自己的书包，还时不时地伸头张望，看公交车到没到站。

等了10多分钟，康康不耐烦了，他皱起眉头，说："真烦人，公交车怎么还不来？"然后，他扭头对妈妈说："妈妈，咱别等了，打车去吧。省那几块钱干吗？"妈妈告诉他："我并不是在乎那几块钱，而是因为打车太浪费了，坐公交车环保。""哎呀，环保也不差这一点，不就打一次车嘛。"正好，一辆出租车经过，康康招了招手，出租车便停了下来。妈妈告诉司机师傅："不好意思，我们不用出租。"然后对康康说："你那么着急干什么，等一会儿公交车就来了。"康康却不听："不知道要等到什么时候呢，妈妈快上车吧。"说着，康康一头钻进了出租车，无奈，妈妈也只好跟着上了车。

康康总是这样，一点耐心都没有，做事情风风火火的。怎样教育他才好呢？

俗话说，坚持就是胜利。日常生活中，许多孩子都不能真正理解这句话的深刻含义，做事情时，往往没有耐心，有始无终，不能坚持到最后。孩子为什么会缺乏耐心呢？主要有以下几种原因：

第一，孩子年龄小，对一件事情的兴趣不能持久，注意力无法长时间地集中，容易转移。第二，孩子在做一件重复性的事情时，会感觉枯燥无味，不像去做另外一件事情那样有新鲜感和成就感。第三，孩子不懂得"简单的事情重复做"的妙处，对于一些需要投入时间和精力去做的事情，他们大都不放在眼里，认为做这些事情显示不出自己的能力，因而在思想上容易倦怠。第四，孩子喜欢把事情想得过于简单，做一件事情时，总是以为很快就能完成，而当真正做起来的时候，发现其实并没有那么简单，就会觉得烦躁，从而没有耐心。

孩子大多只喜欢做自己感兴趣的事情，但即使是自己感兴趣的事情，也会有厌倦的时候。因此，在孩子重复做其不感兴趣的事情时，妈妈一定要多加重视，培养孩子的耐心。

做个智慧好妈妈

1. 利用生活中的小事，培养孩子的耐心

日常生活中，妈妈可以要求孩子做一些力所能及的事情，比如，倒垃圾、收拾碗筷等，并且要求孩子用心去做，将事情做好。

这种方法，可以有效地培养孩子的耐心。

2. 树立目标，让孩子在枯燥中获得成就感

即使是大人，在重复做一件事情时，也会觉得枯燥无味，更何况是不懂得如何调节自己情绪的孩子呢。所以，妈妈可以帮孩子树立一个可以达到的目标，在向目标靠近的过程中，即使是做很枯燥的事情，孩子也能从中获得成就感。

3. 利用榜样教育，让孩子坚持到底

榜样的力量是无穷的，在孩子没有耐心时，妈妈可以给孩子讲一些成功的人是如何将简单的事情重复做，并做到极致的。要让孩子明白，假如对每一件事情都只是一知半解，那么终究会一事无成。

可以说，历史上任何一项重大的发明或者一部流芳百世的作品，都是其发明者或作者用了几年、十几年甚至几十年才创造出来的。妈妈可以经常利用类似的事例来教育孩子，让孩子明白，只有耐心地做，才能将一件事情做到最好。

孩子没有毅力

——"妈妈，我坚持不下去了"

11岁的玫丽是个缺乏毅力的孩子，她做事情总是有始无终。为了培养玫丽的毅力，妈妈带她去爬享有"五岳之尊"之誉的泰山。

来到山脚下，看着美丽的风景，玫丽特别兴奋，蹦蹦跳跳地开始往上爬。然而，爬了还不到半个小时，玫丽就嚷嚷着累，坐在石阶上不肯再往上爬了。妈妈鼓励她："宝贝，站起来，接着爬。你看前面的那位小朋友，比你小多了，都爬得那么带劲，妈妈相信你一定能超过他的。"玫丽看了看，前面果然有一位个子不高的小朋友，正在一步一步地往上爬。玫丽仿佛下了很大的决心，一下子站起来，"噔、噔、噔"使劲地爬。妈妈在后面提醒她："别爬那么快，注意安全！"

可是，过了一小会儿，玫丽再一次坐了下来，她愁眉苦脸地对妈妈说："妈妈，我脚疼，我不要再爬了。"妈妈也坐下来，说："那就休息一下再爬。"休息了好长时间，在妈妈的再三催促下，玫丽才懒洋洋地站起来继续爬。又爬了一小会儿，玫丽说："妈妈，我坚持不下去了。我太累了，咱们下山吧。"这次，无论妈妈怎样说，玫丽都不肯再往上爬了。无奈，妈妈只好带着玟丽下了山。

　　好不容易有时间来爬泰山，却因为玟丽坚持不下去而放弃了。妈妈不知道怎样教育她才好。

　　毅力是成功的重要因素之一，无论是天赋还是能力，都不能取代毅力。想要做成一件事情，必须坚持到底。然而，现实生活中，许多孩子缺乏毅力，做任何事情都没有常性，遇到困难就畏缩不前。

　　孩子为什么会缺乏毅力呢？我们来分析一下具体的原因：

　　第一，孩子做事情没有明确的目标。很多孩子在做事情之前，没有一个明确的目标，这直接导致他们做事时缺乏必要的动力。对此，帮助孩子制订一些具体、可行的计划及目标，要求孩子每天坚持去做，可以有效培养孩子的毅力。第二，孩子缺乏必要的激励。当孩子坚持做一件事情时，妈妈要适当地给予奖励，既是物质的，也可以是精神的，比如，一个微笑，一个拥抱，或者几句赞赏的话语。第三，许多孩子遇到困难时往往退缩，缺乏克服困难的勇气。对此，一是要增强孩子克服困难的勇气，二是要适时帮助孩子解决一些困难。此外，绝大多数的孩子喜欢听故事，妈妈可以有意识地给他讲一些关于有毅力的名人故事，让主人公的精神和行为感染他，使他受到熏陶，增强毅力。

　　总之，造成孩子缺乏毅力的因素有多种，妈妈一定要针对具体的原因制定具体的应对措施。当然，培养孩子的毅力，妈妈一定要先有信心、恒心和耐心，千万不要操之过急，因为这是一个循序渐进的过程。另外，培养孩子的毅力还需要一定的技巧，妈妈不妨参考下面的方法。

做个智慧好妈妈

1. 转变教育观念，让孩子更有毅力

许多妈妈看到孩子聪明就沾沾自喜，认为孩子不去做某些事情也没关系，对于孩子通过坚持不懈地努力而取得的小成绩，往往不屑一顾，这十分不利于培养孩子的毅力和韧性。因此，培养孩子的毅力，妈妈首先需要转变自己的教育观念，纠正"智力最重要"的错误思想；当孩子遇到困难时要给予孩子鼓励，让孩子坚持下去，从而让他明白，成功需要毅力和恒心。

2. 教孩子自我激励，让孩子有信心坚持下去

孩子有没有毅力，很大程度上取决于其信心。因此，在孩子没有毅力坚持下去时，妈妈要鼓励孩子自我激励，增强必胜的信念。

3. 不过分迁就，避免孩子做事情半途而废

孩子没有毅力，今天学这，明天学那，这会儿要做这，过一会儿又要做别的事情，结果做什么事情都不能善始善终。对此，妈妈千万不要过分迁就孩子，也不要责备孩子，而应问清楚原因，多鼓励、开导孩子，从而让孩子坚持下去。

妈妈要通过日常生活中的各种小事，来培养孩子的耐心与恒心，当孩子做一件事情时，妈妈要鼓励加硬性规定，要求孩子坚持把这件事情做完，否则，就给予一定的惩罚。

孩子自制力弱

——"我想吃饺子，现在就要吃"

言言9岁了，可他还是有些不懂事，自己想干什么就干什么。他想要的东西，必须立刻摆在他面前才行，否则就会大吵大闹。

星期天的中午，妈妈在厨房里做午饭，言言坐在沙发上看电视。电视里正播放一个美食节目，介绍香喷喷的水饺。言言越看越馋，他终于忍不住了，跑到厨房对妈妈说："妈妈，电视里的饺子肯定很好吃，我想吃了。"看着言言的馋样，妈妈笑了，告诉他："下午我调点馅，晚饭咱们就吃饺子。"言言还是不乐意："不要晚上吃，现在就包吧。"妈妈对他说："中午的饭菜马上就做好了，如果再包饺子，这些饭菜就浪费掉了。"然而，言言根本不听，他噘起嘴说："我想吃饺子，现在就要吃。"

妈妈知道言言的性格，无奈，妈妈只好赶紧调了一点馅，擀了一些皮，快速地包了起来。言言在一旁看着，还嫌慢，一个劲地催促妈妈："快点包……该煮了吧……好了没？"

唉！言言总是这样，必须马上满足他的要求才行，一刻都等不得，一点都不会克制自己的欲望。妈妈很苦恼，怎么办才好呢？

孩子的自制力比较弱，但事事由着自己的性子来，会把事情弄得很糟糕。就像一辆汽车，有动力系统，能够跑得很快，但这并不够，还必须有刹车系统，该停的时候就必须立刻停下来。这样，人们才敢把车开到马路上。因此，妈妈要帮助孩子提高自制力。

做个智慧好妈妈

1. 利用规矩，培养孩子的自制力

妈妈不要嫌麻烦，要抓住培养孩子自制力的有利时机，可以通过与他人的合作来培养孩子的自制力。妈妈可以对孩子进行有效的监督。

2. 循序渐进，提高孩子的自制力

自制力不可能一念之间产生，也不是下定决心就能够立刻形成的，需要一段漫长的过程。因此，提高孩子的自制力，妈妈可以用循序渐进的方法。

3. 奖励，鼓励孩子已经形成的自制力

当孩子养成了良好的自制力，如果得不到及时的关注和奖励，孩子的行为就有可能会退缩回原来的状态。因此，妈妈可以采取以精神奖励为主、物质奖励为辅的手段来鼓励孩子保持已经养成的自制力。

孩子爱慕虚荣

——"我也要穿阿迪达斯的运动鞋"

鸣鸣9岁了，上小学四年级，他年龄不大，可是虚荣心却非常强。本来家境不怎么好，全家都靠爸爸微薄的工资生活，鸣鸣却说爸爸在做生意，家里很有钱。鸣鸣的成绩在班里处于中等水平，他却在亲朋好友面前吹嘘自己学习很好，是班里的尖子生。

一天上午，一位同学穿着阿迪达斯的运动鞋去上课，另外一位同学看到后，不禁惊呼："哇！阿迪达斯，名牌耶，太帅了！"鸣鸣听到后，用羡慕的眼光看了一眼那位同学穿的鞋，心想：我要是也有一双就好了。

中午放学回到家，鸣鸣便告诉妈妈，有位同学买了一双阿迪达斯的运动鞋，那鞋子看起来多么漂亮，穿上多么舒服，等等。一听鸣鸣这话，妈妈便知道他也想要一双那样的鞋，可是，家里的积蓄并不多，不能让鸣鸣这样奢侈。于是，妈妈继续忙着手中的事情，随意地应答着，假装不明白鸣鸣的心思。过了一会儿，见妈妈不表态，鸣鸣只好直说："妈妈，我也要穿阿迪达斯的运动鞋，你给我买一双吧。"妈妈对他说："你脚上的鞋不是刚买的吗，怎么又要买鞋？再说了，阿迪达斯的鞋多贵呀，一双就得好几百，是你爸半个月的工资呢。"然而，无论妈妈怎么说，鸣鸣非要买那双鞋不可。

在鸣鸣不买鞋就不上学的"要挟"下，妈妈只好给他买了一双阿迪达斯的运动鞋。

可以这样说，虚荣心在每个人的身上都或多或少地存在着。孩子的虚荣心为什么这么强呢？主要有以下几方面的原因：

家里的长辈们过分溺爱孩子，生怕孩子受一点委屈，对孩子有求必应，吃的、穿的等各方面都不能比别人差。为了让孩子更有面子，即使是条件不好的家庭，也"打肿脸充胖子"，生怕自己的孩子被比下去；长辈经常夸大孩子的优点，甚至无限度地表扬自己的孩子，如此一来，就使孩子对自己的估计过高，为了保持这种优越感，便也在别人面前吹嘘自己；长辈以表扬其他孩子的方式来激励自己的孩子，却没想到"刺激"了孩子，让孩子产生了嫉妒的心理，从而用很强的虚荣心来保护自己；家里的长辈爱慕虚荣，同样会培养出爱慕虚荣的孩子，比如，长辈喜欢穿金戴银，喜欢炫耀自己……这些都会被模仿能力很强的孩子效仿，虚荣心从而越来越膨胀。

怎样才能改变孩子爱慕虚荣的坏习惯呢？首先，妈妈要以身作则，为孩子树立良好的榜样。其次，妈妈要客观地对孩子进行评价，不夸大孩子的优点，及时指出孩子的缺点，并帮助他改正。再次，让孩子学会理性消费，根据需要买东西，而不是想要什么就买什么。

做个智慧好妈妈

1. 引导孩子树立正确的荣辱观和比较观

孩子爱慕虚荣，总是喜欢和别人攀比，妈妈一定要引导孩子树立正确的荣辱观和比较观，可以告诉孩子："虚荣是浅薄无知的表现，过分炫耀不会让别人尊敬你，只会让别人反感，更加看不起你。"从而让孩子立足于现实。每个人都会拿自己去和别人作比较，这是无法避免的，但是，妈妈要让孩子学会多方面地进行比较，引导孩子对荣誉、得失等有正确的认识。

2. 不过分溺爱、放纵孩子

平时，妈妈要注意引导孩子合理消费，当孩子提出一些不合理的要求时，一定要拒绝孩子，坚决不给他买过于奢侈的东西，千万不要过度地溺爱、放纵孩子。

3. 少表扬，以高标准要求孩子

孩子爱慕虚荣，总是喜欢别人夸奖他，并且对自己的评价过高，有点小成绩就洋洋得意，认为自己比别人强。对于这样的孩子，妈妈尽量不要在众人面前夸奖他，而应该交给孩子难度更大的任务，以高标准来要求孩子。

对于爱慕虚荣的孩子，妈妈首先不要过分夸奖孩子，在别人夸奖孩子时，妈妈应该转移话题，加以制止。如此一来，孩子就不会认为自己无所不能了。

孩子懒惰不爱劳动

——"为什么总是让我干活"

　　7岁的叶子上小学二年级了，她特别懒惰，在家里什么家务活都不想干，甚至连自己的衣服、袜子都不愿意动手洗。

　　一天晚上，妈妈在厨房里准备饭菜，发现酱油没有了，就让叶子去楼下的超市买酱油。叶子正在玩洋娃娃，有些不耐烦地说："哎呀，妈妈，我在和洋娃娃做游戏呢，你去吧。"说完，叶子继续玩自己的洋娃娃，说什么都不理睬妈妈。没办法，妈妈只好自己下楼去买酱油。

　　晚饭后，妈妈收拾完餐桌，洗好碗筷，已经很累了，可垃圾篓里堆满了垃圾。妈妈看叶子在看动画片，便对她说："宝贝，你帮妈妈把这垃圾拎下楼，好不好？"叶子依然拒绝了，并且以质问的口吻说："妈妈，我不去，你没看到我在看动画片吗？为什么总是让我干活！"妈妈责备叶子："你这孩子可真懒！我总是让你干活了吗？刚才是因为我正在忙，脱不开身才让你去买酱油的。现在我很累才让你出去倒垃圾。再说了，我让你干的活，你都干了吗？"叶子表现出一副不以为然的表情，说："我就是懒，我就是不干。"

妈妈摇了摇头，心想：这孩子就是被惯的，才这么懒！怎样才能让她变得勤快些呢？

孩子懒惰，令妈妈十分烦恼，可是，孩子懒惰习惯的养成与妈妈的教育方式有很大关系。有的妈妈对待孩子，从小到大都如珠似宝，孩子已经很大了，妈妈依然将孩子的换洗衣服帮他找好，时间一长，孩子并不觉得这样有什么不妥，反而认为妈妈为他做这些事情是理所当然的，并没有意识到自己的事情应该自己做。直到孩子养成了衣来伸手、饭来张口的习惯时，妈妈才像刚刚发现一样惊呼："这孩子怎么这么懒！"

因此，培养孩子的劳动习惯，提高其动手能力，应该从孩子很小的时候就开始。这是因为，孩子小时候，对任何新鲜事物都很好奇，总是喜欢跃跃欲试地弄个明白。这时，妈妈要注意引导，让孩子参与到劳动当中，趁机教孩子一些劳动技能。不要怕孩子做不好，或怕浪费时间而不让孩子动手。

好孩子是夸出来的，在孩子主动做了什么事情的时候，不论做得如何，也不论事情有多小，妈妈一定要及时而热情地给予鼓励，这样，孩子才能从中体会到乐趣，自然喜欢动手去做。孩子特别喜欢模仿，妈妈也可以充分利用榜样的作用，适当地在孩子面前表扬一下别的孩子如何勤劳，孩子也许就能往好的方面发展。但是，这要适可而止，如果引起了孩子的逆反心理，那就事与愿违了。

另外，妈妈如果在生活中灌输给孩子这样的思想：你只要好好学习就行了，别的什么都不用管。如此一来，孩子就会以学习为借口，拒绝劳动。

做个智慧好妈妈

1. 列出"家务清单"，明确孩子的责任

让孩子适当地参与家务劳动是培养其家庭责任感的一个比较好的途径，妈妈可以帮孩子列出一份"家务清单"，将孩子需要做的事情，一一写在纸上。这样，孩子看到后就会更加明确自己需要做什么。给孩子列出"家务清单"会让孩子明确自己的责任，起到一种契约的作用，比起妈妈一个劲地唠叨"你勤快点好不好"、"帮妈妈干点活不行吗"要有效得多，因为孩子更容易接受这种方式。

2. 利用小技巧，促进懒惰的孩子劳动

孩子比较懒惰，妈妈可以开动脑筋，利用一些小技巧，让孩子做一些力所能及的事情，以促进懒惰的孩子劳动。

3. 调动孩子的积极性，让孩子逐步参与到家务劳动中来

孩子懒惰的习惯并不是一天两天养成的，使孩子做出转变也非一时半刻之功。因此妈妈千万不要着急，可以一步一步来，慢慢地调动孩子的积极性，让孩子逐步参与到家务劳动中来。

孩子受不了批评

——"你们都在说我，我不喜欢你们了"

瑞瑞是家里的独生子，深受长辈们的宠爱，可能是从小被夸到大的原因，瑞瑞受不了一丁点儿的批评。

一天下午放学回到家，瑞瑞将所有的玩具都拿了出来，摆了大半个客厅。过了没多长时间，客厅就被瑞瑞弄得乱七八糟。妈妈看到了，说他："瑞瑞，看你把客厅弄得像猪窝一样，快点收拾收拾。"瑞瑞假装没听到，继续玩。

刚做完晚饭的奶奶从厨房走出来，看到客厅这么乱，不禁皱起了眉头，对瑞瑞说："宝贝，你怎么弄的？不要再玩了，乖，听话，快把东西放回原来的位置，然后洗洗手吃饭。"瑞瑞听到后，有些生气了，他噘着嘴，不耐烦地说："我还没玩够呢，等我玩完之后再收拾。"这时，爸爸下班回来了，他一进门，便惊呼："天呀，这还是我们家吗？瑞瑞，你都干了什么呀？沙发上是小汽车，桌子上是飞机模型，连电视上面都是你的玩具手机。赶快收拾一下，这太乱了。"可能是爸爸的声音有些大，瑞瑞听后拉着脸，眼泪都快掉下来了。他生气地说："你们都在说我，我不喜欢你们了。"说完，瑞瑞便跑进自己的房间，"嘭"的一声将卧室门给关上了。任凭妈妈怎么敲，瑞瑞就是不肯出来。唉，这孩子，说他两句就这样，这可怎么办呢？

孩子喜欢听表扬而反感批评，总是对批评持"避而远之"甚至"拒之门外"的态度，其实，许多成年人也是这样。然而，使孩子学会接受批评，对塑造其完整的人格以及促进其今后事业的成功，都有着积极的意义。

做个智慧好妈妈

1. 侧面批评，让孩子正确认识自己的优点和缺点

批评孩子，不仅仅在于警告孩子的行为是对还是错，还在于让孩子知道为什么错了，错在哪里，如何改正等。要换个方法，从侧面批评孩子，从而让孩子正确认识自己的优点和缺点。

2. 适当地批评，不要表扬得太多

孩子有了长处，妈妈比较喜欢夸张地表扬孩子，这会直接导致孩子认识不到自己的缺点，受不了哪怕一丁点儿的批评。因此，在教育孩子的过程中，妈妈该批评时就要批评，并且要适当地批评，不要表扬得太多。

3. 引导加激励，让孩子学会接受批评

孩子禁不住批评，妈妈首先要反思一下自己的教育方式，看批评孩子的方法是不是正确，如若不正确，就要及时改进。批评孩子的目的是让孩子改正自己的错误，妈妈可以巧妙运用引导加激励的方式，让孩子接受批评。

采取引导加激励的方式，能够达到比批评更有效的结果。假如自己的孩子也受不了批评，不妨借鉴一下。

孩子输不起

——"我要赢，我就是要赢"

9岁的津津好胜心特别强，做什么事情都想争第一，总要将别人比下去。

一天晚上，妈妈和津津玩起了扑克牌游戏。规则很简单，将扑克牌分成两半，一人一半，每次出一张牌，牌上的数字大的，就赢。到最后，谁手里的牌没有了，谁就输了。津津的运气似乎不太好，他出的牌大多数都比妈妈的小，这令他很沮丧。只要比妈妈出的牌数字大，津津就会兴高采烈地欢呼两声。玩了半个多小时，一局终于结束了，津津手中的牌也全"送"给了妈妈。津津很不服气，要求再玩一局。然而，这一局和上一局的结果是一样的，妈妈又赢了。津津很生气，他用手使劲拍了两下桌子，狠狠地说："下一次我一定要赢。"妈妈笑了笑，说："赢有那么好吗？赢就赢，输就输，放平心态，不刻意追求输赢才好。"津津听了依然不高兴地说："我要赢，我就是要赢。"说完，将手中的扑克牌胡乱地扔到桌子上，转身走到自己的房间生闷气去了。

妈妈感到很费解：这孩子怎么只能赢，却输不起呢？

许多孩子争强好胜，只能赢不能输，无论做什么事情总是希望自己比别人强。从儿童心理学上来讲，这是一种正常的心理现象，然而，假如孩子由于输不起而逃避困难或因心理不平衡而大发脾气，甚至为了满足自己的虚荣心而弄虚作假时，就会损害孩子的心理健康，容易产生心理障碍。所以，妈妈一定不能听之任之，要注意改正教育孩子的方式方法，使孩子拥有一颗平常心。

导致孩子输不起的原因有哪些呢？经过分析，大概有以下几种：一是孩子年龄小，不了解自己的优势与短处，所以，一旦有哪个方面不如人，输给别人时，他就会表现出不满；二是现在的孩子大多数是独生子女，长辈们整天围着孩子转，时间一长，孩子就容易形成"唯我独尊"的心理，见不得别人在任何方面比自己强；三是有些家长总是鼓励孩子去争赢，赢了就给予奖励，输了就冷言冷语，从而使孩子害怕输，也不能忍受别人比自己强；四是有些孩子各方面能力都比较强，很少经历失败，几乎是在赞美声中长大的，这种类型的孩子哪怕只失败了一次，心理上也承受不了。

改变孩子输不起的心态，妈妈首先要端正自己的心态，不要将孩子的成功当作往自己脸上"贴金"的工具。妈妈也不要总拿孩子的缺点和其他孩子的优点进行比较，这样会加重孩子的心理负担，会使孩子更加输不起。和孩子玩游戏时，不要经常故意输给孩子，要适当给孩子面对挫折的机会，让孩子明白，输了就输了，并没有什么。

做个智慧好妈妈

1. 适当指点，让好胜心成为孩子前进的动力

要让孩子保持平常心，正确看待自己的成功与失败，需要妈妈

正确引导。在孩子失败时，妈妈要教育孩子不再失意和沮丧，也要适当指点，让好胜心成为孩子前进的动力。

2．培养孩子的自信，让孩子以积极的心态去面对失败

失败是人人都不可避免的一件事情，在孩子失败时，妈妈要培养孩子的自信，教育孩子将失败视为另一种情感体验，让孩子以一种积极的心态去面对。

3．找到原因，让孩子输有所得

平时，妈妈要强调做好每一件事情的过程，而不是结果。在孩子失败时，要帮助孩子找到失败的原因。如此一来，孩子即使输了，也输有所得。

俗话说："失败是成功之母"。日常生活中，妈妈可以多给孩子讲一些成功人士是如何从失败的困境中走向成功的事例。让孩子明白，只有保持一颗平常心，胜不骄、败不馁，才能获得一番成就。

孩子承受不了挫折

——"这道题很难，我不做了"

珊珊上小学六年级了，她是个很招人喜欢的孩子，学习成绩也不错。然而，唯一的缺点就是，每当遇到困难时，总是知难而退。

一天吃过晚饭后，珊珊看了一会儿动画片便很乖地去写作业了。写着写着，珊珊遇到了一道难题，她想了一会儿，没有解出来，便喊来妈妈，让妈妈帮她解答。妈妈走过去，看了一下题目，告诉珊珊："根据你所学的内容，你完全有能力把这道题解出来。所以，你还是先自己好好想想，实在想不出来，妈妈再给你讲。"说完，妈妈便去做自己的事情了。

过了半个多小时，妈妈再次走到珊珊的书桌前，看看她有没有将那道难题解出来。妈妈朝珊珊的作业本上一看，大失所望，因为珊珊在作业本上留了空白，还是没有把题解出来。见妈妈过来了，珊珊仍然让妈妈帮她做那道题。妈妈对她说："许多像这样的难题都需要你自己解决才行，不能总是依赖于妈妈。我相信你能够解出这道题。"听妈妈这样鼓励自己，珊珊仍然不想动脑筋思考，她说："妈妈，这道题很难，我不做了。"没办法，妈妈只好给她讲解。

珊珊总是这样，一遇到困难就退缩，妈妈应该怎样教育她呢？

由于各种各样的原因，一些孩子的承受能力比较弱，在遇到困难和挫折时，往往会把后果想象得特别严重，表现出消极的情绪和心态，不会正确地看待问题。这时，就需要妈妈教给孩子面对挫折和失败时的正确态度，以及应对挫折和失败的有效方法。

日常生活中，妈妈不要刻意地为孩子排除一些在正常环境中可能遇到的挫折。在孩子遭遇困难时，妈妈不要立刻插手，可以让孩子尝试一下失败，然后再引导孩子去思考，让他自己去解决。因为孩子遭遇过的挫折越多，积累的经验越丰富，克服挫折的能力就会越强。

妈妈要早一点让孩子懂得，挫折是人生中再正常不过的"待遇"，当挫折来临时，不要逃避，而应该勇敢地面对。这样，孩子就能够更坚强、更成熟。当孩子在艰难困苦中依然能够昂首挺胸、奋发前进时，妈妈就不用担心孩子会被挫折和困难压倒了。

总之，妈妈要细心些，最好善用孩子在生活中碰到的小"挫折"，或者更贴切地说是这样那样的"不顺"，就能够让孩子懂得挫折和困难并不可怕，拥有健康的心态才能拥有幸福快乐的人生。

做个智慧好妈妈

1. 设置难度适中的障碍，提高孩子承受挫折的能力

孩子承受不了挫折，妈妈就应该让孩子适当地吃点儿苦头，受

受打击。平时，妈妈可以结合孩子的年龄特点及实际情况，为孩子设置一些难度适中的障碍，从而提高孩子承受挫折的能力。

妈妈可以有意地给孩子设置一些"打击"，时常给孩子泼点冷水，以后即使遇到了挫折，孩子也能够从容不迫地面对。

2. 坦诚相告，让孩子平静地接受困难或挫折

不可否认，人的一生会遭遇许多痛苦和挫折。当孩子面临挫折时，作为妈妈，是替孩子抵挡一切呢，还是将挫折最小化，欺瞒孩子呢？妈妈要知道的是，有些事情代替不了，欺瞒孩子，孩子早晚会知道。

人生的挫折和坎坷远不止生病动手术，在孩子充满恐惧时，妈妈一定要坦诚相告，从而让孩子理智坦然地接受痛苦和挫折。

3. 让孩子自己去面对、解决问题和困难

在孩子的成长过程中，妈妈总是想方设法帮孩子解决困难，避开挫折，以至于孩子几乎没有经历过挫折和磨难，因此，孩子承受挫折的能力比较弱。针对这种情况，在遇到挫折时，妈妈应该让孩子自己去面对、解决困难，以此来提高孩子承受挫折的能力。

另外，妈妈要多关心孩子，多考虑一下孩子所遇到的困难，鼓励孩子，让他自己面对挫折。妈妈要让孩子知道，方法总比问题多，在遇到挫折和困难时，应该积极地寻找解决问题的方法。

孩子没主见

——"我不知道怎么办，妈妈你决定好了"

10岁的扬扬正在上小学五年级，别看他已经这么大了，可是遇到事情时一点主见都没有，甚至连吃什么、穿什么这些小事都得妈妈替他做主。

放假了，妈妈要带扬扬去黄山旅游，出发前，妈妈问他："宝贝，去旅游咱们需要准备些什么东西呢？"扬扬用手抓了抓脑袋，想了一下，说："带什么东西，我不知道啊。""想想看，咱们都需要什么东西，或者说你想带什么东西。"扬扬翻翻衣服，看看吃的，半天都过去了，仍然没有想好要带什么。

过了一会儿，妈妈又问扬扬："宝贝，你想坐什么车去黄山呢？"扬扬倒好说话，他说："随便，什么车都行。"妈妈接着问他："如果我们没有及时回来，耽误了你上学，你怎么跟老师交代？"扬扬想了想，妈妈认为他可能会有正确的处理方法，没想到，扬扬却说："那怎么办呀？要不到时候你帮我跟老师解释好了。"

扬扬总是这样，无论什么事，自己都没有主见，凡事都让妈妈拿主意。妈妈想，许多事情必须得他自己拿主意才行，一直这样，长大以后怎么办？如何改变他呢？

孩子没有主见，凡事都征求妈妈的意见，让妈妈帮他拿主

117

意，比如，吃什么，穿什么，用什么颜色的文具盒，报什么培训班……所有的问题都事无巨细地让妈妈操心。小的时候，妈妈心甘情愿地为孩子做这些事情。如果孩子长大了还如此没有主见可怎么办？

做个智慧好妈妈

1. 给孩子选择的权利和机会

在孩子没有主见，犹豫不决时，妈妈可以为孩子提供几项建议，让他自己选择，这样也算是孩子自己独立做主了。如此一来，孩子渐渐地就能自己拿主意了。

需要注意的是，妈妈一定不要信不过孩子，认为孩子不能作出正确的决定。有些时候，孩子的能力超乎我们的想象。

2. 耐心倾听孩子，给孩子充分表达意愿的机会

许多妈妈习惯于事事替孩子作决定，很少征求孩子的意见。其实，这种做法是不正确的，因为孩子有自己的想法，妈妈要学会耐心倾听孩子的心声，给孩子独立思考和充分表达意愿的机会。需要注意的是，对孩子的要求不要过高，否则会给孩子带来不必要的心理压力。遇到事情时，要让孩子鼓足勇气拿定主意，让孩子在日常生活中得到锻炼，从而让他更有主见。

3. 自己的事情自己去面对，让孩子自己作决定

让孩子更加有主见，妈妈必须要求孩子自己的事情自己去面对，有了事情时，不要替孩子拿主意，而应该让孩子自己作决定。

除此之外，当孩子作了正确的决定时，不要吝惜给予赞美和肯定，让孩子更有信心去作以后的决定。

孩子自理能力差

——"妈妈，给我系鞋带"

典典5岁了，是家里的独生子，从小被爷爷奶奶、爸爸妈妈宠爱惯了，总是"衣来伸手，饭来张口"。

星期天的上午，妈妈带典典去超市买东西。回来的路上，典典捡到了一颗小石头，不停地用脚将那颗小石头踢来踢去。一不小心，典典将自己的鞋子给踢掉了，落在了前方不远处。典典赶紧跑上前，拿起鞋子对妈妈说："妈妈，我的鞋子掉了，你给我穿上吧。"妈妈手里拎着好几个包，根本没有地方放。于是，妈妈让典典自己穿鞋。没办法，典典只好自己动手解鞋带，在妈妈的指导下，典典费了九牛二虎之力，才将鞋子穿上。然而，鞋子穿上了，又一道难题把典典给难住了，他不会系鞋带！典典只好再次向妈妈求助："妈妈，给我系鞋带。"

妈妈皱起了眉头，无奈，她只好将手里的东西放到马路边上，蹲下身给典典系鞋带。妈妈想：这孩子一点自理能力都没有，长大了可怎么办呀？

造成孩子生活自理能力差的原因主要有以下几个方面：妈妈尤其是爷爷奶奶过于溺爱孩子。孩子的一切生活全部包办，根本不让孩子自己做，使孩子养成凡事依靠别人的坏习惯；孩子年龄小，不知道事情应该如何做，没有掌握技能和方法，遇到困难时，大人不是教孩子如何去做，而是嫌麻烦，代替孩子去做，久而久之，孩子自然不能自理；孩子刚学会做某件事情时，兴致很高，也常常得到大人的鼓励和表扬，但学会之后，便没有兴趣继续做了，大人也不要求孩子去做，如此一来，孩子缺少必要的反复练习，做事情的动作也会越来越生疏。

做个智慧好妈妈

1. 教孩子学习各项生活和劳动的技能及技巧

孩子的自理能力弱，主要是由于没有实践的机会和经验。因此，妈妈一定要用恰当的方法教给孩子生活的技能和劳动的技巧，从易到难，从简到繁，让孩子逐步学会自理。

许多妈妈在培养孩子自理能力的过程中都遇到了这样一个问题"瓶颈"，那就是急于让孩子变得独立，却没有足够的耐心教孩子如何去做。妈妈们也可以通过让孩子玩游戏，调动孩子做事情的积极性，激发孩子动手参与的欲望，进而培养孩子的生活自理能力。

2. 肯定、鼓励孩子，增强孩子自己做事情的信心

好孩子是夸出来的，对于孩子，聪明的妈妈一定不要吝啬语言上的赞美。在孩子想要做一件事情时，妈妈应该加以鼓励，增强孩子的信心。在孩子完成了一件事情时，即使孩子做得不怎么好，也要在某一方面称赞孩子。

在孩子动手做某件事情之后，妈妈应该多采取鼓励的办法，然后再提高要求，使孩子体验到独立完成某件事所带来的快乐，进而

增强其做事情的信心。

3. 授之以鱼不如授之以渔

孩子做事情时，肯定不如大人做得那样熟练，因此，妈妈一定要有耐心，千万不能因为孩子做得不好，嫌麻烦而替孩子去做。常言说得好："授之以鱼不如授之以渔"，只要孩子得到了锻炼，事情就会做得越来越好。

让孩子自己的事情自己做，才是妈妈们最聪明的做法。这个方法尤其适用于比较"懒惰"的妈妈。

孩子不懂与人分享

——"这是我的，不能给她"

童童已经8岁了，可她仍然喜欢霸占东西，并且，她的东西谁都别想动，否则她就很不高兴。

星期天的上午，姑姑带着表妹芸芸来家里玩。妈妈热情地接待她们，还让童童带着芸芸玩。可是，童童表现不怎么好，她不让芸芸看她的书，也不让芸芸玩她的玩具，甚至连她的小床都不让芸芸坐。因此，芸芸觉得很拘谨，吃过午饭后就嚷嚷着要回家。

芸芸临走时，妈妈拿出一件很漂亮的小裙子，说："这件裙子是以前给童童买的，放在橱子里忘了给她穿，我觉得现在芸芸穿着正合适，就送给芸芸吧。"芸芸很高兴，伸手要接时，不料童童将裙子一把从妈妈手中抢过去，大声说："这是我的，不能给她！"妈妈告诉她："这件裙子你一次都没穿过，现在已经不能穿了，芸芸穿着正合适，就送给她吧。""不给，不给，就不给！"说完，童童抱着裙子跑进了房间里，任妈妈怎么敲门，她就是不肯开。

童童总是这样，自己的东西动都不让别人动一下。孩子如此不懂得与他人分享，妈妈应该怎样改变她呢？

如今，绝大多数的孩子都是独生子女，他们以自我为中心的意识非常强，长辈们的溺爱使他们都玩"独"了，自己的东西只想独占，不想分给别人。妈妈不要以"只有一个孩子，假如像以前那样，孩子多的话，就知道和他人分享了"为理由而任其发展，这就会让孩子渐渐失去与他人建立良好人际关系的机会。所以，妈妈要教孩子学会慷慨待人，不要那么小气。

做个智慧好妈妈

1. 未雨绸缪，不让孩子享有特权

日常生活中，有的妈妈溺爱孩子，处处以孩子为中心，事事以孩子为先。然而，这样的行为，在很大的程度上助长了孩子的自私心理。因此，妈妈要改变自己的教育观念和教育方式，在孩子小的时候，就不让孩子享有特权，做到未雨绸缪。

2. 不给孩子贴上"小气"的标签，让孩子明白礼尚往来

当孩子不与他人分享时，妈妈要尊重孩子，不要当着别人的面指责、训斥孩子，也不要给孩子贴上"小气"的标签。要让孩子逐渐明白礼尚往来的重要性，慢慢地养成与他人分享的好习惯。

3. 创造条件和机会，让孩子感受到与他人分享的快乐

妈妈可以给孩子讲道理，从而让孩子明白与他人分享自己也会很快乐。平时，妈妈也可以创造条件和机会，让孩子感受到与他人分享的快乐，从而使孩子心甘情愿地与他人分享。

孩子不与他人交往

——"我不想和他一起玩"

　　8岁的震震是个性格内向的孩子，在家里只喜欢看电视或自己玩玩具，很少出去和邻居家的小朋友们一起玩。在学校里也总是独来独往，和同学们很少说话。

　　星期天上午，妈妈的同事陈阿姨带着孩子乐乐来家里玩。妈妈很热情地将他们请进屋，把乐乐带到震震的房间里，让震震和他一起玩。乐乐看到震震在拼拼图，便凑过去，和他商量："咱们两个一起拼图吧。"震震却拒绝了："不，我要自己把它拼完。"乐乐只好在一旁看着震震拼。过了一会儿，震震拼好了，他把积木拿出来，堆起了"大房子"。乐乐也想玩积木，要和震震一起玩，同样遭到了拒绝。

　　见震震这么不友好，乐乐慢慢地走出了他的房间，来到了客厅。两位大人正聊着天，看到乐乐不高兴的样子，震震的妈妈问："怎么了乐乐？为什么不和震震一起玩了？是不是他欺负你了？"乐乐摇摇头："没有，阿姨，震震没欺负我，他只是不和我一起玩。"

　　妈妈走进震震的房间，对他说："儿子，你怎么不和乐乐一起玩呢？让他玩玩你的玩具吧。"震震同样不给妈妈面子，他说："我不想和他一起玩，我要自己一个人玩。"

震震总是这样，不喜欢和小朋友一起玩，这样下去怎么能行？

孩子性格内向、孤僻，不善于交际，并且不喜欢与他人交往，总是一个人默默地玩，和其他同龄的小朋友在一起时，待不了多长时间就会起争执、闹矛盾。长此以往，肯定会影响孩子的健康成长及其人际关系，长大后孩子将很难适应社会。因此，妈妈一定不要任其发展，要及时引导，消除孩子的心理障碍，让他与同龄人友好相处。

做个智慧好妈妈

1. 走出去，让孩子接受他人的邀请

不喜欢与他人交往的孩子总是自顾自，独来独往，一般情况下不会接受其他小朋友的邀请。这时，妈妈要尽量说服孩子，让孩子接受他人的邀请。假如孩子偶尔接受个别的小朋友的邀请，即使是很勉强的，也要大加赞赏。

妈妈通过孩子感兴趣的事物，激发孩子的好奇心，"引诱"孩子多与他人交往。这种方法非常适用于整天闷在家里，不出去玩的孩子。

2. 请进来，鼓励孩子邀请他人

孩子不喜欢与他人交往，妈妈要多为孩子提供锻炼的机会。平时，妈妈要让孩子欢迎主动上门来玩的小朋友，还要用适当的方法，鼓励孩子邀请他人到家里来玩，并且要不厌其烦、热情地鼓励孩子和他们一起玩。

3. 和孩子一起到公共场所参与活动

孩子不与他人接触、交往，妈妈可以经常带孩子到人多的地方，指导孩子多交朋友。同时，要教给孩子一些与他人交往的方法和技巧，如此一来，孩子就有机会与同龄人一起聊天、玩耍。这样，就有效地带动了孩子与他人交往。

> 6岁的美美长着大大的眼睛、漂亮的脸蛋，是个人见人爱的好孩子。然而有一点，她不怎么爱说话，也不喜欢走出家门和别人一起玩。因此，她几乎没有好朋友。
>
> 妈妈想，不能让美美整天面对家里的人，要让她接触到更多的同龄人才行。于是，妈妈一有空就带着美美去公园、游乐场等人多、孩子也多的地方，让美美尽情地玩耍。
>
> 刚开始，美美不知道怎样和小朋友们交流，妈妈就教给她如何主动向其他小伙伴问好，怎样邀请别的小朋友玩游戏，和小朋友闹了矛盾应该怎样解决，等等。
>
> 就这样，美美经常和妈妈一起出去玩，她和小伙伴们玩得很开心，也认识了不少好朋友，再也不闷在家里了。

案例中的孩子在妈妈的带动下，有机会交到了很多好朋友。同时，妈妈在一旁不失时机地进行指导，教给孩子与他人交往的技巧，有利于孩子建立好的人际关系。其实，这也有利于孩子的心理发展，促使其养成良好的交往习惯。

孩子不懂得与他人合作

——"各做各的，我才不帮他呢"

泽祥和泽瑞是一对双胞胎兄弟，可是，他们没有其他双胞胎之间的默契，两个人有时还像是对头。

教师节快到了，这天晚上，泽祥和泽瑞在房间里给老师制作贺卡。泽祥的动手能力不错，很快，他就将贺卡折叠成了一个心形，显得很精致。可是，泽祥不会画画，他不能将自己美好的祝福恰到好处地用笔描绘出来。而泽瑞呢，他画的画很漂亮，可是从没做过贺卡的他不知道如何折叠，这使他的贺卡显得很普通。这时，妈妈削了两个苹果给他们送了过来，看到泽祥和泽瑞在美滋滋地欣赏自己作品的同时，也为各自贺卡的缺憾而急得满脸通红。

妈妈走到泽祥旁边，看了看他手中的贺卡，说："祥，你叠的这颗心可真好看。但是，这些画就不怎么好了。"泽祥点点头："是啊，我正在想怎么画才能更好些。"然后，妈妈看了看泽瑞，只见他紧锁眉头，翻来覆去地研究手中的卡片，妈妈便问他："看你急的，怎么了？"泽瑞回答妈妈："我不知道怎样叠贺卡了，老师看到后肯定不高兴。""没关系的，别着急，慢慢做，肯定能做好。"然后，妈妈突然想到了什么，便接着说道："这样吧，祥帮瑞折叠贺卡，而瑞呢，帮祥画上漂亮的图画，这样，你们的贺卡都会又精致又漂亮了。"谁知泽祥有些不满地说："他做他的，我做我的，我才不帮他呢。"泽瑞也不屑一顾："他做的哪点好了？我不需要他的帮忙！"

妈妈看着他们俩，心想，这两个孩子，没有合作意识，也不会相互合作。应该怎样教育他们呢？

许多妈妈都有这样的感受：现在的孩子，不像以前自己小的时候，有吃的一起吃，有事情一起做。这是因为，现代家庭中，绝大多数孩子是独生子女，再加上长辈们的娇惯、溺爱，很容易使孩子形成任性、霸道的性格。他们喜欢我行我素，独来独往，不喜欢与其他的小朋友合作。

合作意识和合作能力已经成为现代人必须具备的素质之一，也是一个人走向成功的重要法宝。因此，妈妈要努力创造机会，让孩子养成与人合作的良好习惯，促进孩子积极主动地与他人交往，扩大孩子的知识面，提高孩子的语言表达能力和人际交往能力。

平时，妈妈要经常教育孩子，在遇到问题的时候，应如何请求他人的帮助，以便顺利地解决困难；在他人遇到困难时，要主动帮助他人来解决，在获得他人的感谢之外，还能提高自己的处世能力；在与他人发生摩擦或矛盾时，应该如何进行协商，以有效地化解矛盾；在做事情时，不仅要懂得做事情的方法，还要有与他人进行合作的意识，以达到共同的目的，实现双赢。

总之，妈妈要从小对孩子进行合作方面的教育，培养孩子与他人协同合作的意识，提高孩子与他人沟通、和睦相处的能力，帮助孩子更好地与他人建立合作关系。

做个智慧好妈妈

1. 提醒、引导，让孩子体验到合作的愉悦

合作不仅能将事情做成，而且可以把事情做得更好。可是，孩子自己往往无法感受到合作带来的这种好处，所以，妈妈应该从引导孩子感受合作的成果上入手，让孩子体验到合作的愉悦，从而强化孩子的合作行为。

2. 有意识地培养，让孩子体会到与他人合作的重要性

孩子没有与人合作的意识和能力，妈妈应该创造机会与条件，有意识地培养孩子的合作能力。可以交给孩子单独一个人无法完成的事情，在孩子遇到困难时，鼓励孩子与他人合作完成，让孩子体会到与他人合作的重要性。

3. 教给孩子与他人合作的方式与方法，提高孩子与他人合作的能力

日常生活中，妈妈应该教给孩子与他人合作的方式、方法，让孩子学会如何表达、怎样做才能将事情办得更好，以提高孩子与他人合作的能力。

孩子安全意识薄弱

——"没事，我不就是玩玩开关吗"

潇潇8岁了，正在上小学三年级，别看是个小姑娘，可她一点都不文静，而且安全意识很差，什么东西都想拿在手里仔细"研究"一番。

星期天的上午，潇潇写完作业后觉得口渴了，就跑到饮水机前接水喝。她发现饮水机的开关没开，水不热，于是，她将开关打开了。这一打开不要紧，潇潇觉得饮水机的开关按着挺有趣，她就在那儿开了关，关了开，一直不停地按。

过了一会儿，妈妈来客厅里找东西，看到潇潇在那儿不停地按饮水机的开关，便赶紧制止了她："宝贝，不能老是按饮水机的开关，不安全。再说，你给按坏了怎么办？"潇潇却不以为然地说："哎呀，妈妈，不要唠叨了，没事，我不就是玩玩饮水机的开关嘛，还能出什么危险？"妈妈惊讶地说："玩？你还把饮水机的开关当成玩具了？"接着，妈妈告诉她："这些开关之类的东西你最好都不要碰，真的有可能会发生危险的事情。""好了，好了，我不再玩了行了吧。"潇潇有些不耐烦地说。然后无聊的她在客厅里转来转去，这时，她在桌子上看到了一支打火机，于是，她走到桌子前，将打火机拿在手里，用力一按，着了。看着跳动着的火焰，潇潇觉得很好玩。正好又被妈妈看到了，妈妈一把将她手里的打火机抢了过来。潇潇都这么大了，却还不知道危险，令妈妈整天都提心吊胆的，这可怎么办？

孩子的年龄小，思想单纯、幼稚，也没有丰富的生活经验和社会阅历，而且好奇心特别强，对周围潜伏着的种种危险缺乏足够的预见性和警惕性，稍不注意，就有可能发生意外。因此，妈妈要从小教给孩子一些安全方面的知识，培养孩子的安全意识、自我保护意识和自我防范意识，做到未雨绸缪，防患于未然。

做个智慧好妈妈

1. 防止意外，教给孩子基本的安全常识

孩子的安全意识薄弱，却又好奇、好动，在做一些事情时很容易发生事故。因此，在日常生活中妈妈应该教给孩子基本的安全常识，避免危险事故的发生。

2. 结合案例，增强孩子的安全意识

日常生活中，妈妈要不断地给孩子灌输安全知识，同时，还可以结合电视或报纸、杂志中报道的一些真实发生的案例，让孩子从中学习，吸取教训。

3. 求助于他人，教给孩子必要的求救方法

妈妈要教孩子在遇到危险时学会求助于他人，教给孩子一些求救的方法。在孩子遇到自己无法解决的事情时，要让他有意识向他人求救才行。

孩子体质差老爱生病

——"妈妈，感冒好难受呀"

方方7岁了，平时他不好好吃饭，也不怎么运动，长得又瘦又小，体质也很差，没有抵抗力，总是生病，感冒发烧是常有的事。

为了让方方少生病，妈妈对他照顾得无微不至，时常注意他的冷暖，天天担心他感冒。为了避免方方感冒，甚至都限制方方出门和小朋友玩的次数，还给方方吃了不少补品。然而越是这样，方方越是经常感冒，每次流感都能找着他。这不，寒假开学没几天，方方就又感冒了。妈妈只好赶紧带着他去医院看病，陪着他输液，哄着喂他吃药，然后给老师打电话帮他请假。方方躺在病床上，心情也不好，妈妈就想办法哄他开心。

方方问妈妈："妈妈，感冒怎么这么难受呀？"看到方方难受的样子，妈妈很心疼，便告诉他："孩子，以后你要多吃饭，多运动，锻炼身体，这样身体才能变得强壮，就不会再生病了。"听了妈妈的话，方方点了点头。可是，等方方病好了之后，他就"好了伤疤忘了疼"，仍然吃得很少，也不去运动。

妈妈特别想得到帮助，如何才能增强方方的抵抗力，不让他老生病呢?

孩子的免疫系统处于发育阶段,免疫防御能力明显低于成年人,并且其免疫功能受年龄的影响,各年龄段是有差异的。造成孩子体质差、免疫力低的原因有很多,主要有以下几种:遗传因素,受父母基因影响,先天身体不好;环境因素,环境污染、饮食不洁等,也能影响孩子的身体素质;生活因素,睡眠不足,饮食不规律,情绪焦虑紧张等,对孩子的体质影响很大。妈妈要针对具体情况,找出相应的办法,提高孩子的免疫力。

在日常生活中提高孩子免疫力的方法有很多,比如,多喝水,人体最重要的成分并非坚硬的骨头,而是柔软的水,孩子的运动量大,水分流失多,比成人更需要补充水分。因此,妈妈要让孩子多喝水,水分充沛,新陈代谢旺盛,孩子的免疫力自然就会有所提高;营养均衡,健康是吃出来的,增强身体的免疫力,最重要的就是营养充足以及均衡。所以,在给孩子准备食物时,要以营养均衡为先。这其实很简单,饮食多样化就可以了;培养孩子的多种兴趣爱好,不仅会使孩子受益无穷,而且能够辅助治疗一些心理疾病。俗话说:"一笑治百病",让孩子以积极的人生观来面对生活,多接近大自然,多笑一笑,也是增强免疫力的绝妙方法。

除此之外,随着年龄的增长,孩子的抵抗力也会逐渐好些,妈妈不必过于担心。

做个智慧好妈妈

1. 多做运动,增强孩子的体质

经常锻炼身体，让孩子多参加运动，是增强孩子体质的重要方法之一。所以，妈妈要想尽办法，让体弱多病的孩子多做些运动。当然，不必刻意让孩子多做运动，吃完晚饭后全家去散个步，周末全家去郊外踏青……这样就能使孩子感受到浓浓的运动氛围，渐渐地，运动就会成为孩子生活中的主要内容之一。

另外，很多游戏像捉迷藏、螃蟹走等运动量很大，也很有趣味性，可以使孩子乐此不疲，又能在游戏过程中增强孩子的体质，妈妈不妨和孩子玩一下。

2. 合理膳食，保证孩子均衡的营养

孩子体质差，饮食具有决定性的影响。如果孩子的饮食不合理，缺乏一些重要的营养素成分，会严重影响孩子身体的免疫系统机能。因此，智慧妈妈一定要学习一些营养学方面的知识，使孩子合理膳食，以保证孩子营养均衡。

3. 注意卫生，防止孩子交叉感染

孩子每天和同学们一起在教室里上课、玩游戏，假如有孩子生病了，难免会交叉感染。这就需要妈妈在日常生活中注意培养孩子讲究卫生的习惯，以增强孩子的免疫力，防止交叉感染，减少孩子生病的概率。

另外，研究表明，经常心情不好、爱生气的人免疫力会比正常人差，所以，妈妈要让孩子保持乐观的情绪、愉快的心情和良好的心态，让孩子感觉到生活的美好，这样，孩子自身的抵抗力就会增强。

第四章 /

好成绩，妈妈只需要1%的改变

孩子爱信手涂鸦

——"快来看，我画在墙上的房子多漂亮"

艳丽4岁了，是个漂亮可爱的小姑娘。最近，她对各种各样的笔产生了兴趣，总喜欢拿着笔随处画。

有一次，妈妈带艳丽去阿姨家玩。小表弟有许多支水彩笔，放在一个绿色的塑料盒里。艳丽看到了，喜欢得不得了，爱不释手地玩了起来。妈妈和阿姨在厨房里包饺子，两个孩子就在卧室里玩游戏。

过了半个小时，艳丽跑到厨房门口，惊喜地说："妈妈、阿姨，快来看，我画在墙上的房子多漂亮！"妈妈感到很纳闷："画在墙上的房子？""是啊，我画了好多漂亮的房子。"说着，艳丽便拉着妈妈的手，让妈妈去卧室看自己的"杰作"。

妈妈跟着艳丽走到卧室，一看，惊呆了，只见洁白的墙壁上被艳丽用五颜六色的水彩笔画了许多图形。妈妈惊呼："天啊！"转而气愤地对艳丽说，"你怎么回事啊？怎么能在阿姨家干净的墙壁上乱涂乱画呢！"

一般来说，孩子从两岁左右开始就喜欢涂涂画画。在乱涂乱画的过程中，孩子不仅对画出的各种形象感兴趣，还对这种运动的感觉感到兴奋。其实，妈妈完全可以从这种随意的、漫无目的的乱涂乱画中，挖掘孩子的绘画天赋。孩子喜欢随心所欲地乱涂乱画，有时是他在表达自己的内心感受和喜怒哀乐，妈妈要学会通过阅读孩子的乱涂乱画来了解孩子。

妈妈千万不要小看孩子的乱涂乱画，它不仅可以提高孩子的绘画能力，还可以发展孩子手的精细动作，使手腕部的诸多关节与肌肉群更加灵活、协调，更重要的是，它可以发展孩子的观察力、注意力、记忆力、想象力、创造力等。因此，当孩子乱涂乱画时，妈妈正确的做法应该是因势利导，鼓励孩子充分发挥想象力和创造力，并及时给孩子创造画画的条件。

然而，孩子随着自己的意愿到处乱涂乱画会给妈妈带来很大的麻烦，妈妈可以及时地给孩子提供画纸和笔，让孩子在纸上随心所欲地涂画，以满足孩子的表现欲。妈妈也可以问问孩子画的是什么，还想画些什么，等等。尽管孩子的画十分幼稚，或者根本不是那么回事，妈妈都要给予必要的肯定和夸奖，以激励孩子继续涂画。妈妈还可以在孩子看得见的墙壁上贴些儿童画、故事画等，让孩子仿照着画，如此一来也能够扩大孩子的知识面。

做个智慧好妈妈

1. 端正态度，教孩子用正确的方式涂画

孩子喜欢乱涂乱画，您采取的是什么样的态度和做法呢？是坚决不允许孩子涂画，还是鼓励孩子涂画？

在孩子乱涂乱画时，妈妈不应该大声训斥孩子，而要用适当的方法鼓励孩子，教孩子用正确的方式涂画。

2. 满足孩子的需要，为孩子提供画画的场地和材料

孩子喜欢在家里乱涂乱画，妈妈千万不要粗鲁地责骂孩子，而应该正确地引导孩子，告诉孩子什么地方可以画，什么地方不可以。为了满足孩子的需要，使孩子能够随意自然地涂画，妈妈要为孩子创造画画的条件，为孩子提供画画的场地和材料。

3. 学会欣赏孩子的画，经常和孩子交流涂画的内容

在孩子画画的过程中，妈妈要善于用鼓励、表扬的口吻欣赏孩子的杰作，以激励孩子继续创作。当孩子画好一些画后，妈妈要主动和孩子交流他所画的内容，并鼓励孩子大胆地画。

> 6岁的晓旭特别喜欢涂涂画画，妈妈也非常支持他。
>
> 有一次，晓旭趴在书桌上认真地画画。妈妈走过去，看到他正在画几个人，便问："宝贝，你在画什么呀？"晓旭边画边回答："我在画我们全家，妈妈你看，又高又大的是爸爸，头发长长的是妈妈，瘦的是爷爷，有皱纹的是奶奶，这个又帅又可爱的小孩就是我。"妈妈点点头，说："嗯，画得真棒！我们全家在干什么呢？""在公园里玩。""不错，你画吧，画好了，妈妈就帮你把它贴在墙上。"一听妈妈要把自己的画贴在墙上，晓旭画得更带劲了。
>
> 晓旭画好的画，妈妈真的把画贴在了客厅的墙壁上。以后有客人来，都会看着晓旭的画称赞一番，每当这时，晓旭别提有多高兴了，他画画的热情也提高了不少。

妈妈把晓旭画得不错的画贴在了墙上，让孩子得到了快乐和成就感，从而进一步激发了孩子画画的兴趣。

孩子不去幼儿园

——"我不想去幼儿园"

5岁的淼淼上幼儿园大班了，每天早晨送她去幼儿园时，妈妈都会特别费劲，因为她总是不想去幼儿园。

有一天，马上就要到去幼儿园的时间了，淼淼依然不紧不慢地吃着饭，一点都不着急。这可把一旁的妈妈给急坏了，她提醒淼淼："宝贝，快点儿吃，吃完得抓紧时间去幼儿园，不然要迟到了。"听妈妈这么一说，淼淼的小脸上立刻显现出不高兴的神情，她可怜兮兮地说："妈妈，今天我不去幼儿园了，好不好？""为什么呀？"妈妈有些惊讶，嗓门不免提高了许多。"幼儿园里不好玩，我不想去，我要待在家里玩玩具。""不去幼儿园那怎么能行呢？乖宝贝，听话，快点吃完饭我们就去幼儿园。"妈妈耐着性子哄淼淼，"幼儿园里多好啊，可以和小朋友们一起学习、听故事、做游戏，比在家里好玩多了。"尽管这样，可淼淼仍然皱着小眉头说："不，我不想去幼儿园。"

一旁的奶奶听到了，便说："在幼儿园里也是玩，在家里也一样玩。一天两天的不去没关系。""不行，既然上了幼儿园，哪能三天打鱼、两天晒网地不去呢？"奶奶却说："孩子不想去，就别为难她了，不去就不去吧。"

有了奶奶的支持，淼淼更加有理由不去幼儿园了。

每天早晨，妈妈都希望高高兴兴地送孩子去幼儿园，然而，事与愿违，一些孩子总是哭闹着不肯去幼儿园，这让妈妈非常头疼。

一般说来，孩子不愿意去幼儿园的主要原因有：孩子习惯了有爸爸妈妈在身边，而上幼儿园，就意味着要离开爸爸妈妈，在心理上没有安全感，并且要独自面对、处理问题，难免会产生失落、焦虑的情绪；孩子对自己的家很熟悉，而到了幼儿园，环境是陌生的，人也是陌生的，还必须长时间待在那里，孩子会感觉到无所适从、不知所措；在幼儿园里，孩子必须遵守团体的规范，做任何事情都受到限制，让孩子觉得幼儿园里不好玩，不可能像在家里那样随便，无法适应这种生活；孩子渴望友情，在幼儿园里可以和很多小朋友一起玩，但是，如果被其他的小朋友欺负、排挤，孩子自然不想去幼儿园。

针对孩子不愿意去幼儿园这一问题，妈妈各有办法，但是，最重要的原则是，孩子入园前要做好相应的准备工作，培养孩子的自理能力，也让孩子做好心理准备；入园后要坚持接送，做到家园结合，多与老师进行交流和沟通，及时发现和解决问题；幼儿园里的小朋友对于孩子来说是相当重要的，妈妈要鼓励孩子多交朋友，让孩子在幼儿园里不会感到孤单，他就不会对大人不在身边的事情念念不忘了。

如此持续下来，孩子就会渐渐喜欢上幼儿园，妈妈的难题也就迎刃而解了。

做个智慧好妈妈

1. 多和孩子说些在幼儿园里有趣的事情，让孩子喜欢上幼儿园

许多孩子不想去幼儿园，是因为在幼儿园里不高兴，感受不到乐趣。针对这种情况，妈妈可以多和孩子说些在幼儿园里有趣的事情，让孩子觉得上幼儿园是一件很开心、快乐的事情，从而喜欢上幼儿园。

2. 放手，让孩子摆脱依赖

有些孩子不喜欢去幼儿园，是由于过于依赖妈妈，只要一离开妈妈，就变得无所适从，即使有幼儿园里的老师和小朋友的陪伴也难以改变这种状况。因此，妈妈要大胆放手，提高孩子的自理能力，让孩子摆脱依赖。

3. 争取老师的帮助，找出孩子不去幼儿园的具体原因

孩子不想去幼儿园，妈妈要及时与幼儿园里的老师进行沟通，争取得到老师的帮助，找出孩子不去幼儿园的具体原因，以便对症下药，帮助孩子摆脱害怕和抵触的情绪。

跟老师说明孩子的情况，老师便会更多地关注孩子，在孩子哭的时候，老师会安慰孩子并理解孩子的感受，这样，孩子就会明白他并不孤单，妈妈把他留在了一个安全的地方，有人会照顾他，如此一来，孩子的焦虑情绪就会淡化。

孩子贪玩不爱学习

——"我不要看书，我想出去玩"

9岁的庆庆上小学四年级，他的成绩不怎么好。马上就要升入五年级了，可他放学回到家扔下书包就下楼和小伙伴们玩，一点都不为考试担心。

妈妈很着急，怕庆庆考不出好的成绩。星期天的上午，妈妈让庆庆在家里写作业、看书。庆庆却"身在曹营心在汉"，写作业一点都不上心，效率很低。用了两个多小时，庆庆终于将作业写完了，他想出去玩一会儿。妈妈不同意："作业写完了就再看会儿书复习一下，不要总是想着出去玩。"庆庆做出一副很可怜的样子对妈妈说："我不要看书，我想出去玩。妈妈，你就让我出去玩会儿吧。"妈妈告诉他："儿子，妈妈不是不让你玩，只是，咱不能天天都玩啊。你要记住，时刻提醒自己，你现在最主要的任务就是把成绩搞好。不然的话，等你长大了，连大学都考不上，到时候后悔就来不及了。"听完妈妈的话，庆庆只好重新坐下来，继续看书。

过了一会儿，邻居家的孩子路路来找庆庆玩。两个孩子嘀嘀咕咕地小声商量了几句，路路就对妈妈说："阿姨，让庆庆去我们家和我一起看书吧。"妈妈明白，庆庆是以去路路家看书为借口，相约出去一起玩。

看着庆庆抱着书一蹦一跳远去的背影，妈妈很着急：怎样才能让庆庆喜欢上学习呢？

一般情况下，妈妈在碰到孩子贪玩、不刻苦努力学习时，就喜欢用体罚、打骂的方式来让孩子长"记性"。这绝对是家庭教育中根深蒂固的错误理念，您千万不要这样做，以免引起孩子的逆反心理。

您告诉过孩子为什么要学习吗？是为了长大后"有出息"，找个好工作？大错特错！这些理由对孩子一点吸引力都没有。孩子天性爱玩，他们喜欢做富有乐趣的事情。可是，妈妈是否告诉过孩子，学习是一件快乐而有趣的事情，并用实际行动让孩子感受到这份快乐？

让贪玩的孩子爱上学习，需要多和孩子交流、沟通，谈谈学习的重要性，让他知道不认真学习带来的后果；平时，妈妈要多关心孩子的学习情况，留意他的学习动态，在孩子遇到困难时，妈妈可以适当地出手相助；妈妈也可以和孩子的老师和同学保持联系，了解他的学习状况，争取用多种渠道和方式来帮助他，但千万不要给孩子增加心理上的压力。

做个智慧好妈妈

1. 从玩上入手，让孩子在玩中学习

爱玩是孩子的天性，因此，妈妈完全可以从玩上入手，让孩子在玩中学习。通过玩来调动孩子学习的积极性，让孩子轻轻松松学到知识。

妈妈不要"逼"着自己的孩子学习，试着让孩子以玩的心态去学习，如此一来，孩子就会渐渐对学习产生兴趣。

2. 制订学习计划，让孩子有目标地学习

孩子贪玩不学习，妈妈可以根据孩子具体的学习情况，和孩子商量着制订相应的学习计划，让孩子有目标地学习，以此来激励孩子。

3. 培养孩子的学习兴趣，让孩子乐着学

要想让孩子爱上学习，妈妈一定不要伤害孩子的学习兴趣和自信心。培养孩子的学习兴趣，可以从孩子一点一滴的进步上来鼓励，让孩子快乐地学习，让他体验，享受到学习的成功和喜悦，从而获得满足感和成就感，对学习产生浓厚的兴趣。

孩子对学习产生了浓厚的兴趣后，就会由"我不学"变为"我要学"，如此一来，孩子便能主动学习了，妈妈也会成为省心的家长。

孩子注意力不集中

——"我上课时老走神"

8岁的盛盛上小学三年级了，他的成绩一直不怎么好。可是，盛盛每天放学回到家都会很认真地写作业，从来不偷懒。妈妈一直很纳闷，成绩不好是为什么呢？

一次开家长会时，妈妈和班主任老师交流了一下，班主任老师向妈妈反映：盛盛虽然学习很刻苦，但是，他上课时经常一个人坐在座位上发呆。大家都不知道他心里在想什么。有时候老师向他提问题，他就像没听见一样。盛盛还经常被外面的事物吸引，窗外走过一个人，他要瞅一眼，树上的小鸟儿叫了，他也要看一看。

回到家里，妈妈问盛盛："宝贝，老师跟我说了你在课堂上的情况。告诉妈妈，上课时你为什么总发呆？在想什么呢？"盛盛低下了头，回答："我上课时老走神，想什么自己也说不清楚，有时候想这，有时候想那，老师讲的课听不进去，等下了课才知道什么都还不会……"

唉，看到盛盛这样，妈妈真替他发愁，怎样才能让他集中注意力听老师讲课呢？

孩子聪明伶俐，学习成绩却不好；做作业时速度很慢，一边做一边玩；题目基本上都会做，考试时却不及格；和他讲话，他却心不在焉；记性很好，却时常丢三落四……孩子出现这些情况，主要原因就是注意力不集中，并且自我控制能力比较差。

以写作业为例，注意力集中的孩子，不但完成作业的速度比较快，而且质量很好，效率非常高。相对来说，注意力不集中的孩子，完成作业的速度比较慢，还时常出错，效率很低。所以，要想提高孩子的学习成绩，就要培养和训练他的注意力，使孩子养成专心致志的学习习惯，让孩子学习起来更加省劲，效果更好，也才会有更多的时间休息和娱乐。

研究表明，孩子开始学习的头几分钟一般效率较低，15分钟过后达到顶点。根据这一规律，妈妈可以帮孩子合理安排学习内容的顺序，建议孩子先做一些较为容易的题目，在注意力最集中的时候，做较复杂的题目。如此一来，可以大大提高孩子的学习效率。

有的妈妈对孩子不放心，一件事情要反复对孩子讲几遍，这样，孩子就习惯于一件事情要反复听好几遍才能记得住。在老师只讲一遍时，孩子似乎没听见或没听清，就会使其不能很好地理解老师所讲的内容，更谈不上取得好的学习效果。因此，和孩子说话时，尽量不要"唠唠叨叨"地过多重复。听是获得信息、丰富知识的重要途径，会听对孩子来说非常重要，妈妈可以让孩子听音乐、听小说等，听完之后再让孩子用自己的话语描述所听到的内容，以此来训练孩子良好的听力。

做个智慧好妈妈

1. 营造安静整洁的学习环境，让孩子专心致志地学习

孩子注意力不集中，容易分心，总是被这样那样的事物所吸引，除了孩子自身原因之外，周围环境的因素也很重要。因此，妈妈要为孩子营造安静整洁的学习环境，让孩子专心致志地学习。

2. 限制时间，要求孩子在规定的时间内完成作业

孩子写作业时注意力不集中，有的妈妈就在孩子的身边"站岗"，不让孩子搞小动作。其实，这并不是有效的办法，长期下去会导致孩子产生依赖心理。针对这种情况，妈妈可以限制孩子写作业的时间，要求孩子在规定的时间内完成作业。

妈妈需要了解，注意力持续时间的长短和孩子的年龄有关，5至10岁的孩子大概在20分钟以内，10至12岁的孩子在25分钟左右，12至15岁的孩子在半小时左右。如果孩子超过了时间限度，就违背了孩子的成长规律。

3. 心理矫正，尽快使孩子的注意力集中

孩子注意力不集中，活动频繁，目的却不专一，对此，妈妈要给孩子施加一些积极的心理影响，对孩子进行心理矫正，尽快使孩子的注意力集中起来。

9岁的晶晶总是不能集中注意力，别说上课学习了，即使是做游戏，她也不能做得持久。

星期天，妈妈进行家庭大扫除，晶晶也积极参加，跟着忙活起来。妈妈就把拖地这项任务交给了晶晶。刚开始，晶晶干得可带劲了，只见她戴着手套，弯着腰，拖得很认

真。然而，没过一会儿，晶晶就没有耐心干下去了。她看到爸爸在擦玻璃，觉得很好玩，就甩手将拖把一扔，去帮爸爸擦玻璃了。

妈妈见晶晶地还没拖完，就又去擦玻璃了，便问她："晶晶，地板拖完了？""没有呢，擦玻璃有趣，我要擦玻璃。"妈妈不同意："那怎么能行呢，做事情要有始有终，地板还没拖完你怎么能去擦玻璃呢？""哎呀，妈妈，我不想拖地了，我要擦玻璃。""你把客厅和大卧室都拖完了，只剩下一间小卧室，很快就能干完，等干完后再帮爸爸擦玻璃。""不嘛，妈妈，我不要再拖地了。"妈妈故意装出一副不高兴的样子，对晶晶说："你要再这样不听话，妈妈可就不喜欢你了。"

见妈妈生气了，晶晶便拿起拖把将小卧室拖干净了。晶晶知道妈妈不喜欢半途而废，以后做事情时她就会特别注意了。

案例中的妈妈让孩子养成了做事有始有终的良好习惯，这样，孩子在无形中对一件事情注意的时间就会延长，渐渐地，也会保持集中注意力的时间。

孩子粗心马虎

——"呀，我点错小数点了"

10岁的欢欢是个特别马虎的孩子，她常常因为看错题目要求而把题做错，诸如把"3"看成"8"，把"狠"看成"狼"等。有一次语文考试时，欢欢匆匆地看了一眼作文命题就快速地写了起来，结果因为跑题而失了很多分。

一天晚上，欢欢写完数学作业后让妈妈帮她检查一下，以免再出错。妈妈将欢欢的作业本拿过来，一眼就看到错了好几道题，妈妈把欢欢做错的题用笔做了一下标示，以便于她改正。检查完，妈妈将作业本还给欢欢，让她重新做一遍。欢欢仔细地将妈妈做出标示的题目检查了一遍，发现果然都是因为自己粗心马虎而造成的失误。可是，有一道题，欢欢怎么都看不出错在哪儿了。她前前后后做了好几遍，就是没有找出错误的原因。于是，欢欢对妈妈说："妈妈，我这一道题没有做错呀。"妈妈走过来看了看，指着作业本上的数字问她："除数是几位数？被除数又是几位数？"欢欢这才恍然大悟："呀，我点错小数点了。"妈妈埋怨她："你呀，这么马虎，简直就是一个小糊涂虫！"欢欢不好意思地笑了。

　　欢欢总是这样，做任何事情都漫不经心。妈妈很苦恼，怎样才能帮欢欢改掉这个毛病呢?

　　孩子粗心马虎，这种现象是比较普遍的，表现在生活上是时常丢三落四，不是忘了这，就是忘了那；表现在学习上常常为题目明明会做，可是因为粗心大意而做错失分。

　　大部分的家长都会这样认为：我的孩子挺聪明的，试卷上的题目都会做，就是太粗心了，才会做错。然而，这种过分强调孩子的智商，认为粗心大意这点小毛病算不了什么的想法是极端错误的，因为粗心马虎一旦成为习惯，必将后患无穷，轻则影响学习成绩，重则造成失误和事故，所以，妈妈一定要改变这个观念，把纠正孩子的粗心马虎当成一个重要的事情来抓，将孩子的这个坏习惯扼杀在"摇篮"之中。

　　造成孩子粗心马虎的原因主要有以下几种：孩子对某件事情没有兴趣，态度不端正，敷衍，从而粗心马虎；孩子贪玩，无论做什么事情都慌慌张张的，心里惦记着玩，就会导致粗心马虎和出错；孩子的生活习惯不好，做事情缺乏条理，不能坚持到底，往往比较粗心；家长的教育方式不当，任意惩罚孩子，或让孩子参加过多的培训班，会让孩子从心理上产生厌倦感，导致孩子对学习失去兴趣，但又不敢反抗，只好消极应对……

　　妈妈要根据具体情况，分析孩子粗心马虎的具体原因，从而找出相应的对策帮助孩子改掉这个坏习惯。

做个智慧好妈妈

1. 检查，让孩子养成细心的好习惯

粗心马虎是孩子成绩不好的主要原因之一，因此，无论是考试还是日常写作业，妈妈都要让孩子养成检查的好习惯，从而让孩子越来越细心、认真。

2. 讲道理，让孩子认识到粗心的危害

在孩子由于粗心而导致学习成绩不好时，妈妈一定要抓住时机进行教育，但不要斥责打骂孩子，要以关怀和鼓励的口吻跟孩子讲道理，让孩子认识到粗心的危害，从而改掉粗心的毛病。

3. 让孩子做些日常小事，从中培养孩子细心的习惯

当孩子因粗心而犯错时，妈妈一定要及时指出孩子的错误，从而让孩子改正。日常生活中，让孩子做些简单的家务事，并且要求孩子做好。如果孩子做得好，就给予鼓励，如此一来，孩子就会变得细心起来。

孩子成绩差

——"我这次考试没及格"

　　雯雯10岁了，上小学四年级。和她一样大的孩子都已经上五六年级了，她却因为成绩不好而逗留在四年级。

　　快要期末考试了，妈妈问雯雯："宝贝，这一段时间学得怎么样？期末考试能取得好成绩吗？""能吧，我也不知道。"显然，雯雯的信心有些不足。妈妈鼓励她："雯雯，还有时间，你好好复习，只要你进步10个名次，暑假妈妈就带你去北戴河旅游。"听妈妈说要去北戴河旅游，雯雯的眼里闪出了光，她很期待。可是，想想自己糟糕的成绩，雯雯的眼神又暗了下来。

　　期末考试的成绩单到手了，雯雯闷闷不乐地回到家，扔下书包就跑进自己的房间，把门关上了。快要吃晚饭了，妈妈喊雯雯吃饭："宝贝，快出来，吃饭了。"雯雯没吭声，妈妈只好再敲门："雯雯，吃饭了，你听到没有？"只听雯雯说了一句："我不吃了。"妈妈关心地问："怎么了？""没怎么，我不吃了。""你把门打开，让妈妈进去，快点。"雯雯将门打开了。妈妈问她："怎么了宝贝，为什么不吃饭？""我这次考试没及格。"说着，雯雯将成绩单拿了出来。妈妈一看，可不是吗，所有的科目竟然都没及格。尽管有些生气，但妈妈没有批评她，而是安慰她："去吃饭吧，没关系，以后好好学，争取下次考好就行了。"

其实妈妈心里可着急了，怎样才能提高雯雯的学习成绩呢？

不少孩子的学习成绩差，考试得低分，这时，妈妈不免抱怨："成绩这么差，将来肯定没有出息，不成器。"这种担心自己的孩子因成绩不好，在今后的工作中也许会失败的心理并非完全没有道理。那么，怎样才能较好地开发孩子的潜能，帮助孩子克服自身缺点，为孩子以后的成功打下坚实的基础呢？

做个智慧好妈妈

1. 找对原因，帮助孩子提高学习成绩

孩子的成绩不好，妈妈要帮助孩子找对原因：是孩子主观不努力，还是学习方法不对，等等。再根据具体原因，给孩子提供改进的方法，从而帮助孩子提高学习成绩。

2. 讲究方式方法，引导孩子学习

妈妈关心孩子的学习成绩理所应当，但是，对于学习成绩不好的孩子，妈妈绝对不能剥夺他户外活动的权利，更不能采取一些惩罚措施，让孩子整天在房间里闭门读书，这不仅对提高孩子的学习成绩无益，还会使孩子产生逆反心理。因此，妈妈要讲究方式方法，引导孩子学习。

3. 赏识教育，增添孩子的信心

所有的家长都想为孩子今后的生活铺平道路，因此常常越俎代庖替孩子作各种决定，殊不知，这样更会使孩子缺乏自信心。因此，妈妈要对孩子进行赏识教育，从小培养孩子的自信心，为孩子增添提高成绩的动力。

> 10岁的恒恒上小学五年级了，他的成绩一直不好，妈妈都不知道应该怎样帮助他。
>
> 还有一个多月就要期末考试了，妈妈问恒恒："复习得怎么样？能不能考出好成绩？"恒恒担忧地回答："我也不知道，可能够呛。我几乎没考好过。"见恒恒这么没信心，妈妈便对他说："儿子，你得有自信。只要你努力复习，把学过的知识都弄懂了，考出好成绩是没有问题的。关键是你得相信自己能够考好，如果还没考你先气馁了，或者自暴自弃认为自己就是这样了，那么你想提高成绩也难。"
>
> 从那以后，妈妈每天都要求恒恒说"我能行，我一定能进步，取得好成绩"。在这种心理暗示下，恒恒更加刻苦努力地学习。期末考试时，他果然前进了好几个名次。

自信对孩子来说是十分重要的，尤其是对于成绩差的孩子，自信可以促进孩子提高成绩。案例中的妈妈以自我暗示的方式增加了孩子的自信，这种方式对孩子能够起到积极的作用。

孩子没有求知欲

——"不学，不学，我就是不学"

小瑞今年5岁半，是一个聪明的男孩子，可是他却十分讨厌去幼儿园。虽然幼儿园的教学很轻松，也有很多同龄的小伙伴和他一起玩，但他就是不想去，总想腻在爸爸妈妈身边，什么也不学，什么也不做，也不用担心回答不出老师的问题。

小瑞的父母为此很担心。儿子上幼儿园已经快两年了，虽然不期盼儿子学多少知识，但其他孩子能学会的东西，儿子却一问三不知，这让他们十分担心。小瑞经历过的考试也不算少了，没有一次的成绩能让父母和老师满意的。

幼儿园的老师不止一次地委婉表示："小瑞在学习上缺少一种刻苦钻研的精神，没有什么求知欲望啊。"

听老师这样评价自己的孩子，小瑞父母有点难为情，觉得孩子养成这样的习惯与自己平时的教育方式不无关系。

原来，平时在家里玩，小瑞就表现出对什么事情都只有三分钟热度，不懂得坚持下去。比方说搭积木，他总是在搭到七八层轰然倒塌之后不再尝试继续往上搭，一点耐心都没有。爸爸用同样的积木，很轻松就能搭到15层那么高。小瑞虽然羡慕爸爸技艺高超，但爸爸没有趁势鼓励儿子继续尝试，还总是帮儿子完成作品。这样一来，儿子就少了很多玩乐和学习的兴趣。还有就是学数学的时候，每次有比较复杂的运算，小瑞都会招呼爸爸用计算机替他来运算。爸爸还觉得自己的儿子真有头脑，是做老板的人才，这么小就知道利用资源为自己服务，却没想到，时间一长，儿子的求知欲望越来越不强烈，竟然变得不爱学习了。

如今，爸爸妈妈听了老师的评价，才发觉他们在教子方面存在很大的误区。可小瑞毕竟只是五六岁的孩子，总不能让他学古代的读书人"头悬梁、锥刺股"吧。小瑞父母觉得很为难，不知道该怎样激发儿子的求知欲。

从上面的事例可以看出，小瑞的爸妈在子女的教育方面，确实做得不到位。在家庭教育中，孩子的求知欲没有得到鼓励，也没有得到指点，时间长了这方面的动力就会渐渐消失，出现老师所说的"在学习上缺少一种刻苦钻研的精神"就不足为怪了。

其实，很多父母看着自己可爱的孩子，都不舍得让孩子这么吃苦，总想让孩子生活在更好的环境下，从小就阻挡了孩子刻苦学习的道路。但众所周知的是，孩子在12岁以前是性格形成的关键期，尤其是6岁左右的时候，更是孩子"潮湿的水泥期"，在这几年中，如果不能让孩子形成良好的学习习惯，长大后父母再想纠正恐怕就很难了。

因此，为了孩子的将来，父母应想办法培养孩子刻苦钻研的精神，激发孩子的求知欲，让孩子从小就受些磨炼，做个好学的好孩子。

做个智慧好妈妈

1. 从兴趣入手，鼓励孩子坚持钻研

激发孩子的求知欲，父母不可操之过急，应选好"突破口"，了解孩子的兴趣爱好，循循善诱，让孩子产生学习的欲望，从而刻苦钻研。

俗话说得好，"兴趣是孩子最好的老师"，想要激发孩子的求知欲，培养孩子的学习精神，父母不妨从孩子的兴趣入手。一般来说，对于和兴趣相关的事情，孩子还是比较容易接受的，父母应多鼓励孩子对喜欢的事情做精做好，让孩子因兴趣而产生学习欲望，并努力钻研。

如果在这个过程中，孩子遇到困难，父母应不失时机地出来赞扬孩子做出的成绩，告诉他不要害怕困难和失败，鼓励他继续下去，争取取得更大的胜利！

2. 鼓励孩子多问"为什么"，激发孩子的求知欲

李太太的女儿萌萌今年8岁了，正在读小学一年级。凡是教过萌萌的老师都对这个学生赞不绝口，说她不但聪明、勤奋，还善于思考。

李太太在家长会上作为家长代表谈到自己对女儿的教育，说了这样一段话。

她说："我们家萌萌喜欢不停地问问题，这些问题有的很傻，有的很有意思。有的教育专家说孩子有问题是好奇心、求知欲的表现，家长不能打击孩子的积极性。我认为，家长最重要的不是一一解答孩子的问题，而是先要分析一下孩子的问题属于哪种类型。

"如果她问我具体的某个字怎么写，我就会告诉她自己去查字典。如果她问我某一个数学公式是怎么推导出来的，我会很有兴趣地和她一起讨论。哪怕她说的完全不靠谱，我也不会笑话她。在我看来，举一反三更重要的是这个'一'掌握牢固了，才可能有'三'的出现。想让孩子达到'三'的效果，多让她读书，多问为什么，是非常有必要的。"

故事中李太太对孩子的教育方法值得其他父母参考。父母在平时应从鼓励孩子提问入手，多让孩子问问题，多说"为什么"，以此来激发孩子的求知欲。父母在此基础上和孩子一起探索问题的答案，这对于拓展孩子的思维能力，让孩子爱上学习，有很大的帮助。

3. 给孩子找个好榜样

父母为了激发孩子的求知欲，让孩子积极向上，还可以给孩子讲一些名人伟人刻苦努力的故事，这些故事会对孩子有一定的促进作用。

不过，名人、伟人离孩子的现实生活往往比较遥远，有时候作用不如孩子身边的例子大。比如孩子的好朋友，学校的三好学生，本市的优秀学生，以及少儿学习报刊中的一些真人实例。所以，父母在给孩子讲名人故事的同时，还可以多找一些身边的事例，给孩子树立榜样，激发孩子的求知欲。

孩子不懂得珍惜时间

——"今天做不完就明天做呗"

9岁的滢滢几乎没有时间观念，她总是不能合理地利用时间，也不会珍惜时间。

一天吃过晚饭，滢滢就开始写作业，她一会儿上厕所，一会儿吃苹果，一会儿又玩玩具。一个小时很快就过去了，滢滢的作业还没写完。妈妈催促她："滢滢，不要再磨蹭了，快点写完作业，把玩具都收拾整齐，就该去睡觉了。"滢滢听到后答应了一声，但她仍然不紧不慢地写着。

终于写完了，滢滢就跑到客厅去看电视。妈妈让她把书桌收拾干净，将玩具放回原来的位置，就去睡觉。可是，滢滢像没听见一样，仍旧坐在沙发上不肯动弹。看着滢滢一副懒洋洋的样子，妈妈训斥她："不要再看电视了，你还有很多事情没做呢，快去做。"滢滢显得有些不耐烦："哎呀，妈妈，你老催我干什么呀，今天做不完就明天做呗，我明天再整理书桌也不晚呀。""那怎么行，今天的事情必须今天做完，如果拖到明天就是浪费时间。"

然而，这些"大道理"根本入不了滢滢的耳朵，她一点也不听，任凭妈妈怎么说，她还是坐在那儿看电视。

日常生活中，拖沓、磨蹭，在一些孩子身上体现得非常普遍，甚至许多成人也有这样的坏习惯。孩子不知道时间的重要性，认为时间的流逝不是什么大不了的事情，今天的事情可以拖到明天，现在的事情可以拖到以后，时间多得很。孩子没有紧迫感，也不会科学地利用时间，这就需要妈妈采取对策，教孩子合理、充分地分配、利用时间，提高孩子安排时间、运用时间的能力。假如孩子不懂得珍惜时间，也得不到有效的纠正，那么，就会使他白白浪费掉许多的财富资本。

做个智慧好妈妈

1. 帮助孩子树立良好的时间观念

良好的时间观念是孩子珍惜时间的前提，树立了良好的时间观念，孩子才能知道时间的意义和价值。

2. 倒计时，让孩子改变拖沓磨蹭的坏习惯

许多事情是硬任务，必须要求孩子在某个时间段内完成。这时，妈妈就要教会孩子用"倒计时"的方法来安排时间。

通过"倒计时"能让孩子学会安排自己的时间。妈妈可以给孩子规定每天要做多少事情，当天没有完成的话，就要及时补上，否则就是在浪费时间，十分可惜。

3. 提高效率，指导孩子科学、合理地分配和利用时间

帮助孩子规划时间时，不要以时间的长短为衡量标准，而应以做事情的效率和质量为衡量标准。

第五章 /

好品德，从孩子的一言一行开始

孩子没有上进心

——"73分已经够多的了，有的同学还不及格呢"

凡凡11岁了，他学习成绩一般，却丝毫没有上进心，从来都不想着给自己树立一个学习目标。

一次数学考试后，凡凡唱着小曲，兴高采烈地拿着试卷回家。妈妈见他眉飞色舞的样子，猜想他一定考了不错的成绩。于是，妈妈对他说："凡凡，这次考得不错吧，我看你这精神头就猜到了八九不离十。"凡凡告诉妈妈："嗯，还行，考了73分。"妈妈听后惊讶地看着凡凡，问："73分？怎么才考了73分？这么点分数还值得高兴？"凡凡为自己辩解："这次出的考试题比较难，73分已经够多的了，还有的同学没及格呢。""你怎么只和比你成绩差的同学比，却不和成绩比你好的同学比比？"妈妈生气地质问他。凡凡却一脸无辜地说："我的成绩在班里的排名还和以前一样，并没有落后，这不挺好吗？"妈妈有些恨铁不成钢地说："你怎么一点上进心都没有！"

凡凡总是这样不思进取，妈妈想让他变得更加优秀，却没有一点办法，这可怎么办呢？

孩子不思进取，没有上进心，即使落后，也不知道努力，无论是物质奖励还是精神鼓励都无动于衷，没有目标，没有理想，对未来也没有任何打算。遇到这样的孩子，相信妈妈一定会特别着急。那么，我们先来看看造成孩子没有上进心的主要原因：

本来孩子是有上进心的，但长辈对他的上进心不屑一顾，甚至经常流露出挖苦、讽刺的意思，打击了孩子的积极性，挫伤了孩子的进取心，孩子就不愿继续奋斗。有些长辈本身就缺乏上进心，无论是工作还是生活都甘于平庸，受这种环境的影响，孩子的上进心自然受到了压抑。孩子年龄小，习惯了安于现状，对自己的未来很茫然，也没有任何压力与动力，不能进行自我教育和自我激励。

要改变孩子没有上进心的状态，首先，妈妈一定要支持孩子参加各种竞赛式的活动，教育孩子在这些活动中争先，以激励孩子的上进心。其次，妈妈要带动其他家庭成员，以身作则，用自己对工作、对生活积极进取的精神来影响孩子，对孩子产生潜移默化的影响，这比简单的说教要有效得多。再次，家庭生活中，要对孩子提出合理的要求，既让孩子感受到妈妈的关爱，又要让孩子感受到妈妈严格要求自己的拳拳之心，如此一来，就能激励孩子更有进取心。

做个智慧好妈妈

1. 激发孩子的学习兴趣，让孩子愿意争先

其实，每个孩子都有上进心，他们希望自己考试得第一名，希望得到周围人的表扬和喜欢，然而，现实总会打击他。这时，就需要妈妈激发孩子的学习兴趣，从而让孩子争先。

2. 鼓励孩子参加竞赛类的活动，要求他做到最好

平时，妈妈要鼓励孩子在学校里多参加集体活动，尤其是竞赛类的活动，并且尽量要求孩子做到最好。

只要参加比赛，就一定要尽量争取得到第一名。可以这样告诉孩子："当取到'第二名'的成绩时，要心平气和地接受，但绝不能心安理得地满足。因为，假如为了这次的'第二名'而沾沾自喜，那么下次，就不再是'第二名'了，而是在更远的后面。"

3. 肯定加赞许，激励孩子争强好胜

好孩子是夸出来的，这句话一点都不假。因此，在孩子有些许进步与成绩时，妈妈就应该及时给予表扬，孩子没有信心时，要赏识孩子的长处，让孩子找到自己能行的感觉。平时要多肯定和赞许孩子，激励孩子争强好胜，千万不要轻易训斥孩子没有上进心。

对待没有上进心的孩子，妈妈不能过于心急，因为这不是一朝一夕就能够改变的，更不能破罐子破摔，不管不问，放任孩子。妈妈要从感情出发，给孩子些许偏爱，诚心地鼓励孩子，以激发孩子的上进心。

孩子说脏话粗话

——"×××，你给我滚"

5岁的子杰是个调皮的小男孩，最近，他养成了一个坏习惯，总是口吐脏话和粗话。

星期天的上午，表妹来家里找子杰玩。他们一会儿捉迷藏，一会儿过家家，玩得不亦乐乎。兴奋的子杰还把自己所有的玩具都拿出来让表妹玩。有各种各样的车和枪，还有各种颜色的画笔，等等。子杰拿出积木，和表妹一起开始搭房子。不一会儿，子杰就将一座漂亮的"大厦"垒了起来。可是，表妹转身的时候，一不小心将这座"大厦"给踢倒了。看着自己辛苦搭建的作品瞬间倒塌，子杰一下子就火了，他特别生气地对表妹说："哎呀，你真笨！"这时，本来已经不知所措的表妹觉得自己受了莫大的委屈，"哇"的一声哭了起来。听到哭声，妈妈走了过来，一边哄表妹一边训斥子杰："都这么大了还欺负表妹，记住，你是哥哥，要让着妹妹才行。"见妈妈偏向表妹而教训自己，子杰更生气了，他冲着表妹大喊大叫："×××，你给我滚！我讨厌你，以后不要来我们家！"

妈妈听到子杰竟然口吐脏话，既惊讶又生气，"啪"、"啪"两巴掌打在了子杰的屁股上，打得子杰"哇哇"哭着找奶奶了。

　　子杰这孩子，不知道跟谁学的说脏话，妈妈很苦恼，怎样才能让孩子把说脏话的习惯给改掉呢？

　　孩子经常说粗话、脏话，妈妈一定不要觉得有趣、好玩而故意引逗孩子或哄然大笑，也最好不要表现出过度生气或恼怒的样子。否则，孩子就很有可能会误以为他说的话是很特别的，进而重复地说。如此一来，不仅不能制止孩子的这种行为，反而会强化他说脏话、粗话。因此，在孩子说脏话、粗话的时候，妈妈可以适当忽略，对孩子的粗话、脏话采取不理不睬的态度。这样，孩子就会认为粗话、脏话和其他平常的话没有什么差别，觉得这样的话语不能引起别人的注意，他就不会再刻意地说这些话了。

　　孩子自己不会"发明"脏话、粗话，都是从别人的口中学来的。由于孩子年龄小，缺乏分辨是非的能力，他往往能从家人、周围的伙伴以及看到的电视、电影等多种途径模仿到脏话、粗话。所以，妈妈以及孩子周围的人一定要以身作则，做孩子的好榜样，为孩子提供一个文明、礼貌的生活环境。

　　然而，当孩子总是故意地说粗话、脏话的时候，妈妈可以采取一些必要且适当的惩罚措施来制止孩子的这种行为。比如，剥夺孩子去动物园或看动画片的机会，使孩子体会到说脏话、粗话而受到的教训，这样，就能促进孩子改正。

做个智慧好妈妈

1. 隔离，让孩子与不良的语言环境绝缘

孩子天生喜欢模仿，而且辨别能力弱，分不清好坏。假如孩子接触到的生活环境中经常有人说脏话，那么，在耳闻目睹中，孩子自然而然地也会说脏话。所以，妈妈最好将孩子与不文明的语言环境隔离，让孩子无法听到脏话，学不到脏话。这样，才能从根本上杜绝孩子说脏话。

在日常生活中，除了需要注意自己的言谈举止之外，妈妈也要关注孩子周围小朋友的情况，让孩子远离爱说脏话、粗话的伙伴，并替孩子把好影视作品关，让孩子观看健康的影视节目。

2. 冷静，切勿以"脏"制"脏"

孩子总是说脏话，妈妈听到后一定要保持理智和冷静，不要气急败坏地责骂孩子不学好。千万不要在教育孩子不说脏话的同时自己却脏话连篇，切勿用脏话来制止孩子说脏话。平时，妈妈要教育孩子明辨是非和事理，告诉他说脏话、粗话是不文明、不礼貌的行为，以增强孩子的"免疫力"。

许多孩子都很在意别人对自己的看法，所以妈妈应该利用孩子的这一特点，循循善诱地给孩子讲明道理，使孩子改掉自己的一些不良行为。

3. 教给孩子用文明的语言表达自己的想法

许多孩子并不清楚脏话、粗话的意思，但他能从别人的表情及态度中了解到那不是什么好话。因此，在他自己受到了伤害而想要发泄时，就会不由自主地说那些话。针对这种情况，妈妈可以教给孩子用文明的语言来表达自己的想法。

孩子不懂礼貌

——"老头，给我一杯豆浆"

8岁的秀秀上小学三年级了，别看她是个小女孩，但做起事来风风火火的，像个男孩子。

一天早晨，妈妈忘记定闹钟，起晚了，来不及做早饭，就给了秀秀10块钱，让她自己去楼下的餐馆买早点吃。秀秀拿起书包，飞快地走出家门。

还没走到餐馆，秀秀就远远地看见人们在饭店门口排了好长的队，等候买早点。秀秀走过去，踮着脚往前看，她看到至少还有10多个人排在她前面。秀秀不由得皱起眉头，心想：本来就晚了，这下倒好，这么多人，肯定得迟到。

秀秀看到排在队伍第5位的是一位60来岁的老太太，长得很和善，她眼珠一转，快速跑到老太太的前面，然后嬉皮笑脸地冲老太太笑了一下，就心安理得地排队等候。

没过一会儿，秀秀就走到了柜台前，她急切地对卖早点的老大爷说："喂，喂，老头，给我一杯豆浆。"老大爷看了她一眼，没理她，继续干自己手里的活儿。见状，秀秀有点不耐烦地说："喂，你有没有听到我说话？我要一杯豆浆。"

　　旁边的一位叔叔有些看不下去了，他对秀秀说："你这孩子怎么这么没礼貌！一点都不知道尊敬老人。"一位阿姨也说："是啊，刚才我还看见她插队了呢。"

　　见周围的人都在声讨自己，秀秀也感觉不好意思了，她赶紧走了，跑到另一家餐馆买了早点吃。

　　孩子不懂礼貌，大人的影响特别重要。由于孩子的模仿能力很强，有不少没礼貌的行为都是从大人那儿学来的。因此，在日常生活中，妈妈和长辈要以身作则，为孩子树立一个良好的榜样，让孩子在潜移默化的影响下，成为懂礼貌的好孩子。

　　教育孩子懂礼貌，妈妈可以给他讲一些关于人们讲礼貌或不讲礼貌的故事，以间接、隐喻的方式让孩子从中明白这样的道理：讲礼貌是尊重他人的表现，讲礼貌才会受到欢迎和尊重。在孩子有了不讲礼貌的行为时，妈妈要以温和的口吻，在和谐的氛围中与孩子交谈，表明自己对礼貌行为的态度，以正面的语言表达在以后类似的情境中希望孩子如何去做。同时，妈妈要改变"孩子学习好则百好""任何事情都由着孩子"的思想和观念，从而改变自己的教育态度，让孩子不仅学习成绩好，而且懂礼貌，人品好，有教养。

　　需要注意的是，不教育孩子是错，教育不当更是错。在教育孩子的过程中，尤其是涉及道德、价值等观念问题的时候，给孩子传递的信息一定要正确，千万不能言行不一、出尔反尔、前后矛盾，否则会让孩子不知所措。

　　另外，要想纠正孩子已经养成的坏习惯，需要重复很多次好的行为才能见效。所以，最初的行为规范很重要，妈妈从小就要教育孩子讲文明、懂礼貌。

做个智慧好妈妈

1. 诱导，让孩子有意识地注意礼貌

要让孩子在无形中懂礼貌，妈妈可以让孩子明白讲礼貌会得到他人的赞赏和夸奖，孩子做事情时，妈妈要注意诱导孩子，让孩子形成讲礼貌的条件反射。这种熏陶，对孩子礼貌习惯的形成是有益处的。

其实，孩子在有礼貌地做一件事情时，他并没有多大的感觉，更不可能想那么多，但是，经过妈妈的有意诱导，孩子思考问题的面广了，他就会从无意识到有意识地注意礼貌。

2. 提醒，让孩子注意自己的行为

遇到孩子不讲礼貌时，妈妈一定不要在他人面前大声呵斥、指责孩子，而是要对孩子做出适时的提醒，或是在事后提醒、教育孩子，这样孩子就会注意自己的行为。

3. 训练，让孩子学到必要的礼节

孩子不懂礼貌，妈妈可以创造条件对孩子进行专门的训练，比如，指导孩子练习如何礼貌地接待客人，走亲访友时教孩子如何礼貌地做客等，在这一过程中，孩子可以学到许多必要的礼节。

孩子撒谎不诚实

——"我也不知道，成绩还没出来呢"

10岁的天天是个既漂亮又活泼可爱的小姑娘，很招人喜欢。可是，她有个小毛病——爱撒谎。

期末考试后，本来成绩一般的天天考得比平时还要糟糕，成绩单发布的那一天，她忐忑不安地回到家里，小心翼翼地做事情，生怕妈妈问她的成绩。吃过晚饭，妈妈突然想了起来，便问天天："宝贝，期末考试的成绩出来了没有，你考得怎么样？"正在低头吃饭的天天愣了一下，心想：怕什么来什么。天天没敢抬头看妈妈，撒谎说："我也不知道，成绩还没出来呢。"妈妈听后，继续吃饭，没再追问。

过了两天，妈妈又问天天成绩的事情。早有准备的天天便编了一个高的分数和好的名次来骗妈妈。妈妈高兴的同时也很怀疑：这次天天怎么考得这么好，更何况这么好的成绩，为什么成绩单偏偏给弄丢了？

带着满腹疑问，妈妈打通了天天班主任老师的电话，证实了妈妈的想法没有错——天天确实在撒谎。

天天为什么会这样呢？实话实说妈妈也不会批评她，给她施加压力。这让妈妈很生气，也很烦恼，怎样才能让天天改掉撒谎的坏习惯呢?

在生理和心理的双重作用下，我们每个人都撒过谎。在孩子的成长过程中，撒谎也可以说是一种心理健康发育的表现，因为绝大多数孩子在选择说谎时并没有恶意，但是如果处理不好就会转变为品质问题。因此，撒谎这种行为是不对的，妈妈一定不能听之任之。

总体而言，孩子撒谎可以分为两种情况，一是无意撒谎，二是有意撒谎。无意撒谎并不是孩子故意的，他甚至意识不到自己在撒谎，这是由于孩子的辨别能力较差，他在某些情况下分不清什么是幻想，什么是现实。这种现象是孩子在成长过程中的必经阶段，随着年龄的增长，这种现象就会逐渐消失。

孩子有意撒谎的类型主要有四种，一是体验型，这在一定程度上反映了孩子丰富的想象力，妈妈可以鼓励孩子编一些自创型的故事，使孩子的想象力与创造力得到充分的释放和发展；二是夸张型，这类孩子喜欢过分炫耀自己的能力或者家庭财富等，妈妈可以对孩子进行心理引导，渐渐打消孩子的虚荣心；三是防御型，孩子做错了事情时，就会以撒谎的方式解决问题，以此来逃避责骂和惩罚，妈妈要了解清楚事情的原因，让孩子说出实话，并且不要训斥甚至打骂他；四是目的型，孩子为了做自己想做的事情或者拒绝不想做的事情而说谎话，妈妈要和孩子进行有效沟通，弄清楚孩子撒谎的动机，尽量顺从孩子的合理要求，以减少孩子撒谎的次数。

其实，孩子在撒谎时，知道自己是在说假话，因而会伴随着紧张、不安、内疚、羞愧等情绪，妈妈从孩子的表情上就能看得出来。帮助孩子改掉撒谎的坏习惯，这就需要妈妈平时多和孩子交流，了解孩子内心的真实想法，不强迫、压制孩子，从而培养孩子良好的道德行为和品质。

做个智慧好妈妈

1. 寻找孩子撒谎的原因，鼓励孩子把真实的话说出来

孩子撒谎时，妈妈不要又气又恼地训斥孩子，而是要让孩子知道撒谎是不好的行为，只要他把实话说出来，大人不会责怪他。

2. 原谅孩子的谎言，让孩子明白讲实话的可贵

每位妈妈都希望自己的孩子成为一个诚实的人，当知道孩子撒谎时，肯定又气又恨。这时，妈妈需要做的不是对孩子斥责打骂，而是求证孩子说谎的原因，让孩子知道撒谎的危害以及讲实话的可贵。

3. 直截了当地说出真相，不给孩子说谎的机会

孩子犯了错误时，往往会逃避责任，害怕受到责骂而撒谎。假如妈妈知道了真相，就要直截了当地说出来，不给孩子撒谎的机会。如果过分地"引导"，就会转化为对孩子的纵容，使孩子养成撒谎的坏习惯。

孩子不懂得尊敬长辈

——"糟老头儿，我讨厌你"

8岁的乐乐是从小被爸爸妈妈、爷爷奶奶给宠大的，正是由于大人们的娇惯，使他就像家里的"小霸王"，一点都不知道尊敬长辈。

乐乐有一个挖掘机玩具，他特别喜欢，经常爱不释手地玩。星期天，乐乐又将挖掘机拿了出来，摆弄着玩。一不小心，乐乐将挖掘机的一个轮子给拆卸掉了，怎么都安不上去。于是，乐乐开始搬"救兵"："妈妈，我的挖掘机坏了，你快过来帮我修修。"妈妈走了过来，帮乐乐修，然而，修了半天也没修好。

这时，爷爷正好送来了一些饺子给乐乐吃。乐乐看到后很高兴，接过饺子，对爷爷说："爷爷，你帮我修修挖掘机吧，妈妈好笨，修了很长时间都没有修好。"妈妈听后皱起了眉头。

爷爷看了看，告诉乐乐挖掘机的轮轴已经断了，再也修不好了。乐乐听后不相信，非要爷爷给他修好才行。爷爷对他说："轮子都成这样了，爷爷怎么也修不好。我还约了你陈爷爷去打乒乓球呢，时间快到了，必须得走了。"然而，乐乐拉着爷爷的手，就是不让他走。爷爷和他闹着玩似的，一下子挣脱，打开门走了。乐乐使劲将门一关，大声地说："糟老头儿，我讨厌你！"

乐乐如此不知道尊敬长辈，令妈妈很头疼，不知道应该怎样教育他才好。

尊敬长辈是中华民族的传统美德，妈妈应当注意教育孩子，让孩子继承和发扬这一优良传统。然而，现在有一些孩子成了家里的"太阳"，长辈们成了围着太阳转的月亮和星星。家里有了好吃的，长辈总是先让孩子吃，孩子还不领情，认为这是理所当然的事情，很少感激长辈，也不会让长辈先吃；孩子病了，长辈忙前忙后，无微不至地照顾，而当长辈身体不舒服时，孩子却很少问候，甚至漠然视之……为什么会这样呢？这是因为，如今的孩子大多数是独生子女，从小就被长辈当作掌上明珠呵护、宠爱，甚至娇惯。在这种环境下，一些孩子就会为所欲为，在长辈不顺从自己的意愿时，大吵大闹地发脾气，根本不把长辈放在眼里，更不要提尊重了。长此以往，孩子这些不良的行为和习惯就会使他形成冷酷无情、自私自利的性格，这十分不利于孩子的健康成长。

因此，在日常生活中，妈妈一定不能娇惯、溺爱、放纵孩子，对孩子不尊重长辈的行为不能听之任之，要让孩子体会到长辈对他的关爱和良苦用心，引导、教育孩子改变自己"没大没小"的不良行为，使孩子养成尊敬长辈的好习惯。

做个智慧好妈妈

1. 建立长幼有别的家庭关系，不让孩子在家里称王称霸

如今，一些孩子以自我为中心，成了家里的"小公主"、"小皇帝"，不把长辈放在眼里。因此，妈妈一定要建立长幼有别的家庭关系，千万不能让孩子在家里称王称霸。

2. 感恩教育，让孩子了解长辈为社会和家庭所付出的辛苦

孩子不知道尊敬长辈，很大程度上是因为不清楚长辈在社会以及家庭生活中的重要位置，也不知道长辈付出了多少。因此，要让孩子尊敬长辈，妈妈要对孩子进行感恩教育，让孩子明白长辈的不易和辛苦。

对孩子进行感恩教育，就会让孩子知道，自己享受的幸福生活，是依靠长辈的辛勤劳动换来的。如此一来，孩子就会珍惜长辈的劳动成果，懂得尊敬长辈。

3. 言传加身教，让孩子养成尊敬长辈的好习惯

可以这么说，妈妈对待长辈的态度直接影响到孩子对待长辈的态度，因此，在日常生活中，妈妈一定要注意自己的言行举止，言传加身教，让孩子养成尊敬长辈、尊重老人的好习惯。

我们都看到过这么一个公益广告，一位母亲很孝顺地给婆婆洗脚，孩子看到了，也费力地端来一盆洗脚水，要给自己的母亲洗脚，母亲欣慰地笑了。事例表明，孩子深受大人的影响，在耳濡目染中，就能逐渐养成尊敬长辈的好习惯。

孩子不懂得宽容

——"都怪他，我就不原谅他"

晓颖9岁了，她是个心胸狭窄的孩子，别人只要有一丁点儿对不起她，她就得理不饶人，无论如何都不肯原谅他人。

一天下午放学回到家，晓颖生气地将书包一扔，跑到自己的房间，关上了门。过了一会儿，晓颖出来了，手里拿着刚换下来的粉色裙子。这件裙子是妈妈上周刚给晓颖买的，很漂亮，晓颖特别喜欢。晓颖指着裙子上的一片污迹，愤愤地对妈妈说："妈妈，你看，这是同桌给我弄的，我讨厌死他了。能不能洗得掉？"妈妈看了看，告诉晓颖："可以洗得掉，只是很费劲。"晓颖听了，噘起小嘴："我再也不理同桌了，他太可恶了！"妈妈对她说："同桌有可能是不小心弄脏你裙子的，你应该原谅他。""都怪他，我就不原谅他！"

第二天，晓颖告诉妈妈，她这一天都没有理同桌，即使同桌主动和她说话，她也故意装作没听见。妈妈批评晓颖："你这样做不对，同桌不就是把你的裙子弄脏了吗，洗洗就干净了，你为什么不理人家？"晓颖仍然愤愤地说："我就是不理他。""那这样的话，同桌会很伤心的。""伤心就伤心呗，那是他活该。"晓颖怎么会这样呢？

这么点小事都不原谅他人，对她自己也是有害而无利的，

怎样教育她呢？

有的孩子心胸比较狭隘，常为一点小事与他人争执不休，在与他人交往的过程中经常发生各种矛盾和冲突，并且不能宽容、原谅他人，不给他人改错的机会。怎样让孩子懂得宽容呢？

做个智慧好妈妈

1. 赞扬别人的优点，容忍别人的缺点

日常生活中，妈妈要鼓励孩子与他人交往，多给孩子创造与他人接触的机会。在与他人交往的过程中，孩子就能发现他人的优点和缺点，这时，妈妈要教育孩子赞扬别人的优点，容忍别人的缺点，如此一来，孩子就能在不知不觉中宽容他人。

2. 让孩子了解不原谅他人的坏处

孩子总是小肚鸡肠，不肯原谅他人无意的过失，这时，妈妈要动之以情，晓之以理，让孩子了解不原谅他人的坏处。

当孩子不肯原谅别人无意的过失时，妈妈要告诉孩子，宽容他人，就能获得信任和友谊，同时也会使自己的形象高大起来。如果不懂得原谅他人，别人就会对自己敬而远之，当孩子无意伤害到别人的时候，也不会得到别人的原谅。

3. 夸奖加鼓励，让受了委屈的孩子懂得原谅他人

在孩子与他人发生冲突或矛盾后，孩子原谅了他人，妈妈在安慰孩子的同时也要夸奖、鼓励孩子的宽宏大量，如此一来，便能强化孩子宽容的性情。

孩子缺乏同情心

——"那是她倒霉，我凭什么给她捐钱"

10岁的鑫鑫上小学五年级了，他似乎心肠很"硬"，不懂得同情他人，也几乎从来不关心、帮助他人。

星期天的上午，鑫鑫写完作业后便开始玩玩具。妈妈坐在沙发上看电视，这时，妈妈看到电视上正在播放一条关于一位老太太被车撞伤，肇事者逃逸的新闻。这位老太太无儿无女，没有人照顾，依靠低保生存。为此，许多市民纷纷捐款出手相助。妈妈也想帮助她，便问鑫鑫："宝贝，你过来看看这位老奶奶多可怜，我们捐些钱帮帮她吧。你说，我们捐多少合适呢？"鑫鑫却不以为然地说："她是谁？我们为什么要给她钱？""这位老奶奶被车撞了，连路都走不了。撞她的人却跑了，她没有钱去医院看医生。现在，这位老奶奶遇到了困难，我们有能力帮助她，就应该帮帮她才是呀。""那是她倒霉，我们凭什么给她捐钱？"鑫鑫不同意妈妈的做法，并且坚决地制止。妈妈皱起了眉头："你怎么一点都不同情这位老奶奶的遭遇，老师没有教过你要助人为乐吗？"

然而，无论妈妈怎么说，鑫鑫都不让妈妈向老奶奶捐款。妈妈只好背着他给老奶奶捐了一些钱。

有的孩子在优越的生活条件下长大，他们没有经历过磨难，不知道遇到困难时的无助感受，因此，孩子缺乏同情心，不懂得帮助别人是一件非常快乐的事情；孩子从小在长辈们的溺爱中长大，他认为别人关心自己，为自己付出是理所当然的，久而久之便养成了以自我为中心的习惯，心中只想着自己，凡事不懂得为别人着想；生活环境对孩子有着较大的影响，假如孩子生活在一个人情冷漠的环境里，比如父母之间关系紧张，很少和亲朋好友联系，邻里之间互不往来等，孩子根本就没有培养同情心的机会。

做个智慧好妈妈

1. 热心行动，让孩子感受到奉献、付出带来的快乐

平时，妈妈可以创造条件，多带孩子做一些献爱心的活动，比如，去敬老院做义务劳动，参加为贫困山区儿童举行的募捐活动，让孩子给老人让座位，等等。这些热心的行动，能让孩子感受到奉献、付出所带来的快乐。

2. 从同情和关爱亲朋好友开始，让孩子知道爱是相互的

妈妈可以让孩子从同情和关爱亲朋好友开始，使孩子体会同情和照顾他人的感觉，从而让孩子知道爱是相互的。

有了让孩子同情和关心他人的机会时，妈妈要及时提醒并且教给孩子如何去做，以强化孩子同情他人的良好行为。

3. 带孩子去贫困地区看看，激发孩子的同情之心

如果有条件的话，妈妈可以抽时间带孩子去贫困地区看看，孩子一定会深受触动，从而激发他的同情之心。

孩子缺乏责任感

——"这不关我的事，和我没关系"

11岁的旭旭正在上小学六年级，他一点责任心都没有，即使犯了错误也想方设法为自己开脱。

一次，旭旭看到椅子被小狗拉倒在地上了，他便喊妈妈："妈妈，椅子倒了，快过来扶起来吧。""你扶起来不可以吗？没看到我正在忙吗？不要什么事情都让我来做。"妈妈有些生气地说。旭旭也不高兴了，他大声说："这关我什么事，椅子倒在那儿又不妨碍我。我提醒你，你却埋怨我，以后这种事情再也不告诉你了。"

星期天的上午，旭旭在家里玩玩具，妈妈在打扫房间。妈妈走到阳台，准备整理一下花草。然而，妈妈发现，其中一盆吊兰的几片叶子折了。妈妈便问旭旭："儿子，吊兰的叶子怎么折了几片呢？"旭旭走过去，看了看，说："我也不知道，这又不是我弄的，不关我的事，和我没关系。"旭旭说出了一大堆推卸责任的话。

妈妈皱起了眉头，心想：我也没说是你弄的呀。唉，旭旭总是这样，一点责任心都没有，怎样教育他才好呢？

上述案例中旭旭的行为就是没有责任心的表现。也许人们会认为：责任心是大人才会有的，孩子没有也可以。其实不然，孩子的责任心应该从小就开始培养，长大之后，孩子才容易在社会上立足。

有的孩子缺乏责任心，这是为什么呢？主要原因有以下几个方面：家长对孩子保护过度，所有的事情都为孩子包办代替，即使孩子闯了祸，也会帮孩子"搞定"，如此一来，孩子自然就会认为自己根本不需要承担责任。家长认为孩子的学习是最重要的，其他怎么样都无所谓，这样，孩子犯了错误时不仅不重视，反而认为不必大惊小怪，无形之中纵容了孩子。

责任，是一个人获得事业成功与家庭幸福至关重要的人格品质，作为妈妈，应该如何培养孩子的责任心呢？平时，妈妈要教孩子做事情有始有终，让孩子去做的事情，哪怕是非常小的事情，也要督促孩子持之以恒，以促进孩子养成认真负责的好习惯。家庭生活中，可以适当地提出一些问题，引导孩子思考和选择，让孩子大胆发表自己的意见和想法，从而增强孩子对家庭的责任心。假如孩子犯了错误，要鼓励孩子勇敢地承担责任，必须让孩子知道，是因为他的过错，才造成了后果。

做个智慧好妈妈

1. 列出具体的标准和范围，让孩子承担责任

培养孩子的责任心，要从日常小事做起，对于孩子需要做的事情，妈妈可以给孩子列出一个具体的标准和范围，提出要求后，鼓励孩子认真完成。并要督促落实，在孩子责任范围内的所有事情，必须由孩子自己来承担。

妈妈不要替孩子包办一切，要让孩子自己的事情自己做，也可以有意识地交给孩子一些任务，来锻炼孩子独立做事的能力并培养孩子的责任心。

2. 鼓励孩子敢做敢当，不逃避责任

妈妈要让孩子自己承担后果并找到解决的方法，不要总是将孩子犯了错误之后应该承担的责任全部揽到自己身上，替孩子善后。平时，要善于抓住生活中的点滴小事，鼓励孩子敢做敢当，不逃避责任。

孩子的肩膀虽然稚嫩，但也能够承受住一些分量。只有让孩子亲自品尝到做错事情的后果，让孩子付出艰辛的代价，做起事情来才不会鲁莽、草率，才不会事事指望别人，才能够对自己的行为负责。

3. 明确孩子的责任，培养孩子的责任感

许多妈妈都会认为，孩子的学习成绩是最重要的，其他无所谓，会给孩子灌输这样一种思想：只要用心学习就行了，其他所有的事都用不着操心。这样一来，实际上是在剥夺孩子的责任感。所以，在家庭中，妈妈要明确孩子的责任，以此来培养孩子的责任感。

由此可见，培养孩子的责任感很简单，只要让孩子为家庭出一点力，为家里操一点心就可以了。这样一来，孩子就能切身地感觉到：我是这个家庭中的一员，就要为这个家承担一份责任。

父｜母｜学｜堂

正面管教

杨光　编著

民主与建设出版社
·北京·

◎ 民主与建设出版社，2020

图书在版编目（ＣＩＰ）数据

父母学堂 . 2, 正面管教 / 杨光编著 . -- 北京：民
主与建设出版社, 2020.8

ISBN 978-7-5139-3133-5

Ⅰ . ①父… Ⅱ . ①杨… Ⅲ . ①家庭教育 Ⅳ . ① G78

中国版本图书馆 CIP 数据核字 (2020) 第 138682 号

正面管教
ZHENG MIAN GUAN JIAO

编　　著	杨光
责任编辑	刘树民
封面设计	喆人
出版发行	民主与建设出版社有限责任公司
电　　话	（010）59417747 59419778
社　　址	北京市海淀区西三环中路 10 号望海楼 E 座 7 层
邮　　编	100142
印　　刷	三河市德利印刷有限公司
版　　次	2020 年 8 月第 1 版
印　　次	2020 年 8 月第 1 次印刷
开　　本	880 毫米 ×1230 毫米　　1/32
印　　张	6
字　　数	120 千字
书　　号	ISBN 978-7-5139-3133-5
定　　价	168.00 元（全 5 册）

注: 如有印、装质量问题，请与出版社联系。

前　言

　　所谓家庭教育者，就是家庭里能够对孩子产生影响和教育的人，主要是指孩子的父母。家庭是孩子人生的第一站，也是孩子第一所学校。孩子在父母的抚育关怀和直接教导中学习，也从父母的一言一行中进行模仿，父母的潜移默化使孩子受到了最初的教育。因此，父母是孩子的第一任老师，也是孩子永远的老师。

　　著名教育家苏霍姆林斯基说过："如果没有整个社会的教育，特别首先是家庭高素质的教育，那么不管在学校老师付出了多大努力，都可能达不到完美的效果。孩子在学校里的一切问题，都会在家庭里折射出来，而学校复杂教育过程所产生一切困难的根源也都可以追溯到父母。"由此可见，父母对孩子教育的作用是多么的重要啊！

　　其实，所有父母都希望培养出一个优秀的孩子，都希望自己孩子从小就具有良好的品格、出众的成绩和较强的能力，长大以后更是能够出类拔萃，功成名就，集成功与荣耀于一身。

　　但是，愿望毕竟是愿望，要使美好的种子开花结果，就必须进行辛勤施肥和浇灌，就必须进行良好的家庭培育。因为只有把根基扎稳了，才能长出参天的大树来。

问题是每个父母都尽其所能地教育和培养自己的孩子，可为什么有的孩子能够十分优秀，而有的孩子却非常平庸呢？造成孩子差别的根本原因，就在于有没有采用正确的教育方法，如果从心理学的角度来说，就是有没有根据孩子的心理特点采取针对性和适宜性的教育，这是孩子是否成才的关键。

　　俗话说，知子莫如父，知女莫如母，这个"知"就是指要知道孩子的心理，然后采取有的放矢的教育。如果你连自己孩子的心理都不知道，那么就更谈不上正确的教育和培养。

　　那么，怎样了解孩子的心理，又怎样针对孩子的心理进行良好的教育呢？

　　为了帮助家庭教育者解决家庭教育的困惑，我们特地编撰了本套丛书，包括《不吼不叫培养好孩子》《如何说孩子才会听，怎么听孩子才会说》《好妈妈胜过好老师》《正面管教》《没有教不好的孩子，只有不会教的父母》五册书，分别讲述了作为家长如何培养孩子的良好习惯，怎样提高孩子的情商智商，如何培养孩子的学习精神、道德品质以及独立能力等问题。可以说，这些是成就孩子一生最重要的资本。

　　总之，本套书集针对性、指导性和实用性于一体，对于进行良好的家庭教育大有好处，每个父母都可以从中发现适宜用来教育孩子的不同方法和诸多措施，是一套家庭教育的优秀读本，适合不同年龄段孩子的父母学习和珍藏。

目　录

第一章 ／

不惩罚、不骄纵

杜绝打骂，尝试正面管教之鼓励

很多家长在教育孩子、和孩子沟通交流时，总是一副不责骂、不训斥就不开口的架势。家长的这种表现会使孩子有一种自己犯了错误的不良感觉，而家长的无故责骂和训斥也会使孩子的自尊心受到很大伤害。

自古以来，教育家们就一直强调鼓励对于孩子成长的重要性。中国近现代教育家陈鹤琴先生就说："无论什么人，受激励而改过，是很容易的，受责罚而改过是比较难的。"

鼓励对孩子的成长也是十分重要的。我们相信孩子，鼓励、赞美孩子，孩子就会向我们所期望的方向发展，在我们的赞美声中变得越来越优秀。相反，不鼓励孩子，只知道一味地责罚，孩子就会变得很叛逆，破罐子破摔，不求上进。

好孩子是表扬出来的，孩子的美好未来也是可以用美丽的语言去塑造的。美国成功学家拿破仑·希尔说："每个孩子都有许多优点，而父母恰恰相反，他们总是盯着孩子的缺点，认为管好孩子的缺点，才能让孩子更好地成长。其实，这样做就像蹩脚的工匠，是不可能造出完美的瓷器的。"所以说，在教育孩子的问题上，赞美比责罚更有效。

正面管教案例分享：

鼓励，使孩子达到期望

每个孩子都渴望听到赞扬自己的话语，家长可以通过赞美的方法表达出对孩子的要求和期望，让孩子在夸奖的激励下不断取得进步。

天天上幼儿园了，第一次家长会，老师就说："这孩子有多动症，在板凳上连三分钟都坐不了。最好去医院看一看。"回家的路上，天天问老师说了什么。天天妈妈的鼻子一酸，却说："老师表扬你了，说你以前在板凳上坐不了一分钟，现在能坐三分钟了，其他的家长都非常羡慕妈妈。"这天晚上，天天破天荒地吃了两碗饭，而且没让妈妈喂。第二天上学天天就暗下决心一定要稳稳地坐着，坚持的时间越长越好。

天天上小学后的一次家长会上，老师说："全班四十名学生，这次数学考试，你儿子倒数第一，他的智力可能有些问题，最好带他去医院查一查。"路上，天天的妈妈一直在流泪。然而，当回到家里，天天妈妈却对孩子说："老师对你很有信心。你一点儿都不笨，只要细心些，下次一定能前进两三名。"在半个月后的阶段测验中，天天数学成绩的排名是第三十五。

初三的一次家长会上，老师对天天妈妈说："以现在的成绩考高中有些困难，还是想想其他出路吧！"回家后，妈妈对天天说："好好努力，考上高中一点问题都没有。"果然，在四个月后的中考中，天天取得了不错的成绩，考上了一所不错的高中。

天天妈妈的方法是正确的，虽然孩子有很多的不足之处，但是与其责备，让孩子更加灰心，没有自信，还不如赞美孩子，用鼓励的方式说出对孩子的要求，这样就会让孩子感受到自己取得的进步是很有希望的，也就会更加努力了。

关于如何鼓励和赞美孩子，我们总结有如下建议：

建议一：夸奖要来得及时

对待孩子，我们做父母的不要吝啬自己的赞美，要多夸奖孩子，让孩子在父母真诚的赞美中得到前进的力量。而当孩子取得进步时，父母最好马上就给予夸奖和鼓励，这样孩子的荣誉感和成就感才会得到最大满足。

建议二：表扬要准确，不夸大、不缩小

如果夸得不准，孩子明明是学习成绩有所提高，却说孩子学习态度认真，这样孩子心里就会产生疑问，也就起不到激励的作用。如果夸错了，比如孩子捡到一元钱，家长却说"捡得好"，孩子就会把错的当成对的，误导了孩子，因为孩子都很在意父母的评价。

建议三：夸奖要具体

夸奖不能太笼统、模糊，不能简单地用"你真是一个好孩子""你真棒"这样的一般评价用语，因为这样孩子会觉得父母心不在焉，是在敷衍他们。

"这次考了65分，真不错，下次肯定能考70分。妈妈对你有信心。"这样的话会让孩子有种被肯定的感觉。

建议四: 不可经常夸奖孩子

夸奖过于频繁，很可能会使孩子骄傲，久而久之，就容易满足于现状，或者是沉浸在昔日的赞美、表扬之中而不能自拔，最终停滞不前。

总之，赞美比责罚更能有效地帮助孩子进步，只要我们掌握了技巧、把握好尺度就行。

试着让孩子"自食其果"

有很多家长认为惩罚就是体罚，这是不对的。惩罚孩子有很多种方式，而体罚则是惩罚方式中最糟糕的一种形式。既然这样，很多父母就会问了，打孩子不好、不对，那么孩子犯了错误之后，我们又要怎么对待呢？

对待孩子的错误，有一个简单易行的办法，就是让孩子体会、感受"自然后果的惩罚"的教育观念，这已经得到很多教育家的验证。通俗一点说，这种惩罚手段就是让孩子去感受自作自受的滋味。这种教育观念是18世纪法国著名教育家、《忏悔录》的作者卢梭最先提出来的。他主张孩子犯了错误，不给予人为的惩罚，而是让孩子在错误所造成的直接后果中去自作自受，从而体验到不快或痛苦的感觉，迫使其改正错误，纠正过失。

卢梭举例说："他打破了他所用的东西，莫要急于添补，让他自己感受到需要它们。他打破了自己房间的玻璃窗，让风尽日夜吹向他，也不怕他因此而伤风；伤风比起漫不经心还要好些。"他还言简意赅地指出："儿童所受到的惩罚，只应是他的过失所招来的自然后果。"言外之意就是我们不要在孩子犯错后，再去惩罚孩子。

并且，父母的体罚会在孩子的内心留下阴影。所以，最好让孩子感受到自己的过失所导致的后果，这样孩子就会意识到错误，不再犯错。

正面管教案例分享：
给孩子自我改正的空间

生活中，很多妈妈都很苦恼，因为孩子一而再、再而三地犯同样的错误，妈妈们一遍又一遍地唠叨却不见孩子改正错误。那么，到底怎样才能使孩子更好地改掉那些毛病呢？看了安安妈妈的方法之后，我们会得到很大的启发。

安安一直以来都有丢三落四的毛病，安安妈妈不知唠叨了多少次了，安安就是不改，安安妈妈认为安安根本就没有将自己的话听进去，也没有意识到丢三落四的毛病不好，所以改起来自然不那么容易。

直到最近，安安妈妈想明白了一件事，知道如何来改掉安安丢三落四的毛病了。由于安安早上不爱起床，又没有时间观念，上学又要迟到了，所以安安匆忙地抓起书包就冲出了家门，坐上了公交车之后，安安整理书包，才发现数学作业本不在书包里，就给还没有上班的妈妈打电话，希望妈妈能送到学校。可是安安妈妈这次没有理会安安的这种要求，因为以前每次安安妈妈都将安安忘带的东西送到了学校，但安安之后还是会忘带，根本不知道改正。所以，安安妈妈这次下定决心，要让安安尝尝苦头，好长点记性。从此之后，安安就真的不再丢三落四了。

安安妈妈的方法简单有效，就是让孩子感受自己的疏忽所带来的麻烦，从而加深印象，不再犯类似的错误。任何人都不喜欢感受痛苦的体验，孩子当然也不例外。所以，在纠正孩子错误的时候，父母可以考虑让孩子尝尝"自然后果"的滋味。

至于如何运用"自然后果"来惩罚孩子，专家建议如下：

建议一：**打是为了让孩子长记性，不能乱打、滥打**

任何一种教育方式，用得好就是正确的、合理的，否则就会伤害到孩子的身心健康。打，可以让孩子记住自己所犯的错误，但并不能教育好孩子。所以，家长不要滥用这种教育方式。

建议二：**运用惩罚手段要慎重**

"自然后果的惩罚"好，但也不能过多地使用。不能因为孩子昨天挑食，今天就不给孩子做饭；孩子不小心把衣服弄脏了，就让孩子自己把衣服洗干净，而不考虑孩子是否有时间，学习是否紧张有压力。孩子需要我们的细心呵护，不要让孩子一直处在受惩罚的阶段，因为这样无益于帮助孩子改正自己的缺点。

孩子的任性不是与生俱来的

有些孩子做事总是由着自己的性子来，想干什么就干什么，稍有不如意，就大吵大闹、乱发脾气，或闷闷不乐。任性的孩子总以自我为中心，不考虑他人。面对这样的孩子，有的父母觉得无所谓，根本没有要教育孩子的意识，还有一些父母是毫无办法，只能对孩子百依百顺。

法国教育家卢梭极力反对这种做法，他说："儿童先是要你的手杖，然后要你的表，再要求飞翔于空中的鸟，甚至要求闪耀于天上的星，凡是他所看到的都要得到，你不是上帝，怎么能够满足他呢？"显然，对孩子百依百顺是不利于孩子的成长的。并且，任性的孩子一旦投入社会，会处处碰壁，发现一切都违逆自己，从而很难在社会上立足。

教育专家建议，要让孩子不再任性，需正确运用家长的权威。调查表明，孩子出现任性与家长不能正确运用自身的权威有很大关系。家长如果平时能够真诚地关心孩子、与孩子谈心、严肃地批评孩子的过错，就能在孩子心中树立权威的形象，取得孩子的信任，家长的劝说就容易被孩子接受，孩子任性的可能性也就大大减少了。因此，家长一定要正确地运用自身的权威，孩子才不会任性。

正面管教案例分享：
和孩子一起想象拥有后的情景

有些家长，用自己的任性来对付孩子的任性，你越不听，我就非要你听；还有一些家长，每当孩子任性的时候就互相推诿，爸爸说是妈妈惯的，妈妈说是爸爸宠的。于是，孩子不是出现狂躁、郁闷等异常情绪，就是毫无顾忌地继续任性下去。

> 刚上小学的卿卿看到同学穿了一条漂亮的白色公主裙，放学回家后，就央求妈妈也给自己买一条。卿卿妈妈说明天就买。可是第二天，卿卿妈妈很忙，去买的时候，商店已经关门了。放学回家的卿卿没看见自己想要的公主裙，就哭闹着一定要今天就穿上，不听妈妈的解释。
>
> 卿卿妈妈抱起哭闹的卿卿之后，就说明天一定买到，后天上学就可以穿了，还问女儿想要一个什么样的。然后，妈妈和卿卿一起说着卿卿穿上公主裙之后的情景和样子，像是卿卿已经穿上了一样，卿卿很高兴地抱着妈妈。

卿卿妈妈的做法很好。面对孩子的任性和哭闹，没有严厉地制止和呵斥，而是采取和孩子聊的方式，用一种想象的方法，让孩子感受到已经拥有的情景，而不再一味地任性下去。

建议一：和孩子较点儿劲，不能太顺着孩子

对于任性的孩子，父母越是迁就他，孩子就越是骄横。所以，对于任性的孩子，父母绝不能手软。比如，父母带孩子出去

玩，孩子刚走了一会儿，就要爸爸背，爸爸不背，就赖在地上打滚，怎么也不肯走。这时，父母绝对不能把孩子扶起来，连哄带抱，而是要让孩子意识到，父母不会妥协，一定要自己起来走。父母坚持不理孩子之后，孩子就会自觉没趣，只好收场。

建议二：给孩子"戴高帽"，调动孩子的自尊心理

孩子都喜欢得到父母的赞赏和夸奖。在孩子任性的时候，不妨给孩子戴个高帽，夸奖孩子一番，这也是一种有效的引导，孩子高兴了，自然就不再任性了。父母可以这样说："我们家的孩子最好了，知道那个东西又贵又不实用，从不给父母增添负担。"

建议三：适当运用家长权威

父母如果平时能够真诚地关心孩子，使孩子信服，就会在孩子心中树立权威的形象，取得孩子的信任和敬佩。当孩子任性时，父母只要严肃地说明自己的道理，就会说服孩子不再任性。如果父母总是对孩子百依百顺，看不到孩子的成绩，又不严肃批评孩子的错误，就会使孩子越来越任性。

孩子不喜欢被"贴标签"

一个妈妈带女儿去游泳，女儿不敢把头埋进水里，妈妈就当众斥责孩子说："你每次都这样，总给我丢脸。"这代表了一种糟糕透顶的教育方式，反映了很多父母常犯的两个通病——不给孩子留面子；总是用老眼光看孩子。

家长如果总是数落孩子，用老眼光来看孩子，会严重损害孩子的自尊心和上进心。国外的一项调查显示，经常遭贬斥的孩子智力和心理发展比经常受体罚的孩子更为低下。这就是"标签效应"对孩子所造成的伤害。

所谓"标签效应"，即对人的看法像给人贴标签一样，用老眼光来看待不断变化发展的事物。如果孩子犯错后，父母总是数落孩子，就会伤害孩子要求自我进步的心理。其实，父母不妨用赞美、鼓励等手段来激起孩子的上进心，激发孩子努力奋进的内在心理需求。

苏联著名教育家苏霍姆林斯基说："教育技巧的全部诀窍就在于抓住儿童的上进心，以及道德上的自勉。要是儿童自己不求上进，不知自勉，任何教育者都不能在他的身上培养出好的品质。"这也提醒我们，要懂培养孩子的艺术，要给孩子留面子，用赞赏、鼓励的方式来引导孩子完成一个又一个目标，使孩子不断获得进步和成功。

只有我们看到孩子的优点和进步，才能摆脱我们的老眼光对孩子的限制和束缚，才能赏识孩子，让孩子更有激情、充满自信地去努力。

正面管教案例分享：
孩子——人是不会被限制住的

每个孩子都有犯错误的时候，也都有学习成绩提高不上去的时候，这时我们就要鼓励孩子，不要认为孩子是扶不起来的阿斗。否则不但不会让孩子进步，还会让孩子一退千里，很容易一蹶不振。

浩浩放学回家后，就安安静静地开始做作业。但浩浩妈妈发现，平时多话的浩浩怎么一下子这么安静，而且还一副闷闷不乐的样子。

浩浩妈妈问浩浩是不是在学校遇到什么不开心的事了。这下，浩浩满肚子的委屈都一股脑地涌现了出来。浩浩对妈妈说："以前学习挺好的，可是大上个月，数学课换了一个新老师，总是觉得有点听不懂。这两次月考我的数学成绩都是60分。下午上自习时，我同桌说我也就这样了，以后知识会更难的，我的数学成绩以后一定是不及格的……"说到这儿，上进心一向很强的浩浩急得掉下了眼泪。

浩浩妈妈的心一揪，对浩浩说："孩子，每一个人都是不会被限制住的。不是同学说了一句'以后一定不及格',结果就会那样。只要努力,一切就都会往好的方向发展的。我们相信自己会考个好成绩,努力朝那个目标去奋斗,就一定会有一个好结果的。"

听到妈妈的话,浩浩笑了。数学课上,浩浩认真地听讲,其他课上也很努力。在这个学期后两次的月考中,浩浩的数学成绩和各科综合成绩都有了很大的提高,这两次数学考试,浩浩的分数分别是79分和83分,而且两次的综合排名都进了班级的前十。

孩子的方方面面都是不断发展着的,没有任何人能预测孩子的未来和发展。所以,就算孩子有一些小错误,孩子的学习暂时还不太好,我们都要鼓励孩子,给孩子信心,而不要给孩子贴上坏的标签,禁锢了孩子的发展。我们要像浩浩妈妈那样,鼓励孩子,告诉孩子只要努力,就可以有一个好的未来。

至于如何对待孩子进步难的问题,专家建议如下:

建议一:让孩子了解父母的感受

要让孩子感受到父母的不悦,让孩子由父母的神情与沉默的气氛中感受到父母的情绪,由此促进孩子对自己进行反思。同时,在批评孩子时应该使孩子感受到:爸妈讨厌我的缺点,但却非常喜欢我这个人。这样孩子才能乐意听取批评,勇于改正错误。

建议二:让孩子明白所犯的过失与后果间的联系

这样做的目的在于让孩子清楚地知道他的行为会带来什么样的后果,从而学会对自己的行为负责。考试成绩不理想,不只和试题的难度有关,更和自己的努力、对考试的重视程度有关,所以考不好,绝对不能怨天尤人,而是要从自身找原因,吸收经验教训,这样才会有所提高。

建议三：**把握批评时的语言表述**

　　如果一定要批评孩子，那么我们一定要注意批评孩子时所用的语言，否则不加考虑的批评会极大地伤害孩子的自尊心。批评语言一般包括三个方面：一是准确地说明孩子具体犯有什么过失；二是清楚地告诉孩子这种过失造成了什么不良后果；三是明白地表述自己难过的心情和不悦的感受。

还在唱"红脸""白脸"吗？

　　我国有"严父慈母"的说法，在孩子犯错时，父母教育孩子要"一个唱红脸，一个唱白脸"，认为这样教育效果更好。其实，这只是一种误解。但"严父慈母"的本意是指父母在封建家庭中的地位，而不是指父母对子女的教养态度。在封建社会的家庭里，讲究"父严、母慈、子孝、兄友、弟恭"等，这是要遵守的伦理道德。"父严母慈"实际上反映的是封建家庭里男尊女卑的伦理，并不是教育子女的诀窍。

　　事实上，父母对教育孩子的观点有差异，这很正常。但要注意的是，父母不应该把这种差异、矛盾暴露在子女面前。各持己见，互不相让，会让孩子无所适从，不知听从谁的教导，并最终导致家长的任何教导都失去作用。

　　战国时期的思想家韩非说："一家二贵，事乃无功；夫妻持政，子无适从。"就是说一个家庭里父母争权夺利，就什么事也做不成；对子女进行管教，一个人一个主意，子女不知道听从谁的教导。最后，子女是谁的教导都不听从。

　　因此，教育专家指出，家长对待子女的态度要一致。这就是说，在某一时、某一事的教育上，父母要保持态度一致，不要有矛盾、对立。在教育孩子的问题上，家长事先要有一个统一的认识和态度，不能各行其是。

由此看来，"一个唱红脸，一个唱白脸"的教育方式一定要杜绝，但也不是说，教育孩子时，我们就必须"白脸"到底，体现着父母的威严，而是要严慈结合，该严则严，该慈就慈，让孩子感受到我们的爱，也要让孩子相信我们的权威，从而让孩子在良好的影响下健康成长。

正面管教案例分享：
不要让孩子觉得妈妈比爸爸好说话

孩子虽然小，但是在和爸爸妈妈的接触中，也能感觉到自己想做什么事情、想要什么东西，和谁，能够较快地满足自己的要求。有的家庭中妈妈比较好说话，而有的家庭中爸爸比较好说话，但是不要让孩子有这样的感觉，这样会使孩子当着严厉的人一套，当着不严厉的人又是一套。

潇潇和爸爸妈妈出去玩，中午的时候，潇潇饿了，想去吃麦当劳，于是全家人一商量，就去麦当劳吃饭了。潇潇很开心，吃了很多东西，都已经吃不下了，剩下一个汉堡就只好装在袋子里带回家了。

可是刚从麦当劳出来，潇潇就看见离麦当劳不远的地方有一家肯德基，那里有一个麦当劳没有的品种。于是，潇潇就央求爸爸妈妈要去肯德基。潇潇爸爸妈妈当然不同意孩子的这种不合理要求，就说这两家的东西都是一样的，这次吃了麦当劳，下次再去吃肯德基。但潇潇就是不答应，吵吵闹闹的，非要去不可。潇潇爸爸妈妈真是一点办法也没有，但他们想借着这个机会好好教育一下潇潇。

这时，潇潇爸爸的电话突然响了。于是，潇潇爸爸就到一旁接电话去了。潇潇看爸爸走开了，身边只剩下妈妈，就变本加厉地闹了起来。潇潇妈妈当然看出了潇潇的小心思，就告诉自己一定要坚持住，不能给潇潇留下"妈妈见不得我哭闹""妈妈比爸爸好说话"的印象。于是，潇潇妈妈就对潇潇说："如果你想闹的话，那就这样哭闹吧！反正不管怎样，今天都不能去吃肯德基。"哭闹着的潇潇见平时很温柔的妈妈这样说，就知道去吃肯德基是不可能的了，所以也就不再哭闹了。当潇潇爸爸打完电话过来的时候，潇潇已经不再哭闹，而是和妈妈一起安静地等着爸爸呢。

对孩子慈爱，亲子关系就一定很融洽。但也不能不分情况任何时候都对孩子百般慈爱，像潇潇妈妈这样，该严格的时候一定要严格，这样的做法才是正确的，不要让孩子有种只要一哭闹，自己的要求就会得到满足的心理。而这时候，也是让孩子知道什么事情能做、该做，什么事情不能做、不该做的时候。

至于如何把握好严慈之间的度，专家建议如下：

建议一： **不要一味地严或者慈，要该严则严，该慈则慈**

教育孩子，并不是一味地严或者一味地慈，就能起到好的效果。要严慈有度而且要恰到好处。因为只有慈爱，没有严厉，就会使孩子没有纪律和规矩的约束，想干什么就干什么，慢慢地，到父母觉得有必要管的时候、想管的时候，恐怕都管不了了。而只有严厉，没有慈爱，我们做父母的与子女之间的距离就会变得很远，不会有亲近的感觉，彼此之间的感情也不会融洽、亲密，使得父母和子女之间像是毫无感情关联、只有血缘的陌生人一般。

所以，在教育子女的态度上，该严就严，不要失去做父母的权威，该慈爱的时候就慈爱些，让孩子充分感受到父母的关爱和温暖。

建议二：根据孩子的性格、禀性，采取相应的教育方式

有的孩子的性格天生乖顺，但有的家长就是对待这样乖顺的孩子也常常是大声呵斥，或是动不动就挥拳头。这样的做法是会吓到孩子的，所以，就算性格乖顺的孩子犯了错误，我们也要和颜悦色地和孩子讲道理，告诉他们以后不要这样做。

而有的家长对待顽劣的孩子仍是一副慈眉善目的表情。性格顽劣的孩子犯了错误，父母的态度竟然是这样的，那么孩子就会觉得自己的行为没有什么，根本意识不到自己的错误，以后还是会错误不断，屡教不改的。所以，父母一定要根据孩子的性格差异，采取严慈适度的教育方式。

建议三：不批评孩子大胆的设想和兴趣爱好

文学家茅盾的父亲是清末一位富有爱国心的人物，很希望茅盾学数学或搞工业，认为只有实业才能救国。而茅盾却对实业不感兴趣，一心只想着文学创作，就是不听父亲的劝说，坚持走上了文学的道路，并终于成为我国文学史上的一位巨匠。

这就是说，也许孩子的兴趣爱好并不符合社会标准，孩子的一些设想还显得有些大胆，但是不要按我们的意愿强迫孩子，要让孩子按自己的理想去发展。因为孩子都是非常了解自己的，只有在自己热爱和擅长的领域，才愿意去努力，并不断挑战自己，创造出一番业绩。

每个孩子都是独一无二的

在生活中，许多家长不征求孩子的意见，就为孩子做决定，甚至粗暴地强制孩子放弃自己的兴趣，学根本不感兴趣的东西。还有的家长不从孩子的自身情况出发，拿孩子和别的孩子做比较，认为别的孩子拉小提琴获了奖，每一个孩子就都能学小提琴，而且都能获奖。

由于家长没有考虑到孩子的实际情况，很多孩子都在学他们不感兴趣或并不擅长的东西。孩子学不会，家长也不理解，还讽刺挖苦、谩骂殴打孩子。这些做法都是违背因材施教的教育理念的。所以，就算家长对孩子的教育再用心，也不会有好的效果。

每个人都有自己不同于他人的特点，孩子也不例外。我们要考虑到孩子的先天禀赋、兴趣爱好等实际情况，发现并欣赏孩子的特点，鼓励孩子去发展自己的优势，这就是因材施教的教育观念。

在我国，孔子是"因材施教"的先行者。他就是根据学生的不同特点来选择适合这个学生的学习内容和教育方法的。唐代的文学家、思想家韩愈等人还提出，培养孩子要像木匠处理、使用木材一样，能做梁的做梁，能做檩的做檩，能做椽子的做椽子。

我们要想使孩子成才，就必须因材施教，肯定孩子的特点，欣赏孩子的优势。使孩子独特的素质和能力最大限度地发挥出来，这样才能成就辉煌的明天。

正面管教案例分享：
对不同孩子，有针对性地培养

生活中，有些家长认为只要是有前途、有发展的兴趣就一定要让自己的孩子去学，而不管孩子的自身条件。这就容易出现擅长跑步的孩子，家长却让他学钢琴，擅长演讲的孩子，家长却让他学习写作的情况。

心心和爱爱是双胞胎姐妹，漂亮、可爱。学校每星期五下午都有培养学生兴趣和陶冶情操的"第二课堂"活动，音乐老师看两姐妹课堂表现不错，就让两姐妹参加了音乐组，学习唱歌、跳舞，两姐妹是一个组合，参加文艺会演一定很出彩。

可是心心和爱爱的妈妈知道，两姐妹的脾气和性格截然不同。姐姐心心喜静，平时在家总是安静地看书、画画，而妹妹爱爱则好动，不学习的时候，一点也静不下来，总是蹦蹦跳跳地随着音乐起舞。

当心心爱爱的妈妈得知姐妹俩都参加了音乐组之后，就知道了老师并不了解，心心的活泼都是妹妹带动起来的，否则心心就会安安静静地看书、画画。所以，心心妈妈就问心心"第二课堂"还有哪些活动组。心心说有一个学写毛笔字的组。心心妈妈一听心心的回答，就知道心心一定很想参加这个组。于是，就让心心和音乐老师说换到书法组。由于这也是心心本人的想法，老师就同意了。

在"第二课堂"活动了大概一年半的时间，正好到了元旦，几个学校的各个活动小组要在一起进行汇报比赛，心心是书法组的代表，爱爱则要表演一个独唱。活动结束之后，心心和爱爱都拿到了第一名。心心爱爱的妈妈知道后别提多高兴了，这就是因材施教的结果。

在平时的生活中，我们要像心心爱爱的妈妈那样，细心地发现孩子的性格特点和兴趣爱好，引导孩子发挥出自己的特长。

关于如何对孩子因材施教，专家建议如下：

建议一： 要充分了解孩子

每个孩子都有不同的性格、不同的兴趣爱好、不同的想法。我们除了要给孩子各方面的关爱，还要从各方面观察孩子，了解他们的性格，他们的学习、生活情况，了解他们的各种需求，然后采取不同的方法指导、鼓励、帮助他们健康成长。家长要多了解孩子的性格特点、言行习惯，要与孩子亲近，发现孩子的兴趣，孩子是喜欢下棋、画画，还是喜欢游泳、跳舞。了解到孩子的这些情况后，我们也就知道如何对孩子进行因材施教了。

建议二： 根据孩子的特点，采取合适的教育方式

每个孩子的性格都是不同的。有的孩子大大咧咧的，对父母的批评不会过于放在心上；而有的孩子则谨小慎微，总是害怕自己犯错。所以，当我们批评、纠正孩子的错误时，就不能不考虑我们的说话方式。否则，就会伤害到谨小慎微的孩子的自尊心，或者是对大大咧咧的孩子起不到应有的教育效果。

建议三：让孩子多在兴趣上下功夫

孩子会在感兴趣的方面投入自己的精力和时间，也会意志坚定地克服所遇到的困难和障碍。所以，我们不要一看到孩子在做与学习无关的事情，就呵斥孩子。其实，这是孩子在探索自己感兴趣的方面，我们只要因势利导就可以了。

父母要和孩子一起找到更好的方法，把自己的一些经验和孩子分享，多让孩子做些感兴趣的事情。在这一过程中，既能锻炼孩子的意志品质，又能培养孩子的自信和发现、解决问题的能力。

第二章 /

亲密关系，准确传递爱

成为孩子最亲近的人

　　孩子在没有进学校之前，一天到晚都是和父母待在一起的；就是进了学校之后，放学回家，还是和父母在一起。父母应该是孩子最为亲近的人。然而在现实生活中，由于父母工作忙，大多数父母只关心孩子的考试成绩和学习情况。孩子觉得父母不关心自己的感受，渐渐和父母疏远。

　　北京市一所重点中学进行过一次亲子关系的调查，证明了父母与孩子之间的隔阂。100名初三学生中，71%的孩子认为父母不了解自己；28%的孩子不愿意和父母讲心里话。其中"你最亲近的人是谁"这一问题，41%的学生回答是同学，28%的学生回答是老师，只有12%的学生回答是父母。而在对家长的调查中，八成家长感到自己和孩子之间存在距离和隔膜。

　　一位有着16年教学经验的教师也说："孩子有心里话，先是跟同学讲；如果老师比较容易沟通，孩子也会选择跟老师讲；对于家长，他们是能不说的就不说。一个很明显的现象就是，有时老师请家长来学校，或是去学生家家访，交流起孩子的近况，很多家长都非常吃惊，因为很多事情他们根本不知道。"

　　爱是父母与孩子之间维系的纽带，只有爱才能够拉近彼此之间的距离，才能够让彼此真诚地交流。

正面管教案例分享：
主动向孩子示好，和孩子亲近

　　一旦孩子和父母之间产生了隔阂，就不太愿意主动和父母进行沟通了，因为孩子认为父母不理解自己。而在这个时候，我们做父母的一定不能态度强硬，而要多和孩子亲近，让孩子感受到父母的友好。像陈楠妈妈的做法就很好。

　　在老师眼里，陈楠是一个优秀的学生，有思想、有主见、爱好广泛，学习成绩一直稳中有升。

　　可是陈楠的爸爸一直在做生意，很少在家，但望子成龙的陈爸爸回家只要一看到陈楠出去，就批评他贪玩踢足球不用功学习。陈楠很伤心，因为他有自己的想法，踢球也是在功课都预习好了才去的，而且踢球还能锻炼身体。陈楠试着和父亲说明这些，可是陈爸爸根本就不听，这样一来，陈楠也就不愿意和父母进行沟通和交流了。

　　当陈楠的妈妈觉察到这种情况后，就在陈楠还没有要求的情况下给陈楠买了一双球鞋和几本小说，并经常在陈楠学习完后，或者是吃饭的时候，和孩子聊足球和书中的内容。渐渐地，陈楠从妈妈的话语和行为中感觉到妈妈对于他踢足球和看课外书是完全理解的，也就愿意和父母沟通了。

陈楠的妈妈通过与孩子谈他感兴趣的话题，消除了孩子和父母之间的隔阂。所以，父母要先从孩子愿意说的事情入手，拉近和孩子之间的关系。

关于如何拉近与孩子的关系，专家有以下建议：

建议一：主动向孩子请教问题

每个孩子都有自己的特点，就看我们家长怎样去对待了。

现在的孩子对电脑、网络几乎无一不通，我们可以借着向孩子学习这方面知识的机会，和孩子多亲近，而且也不会让孩子有种父母故意为之的感觉。

建议二：不要只关注孩子的成绩

和孩子说话时，父母最常提的话题就是学习。这样会给孩子一种父母只重视学习成绩而不关心自己成长的感觉。有经验的妈妈会以"这周什么时候和同学踢球""什么时候和同学去洗澡啊"这样的开场白来拉近和孩子的距离。而如果总是问孩子的学习成绩，孩子不但不愿回答，而且会希望尽快结束和父母之间的对话。

建议三：不要过多地干涉孩子

孩子的同学、朋友来到家中，把房间的门关上了。在这期间，做父母的心里总是不踏实，"孩子在干什么"。等孩子的同学、朋友离开之后，就想方设法地询问。或者是孩子和什么人交朋友，有哪些兴趣、爱好，对于学习时间的安排，都要进行干涉。这样不但无法拉近和孩子之间的距离，还会引起孩子的反感。

建议四：不要没话找话

虽然在和孩子沟通方面，我们要主动一些，但也不能为了和孩子多说话而没话找话。真诚地和孩子亲近，孩子是完全可以感受到的。但没话找话，会引起孩子的反感，让孩子因为我们而感到有压力，从而影响到孩子。

建议五：**成为孩子的亲密朋友之后，也要给孩子一定的空间**

在孩子接受我们之后，有的家长就希望知道孩子的一切事情，如果孩子不将所有的事情都告诉我们的话，心里就仍然会有一种被孩子排斥的感觉。其实，家长完全不必这样想。不同的事情需要不同的听众，合适的听众才能够给予最好的理解。

全身心陪伴孩子

如今的父母都是忙碌的上班族，与孩子待在一起的时间越来越少，也没有多少精力陪伴孩子。这些缺少父母陪伴与沟通的孩子就被称为"情感饥渴"的孩子。

"情感饥渴"的孩子喜欢撒娇、任性，偶尔还会做出一些古怪的行为，而且做什么事情都喜欢用眼睛看着别人。这些孩子更需要我们的爱和关心。做父母的不要等到孩子"情感饥渴"的时候，才想起给孩子温暖和关爱。

在这方面，伟大的无产阶级革命领袖马克思就是我们学习的典范。

一次，恩格斯来到马克思的家，见马克思正在聚精会神地工作，就提醒马克思说："你难道忘了今天是什么日子了吗？"

马克思一听，愣了一下，拍了拍脑门，笑着说："啊，对了，今天是星期日，星期日是属于孩子的！"

于是，马克思放下工作，和恩格斯一起，有说有笑、高高兴兴地领着孩子出去郊游了。

马克思的工作可谓是繁忙而沉重的，他都将自己的休息时间交给孩子，和孩子一起活动。我们也一定可以抽出时间，陪孩子一起成长。让孩子感觉到，我们一直在他身边，关注着他，爱着他。所以，不管多忙，父母都要抽出时间陪孩子玩，和孩子多说话、多沟通。孩子都渴望父母的陪伴，抽出时间陪孩子，可以满足孩子的情感需求，也就能培养出性格健全的孩子。

正面管教案例分享：
理解孩子突然性的怪异行为

孩子的内心其实是渴望和最亲近的父母亲密接触的，这会让他们有一种安全感和归宿感，哪怕和孩子在一起不说话，只是默默地注视着孩子，都能让孩子慢慢地变得乐观、自信而又积极。

> 甜甜妈妈最近发现甜甜总是无缘无故地大喊大叫，而且不管做什么，总是要弄出很大的声音，故意夸大动作，嘴里还自言自语地唠叨些什么，想让家里的每个人都看到。这样持续了几天之后，甜甜妈妈最终意识到原来问题出在自己身上。这段时间，由于工作太忙，回到家后，做完家务，就累得只想休息，已经好长时间没好好陪女儿了。而甜甜这段时间的暴躁、不乖，一方面是由于缺少妈妈的爱，另一方面孩子很可能是想用这样的行为来引起妈妈的注意，让妈妈意识到已经好久没陪女儿玩了。

> 而这天晚上的事则让甜甜妈妈触动更深。为了第二天的重要会议，甜甜妈妈在挑选着衣服，可就是觉得没

有一件合适的，在挑选的时候，甜甜拿着一件衣服跑了过来，对妈妈说："妈妈穿这件衣服最漂亮。"甜甜妈妈接过衣服一看，原来是睡衣。甜甜妈妈就问为什么，甜甜说："妈妈穿上睡衣，就再也不出门了。我就可以看到妈妈了。"

从那以后，不管多忙，甜甜妈妈一回到家就换上睡衣，然后不管做什么总是时不时地和甜甜说几句话，亲一亲甜甜。就是做家务时，甜甜总缠在身边转来转去的，甜甜妈妈也不像从前那样觉得烦了，而是笑眯眯地瞅着孩子。

这样一来，甜甜也就不再无缘无故地大喊大叫了，要么是和妈妈在一起，要么是自己安静地在一旁玩，时而和妈妈说说话。

其实，甜甜的行为是为了引起大人对自己的注意，吸引大家来关心她。而甜甜妈妈的做法就很好，没有责骂女儿，而是想到了女儿这些行为产生的原因，从而多抽出一些时间来陪孩子，让孩子感受到父母对他的爱与重视。这样，孩子的怪异行为自然就消失了。

关于如何消除孩子的"情感饥渴"，专家有以下建议：

建议一：**业余时间要尽可能多陪陪孩子**

根据教育学家的研究，孩子成长的关键期集中在孩子6岁之前和孩子上小学的时候。所以，我们应该尽可能多地和孩子在一起，和孩子多交流、多沟通，让孩子在我们的关怀中感受到爱，懂得爱，从而更好地成长，做一个懂奉献、有爱心的孩子。

建议二：**让我们的爱教会孩子去爱**

苏联教育家苏霍姆林斯基对他的学生的第一个要求就是要爱妈妈，他说："如果一个孩子连他妈妈也不爱，他还会爱别人、爱家乡、爱祖国吗？爱自己的妈妈，容易懂，容易做，而且为日后进行爱国主义教育打下了基础。"

要想让孩子爱妈妈，我们首先要爱孩子。但我们的爱不能是狭隘的爱，因为狭隘的爱常常是一种溺爱。而只有正确的爱，才能教会孩子去爱，爱我们，爱家人，爱世界。让孩子懂得爱，心里有爱，这才是我们爱孩子的最好结果。

建议三：**抓紧一切时间和孩子交流**

2～3岁是孩子学习口头语言的关键期，而幼儿阶段是孩子观察力发展的关键期。在这段时间里，我们多和孩子交流，能够使孩子更好地学习语言并培养良好的观察能力。多和孩子说话，多陪孩子玩，也让孩子把在幼儿园或者是和小伙伴玩的事说给我们听。在孩子要睡觉之前，也可以和孩子分享我们的童年，这样可以让孩子感觉我们更亲切，同时也更珍惜自己的生活。

认真回答孩子的每个问题

　　每个孩子天生都是爱学习的，面对这个令他们充满了好奇的世界，他们总是问"为什么"。正是因为这种好奇心，孩子有了一种主动学习的精神，而这就是孩子与生俱来的良好素质。因此，只要掌握了孩子的好奇心，就不用担心孩子没有学习动力。激发孩子的好奇心，也就成了父母成功引导孩子的关键所在。

　　著名教育家陶行知先生曾遇到这样一件事。一个母亲对他抱怨说，她的儿子非常淘气，把一块很贵重的金表给拆坏了，她就把儿子打了一顿。陶行知先生听后当即说："可惜呀，中国的爱迪生让你给枪毙了。"这就说明在家庭教育中，很多父母都在无意间扼杀了孩子可贵的好奇心。

　　那么，父母应该如何保护孩子的好奇心呢？好奇心是人们对新奇事物积极探求的一种心理倾向。孩子的好奇心与生俱来，它主要表现在好问、好动方面。所以，面对孩子的好问与好动，家长应该有耐心，有童心。对孩子在好奇心的驱使下做的一些探索性的举动，家长要看作是"研究探索行为"。

　　好奇心中有孩子的求知欲，有孩子那善于探索、发现的眼睛和心灵，所以我们不要认为孩子的好问是一种没事找事的行为，孩子的好动是一种调皮捣蛋的恶作剧。正确而科学地引导孩子的好奇心，孩子就会在好奇心的带领下发现更多惊喜，而好奇心也会让孩子更加热爱学习。

正面管教案例分享：
不批评孩子的探索发现行为

在生活中，很多父母在面对孩子的破坏行为时，经常不由分说地劈头盖脸数落孩子。其实，只要家长转变一种方式，就可以像温帆父母那样培养出优秀的孩子。

温帆在大学期间有四项发明获得了国家专利，如"带打气筒的自行车""可以转换多种锤头的锤子"等都是他多维思考的产物。而他的父母从小就很注重培养他的多维思考能力。

在温帆很小的时候，有一次，父母花了两个月的工资买了一台收音机。一天妈妈下班回到家，忽然发现儿子把收音机拆了，于是便问："你怎么把收音机拆了？"

温帆说："阿姨在里面，我想看看阿姨在里面怎么唱歌。"

妈妈一听，不仅没有生气，反而很高兴地对儿子说："你的想法不错！阿姨在很远的地方唱歌，不管是天上、地下、海里，你都能听得见。这是为什么呢？你长大了就可以去探索这个！"

温帆的想象力和好奇心一直得到母亲的鼓励，他对无线电、电子、电波越来越感兴趣，上大学的时候就报考了电子信息专业，从某种意义上说，这都是对他童年好奇心的回应。

还有一次，父亲在修自行车时让他当助手，对他说："跟我修这一次以后，下次就完全交给你自己修了。"

温帆很有体会地说："父母让我多动手做实验，多观察别人的做法。看得多了，在做同样事情的时候，我就能从多方面切入，想能不能做得更好，把它提高一个档次，于是，在搞发明创造时我便不断有新想法冒出来。"

温帆父母能正确理解孩子的好奇心，并不断启发、引导孩子在好奇心的带领下不断探索，直到孩子因兴趣确定了自己的人生方向。所以，父母要积极而正确地引导孩子的好奇心，从而使孩子不断进步、寻找自己的未来。

关于如何引导孩子的好奇心，专家建议如下：

建议一：**对于孩子的提问，我们要有足够的耐心**

对于孩子来说，周围的世界是那样神秘、新鲜和美妙。孩子心中充满了好奇和探索的渴望，他们总是在问"这是什么？""那是什么？""为什么这样啊？"，对此，我们千万不要不耐烦，要尊重孩子的好奇心，给予正确的引导和鼓励，耐心解释孩子的提问。父母一定不要说一些"你怎么这么烦呢！""没看我正忙着吗，一边玩去！"等伤害孩子自尊心的话语。

建议二：**不要给孩子定过多的规矩**

有些家长总是喜欢禁止孩子做这做那，比如不让孩子看电视，不让孩子玩电脑游戏，不让孩子和其他小朋友到户外去玩，不让孩子乱动家里的东西，等等。家长的这些行为是在扼杀孩子的好奇心，限制孩子探索的自由。而规矩定得越多，孩子往往越叛逆，因为孩子的好奇心是被强制地按压下去的。

建议三：给孩子创造可进行探索发现的家庭环境

做实验不仅可以锻炼孩子的动手能力，还可以满足孩子的探索心理。在家里给孩子提供一些可以用来感知外界的工具，如望远镜、放大镜、显微镜、地球仪、磁铁、风车等，和孩子一起观察，满足孩子的好奇心，并最大限度地激发孩子的好奇心。我们可以将孩子的好奇心培养成一种兴趣爱好，进而发展成为孩子的特长和优势。

建议四：让孩子多看些百科和未解之谜一类的书

看百科方面的书，可以培养孩子科学、严谨的求知精神，也能让孩子拥有广博的学识。看未解之谜一类的书，可以极大满足孩子的好奇心，鼓励孩子不断去探索更为广阔的世界。

骄纵会导致孩子任性

　　我国著名教育家陈鹤琴先生认为，"娇生惯养"、过分溺爱是对孩子无原则的爱，它有损于孩子的身心发展，因而他强调"对子女要爱护，但绝不要溺爱"。爱就给予，并不是真正的爱，而是一种放任孩子的溺爱，让孩子不知道生活的真实状况，也使孩子不能在磨难中锻炼自己。

　　苏联教育家马卡连柯强调父母的爱对孩子成长的重要性，但他又认为，父母对孩子的爱也应当是有分寸的，因为，无原则的溺爱并不是真的对孩子好，而是在害孩子。

　　溺爱会让孩子在今后的道路上遇到更多的挫折，因为在父母长时间爱的呵护下，孩子有一种十分幸福的心理感受，而一旦走上社会、离开父母的呵护，就会产生巨大的心理落差。所以，我们父母只有知道如何爱孩子，把握好爱的尺度，才能使孩子在父母的关怀中茁壮成长，也才能让孩子学会如何正确应对学习和生活中遇到的各种问题。

正面管教案例分享：

不让孩子生活在优越感中

一位名人指出："爱孩子，是连母鸡也会做的事情。重要的是，要为孩子的成长创造一个优良的环境。"做父母的都希望孩子出类拔萃，把全部的爱和心血都放在了孩子身上，但要知道并不是孩子得到的爱越多，孩子成长得就越好，爱要适当、适量，更要爱得有方法。

在别人看来，双双生活很幸福。她的爸爸是机关干部，妈妈是公司经理，生活富裕而和睦。双双的父母也决心把女儿培养成一个杰出的人才，把全部的爱都倾注在了女儿身上。

但双双的父母并不是对女儿百依百顺。女儿上中学后，变得懂事多了，爸爸妈妈工作忙，很多时候，都是双双自己做饭，衣服也都是自己洗，有时还帮爸爸妈妈做家务，这让爸爸妈妈感觉轻松了不少。而双双的学习成绩并没有因为多做了点家务就变差，反而还前进了几名。

有一次，双双爸爸出差了，妈妈又病了，于是双双就照料起了妈妈的生活。买药，熬药，饮食起居，都是双双的事情。双双妈妈怕影响了孩子的学习和休息，就想雇个保姆，但是双双没同意，双双说自己可以照顾妈妈，不会耽误学习的。

双双父母的做法就很好，爱孩子，希望孩子能够成才，但是却没让孩子生活在优越感中，而是给孩子成长锻炼的机会。不溺爱孩子，孩子会自己成长。

关于如何纠正孩子的任性，专家有以下建议：

建议一：不要对孩子的一切事情都包办代替

孩子的任性很大一部分原因是家长惯出来的。父母怕孩子吃一点苦，想把最好的都给孩子，但却没有想到这样做反而会对孩子不利。其实，孩子力所能及的事情，就应该让孩子自己去做，让孩子感受事情的整个过程，知道努力。父母要从小就让孩子做家务，培养孩子的吃苦精神。

建议二：不要让孩子搞特殊化

很多家长给孩子准备的饭菜和给自己准备的饭菜是不一样的，或者是好吃的东西都让孩子独享。这样一来，孩子就会觉得自己所得到的一切都是应该的、理所当然的。而一旦走出家庭，感受到外面的社会，就会形成很大的心理落差。

建议三：让孩子学会分享

孩子小时，就要教会孩子好东西要和别人分享，这并不是失去，而是一种获得。让孩子和小伙伴、同学、朋友交换玩具、图书，分享零食。这样慢慢地，孩子就会形成一种分享的意识。

呵护孩子的心灵

在当今社会，父母对孩子的培养和在教育方面的投入占家庭支出的很大一部分。同时，相当一部分家长认为，和孩子的教育比起来，其他任何事情都变得不再那么重要了。

对于很多家长来说，生活中最大的事情就是孩子的教育问题。父母在关注孩子教育的同时，也应关心孩子心灵的成长。有的家长完全根据自己的心情和对孩子的期望来要求孩子，而不考虑孩子的愿望和内心感受，而这会伤害孩子的心灵。

著名教育家李镇西说："最不能原谅的教育失误，便是对孩子心灵的伤害。"因此，无论是孩子暂时的学习成绩，还是将来的发展前途，和孩子的心灵健康、内心感受、自身成长比起来，都变得不重要了。

和孩子的成功带给我们多少荣耀、孩子能够取得多大的成就比起来，孩子才是最重要的，因为孩子自身的成长将是一切成绩和收获的载体。所以，我们要给予孩子的应该是百分之百的爱和关怀、认可与赞扬，而不应该是批评和指责。在爱和赞美声中长大的孩子，内心会是阳光向上的，也会对生活充满信心。

正面管教案例分享：
忽视孩子无心的失误

很多时候，家长因为忙于工作而忽视了孩子的成长。那么，下面我们看看大卫一家关于"割草事故"的故事，也许你会豁然开朗。

大卫有两个天真活泼的孩子，一个5岁，另一个7岁。一天，大卫正在教他7岁的儿子凯利如何使用割草机割草。当教到怎样将割草机调头时，他妻子简突然喊他，询问一些事情。当大卫转过身回答简的问题时，调皮的凯利却把割草机推到了草坪边的花圃上，并充分利用他刚刚学到的技术，开展工作。真是可惜，割草机所过之处，花"尸"遍地，原本美丽的花圃留下了一条2尺宽的伤痕。

面对眼前的事实，大卫怒不可遏，大声呵斥。因为这个花圃花费了大卫很多时间和精力才侍弄成今天这个样子的。就在他要继续呵斥凯利的时候，简快步走到他身边，大声制止道："大卫，别这样，要知道，我们是在养小孩，而不是在养花。"

"我们是在养小孩，而不是在养花"，大卫妻子这句普普通通的话如雷鸣一般震撼着我们的心，让我们每一个做父母的不得不深思——是一些身外之物重要，还是孩子的成长、生命和身心健康重要。我们要知道，不要因为孩子的一个无心之错而惩罚孩子，不要伤害孩子的自尊心。

专家建议，在把孩子放在第一位的同时，也要注意以下几个方面：

建议一：要让孩子学会分享

孩子是家里的宝，家长都把孩子当成"公主"和"王子"，在不知不觉间把孩子放在了最重要的位置。但家长也不要娇惯孩子，而应让孩子知道孝敬老人、尊敬父母，有好吃的东西不一个人独享。在这其中，让孩子学会分享，并体会到其中的快乐。

建议二：要让孩子眼里有他人

孩子在家人眼里是个宝，但是当孩子融入一个集体的时候，很有可能以自我为中心。所以，在平时和孩子相处时，就要让孩子明白关爱和体谅他人的道理。

建议三：不要让孩子有种"自己很重要"的优越感

让孩子明白，我们之所以会看重和他有关的事情，是希望他能获得良好的成长。关怀爷爷奶奶等长辈也很重要，爸爸妈妈的工作发展也很重要。只是家人希望看到他的成长。所以，家长要让孩子学会尊重家里的每一个人。

孩子的情绪也需要宣泄

孩子的健康成长是父母最大的心愿。因此，我们必须清楚什么是真正的健康。许多家长认为孩子"没病没灾"就是健康，却对孩子的心理素质、心理状态视而不见，认为孩子小小年纪不会有心理问题。殊不知，心理健康已成为现代家庭教育的新焦点。

某家庭教育研究机构对中小学生和大学生的一次抽样调查发现，中小学生和大学生中分别有40%～50%和20%～30%的孩子有不同程度的心理障碍。

某部门曾在一个城市展开调查，发现孩子患有各种身体疾病的约占受检人数的65%，而有心理障碍的却占69.9%，超过了身体疾病的患者。

这些调查结果说明了提高孩子心理素质的重要性。年幼的孩子正处于心理发育阶段，心理十分稚嫩，因此更需要父母的关心和爱护。

孩子有时也需要情感交流和情绪宣泄。可是，有些家长往往无视或忽视孩子的情感和压力，刚一放学，就催着孩子做作业；就是在假期，孩子也不能轻轻松松地度过，还要上各种辅导班，没有半刻喘息的工夫，更不要说经常和孩子一起谈天说地、交流感情了。即使孩子想和父母沟通一下，有的家长也会说："小小年纪哪有那么多问题，说那些有什么用，好好学习就行了。"时间一久，孩子的问题得不到解决，却并不会消失，而是都积压在心里了，这样就很可能"憋"出"心病"来。

要想心理健康，对孩子进行有效的情绪缓解和心理上的压力沟通是十分重要的。中医专家说，要保持心理健康就要每天和身边最亲近的人沟通十分钟。我们做父母的无疑是孩子最亲近的人，及时倾听孩子的内心感受和压力、紧张情绪，才会将孩子遇到或存在的问题消灭在萌芽状态。

正面管教案例分享：
做孩子最好的心理医生

身为父母，就是要了解、清楚孩子在情感和情绪上的每一点变化和不同，然后及时与孩子沟通，让孩子轻轻松松地成长。其实，在生活中，父母就是孩子最好的心理医生。

茜茜是小学四年级的学生，学习成绩一直都是中等，无论老师怎么补课，成绩就是上不去。茜茜很努力，可是不知道为什么成绩还是老样子。所以，茜茜总是一副闷闷不乐的样子，回到家里也总是无精打采的。

茜茜妈妈察觉到女儿的这种状态后，就问女儿在学校是不是遇到了什么不开心的事。茜茜妈妈了解情况之后，告诉茜茜说，只要茜茜好好学习、健健康康、开开心心的，就是茜茜妈妈最希望看到的。从那以后，茜茜每天放学回家后学习完，茜茜妈妈都会和女儿一起聊天，看动画片，看书，讲故事……茜茜觉得很快乐，而且还明白了很多道理，上学的时候也不像以前那样愁眉苦脸的了，而是仍然努力学习，不管成绩怎样，不落后也是一种进步，而且茜茜的作文写得越来越好了。

茜茜妈妈的做法很好，让孩子在生活中尽可能多地感受到轻松和快乐，用积极的方法不断提高孩子的心理素质，让孩子更勇敢地应对生活中、学习上遇到的各种问题。

关于如何增强孩子的心理素质，专家建议如下：

建议一：教育孩子正确对待挫折和遇到的不如意

从心理学角度分析，青少年在成长过程中适当经受一些挫折是有益的。挫折能激励当事者增强韧性和解决问题的能力，产生创造性的改变。一旦孩子在生活和学习中遇到这样或那样的挫折，父母应接纳孩子的倾诉和宣泄，让他说出心中的委屈和痛苦，通过释放达到心理平衡。

建议二：培养孩子优秀的意志品质

优良的意志品质是实现目标、事业成功的根本保证，因此，培养孩子良好的意志品质就显得非常重要，这就需要从生活中的一点一滴做起，如：孩子摔倒了，不要立即去扶他，而是要让他自己爬起来；孩子遇到不会解答的难题时，应让孩子自己查资料、找思路来获得解决。还要让孩子养成各种好的习惯，比如，守时，勤奋，好问，等等。

建议三：让孩子把不愉快的事说出来

可以让孩子哭，痛痛快快地哭。这就是让孩子把不快的情绪发泄出来，不堆积在心里。但同时也要让孩子记住，要将哭之前的所有痛苦与疲累都统统发泄出来，然后轻松对待下一秒、下一刻。在哭过之后，和孩子一起分析失败、跌倒的原因，最好在纸上分条列出，这样看起来更清晰、直观。然后，调整好心态，继续快乐、积极地成长，这才是最好的方法。

第三章 /

亲子沟通，读懂孩子的心

成为孩子无话不谈的好朋友

　　一位著名的教育家说："父母教育孩子最基本的形式，就是与孩子谈话，我深信这是世界上最好的教育。"可天津市一个重点中学的老师曾对本市初、高中阶段的528名在校生进行了一次问卷调查，结果显示只有9.25%的学生选择了"当你有烦恼时，找父母谈心"这一栏，而且大部分是女生。这就说明了中学生在心理上对父母产生了距离和不信任感，从而不愿意和父母进行沟通和交流，认为交流也不会使问题得到解决或者是减轻心理压力。

　　对此，教育专家认为，正处于趋向成熟期的青少年，一是由于逐渐形成了强烈的独立意识，因此往往不愿他人给以现成的生活指南；二是他们的内心又对各种事物有诸多"不确定感"，因此迫切需要从别人那里获得认同和了解。但是在现实生活中，我们有些父母却无视孩子的这两个心理特征。当他们知道孩子心里有什么隐衷时，或是漠然置之，或是板起一副"一本正经"的面孔，给孩子以"应该怎么做，不应该怎么做"的训斥。这种居高临下的架势，怎么能使孩子愿意和父母沟通感情、诉说心里话呢？

　　要想和孩子之间建立起一种平等的、朋友式的沟通，父母就一定要对孩子有种无私的爱，并且彼此之间拥有良好的亲子关系。在此基础上，父母再了解孩子的内心世界和情感状况，就会很容易，对孩子的教育和引导就能够起到很好的效果。

正面管教案例分享：
陪孩子一起经历不好的情绪

每个孩子都渴望得到父母的理解，任何时候都能明白自己的感受。像陈敏的妈妈，在这方面就做得很好。

> 陈敏非常沮丧地回到家里。妈妈一看就知道，一定发生了什么事，因为女儿平时是很开朗的。妈妈问怎么了，陈敏张了张口，还没说话就哭了。陈敏的妈妈就拉着女儿坐到了沙发上，就听女儿很生气地说："期中考试马上就要到了，学习很紧张，任务很重。我们还要准备学校的舞台剧会演，老师想让我们拿到好的名次。剧本我写得很辛苦，这段时间压力很大，可是老师什么都没问，就说了一句'不好，重写吧'。"
>
> 陈敏的妈妈听着女儿的"哭诉"并没有插话，只是不时说一些"嗯""也是""正是的"之类的话。她能够感受到女儿觉得有人理解自己了，也就没有太多说什么，哄着女儿去写作业了。

陈敏妈妈的这种做法很好，在孩子有情绪的时候，让孩子说出自己的感受，陪孩子一起经历不好的情绪。让孩子感受到我们是理解他们的，孩子才会愿意将心里话告诉我们。不要训斥孩子，否则孩子以后就再也不会和我们沟通、交流了。

关于如何和孩子进行良好沟通，专家建议如下：

建议一：对孩子，也要有话好好说

对待孩子也不能大声、强硬地表达我们的想法。因为并不是我们声音大、态度强硬，孩子就会对我们百依百顺，这样反而会适得其反。和孩子沟通，父母永远都应有话好好说。

建议二：沟通时，站在孩子的立场想问题

我们听孩子倾诉时，一定要抛弃原有的思想和观念，站在孩子的立场上去考虑孩子正在经历的问题。当孩子倾诉之后，一定要对孩子说"我和你的感受一样""我能了解你现在的感受"，让孩子感受到自己不是一个人在承受眼前的一切。

建议三：听孩子说话时一定要专心

在生活中，很多家长在听孩子说话时，总是一边做着什么事情，一边听孩子说话。这样，就给孩子一种父母不重视自己的感觉，孩子怎么可能好好地把自己的情况认真地告诉父母呢？家长可以专门抽出点时间和孩子沟通。不管怎样，不要让孩子有一种我们在应付他们的感觉。

建议四：投其所好，多聊孩子感兴趣的事

无论做父母的以多么好的方式和态度和孩子说话，孩子也都会有一种无法消除的距离感。所以，我们要和孩子多谈他们感兴趣的事，这样孩子就会有很多话想说，渐渐地我们就会越来越了解孩子了。

收回我们的"三令五申"

在家中，我们常常会让孩子做某些事情，可孩子就是不做。我们也就一遍又一遍地一直唠叨到孩子极不情愿地去做时为止。对于这种情况，不知道家长们有没有认真地想过"我们平时到底是怎样和孩子说话的呢"。

我们是不是一直在用命令的语气和孩子说话呢？"你一定要这样做""你必须这样"这样的命令很容易让孩子产生逆反心理。因为命令是一种单向的、生硬的沟通方式，没有丝毫感情的成分。因此，不管父母说多少次，孩子都不可能自动自发地去做。因为孩子不会在这个命令中得到愉快的感觉，不会从中体会到父母对自己的爱和关怀，所以也就自然不会积极行动。

其实，商量是最好的方法，因为其中包含着我们对孩子的爱和尊重，它能够拉近我们和孩子之间的距离，使孩子愿意接受我们的建议。商量的益处在于，可以使父母和孩子学会从别人的角度思考问题。两代人的沟通，无论是情感，还是语言，最重要的是相互理解、相互尊重。而能实现理解、尊重，又可获得信任的方法就是学会商量。

美国成功学家卡耐基说："相对于下'命令'的方式来说，

用'商量'的方式不但能维持对方的自尊，而且能使他人乐于改正错误，并与你合作。"

正面管教案例分享：
用商量的口气和孩子交流

有的父母凡事都和孩子商量，总是对孩子说："你觉得这样怎么样？你觉得那样如何？"这样就使孩子更愿意接受父母的提议。

> 冉冉最不喜欢别人让她做她不喜欢的事情，经常是越让她做她就越不做。渐渐地，妈妈察觉到了冉冉的脾气，也就不再用强硬的态度和语气与孩子说话了。
>
> 一次，冉冉放学回家后，不写作业，却一直看动画片。冉冉妈妈就对冉冉说："宝贝，咱们先写作业好不好？等作业写完了，再看电视，你觉得怎么样？"
>
> 冉冉想了想，觉得妈妈并没有责备自己的意思，就说："我现在就去写作业。写完作业后，我还要预习明天的功课呢！等预习完功课，我再看动画片。"

冉冉妈妈看到女儿放学回家不马上写作业的不良习惯后，并没有声色俱厉地指责冉冉，也没有命令冉冉必须马上去写作业，而是和冉冉商量，向冉冉提出建议，然后让冉冉自己判断、决定怎么做。对待孩子时，我们要学习冉冉妈妈的做法，多和孩子商量，让孩子感受到父母对自己的尊重和友好，从而不再与父母对抗。

关于如何用商量的方式融洽亲子关系，专家有以下建议：

建议一： 任何时候都不要对孩子用命令的口吻

现代观念认为孩子是发展中的个体，具有独立的人格和鲜明的个性心理特征。因此，了解孩子、尊重孩子、激励孩子、诱导孩子是成功的教育方法，强迫责令，以成人为中心，往往使孩子被动，收不到好的效果。命令的方式应慎用，绝对不能滥用。

建议二： 孩子的事要和孩子商量

孩子对自己的事情都有自己的看法，如果我们还没有征得孩子的想法，就自作主张，孩子就会认为我们不尊重他，认为我们不相信他的能力，从而影响孩子积极性的发挥。

建议三： 孩子更愿意接受父母的建议

建议的方式对孩子来说非常重要，孩子会认为我们尊重他，关心他的感受，从而信任我们。比如，提醒孩子学习时，我们可以说："你现在是不是最好去学习，等学习完了，看课外书也行，玩也行。"而千万不要说："赶紧去学习！"或"为什么还不去学习呀？"使孩子更容易接受，不会产生逆反心理和排斥态度。

倾听孩子的心声

美国一家全球知名的教育咨询机构曾做过一个调查，结果发现90%的学生认为父母一点都不能理解自己，因为他们觉得父母平时只知道唠叨，内容也是千篇一律，没有一句话是能够帮助自己解决所面临的困难的，甚至还凭空让自己生出许多烦恼。在这次调查中，孩子便想出应付办法，一是不到最后时限不回家；二是回家就往自己的小屋里钻，将门锁上，用房门来阻断与家长的联系，不跟父母说话。

父母和孩子之间的沟通困难，很大程度上是父母没完没了的唠叨导致的。就像一位多年研究家庭问题的教育专家所说的："唠唠叨叨是母亲教育孩子的主要方式，但并不是最有效的、最好的方式。"对此，孩子的话可以说是最有说服力的了。有孩子这样说："我妈妈除了唠叨，没有别的招儿，真是烦死了。"还有的孩子说："我妈妈的话总是没完没了的那么几句。"

在家庭教育中，我们一直提倡身教重于言教，但从教育咨询机构反映出来的问题看，父母在教育孩子的过程中，常常是"言教重于身教"，也就是"唠叨太多"，尤其是做妈妈的。而父母之所以唠叨，也是因为对孩子的爱，只是没有处理好爱的方式而已。而倾听同样是父母爱孩子的一种方式，在默默的关注和倾听中了解孩子的感受、理解孩子的心情，让孩子感受到父母的这种无处不在的爱和倾听，让孩子说出自己的心里话。由此可见，表达爱的方式很重要，而无声的倾听也是一种爱的表达方式。

正面管教案例分享：
不再唠叨，给孩子说话的机会

每个人都有表达内心想法的渴望，孩子也不例外。妈妈一味地唠叨，不但不能和孩子进行沟通，还会使孩子不想开口说话。所以，为了让孩子多说，我们就要少说。

钟科的母亲平时教育钟科时特别喜欢唠唠叨叨，从来不听钟科的意见。

有一天，钟科放学回家，进屋放下书包，就开始诉说学校里的不良现象，并发表了自己的许多看法。奇怪的是母亲这次并没有打断钟科的话，而是一直听钟科把话讲完。钟科虽根本不知道是为什么，但心里真的特别高兴母亲的理解，于是感激地说："妈妈，谢谢您今天听我说了这么多的话。"

原来钟科的母亲得了咽喉炎，嗓子哑了，医生叫她少生气，不要说话。钟科回家时，她刚吃完药，虽然听了一半就很生气，本想打断孩子的话，狠狠地数落他，但因为嗓子疼得说不出话来，所以只好听他说下去，却最终听到了孩子的心声。

妈妈因患了咽喉炎，嗓子难受，遵医嘱而不能说话。而孩子谢谢妈妈是因为"妈妈今天听我说了这么多话"。这就是说，母亲成了一个"倾听者"，此时的教育效果是母亲意想不到的。所以，少说多听也是一个好方法。说教太多，教育效果未必很好。

关于如何避免唠叨，专家建议如下：

建议一： 简单的道理不必解释

孩子年龄虽小，但是他们同样懂得时间的宝贵和学习的重要性等道理。我们不用一遍又一遍地敦促孩子，说些更有意义的话，孩子反而愿意听，比如，"多读课外书，也可以提高语文成绩""踢球、跑步能够锻炼身体，对学习有不小的帮助"等等。

建议二： 引导孩子多和我们说些事情

我们少说些话，让孩子多和我们说些事情。利用孩子放学回家的时间或是学习之余的时间，问问孩子学校发生的新鲜事，有没有交新朋友，学校里哪位女老师漂亮、哪位男老师帅，等等。我们和孩子之间并不是只有学习上的事情可以谈。多问孩子，渐渐地，孩子就会和我们无话不谈了。

建议三： 学会倾听并和颜悦色地与孩子沟通

家长应以关怀的笑容、信任的眼神、理解的心态耐心地听孩子把话说完，然后以平和的、商量的态度和口气与孩子交流。因为很多时候家长会板起脸孔打断孩子的话，或者是否定孩子的想法。而这样做无疑在无形中建立起一道交流的壁垒，对孩子的成长是极其不利的。

心理学实验表明：在情绪高涨、轻松愉快的状态下进行学习的学生，其学习成绩比情绪低落、抑郁、长期处在激愤状态下的学生要高出20%左右。所以，和颜悦色地对待孩子吧。

尊重是爱的最好方式

很多父母在对待孩子时，总是以为声色俱厉的命令就能让孩子听话、好好学习，所以总是在以一种十分严厉的方式教育孩子，然而这样做真能培养出好孩子吗？儿童问题专家曾多次指出：最可怕的不是棍棒相加、拳打脚踢，而是父母让孩子失去面子、失去尊严，而不论有没有父母及孩子以外的其他人在场。

捷克著名教育家夸美纽斯则指出："应当像尊敬上帝一样地尊敬孩子。"因为尊严是人类灵魂中最应该精心呵护，绝不可糟蹋的东西。而父母对孩子的尊重，实际上就是一种爱的体现。父母只有发自内心地爱孩子，才会在每一个细节上都尽可能地维护孩子的尊严，让孩子得到尊重的愉悦感觉，孩子也才会更加自信而努力地去奋斗。

尊重孩子对于孩子的成长是至关重要的，我国著名教育家陈鹤琴主张：家庭教育要民主化，父母对待孩子要平等，尊重孩子的人格。他特别强调，做父亲的应当同小孩一起做游戏。而这也是家庭教育民主化的一个表现。他认为父子一起做游戏的好处很多，既可以沟通父子间的情感，增加家庭中的天伦之乐，又可以利用一起游戏的机会教育孩子，还可以发现孩子不好的行为和思想，及时加以纠正。

正面管教案例分享：
让孩子认识到尊重的重要性

我们爱孩子，就要充分地尊重孩子，让孩子因为被尊重而体会到尊重的重要性，同时也知道在每一件小事上也要尊重他人。这就是我们教育孩子的本质。

融融妈妈看到融融今天放学回来很不高兴，于是就问融融怎么了。这时，融融伤心地说："妈妈，我同学都说我的头发黄，非常难看。前几天数学小测验的成绩也出来了，我错了两道题，我周围的几个同学有的没错，有的错了一道。他们都说我笨。他们这样说我，我就说菲菲皮肤黑，应该去非洲。隆隆的语文成绩总是刚刚及格，而我的语文总是班里第一名，他比我差远了。"

融融妈妈听完融融的话，就问融融："你的同学为什么那样说你呢？"融融只好说："前天上音乐课时，我说他们唱得太难听了，像乌鸦叫。"融融妈妈明白了，对融融说："你那样说同学就是对同学的不尊重，所以，他们也就不会尊重你。在生活中，我们要爱别人，也要尊重别人，要发现他人的长处，而不能伤害他人的尊严。不能因为同学说你，你也反过来去挑别人的毛病。要发现他人的长处。你为什么只说菲菲黑，不说菲菲的腿很长，还会跳舞呢？隆隆的语文是不好，但是隆隆的字是你们班上最漂亮的。如果你这样评价他们，他们也会尊重你的。"

每个人都渴望被尊重，而尊重正是爱的一种表现。我们要像融融妈妈那样让孩子明白尊重他人才能换来尊重的道理，让孩子在平时的每一件小事上都尊重他人，看到他人的长处，而不骄傲自大地贬损别人。

关于如何尊重孩子，专家给出几点建议：

建议一：**不要总是责骂孩子**

没有父母不爱自己的孩子，只是我们有的时候真的不是很注意自己的那些可能会伤害到孩子的行为。亲子关系最忌讳的就是父母口头的指责和讽刺了，什么"笨蛋""我怎么这么倒霉，有这么一个笨孩子"。孩子的心是很敏感的，他们会把这些记得很清楚。

建议二：**不要拿孩子与其他孩子做比较**

父母总是喜欢"比较"。在孩子还很小的时候，就比身高、体重，比谁先说话、先走路；孩子长大后，比的事情就更多了。但是家长却很少教导孩子要"自己和自己比""看看自己进步的地方在哪里"。

建议三：**肯定孩子的想法**

孩子想自己去买衣服，我们不同意，担心孩子被骗、买不好；孩子和什么样的同学交朋友，我们总是要提出许多条件；高考报志愿时，孩子不能选择自己的兴趣，而要听家长的决定报考。几乎每一件事情，家长都要做主，这无疑是不尊重孩子的表现。家长应该更多地让孩子按照自己的想法去决定、去努力。

建议四：**让孩子自己多实践**

有的父母总是以爱为名，代劳任何事情。孩子要自己收拾房间，妈妈会说："你学习吧，不用你帮忙。"其实，妈妈不妨说："太好了，我真需要一个帮手。"这时，孩子肯定会很高兴，觉得自己是一个有用的人。

不要给孩子定那么多规矩

从孩子出生时开始，父母就把孩子今后的发展规划好了，唐诗宋词要背、经典名著要看、钢琴画画要学、舞蹈书法要练，上了学之后，各种课外补习班更是一个接一个上……孩子比任何人都忙，却完全没有了本来属于童年的游戏和玩的时间。

对于这种现象，近年来，许多教育专家指出：孩子"玩"的天性正在退化，失去了在"玩"中自发学习和自我教育的机会。

英国教育专家认为，久坐不动、过于安静的孩子，将来患上慢性疲劳综合征的概率大大高于活泼好动的孩子。研究还发现，童年的各种游戏活动有助于抵抗疾病。伦敦大学的拉塞尔·维纳尔教授还发现，过于安静还会影响儿童的心理发展。儿童心理是在与周围环境的相互作用中获得发展的。环境给儿童提供了丰富的刺激，正是在摸摸这儿、碰碰那儿的活动中，儿童认识了周边的环境，学会了与人的交往，构建起了自己的世界。所以，我们应鼓励儿童活动，并创造条件激发他们去活动。

教育学家指出，在孩提时代，孩子都具有主动学习的行为，而孩子主动学习是通过"玩"的方式体现出来的。所以，父母不要阻止孩子以他的方式进行学习。如：孩子玩过家家，在孩子玩的过程中就是在模仿成人的家务活动；孩子给娃娃洗手、喂饭、脱衣服等，其实是孩子在主动地学习生活自理能力；在玩积木、拼图中，学习认识各种颜色和形状，把积木搭成喜欢的形状，可以培养想象力，锻炼手眼协调能力；玩弹玻璃球、捉迷藏、扔沙包、跳房子等游戏，都能使孩子学到很多知识，提高探索意识及交往能力与语言表达能力等。

孩子会因为游戏而感到充实，他们也通过游戏摆脱孤独，在游戏中积累解决问题的经验、获得成功的快乐，这不仅有助于拓展孩子们的想象力和创造力，还可以培养他们坚强的毅力和互助精神，这都将有助于孩子更优秀地成长。

正面管教案例分享：
让孩子在玩中学到更多

在玩的过程中，我们要及时发现孩子的天赋，然后重点引导和培养孩子的这种天赋，帮助孩子有所突破，在玩中获得成绩和收获。

肖勇在数学方面很有天赋，在全国数学奥林匹克竞赛中也取得了很好的成绩，而这些都得益于肖勇妈妈的发现和培养。

在肖勇上小学的时候，肖勇的妈妈发现儿子画的画很独特，画的是一个插满了鲜花的花瓶。但是，花瓶和所有的花都是由几何图形组成的，而且这些几何图形搭配得非常巧妙。肖勇的妈妈觉得儿子对几何图形的控制能力很好，就开始不断地启发、引导孩子。很快，肖勇就对数学产生了浓厚的兴趣，并且几年以后就在全国数学奥林匹克竞赛中取得了成绩。

玩是一种主动学习的态度，肖勇的妈妈能够从孩子无意间的玩耍中发现孩子的天赋，不断地培养孩子，这样的做法为我们提供了很好的思路。父母不但不应限制孩子玩，还应在玩中让孩子得到最大的收益。

关于如何正确对待孩子的玩，教育专家有以下建议：

建议一：给孩子创造一个宽松的环境

只要没有危险，就不要剥夺孩子玩的权利。长时间的学习会加剧孩子的紧张情绪。家长对孩子的过度教育，会影响孩子身心的自然发展。要给孩子玩的时间，让孩子快乐成长。

建议二：不要对孩子管得太严、太细

孩子想要拿剪刀剪东西，父母怕锋利的刀刃伤到孩子；孩子要和朋友一起去徒步旅行，父母怕孩子吃苦，又怕遇到坏人，而百般阻拦；孩子要养个小动物，父母怕伤到孩子，又怕小动物不干净，弄得家里不卫生，而不让孩子养。

父母总是从万一会发生的情况来考虑问题，而忽略了很多好的方面。不要对孩子限制太多，让孩子自己去经历一些事情，孩子会有属于自己的感受，这对孩子的成长十分有益。

建议三：给孩子创造玩的条件和空间

不要总把孩子关在家里，除了学习之外，要让孩子到家庭之外的环境，去和外面的世界接触。多和邻居小朋友在一起玩，可以培养孩子的合作精神；多带孩子接触大自然，可以让孩子有一个宽阔的胸怀。

建议四: 用游戏启发孩子的想象力

爱做游戏是孩子的天性，同时，做游戏也是发展孩子想象力的最佳活动。孩子常常在各种游戏中模仿成人的活动和生活，凭借想象扮演多种角色。孩子会把自己关于生活的想法和对事物的看法与见解通过游戏表现出来。

我们可以让孩子把游戏的过程记录下来，然后和我们分享，也让我们参与其中，感受孩子想象出来的一番新天地。这样，孩子会充满成就感。

相信孩子，跟孩子建立信任感

大多数父母都是站在孩子的对立面对孩子进行教育。他们只是用"大人"的身份，指出自己孩子的错误，并用"权威"的方式提出自己的要求。可能他们不知道，这样的教育方式，不仅不会给孩子提供更多进步的动力，反而还可能让孩子因为承受的压力过大而走向崩溃，对生活完全失去信心。

有时候，父母可以换一个角度去教育孩子，和孩子站到同一条起跑线上，这样反而可以起到非常好的教育效果。当父母和孩子站在同一条起跑线上的时候，父母就会明白，孩子面临着什么样的困难，又承担着怎样的压力，有了这样的理解之后，才可能有针对性地去帮助孩子解决他所遇到的问题。

其实，当父母真正和孩子站在一起的时候，就已经是对孩子最大的鼓舞。因为在孩子的心中已经认识到，无论遇到什么样的困难，父母都是他的坚强后盾，而这会帮助孩子树立起生活的信心。

正面管教案例分享：
和孩子一起分析、解决困难

对于处于困境中的孩子来说，他最需要的是父母的鼓励和学习方法上的具体指导。而大多数父母在孩子一次考试"失利"后，往往会进行一番言语苛责，这不仅不会起到任何帮助，还可能因此让孩子背上学习的压力。有时候，家长可以转变一下对孩子的教育方式，和孩子一起分担学习中的压力，并共同去解决遇到的难题，这样会起到更好的教育效果。

小强的学习成绩一直不错，不过这次期中考试之后，他一直闷闷不乐的。因为这次考试他没考好。在语文考试中，小强因为一时马虎，没有理解题目，就开始写作，等到快要结束时，才发现自己的作文与题目要求有所出入，但已没有时间修改，最后只得了一个很低的分数。他的父母一直非常关注他的考试成绩，所以他不敢把自己的成绩告诉家人，他害怕家人会对自己失望，更不愿意听到父母对自己的责骂。

但纸终究包不住火，经过两天的思考之后，他最终决定把成绩告诉自己的父母。周末吃完晚饭，在餐桌上，小强终于鼓足勇气把考试情况告诉了父母，并解释了自己犯错误的原因。

听到这个消息，小强妈妈先是一愣，但并没有批评他，而小强爸爸则发出了一个爽朗的笑声，并说："我还以为什么事情呢，原来只是因为考试的一次失利啊。说实话，我以前是学生的时候，也犯过同样的错误，同学们还因此嘲笑了我好长时间，挫折并不可怕，最可怕的是自己不在错误中吸取教训。这次的失误说明的只是粗心的问题，只要以后不再犯同样的错误，这样的错误就有价值。"听到这番话，小强的疑虑全部打消了，他又恢复了对自己的信心。

面对自己的失误与不足，孩子内心就已经形成了对自己的苛责与悔恨，这个时候小强的爸爸敏锐地感觉到了这一点，从而用一个包容的笑声打消了孩子的"顾虑"，并用自己的"经验"，让孩子树立起对自己的信心。最终一次失败的经历，因为父母的分担，而成了孩子的一段难忘的回忆。

关于如何让孩子感受到信任，专家给出以下建议：

建议一：**主动和孩子交流他在学习上的问题**

每个孩子都会遇到自己在学习上的问题。这个时候，他们常常会感到非常困惑，因为他们没有可以寻求帮助的对象。父母这时要及时发现这些问题，并给孩子有益的建议，这样才能帮助孩子克服他们所遇到的困难。

建议二：**失败的时候更要去鼓励孩子**

孩子遭遇失败是父母最不愿看到的事情。但父母千万要记住，此时也是孩子最需要父母鼓励的时候。失败的时候，父母依然要站在孩子的身后，给予他们适当的安慰，并教给他们从失败中吸取教训的智慧，这样才能帮助孩子走出失败的困境。任何人都会有失败的时候，如果孩子知道父母会作为他们永远的精神依托，他们必然会有跨越各种困难的强大动力。

建议三: 孩子也有自己的压力

不要认为孩子的世界是简单而快乐的。对于每个孩子而言，他们都有自己的目标，也有自己所承担的压力，他们的世界仅仅是成人世界的一个压缩版本。父母对孩子进行教育时，要让孩子明白自己应该达到的目标，同时要体谅孩子的难处，帮助孩子释放压力，并建立起实现目标的信心，只有这样才能帮助孩子最终实现自己的目标。

建议四: 永远相信自己的孩子

作为父母，永远要记住的一句话就是：相信自己的孩子。孩子处在困境的时候，也是意志最为薄弱的时候，这时孩子往往会去向最值得依赖的人寻求帮助，而这一人选往往就是他们的父母。无论孩子取得什么样的成绩，或是犯了什么样的错误，父母都要永远站在孩子身后，成为他追求美好生活的坚强后盾。

第四章 /

心灵教养，懂孩子的需求

解除依赖，自立自强

有的孩子在家里什么家务活都不干，甚至连整理书包都是家长代劳。这是父母对孩子娇生惯养、孩子缺乏自立意识的表现。而这并不是爱孩子的最好方法，因为孩子终归要长大。而自立意识需要从小培养，对于一些事情，父母应该鼓励孩子亲自去实践、去努力，这样才能让孩子快速成长。

美国的家庭教育就很注重培养孩子的自立意识，美国中学生的口号是："要花钱，自己挣！"在孩子很小的时候，美国的家长就让孩子自己动手装配自行车、修理小家电、粉刷房间，以及参加一些义务劳动。不管家里经济状况如何，孩子在12岁以后就得给家里的庭院锄草、给别人送报，来赚取零花钱。

而做事严谨的德国人一贯重视培养孩子"勤奋、正直、可靠、乐于助人、作风正派"的品格。因此，父母们从不包办孩子的事情，认为孩子是一个独立的个体，要给他们充分的空间，自己去完成一些事情。如，在孩子1周岁大时，父母就鼓励孩子自己捧着奶瓶喝牛奶。随着孩子年龄和能力的增长，父母还会引导他们做一些更难的事情。而德国法律则规定，孩子到14岁就要在家里承担一些家务，例如给全家人擦皮鞋之类的事情。

这就是外国关于孩子自立的培养，都是在孩子年龄尚小的时候，从生活中一点一滴的小事开始的。这样就会让孩子懂得，一个人走向社会最终靠的是自己，从而学会自立和自强。

正面管教案例分享：
让孩子从小学习做家务

培养孩子的自立精神，可以从让孩子做家务开始，来让孩子体会到责任的存在。

从欣欣三岁的时候起，欣欣妈妈就让欣欣自己洗袜子、洗手绢、叠衣服。欣欣也很听话，都按妈妈说的做了，但欣欣毕竟是一个只有三岁大的孩子，这些还根本做不好。可这些做父母的一聚到一起，欣欣妈妈还是会很自豪地说："什么都做不好，她洗过的袜子、手绢我还得重洗，叠过的衣服我还得重叠……可是孩子却做得津津有味，从小就让孩子学着做，可以培养孩子自立、自理的意识，这样长大以后，才会自如地应付生活。要做的事情多了，也不会觉得这些事很麻烦。"

一晃儿，欣欣已经是小学六年级的学生了。一次，欣欣的妈妈生病了，早上，欣欣妈妈起床晚了，急忙到厨房，怕女儿吃不上早饭就去上学。可是，一进厨房，竟看到欣欣已经把早饭做好了，正要叫妈妈来吃呢。欣欣妈妈问欣欣："什么时候学着做的啊？"欣欣说："平时妈妈做饭的时候看着看着就会了。"

欣欣妈妈的做法是对的。父母应该从孩子小的时候起，就让孩子参与到家务中来，相信孩子，让孩子独立地做一些事情，孩子一定会很快变得独立。

建议一：父母的正确引导是关键

小孩子都有自立的能力，孩子一岁半左右时，特别想自己拿勺吃饭，其实这时孩子是在学习独立吃饭，然而，我们怕孩子弄脏衣服和饭桌，觉得收拾起来麻烦，就喂孩子吃饭，不允许孩子自己吃；每次我们洗衣服时，孩子总是乐呵呵地跑过来，把小手伸进盆里，揉搓着衣服，可这却遭到我们的斥责，因为我们怕孩子弄湿了衣服……可见，孩子的自立意识往往在我们的不相信和怕麻烦的想法中给扼杀掉了。

所以说，父母正确地引导孩子是多么关键！在孩子有自立行为的时候，父母应该不怕麻烦，让孩子勇敢尝试。这样，孩子自然就会变得自立了。

建议二：有意识地交给孩子一些任务，锻炼孩子独立做事的能力

随着孩子年龄的增长，我们要逐步放手，让孩子有独立地做自己的事情的意识和习惯。带孩子去银行存钱时，告诉孩子如何和银行的工作人员沟通，然后让孩子来办这件事。节假日，和孩子一起写菜单，然后告诉孩子市场上的菜的大致价钱，然后让孩子一个人去采购。这些事情都可以锻炼孩子自立、自强的能力。

建议三：给孩子创造独立的机会

我们可以在周末让孩子为第二天的生活与活动做一个计划和安排，然后从第二天早上起床开始，就由孩子来安排这一天家中的各项事务和活动。父母则要在孩子的指挥下配合工作，需要多少钱，买什么菜，到哪里玩，坐什么车，走哪条路线，都要听从孩子的安排。而我们只需放手，即使孩子有安排得不合适的地方，也不要马上否定，最好等到一切结束之后，再提出改进意见。孩子一定会对一天的经历感到欣喜和激动的。

建议四：让孩子明白凡事都要自己拿主意

把孩子看成是一个自立的人，让孩子来自己做决定，并且实践自己的决定，这对孩子来说，是一件意义重大的事情。

父母要让孩子知道，自己的事情自己做，还包括凡事要自己来拿主意，做最后的决定。如，是学钢琴，还是学奥数，或者是什么特长班都不学，只是一心学习；是选择文科，还是选择理科；一件事情遇到困难时，是坚持，还是放弃；等等。每一件事情，都要自己来决定，所以，要利用孩子遇到的每一件事情来让孩子明白自强、自立的道理。

学会感恩，心态平和

现在，大多数家庭只有一个孩子，所有人都围着孩子转。在这样的家庭氛围中，孩子想要什么就有什么，容易使孩子产生理所当然的心理，进而使孩子不懂得关心他人、理解他人。其实，父母可以对孩子进行感恩教育。

当孩子的内心拥有了感恩之后，孩子的生活就会少很多怨天尤人的不满与抱怨，能够心平气和地看待生活中、学习中遇到的一切变化和事情。而这种感恩的生活态度，也会让孩子在成长的道路上获得更多帮助和机遇，从而拥有更多成功的可能。

正面管教案例分享：
从小事教孩子学会感恩

感恩，不仅是对大恩大惠要有感激之情，更是要对生活中的小事心存感激。因为很多时候，感恩不只是我们对待他人的行动，也是我们对待他人的一种态度。

晓晓妈妈看到电视上一家外国人之间总是说着"谢

谢""我爱你""谢谢你的帮忙"之类的话，很受启发。觉得应该让晓晓也有这种感谢、感恩的意识，这样可以让晓晓更懂得爱。

于是，晓晓妈妈对晓晓说："是不是觉得在生活中常常得到他人的帮助呢？"晓晓则说："不知道。我看过的书上倒是有，很多人受到了他人的知遇之恩，前途就变得一片大好了。还有更多的人受到过他人的救命之恩。"

晓晓妈妈一听晓晓的话，就觉得真是太有必要培养孩子的感恩意识了。于是，晓晓妈妈对晓晓说："既然这样，从今天开始，把你认为对你有过帮助的人和事，需要感恩、值得感激的事，都记下来。"然后，晓晓妈妈又对晓晓说："并不是只有知遇之恩和救命之恩才是值得感激的。"

于是，晓晓在这晚睡觉的时候想了好多好多。这样一想就发现，原来自己一直都是在感受着"恩惠"。所以，晓晓爬起来写了第一篇日记："晚上，妈妈做了很有营养的饭菜，是想让我有一个好身体。感谢妈妈。下午自习课，我去办公室，老师给我讲了一道题，我明白了。放学回家的路上，有一个花坛，里面有很多花，很香，让我有一个好心情……"

第二天晓晓在吃完早饭后，要上学时，把这篇日记放在了妈妈的公文包上。晓晓妈妈要上班时，看见了晓晓的日记，会心地笑了，因为晓晓妈妈知道孩子明白什么是感恩了。

在生活中，往往都是一些小事情让人们感动不已，只要孩子心存感恩，就能感受到父母的辛苦、老师的教诲、朋友的帮助和生活中的点滴美好。我们要让孩子有一颗感恩的心，而不是对生活麻木、漠不关心，这样孩子才能够健康成长。

关于如何培养孩子的感恩意识，专家有以下建议：

建议一: 告诉孩子"生活中没有什么事情是应该的"

俗话说"一分耕耘，一分收获"，不耕耘，那么肯定是不会有收获的。孩子的学习和生活也是一样，没有什么是应该的，所以要学会感恩，就要忘记"应该"这个词。要让孩子学会对遇到的每一个人、每一件事说"谢谢"，不论这件事是好的还是坏的，拥有感恩的心态，孩子就可以从中得到丰富的财富。

建议二: 感恩要从小事做起

生活中最多的就是小事，让孩子学会感恩，从小事做起是让孩子感受帮助、回馈帮助的最好方式。比如，主动帮助老师擦黑板、对师长有礼貌、尊重老师、关心理解父母、为父母分忧，这都是很好的感恩行为，也能让孩子感受到感恩的快乐和满足。

建议三: 对孩子的感恩行为要给予鼓励

孩子的感恩不仅仅是对父母的感激，而应该是一种将自己的感激推而广之的情感，主动关心长辈的身体状况，热心帮助有困难的同学，把自己积攒的零用钱捐给灾区，都是感恩的行为。我们一定要给孩子及时的鼓励。

树立理想，奋斗不懈

孩子小的时候，总是说"我想当科学家""我想当舞蹈家""我想当医生""我想当老师"……有很多理想，虽然常常朝令夕改，但那毕竟是一种梦想，需要家长进行理想教育。在理想的指引下，孩子会更好地成长，走向辉煌的未来。

哈佛大学对一些智力水平和年龄相近的优秀青年做过一次关于梦想的调查，结果发现，3%的人拥有坚定的梦想和雄心壮志，并且后来果然成为社会各界的成功人士、领袖人物；10%的人有一些关于职业和生活的十分具体的梦想，他们中的绝大多数成了医生、律师、高级主管、营销专家，生活在社会的中上层，过着衣食无忧的富足生活；60%的人对自己的梦想没有实现的把握，后来他们几乎都生活在社会的中下层，尽管生活安逸、工作稳定，但大都没有什么成就和太大的发展；27%的人完全没有梦想，后来他们几乎都生活在社会的最底层，抱怨上天、诅咒命运、数落他人，靠社会的救济勉强度日。

从这个调查中我们不难发现，理想对于一个人的未来发展是多么重要。所以，父母一定要呵护好孩子的梦想，并和孩子一起努力去实现梦想。

正面管教案例分享：
维护孩子大胆的梦想

孩子有很多梦想，可是如果孩子的梦想有的不切实际，我们要怎么办呢？其实，家长最先要考虑的不是梦想的问题，而是孩子对这个梦想的坚定程度、对实现梦想的信心和是否能够克服重重难关直到梦想实现。

很久以前，在美国，有一个小男孩约翰，他的老师让写一篇题目为"我的梦想"的作文，可是约翰的作文本上却是一个大大的红"×"，没有分数，老师要求约翰重写，并说："你'希望将来自己能拥有一座占地十余公顷的庄园，在辽阔的土地上种满如茵的绿草。庄园中有无数的小木屋、烤肉区，及一座休闲旅馆。除了自己住在那儿外，还可以和前来参观的游客分享自己的庄园，有住处供他们憩息'。你这个梦想太不现实了，要想及格，重写一篇你的梦想吧！"

约翰很为难，因为这确实是自己的梦想，自己十分渴望、愿意为之奋斗的梦想。前一天在写作文之前，约翰已经把这个梦想告诉妈妈了，约翰还对妈妈说："如果老师和同学知道了自己的这个梦想，会笑话我的。"但约翰妈妈却说："没关系，如果你真的坚信这就是你的梦想，努力之后一定会实现的，不要怕别人的嘲笑。"

可是，这篇作文真的没通过。约翰沮丧地找到妈妈。约翰妈妈看了作文本之后就说："这真的是你的梦想吗？"约翰很坚定地点点头，约翰妈妈说："一次成绩好像真的不是很重要！"于是，母子俩都笑了，约翰没有另写一个梦想。而30年后，约翰的梦想真的实现了。

我们不要否定孩子的大胆梦想，既然孩子这样想，就说明这是孩子内心最真切的渴望，而这种渴望是会产生巨大的动力和干劲的，它会支撑着孩子一直到梦想的实现。我们要像约翰妈妈那样，不要看眼前的困难，要支持孩子，让孩子有梦想的权利。

关于如何对孩子进行理想教育，专家建议如下：

建议一： **对孩子进行正确的梦想引导**

教育专家认为，6～18岁的孩子的理想发展大致分为四个阶段：一是理想发展的准备阶段，孩子会把父母的、老师的要求当作自己的理想；二是生活理想阶段，是孩子最早进行独立思考而得出的理想，是孩子在各种活动中因兴趣而产生的理想；三是职业理想发展阶段，随着兴趣的发展，孩子拥有了某种持续的爱好，在此基础上，产生了对某种职业的向往；四是社会理想发展阶段，这是孩子的抽象思维发展到一定水平并有了一定社会经验的必然结果，它往往同职业理想相联系。生活中，我们要细心观察孩子正处于何种理想发展阶段，从而给孩子正确的引导。

建议二： **根据孩子的能力引导孩子努力的方向**

父母培养孩子的目的就是希望孩子能够成为一个自立的、对社会有用的人。所以，对孩子进行理想教育也绝不是抱着让孩子成名成家的目的。要根据孩子的实际情况来制定奋斗的梦想，否则就不会有好的教育效果。

比如，孩子在学绘画，如果孩子的潜力小，我们就鼓励孩子多描摹景物、人物，能够愉悦身心就好；如果孩子很有天赋，我们就鼓励孩子做一个传播文化、有社会责任感的画家。

建议三：让孩子拥有健康的理想观

有的孩子具有济世救民的崇高理想，有的孩子对自己的未来有很具体的职业规划，而有的孩子的理想要么不切实际、好高骛远，要么以追求金钱、名利为结果，或者是没有理想。因此，我们要了解孩子理想的性质，积极、健康的理想，必须支持、鼓励，而不健康的理想，我们就要及时进行纠正，让孩子不会因认识不清而误入歧途。

自信自尊，成就辉煌

很多孩子学习成绩不理想、总是无法进步，很大程度上是因为孩子没有足够的自信心，在还没有进行努力和尝试之前，就否定了自己的能力，对自己失去了信心。而教育专家指出，孩子自卑心理的产生，主要有两个原因：一是目标定得过高，不断遭受挫折的打击；二是与他人相比在某些方面存在不足，以致造成不良的自我暗示。一位名人曾说："处于现今这个时代，如果说'做不到'，你将经常站在失败的一边。"

在孩子不自信的时候，我们要鼓励孩子试着想些自己已经完成的事情，这样孩子就会对正在做的事情产生信心。将力量和信心集中在想要取得成功的事情上，就一定会越来越接近自己的目标。苏联著名教育家马卡连柯说："培养人就是培养他对前途的希望。"而有希望就说明有信心。

有一句教育名言是这样说的：要让每个孩子都抬起头来走路。"抬起头来"就意味着孩子对自己、对未来、对所要做的事情充满信心。任何一个人，当他昂首挺胸、大步前进的时候，在他的心里有诸多的潜台词——"我能行""我的目标一定能达到""我会干得很好的""小小的挫折对我来说不算什么"。假如每个孩子都有这样的自信，那么他肯定会取得不小的进步，成为一个优秀的人才。

正面管教案例分享：
让孩子相信自己的力量

孩子都希望自己可以成为最好的，当遇到挫折或者不好的情绪时，我们要告诉孩子"相信自己""相信自己的力量"，相信自己可以变得优秀，追求到成功的梦想。

> 陶陶长得有点黑有点矮，因此同学给陶陶起了很多绰号，什么"小黑""黑黑""小矮人""蜡笔小新"等，还说陶陶太普通了，不可能成为好学生。这使得自尊心很强、一直在努力的陶陶心里很不好受。陶陶的成绩开始下滑，还不想上学了。
>
> 陶陶妈妈知道这件事之后，就给陶陶讲了一个故事："一天，几个白人小孩在公园里玩，一位卖气球的老人走进了公园，白人小孩都跑过去买气球了，并兴高采烈地把五颜六色的气球放飞到了空中。等白人小孩们走后，一个黑人小孩才怯生生地走到老人那儿，用略带恳求的语气问道：'您能卖给我一个气球吗？'老人慈祥地朝他点了点头，问：'你想要什么颜色的？'他鼓起勇气说：'我要黑色的。'接过气球的黑人小孩随手一放，黑气球就冉冉升起了。这时，老人摸着黑人小孩的头说：'不管什么颜色的气球，都可以升上天去。'"

于是，陶陶妈妈对陶陶说："只要自信，就会成绩好，就会取得成功。不要把不重要的小事放在心上，要相信自己能够获得成功。"

孩子会很在意他人对自己的评价，尤其是同学对自己的看法，所以我们要像陶陶妈妈那样鼓励孩子对自己有信心，不因为外貌、体形这样不重要的小事，就放弃了梦想和努力。只要相信自己，对自己有信心，就会实现自己的梦想，成为对他人、对社会有用的人。

关于如何培养孩子的自信，专家建议如下：

建议一：**没有绝对的不足，让孩子客观看待自己的不足**

人无完人，每个人都有不足之处，只要正视自身情况，不断努力，就会有一番作为。如，俄国著名文学家列夫·托尔斯泰曾因自己貌丑而自卑，亚里士多德、达尔文、伊索、拿破仑都有口吃病，亚历山大、莫扎特、贝多芬、拜伦都因身体佝偻、口吃、身材矮小、耳聋等而产生过自卑感，但他们并没有因此灰心，而是坚定了成就大业的信心，最终取得了成功。我们要多给孩子讲名人的故事，让孩子以他们为榜样，这样孩子就会慢慢地对自己树立起信心。

建议二：**让孩子大声表达，多说肯定的词汇，增加正面感觉**

当孩子表达自己的想法和决定时，让孩子大声而肯定地说出来。这既是孩子自信的表现，同时也能让他人感受到孩子的自信，而这也会让孩子变得更加自信。

在回答他人问题或表达自己的看法时，要让孩子多用肯定的词汇和句子，而不是用模棱两可的句子表达。比如说"我认为事情是这样的"，而不说"我觉得事情很可能是这样的"。让自己变得自信，让他人相信自己，首先就要在自己的态度上变得自信。

建议三：让孩子明白积极的自我评价很重要

当孩子由于某种原因而陷入自卑时，你可以告诉他："孩子，其实你完全没有必要自卑。没有比自己瞧不起自己更伤害身心的了。自卑会使人变得憔悴，还会使人失去活力和奋斗的力量。而自信则是要尊重自己，相信自己，敢于积极地展现自己。"让孩子对自己有一个积极的心理暗示，就能使孩子在任何情况下都自信、主动地去完成目标。

解放孩子的创造力

在孩子很小的时候，我们就教孩子很多规矩和做事的标准，认为这样孩子就能成长得更优秀，可是渐渐却发现，孩子只是在按常规思维进行思考，想法和做法根本没有创新，这说明孩子缺乏创造力，而创造力正是优秀人士所具备的良好素质。

对于中国留学生和美国学生的差别，诺贝尔奖得主、著名物理学家杨振宁指出："中国留学生学习成绩往往比一起学习的美国学生好得多，然而十年以后，科研成果却比人家少得多，原因就在于美国学生思维活跃，动手能力和创造精神强。"

对于孩子一生的学业与发展前途来说，考试成绩与排名不重要，重要的是孩子是否有创新的素质和能力。就像19世纪俄国最伟大的作家列夫·托尔斯泰说的那样："如果学生在学校里学习的结果是使自己什么也不会创造，那他的一生将永远是模仿与抄袭。"而有创造力的孩子在学业、事业及未来的发展道路上，都会有更多的创造之举。

父母应该在家庭环境中维护好孩子的创造力，让孩子的创造力最大限度地被挖掘出来。英国著名教育理论家斯宾塞说："应该引导孩子们自己进行研究，作出他们自己的结论。应当尽可能少地告诉他们，尽可能多地引导他们去发现。"父母要让孩子在不断的发现中拥有创造力，而这比孩子掌握了多少知识更有用。

正面管教案例分享：
面对孩子的乱涂鸦，要积极引导

对于每一件事物，孩子都有自己的想法，这其中体现着孩子的创造力。但是，并不是孩子所有不一样的行为和想法，都是独特创造力的表现。

珊珊妈妈看到一只瓢虫，于是就在纸上画了出来。然后，珊珊妈妈拿给珊珊看，让珊珊照着妈妈画的，也画一只瓢虫。可是等珊珊画完，珊珊妈妈发现，孩子却画出了一个扇动着翅膀的类似蜻蜓的东西。

虽然珊珊画得很不像，但珊珊妈妈并没有觉得孩子笨，也没有指责孩子，而是觉得这是孩子创造力的表现。于是就委婉地对孩子说："妈妈给你的图上面是一只瓢虫，可是你画的不是瓢虫啊。看看你画的有点像蜻蜓，珊珊是不是喜欢蜻蜓啊？"听到妈妈这样说，珊珊高兴地点了点头。

珊珊妈妈又说："但是和真的蜻蜓比起来，也不是很像啊。现在咱们一起看看画册上的蜻蜓是什么样子的。"看了一会儿之后，珊珊妈妈让珊珊照着画册再画一次，这次珊珊的蜻蜓画得很好。

珊珊妈妈的做法就是在维护孩子的创造力和孩子独特的想法。虽然孩子的想法有些不一样，让画瓢虫，却画出了有点像蜻蜓的东西，但孩子肯定有孩子的想法。只要我们像珊珊妈妈那样引导孩子，就可以让孩子拥有正确的创造力。

关于如何培养孩子的创造力，专家建议如下：

建议一：保护好孩子的好奇心

孩子天生好奇、好问，而孩子的创造力和创新想法常常是通过好奇心表现出来的。孩子的问题大多是我们无法解释的，比如，"我为什么长得像妈妈？""为什么奶奶有很多皱纹？""白天月亮住在哪里呢？""为什么这种颜色要叫红色呢？"等等，让我们无法招架，容易表现得不耐烦。而我们的这种不耐烦会伤害孩子的好奇心，让他们不敢再问问题。其实，无论我们能否解答，都应该积极引导、启发孩子，去查书或上网来寻找答案，从而锻炼孩子解决问题的能力。

建议二：开拓孩子的视野，丰富孩子的经历

良好的创造力需要想象力的支撑，而开阔的眼界和丰富的生活实践又丰富着孩子的想象力。父母要在节假日等业余时间多带孩子到植物园、动物园、博物馆等地方去开阔眼界，这可以让孩子了解到各种植物的特征和作用，各种动物的习性和特点，以及陈列的各种纷繁复杂的事物。总之，让孩子的经历丰富起来，让孩子多接触外面的事物，头脑中储存的东西多了，自然就会更有创造力。

建议三：鼓励孩子相信自己，敢于和别人不一样

独特性和开创性是创造力的两个特征。如果孩子在平时的学习和生活中，总是人云亦云，也就不会提出有创造力的想法。而孩子提出自己有创造性的想法的过程，是不可能一帆风顺的。这时，我们就要鼓励孩子相信自己，满怀信心地去尝试。

第五章 /

挫折教育，远离玻璃心

磨砺是孩子成长的一剂良药

为人父母，大家都是"望子成龙""望女成凤"。很多家长认为，只要孩子读好书，就是所谓的成功。所以，从小就对孩子过分保护，一切该孩子去做的事情，也由家长代劳。许多中小学校，为了追求升学率，只注重学生考分的高低而忽视了他们心理素质的培养。

而这种受到父母过度保护的孩子，即使学习成绩很优越，在遇到困难的时候也很容易变得不知所措，甚至一蹶不振。所以，家长应该意识到问题的严重性，适当为孩子的成长制造挫折，磨砺孩子的性格。

挫折能使人清楚地认识到自身的错误，并吸取教训，使人变得更加成熟、坚强，并激励人奋发努力，从逆境中奋起。

有的父母却只看到了挫折的消极一面，过分担心孩子一旦遭遇挫折会吃不消，就把孩子保护得严严实实的，什么事情都替孩子包办，不管孩子做得好不好，都夸他"你好棒""你真能干"。久而久之，孩子很容易变得以自我为中心，认为任何事都是很容易做到的，别人为他所做的事也是理所当然的，不懂得感恩，一旦遇到不顺心的事心理落差会很大，一时间难以承受，做出伤害他人、伤害自己的事情来。

还有的父母完全忽视了挫折的消极一面，只是看到了挫折的激励效能，把挫折教育等同于"吃苦教育"，为了能让孩子吃点"苦头"，不惜拿孩子的短处与别人的长处比较，错误地认为这就是在给孩子挖坑，做"挫折体验"，以达到快速成长的目的。殊不知这种做法是建立在伤害孩子自尊心的基础上的，让孩子习惯性地自我否定，认为自己样样不如别人，丧失生活的勇气。因此，给孩子挖坑并不是让孩子感受到挫折，而是以过来人的身份教给孩子面对挫折的勇气和积极的态度，避免和减少不必要的伤害，以找到解决问题、战胜困难的方法，让孩子健康成长。

正面管教案例分享：
给孩子挖坑，让他快速成长

孩子的成长过程是漫长的，因此，在不少家长的眼中，孩子终究是孩子，他们允许孩子犯错、任性，可是，孩子面对的不只是父母，在社会这个大舞台上，还要面对形形色色的人，能让孩子早一天明白的道理，就要让他早一点明白，这对于孩子的成长是有帮助的。

如今，晚婚晚育的人越来越多。有一对夫妻，由于一心扑在事业上，所以到了35岁才要孩子。孩子出生后，夫妻二人对他宠爱有加，在蜜罐中长大的儿子养成了放任孤行的脾性，做事没有耐心，连走路也走不好，常跌在地上就哇哇大哭，这让夫妻二人十分焦心。

儿子6岁到了上小学的年龄，可他偏偏走路时爱东张西望，有水坑的地方不知道避开，不是弄湿了鞋子，就是弄脏了裤子，经常半天时间不到，一身衣服已经又脏又乱，夫妻二人苦口婆心，就是没有办法让他穿得干净。

有一天，全家人去郊外游玩，孩子的父亲从车里拿出一把铁锹带着儿子去田间玩耍，儿子顾着自己玩耍，完全没有注意到父亲的举动。父亲在田间的一条小路上断断续续地挖了十几道坑，然后用棍棒搭成一座座小桥，只有小心走上去才能通过。父亲挖完坑，便回到车里。

儿子玩累了，想找父亲时，走在田埂上，看到唯一的一条小路一下子多出了这么多的小桥，很诧异。是走过去，还是停下来哭闹？看看四处无人，哭闹也无济于事，最后他只好硬着头皮走过去。当他摇摇晃晃地走过小桥时，吓出一身冷汗，却是他第一次没有哭泣。

走完这段坎坷的路后，孩子发现父母在不远处的阴凉处等着他，就兴奋地跑过去，对父亲讲述刚刚走过一座座小桥的经历，满脸神气。父亲立刻夸他勇敢。从那以后，他去学校的路上便再也没惹过麻烦了。母亲问丈夫为什么要这样做，丈夫解释说："平坦的路上，他左顾右盼，当然走不好路；坎坷的路上，他的双眼必须紧盯着路，所以才走得平稳。"

从这个故事中可以看出，家长只有手拿一把铁锹，时不时给孩子在成长的道路上挖点坑，他才会更关注脚下，走得更平稳，从而健康成长。

关于如何对孩子进行挫折教育，专家建议如下：

建议一：切忌弄巧成拙

所有"刻意"的教育都不是好的教育，真正好的教育应该是不露痕迹的。给孩子挖坑没有错误，但是不能暴露是你做的，否则一旦被孩子识破，这种"制造"挫折的办法，最伤的是父母与孩子之间的信任关系。

建议二：必须注意适度和适量

为孩子设置的情境必须有一定的难度，能引起孩子的挫折感，但又不能太难，应是孩子的心理可以承受的，并且是可以通过自身的努力克服的。

建议三：要及时进行疏导

对陷入挫折情境中的孩子，一方面要让他认识到人的一生会遇到很多挫折，要做好面对挫折的准备；另一方面，要让孩子正确地认识和对待挫折，对生活鼓起勇气并努力向前，最终克服困难，战胜挫折。

责任感是孩子成长的必修课

如果你想让孩子成为一个对他人、对社会有用的人，就必须在生活中磨炼孩子的责任感，让孩子有对自己的行为负责的意识。教育专家都有一个共识——责任感与机遇是成正比的，也就是说如果孩子有了责任感，也就有了一种极为优秀的品质，而这种优秀品质是能够使孩子得到更多、更好的发展机遇的。

有一位年仅11岁的美国男孩，在踢足球时不小心将邻居的窗户玻璃踢碎了，邻居向男孩索赔12美元。男孩只好向父亲认错，以赔钱给邻居。可父亲却让男孩自己负责。男孩为难地说："我没钱赔给人家啊。"父亲说："钱可以先借给你，算是我替你垫上的，一年以后你必须还我。"从此，这个男孩就开始了艰苦的打工生活。经过半年的努力，他终于赚足了12美元，提前将钱还给了父亲。这个男孩就是后来成为美国总统的里根。他在回忆这件事时说，通过自己的劳动来承担过失，使他懂得了什么是责任。让孩子自己承担过失的责任，看起来似乎有点儿"残酷"和不近人情，但其实这才是父母对孩子正确的爱。

在孩子有过失的时候，让孩子勇于承担自己的责任，就是对孩子最好的培养。而孩子有过失的时候，也恰恰是家长教育孩子的最佳时机。无论孩子有什么过失，孩子都有承担自己过失的能力，所以我们不要大包大揽，要相信孩子，让孩子勇敢地面对自己的过失，承担起补救的责任。

责任感是要从小事培养的，比如，让孩子们觉得，打扫房间、清理书桌是他们应该做的事；过马路时帮助比自己年龄小的或者身体不适的伙伴是自己的责任，等等。只有从小就培养孩子的责任意识，孩子将来才会成为一个对自己的行为负责，对组织和集体尽职尽责的人。而这也正是一个成功者必备的素质。

正面管教案例分享：
从小事培养孩子的责任心

孩子总有长大的一天，所以家长一定要在日常生活中培养孩子对人对事的责任感，让孩子明白不仅要对自己的行为负责，还要考虑到他人，不能一心只想着自己。

蓓蓓的妈妈正忙着准备晚饭，蓓蓓突然说要出去吃快餐。蓓蓓妈妈一边切菜，一边说："可是爸爸怎么办呢？我们应该等爸爸回来一起吃晚饭才对啊！"

"你可以打电话叫他在外面吃啊！"蓓蓓连办法都想好了。

蓓蓓妈妈想，并不是不能出去吃快餐，但是应该趁这个机会好好教育孩子一番，让蓓蓓知道"责任"的存在。

蓓蓓妈妈说："在我们家，爸爸去上班，妈妈在家做晚饭，你在这个时间，应该把该做的事做好，这样我们都负责好自己的工作。我们要考虑到爸爸工作一天很辛苦了，不能自己想出去吃快餐，就不管爸爸了。等一会儿爸爸回来，我们问问爸爸，再决定吃什么，如果大家都想出去吃，那么就出去吃。"

蓓蓓接受了妈妈的建议。蓓蓓妈妈让孩子明白了"每个人做好分内之事"的道理，同时又让孩子知道不能只考虑自己，更要考虑到他人的意义。

在生活中，我们也要像蓓蓓妈妈一样，遇到孩子不听话的时候，不声嘶力竭地呵斥孩子，而是和孩子分析事情，讲道理。相信孩子会听父母的话，也会明白这样做的意义。

关于如何培养孩子的责任心，专家建议如下：

建议一：**让孩子意识到，承担责任是值得骄傲的事情**

让孩子感觉到勇敢地承担起责任，是一件值得骄傲的、光荣而自豪的事情。在承担责任的过程中，孩子会有一些畏难情绪，但只要经历了之后，孩子会由衷地产生一种"我真棒""我能行"的自信和荣耀。不要让孩子认为责任是一件可怕的、痛苦的事情。

建议二：**让孩子做些力所能及的家务劳动**

有些家长认为，做家务是在锻炼孩子的生活自理能力。其实，让孩子做家务还可以让孩子更有责任感。让孩子通过扫地、收拾碗筷、洗自己的衣服、整理自己的书包和房间等，产生自豪感和被尊重的感觉，从而更自觉地参与到家务劳动中来，并在其中承担起自己的责任。

建议三：**让孩子对自己所犯的错误负责**

孩子不听话、犯错误是在所难免的，遇到这种情况，我们一定不要斥责孩子，而是要借机让孩子明白一些道理。比如，孩子经常因为赖床上学迟到，家长不必天天唠叨、督促孩子起床，可以给孩子买一个闹钟，并告诉他："什么时候起床由你自己来定闹钟，但是迟到了挨老师批评，也不要埋怨别人。"这样，孩子会学会按时起床，并且对学习和生活的自主性也会更强。

苦难是使孩子成长的好素材

在当今社会，不少家长在教育子女方面的确很矛盾，他们既希望自己的孩子将来成为有用之才，又希望他们的成长不被"风吹雨打"、不吃任何苦头，一切都顺顺当当。然而，这只是家长们的一厢情愿。有道是"不到水中何以识得了水性，不去田间劳作，哪能体察到耕种的甘苦"。适当地让孩子吃些"苦"，经历一些磨炼，对孩子成长来说是有利无弊的。

每个人的成长都要经历一些磨难与艰辛，或大或小，或轻或重，但这都能让我们学会成长。在孩子成长的路上，父母要适当让孩子吃些苦，这样，孩子才能在每一次的磨炼中得到启示与感悟，才能从容应对以后人生中的失意，把握好自己未来的路。

俗话说："吃得苦中苦，方为人上人。"虽然不是每个孩子都能成为人上人，但是，对于孩子来讲，吃一些苦头是有益处的。孩子长期成长在一个养尊处优的环境里，遇到一点小困难就会畏头畏尾，不敢果断迎上前去。家长可以趁假期把孩子送到特训夏令营或军训集中营，让孩子在这种特定的模式中体验到生活的艰苦，从而磨炼孩子吃苦耐劳的品格，也可以把孩子送到乡下，让他脱离衣来伸手饭来张口的生活，孩子只有了解了生活的艰苦，才能更加准确地给自己定位，也才会更清楚自己应该做什么。

正面管教案例分享：
有意识地让孩子吃点苦

从小让孩子经受一些磨炼，是孩子成长过程中的一笔宝贵财富。对于适当的"吃苦教育"，蔓蔓妈妈的做法很值得提倡。

有一位记者到一所中学进行采访，问那里的孩子道："你们平时自己洗袜子吗？"

"不洗。"

"袜子脏了怎么办呢？"

孩子们有的回答说："我奶奶给我洗。"有的回答说："我妈妈给我买了好几双新的，能穿好长时间。"

记者很是吃惊，继续追问道："如果奶奶生病了呢？"

"由爸爸或妈妈来洗。"

记者对另一个孩子问道："如果新袜子都穿完了呢？"

"那就放着，等穿完了一遍，妈妈一块洗。"

"以后你们长大了，离开了爸爸妈妈，由谁来洗呢？"

"长大了，可以挣钱雇保姆啊!"

蔓蔓也和这些孩子一样，这些事从来都是妈妈帮她做。但是，蔓蔓的妈妈觉得一直这么下去会惯坏孩子的，一双袜子都不洗，女儿以后会吃不了苦。后来，蔓蔓的妈妈听说市里举办了一个"耐力夏令营"活动，就毫不犹豫地把蔓蔓送到了夏令营，让女儿在大自然的环境下接受一番考验。这期间有不少家长不忍心让孩子受苦，偷偷给接回了家，但是，蔓蔓的妈妈连看都没看女儿一眼。直到蔓蔓从夏令营回到家，蔓蔓的妈妈才发现，女儿的变化很大，不但自己的事情能够做好，而且一有时间就会帮她做一些家务，洗衣服、擦地、洗碗，这些简单的家务劳动蔓蔓都是自己主动做的。对于女儿的改变与成长，蔓蔓的妈妈很庆幸自己当初的做法。

像蔓蔓妈妈的这种做法并不是对孩子撒手不管，放手并不代表放任，也不是不担心孩子，只是用这种方式让孩子面对一些她可以承受的困难，从而给孩子提供一个解决困难的机会，学习自己解决问题。

关于如何培养孩子的吃苦精神，专家建议如下：

建议一：要让孩子学会独立

在家里，要让孩子独立完成自己的生活起居，打扫自己的房间，清理自己的物品等，学习上，让孩子独立思考，独立完成。孩子在遇到问题的时候，在为孩子考虑的同时，要尊重孩子的意见，让孩子自己去思考，这样孩子能独立思考问题，有主见，从而为孩子以后的成功打下基础。

建议二：设置生活挫折和障碍

在生活中，家长可以设置一些挫折，让孩子去面对，鼓励孩子完成适当的家务，如打扫卫生、洗碗、清理房间等。也可以让孩子参加社会实践，如卖报纸、农村生活体验、夏令营、与农村孩子交朋友等。让孩子这样锻炼自己，接触社会，培养吃苦精神。

建议三：家长主动与孩子吃苦

现在的家长大都很忙，与孩子的沟通少，造成父母与孩子的代沟越来越大。那么，如何去弥补这个缺陷呢？家长要多抽出时间与孩子在一起，父母可以和孩子一起晨跑，参加体育运动，如一起打球、一起游泳、一起旅游，这样既可以增加与孩子沟通的机会，还可以让孩子得到锻炼。

孩子总有经历苦难的那一天，所以家长一定要在日常生活中培养孩子吃苦耐劳、不抱怨不埋怨的精神，让孩子明白痛苦与苦难是人生避免不了的，要学会接受与解决。

给孩子面对挫折的机会

在平日的生活中，父母一定要注意培养孩子承受挫折的能力。因为过度呵护与保护孩子，会使他们没有机会经历挫折与磨炼，而孩子的这种坐享其成的心态一旦形成，对孩子的成长是极其不利的。

在优厚的物质环境和家长的保护中，孩子没吃过什么苦，也不知道什么是苦，身心发展受到限制，心理承受能力减弱，即使是很小的挫折，都可能对孩子造成很大打击。所以，父母在平时一定要对孩子进行苦难教育。法国大文豪巴尔扎克说："苦难对于人生是一块垫脚石，对于能干的人是一笔财富，对于弱者是万丈深渊。"

孩子在年幼时或者青年时吃些苦是一种锻炼，早经历、早体悟，能够让孩子学会奋斗，也更珍惜生活中所拥有的一切。西方教育界就有这样一个共识："有十分幸福童年的人常有不幸的成年。"著名教育家陶行知先生也说："必使学生得学之乐，而耐学之苦，才是正轨。若一任学生趋乐避苦，这是哄骗小孩子的糖果子，绝不是造就人才的教育。"

挫折和苦难是一笔宝贵的财富，它能够让孩子知道努力、坚持和积极心态的重要性，同时也使孩子的成功变得更有意义。

正面管教案例分享：
陪孩子一起走出挫折

　　孩子在学习和生活中，肯定会遇到挫折和困难。在这个时候，父母一定不要责怪、数落孩子，而是要想办法和孩子一起战胜困难。下面，我们看看张涛妈妈的做法。

　　张涛现在刚上初三，还有一年的时间就要参加中考了，可是张涛的成绩让老师和家长都十分头疼。初二上学期以前，张涛的成绩还可以，可是几次考试成绩不理想之后，张涛就变得无所谓了。对学习也不再抱什么希望，对老师的批评和教导更是无动于衷。但是张涛妈妈是一个很有办法的好妈妈，成功地让张涛走出了挫折所带来的阴影。

　　张涛妈妈和张涛一起找出了学习中存在的障碍和问题，争取一点一点地将知识缺漏弥补上，还找出了张涛成绩最好的科目——地理，每次分数都在70分上下。张涛妈妈让张涛继续稳定并提高地理成绩，目的就是为了让孩子找到自信，勇于克服学习中遇到的种种困难。妈妈这样做让张涛感到自己并不是一无是处的，原来自己可以做得更好。

　　经过一学期的努力，期末考试，张涛每一科都及格了，学习有了很大提高。

　　张涛妈妈的做法真是又简单又有效，理解孩子的感受，帮助孩子尽快走出挫折和不顺的境地，是每位妈妈都能够做到的事情。鼓励孩子，不要被失败吓倒，让孩子高高兴兴地、勇敢地挑战一个又一个障碍，树立起坚定的信心。

关于如何对孩子进行挫折教育，专家建议如下：

建议一：让孩子知道挫折的存在

有的孩子被父母呵护得无微不至，遇到一点小麻烦都被父母处理掉了。如此就会使孩子有种生活是如此顺利的感觉。而一旦进入学校，步入社会，就会感觉无法适应，因为很多以前不需要面对的问题，现在都出现了，而且还必须自己一个人去面对，这就会很难承受。因此，父母绝对有必要让孩子知道生活并不是一帆风顺的，会遇到很多困难和挫折，但是这些困难和挫折是会过去的。

建议二：让孩子意识到挫折并不可怕

当孩子遇到挫折和困难时，家长不要打击孩子，说："你怎么这么没用，真没出息。"而是要及时给孩子打气，告诉孩子"挫折、苦难并不可怕"，"你要勇敢些，一定会做得更好的"。在孩子遭遇挫折的时候，家长要把它看作是一个良好的教育契机，让孩子意识到生活中的挫折是在所难免的，要有战胜挫折和困难的勇气和信心。

建议三：让孩子在挫折中吸取经验教训

在生活中，很多孩子都是一遇到不如意，就变得一蹶不振，而一段时间之后又恢复生活常态，却没吸取教训。父母应该帮助孩子，让孩子在挫折中吸取经验教训，使孩子提高耐挫折的能力，学习到战胜困难的方法。

建议四：教孩子在挫折面前调整情绪

遇到挫折，肯定会有情绪低落的时候，父母不要让孩子陷入消极的情绪之中，而是要让孩子学着面对一切，多想自己擅长的、优秀的方面，不断改变劣势，让孩子能够以一种积极的心态来面对生活中的逆境和各种挑战。

良好心态是孩子成功的基础

现在很多家庭都只有一个孩子，所以孩子都被父母当作掌上明珠，不肯让孩子吃一点苦。他们千方百计为孩子打点一切，这样孩子没有机会去经历挫折，严重缺乏抗挫折的能力和经验，一旦遭遇困境就会引发种种问题。

比如，有的妈妈看孩子洗碗的时候弄湿了衣服，就不再让孩子走近洗碗池；孩子第一次学轮滑摔了一下，就不再让孩子玩轮滑。这样的孩子永远也学不会洗碗，学不会轮滑，他们长大后遇到困难也会想办法绕开，而不是用乐观的心态应对。

其实，孩子出现了脆弱的心理，与父母的教育方式有密切关系。父母长期溺爱孩子，在很多事情上都小心翼翼。孩子能做的事不让做，孩子能参加的活动不让参加，长此以往，孩子好奇、好玩、敢于冒险的天性慢慢被泯灭，养成了胆小和懦弱的性格。

与此同时，家长一味地纵容娇惯还磨灭了孩子的坚强意志。比如孩子摔倒了，妈妈赶紧把孩子抱起来。父母的娇惯使孩子根本不知道什么是苦、累，什么是挫折，斗志被慢慢消磨，遇到点挫折就不知所措，甚至意志消沉。所以，家长要让孩子适当吃苦，并且在孩子遇到挫折时，给予正确的引导和鼓励。

正面管教案例分享：
适当进行"补偿"教育

在心理学上，补偿是指用种种方法来弥补心理及生理上的缺陷，以达到心理平衡或减少心理不适应的效果。在这里，我们所说的"补偿"教育是指，在引导孩子战胜挫折时，不要仅限于说教，最好根据孩子的具体情况，给孩子提供具体的"补偿"思路、方法，并辅之以积极的鼓励。

一次，史蒂芬不小心打翻了牛奶，他的妈妈没有生气，也没有大喊大叫或狠狠地教训、惩罚他，而是称赞道："你造成的麻烦真是棒极了！在把它打扫完之前，你想不想在牛奶中玩几分钟？"在他们愉快地嬉戏后，妈妈对他说："无论什么时候，当你造成像今天这样又脏又乱的场面时，你都必须把它打扫干净，并且把每样东西按原样放好。你懂了吗？"

然后，他们很快把牛奶清洗干净。接着妈妈又对他说："刚才，你用两只小手拿大牛奶瓶的实验失败了，你是不是很想学会呢？"史蒂芬的眼中充满了好奇与渴望，妈妈微笑着说："走，我们到后院去，把瓶子装满水，看看你有没有办法把它拿起来。"在妈妈的耐心指导下他很快就学会了，并且发现只要双手抓住瓶子顶部、靠近瓶嘴边缘下边的地方，瓶子就不会从手中滑掉。

在孩子遇到挫折时，父母应及时给予鼓励和肯定性的评价，这样可以增强孩子战胜挫折的勇气。同时，父母还应积极做好引导工作，帮助孩子从挫折中吸取教训，总结经验，提高抗挫能力。要让孩子知道，不必害怕任何挫折，因为挫折往往是学习新本领的良机。

关于如何引导和培养孩子的乐观心态，专家建议如下：

建议一：让孩子合理地宣泄情绪

研究表明，孩子只有在感觉非常安全并被人无条件接受的时候，才会更加快乐和自信。所以，当孩子想倾诉问题时，父母不要作出好坏的判断，只要让他感觉到你在倾听和重视就可以了。

建议二：允许孩子犯一些错误

由于对孩子的溺爱，父母都希望孩子少受挫折，所以在生活中会不自觉地帮孩子清除障碍，但是等孩子长大以后，碰到的问题会越来越棘手，父母也会无能为力。所以，对父母而言，更重要的是让孩子从小具备解决问题、面对挫折的能力。这种能力的养成，前提是要允许孩子犯错，更重要的是让他明白错在哪里，并有改正错误的勇气和能力。要让孩子在失败后学会及时调整前进方向，这也是一种重要的素质。

避免孩子"精神缺钙"

当下，很多父母受到"不要让孩子输在起跑线上"这样的宣传影响，宁愿自己省吃俭用，也要花大价钱用在孩子的智力开发、兴趣爱好等方面，希望孩子的心智发育能超过同龄人，赶超大龄的孩子，并能愉快、顺利地度过童年生活。

可是据调查，一味注重孩子的智力发展，而忽视他们的身心健康状况，孩子往往出现怯懦、孤僻、任性、自私、自利等心理状态，从而使孩子失去了接受挫折教育或逆境体验的良机，导致意志品质脆弱，出现"精神缺钙"现象。一旦生活出现波折或走上社会，孩子便显得束手无策，无能为力。

古人云，艰难困苦，玉汝于成。为了孩子的健康成长，心理学家和儿童专家指出，应当给孩子在成长过程中加点"劣性刺激"。所谓"劣性刺激"是指令人不快或不舒服的外界刺激，专家认为"劣性刺激"就像营养素一样，是孩子成长过程中不可缺少的。

1992年8月，有17名日本学生和30名中国学生共同参加一个负重探险夏令营，这些学生的年龄大多在11～16岁。在夏令营的活动行进中，有的日本学生肚子痛，但是由于是集体活动，不忍心因为自己的原因耽误大家，所以忍着痛仍然坚持走着；与此相反的是，中国学生却因为太累、走不动的原因，就躲进营内睡觉。日本家长得知孩子发烧的情况之后，没有劝告孩子停下来歇息，而是对孩子鼓励一番后，自己乘车而去；而中国家长却在艰难的路段把孩子拉上车，生怕孩子累坏了。

两个国家的学生做法完全不同，而两个国家的家长做法也完全不一样。孩子是家长的一面镜子，孩子的做法往往反映的是家长的教育方法；家长是孩子的榜样，家长怎样做，孩子就会成为怎样的人。

总之，在对孩子进行教育的同时，家长要有意识地制造一些"劣性刺激"。当然给孩子的"劣性刺激"也要适度，方法要对头，还应想到孩子的承受能力，否则使用过多，冲击太大，会给孩子的心灵造成不必要的伤害。

正面管教案例分享：
告诉孩子——你可以做到

很多事情，并不是孩子做不到，而是没有去尝试就断然认为自己做不到，或者事情做到一半，家长就没了耐性，主动要插手。

一对外籍工程师夫妇带着他们的孩子在公园散步，这个活泼可爱的洋娃娃非常漂亮、可爱，一路上引来了不少人的美慕。她无忧无虑地玩耍着，在父母周围跑前跑后，突然不慎摔倒。令人奇怪的是，这对外籍夫妇没有伸手去拉孩子起来的意思，而是鼓励孩子自己爬起来。这个洋娃娃见父母没有拉她的意思，竟然擦干了眼泪，自己爬起来，又接着玩耍起来，似乎完全忘记了刚才跌倒的事情。这一幕都被路过的小明的妈妈看在眼里。

当小明的妈妈回到家，和爱人谈起此事时，她爱人却说："他们人情味太淡了，假如我的孩子跌倒，我会心痛地伸手拉孩子。"

在对待同一个问题上，由于文化差异，两个家庭的教育也完全不同。且不去评判两个家庭孰是孰非，就孩子而言，这个洋娃娃明白了一个道理，就是跌倒后要自己爬起来，因为父母不会上前帮忙；国内的孩子则相反——跌倒后，只要大哭，父母就会主动上前拉自己起来，用不着自己费力，而且每件事都是这样，只要大哭，父母总会来帮忙。最后的结果可想而知，洋娃娃任何事情都靠自己，而且很快乐；但是，另一个孩子凡事不用自己操心，但一旦父母不在身边，遇事就会慌张，不知从何入手。

关于如何适当给孩子出难题，专家建议如下：

建议一：饥饿

在养育孩子方面，自孩子出生，或者自从妈妈怀孕开始，父母们最关心的就是孩子有没有吃饱、吃好，营养是否充足。事实上，适当让孩子有饥饿感，能帮助孩子正确对待正餐，养成少吃零食的好习惯，也能调节肠胃功能，避免孩子出现过胖、营养过剩的情况。

建议二：批评

娇生惯养的孩子听不得半点批评的话语，心理承受能力差，即使做错了事情，父母也不敢批评，否则孩子会采取一哭二闹三上吊的方式威胁父母。试想一下，这样的孩子长大之后，怎样承受来自社会的批评和压力。因此，父母要给孩子必要的纪律约束和适当的批评。

建议三：惩罚

如果孩子犯了大错，要给孩子适度的处罚，包括物质上的和精神上的。比如，让孩子在一个安静的房间反省，或是为了惩罚他，答应给他买的玩具延后，具体什么时候买，要看他的表现等等，目的是要提高孩子的心理承受力。

建议四：劳累

由于科学技术的发展，无论是城市还是农村的孩子，都几乎与劳动绝缘，他们大多数不懂得劳动的辛苦，完全体会不到"谁知盘中餐，粒粒皆辛苦"的含义。孩子吃苦能力差，肢体懒惰，肌肉无力，不仅阻碍身体的发育，还会影响智力发育。所以，父母要有意识地锻炼他们，让他们参加一些野营活动，接受挑战，战胜自我，或者让他适当分担家务。

第六章 /

自由成长，成就幸福人生

天赋是孩子成功的助力器

生活中，我们常常按照自己的想法和社会上的标准来要求孩子，而不考虑这些是否符合孩子的先天禀赋和内心愿望。很多家长教育孩子时，常常会说："别人能做好的事情，你怎么就做不好呢？"这种说法和做法不仅是在贬低孩子、拿自己的孩子去和别的孩子进行比较，更是在忽略孩子的特殊性，无视孩子自身的特点，因为每个孩子的素质和优势是有差别的。

法国著名思想家、文学家罗曼·罗兰说："一个人的特色就是他存在的价值，不要勉强自己去学别人，而要发挥自己的特长。这样不但自己觉得快乐，对社会也更容易有真正的贡献。"

我国著名教育家陈鹤琴先生曾请同为教育家的陶行知先生写了中华儿童教育社社歌。这个社歌体现了他在儿童教育问题上的一贯主张。歌中的"发现小孩""了解小孩""解放小孩""信仰小孩""变成小孩"，是一套完整的儿童教育原则，而其中的"发现小孩"正是教育孩子、培养孩子天赋的起点。

发现孩子，就会找到孩子独特的过人之处，支持并鼓励孩子成为他自己，帮助孩子将天赋发挥到极致。而素质教育就是要发现孩子的不同之处，让孩子拥有属于自己的成功。

正面管教案例分享：
在待人接物中发现孩子的天赋

　　每一个孩子都是特别的，而我们做父母的是孩子最亲密的人，无论是优点还是缺点，只要我们细心观察，就可以发现。我们是孩子的"星探"，发现孩子，成就我们的孩子，是每一位父母都可以做到的事情。

　　有一天，琦琦妈妈突然发现女儿琦琦竟成了小区的孩子头，总是带着一帮年龄相仿的孩子一起玩，孩子们有了纠纷也总是找她来解决。有一次，琦琦妈妈看见女儿在楼下广场上正处理三个小孩之间的矛盾呢——他们和女儿差不多大，但是他们特别认同女儿的看法和判断——三个小孩很快就冰释前嫌了，又像以前一样在一起愉快地玩耍了。

　　很明显，琦琦有领导的风范和很强的交际和协调人际关系的天赋。从那以后，琦琦妈妈就开始刻意培养女儿的这种天赋和才能了，让女儿接触到更多的人，和不同圈子的人打交道，家里有客人来的时候，就让琦琦招待客人，和叔叔阿姨、小朋友在一起交流……

　　一次，美国某中学校长来学校访问，琦琦作为中方学校的代表全程陪同外宾。期间，琦琦表现出良好的交际天赋，以及流利的语言表达能力和敏捷的思维能力。在访问结束时，美方校长还邀请琦琦将来到美国去读高中呢！

像琦琦妈妈那样，发现孩子的天赋并积极引导，使孩子的天赋得到最大限度的发挥，是很好的做法。父母要注意发现孩子的优势，并用心培养孩子。

关于如何培养孩子的天赋，专家建议如下：

建议一：耐心而细致地观察孩子

如果我们不了解孩子，不知道孩子的特点所在，就会认为所有的孩子都是一样的。但是如果我们了解自己的孩子，就会发现孩子有自己独特的地方，比如：有的孩子嗓音很好，有的孩子逻辑思维很强，有的孩子语言表达能力很好，等等。而孩子的优势是需要我们做父母的花时间耐心观察和总结的，也是需要我们慢慢培养的。

在平时，观察孩子做什么功课时最快乐，做什么事情时能够又好又快地完成……这些都能说明孩子的天赋、特长在哪儿。只要我们善于观察、发现，积极地引导和培养孩子，就可以让孩子在自己的天赋上获取更大的成功。

建议二：不要把我们未实现的梦想寄托在孩子身上

在生活中，我们常常看到这样的情形，就是妈妈年轻时学跳舞、学钢琴的梦没能实现，就让孩子在很小的时候学跳舞、学钢琴，而不管孩子喜不喜欢。

孩子都有自己的天赋和想法，要发现、挖掘孩子的特长和能力，而不是让孩子去圆我们年轻时未实现的梦，应该支持并鼓励孩子去走适合自己的人生道路，去努力实现自己的梦想。而我们做父母的只是孩子人生的参与者、引导者，但不要成为孩子人生道路的决定者。

建议三：鼓励孩子成为更优秀的自己

发现孩子独特的优势和天赋，让孩子成为他自己。而不要拿自己孩子的不足去和别的孩子的优点去比较。这样的比较是不公平的，在比较之后也不会帮助孩子取得进步或使孩子的能力有所提高。

我们要时刻鼓励孩子，告诉孩子"成为最好的自己""做最优秀的自己"，而不要让孩子在和他人的比较中失去自信和勇气。

不能一味地让孩子服从

现在的孩子，由于接触领域的扩大，知识与见识的广博，对是非曲直都有自己的判断标准，为人处事，也俨然一副小大人的模样。但也有一些孩子，时时处处表现出人云亦云的样子，没有主见。

一般来说，孩子缺乏主见，主要有这样几个原因：第一，孩子喜欢模仿，容易盲从。第二，家长、教师本来就是孩子心目中的权威，再加上有些家长习惯于替孩子设想一切，所以容易造成孩子唯命是从，不敢干甚至不敢想违背家长或教师意愿的事情。第三，有些家长因为工作忙，和孩子之间缺乏沟通，不理解孩子，往往造成孩子的畏惧心理，不敢说、不敢做想做的事情。

法国著名思想家、教育家卢梭在自己的教育名作《爱弥儿》中也阐述了自己的想法："儿童是有他特有的看法、想法和感情的，如果想用我们的看法、想法和感情去代替他们的看法、想法和感情，简直是最愚蠢的事情。"同时，他又建议我们："为了使每一个孩子能够成为明智的人，就必须培养他有自己的看法，而不能要他服从我们的看法。"

孩子有主见，家长就要引导孩子拥有正确的判断和主见；孩子没有主见，父母则要找出症结所在，让孩子拥有自己的想法，自己去决定自己前方的道路和未来的生活。孩子的未来是需要孩子一个人去面对的，所以孩子必须具备自己做决定的能力。

正面管教案例分享：
孩子的事情让孩子自己做决定

生活中，我们总是希望孩子按我们的想法去做事，但是关于孩子自己的未来，孩子也有自己的打算和想法，我们一定要将选择权和决定权还给孩子，让孩子自己决定自己的事情。

谢军是享誉世界的国际象棋特级大师，曾获得过多项世界冠军。很多人羡慕她的辉煌成就，但很少有人知道她之所以能够取得这样的成就，完全是因为父母给了她自主选择的机会。

1982年，12岁的谢军小学即将毕业，她却面临了两难境地：是升重点中学还是学棋，在这个分岔口谢军举棋不定。小学6年中，谢军曾有7个学期被评为三好学生，于是被学校保送上重点中学。但是，国际象棋的黑白格同样吸引着谢军和她的一家人。在这个节骨眼，母亲的一席话给了谢军莫大的勇气，让年纪小小的她学会了自主，学会了对自己负责。

母亲叫来了谢军，用商量的语气说："谢军，抬起头来，看着母亲的眼睛。你很喜欢下棋，是不是？"

这是母亲对女儿选择道路的提问，从某种意义上讲，也是对女儿将来命运的提问。家庭是民主的，对孩子采取了审慎的商量的办法，充分尊重女儿的意见和选择。

谢军目光坚毅、严肃地看着母亲的眼睛，坚定地说出七个字："我还是喜欢学棋。"

听到女儿的话后，母亲同意了她的选择，同时又严肃地说："很好，不过你要记住，下棋这条路是你自己选择的，既然你做出了这个重要的选择，今后你就应该负起一个棋手应有的责任。"

一个12岁的女孩很难懂得和理解这段话，但却理解了父母的良苦用心。也正是家庭的民主氛围，让谢军学会了自己做决定。所以，父母不要包办、代替孩子决定前途和未来，要让孩子自己做决定，无论孩子有怎样的兴趣爱好和选择，我们都要让孩子有自己的判断，并支持孩子的决定。

关于如何培养孩子有主见，专家建议如下：

建议一：培养孩子的自信和勇敢

孩子没有主见，就会盲从，轻信他人，进而轻易改变自己的目标。而这种盲从往往是因为孩子对自己没有信心，没有勇气承担责任所导致的。所以，父母要鼓励孩子，让孩子勇敢一点，培养孩子的信心。我们可以从一些小事入手，询问孩子的意见，让孩子自己做决定。慢慢地，孩子就会变得自信、大胆了。

建议二：培养孩子的想象力

父母不要限制孩子的自由，要给孩子的想法提供实践的机会，创造条件让孩子去尝试。比如孩子对物理实验很感兴趣，父母就可以把一些实验器材和工具买回来，也可以让孩子利用废弃的物品自己来制作。

情商比智商更重要

一个人取得成功需要很多因素，如受教育程度、智商、家庭背景等。但一个人的心理素质、人际关系、处理负面情绪的能力也很重要，而这都与情商的高低有关。

孩子成功与否，很大程度上取决于情商的高低。人的情商是需要后天培养的。在孩子的成长中，3～12岁是塑造一个人性格的重要阶段，也是进行情商培养的最佳阶段，在这个时期，家长一定要重视对孩子情感、情绪以及心理的教育。

教育专家认为，这一时期又分为两个阶段，即3～6岁的"自信心"期和7～12岁的"目标与竞争力"期。在"自信心"期，父母要注意培养孩子的自信心、探索求知的兴趣、乐观的心态，以及良好的行为习惯；在"目标与竞争力"期，父母一定要注意培养孩子的意志力、专注力、竞争力、应对挫折的承受力，以及合作与领导的能力。

正面管教案例分享：
让孩子学会把握时机

　　遇到问题就要及时处理，但是也要在合适的时机处理，这样才能使事情得到圆满解决。而家长要做的就是让孩子学会找到处理事情、解决问题的最好时机。

　　路路上初中时就住校了，和同寝室的同学静静关系很好。可是两个小伙伴最近发生了点不愉快的事情，两个人大吵了一次，都在气头上，谁也不理谁，已经有一周的时间了。路路很苦恼，在周末回家的时候，就把自己的烦心事和妈妈说了。路路妈妈知道这两个孩子的性格、脾气都好强，谁也不肯先主动说话。于是，路路妈妈就问路路平时有没有什么时候是不必和对方直接说话，但是对方却能够听到的。路路想了一想说："哦……妈妈，我知道了。我们这学期开了一门演讲课，老师是评委会主席，四个演讲、口才特别好的同学是评委，在他们点评完之后，还会找几个同学再进行一些点评。"听到路路的话，路路妈妈说："这是一个很好的机会，你觉得呢？"路路很开心地点了点头。

　　周三是演讲课，这次恰好轮到静静的小组进行演讲了。当静静演讲完之后，老师点评、评委点评，当让同学举手点评时，路路马上就举手了。路路点评时，静静看着路路，两个好朋友都十分地真诚、友好。

把握住一个好机会，才能使交流和沟通达到最好的效果。路路妈妈对孩子的引导无疑是正确而有效的。

关于如何培养孩子的情商，专家建议如下：

建议一：让孩子友好地参与合作

在生活中，很多事情不是一个人的力量可以完成的，需要大家齐心协力。而合作中又有良性的关系和不友好的关系存在。这就需要我们告诉孩子要友好而真诚地和同学、小伙伴团结协作，只有这样，大家的关系才会融洽。

建议二：让孩子拥有一个好性格

高情商的孩子应该具备以下性格特征：第一，能够友好地和他人相处，有互助合作精神，乐于与人交往，善于接纳别人，有和谐的人际关系。第二，热爱生活，热爱学习，善于在生活和学习中发现乐趣。第三，能够经常保持愉快、乐观的心情，遇到困难或悲伤的事情，能够较快地控制自己的情绪，并使自己往好的方面想。孩子有了这些好性格，就一定是一个健康、乐观、积极向上的孩子。

建议三：让孩子拥有宽厚的情感

孩子之间难免有小摩擦，这时，要让孩子学会换位思考。站在他人的立场上，多考虑他人的处境和想法，能够更加冷静地处理问题。渐渐地，孩子就会变得容易理解他人，也就拥有了一种宽厚的情感。而这种宽厚的情感可以让孩子有一个好人缘。

兴趣是最好的老师

苏霍姆林斯基说："世界上没有才能的人是没有的。问题在于教育者要去发现每一个学生的禀赋、兴趣、爱好和特长，为他们的表现和发展提供充分的条件并进行正确引导。"在这方面，我国著名翻译家傅雷先生就做得很好，堪称教育孩子的楷模。

傅雷先生的儿子、著名钢琴家傅聪先生在提到父亲对自己的教育时说："我父亲留学法国，深受法国的人文主义影响，因此对我们子女也是民主式教育，在家里他不仅仅是父亲，还是我们的知心朋友。在艺术上表现得尤为突出。除了文学音乐，我父亲也很喜欢美术，记得家里有很多美术作品。长期受这种文化熏陶，我也很自然地喜欢美术音乐。我们经常交流对音乐绘画的看法，从父亲那里我学到了很多，让我受益匪浅。我是12岁才开始学钢琴，学了两年又放了，直到17岁，又开始学。这期间都是我的意愿，父亲没有非让我学钢琴或绘画。父亲总能像朋友一样，尊重我的兴趣和爱好。"

兴趣、爱好是孩子学习知识、发现探索未知领域的推动力，在兴趣、爱好的带领下，孩子将满怀热情地投入到所学的内容中去。所以，孩子在探索自己感兴趣的事情时，父母要加以鼓励。让孩子将自己的兴趣发展成自己所热爱的事业，并努力取得一定的成就。

正面管教案例分享：
慢慢培养孩子对某件事的兴趣

有的家长说："我的孩子天生就对看书、学习没有兴趣。"显然这种说法有失偏颇。虽说兴趣有天生的成分，但是后天的引导和培养也是至关重要的，像磊磊的妈妈就让体弱多病、对运动毫无兴趣的孩子对体育产生了兴趣。

磊磊是一个体弱多病的男孩子，从小就不爱好体育运动。磊磊的小学时光就在父母和老师同学的呵护、照顾下度过了。转眼间，磊磊就要上中学了，磊磊的妈妈决定从现在开始让孩子多锻炼，改善身体素质，培养磊磊对体育运动的兴趣。

最初，妈妈带着磊磊去学打篮球，可不到十分钟，磊磊就说自己没力气了，坐到篮球架下就不起来了。显然，并不是磊磊没有了力气，而是他没有兴趣打下去。这时，磊磊妈妈让磊磊爸爸参与了进来。在爸爸的陪伴下，磊磊开始尝试着各种运动项目，逐渐地对体育的兴趣越来越浓了。在遇有体育比赛的时候，磊磊还会和爸爸一起看比赛。

在磊磊妈妈对磊磊体育兴趣的培养中，磊磊的身体状况一天比一天好，磊磊还狂热地爱上了运动，各种比赛磊磊都讲得头头是道，而体育运动也增强了磊磊的耐受力。磊磊妈妈总是不无安慰地说："兴趣是完全可以培养的。"接下来，磊磊妈妈还打算培养孩子其他方面的兴趣。

磊磊妈妈这种循序渐进的方法很好，通过磊磊妈妈的做法，我们也就知道了，其实孩子的兴趣是可以培养的。只要给孩子提供培养兴趣的环境，让孩子慢慢地去投身其中，并不断感受到这种兴趣所带来的快乐和成就感，孩子就会产生一种持续的喜悦感，而这就是兴趣。

关于如何培养孩子的兴趣，专家建议如下：

建议一：承认孩子的不同，挖掘孩子的特点

每个孩子都有自己的优缺点，要承认孩子的差异性，允许孩子按照自己的特点去努力。不要强求孩子，按照他人的优点来要求孩子，因为这样做对孩子是不公平的。

有的孩子爱动、活跃，跳舞很好，我们就不要对孩子说："你看，你的同学毛笔字写得多好，比你强多了。"毛笔字写得好的孩子，多半是爱静的孩子，能够稳稳当当地坐下来耐心地练习写字，可是你的孩子是爱动的孩子，练毛笔字不是他的专长，跳舞更可能是他的专长和兴趣所在。

建议二：培养兴趣从保护孩子的好奇心开始

孩子总是爱问这问那的，这就说明孩子的好奇心所关注的方面就是孩子所感兴趣的地方。这时，我们做父母的一定不要因为孩子的一大堆问题而责备孩子，或感到厌烦。如果孩子好奇心正浓，在问问题时，我们对孩子说："你怎么那么多问题啊，烦死我了，没看见我正忙着吗？"这样会极大打击孩子的自尊心和积极性，使孩子不敢再继续发问和探索了。

建议三：**让孩子做自己喜欢的事**

孩子都有自己喜欢和擅长的方面，如果我们根据外界的标准或自己的期望来要求孩子，而忽略了孩子的喜好和特长，就是在浪费孩子的时间和精力，而且也得不到好的效果，孩子也会因此变得不快乐。

留给孩子足够的空间

　　偷进孩子的房间，偷看孩子的日记，这是有些家长了解孩子真实想法的做法，但殊不知这样做对孩子的伤害很大。家长管束孩子太严，会让孩子失去自由成长的空间。数年前，美国很多大学的学生们被各种规章制度束缚着，每一件事都有严格的规定，不按规定行事，就会被记录在案。结果学生们一旦脱离监视和控制，就会抛掉一切约束，像脱缰的野马，极度放纵自己。长期的压制使他们不再珍视自由，而是把自由当成放纵自己的大好机会。

　　后来，哈佛大学决定对学生充分放权，给他们自由发展的空间，哈佛大学曾因此受到来自社会各界的强烈批评。但哈佛大学校方坚持认为在严格监督管理下的孩子无法形成良好的性格，也不会有一个健康的体魄。最终，哈佛大学倡导的自由式教育得到了美国教育部的肯定，并大力推广。

　　事实证明，得到自由的孩子能够更好地管理自己，更具独立品格，更遵守秩序，也更加健康。现在哈佛大学的学生比以前增加了几十倍，但是犯罪和被开除的比率，却比改革之前低得多。这就是最好的证明。

　　这也要求父母不要时时管着孩子，而应该给孩子充分的自由。要相信孩子、赞赏孩子，相信孩子有能力变得更优秀，相信孩子可以承担起自己的未来，可以为自己的行为和想法负责任。

正面管教案例分享：
充分理解孩子的行为

我们对孩子的行为总是疑心很大，总是在猜测孩子，弄得自己总是疑神疑鬼的，而我们的这种行为又常常遭到孩子的不满。孩子都是可爱的，我们要充分理解孩子的行为，不要总是认为孩子不让我们知道的事情就一定是坏事。

十四岁的莎莎不知什么时候，抽屉上多了一把锁，而且经常在半夜房里灯还亮着。有一天，莎莎妈妈见女儿神神秘秘地把一个小盒子放在了带锁的抽屉里，就问了女儿一句，莎莎则满脸神秘地说："保密。"

莎莎妈妈收拾房间，发现垃圾桶里有一团被女儿揉皱了的纸，就好奇地捡了起来，上面写着"我爱你……"，后面的字被墨水弄脏了，看不清了。莎莎妈妈非常吃惊，想起了每天晚上女儿房里的灯亮着，女儿拿着盒子……越想越觉得不对劲。可转念一想，莎莎妈妈还是觉得女儿不会是早恋："这个年龄的孩子，很容易被自己一时的感情弄得晕头转向的，孩子很快就会想明白的。"所以，莎莎妈妈不再胡思乱想了。

一天晚上，莎莎放学回家就帮妈妈做家务，还亲自炒了妈妈最喜欢吃的菜。吃饭的时候，莎莎从房里拿出了一个盒子和一张纸条。莎莎妈妈非常吃惊，莎莎则依偎在妈妈的旁边，深情地念着："妈，我爱你，如果我是荷花，您就是为荷花遮风挡雨的荷叶……"莎莎笑着说："妈，今天是您的生日，这段话是我反复修改后写的，这个礼物是我用零花钱买的，送给您。"此时，莎莎妈妈全明白了。莎莎妈妈觉得自己没有偷看女儿的抽屉，真是一个明智的做法，否则，孩子很可能会因为妈妈对自己的误会与不理解而受到伤害。

莎莎妈妈的做法是好的，要理解孩子的行为，不要总是用我们自以为是的想法去想孩子，那样只会使孩子离我们越来越远，而不会拉近我们与孩子之间的距离。不要猜测孩子，怀疑孩子，要理解孩子的行为，站在孩子的立场想问题，孩子自然就愿意和我们亲近了。

关于如何给孩子足够的空间，专家建议如下：

建议一：不限制孩子的兴趣，不限制孩子看书的自由

只有孩子自己知道在怎样的兴趣中能够让自己得到快乐和自信。所以，不要强迫孩子按我们的想法去参加兴趣班。至于孩子是看武侠小说，还是看漫画，是看中外经典文学名著，还是看专业性很强的学术书籍，我们都要支持，只要孩子在看书的过程中能够得到快乐就好。

建议二：不过分干涉孩子的业余活动

孩子的叛逆与不羁行为，很多时候，都是我们做父母的逼出来的。父母管得越严，孩子越叛逆。给孩子一些空间，将自主权放到孩子手中，孩子会更自觉、更谨慎地对待自己的行为和对事情的态度与做法。因为这一切都是自己的决定，自己必须负责。孩子都有进行自我教育和自我引导的能力，所以，我们不要过多干涉孩子的自由，给孩子空间，孩子会为自己负责。

建议三：把孩子从各种角色的束缚中解放出来

有上进心的孩子都渴望成为老师眼中的好学生、父母眼中的好孩子、同学伙伴眼中的好朋友，因此，孩子就会尽力去维持自己在大家眼中的好形象。但孩子毕竟是孩子，不可能十全十美，不可能没有缺点。所以，我们要正确地对待大家眼中的"好孩子"，不要给他们压力，允许他们有不足，不要让孩子一天24小时都紧绷着神经，维护一个完美的好形象。

孩子的人生自己做主

　　孩子在父母的眼里都是宝，每对父母都希望自己的孩子能够成功，成为某个领域内的佼佼者、精英。所以，那些值得借鉴的好的教育方法，我们都希望用在孩子身上，并收到好的教育效果。而为了把孩子培养成精英，很多父母都把目标锁定在了世界著名学府，希望可以从中发现培养孩子的全新方法。由此，也就出现了"常青藤教育"的现象。

　　所谓"常青藤"或"常青藤盟校"，指的是美国东北部最著名的8所大学：哈佛、耶鲁、普林斯顿、哥伦比亚、康奈尔、布朗、达特茅斯和宾夕法尼亚大学。这8所大学，除了康奈尔建于1865年外，其他全都是在十七八世纪创建的，属于美国历史上最为悠久也最精英的大学。所以，人们也把常青藤教育称为精英教育。

　　而对"常青藤教育"更准确的理解是"常青藤家教"。因为"常青藤教育"会让人产生一定要把孩子送进常青藤盟校进行教育的教育方式，但现如今"常青藤教育"是指要把常青藤（盟校）的基本教育原则，落实到父母对孩子的早期教育中，所以"常青藤家教"就显得更为贴切。

　　孩子的教育不是始于迈入小学的那一天，也不是始于考入大学的那一刻，而是从孩子出生的时候就开始了。孩子能否健康、自信地成长，能否成功，能否成为精英，很大程度上取决于孩子是否从小时候就开始接受了常青藤式的家庭教育。因为常青藤的教育目标是以成功为导向的。而这种成功，并不仅仅是指一般意义上功名利禄的成功，更是指作为一个人的成功。而"常青藤的理想是培养一个完美的人，一个能让自己幸福，也能给别人带来幸福的人"。

具体到常青藤式的教育模式，就是把一个大学几千名本科生分割成寄宿学院式的几百人的"小环境"。在这样的环境下，其教育形式就是对话式的，可以进行面对面的互动，而不是满堂灌、一刀切式的。而以这种平等的、面对面互动形式培养出来的孩子，会让孩子有种"自己被重视、自己很优秀"的良好感觉，会有独立的思想、独到的见解、很强的分析能力，同时也能够更好地适应社会。

要把孩子培养成优秀的人才，就要平等地和孩子进行对话，让孩子有种"自己十分优秀"的意识，而这种教育开始得越早越好。

正面管教案例分享：
让孩子勇于挑战权威

以巨人为榜样，就会永远仰视着巨人，那么也就意味着你的高度很难超越巨人。而只有敢于挑战巨人，站在巨人的肩膀上，我们的孩子才能够超越巨人。不要给孩子树立什么权威，要让孩子敢于挑战权威，创造出自己的成就。

涵涵是小学三年级的学生，有一次，涵涵很渴，就

把一杯热水放进了冰箱的冷冻室，想这样就能快些喝到水了。只一会儿工夫，涵涵就喝到了温度适宜的水。可是，刚喝完水的涵涵马上想到了一个问题——将一杯冷水和一杯热水同时放入冰箱的冷冻室里，哪一杯水先结冰呢。涵涵认为冷水先结冰，因为冷水的温度低。但是又不确定，所以涵涵就接了一杯冷水，又倒了一杯热水，然后把两杯水一起放进了冰箱的冷冻室。可是，当涵涵把两杯水拿出来的时候却发现热水先结冰了。

涵涵第二天一到学校就去了老师的办公室，可老师却说涵涵错了，建议涵涵再做几次实验。可涵涵做了几次实验，结果都是一样的。

这时，涵涵妈妈知道了这件事，就问涵涵怎么回事。涵涵把老师的话告诉了妈妈，涵涵妈妈说："老师工作很忙，而且每一个人的学识有限，也许老师现在还没有关注到你关心的这个问题。尽管老师是你的老师，学历比你高，但也只是比你多学了几年而已，你也会有自己的发现。妈妈觉得你是对的，你可以找一些相关的资料来看一看。"

没有谁能够做到事事精通，所以也就没有绝对的权威，像涵涵妈妈这样对孩子进行引导和教育，就是在肯定孩子的探索、发现精神，同时也在告诉孩子用自己的眼睛和想法去看世界，从而发现不一样的天空。

关于如何把孩子培养成精英，专家建议如下：

建议一：告诉孩子"你是独一无二的"

让孩子拥有自信，就等于是成功了一半。孩子相信自己是最好的、最优秀的，才会有挑战未来、战胜困难的勇气和胆识。孩子相信自己会成功，才会一步一步走向成功。自信而强有力的心理暗示是孩子获得成功、成为精英所不可缺少的内心力量。

建议二：不断地吸取知识，提升自己

每个领域都在发展、前进，社会对人才的要求越来越高，这就意味着"不进则退"，所以，一定要让孩子意识到必须不断学习知识，才能使自己不断提升，获得持久的力量和优势。

在学习方面，不要让孩子有自满的情绪，不要仅仅和本校的同学比，要把眼光放在一个地区和全国。而对于孩子的成长，我们做家长的，也不要只关心孩子的学习和成绩，还要把心思放在孩子的整体素质和综合能力上。只有这样，孩子才能不断超越自我，实现自身价值。

第七章 ／

习惯养成，抓住成长黄金期

让好习惯早一点养成

很多家长不重视孩子幼儿时期的教育和引导，等到孩子长大了，才发现很多事情都是由于自己的疏忽和不注意，而使孩子养成了不好的习惯。这时再想改变孩子的习惯就很困难了。孩子的好习惯是在一点一滴的小事中慢慢养成的。养成教育就是培养孩子良好习惯的教育。

我国著名教育家叶圣陶先生认为："教育是什么，往简单方面说，只需一句话，就是要养成良好的习惯。德育就是要养成良好的行为习惯，智育就是要养成良好的学习习惯，体育就是要养成良好的锻炼身体的习惯。"一切的行为和活动就是为了要养成孩子的良好习惯。

而幼年时是培养孩子良好习惯的最佳时期，法国著名思想家、教育家霍尔巴赫说："一种良好的教育，应当使我们在幼年时期就养成思想正确和行善的习惯。"幼年时养成良好的习惯，会影响孩子一生的成长和发展，使孩子成为一个有素质的优秀人才。

正面管教案例分享：
有意识地培养孩子的良好习惯

良好的习惯是要慢慢培养的，而且也是需要父母有意识地来培养的，绝不是到孩子有了一些坏习惯的时候，才来培养孩子的良好习惯，像滔滔妈妈的做法就很好。

滔滔现在是初中三年级的学生了。滔滔的很多同学、朋友的家长都很喜欢滔滔，同时也很羡慕滔滔妈妈能有滔滔这样一个又懂事又优秀的孩子。别人这样羡慕自己，滔滔妈妈十分高兴，当然也知道这其中自己的用心和孩子的努力。

从滔滔三岁的时候起，滔滔妈妈就让滔滔自己洗背心、袜子、手绢。孩子还小当然洗不好，但这是在培养孩子自己的事情自己做的习惯。

从滔滔上小学起，每天放学回家的第一件事就是写作业，作业写完了，才可以和小朋友一起玩，才可以看动画片。刚开始的时候，孩子当然不情愿这样做，可是强迫孩子一段时间之后，学习成绩就前进了几名，滔滔自然十分开心，那以后回家立即写作业都是滔滔主动去做的，从来不用妈妈提醒了。就这样，滔滔一点一滴地养成了好习惯，在学习上取得了很大进步，每次考试滔滔都是班里的前三名。

从上小学起，滔滔妈妈就让滔滔每天早晨都跑步，风雨无阻，这极大锻炼了滔滔的意志力，养成了滔滔凡事坚持的习惯。

　　滔滔妈妈有意识地培养孩子的习惯，而又不急于求成，这种做法很好。这些习惯看着小，但对孩子的成长却起着十分重要的作用。像滔滔妈妈从滔滔小的时候就开始培养滔滔良好的习惯，这对孩子的学习和今后的独立生活都十分重要。

　　关于如何培养孩子的良好习惯，专家建议如下：

建议一：家长要有一种坚持精神

　　好逸恶劳是人的天性，孩子也不例外。时间一长，孩子就会产生腻烦心理。这时，我们做父母的一定不能失去耐心，对孩子又打又骂。我们要做的就是在孩子松懈的时候，提醒孩子好习惯的好处和重要性，让孩子自己主动去把好习惯坚持下去。

建议二：告诉孩子养成良好习惯的好处

　　父母有必要让孩子知道养成好习惯的意义，目标明确能够让孩子更有动力地自己督促自己去努力。养成良好的学习习惯，能够更轻松地进行学习，而学习成绩的提高只是一种好习惯养成后的必然结果。养成良好的作息习惯，能够使孩子有条理地安排自己的时间和活动。

让健康生活成为一种习惯

　　当前，孩子的身体健康状况是家长普遍关心的大事之一，但有一种情况应引起注意，那就是大多数家长只重视加强孩子的物质营养，过度保护，而不注意孩子良好生活习惯的培养和体育锻炼，致使孩子营养过剩，身体过胖。而这些"小胖墩"对环境的适应能力和对不利环境的抵抗能力较差，所以家长应及时纠正这种行为。

　　马克思在读大学的时候曾接到父亲的一封信："……祝你健康，在用丰富而有益的食物来滋养你的智慧的同时，别忘记，在这个世界上，身体是智慧的永恒伴侣，整个机器好坏都取决于它。一个体弱多病的学者是世界最不幸的人。……我希望，当拥抱你的时候，都会看到一个身心越来越健康的人。"

　　在谈到中西教育的根本区别时，我国五四运动的领导人陈独秀指出，中国教育只重知识不重体育。这也给我们的家长提了一个醒，在注重孩子学习的同时，要使孩子养成良好的健康习惯。

正面管教案例分享：
帮孩子养成规律作息的好习惯

有健康的体魄，孩子才能够应付繁重的学习并健康地成长。所以，让孩子养成良好的生活习惯，保证充足的睡眠很重要。

从彤彤上小学起，彤彤妈妈就和彤彤一起制定时间表，按时作息，以此来培养彤彤做事有条理和遵守计划的习惯。此外，彤彤妈妈还让彤彤早上跑步半小时，这既能锻炼身体，又能锻炼彤彤的意志。

因为彤彤妈妈认为孩子以后的学习生活会变得越来越紧张，所以在小学阶段就要养成好的学习习惯，还要有规律的作息，保证良好的睡眠，这样有一个好身体才能够好好学习。所以，彤彤妈妈就和彤彤一起做学习计划，安排好时间，尽量不熬夜，不要因为自己的计划性不强或是控制不好时间而影响了正常作息。

这样一坚持就是六年，彤彤上初中了。刚上初中的孩子都有些不适应，一下子多了那么多功课，又都很重要，所以很多孩子的学习都乱成了一团，需要很长时间来理顺和适应。但彤彤开学不到一个月，就完全适应了初中生活，一切都有条不紊地进行着。

彤彤妈妈的想法是对的，要想让孩子有充足的睡眠时间，就要通过有计划的学习和严格的时间规划来获得。而这种意识和习惯越早培养越好，这样孩子就不会因为学习任务的增加而变得手忙脚乱。

关于如何增强孩子的体魄，专家建议如下：

建议一：带孩子多到大自然中走一走

大自然中空间广阔，极目远眺，对孩子的视力会起到很好的调节和放松作用。因为眼睛远眺33厘米以外的绿色景物时，对缓解视力疲劳很有好处。大自然中还有灿烂的阳光，多晒太阳可以帮助人体补充维生素D，因为维生素D只有在光照充足的条件下才能在人体内合成。而维生素D又可以促进人体对钙质的吸收。

建议二：培养孩子良好的饮食习惯

一项营养调查表明，我国7～18岁男女生营养不良的患病率分别为26.87%和38.27%，11～14岁的青少年平均身高比日本同龄人矮2～3厘米。健康专家认为，膳食不平衡及不合理的饮食习惯，是导致学生营养状况不佳的主要原因。中小学生不合理的饮食习惯，给健康带来了负面影响，同时也影响了学习成绩。

那么，家长要怎样来安排孩子的饮食呢？首先，饮食要尽量多样化。菜肴有荤有素，在主食中加入些玉米、小米、荞麦、高粱米等杂粮。其次，要按时进餐。孩子的身体活动和学习需要很多能量，要让孩子养成按时进餐的习惯。再次，要安排好孩子吃零食的时间。孩子都喜欢吃各种零食，如果不安排好时间，就会影响到孩子的正常进餐，不能很好地摄取食物中的营养，对孩子处于发育阶段的身体十分不利。

让自主学习成为一种习惯

现代教育理论提出："教学的真正含义是变'学会'为'会学'。"著名外语教授许国璋也说过："古往今来杰出的科学家、艺术家、文学家无不都是靠自己学习，才能有所发明，有所创造，谁能教莎士比亚成为莎士比亚？谁能教爱因斯坦发现解释宇宙的根本原理？谁能教鲁迅先生刻画出阿Q的形象？自己的学习和创造是一种前进的动力。"这就意味着要培养孩子的主动学习能力。

父母要鼓励孩子，充分调动孩子的学习积极性。美国著名教育家杰罗姆·布鲁纳极力倡导发现法，即重视孩子的学习信心与主动精神。他认为，探索学习有助于激发孩子的智慧潜力，培养内在动机，学会发现的技巧，提高孩子处事的能力。他还指出，学习是一个过程，而不是结果。要让孩子自己研究并提出可以促进学习的方法。我们要知道孩子才是学习的主体，应鼓励孩子相信并依靠"自己的头脑"去思考、发现和解决问题；内在动机是孩子学习的推动力，应启发孩子把学习与日后的生活联系起来，自主学习，逐步培养和形成学习的行为和习惯。

正面管教案例分享：
培养孩子良好的学习习惯

在没有上学以前，"玩""做游戏"就是孩子的学习方式，孩子在其中感受到的都是快乐。可上了学以后，有纪律的约束，有学习的任务，再加上父母和老师的要求，孩子难免对学习产生厌倦情绪和畏难心理。所以，父母应该在孩子刚开始入学的阶段，就让孩子养成良好的学习习惯。

> 蒙蒙今年上小学五年级。今天刚放学回家不久，家里来了一个客人，是妈妈的大学同学，那时蒙蒙正在做作业，所以，这个阿姨就和妈妈表扬起了蒙蒙。
>
> "看你女儿多乖啊，回到家就写作业……我那孩子，别看也是女孩，就知道玩，总是在睡觉前，我问她时，她才支支吾吾地说'还没写呢'，你说愁不愁人。"
>
> 这时，蒙蒙的妈妈说："从她上一年级的时候起，我就告诉她放学回家后，第一件事就是要把作业写完，然后看第二天要学的内容，都完成了，收拾好书包，第二天早上就不用着急了，到时间拿起书包就走。所以，一天一天，一年一年，她都是这么做的。我觉得你女儿就是没有养成良好的学习习惯。否则，她也会很乖、很懂事的。"

小学一二年级是培养孩子良好学习习惯的关键期，蒙蒙妈妈的做法就很好。有了好的学习习惯，孩子会在繁重的学习中感到轻松，也更容易取得好成绩。要让孩子自觉主动地学习，父母首先要让孩子明白学习是自己的事情，并引导孩子发现学习的乐趣，从而提高孩子的学习兴趣。

英国儿童问题教育专家博茨勒指出，培养孩子的自主学习能力可采取以下方法：

建议一：**要让孩子尝到成功的滋味**

要想让孩子想去学，首先要使他尝到成功的滋味。即使孩子的学习进步是微不足道的，家长也应及时发现，及时表扬。在这种愉快的环境中，孩子会愉快地学习，渐渐地，学习就成为一种习惯了。

建议二：**欲速则不达，不能强迫孩子学习**

逼得太紧的话，孩子会变得焦躁，不耐烦，潜意识产生反抗情绪，变得善忘，一下子把刚学过的全部遗忘，使事情变得更糟。

建议三：**不要拿他和别人比较**

父母总拿孩子和别人比较，会让孩子产生逆反心理，不自觉地放弃进取。

建议四：**做功课的时间不可过长**

父母要记得在孩子做功课的中间，要有数分钟的休息，让他舒展筋骨，如果功课做得好的话，给他小的奖励。

建议五：**要不断激发孩子的好奇心和求知欲**

父母要多带孩子去参观博物馆、动物园和图书馆之类的地方。

建议六：**做功课的时候，不要依靠父母的帮助来解决困难**

要让孩子从经验中吸取教训。有困难的时候，要采取积极的态度鼓励他去独立思考，不要养成孩子的依赖性，因为做功课是他的责任。

建议七：让孩子有自己的书房

如果环境许可的话，空出一个房间来做孩子的书房，在那里他可以不受干扰，安心地做功课。

建议八：父母是孩子的榜样

如果要孩子对学习发生兴趣，首先要让他知道父母很喜欢看书，求知欲很强，并且在不断学习。

让独立思考成为一种习惯

　　我们培养孩子，不仅要让孩子拥有良好的品德和杰出的能力，还要让孩子学会独立思考。尤其是在孩子取得成功或遭遇失败的时候。专家分析：一个人的与众不同有许多表现，其中最有意义的方面就在于能否展示并表达独具特色的思想，而这思想往往是由思考得来的。

　　关于思考的重要性，爱因斯坦说："发展独立思考和独立判断的能力，应当始终放在首位，而不应当把获得专业知识放在首位。如果一个人掌握了所学学科的基础理论，并且学会了独立思考和工作，他必定会找到他自己的道路，而且比起那种主要以获得细节知识为其培训内容的人来，他一定能更好地适应进步和变化。思考、思考，我就是靠这个学习方法成为科学家的。"

　　我国著名文学家郭沫若说："教学的目的是培养学生自己学习，自己研究，用自己的头脑来想，用自己的眼睛看，用自己的手来做这种精神。"而孩子拥有了独立思考的能力，在遇到事情时，就会对自己以往的经验进行处理，找到解决问题的方法。在和他人产生分歧或是意见不一致时，也能够通过自己的思考，得出一个正确的判断。这样，孩子就不会人云亦云，而是经过思考有自己的想法，成为一个有主见、有思想的人。

正面管教案例分享：
给孩子独立思考的机会

孩子最初是很少有独立的看法的，总是说"妈妈说""爸爸说"。这时，父母就要鼓励孩子独立思考，自己找到试题和事情的答案，不要总是依靠他人，总是用他人的想法来思考。

露露的学习成绩很好，但有些功课就显得比较吃力。有时，露露的数学和物理作业一写就到深夜。

这几天露露的表哥有事住在露露家，看到露露做作业很困难，就对露露说："我也看看题，看能不能做出来，要是能做出来，你就省得花时间了。"当露露的妈妈听到露露的表哥这样说时，就对露露说："咱们露露最喜欢独立思考了，每次都是，只要好好想一会儿，就能找到解决难题的答案。"露露的表哥一会儿就把题做出来了，放在了露露学习的桌角上，可是露露听了妈妈的话之后，根本就没有看的打算。后来，露露终于把题目解答出来了。第二天，她的作业得了优，露露体会到了"独立思考"的成就感。

露露妈妈鼓励孩子进行独立思考，这种做法很好。当孩子有畏难情绪时，父母的及时鼓励是十分重要的。而独立思考的习惯一旦形成，就会伴随孩子一生。

关于如何让孩子学会独立思考，专家建议如下：

建议一：不要打击孩子的奇思妙想

无论是多大的孩子，都有很多对于大人来说十分新奇的想法。而我们常常把孩子的一些奇思妙想当成是不务正业，比如，看到孩子把酱油、醋、酒都混在一个杯子里，就严肃地告诉孩子："以后再也不许这样了，否则……"而孩子爱思考的天性，就由此被无情地扼杀掉了。正确的做法是我们要问一问孩子为什么要这样做，从而启发孩子进一步思考，看能不能有意想不到的结果出现。

建议二：倾听孩子叙述自己的想法

尽管孩子的很多想法在我们看来都十分天真、幼稚，但我们也不要试图去改变孩子的想法，而是要从孩子的话语中找到有趣的、有道理的话，然后让孩子进一步具体地阐述，这样就会使孩子的想法不断成熟，在思考中找到很多乐趣，从而更愿意进行思考。

建议三：不要限制孩子的业余活动和兴趣爱好

给孩子一个宽松的环境和空间，能够最大限度地调动孩子进行思考的积极性，让孩子不会有被束缚的感觉。在这样的情况下，孩子的思维和想法完全处于一种放松的状态，能够进行高效思考，找到很多不同的思路。

让阅读成为一种习惯

书对人们智慧的启迪很重要。英国著名大剧作家莎士比亚说："生活里没有书籍，就好像地球失去了阳光；智慧里没有书籍，就好像小鸟失去了翅膀。"书也是人们获取知识的重要途径。美国第42任总统克林顿说："在19世纪获得一小块土地，就是起家的本钱；而21世纪，人们最指望得到的赠品，再也不是土地，而是联邦政府的奖学金。因为他们知道，掌握知识就是掌握了一把开启未来大门的钥匙。"

关于怎样读书，我国著名教育家陶行知先生有以下论述："我们要活的书，不要死的书；要真的书，不要假的书；要动的书，不要静的书；要用的书，不要读的书。总起来说，我们要以生活为中心的教学做指导，不要以文字为中心的教科书。"

家长要引导孩子读书，就要让孩子对书产生兴趣，要读真正的、有用的、生动的书。我国宋代著名思想家程颐说："人生至乐，无如读书。"让孩子了解到读书的乐趣，孩子就自然乐于阅读了。

"知识就是力量"。孩子在阅读书籍时得到知识，是一种学习能力的体现，而将知识运用到实际生活和学习中，就是将知识和能力合理利用的素质了。孩子一旦拥有了这种能力和素质，就会在一生的学习和生活中变得游刃有余。

正面管教案例分享：
让孩子置身于书的环境中

玩是孩子的天性，和玩比起来，一切事物都显得枯燥无味，读书也不例外。但读书对孩子的成长又是十分有益的。那么，如何才能让孩子爱上阅读，爱上书呢？下面我们来看看琳琳妈妈的做法。

琳琳现在是初中二年级的学生，所有同学在课余时间都喜欢和琳琳在一起，不管是聊天，还是做什么。这是为什么呢？因为琳琳看的书多。书中的那些道理和事情，都深深地印在了琳琳的心里，任何时候都能够信手拈来。而这些从琳琳的语文成绩上就可以得到验证。对于语文课的学习，琳琳显得很轻松，每次考试都是最高分。看书也使琳琳的知识面变广了。

而这一切都得益于妈妈对琳琳从小的教育。几乎所有小孩在小的时候看见书就撕，琳琳当然也是那样。可琳琳妈妈不管这些，还是给琳琳很多书，整日让琳琳置身在书的世界里。而且每当琳琳撕书时，琳琳妈妈总是不厌其烦地对琳琳说不要撕书的道理。琳琳长大一些后，就不再撕书了。

和很多小朋友不同的是，琳琳的玩具大多数都是书。开始时，书是积木，可以盖房子，后来随着识字量的增多，琳琳就开始把看书当成了一种游戏，并越来越沉浸其中。而琳琳对书的喜爱，正是因为从小就置身在书的环境中。

琳琳妈妈的做法是很好的，让孩子接触书、处在充满书的环境中是孩子爱上书、喜欢上阅读的前提条件。对于孩子来说，书和电动车、玩具熊一样，都是玩具。这样，让孩子置身在书的环境中，孩子慢慢就会喜欢上阅读，爱上书。

关于如何让孩子喜欢上阅读，专家建议如下：

建议一：父母要成为爱看书、爱学习的好榜样

有的家长，一味地要求孩子看书，可是自己却不看书。在儿童期的孩子模仿能力是相当强的，要想让孩子乐于阅读，爱上书，最好的办法就是我们做父母的要有一种积极进取的姿态，爱看书，这样，孩子在父母的耳濡目染下自然也会喜欢上阅读了。

建议二：让书籍成为孩子生活中的重要部分

从孩子几个月大的时候起，就给孩子念书听，尽管孩子还听不懂，但可以从父母柔和的读书声中体会到安全和舒适的感觉。就算孩子长大了，我们也可以读书给孩子们听，让我们的阅读一直伴随着孩子成长，和孩子不断地交流。

家里一定要有书，家长可以把书摆在孩子能拿得到、看得到的地方。送孩子礼物的时候，书也是一种很好的礼物。

建议三：用分享阅读培养孩子的读书兴趣，促进亲子沟通

在孩子小的时候，我们给孩子读故事，有利于亲子沟通，使孩子增长知识。但是随着孩子不断地长大，如果我们只是给孩子读故事，就满足不了孩子的好奇心和求知欲了。而我们和孩子一起阅读，同读一本书，或是读不同的书，然后将自己看到的讲给对方听，就会使孩子在阅读中获得极大的满足感，同时又能极大地调动孩子主动阅读的积极性。

建议四：让孩子按照自己的喜好选书

只有孩子感兴趣的书，孩子才会主动阅读，也才知道珍惜。但大多数家长给孩子买书时都抱着很强的目的性。孩子小的时候，希望让孩子通过看书，提高识字量；孩子大了，就希望孩子能够通过阅读来提高学习成绩。可是，这样的现实目的所带来的往往是孩子对阅读的厌恶。而让孩子自己选书，就是在培养孩子自主阅读的兴趣。

让竞争成为一种习惯

　　竞争是每一个人都必须面对的，孩子的世界也同样充满了竞争。竞争有两种，一种是良性的、合理的、公平的竞争，能够提高孩子的能力和优势，让孩子得到成长；一种是大家都不喜欢的恶性竞争，不但不会让人成长，还会让人退步，乃至丧失良好的品格。

　　关于竞争，有一个"鲇鱼效应"：渔民打鱼，如果渔船中只有沙丁鱼，那么上岸后，沙丁鱼几乎无一鲜活。而在其中放入几条沙丁鱼的天敌鲇鱼，在对手的追逐下，沙丁鱼就会拼命游动，从而保持了生命的活力。

　　家长要让孩子善于竞争，以良好的心态竞争，使孩子在一个友好、和谐的环境中获得飞跃式的进步。父母要引导孩子正确对待竞争，让孩子意识到竞争的存在，打破现状，勇于进取。同时，让孩子知道竞争的意义，团结大家共同进步，互相提高。还要让孩子养成一种习惯，即无论是否竞争，都要不断进步，一天比一天优秀。这样，孩子才会成为优秀的佼佼者。

正面管教案例分享：
竞争就是今天比昨天有进步

孩子也许还没有意识到要竞争，或者是太渴望在竞争中取得成绩了。无论是哪一种情况，只要父母处理得恰到好处，都会让孩子更好地成长，一天比一天进步。

唐毅是一个上进心很强的孩子，但是最近唐毅的妈妈发现唐毅好像不太开心。因为期中考试，唐毅的名次是第五名，可是期末考试，却后退了一名，而且分数和第五名差了10分。唐毅最近一直在起早贪黑地学习，希望下学期的期中考试，自己可以再考到第五名。

当唐毅的妈妈了解到这个情况后，唐毅妈妈就觉得一定要让孩子意识到健康竞争和良好心态的重要性，否则，孩子就算学习成绩再好，也不能获得健康成长。

所以，唐毅妈妈就给孩子写了一张纸条："孩子，妈妈觉得，最好的竞争是和自己竞争。以别人为目标，为榜样，自己就总是跟在别人的后边跑。任何时候，都要从他人身上学习长处，因为每个人都有很多值得学习、借鉴的地方。不要将自己陷入不健康的竞争之中，要知道把力量用在什么地方。比如，把精力放在竞争名次上就是不明智的。因为一次或几次的名次并不能说明什么问题，有很多学生平时成绩都不错，而且是相当不错，但在关键时刻，在重要考试中都极其离谱地发挥失常。所以，平时名次上的提高就显得不是很重要了。只要你对自己有信心，巩固自己的成绩，每天都能进步一点点，就是最好的了。你没有再考第五名，也不能认为是别人抢去了那个名次。妈妈相信你会一天比一天进步，也能明白竞争的真正意义。"

下学期的期中考试，唐毅的名次是第八名，但是分数比考第五名时还高出了15分呢。放学回家后，唐毅高兴地对妈妈说："妈妈，这次我只考了第八名，但是我觉得我有进步，而且每天都在进步。我的同学也在进步，这次考试，我班同学发挥得都很好。"

孩子的主要精力要集中在学习和个性的成长上，不要让孩子有一种"结果很重要"的想法。和孩子一起建立一个合理的竞争观，不让孩子陷入不良的竞争之中。

让孩子努力进取，在友好的环境、氛围中和身边的同学、伙伴互相学习，彼此鼓励，共同进步。和孩子聊天时，多问问孩子"是不是今天的自己比昨天的自己更好了"，而不是问"你们之中谁学习最好啊""你有没有超过他啊"之类的话，不要让孩子认为自己的进步是建立在他人退步的基础上的，要让孩子有一个健康的想法，和身边的同学、伙伴共同进步。

关于如何鼓励孩子竞争，专家建议如下：

建议一：努力比结果更重要

告诉孩子："只要努力就好，不要太看重结果。在努力的过程中，一定会学到东西的。一心想着结果，反而不能全身心地投入其中。"

建议二：要让孩子和自己比，而不是和别人比

竞争是一把双刃剑，人人都可能把握不好分寸，孩子也不例外。不要因为竞争，伤了孩子们之间的友谊。要让孩子以昨天的自己为竞争对手。只要孩子今天比昨天进步一点，明天又比今天进步一点，就是最大的成绩。

建议三：不要拿孩子们去比较

"你看，邻居家的小朋友这次考了多少分，你呢？"家长千万不要说这类的话，因为这会极大地挫伤孩子的自尊心。而且这样的比较是没有意义的，也不客观，反而更容易使孩子产生不健康的竞争心理。因为孩子一旦产生了"我一定要比他强"的想法，并且为了能够"真的比他强"，就可能有一些过激行动，从而不利于孩子的身心健康成长。

家长可以在肯定孩子的优点和取得的进步之后，再说想让孩子学习的其他孩子身上的长处。这样，孩子更容易接受。

第八章 ／

榜样教育，身体力行

抓住孩子成长的关键期

俗话说"三岁看大，七岁看老"，意思是说看小孩3岁时的行为，就能知道他长大后的脾气秉性；看孩子7岁时的处事，就能知道他一生的性格。可见儿童期是孩子成长的关键时期，父母在这个时期培养孩子可以起到事半功倍的效果。

孩子对一切都有很强的感受能力，他们对外界的一切都感兴趣，模仿能力极强，父母是他们的第一个模仿对象。孩子的记忆力也很强，对看过、听过的事物都有很深的印象，我国宋代著名思想家张载就说："勿谓小儿无记性，所历事皆能不忘。"所以，父母是孩子的第一任老师，对孩子的影响很大。

在孩子年幼的时候，我们就应该给孩子提供一个好的家庭氛围和成长环境，端正自己的言行，为孩子树立一个好榜样。从儿童心理发展规律来说，孩子10岁之前是对父母的崇拜期，10岁至20岁则进入对父母的轻视期。因此，孩子10岁之前是家庭教育的最佳时期。

正面管教案例分享：
给孩子布置一个好环境

父母都希望孩子能够获得好的发展，所以就给孩子穿好的、吃好的，让孩子学各种特长班，以为这样就是在给孩子提供一个好的家庭环境。但有时也会事与愿违。

冉冉妈妈看到很多家庭在孩子身上花了很多钱，却没有看到应有的效果。经过深思，冉冉妈妈认为，孩子的良好未来不是用钱铺出来的，营造一个好的家庭环境更重要。

于是，冉冉妈妈把很多以前看的书和最近在看的书都整理出来，摆在客厅的沙发旁、茶几旁、电视旁，自己的房间和冉冉的房间也都放了一些书，还在冉冉的房间挂了很多毛笔字的条幅和绘画作品。

时间过得很快，一晃，冉冉已经上初一了。冉冉的学习成绩很好，每次都是前三名，而且知识面很广，这和冉冉爱看书有很大的关系。冉冉还是班里的宣传委员，他们班办的报总是全校最有特色、最新颖的，因为冉冉在妈妈布置的环境下从小耳濡目染，书法和绘画都是自学的，而且还写得相当不错。冉冉也是一个有爱心的孩子，无论是寒暑假，还是节假日，冉冉总是和妈妈一起去孤儿院或敬老院。

冉冉妈妈的做法很好，使孩子在潜移默化中受到了家庭环境的积极影响。所以，我们想培养出怎样的孩子，就要营造怎样的家庭环境。这样，孩子经过长期的耳濡目染，一定会出现父母想要的效果。

关于如何给孩子一个好的环境，专家有以下建议：

建议一：家庭环境中的无声影响最重要

给孩子买一个书架，让孩子知道家里有书，从而可以在玩耍的时候看到书，这有利于培养孩子的阅读习惯。但是，我们做父母的也要爱看书，也要有阅读习惯，这样家里摆着的书才会动起来，孩子真切地感受到看书是一种享受。因为孩子的模仿能力是极强的，父母爱看书，孩子就会产生探索的冲动。归根结底一句话，父母的无声影响才是最重要的。

建议二：家庭是培养孩子良好道德品质的最佳场所

有位优秀的儿童教育家说过："优秀的品格，只有从孩子还在摇篮之中时开始陶冶，才有希望，在孩子心灵中播下道德的种子，越早越好。"

孩子的可塑性是极强的，受到怎样的熏陶，就会成长为怎样的个性。家庭环境是孩子接触的第一个环境，而且是孩子长时间接触的一个环境，所以，在孩子年幼的时候就培养孩子良好的道德品质，是十分重要的。

父母先从自身做起

在一次调查活动中，记者问一个3岁的小女孩她认为最好的年龄是几岁时，她毫不犹豫地说"29岁"，"因为我妈妈29岁，她不上班，每天穿着睡衣躺在沙发上看电视"。由此可见，我们的每一个行为都会被孩子看在眼里，记在心上。任何情况下，父母都要非常注意自己的行为，因为孩子是父母的影子，孩子时刻都在关注父母的一言一行。

为了培养出优秀的孩子，父母的行为要谨慎，处处做孩子的表率。美国著名教育家克莱尔就说："如果你自己（父母）都不准备去有所成就，你也不能期待你的孩子去做什么。"

父母如果对他人有无私的关怀和爱护、对工作热忱、对社会有责任感，相信孩子也会成长为一个愿意对他人和社会奉献出爱心的人。而懂得爱的孩子就一定会拥有一个成功的未来，因为内心充满爱的人走到哪里都会得到大家的喜爱和帮助，而成功的机会自然也会更青睐他们。

正面管教案例分享：
用自己的举动影响孩子

孩子是父母的影子，孩子一直都在默默地从父母身上学习。要想让孩子心里有爱、懂得爱，就要以爱的形象来影响和引导孩子。

2008年汶川大地震后，张女士所在的公司马上就进行了捐款，张女士捐了1000元钱。之后每天，张女士早上带着儿子常晓坐公交车时，都有一些志愿者在以五毛钱一份报纸或一个环保袋来进行对地震的捐款活动，每次张女士都会买两份，一份是自己的，一份是常晓的。

张女士的儿子常晓所在的小学，也组织了捐款活动，那时常晓还不知道妈妈的行为，所以就只捐了5元钱。可是在妈妈的影响下，常晓觉得自己应该为更多的受到伤害的小朋友做点什么，于是常晓就把自己的一些书捐到了居委会，在一次去书店的时候，还把自己的200元压岁钱放进了书店的捐款箱内。

常晓妈妈的做法是正确的，我们爱的行为能够最真切地让孩子感受到爱的力量。通过常晓的这一行为，我们就能感受到常晓是一个有爱心的孩子，而这充满爱心的举动是从妈妈无声的行为中学到的。这样有爱心的孩子，长大会懂得关心他人，并能够承担起自己应尽的责任和义务。

关于如何让孩子懂得爱，专家有以下建议：

建议一：“百善孝为先”，爱从孝顺长辈开始

有的父母常说孩子不知道爱自己的父母，我们的爱并没能换回孩子的爱。其实，并不是一味爱孩子就一定能得到孩子的爱。

我们在平时如何对待我们的父母——孩子的爷爷奶奶、姥姥姥爷，这都是在让孩子学习爱、懂得爱，然后奉献爱。我们的孝顺行为自然会让孩子爱父母、爱长辈，懂得父母的良苦用心。

建议二：我们要热情友好地对待身边的人

如果父母对身边的人表示出友好和热情，那么孩子也会开朗、大方，对周围的人表现出友好。遇到人时，会很有礼貌地和大家打招呼；当他人遇到困难和麻烦时，会主动伸出援手，而不会袖手旁观。

建议三：把说教化为实际行动

在教育孩子的时候，我们常常不厌其烦地告诉孩子要怎样做，不要怎样做，怎样做更好。而这样口头说的效果，并不一定好。反而更容易让孩子有一种父母“光说不做”的感觉。

当孩子把受伤的小鸽子带回家的时候，我们要把药找出来，和孩子一起给小鸽子上药、包扎伤口，而不只是在平时告诉孩子“我们要有爱心”。我们要在具体的事情中，让孩子学习、模仿我们的行为，而不只是空口对孩子进行说教。

做孩子的榜样

教育家陶行知先生说："千教万教教人求真，千学万学学做真人。"父母作为孩子的第一任教师，是孩子崇拜和模仿的对象，是影响孩子行为习惯最重要的信息来源。

家庭教育的最大特点是潜移默化。家长在日常生活中的言行往往在不知不觉间影响着孩子。家长的行为习惯、是非标准、待人处事的态度、道德观念等诸多方面都在时刻影响着孩子。

父母是孩子的镜子，要想孩子成为怎样的人，父母首先应是那样的人。诚实的家长才能培养出诚实的孩子；出口就说脏话的家长，不可能培养出文明的孩子；自私自利的家长培养不出大公无私的孩子。

要培养孩子的良好品质，家长自己首先必须言行一致，表里如一，为孩子树立榜样，只有这样才能为孩子的健康成长发挥自己独特的教育作用。有位家长，有个口头语"滚"，后来不知什么时候就被他的孩子学去了，一点事不好，就说"滚"，而且还让幼儿园有些小朋友学去了，影响非常不好，直到幼儿园的老师向家长来"告状"，这位家长才发现了自身的问题，并对自己的行为和教育方式进行了反思，做出了及时的调整和改正。

一个人的习惯要经过很长的时间才能形成，而一旦养成就很难改，但是作为父母，要想为自己孩子的未来树立一个好榜样，就应首先反思自己的行为。好的习惯可以让孩子受用一生，而树立一个坏榜样，则可能影响孩子一生。

正面管教案例分享：
用行动给孩子树立一个好榜样

孩子的未来与他所处的环境和接受的教育有很大关系。有些父母虽然说要教育孩子，但他们在行动中却为孩子指到了另一个方向，对于这样的父母，即使进行再多"苦口婆心"的教诲，也没有多大意义。而有些父母虽然没有教给孩子太多做人的理念，但他们却给孩子树立了一个好榜样，这比对孩子口头教育更有效。

亮亮和君君在同一个学校上学，他们的妈妈也在一个单位上班。因为孩子是同岁，所以亮亮妈妈和君君妈妈经常在一起交流孩子的教育问题。君君成绩优秀，并且性格温和，一直都是家长口中夸赞的"好学生"。一谈到孩子学习，亮亮妈妈就有一肚子道不完的苦水。亮亮的学习成绩一般，并且还经常在学校惹是生非，亮亮妈总是抱怨孩子不听话，愧对自己的一片教育苦心。

亮亮爸是一个运输司机，常年在外，而亮亮妈在单位是出了名的爱打麻将。每到周末，辛苦工作一周的她，还要叫上几个麻友，在家里酣战一番。在这时，家里吵闹的环境使亮亮根本没办法安心学习，所以亮亮经常出去和小朋友玩，有时到了吃饭时间，妈妈在麻将桌上玩得兴起，也顾不得给孩子做饭，给一点钱，就打发孩子到外边去吃了。

君君妈妈看在眼里，急在心里，终于在一次两人交流的时候，君君妈妈把其中的问题向亮亮妈讲了出来，并且说了自己教育孩子的一些方法。对比孩子的差异，亮亮妈此时认识到自己的问题，接受了君君妈的建议，并对自己的生活进行了适当调整，撤掉了自己家的麻将摊子，也投入了更多精力到孩子的学习和教育中。随着环境的改善，亮亮的学习成绩有了明显的进步。

亮亮的妈妈看到的只是一个不争气的孩子，但她却不知道最影响孩子的其实就是自己。幸亏得到君君妈妈的及时指点，亮亮的妈妈才有所认识，并及时改正了自己教育中所存在的问题。

关于如何给孩子树立榜样，专家建议：

建议一： **不要向孩子提出自己都做不到的要求**

有些父母对孩子的要求近乎"完美"，有时连父母本人都做不到。所以，父母在向孩子提出要求时，首先要想一下，自己在生活中是怎么做的，如果是连自己都做不到的事情，就不要拿来去"为难"孩子。因为，孩子一旦认识到这些事情连父母都做不到，就会丧失对父母的信任。

建议二： **榜样的作用在生活的细节当中**

既然父母在孩子的生活中有这么大的作用，那么父母就应在日常生活中注意对孩子的细节培养。如果孩子生活在批评中，他便学会谴责；如果孩子生活在敌视中，他便学会好斗；如果孩子生活在恐惧中，他便学会忧心忡忡；如果孩子生活在鼓励中，他便学会自信；如果孩子生活在安全中，他便学会相信自己周围的人；如果孩子生活在友谊中，他便会觉得他生活在一个多么美好的世界。父母只有各方面都做到尽善尽美，才可能培养出一个各方面都优秀的孩子。

建议三：让孩子自己来完成学习过程

在父母给孩子树立起一个好榜样后，接下来孩子的学习就要留给孩子自己完成了。这个时候，千万不要在孩子面前说"你看我们父母如何如何，你也应当如何如何"的话语。因为这样不仅会引起孩子的反感和抵触情绪，还有可能因此让自己的一番辛苦付诸流水。榜样的作用在于潜移默化的影响，当你通过行动告知孩子应该怎么去做的时候，他自然会做出自己的选择和判断，而此时的"强制"，只会得到一个适得其反的效果。

放手让孩子大胆成长

孩子从呱呱坠地起，就在父母的精心照顾下成长。父母能为孩子做的事，就会尽可能去做，而有些妈妈甚至不惜牺牲自己的工作和事业来陪伴孩子成长，以成就孩子的未来。但也有一些妈妈发现，孩子在长大之后并没有达到自己的预期目标。

这种现象很值得我们反思。我们对孩子的照顾应该随着孩子的成长而相应减少，直至孩子能够完全独立为止。如果孩子已经具备了生活自理能力，我们还面面俱到地照顾他们，就无异于给他们戴上了手铐，剥夺了他们独立成长和发展的机会。

而对于父母放手让孩子把握自己成长的主动权，我国著名教育家陈鹤琴先生就曾提出"三害四利"这种说法，意思是说，父母替孩子做事弊端有三，让小孩子自己做事好处有四。

"三害"就是：第一，剥夺孩子肌肉发展的机会，小孩子做运动越多则越能锻炼他的肌肉；反之，他的肌肉就会退化。第二，养成孩子懒惰的习惯，小孩子的事情样样由父母代替去做，那我们以后再让孩子去做，他们会变得很不高兴，极不情愿地去自己做事。第三，养成孩子不知劳动的习性，同时也不知道很多事情要怎样做，而让孩子自己做事则有很大的不同。

　　"四利"就是：第一，可以锻炼孩子的肌肉。第二，可以养成孩子勤俭的习惯。第三，可以让孩子知道做事的不易和生活的艰难。第四，可以培养孩子的独立精神。

　　教育家既然已经指出了其中的利害关系，我们做父母的就要考虑到我们的行为和想法所带给孩子的好处和伤害，因为并不是我们一味把孩子照顾得好好的，孩子就一定会得到良好的成长。那些面面俱到的妈妈不妨懒一点，让孩子有机会自己尝试着去做自己的事情，这样，孩子会在做事的过程中有一种成就感，从而促使孩子更积极主动地去奋斗。

正面管教案例分享：
做孩子的观众，不代替他成长

　　我们不要总是干涉孩子的成长和自由，父母可以做孩子成长的场外指导，做孩子永远的支持者，只在关键时刻给孩子意见，而不代替孩子成长，让孩子做本该孩子做的事情。

　　　　从星星三岁大起，星星妈妈就开始不怎么"管"孩子了，正是孩子想干什么就让孩子干什么。星星喜欢快跑，总是不小心摔倒，而且总是摔得很严重，可星星妈妈从来都不管，只是在孩子自己爬起来时说："要注意安全，保护好自己。咱们快回家，好好处理一下伤口。"

　　　　也许正是因为这样，星星没有娇气的习气，显得很皮实，身体也很结实。而星星不光是不怕身体上的磕磕碰碰，在生活中、学习上遇到的任何困难，星星也能从中学习到很多经验和教训，因为妈妈对自己不怎么"管"，几乎所有事情都要自己做决定。而星星妈妈总是无条件地支持孩子，这就让星星充分感受到了生活中存在的各种事情和经历，让星星体会到了成长的不易和生活中存在的各种问题和烦恼。

和很多家长比起来，星星妈妈是一位十分典型的懒妈妈。但也正是星星妈妈的这种"懒"，让星星有了锻炼的机会，可以亲自感受生活中遇到的烦恼和苦难。而对于孩子来说，这种体验越早经历越好，因为它可以增强孩子自身的免疫力，让孩子不怕失败，勇敢地挑战未来。

关于如何给孩子成长的主动权，专家建议如下：

建议一：不要让妈妈的勤快养成了孩子的懒惰

生活中的好妈妈要知道适当地忙里偷闲，学着懒一点，体现在孩子自己的事情上，尽量少操心，让孩子自己去处理、解决。

比如，孩子的屋子总是乱七八糟的，说了几次，孩子还是不整理，这时很多妈妈就会帮孩子收拾。可是这样一来，孩子就知道了，妈妈想让我整理，但我不整理也没有关系，妈妈最终是会帮我收拾的。这就是勤快妈妈往往调教出懒惰孩子的现象。

所以，要培养出勤快的孩子，就要让孩子充分感受到自己的不良行为所产生的结果，孩子自然也就知道该如何做了。

建议二：让孩子意识到爸爸妈妈不可能永远在他身边

很多孩子是在父母的万般呵护下长大的，而长大之后开始了独立生活，才发现自己根本不知道怎么生活。而父母又一直以孩子为中心，让孩子有种被宠爱的感觉，可一旦孩子进入学校、走上社会才发现，自己不会永远是第一位的。

而孩子一旦产生了这样的心理落差，就会使孩子有很强的失落感和挫败感，一些心理承受能力和调试能力不是很强的孩子，会很长时间都处于强烈的失落状态而无法自拔。

所以，我们和孩子在一起时，不要总是把孩子放在第一位，孩子有时也需要我们"冷落"一下。

建议三：**让孩子对自己的生活和父母的工作有所了解**

很多孩子都有花钱大手大脚的毛病，觉得自己生活很幸福，自家的生活很富裕，父母赚钱很容易，或者对自己所花的钱是怎么来的、从何而来根本就没有想过。所以，父母在平时绝对有必要告诉孩子一些自家生活的客观情况，自己节衣缩食，却把孩子当王子、公主养的做法是不可取的，也是不科学的。

家长应该让孩子了解一下我们的工作情况，知道父母工作的辛苦和要付出的努力，使孩子不再认为赚钱很容易，让孩子理解"钱"的意义和价值，从而学会把钱用在有意义的地方。

切莫让功利心伤到孩子

　　天下父母都望子成龙，不惜心血地培养孩子。但是家长对孩子的期望，又往往很难把握好一个度。家长都希望孩子在学习上名列前茅，对孩子才艺的培养，也以孩子成名为目的。家长的这种不从孩子自身情况出发的期望，只能让孩子越学越累，甚至出现厌学心理。

　　美国教育家斯宾塞说："身为父母，千万不能太看重孩子的考试分数，而应该注重孩子思维能力、学习方法的培养，尽量留住孩子最宝贵的兴趣与好奇心。绝对不能用考试分数去判断一个孩子的优劣，更不能让孩子有以此为荣辱的意识。"因此，懂教育的家长都会有一个共识，就是学习成绩的好坏不能作为衡量孩子是否优秀、是否有前途的标准。

　　培养孩子，我们的功利心不要太强，感受孩子的快乐，赏识孩子每天所取得的进步，就是对孩子最大的肯定。就像世界著名钢琴演奏家托萨告诫人们的那样："如果有一个满怀功利心的家长站在身后，即使孩子是天赋神童，也难成大师。因为家长把音乐艺术作为追求成功的手段，功利心会污染孩子纯洁的心灵，中断对艺术的攀登。"

正面管教案例分享：
让孩子知道努力并拥有快乐

父母都希望孩子在各个方面都获得良好发展，所以孩子常会因为父母的期望而倍感压力。在这方面，甜甜妈妈就做得很好。

> 甜甜小学二年级了，从这学期开始，甜甜就开始学习钢琴了，而且这个钢琴班的老师每个月都要给孩子们排一个名次。为了不落后，甜甜妈妈给甜甜定了两个规定：1.不管去不去钢琴班上课，每天练琴一个小时；2.要开开心心地努力，不要为了取得更好的成绩，而拼命练习，影响了学校的学习和自己的身体。
>
> 一晃儿，甜甜学琴已经有一年的时间了，甜甜每个月的钢琴成绩，都是稳中有升。而且通过这一年的学习和刻苦练习，甜甜学得很好，是进步最快的学生，而且甜甜也过得很快乐。

甜甜妈妈的这种做法，既让孩子取得了进步，又没有给孩子太多的压力，并且让孩子在其中获得了最大的快乐。这是每一位家长都希望看到的，同时也表明我们对孩子的期望一定要有一个度，在这个度的范围之内，孩子才能够获得最好的发展，而且又十分快乐。

关于如何不给孩子压力，专家建议如下：

建议一：**把孩子从各种角色的束缚中解放出来**

孩子不仅仅是老师眼中的好学生、父母眼中的好孩子，还有一个重要的身份就是做真正的自己。不要让孩子活在"好学生""好孩子"的完美形象当中，他可以有一科成绩不好，刚刚及格，他也可以不懂任何才艺，还可以在和伙伴一起玩时，很淘气，总是玩得脏兮兮的，这都没有关系，让孩子做自己最重要。

建议二：**允许孩子慢慢成长**

身为父母，总是希望能够尽快看到孩子的成绩，钢琴高级一次通过、参加画展就取得名次，等等。不要着急，要让孩子慢慢努力，慢慢进步，家长一着急，孩子的压力就会大很多，这样反而不利于孩子的进步。

建议三：**不要太在意结果，孩子觉得快乐就好**

孩子做任何事情的目的性都不是很强，很多时候都是想做就做，不想做就不做。当孩子意识到要为了一个很明确的结果去坚持时，就会感觉到压力，甚至有时常常就不想做了。所以，家长不要让孩子感觉到压力和必须要达到的结果。

对于培养孩子，家长的功利性不要太强，要让孩子在其中感受到快乐。其实，优雅的气质远比钢琴比赛的名次重要；良好的思维远比奥数的成绩重要。

静待花开，教育不能操之过急

在教育孩子的过程中，家长往往有两种倾向：一种是教育落后于孩子身心发展的水平，在该进行教育和训练时，没有及时对孩子进行教育；另一种是教育超越了孩子身心发展的水平，即对孩子进行教育和训练的内容超越了孩子目前的发展水平。而由于家长都望子成龙，后一种倾向是目前家庭教育中普遍存在的现象。

家长们普遍认为，按部就班地教孩子学知识，太慢了。其实这是一个误区。如果不按孩子的智力发展水平和身心发展的实际情况来对孩子进行教育，那么就如"揠苗助长"，不但无益，反而是在害孩子。

历来的教育家都主张教育不能操之过急，要量力而行，循序渐进。墨子说："知者必量其力所能至而从事焉。"意思是说，学习知识必须从自己的实际能力出发，不可任意超越实际水平。要按照孩子身心发展的年龄特征和知识、能力发展水平，遵循科学知识本身的难易程度循序渐进，由浅入深，由易到难，由少到多，一步一步地提高对孩子的要求，否则，就极易使孩子产生厌学心理和畏难情绪。

不操之过急，循序渐进，就是在孩子的每一个成长阶段都鼓励孩子、积极地引导孩子，让孩子慢慢地成长，这样孩子才能稳稳地取得进步。

正面管教案例分享：
孩子想学的时候，我们再教

我们总是认为孩子不爱学习，其实孩子是热爱学习的，只是由于家长的教育方式和方法不对，使孩子在学习这一活动中不但没感觉到乐趣，还感受到了痛苦，所以孩子才产生了厌学心理。要让孩子热爱学习、学习好，我们家长对待学习的态度和教育的方式就要有所改变。

春晓四岁了，春晓妈妈和其他妈妈一样，把春晓送到了幼儿园，而孩子在幼儿园学习什么，春晓妈妈从来都不过问。但和别的妈妈不一样的是，春晓妈妈并没有急着教孩子学认字、背唐诗、学习各种才艺，因为春晓妈妈认为孩子的好奇心是很强的，孩子如果没问，就说明孩子还没有对某方面进行关注，产生兴趣，所以就算是强制性地教，也不会有好的效果。

可是有一天，春晓却问："妈妈，墙上那个圆圆的盘子上面有数字，我不认识它们，那两个针总是转啊转啊，是什么意思呢？"听到孩子这样问，春晓妈妈知道了，孩子对钟表产生了兴趣，可还不会看表呢，总是问妈妈"几点了"。这正是一个春晓妈妈在等待的机会，于是春晓妈妈就给孩子讲起了钟表和时间。由于这是春晓自己想知道的事情，所以春晓听得特别认真，好像都听懂了似的。可是当妈妈问的时候，春晓还是说不出来。但两天以后，春晓就能看懂所有的时间了。

孩子总是语出惊人。有一天，正在做饭的春晓妈妈问春晓："几点了？"春晓说："6点了。"接着又说："妈妈，我会看时间以后，怎么觉得时间过得这么快啊！"

教育孩子要遵循孩子自身的发展情况，同时也要根据孩子内心的求知欲望来教，否则，我们虽然是在对孩子进行教育，却没有收到应有的效果，这和没有进行教育是一样的。而春晓妈妈的想法就很好，及时把握孩子想要学习的时机，在孩子求知欲迫切的时候，满足孩子的心理。这样才会出现好的教育效果。

关于如何循序渐进地教育孩子，专家建议如下：

建议一：**选择知识内容和难易程度，以孩子是否轻松愉快为标准**

俗话说："胜任愉快。"只有让孩子学习他能够胜任的知识内容，孩子才能够感觉到一种愉快的感受。反过来，我们也可以说，只要孩子在学习的过程中感受到了快乐，我们也就知道对孩子所进行的教育是合适的，最起码不是超出了孩子的承受范围。以这一表现为衡量标准，我们也就知道用怎样的知识内容和何种难易程度的知识来教育孩子了。

这也就是说，孩子学习轻松自如，就会"以学为乐"，把学习当成一种乐趣，"其进自不能已"，就是想让孩子停下来不再学习都不可能，让孩子有种乐在其中的感觉。

建议二：要给孩子出"难题"，但是"难题"又不要太难

学习要使内容和材料有一定的难度，但又不能超出现有水平太多。学习没有难度，只是按现有的水平教，会使孩子提高得很慢，容易产生厌倦感。而增加一些学习难度，且又不是很大的难度，就会让孩子在一种有挑战性的感觉下进行学习，而且这种挑战成功起来也不太难，从而增加孩子学习的信心。

|父|母|学|堂|

不吼不叫培养好孩子

杨光 编著

民主与建设出版社

·北京·

◎ 民主与建设出版社，2020

图书在版编目（ＣＩＰ）数据

父母学堂 . 4, 不吼不叫培养好孩子 / 杨光编著 . --

北京：民主与建设出版社，2020.8

ISBN 978-7-5139-3133-5

Ⅰ . ①父… Ⅱ . ①杨… Ⅲ . ①家庭教育 Ⅳ . ① G78

中国版本图书馆 CIP 数据核字 (2020) 第 138686 号

不吼不叫培养好孩子

BU HOU BU JIAO PEI YANG HAO HAI ZI

编　　著	杨光
责任编辑	刘树民
封面设计	喆人
出版发行	民主与建设出版社有限责任公司
电　　话	（010）59417747 59419778
社　　址	北京市海淀区西三环中路 10 号望海楼 E 座 7 层
邮　　编	100142
印　　刷	三河市德利印刷有限公司
版　　次	2020 年 8 月第 1 版
印　　次	2020 年 8 月第 1 次印刷
开　　本	880 毫米 ×1230 毫米　　1/32
印　　张	6
字　　数	120 千字
书　　号	ISBN 978-7-5139-3133-5
定　　价	168.00 元（全 5 册）

注：如有印、装质量问题，请与出版社联系。

前　言

　　所谓家庭教育者，就是家庭里能够对孩子产生影响和教育的人，主要是指孩子的父母。家庭是孩子人生的第一站，也是孩子第一所学校。孩子在父母的抚育关怀和直接教导中学习，也从父母的一言一行中进行模仿，父母的潜移默化使孩子受到了最初的教育。因此，父母是孩子的第一任老师，也是孩子永远的老师。

　　著名教育家苏霍姆林斯基说过："如果没有整个社会的教育，特别首先是家庭高素质的教育，那么不管在学校老师付出了多大努力，都可能达不到完美的效果。孩子在学校里的一切问题，都会在家庭里折射出来，而学校复杂教育过程所产生一切困难的根源也都可以追溯到父母。"由此可见，父母对孩子教育的作用是多么的重要啊！

　　其实，所有父母都希望培养出一个优秀的孩子，都希望自己孩子从小就具有良好的品格、出众的成绩和较强的能力，长大以后更是能够出类拔萃，功成名就，集成功与荣耀于一身。

　　但是，愿望毕竟是愿望，要使美好的种子开花结果，就必须进行辛勤施肥和浇灌，就必须进行良好的家庭培育。因为只有把根基扎稳了，才能长出参天的大树来。

问题是每个父母都尽其所能地教育和培养自己的孩子，可为什么有的孩子能够十分优秀，而有的孩子却非常平庸呢？造成孩子差别的根本原因，就在于有没有采用正确的教育方法，如果从心理学的角度来说，就是有没有根据孩子的心理特点采取针对性和适宜性的教育，这是孩子是否成才的关键。

俗话说，知子莫如父，知女莫如母，这个"知"就是指要知道孩子的心理，然后采取有的放矢的教育。如果你连自己孩子的心理都不知道，那么就更谈不上正确的教育和培养。

那么，怎样了解孩子的心理，又怎样针对孩子的心理进行良好的教育呢？

为了帮助家庭教育者解决家庭教育的困惑，我们特地编撰了本套丛书，包括《不吼不叫培养好孩子》《如何说孩子才会听，怎么听孩子才会说》《好妈妈胜过好老师》《正面管教》《没有教不好的孩子，只有不会教的父母》五册书，分别讲述了作为家长如何培养孩子的良好习惯，怎样提高孩子的情商智商，如何培养孩子的学习精神、道德品质以及独立能力等问题。可以说，这些是成就孩子一生最重要的资本。

总之，本套书集针对性、指导性和实用性于一体，对于进行良好的家庭教育大有好处，每个父母都可以从中发现适宜用来教育孩子的不同方法和诸多措施，是一套家庭教育的优秀读本，适合不同年龄段孩子的父母学习和珍藏。

目 录

第一章　／做会沟通的好父母

第五章 ／好心态助孩子健康成长

第一章 ╱

做会沟通的好父母

一般来说，孩子与父母心血相系，血脉相通，照理说应该是最容易沟通的一个群体。但是，由于年龄的差别，认识事物的角度不同，加上性格及其他原因，矛盾仍然不可避免，问题也时时发生。

因此，亲人间应该多沟通，多交流，应用爱心化解彼此间的误会和矛盾，努力填平两代人之间的代沟，这样才会使父母、子女亲密无间，家庭上下和谐幸福。

做会沟通
的好父母

好的家庭环境，塑造好性格

家庭，它虽不是真正意义上的学校，但却是世界上最重要的教育机构。父母，虽不是教师，却是孩子最主要的启蒙教育者。所以，父母都应该重视家对孩子的影响作用，这对孩子的健康成长和品德培养非常重要。

在生活中，很多父母觉得自己给孩子一个幸福的家就可以了。其实一个幸福的家不仅仅是给孩子好的物质生活，父母应该把更多的精力放在精神生活与对孩子的性格教育上。

家庭是孩子接触的第一个"社会"。在这个社会中，父母无疑是孩子重要的老师，他们对孩子的影响是极其重大的。

家庭环境对孩子的性格有哪些影响

（1）好的家庭环境是孩子成长的基因。孩子的每一步成功都与家庭教育有着重要的联系，因为孩子无论在学习上还是其他方面的成功，首先都起步于家庭教育，又都可以因良好的家庭教育而得以继续。

好的父母应该是爱的使者，是孩子天才的发现者，是孩子人生抉择的指导者，是孩子个性的发挥者，是孩子成长过程中的榜样。而这些都是家庭教育中的重要组成部分，做好这方面的工作，就可以为孩子的成功打下一个良好的基础。

（2）坏环境能导致不良性格形成。如果家庭经常出现气氛紧张、夫妻关系不和谐，孩子常常看到的是父母烦恼不安、性情暴躁、言语粗鲁，对长辈缺少孝敬甚至虐待等，那么孩子很容易形成孤僻、自私、玩世不恭等不良心理品质。

在这样的环境中，孩子容易情绪紧张，而如果孩子长期处在这种情绪中，又缺少温暖和关爱，更容易对孩子的心理健康产生负面影响。相反，如果是一个和谐型的家庭，家庭成员之间就会相互尊敬，彼此体贴、关心，如有矛盾，多是心平气和地协商解决。

在这种家庭的孩子会感到家庭非常温暖，多数成绩好、思维能力强、性格开朗、待人有礼貌、遵守法纪，且有较强的上进心和较高的自觉性，比较容易接受教育。所以，每个家庭，都有责任为孩子创造一个好的氛围，让孩子在这种氛围中得到健康的成长。

（3）沟通方式影响孩子性格形成。一个良好的家庭沟通方式对孩子的成长同样重要。有着良好沟通方式的家庭，其孩子通常是活泼开朗的，而且敢于挑战。

好的父母应该给孩子两面的认识，即和蔼可亲与严肃认真。这样孩子才敢于与父母交流，敢于把自己的想法说给父母。也只有在这个基础上，父母才能更好地教育孩子。

以下这几种沟通方式，是父母应该注意的：

一是指责型。当孩子犯了错误时父母总是严肃地指责埋怨，不给孩子解释的机会，也不与孩子去寻找错误之处，问题往往在自己的指责和埋怨中不了了之。这种家庭沟通模式的结果就是：孩子要么逆来顺受，要么逆反、攻击性强。

二是迁就型。当孩子犯了错误之后，父母不去纠正，而是一味地迁就。这种家庭沟通方式很容易使孩子养成一些依赖而又固执、软弱而又任性等不良性格特点。同时，孩子在这种迁就讨好的沟通模式中，很容易形成任性、什么事都觉得自己是对的性格。

如何造就一个良好的家庭环境

（1）创造和谐的家庭氛围。父母一定要当好自己的角色，最好做到恰如其分。所谓的恰如其分就是在平时要能和孩子玩到一起，让孩子感觉你是他的朋友、伙伴。

在他遇到困难的时候，要能为他指引方向，让孩子感觉你是他的恩师；在他犯了错误的时候，又要对他进行批评、指正，让他感觉你是他的严师。同时，夫妻还要有一个和谐的关系，这样有利于孩子在一个和睦的环境中健康成长。

（2）建立良好的亲子关系。与孩子的关系除了要能和孩子游戏、学习外，还要能与他发展共同的兴趣，共享经验和成果。这样可以很好地增进自己与孩子之间的感情和相互间的了解。

父母要把孩子作为平等的人，尊重孩子的爱好，给他一定的自主权来决定与选择事情。当遇到事情的时候，有的可以和孩子商量，征求孩子的意见，让他觉得自己在父母心中是有地位的，也会增加他的责任感。这样的健康家庭关系有助于孩子健康心理的形成和稳定。

（3）注重亲子沟通态度与行为方式。父母在与孩子沟通的时候要多用鼓励、理解、尊重的方式，即使惩罚也要富于情感性，要伴随合理的解释。

作为父母应该成为和孩子沟通的高手，成功地引导孩子的思想、希望和信息，使父母的思想见解与信息情感及时地传递给孩子，不仅可以达到引导孩子行为的目的，还可以培养孩子的主见和选择能力。同时，要学会尊重孩子，这样孩子才能更好地尊重自己。鼓励与理解也能让孩子更好地认识自己的错误，有利于他们积极地改正。

（4）创造互相学习的家庭环境。孩子的身上同样有值得父母学习的地方，有时即使暂时还没有，父母也要表现出向孩子学习的行为，这样更有利于增加孩子的积极性。

一个互相学习的家庭环境不仅可以促进父母与孩子的感情，还可以在很大程度上提高孩子对生活和学习的热情。

如果在一个家庭中，父母对生活充满热爱，个性品质健康向上，思想感情积极热情，观念信仰正确得体，便会使孩子生活在积极向上的心理环境之中，造就孩子的良好个性。同样，如果父母能积极地向孩子学习，也有利于孩子保持更强的上进心。

在家庭中，父母要学会把孩子看作是与自己平等的人。这不仅是互爱的一种体现，而且能够帮助孩子树立信心，明辨是非，丰富想象力和创造力。有一些所谓的自然成熟论。有这种观点的父母对孩子往往是持放任自流、概不过问的教育态度。这样的家庭环境，孩子会因为得不到关爱而产生孤独感，逐渐形成对周围的事物漠不关心、自我放荡的不良心态与品质。也就是说，家庭环境对于孩子很重要，而父母在这一环境中的作用也更大。所以，一定要给孩子一个健康、良好的家庭成长环境。

家庭环境对孩子的性格培养非常重要，而家庭环境的好坏与父母有着很大的关系。要想做合格的父母，就一定要给孩子一个幸福的家，给孩子最好的家庭教育。

家庭是对孩子有绝对影响力的第一学校，而父母则是孩子一辈子最贴近的"第一老师"。如果孩子在这个学校里能受到最好的教育，那么培养孩子的良好性格就不是一句空话。

妈妈，孩子人生第一任老师

在孩子的成长过程中，需要有正确的教育观念，而父亲与母亲在教育观念上存在一定的差别。其中，父亲一般是理智型，母亲则是情感型，这两种不同的教育观念对孩子的性格成长有着很大的影响。

妈妈的作用无可替代

一个孩子的自我形象，并不是与生俱来的。在孩子一生的成长过程中，妈妈的作用无可替代。

有一位名人曾经说过："国民的命运掌握在母亲的手中。"从宏观方面看，这话说得非常正确。在婴幼儿的成长中，母教起着非常重要的作用。婴儿到儿童的这个时期，几乎所有的婴儿都是恋母的。在孩子出生后的3年时间里，对孩子进行正确的母教，可以说是影响他们一生的关键。

母亲在教育孩子的过程中，要体现出意志和性格。因为孩子在学习过程中，会受到母亲性格和品德的影响。这些影响是孩子人生最初的印象，其烙印是十分深刻的，每一位母亲都应该特别注意这个方面，不要让孩子受到负面的影响。

当孩子进入儿童期后，母亲更应注重这方面的教育。每一位母亲都知道，母亲与孩子相处的时间较多。孩子遇到问题时，通常都是向母亲提出的，受到委屈也会向母亲倾诉，孩子的生活习惯、思维方式等等，也主要是受母亲的影响。在现实生活中，那些取得伟大成就的人，在童年时期都受到良好的家庭教育，是母亲塑造了他们。

妈妈再繁忙，也应该关爱孩子，愿意去与孩子沟通。陪伴就是最好的爱，有妈妈的亲近，孩子就不会感到孤独。不妨在和孩子说话时多表露你的笑脸，不要总是摆着一副严肃的面孔，让孩子不安。

（1）妈妈要以身作则，提升自己的人格魅力。不管是外在面貌还是言行，妈妈都是孩子的第一任老师。孩子的良好习惯往往是模仿妈妈的。

如果妈妈强调饮食卫生，强调言行嘉善，强调外观整洁，那么孩子也会不自觉地往好的方面发展。如果妈妈自己每天都蓬头垢面，言行粗鄙，却不知道拾掇自己，那么，你又如何要求孩子也能做到干净整洁，讲究礼仪呢？

此外，孩子进了小学后，会不自觉地将自己的妈妈和别人的妈妈做比较，他们小小的内心，其实更希望妈妈能让自己骄傲。这并不是孩子爱攀比的表现，而是他们成长阶段的情感诉求。

（2）妈妈要尊重孩子，才能培养孩子自尊心。一般来说，孩子更为亲近妈妈。有些妈妈却因为孩子小而忽视他的存在，漠视他的情感和要求，或者把孩子当成自己的附属品，甚至是出气筒。这往往会让孩子产生挫败心理。

（3）妈妈应该学会恰当的批评技巧和表扬技巧。我们都知道过犹不及，孩子做对事就一通表扬，做错事就一通批评，往往没有理想的教育效果。

恰当的做法就是，当你表扬时还愿意再说一句"我们还有再进步的空间，要继续保持努力呢"，当你批评时还愿意再说一句"妈妈相信你能改变，因为妈妈爱你"，孩子才能在妈妈的正面评价中摸索到自我的成长方向。

（4）妈妈也要保持学习的劲头。妈妈的态度往往能影响孩子，当你面对新事物时不是拒绝，而是产生新鲜感和好奇心，那么这种做法也会带动孩子端正学习态度，愿意学习新知识。

当一个好妈妈，言传身教更加重要。所以说妈妈也是要不断成长的，努力提升自己，更能潜移默化地教育出好孩子！

妈妈应该关注孩子的一切

妈妈应该关注孩子的一切，着重培养孩子良好的生活习惯。很多时候，决定孩子人生高度的关键不是分数的高低，而是人格心灵的健康健全。

作为一个母亲，只关心孩子的身体健康，忽略孩子品德的形成和智力的发展，是绝对不行的。一个合格的母亲应该使孩子成为一个全面发展的人。

母亲勇敢和乐观的精神，会深深地影响自己的孩子。母亲应学会用坚强去武装孩子的精神，并给予他爱与智慧。只有这样，孩子才会在步入社会时，不感到害怕；遇到困难时，不会退缩；遇到失败时，不会因失望而灰心丧气。

妈妈们应该要着重培养孩子做个有礼貌有原则的人，做个有良好行为习惯的人。

在孩子的成长阶段，往往忌讳这四种妈妈类型：

金钱妈妈：认为金钱可以解决一切问题，对孩子不管不顾。结

人、时代所需要的人。

那么什么样的人才是对社会有用、时代需要的人呢？最基本的素质是具有良好的社会道德意识、乐观健康向上的心态、积极的探索和学习的精神、良好的身体状况和社会适应性。

孩子的基本素质不是与生俱来的，而是在耳濡目染父母长期的言行举止、行为榜样与社会环境交互作用中逐渐形成的，其中母亲的人生价值观具有导向作用。

所以，母亲的情感不能盲目地付出，而应该围绕目标，有针对性和选择性，在自身的言行和对孩子的教育上选择有利于孩子发展的方式和内容，而不是我行我素。

建立良好的亲子关系

孩子究竟属于谁？心理学认为，作为母亲的女性不仅应当把孩子看成家庭中的成员、自己的骨肉，同时也应该把孩子看成是社会的人，是国家和民族的未来。所以，母亲有责任和义务把孩子培养成国家所需要的有用人才。

由于受长期封建传统思想的影响，许多母亲总把孩子看成是自己的私有财产，父母对儿女可以任意处置，打骂、娇惯全凭自己的意愿，很难用平等的态度对待孩子，要么把孩子当成宝贝过分溺爱、处处包办代替，任其为所欲为；要么对孩子寄予过高的希望，巴不得在孩子身上实现自己的所有的理想和追求，丝毫不顾及孩子的水平和能力，还美其名曰"为了孩子"。

有的母亲在理论上也知道孩子是国家的未来，但在实际行动上又完全按照自己的主观愿望来教育孩子，要求孩子完全服从自己，而自己对孩子却不尊重、不沟通，更谈不上相互学习。

要知道，在新时代，母亲和子女不仅有血缘上的联系，更重要的是一种互相依赖、互相学习、共同进步的社会联系，亲子关系是一种互爱的关系、平等的关系。

母亲和儿女之间要培养共同语言，相互沟通，要注重和孩子进行情感上的交流，取得孩子的尊重和信任，主动地了解孩子，如知道孩子的兴趣爱好、孩子的性格特点、孩子的优势和孩子的不足，还要善意地对孩子进行引导、批评。

父母培养子女是社会义务，同时也能享受子女的成功和成才带来的欢乐，但如果母亲逆社会之需要，一味按自己的愿望去塑造孩子，那么孩子今后可能跟不上时代发展的需要，缺乏自信和独立，常常受挫碰壁，家庭的温馨和快乐也会由此受到影响。

学习掌握必要的知识

大量研究表明，许多家长对儿童身心和社会性发展的相关知识了解得很少，他们非常希望培养出优秀的子女，于是强迫教育、超前教育，巴不得自己的孩子是超常儿童，常常跨越孩子的认识能力水平施加教育，"拔苗助长"最后害了孩子也苦了家庭。

母亲是家庭教育的主要承担者，在母爱的驱动下，母亲对孩子更为关注，但如果母亲不了解子女身心发展客观规律的有关知识，那么可能的结果是"爱之越深，损之越烈"，就如有些孩子的妈妈一样，牺牲自己的一切换来的却是永远的噩梦。

心理学认为，母亲应当把子女看成是具有独立人格和自尊的人，孩子有着自己身心发展的规律和特征，家长不应该把自己的思维方式和意愿强加给孩子，应当按照儿童发展、教育的规律进行家庭教育。大人应当爱孩子，鼓励和支持他们，保护和引导他们，但决不能代替他们，实际上也代替不了。

那么，怎样才能掌握子女身心发展客观规律的有关知识呢？唯一的方法就是学习，向有经验的母亲学习，向有关专家请教，向有关的书籍学习。

关于儿童教育方面的书籍、报纸、杂志很多，社区、学校也经常会组织专门的学习，作为母亲要主动参与这些学习，从中获得孩子在各个不同年龄阶段成长的规律的知识，结合自己孩子的实际，不断调整自己的认识和行为以适应孩子发展的节奏。

提高自身的素质

母爱是情感的投入，是自觉的行为。但情感和行为都是受思想支配的，而个体的思想又取决于个体的认识水平、知识结构、价值观念、行为准则等多方面，所以作为母亲要真正施与母爱，就要对自己提出很高的要求。

为什么这样说呢？因为孩子有很强的模仿能力，他们长期生活在父母的身边，就会自觉不自觉地模仿父母的一言一行，尤其母亲对孩子早期的影响更大。所以，女性要想教育出优秀的孩子，自己应当首先提升自身的精神境界。

要想让孩子讲文明礼貌，母亲就不可口出污言垢语和举止粗俗；要让孩子爱学习好读书，母亲就不能不看书读报，更不能在麻将和扑克桌上通宵达旦；要想让孩子身心健康成长，母亲首先要从自我做起，自尊、自重、自爱，也要在"德、智、体、美、劳"等方面不断完善自己，不断提高自己为人父母的本领和素质，要有远见、识时务、严以律己、身体力行，努力使自己处处成为孩子的榜样。

除了榜样的作用，提高母亲的自身素质还有一个重要的作用，即提高家庭教育的质量。家庭教育是孩子的启蒙教育，家庭教育的成功与否直接影响孩子的成长。

高素质的母亲懂得儿童身心发展的规律，掌握相应的教育方法，能随时观察孩子的身心发展和变化，及时给予适当的关心、辅导，帮助孩子渡过一个个难关，使其顺利成长。

母爱很普通，每个人都感受过母爱；母爱很崇高，它是母亲心血和生命的精华；母爱很复杂，汇集着天性、本能、意识、希望、行动；母爱很见效，成也母爱败也母爱。

为了使我们的孩子获得更多的成功，作为新时代的现代女性要树立科学的母爱观念，学习科学的母爱知识，对孩子实施科学母爱，这样才能培养出国家需要的栋梁之材。

让博大的父爱温暖孩子

如果说母爱如水，温暖滋润，那么可以说，父爱如山，博大深沉。父爱指父亲给予孩子的爱，父爱是严肃、刚强、博大精深的。父爱同母爱一样伟大，只是父亲表达爱的方式不同而已。

现在常能听到一些父母抱怨自己的儿子缺乏男子气概，甚至有的人嘲笑这样的男孩为"娘娘腔"，男孩儿本身也很痛苦，可到底是什么原因导致的呢？

心理学专家认为，主要原因在于父亲，一些父亲由于工作关系，与家中孩子接触的机会与日俱减，从婴幼儿到青春期的成长过程中，男孩儿往往被母亲、女老师所"包围"，男子气概成了他们人格构建中的稀缺元素，女子气息过重便成为现代男孩的标志性弱点。因此，父亲一定要让孩子感受到父爱的温暖，使孩子学会父亲的坚强、坚韧和自信，让孩子更加健康地成长。

认识父爱和母爱的差别

在家庭中，父爱和母爱是有差别的，我们可以从父母与孩子的日常交往来看两者的不同。在交往的内容上，母亲常花较多的时间照顾孩子的生活或辅导孩子学习；父亲则花较多的时间与孩子游戏。在交往的方式上，母亲更多地搂抱孩子，与孩子进行一些温和的活动；父亲则更多地通过身体运动与孩子玩耍，做一些较剧烈的、冒险性的活动等。

在交往的态度上，当孩子摔倒了，母亲常用"没摔坏吧，都怪石头""以后千万别乱跑，听话就是乖宝贝"来安慰和规范孩子；而父亲常会大声地说"勇敢些，爬起来""为什么不看路，下次要注意"。可见，父亲和母亲同孩子的交往是很不一样的，带给孩子的教育影响也很不一样。培养父子感情，让父爱发挥教育作用，重要的是要让父亲将本身所具有的男性特点融入亲子交往中。

比如让父亲和孩子一起玩运动性、技术性、智能性较强的游戏，这样父亲所固有的男性特征，如坚毅、深沉、果断、独立性、进取性、合作性等会不知不觉地影响孩子，这样就有利于促进孩子身体、智能、性格的发展。

学会培养父爱的方法

爱孩子的父亲们，不仅要为家庭和孩子的成长创造物质基础，更为重要的是要参与到孩子健康成长的教育工作中去，对孩子的教育不要只停留在要求和训斥的言传之中，还要亲自上阵，对孩子进行身教，让孩子从父亲身上，学会刚强、学会坚韧、学会社会责任。

（1）要表扬孩子

父亲的肯定，最能增强孩子的自信心，让孩子有勇气去面对生活中的未知世界，敢于承受失败和挫折。

（2）多和孩子在一起

尽管很忙，每周也要安排一些时间与孩子在一起，带着孩子一起做家务，一起玩耍，让孩子与父亲有亲近的机会，沟通父亲与孩子之间的感情。

（3）多帮助孩子

在孩子遇到困难的时候，与孩子一起面对，并且协助孩子解决问题。这样一方面可以让孩子感受到来自家人的支持，另一方面也能教会孩子处理问题的技能，促进孩子成长。

（4）让孩子了解你

花一些时间与孩子进行谈话，让孩子了解你对问题的看法和认识，花时间带孩子到你的办公室了解你一天都在做什么工作，花时间带孩子一起参加社交活动，让孩子了解你的社会交往。孩子通过近身观察，能够从你身上学到人生理想、社会责任、个人追求、为人处世等方面的知识，这对孩子的成长是大有好处的。

（5）送给孩子礼物

在孩子取得成功的日子或者特别的日子，来自父亲的祝福最能成为孩子成长的催化剂。需要注意，买礼物需要有节制，不要太过频繁、太过于贵重，只要表达父亲对孩子的祝福和肯定即可。

正确地对待独生子女的教育

独生子女，是一个家庭范畴内的概念。自20世纪80年代，我国规定一对城市夫妇只生一个孩子，以及将优生和优育定为一项基本国策以来，全国已形成了庞大的独生子女群体。

出生人口的大量减少，缓解了衣、食、住、行、就业、资源、环境等诸多方面的社会压力，提高了人口素质，但也衍生出家庭中的独生子女问题。

所谓独生子女问题，是指在这些独生子女身上，人们发现了这样一种现象：许多独生子女或多或少都存在着自私自利、不会做家务、对父母不孝顺、好吃懒做、任性、贪图安逸等毛病，他们中甚至还出现了"零家务"，就是不做家务的孩子。所以，独生子女的教育，是一个十分重要的心理学课题，也是全社会特别关注的一个问题。

认识独生子女问题产生的原因

（1）长辈的溺爱娇宠

父母和祖辈的溺爱娇宠，使孩子变得自私，凡事先考虑自己，从不为别人着想。

（2）未养成尊重的习惯

家长对"独苗苗"百般袒护，长者不愿约束孩子。孩子在家庭这个最早加入的社会结构中，未能养成尊重长辈、遵守纪律的自觉性，而是任性骄横，家庭成员关系颠倒，走向社会也不懂得尊重别人。

（3）没有与人合作的精神

独生子女没有兄弟姐妹为伴，幼时缺少与小伙伴一起游戏的集体活动，既不易养成与他人协同合作的精神，又缺少竞争性，所以社会适应能力差，形成孤僻、缺少热情的个性倾向。

（4）易于形成依赖性

在家里，父母代劳独生子女的许多本应自理的工作，使他们逐渐形成依赖性，以致自主精神和自主能力都差，更缺少劳动自觉性。

（5）缺乏自由时间

家长望子成龙，请家庭教师，买钢琴，成天逼孩子认字、作文、弹琴、习画、学外语，没完没了。孩子缺乏应有的游戏时间，会产生厌学情绪。

其实，只要家长能发挥孩子的优势，独生子女的体格和心理都会得到很好的发挥，所以，家长应该重视对独生子女的教育问题。

应对独生子女问题的策略

家长对独生子女的正确态度，应该是爱而不宠、养而不骄。爱子女不但应体现在对孩子的生活上，更应该体现在对孩子的教育和培养上，使孩子在德、智、体、美、劳各方面健康成长，为此，对孩子要严格管教，精心培养才是爱。

（1）摆正与独生子女的关系

在家庭中，千万不要把孩子置于家庭的特殊地位，不要让孩子在思想上形成"自我中心"的意识。平时对孩子的一言一行、一举一动，尽量不要让他们产生特殊感，要使孩子感到他和其他成员的地位是平等的，要做到这一点，从日常生活中的小事做起是关键。

（2）加强独生子女之间的往来

鼓励孩子到儿童社会中去，儿童社会性的发展是要通过他们之间相互的交往而发展的。儿童良好的行为是从模仿开始的，而模仿最好的对象是儿童伙伴，这种作用是成人所代替不了的。

大多数孩子是非常喜爱集体生活的，特别是游戏，通过集体教育他们尊重他人，不执拗任性，与小朋友友好相处，互相商量、谦让。因此，家长要放心让孩子到小伙伴中去锻炼，培养他们的自主精神，这种能力将会随着他们的成长迁移到他们未来的生活和学习中去。

（3）培养孩子健全的人格

独生子女身上大多存在着娇气，克服这种娇气的办法，是在实际生活中让孩子吃一点苦。

因此，在物质方面，家长不要提供太好的条件；应督促孩子多做一些家务，特别是孩子自己的事情，尽量让孩子自己去做，有时，家长也可以有意识地设置一些障碍和困难让孩子去锻炼。

这样，孩子就容易形成自立、自强，拥有坚定的信念、坚忍不拔的毅力和良好的心理素质，这样的孩子才会勇于面对生活带来的压力，才不会被困难所击倒。

（4）对孩子的教育要一致

成人对孩子的教育要使他们感到合理，才能得到良好的效果。家长对孩子的教育要一致。从小到大要让孩子形成良好的习惯，要有原则，这样，家长的威信才会高，教育的效果才会好。

总之，我国的独生子女是在特殊的家庭生活环境中成长的，这种特殊的环境对儿童、青少年的影响作用可能是积极的，可能是消极的，要尽可能地发挥其积极作用，抑制并克服其消极作用，扬长避短，才能更好地促进独生子女身心的健康和谐发展。

一夕能改善，而是有一个漫长的过程，家长要有充分的思想准备，与孩子一起成长，任何急躁与不耐心只能给孩子的成长带来阻力。

除此之外，还有无能为力的心态、放任自流的心态和不信任的心态等，这些心态或多或少都对教育孩子的效果产生一些不良的影响。

教育孩子的正确心理

在教育孩子的过程中拥有什么样的心理才能获得良好的效果呢？

（1）尊重孩子

要想教育好孩子，首先必须尊重孩子。家长对孩子的尊重不是简单地表现在对孩子讲话客气，不打骂孩子，或是让孩子做出他自己的选择，家长一律不干涉等，而是表现在对一个生命的尊重。

教育学家罗杰斯有句话描述了这种尊重的感觉："当看着日落时，我们不会想去控制日落，不会命令太阳右侧的天空呈橘黄色，也不会命令云朵的粉红色更浓些，我们只能满怀敬畏的心情观望而已。"孩子身上有着巨大的成长潜力，这种成长潜力有着自己发展的规律与方向，作为家长只有配合着这种成长力量，孩子才能够将自己的潜力充分发挥出来。

（2）热爱孩子

提到父母对孩子的爱，每个家长都觉得自己的爱有100%，但许多孩子却感受不到这种爱，反思其原因，父母的爱有太多的条件，比如听话、考试成绩要好、不能打架、对老师要有礼貌等，这样的爱变成孩子行为的枷锁，难怪孩子们无法理解这种爱。

父母对孩子的爱应该是无条件的，它既不是为了满足自己的私欲去溺爱，因为自己不能见别人受苦或是不能见孩子受制而对孩子不加管理，也不能为了让孩子实现自己的理想而对孩子严加管教。

不论管教的严或松，不是根据家长的意志，而是根据孩子成长的需要，是出于对孩子成长规律的配合，这样的爱才有效果。

科学的教育心理是家长教育智慧的体现，这种智慧的获得也是在教育实践中不断反思才能获得的。

调皮是孩子的一种天性

在我们的生活中可以看到，很多孩子都调皮捣蛋，特别是学龄前儿童，无论在幼儿园还是家里，常常让大人们头疼不已，气急败坏。怎样看待这些调皮孩子的举动呢？

著名作家冰心曾说过："淘气的男孩是好的，调皮的女孩是巧的。"她满怀着对孩子们的挚爱，寄语父母和教师要正确看待淘气和调皮。须知，调皮是孩子的天性，贵在教育与引导。

了解孩子调皮的原因

调皮孩子是指在集体生活中经常表现出精力旺盛、活动量大、注意力不集中、自制力差，常有攻击性和破坏性行为，习惯差，喜欢恶作剧，爱发脾气且不遵守班级纪律的孩子。调皮是孩子的天性，一般说来，孩子的调皮有家庭和自身的原因。

（1）家庭教育不当

通常家长教养孩子方式有4种类型，如权威型、专断型、放纵型、忽视型。其中，造成孩子调皮的重要因素有以下几种：

第一，专断型的教养方式。这种家长往往把孩子看成私有财产，常常要求孩子无条件遵守有关规则，不给孩子发表看法的机会，对孩子违反规则行为表示愤怒，甚至采用严厉的惩罚措施。生活在这样环境下的孩子，其心理受到了压抑，产生了怨气，到了学校，其他孩子往往就成了"出气筒"，在学校表现得就非常调皮。

第二，放纵型的教养方式。持这种态度的家长往往把孩子看成是光宗耀祖的希望。他们无原则地满足孩子的各种要求，对孩子的不良行为也不加以控制和纠正，让孩子为所欲为。这样的孩子在幼儿园常表现出较高的冲动性和攻击性，而且缺乏责任感，不太顺从，行为也缺乏自制。

第三，忽视型的教养方式。持这种教养态度的家长，对孩子既缺乏爱的情感，又缺少行为的要求和控制。孩子的行为得不到及时的反馈，这就造成了幼儿不知是非和正误的毛病。在幼儿园里则常表现出好奇、好动、好问、不守纪律等特征。

（2）自身条件影响

孩子生长发育需要调皮。学龄前儿童生长发育很快，生长需要运动，运动帮助生长。孩子很多调皮现象，都是这种帮助生长的运动的表现。从这个意义上讲，调皮就成了孩子的天性，孩子需要运动，又缺乏经验，这一对矛盾就成了孩子调皮的本质。

管理调皮孩子的方法

调皮是一些孩子气质类型的外部表现。气质是表现在人的情感认识活动和语言行动中的比较稳定的动力特征。常见的气质类型有胆汁质、多血质、黏液质、抑郁质。

不同的气质类型在心理上有不同的表现，这几种气质类型中，胆汁质兴奋性较强，多血质灵活性较强，这两种气质的幼儿可能就成了天生的调皮儿童。作为家长，应该了解孩子调皮是可爱的表现，正确地引导他们，使其身心健康地成长。

（1）用欣赏的眼光看待

调皮的孩子是璞玉，父母雕琢他们最好的工具不是惩罚说教，而是学会倾听他们的声音。每个孩子都渴望被尊重和赏识，调皮的孩子也一样。所以，家长要学会用欣赏的眼光看待调皮的孩子，以便发现他们的优点和长处，只有充分了解他们，才有可能去正确引导和帮扶他们。其实，有出息的孩子不是学出来的，而是长出来的。怎样长是个严肃的问题，家长的作用至关重要。

（2）给孩子多一些关爱

爱是幼儿心理健康发展的重要条件。实践证明，被成人厌弃的幼儿，常自暴自弃，形成自卑或逆反心理。比如，有些调皮的孩子，喜欢捣乱，活动时常打打闹闹，这往往是由于家长对他付出的爱及关注不够，他们中有的想通过捣乱、打架来引起家长的关注，获得我们的爱。

因此，对于调皮儿童，家长不应该吝啬自己的语言和表情，而要通过多种形式，向他们表示我们的爱。即使只是一个会心的微笑、一句关心的话语、几下亲切的抚摸，都会使他们感受到"父母还是爱我的，我应该听他们的话"。

尽管孩子年幼，但自尊心很强，尤其是调皮的儿童，要坚持用一分为二观点看待他们，尽量找出其闪光点，鼓励他们进步。

（3）提倡人性化教育

大人和孩子的观点难免不同，家长应该换位思考，多站在孩子的角度想一想。当孩子犯错时，只有让他真真切切地认识到其做法是错误的，才能达到教育的效果。家长要与孩子多沟通、多交流，千万不要采用简单粗暴的方法去打压、管教孩子。

没有一个孩子不调皮捣蛋，但不能将此作为孩子的缺点，孩子的顽皮之中往往蕴含着创造，它是孩子智慧发展的原始动力。如果每一位家长能正确地对待孩子的顽皮行为，进行科学引导，那么，在孩子成长的道路上，在顽皮之中激活和培养出的孩子的智慧，可能是孩子成才之路上的"第一桶金"。

改掉孩子贪玩的毛病

贪玩是孩子的天性，换句话说，没有孩子不贪玩。不过，任何事情都要把握一个度。超过了度就会产生负面影响。正如孩子贪玩一样，如果玩得过分，玩得沉迷，这就有害而无益了。我国古代有句话叫"玩物丧志"就是这个意思。为此，作为父母绝对不能让孩子贪玩过度。

了解孩子贪玩的原因

对孩子的贪玩，家长不要过分心急，当孩子贪玩影响了正常学习及生活时，我们做家长的则需要进行干预。研究认为，引起孩子贪玩的因素有如下几个方面：

（1）儿童多动症

这种孩子表现为整天动个不停，但兴趣爱好不持久，注意力集中时间不长久，行动没有计划性和目的性，做事有头无尾，不能有效地约束和控制自己。

（2）教育不当

家长由于工作、生活等原因，平时对孩子教育不够，孩子整日和其他孩子一起玩耍，无人加以约束和引导，使得孩子沉溺于玩耍。学龄儿童贪玩则有多种原因，例如有的孩子缺乏学习兴趣，有的因视力或听力等问题，因为看不清、听不懂导致上课做小动作和调皮捣蛋等，而教师及家长往往认为他们是贪玩。

（3）饮食因素

研究发现，儿童饮食与行为之间也存在着一定的关系。有的孩子身上似乎有使不完的力气，这可能与孩子平时多食鱼、肉、蛋等高脂肪、高蛋白饮食有关。另外，常喝含兴奋性成分的饮料，以及多吃人工合成色素类食物及挑食、偏食引起缺铁性贫血等，也可能引起儿童爱玩。

改变孩子贪玩的方法

孩子爱玩并不是坏事，因为在玩中同样能学习知识、增长才干。因此，我们对孩子的玩不应该一律加以强硬的干涉，而应该区别对待，正确引导，并根据孩子贪玩的原因，对症下药。

（1）培养学习的兴趣

学习兴趣是促使孩子自觉学习的原动力，兴趣是最好的老师。如果孩子对学习产生浓厚的兴趣，他们自然就不会把学习当成苦差事。

我们经常看到，有的孩子对电脑很有兴趣，愿意自觉主动地看许多计算机方面的书籍，贪玩的习性就会有很大的改善。因此，我们应不时地寻找发现孩子的兴趣所在，并加以引导和培养，促进孩子健康成才。

（2）科学严格的教育

学会引导，严格教育，注重实效。通俗地讲，就是软硬兼施，重在激励，软就是启发、激励孩子；硬就是严格教育。严格教育不是教条主义，不是管死，而是对正确的和孩子愿意做的事情，要抓紧、不放松、不打折、不妥协，抓出实效。

正确的和孩子愿意做的事情，家庭应该进行严格管教，这会形成良好的亲情关系，而溺爱孩子、放任不管才是造成不良亲情关系的重要原因。

（3）对潜能挖掘培养

挖掘潜能，培养某一方面的兴趣，这对贪玩孩子的转变是很重要的。让孩子逐步学会发现和发展自己的特长和优势，孩子的知识、能力、情感、意志等某一个方面的长处得到展示，受到肯定，对孩子来说，都是他成长中的一个重要的突破性发展。

每个孩子都是有特长、有天赋、有潜能的，我们只要留心，总会找到孩子的某些天赋和特长，只要加以引导和鼓励，孩子就会兴趣大增，从而转移注意力，把玩放到次要地位。

（4）让孩子感受成功

很多孩子不爱学习，多是由于学习总是失败，考试成绩总是不如人。因此，我们要从孩子的实际出发，恰当地为孩子确定学习目标，并给予切实有效的帮助，这样孩子就能努力达到他能够实现的目标，获得成功的体验。成功的体验会激励孩子继续努力，不断进步。

（5）交爱学习的伙伴

同龄人之间的影响也是极为重要的。大部分的孩子仿效性极强，只要有一个好的榜样在身边，孩子就会产生希望变好的内在动力，逐渐喜欢学习。这种同伴的力量有时甚至比父母的说教、打骂更有效。

另外，作为父母，我们应该明白，自己的言行是孩子最好的榜样。要使孩子不贪玩，首先我们自己必须爱读书，为孩子努力营造一个良好的学习氛围。如果我们成天玩麻将、看电视、跳舞、应酬，那么要想孩子"出淤泥而不染"是绝对不可能的！

培养孩子良好的学习习惯

希望自己的孩子成才是每个父母的心愿，许多父母也都尽其所能地教育自己的孩子，然而为什么有的孩子出类拔萃，而有的孩子却非常平庸？同样是孩子，差别为什么如此之大？

大量事实证明，凡在学习上比较优秀的学生，和他们良好的学习习惯是分不开的。所以，作为父母，在孩子学习中指导的重点应是从小培养孩子良好的学习习惯，这将会使孩子终身受益，这也是使孩子打开未来成功之门的金钥匙。

了解孩子不爱学习的原因

有不少孩子有厌学情绪，甚至有的优等生也不例外。求知是孩子认识世界的基本途径，而追求快乐又是孩子的天性。若孩子因求知而被剥夺快乐，在痛苦的状态下学习，就会产生厌学情绪。要改变孩子的厌学情绪，首先要弄清产生厌学情绪的原因，然后才能对症下药，让孩子快乐学习。孩子产生厌学情绪的原因主要有：

（1）父母期望过高

父母的期望过高，会使孩子心理压力大大增加，不自觉地把学习与痛苦体验联系起来。

（2）缺乏自觉性

父母陪读，使孩子缺乏学习自觉性。这会使孩子难以领悟学习的过程，难以独立地解决遇到的新问题，体验不到独立解决问题后成功的快乐。

（3）认识偏差

家长对孩子学习目的定向有偏差，将学习知识的目的定在将来而不是今天。比如，家长常对孩子说："你不好好学习，将来就找不到工作。"这样，孩子就体验不到获取知识的快乐，而只注重别人对自己的评价。对知识本身不感兴趣，自然将学习看作是苦差。

（4）不会学习

一些孩子往往学习时不集中注意力，不能把新旧知识联系起来进行学习；不能选择重要内容而抛开不重要的内容；无法将学到的知识正确、合理地表达出来。这样，面对日益繁重的课业内容，自然产生厌学情绪。

引导孩子爱学习的方法

面对孩子的厌学情绪，作为父母，该如何增强孩子的学习兴趣，培养孩子爱学习的习惯呢？心理学认为，可以从以下几个方面入手：

（1）正确引导孩子学习

父母常把学习焦点放在孩子的学习成绩上，如考试考了几分？班上排名多少？如此一来，就是教导孩子，你所有的学习，都是为了取得这些外在的肯定。

如果父母亲能教孩子，把学习焦点放在学习的成就感上，感觉就会截然不同了。其中的差别，在于不把孩子跟别人比，孩子只该跟自己比较，多学了一些知识，自己就有所进步，当然值得高兴。

如此一来，孩子可以从获得知识当中，得到很大的满足和成就感。这么做，就会培养出热爱学习的孩子。为此，培养孩子发自内心的学习热忱，孩子才能乐于学习而发挥潜力，达到他真正应有的学习水平。

（2）培养多元化教育价值观

孩子的学习动机被扼杀的原因之一，是父母亲只认为在学校考试成绩良好，才是未来有出息的保证。因此对孩子的学习成绩过分在意，而造成孩子压力过大。

然而，美国哈佛大学的心理学教授加德纳博士早在1983年就提出了"多元智力因素理论"。主张判断一个孩子是否聪明，应从八大能力来分析。

其中的前三项是传统智力因素：一是数学逻辑能力；二是语文能力；三是空间能力。另外这个划时代的创新理论，还加了五项新的能力指标，来判断一个孩子是否聪明，其中包括：体能、音乐能力、了解自己的能力、了解别人的能力、理解自然环境的能力。

这一"多元化价值观"的教育理论，影响了世界各地的教育体系。比如，一个体能很好的孩子，在校的数学成绩若不如其他孩子，以传统的眼光来看，就不是个聪明而会受重视的孩子。然而按照"多元智力因素理论"，拥有极佳的体育素质也是一大能力，这个聪明的孩子绝对值得父母亲好好培养。

所以，如果父母能用多元价值的眼光，来看待孩子的学习能力和成果，就会发觉，其实每个小孩都有他的闪光点，父母亲的职责是去发现这些闪光点，让它熠熠生辉。

（3）培养孩子学习的弹性

要让孩子永葆学习的热忱，除了让孩子真心喜欢上学习之外，还有一个很重要的能力需要培养，就是学习的弹性。

所谓"学习的弹性"指的是，一个人处理压力、面对挫折和接受挑战的能力。具有学习弹性的孩子，能有效地处理学习挫折和负面评价以及学习压力。

溺爱孩子不是真正的爱

孩子是父母的心肝宝贝，做父母的疼爱孩子理所当然，但疼爱不是溺爱，不是一味地娇惯和放纵。溺爱孩子不是真正的爱，因为溺爱不利于孩子成长。

现实生活中，有不少父母分不清什么是溺爱，更不了解自己家里有没有溺爱现象存在。所以对这个问题非常有必要进行剖析。

认识溺爱与爱护

溺爱子女是当今社会的普遍现象。生活中，我们经常可以听到这样的话："我们的童年过得很艰辛，再不能让孩子经受我们的那些磨难了。""现在条件好多了，又只有一个孩子，因此，无论如何不能让孩子吃苦受累。"

正是怀着这样的想法，我们做父母的尽其所能地从各方面满足孩子的需求，包括一些不必要的甚至是无理的要求，代替孩子完成一些理应由他们自己完成的事，如做作业、值日扫地等。

我们尽力把孩子的生活道路铺得平平坦坦的，似乎这样就能保证孩子幸福健康地成长。但是事实上，父母的这种观念会给孩子带来很大的危害。要知道，个体的成长过程就是自己成为自己的过程，爱是这一过程中最重要的因素。我们给孩子提供什么样的爱，孩子就以适应这种爱的方式而成长。

真爱以孩子的成长需要为核心，在孩子不同的发展阶段给予他不同方式的爱。2岁以前，我们可以给予孩子无条件的爱，因这个时候，孩子还完全没有自立能力。2～4岁，我们要尊重孩子自主的探索，但又在孩子需要帮助时出现在他面前。

这种以孩子的成长需要为中心的真爱会让孩子成为自爱、爱别人、有鲜明的自我意识、健康的自主人格和高度创造力的人。与真爱对应的是溺爱，很多家长都有这样的溺爱心理。这种看似是自我牺牲的爱，其实是懒惰的爱。

天真、幼小和"一张白纸"的孩子，最需要我们做父母的经常性的正确教育和引导。但是溺爱成了家庭教育和引导孩子的障碍。

孩子常常是在不知道错还是对的心理状态下干自己想干的一切。同时，溺爱使大人不能给孩子以适当的批评，不能让孩子明白对与错、能做与不能做、好与坏的区别。

2岁前，我们父母以孩子为中心，他们怎么爱都几乎不会犯错。但2～4岁，我们仍然这样做，甚至直至孩子成人了，我们也仍然一成不变地以这种方式去爱他。最终，这会导致毁灭性的结果。

消除溺爱的方法

溺就是淹没的意思，如果我们做父母的爱流横溢，泛滥起来，就会淹没孩子，这就是溺爱，当然淹没的不是人，而是孩子的优良性格。现代社会，溺爱已经成了严重的社会问题。我们该如何克服自己的溺爱心理呢？

（1）要有理智

做父母的，没有不爱孩子的，但是在爱孩子的过程中要有分寸、有原则。要自觉地控制自己的感情，克制那些无益的激情和冲动。

（2）严格要求

所谓"爱之深，责之切"，就是说，我们的严格要求正是出于深切的爱。所以，我们做父母的不应该受盲目的爱所支配，要严中有爱、爱中有严。当然，严格要求并不意味着我们对孩子动辄训斥打骂，而是要做到以合理为前提。而且，态度也应该是耐心的、循循善诱的。

（3）认清目的

我们一定要清楚孩子是一个独立的个体，是与我们一样独立的人。孩子终究是要离开我们独立生活的，生活能力和自理能力是伴随孩子一生的最基本的生存本领。我们培养孩子的主要目标是让他养成独立自主的习惯。

（4）提供机会

让孩子养成独立自主的习惯，就需要我们做父母的给孩子独立自主的机会。把孩子应该自己完成的、能够做到的事情，以及他应该承担的对自己、对父母、对家庭、对社会的责任都要还给孩子，给孩子独立面对社会的机会，让孩子成为真正意义上的独立的人。

（5）循序渐进

我们一定要注意，培养孩子的独立自主能力不能过急，要循序渐进，要随着孩子年龄的增长，逐步提出孩子力所能及的要求，不能让孩子做不能做到的事情。

学会爱护孩子的技巧

天下的父母都爱孩子，却未必会爱孩子。过分的关心溺爱，不仅会加重孩子的心理负担，同时，还剥夺了孩子面对挫折、困难和学习独立的机会。我们如何做才是真正地爱自己的孩子呢？

（1）不给孩子搞特殊

我们现在的孩子在家庭中地位高人一等，处处特殊照顾，久而久之养成了自私、没有同情心、不会关心他人等坏毛病。我们应当视孩子为家庭的普通一员，吃水果，先要给长辈吃，然后再自己吃，家里的一切都是大家享用，玩具大家玩，鼓励孩子克己利他，助人为乐。

（2）不过分关注孩子

不要让一家人时刻都围着孩子转，这样造成孩子娇气十足、没有礼貌、任性、"人来疯"等现象严重。作为家长我们不应过分去注意孩子，也不要把孩子当中心话题，鼓励、引导孩子专心做自己的事，不能妨碍大人做事与谈话。对孩子有礼貌表示尊重是必需的，客人来了不要吵闹，要有礼貌。

（3）不有求必应

对孩子的物质要求我们不应满足的就决不给予满足，要让孩子有所等待和忍耐。因为人生的追求，哪怕是一个小小的目标也不会是一帆风顺的，积极的人生，需要等待、忍耐、克服困难和努力争取才能得到。

（4）不放任自流

我们不要因忙于工作而消极地等待环境的恩施，或任凭不良的生活习惯侵蚀我们的孩子。要言传身教，建立良好的生活环境、良好的饮食习惯，养成恰到好处的看电视和按时睡眠的习惯。

（5）不乞求孩子

我们在孩子面前不要有乞求央告的态度，也不要表现出无可奈何的神情。对孩子的教育应当是严肃认真的，要求是适当的，估计孩子能做到，给予鼓励、信任、尊重，语言和语气应当是简短、坚定的，孩子做好了，给予赞许或奖励，孩子不听话，也要严肃地教育、批评。

（6）不包办一切

在孩子可以自理的时候，我们不要处处包办。否则，时间久了孩子会养成依赖心理，变得胆小、没有自信等。要鼓励孩子尽可能做力所能及的事，逐步增加孩子的劳动难度，多表扬孩子，创造劳动的愉快气氛。慢慢地，孩子的独立性、自信心就锻炼出来了。

（7）不迁就依从

在孩子哭闹时，我们要说清道理，决不迁就。既不要一哭闹就依从孩子，也不要打骂和损伤孩子的自尊心，要谈点有趣的事来转移孩子的注意力。

事后我们要给其讲道理，对其批评，甚至冷淡孩子，有时冷淡也是教育孩子听话的有效方法。家长正确处理，孩子就会变成懂事、明理、能自制和关心人的好孩子。

（8）要统一思想

有时爸爸管孩子妈妈护着，有时父母管孩子，奶奶爷爷护着，这样孩子没有是非观念，性格会扭曲，有时还会引起家庭矛盾。只有一家人统一认识、统一方法，才能把孩子教好。

家长在教育孩子时，家中成员都要给予支持，要配合默契。即使某个家长教育不当，其他人也不要当面干预，这才是真正爱孩子。我们要以科学的爱，来保护孩子健康成长。

善于将包办变为鼓励

现在的孩子是父母眼中的宝贝，老人眼中的太阳。从孩子出生到长大，所有事大人都喜欢代劳。其实，家长把一切都包办了，孩子在这样无微不至的关怀下生活，看似幸福，背后却有隐忧，过惯衣来伸手、饭来张口的日子，不利于将来的生存和发展。所以，作为父母，为了孩子的健康成长，应学会将包办变为鼓励。

认识包办与鼓励

我们现在的生活条件越来越好，父母的文化程度越来越高，对孩子的教育也就越来越重视。我们家长自己从小吃过的苦、走过的路，不希望自己的孩子再经历一次。

于是，我们有的家长打着为孩子好的旗号，包办孩子的一切。从小时候的穿衣打扮，到毕业后的工作去向，都毫无例外地替孩子做好了决定，完全不问一问孩子自己的想法，不知道孩子自己想干什么。

更有甚者，连孩子的婚姻问题都要强加干涉，要孩子完全按照自己的计划走，不考虑孩子的感受、体会孩子的心情。到最后往往闹得父母和子女之间的分歧越来越大，沟通越来越难。家长认为自己是为了孩子，而孩子却不体谅家长的苦衷，认为家长不理解他们的想法，不给他们一个自己做决定的机会。

我们家长包办孩子的一切，从家长的出发点来看是好的。以前的生活条件和现在相比有很大的差别，再加上家里兄弟姐妹又多，不管是在教育还是在其他方面，都不会有很大的满足。

所以现在的家长在自己的孩子身上好像看到了重生的希望，把自己以前想做却因为条件的限制而没有做的事情，都一股脑推到了孩子的身上。

孩子在小的时候可能会屈从父母的想法，顶多用哭闹来表示自己的不满，家长一使用暴力威吓手段，孩子就不敢再抗议了。但是等他们渐渐长大，尤其是到了初中、高中甚至是大学以后，这种迫使孩子听从自己安排的手段就不奏效了。

于是，我们家长与孩子之间的"战争"就爆发了，如果家长不及时和孩子沟通，想用冷战逼迫孩子低头的话，那就大错特错了。这样只会加剧家长和孩子之间的裂痕，让孩子的心离家长越来越远。

即使孩子屈从了，我们想过没有，孩子一直都是在自己的安排下学习和生活，甚至连婚姻和工作都不能自己决定，那等我们老了，我们的孩子将何去何从呢？

奉劝总是喜欢包办孩子一切的家长，适当地给孩子一个自由呼吸的空间，放手让孩子去实现自己的梦想，自己默默地站在孩子的背后支持他、鼓励他。

对于家长来说可能会有一些担心和不舍，但是对于孩子来说，你们的开明让他们拥有一个实现自己梦想的机会，不管将来是成功还是失败，他们都不会埋怨你们，反而会记得你们对他们的支持和鼓励。

避免包办的方法

我们事事包办，这对孩子的独立性与自信心的培养是极其不利的，而且还会严重扼杀孩子的生活自理能力、活动能力、交往能力等，一遇到困难，就不知所措，畏缩不前，从而为消沉、懒惰、无能、自卑埋下了祸根。我们该如何改变自己包办孩子一切的习惯呢？

（1）理解孩子

婴儿不到一岁就抢着抓碗筷，试图自己动手吃饭，尽管弄得满脸是饭粒，但却表明了他的愿望。

到了两三岁，随着自我意识的萌生，独立的愿望更加强烈，什么都想要自己做，自己穿衣，自己开电视。

年幼的孩子从不会做到逐渐学会做，总是在反反复复中感受着独立做事的快乐。这是一种良好的发展过程，在"我能做"的过程中，促进了孩子独立人格的形成，同时建立起自信心。

（2）学会放手

孩子需要一定的空间去成长，去试验自己的能力，去学会如何应对危险。不要为孩子做任何他自己能做的事。如果我们过多地做了，就剥夺了孩子发展自己能力的机会，也剥夺了他的自立能力及自信心。

我们家长要放手，让孩子锻炼，不要怕他们做不好，也不能求全责备，更不能包办代替。对于孩子独立去做的事，只要他们付出了努力，无论结果怎样都要给予认可和赞许，使孩子产生信心。

如果我们父母能因势利导，放手锻炼并支持、鼓励与帮助，孩子的独立性便能得到良好的发展。

（3）不能心软

为了孩子的未来，我们家长不能一见孩子哭就心软，有时需要下狠心，别管孩子，这样才能培养孩子克服困难、迎接人生各种挑战的心理素质和实际能力。当然，不是放任自流，而是建立在了解孩子的能力、尊重他的情感的基础上。

我们平时应该要求4～5岁的孩子培养自己动手的习惯，如，洗自己的手绢、袜子，整理自己的房间、玩具，倒垃圾、叠衣服等，因为这些小事正是培养孩子自立能力和精神的一个重要途径。

（4）鼓励自主

幼儿时期是各种能力初步发展的时期，我们家长应利用这个时机，耐心细致地培养和训练孩子在各个方面的能力和技能技巧，放手让他们独立完成一些力所能及的任务，给他们一定的自我决策和选择的权利，尊重他们的合理意见和要求，给他们尽可能多的自由，不过分限制他们的活动，鼓励他们提出自己的见解。

鼓励孩子的技巧

做父母的一方面要克服自己为孩子包办一切的想法和做法，另一方面，要经常鼓励自己的孩子，这样才能更好地促进孩子的成长。我们平时该如何鼓励自己的孩子呢？

（1）注意孩子的感悟力

我们不要认为孩子还小，看不出个阴晴冷暖来，其实人的感悟力和交流能力天生就存在了。也许小宝宝还不会说话，但他已经可以通过你的语音和表情来感知喜悦还是忧伤，比如笑脸和高昂快速的声音一般都代表快乐的情绪，当宝宝感受到愉悦的信息时，他也会感到快乐。

（2）多元化的表达方式

宝宝的年龄越小，我们给予他鼓励的方式就越要多元化，这样他才能从感官上得到最大程度的接受，比如鼓掌、微笑、拥抱、眼神的交流、涂鸦绘画，并且要说"你真棒"等，动作和语言相结合，效果会更好，因为宝宝会感觉到更大力度的鼓励。

（3）鼓励孩子要有诚心

虽然鼓励并不需要额外花费什么，但是请记住，所有的鼓励和赞美都要发自内心，一味地鼓励个不停并不一定都是正向的积极的鼓励，反而可能让孩子对大人产生怀疑和不信任感。

（4）满足孩子的基本需求

对于婴幼儿而言，满足他的基本需求是最重要的。生理上的需要只要马上处理，就可让宝宝立即得到满足，而心理上的需求则比较耗费时间，这就要求大人要不间断地频繁地出现在宝宝身边，随时向宝宝传递这样的信息："宝宝，我在乎你。"

（5）随时给孩子一个拥抱

当宝宝需要拥抱时，记得要随时张开双臂，全身心地将宝宝抱在怀里。要知道，宝宝要求拥抱是在寻求安全感，是想通过和爸爸妈妈的身体接触来获得一种亲密的感受。拥抱之时交流的不仅仅是体温，更重要的是无形的情感交流。

（6）摸摸孩子的小脑袋

用温暖的大手摸摸宝宝的小脑袋，这是带点溺爱意味的行为，通常这种单纯的肢体行动会伴随着语言一起出现，比如爸爸可以抚摸着宝宝的脑袋说："好，做得好！"当宝宝情绪沮丧的时候，摸摸他的头带有一种"无声胜有声"的安慰意义，宝宝肯定能真切地感受到。

（7）给孩子甜美的微笑

和宝宝亲密接触的时候，甜美的微笑能让宝宝感到快乐。当宝宝开始学习走路的时候，爸爸妈妈记得要用微笑鼓励他勇敢地迈出第一步，摔疼了，就给他安抚和呵护；跌倒了，就让他自己站起来，或者帮助他站起来，切记不要保护过度，这样不利于孩子养成坚强的性格。

（8）多让孩子自己做主

两三岁的宝宝凡事都有自己的想法和意见，在爸爸妈妈总是问他"行不行""好不好"的时候，他一般都会回答"不行"或"不好"，因为在小孩的心目中要以"否定"来肯定自己的存在。

了解了孩子的这种心理之后，我们不妨在一些小事情上让孩子来做一次主，比如玩什么玩具、画什么样的简笔画、穿什么鞋子等，在这个过程中，让宝宝自己去判断、决定一些事情，并且从中获得成就感。

（9）鼓励孩子不畏艰难

人的一生不可能一帆风顺，我们要让孩子懂得这个道理，而且学会克服困难，要让孩子不畏艰难。我们不仅让孩子经历克服困难的过程和体验战胜困难后的喜悦，同时还要让孩子经受可能失败的磨炼。

（10）鼓励孩子多说话

说话可活跃孩子的思维，为孩子提供获取许多宝贵信息和知识的机会，还可提高孩子的社交能力，由此可诱发孩子的灵感和创新能力。

（11）鼓励孩子的好奇心

好奇心将引导儿童通向智慧之门，应该好好保护孩子的好奇心。对孩子出于好奇心提出的五花八门的问题，我们家长要有问必答，或加以引导，或提出反问。

（12）鼓励孩子多动手

动手比单纯看书学习带来的益处更多，动手不仅可以避免孩子成为书呆子，培养孩子勇于探索问题，发现问题，解决问题，而且有益于身体健康。

（13）鼓励孩子多运动

运动带来的益处不单纯是身体素质上的，运动不仅可以增强个人体质，而且有助于开发孩子的智力，让孩子更有进取心。

（14）鼓励孩子爱自然

爱大自然，让孩子投身于大自然的怀抱，呼吸新鲜的空气、感受泥土的气息，既陶冶了性情，又让孩子从小培养了热爱自然、热爱生命的情感。

第二章 ／

好孩子不是吼来的

　　和孩子建立良好的沟通是家长在
教育过程中面临的主要问题。沟通是
一门科学，更是一门艺术。只有掌握
一定的方法和技巧，才能取得较好的
效果，切忌简单化和生硬的态度，将
教训当成教育。

　　有效的教育，是建立在充分尊重
孩子，与孩子相互沟通，获得孩子的认
同和合作的基础上的。采取强制、管束
等方式教育孩子，其效果是肯定不佳的，
也是和时代的主体教育精神相违背的。

好孩子不
是吼来的

批评孩子时要克制冲动

有时，孩子犯的错误一时让家长接受不了，极为震怒，这时，家长最好是过一会儿再批评孩子。因为家长震怒时比较冲动，措辞一般比较激烈，很难做到冷静地选择合适的方式批评孩子，容易使孩子产生对立情绪。

孩子一旦犟起来，不但接受不了意见，还可能产生离家出走等过激行为，结果只能是把事情弄得更糟。做家长的经常会有一些错误做法，比较常见的有：

任凭自己的情绪，对孩子发火

妈妈看到孩子在厨房玩碗筷时，如果自己心情不错，就会很随和地提醒孩子注意安全，但在她很忙的时候，她就大声朝孩子嚷嚷："赶紧放下！知不知道这样很危险，会打碎的！"

几乎所有的妈妈都会有对孩子发脾气的时候，这样也最容易伤害孩子幼小的心灵。一个好妈妈在面对孩子的时候，首先应该是心情舒畅的。如果是对孩子危险的事情，要严肃地、明确地告诉孩子。

不问缘由、不分青红皂白地批评

儿子爬上椅子去拿高处的剪刀，妈妈马上对儿子说："快给我下来，你在干什么？"然后，一边责备孩子，一边把他拉到门外，"砰"的一声关上了门。

妈妈应该为孩子准备一把他专用的安全剪刀，鼓励孩子学习使用安全剪刀的方法，只要孩子在摆弄剪刀的时候，妈妈在一边看着，孩子就不会有大危险。

不分时间、场合的批评

儿子和小伙伴一起在院子里玩耍，因为急于出来忘了穿外套，被追出来的妈妈一通责骂。这种不分时间、场合的批评，让孩子很不能接受，亲子关系也因此恶化。

威吓式的批评

女儿把玩过的玩具随便一放，又去玩其他玩具了。妈妈假装要把这些乱放的玩具拿出去全扔了，对女儿说："你不整理我就全扔掉！"

整理收拾自己的东西对大人来说也不是件简单的事情，对孩子来说更是一个很难养成的习惯，妈妈应该对孩子更加耐心一些。用"扔掉"之类的威胁其实并不能起多大的作用，孩子很快就会知道，妈妈只是说说而已。

上述这些做法只会对孩子产生不好的影响，并不能从根本上解决问题。美国教育家塞勒·塞维若认为，无论在何种情况下，父母都应保持冷静的头脑、理智的思维，切忌在情绪异常的状态下轻易批评孩子。

他说："父母批评教育子女，靠强制压服是行不通的，只有给孩子充分的说话机会，他们才能剖析自己的行为，触及灵魂的最深处，才可能使其心服口服。"

家长在批评孩子之前要了解清楚事情的原因，不能偏听偏信，在没有证实、孩子没有承认的情况下草率地批评孩子，只会使孩子感到委屈，也有损家长在孩子心目中的形象。

如果孩子只是因为不小心造成了一个错误，而这错误本身并不大，比如孩子不小心碰翻了一杯奶或打碎了一个杯子，那么家长也没有必要小题大做，为这样的事情去批评孩子。

在这种情况下，家长只要淡淡地说一声："拿抹布把奶擦掉。""拿扫把把玻璃扫掉。"让孩子自己收拾残局就可以了。

除了给孩子说话的机会，还需要从孩子的角度去考虑问题。有时当孩子犯了错误时，家长不妨假设一下，如果我是孩子，我会怎么看待这一错误。

当孩子玩沙土、玩泥巴时，家长首先想到的是不卫生，想到的是这一行为会把衣服弄脏、弄破，给自己带来麻烦。而孩子却觉得这一活动给他带来了无比的快乐，这是一种百玩不厌的游戏。如果家长能换位思考，站在孩子的立场考虑问题的话，一定不愿扫孩子的兴。

如果孩子因为对某一事物好奇，抱着做试验的想法做出错事来，这种情况下也不要批评孩子，而应该引导孩子的好奇心。

比如幼儿园的一个小男孩，发现自己的毛巾上出了一根线头，他觉得很好奇，便拉了拉这线头，线头越拉越长，他想弄个究竟，就不断地往外抽线，以至于弄坏了毛巾。

老师没有批评他，问清他的动机后，给他讲述了毛巾是怎样做出来的。既保护了他的好奇心，又让他懂得了不少道理。虽然孩子可能会把事情越弄越糟，但基于孩子的动机，家长不应该批评他，而应该鼓励他做进一步的探索。

另外，家长和孩子发生了分歧，孩子坚持己见，在这种情况下家长不应该为自己的权威受到挑战而批评孩子，相反应该尊重他们的意见，让孩子有权决定他们自己可以决定的事情，如今天穿什么样的衣服；穿衣服时是先穿上衣还是先穿裤子；写字时使用红色的笔还是蓝色的笔等。

美国教育家卡尔·威特认为，对孩子的批评，最重要的是要让孩子心服口服。他认为，首先你要用孩子能够理解的道理和事例去教育他们。

给孩子讲道理的时候，要给他们说一些容易理解的道理。不能用某种高深难测的东西强行向他们灌输。书本上的道理应该给他们讲，但不能搬弄出那些晦涩的文字，那种学究式的大道理孩子是很难接受的。

作家何立伟曾经描述过这样一件事情：

有一天儿子告诉我说他下午不上课。我说那正好，可以看看课外书什么的。他说我都和同学约好了呀，去溜旱冰！你看看，真的，就像他妈说的，他心里头只装着一个"玩"。

我叫我儿子坐下来，我要好好同他谈谈话。我说儿子，你的成绩好不好？他沉默了一下，嗫嚅地答道：不……好……我说一个学生成绩不好有什么资格这么玩呢？他愣愣地望着我，不作声，等着下文。

我接着给他说，老爸认为这个世界上有三种学生，一种是会学不会玩的，一种是会玩不会学的，还有一种就是又会学又会玩的。你属于哪一种呢？

儿子不好意思地说：中间的那一种。我说对，你现在就是会玩不会学，所以偏颇，所以要加强学习。这样你就会成为第三种学生，也就是老爸最欣赏的人——又会学又会玩。儿子大约觉得我说得有点道理，于是搔了搔脑壳，说：那老爸，我下午还去不去溜旱冰？

我说怎么不去呢，你都和同学约好啦。你只给我记住一条，做第三种学生。

我儿子又快活又响亮地说：OK，老爸！

特别应该注意的是：批评孩子不等于惩罚孩子或把孩子当作自己的出气筒。苏联教育家赞可夫说："当你满腔怒气要发作的时候，要先克制几分钟，想想我是老师，这样你就能平静下来了。"每个父母都要永远记住：父母的一举一动、一言一行都会对孩子产生永久的影响。

另外，美国心理医学博士马文·西尔沃曼还提醒父母，在五种情况下不应该对孩子进行批评。这五种情况分别是：

当孩子同你讨论某种个人问题的时候；

当孩子看上去非常激动而又没有说到底是怎么回事的时候；

当孩子为某件事而兴高采烈的时候；

当孩子需要人帮助他做出决定的时候；

当父母想让孩子解释或同自己讨论某件事的时候。

可见，只有客观地批评孩子，同时不要故意处罚孩子，让孩子体会到父母的尊重和诚恳，这样，孩子在接受父母意见时自然就会容易得多。

选择什么样的批评方式和时机要根据具体情况而定。要想达到理想的教育效果，就要在尊重孩子的基础上，抓住恰当的教育时机并选择适当的方式进行，做到以情感人，以理服人。

打骂训斥只会让孩子反感

"为什么你总是整天让我操心，难道你不会变得自立一些吗？"

"看看你的屋子，脏得跟猪窝一样，难道你就不会收拾一下吗？"

"你看你那样，整天只知道玩，不知道学习，我怎么生了你这样的孩子呀？"

"如果你昨天晚上不看电视，怎么会起不了床呢？你总是贪玩，不知道学习！"

……

时而，大声的训斥中还夹杂着清脆的巴掌声和惊慌的哭泣声。

这些场面每天都在不计其数的家庭中上演。许多父母在打骂孩子的时候根本没有想到，这种打骂不仅伤害了孩子的自尊心，也损害了父母在孩子心中的形象。

打骂孩子，使孩子一时表面服从，心里反感，甚至也学着以打骂对待别人。用这种方法，不但不能把孩子教育好，反而损伤孩子的自尊心，养成自卑、胆小、孤僻、撒谎等不正常的性格。

其实，生活中孩子遭遇打骂主要不是孩子该受罚，而是有些父母认为这种方法简单方便、见效快。孩子回来晚了，把水泼在地上了，作业做错了，考试考砸了，上课没注意听讲，都可能被父母打骂一顿。调查显示，有12%～18%的父母在教育孩子时，常常使用"打一顿"的方法。在某小学三年级一个班，全班43人，只有一个学生没有挨过打。那么，为什么打孩子的现象具有一定的普遍性呢？概括起来大致有以下几种原因：

受传统教养观念的影响

不可否认，传统的教养观念对许多为人父母者仍然有着潜移默化的影响，如"棍棒之下出孝子""不打不成人，不打不成才""打是亲，骂是爱，气极了，拿脚踹""三天不打，上房揭瓦"等。因为在传统观念中，父母与孩子的关系就是上对下，没有尊重孩子、与孩子平等相处的概念。

继承了上一辈的传统

有些父母自己小时候就常常挨父母的打骂，于是在教育自己孩子时继承了上一辈的"光荣"传统。尽管他们也深知被父母打骂的滋味，心里也会产生怨恨、反抗，但毕竟自己已长大成人了，于是就糊里糊涂地把打骂当成了教育孩子的一种顺理成章的措施。

认为打骂最有效

有些父母觉得教育孩子是个"苦差"，再加上工作繁忙或其他原因，懒得思考其他的方法来管孩子，认为打骂教育最方便，见效也最快。因此，一旦孩子犯了错误有了问题，就直接动棍棒，特别是脾气暴躁的父母更会容易这样做。

父母自己的生活状态

有的父母自己不成功，在社会生活中相对失落，往往会把全盘控制孩子作为一种逃避和满足，甚至把自己在社会中的压力转嫁到孩子身上，比如要求孩子一定要出人头地等。

也许有的父母打孩子，是出于一时冲动，但是，也会造成不良的后果。曾经看到过这样一个故事：

> 吃过晚饭后，齐齐和爸爸一起坐在沙发上看电视。刚开始他们在看双方都喜欢的晚会节目，但当晚会结束时，爸爸想看球赛转播，齐齐想看动画片，于是父子间的冲突开始了。
>
> 齐齐跳下沙发把遥控器抢在手里，立即把频道调到他熟悉的少儿节目上。爸爸觉得自己的权威受到了儿子的挑战，一伸手就把遥控器从儿子手里夺了过来，随即把频道换到了他想看的体育频道。
>
> 齐齐看到爸爸调换了频道，不让他看动画片，大哭了起来。爸爸被吵得不耐烦，同时觉得儿子用哭声抗议老子的行为，应该受到教训。
>
> 所以，爸爸站起来一边打齐齐，一边把他拉进洗手间关起来，嘴里还骂道："三天不打，上房揭瓦。"齐齐的妈妈也附和着说："就是，不听话就该打，不打不成才。"结果，从那以后，齐齐变得胆小、懦弱，再也不敢和爸爸抢着看电视了。

打不是教育孩子的好方法，不仅收不到预期的效果，甚至还会适得其反。

会造成严重的亲子隔阂

孩子遭打的时候，没有心里舒坦的。皮肉之苦，使他们产生怨恨、逆反、畏惧等心理。打的结果，孩子与父母之间的亲情日益淡漠，隔阂越来越深，个别孩子甚至会产生报复心理。

会造成孩子失去自信，悲观厌世。

每个孩子都有自尊，希望得到别人包括父母的尊重，而别人的尊重、信任，会使孩子产生自信，这是他们前进的重要动力。

经常挨打的孩子，自尊心受到损害，产生自卑，极容易走上自暴自弃、破罐破摔之路。父母本是孩子最亲近的人，经常遭父母的打骂，孩子会感到人世间没有温暖，活着没有意思，于是悲观厌世。

现实中，由于遭受父母打骂，出走者有之，自杀者有之，造成的家庭痛苦是难以言状的。再者，经常挨打的孩子会变得脾气暴躁，心惊胆战，产生对父母、对学校、对社会不满的情绪。比如，因为物理没考好而挨打，他便会憎恨物理知识、物理老师，甚至憎恨学校。一旦有机会，孩子可能会做出一些报复性的事情来。

导致孩子说谎

有的父母一旦发现孩子做错事就打。为了逃避挨打，往往迫使孩子违心地说谎，瞒得过就瞒，骗得过就骗，因为骗过一次，就可减少一次皮肉之苦。

但是孩子说的谎，往往站不住脚，易被父母发现。为了惩罚孩子说谎，父母态度更加强硬。为了避免再被父母暴打，孩子下一次做错事更要说谎，这样就构成了恶性循环。

促使孩子陷入孤独的深渊

经常挨打的孩子，会感到孤独无援。尤其是父母当众打孩子，会使孩子的自尊心受到伤害，往往会怀疑自己的能力，会自感"低人一等"，显得比较压抑、沉默，认为老师和小朋友都看不起自己而抬不起头来。于是这种孩子往往不愿意与父母和老师交流，不愿意和小朋友一起玩，性格上显得孤僻。

使孩子学习错误的解决问题的方式

父母打孩子绝对不是什么好的教育方法，只会是对孩子的一种个性压抑，尤其是给孩子造成一种错觉：弱者要服从于强者，暴力可以解决问题。

而且，由于孩子模仿性很强，往往从父母那里学会了"以暴制暴"，学会了"打人经验"，染上了暴力行为。在家里父母打他，到外面他就打别的孩子，尤其是比他小的孩子。

父母打孩子，实际上成了教自己的孩子去打别的孩子的坏榜样。这样孩子长大后，他很可能会以武力解决人际冲突，结果是破坏了良好的人际关系。

造成孩子人格畸形

每个做父母的都希望自己的孩子诚实、守信、善良、上进，希望自己的孩子有良好的人格。然而，经常打骂孩子，肯定会使孩子走向这种希望的反面。

从心理学角度讲，父母粗暴高压，会导致本来性格倔强的孩子产生抵抗意识、对立情绪，进而变得性情暴躁，行为粗野，甚至形成攻击型人格，对别人施暴，难以建立良好的人际关系；而性格怯懦的孩子，会产生严重的畏惧心理，表现出软弱的顺从意识，进而形成猥琐、胆小怕事的性格等，这样的后果，将影响孩子的整个人生。

天下没有哪一位父母不盼望自己的孩子能成龙成凤的，但无数事例证明，没有一个孩子是在父母的打骂中成才的。棍棒威吓可能会起作用，但只是暂时的，不会持久的。

而且，打骂孩子是对孩子正当权利的侵犯。其实，不打骂孩子一样可以教出优秀的孩子，每个父母都应该牢记这个教育理念，把孩子当朋友，这是家庭教育中的重要原则。

所以，为了使孩子能够健康地成才，现代父母必须拒绝打骂孩子，改变以打施教的教育方式，对孩子循循善诱，以理服人，给孩子的成长创造一个良好的成长环境和一片快乐的天空。

平等对待自己的孩子

中国的家长一般很少向孩子透露自己的内心世界，也很少像对待朋友那样对待自己的孩子，只习惯于做道貌岸然的训导，但反过来却要求孩子向自己暴露一切。这种不平等的要求，当然不可能取得好的效果。

你有没有注意到自己在同孩子交谈时所用的语调？孩子有时会问："您是不是生气了？"你绷着脸说："没有。"然而你脸上的表情和语调表示出你在生气、在愤怒。

孩子是非常敏感的，他们能很快地分辨出你在讲话中所要传达的真正意思和态度。而我们成年人却往往并不敏感，没有意识到自己在同孩子讲话时运用了不同的腔调，更没有考虑这种语调对孩子的行为所起的独特作用。

作为家长应当尊重孩子，与他们交流而不是训导。如果家长以平等的、像与朋友谈话的口气来与孩子交谈，而不是对他们训话，多数情况下，家长都能顺利地与自己的孩子交流思想。

星期天早上，起床后张女士做早饭，包饺子。看到饺子皮不够，于是张女士就和孩子有了下面一段对话。张说："亮亮，妈妈想让你去楼下帮我买一些饺子皮回来，可以吗？"

"我不去，我看电视不想去。"

"那我做什么，你能去呢？"

"陪我下棋，陪我下棋我就去。"

显然，大清早，张是没有时间陪他下棋的。于是张接着说："那我还能做什么，你就会去呢？如果我现在先给你煮饺子，吃完了，你帮妈妈去买，行吗？"

"那可以。"

于是孩子吃完早饭后，下楼去买饺子皮了。张女士坐在客厅等孩子回来，突然看到电视里正在播放的是NBA篮球，这不正是孩子最喜爱的节目吗？

想想他平日，他喜欢做什么事是很不容易能够让他停下来的，今天他做到了，那一定要对他进行表扬。当他一进门，张女士就说："嘿！亮亮！你今天已经做到了和心爱的东西说再见了。你做得非常好！你能放下心爱的NBA篮球，而去帮我买饺子皮，非常感谢你！也祝贺你的进步！"看得出，孩子很高兴。

到了中午休息时，孩子要和张下棋。棋下了一个小时左右，张女士觉得该停止了，他不同意，要求再玩十分钟，十分钟后，孩子仍然不能停止，于是张女士说："亮亮，你今天不是已经学会和心爱的东西说再见了吗？！"

孩子抬头看了她一眼后，立刻把棋盘收了起来。张女士为今天能够成功地和孩子沟通而感到高兴。

张女士这样的做法是值得学习的。现在的孩子是伴着"声光电"诞生并成长的，与家长年幼时候的接收系统完全不一样。如果家长还只用嗓子单声道地告诉自己的孩子应该怎么做，他们就会感觉特别枯燥没意思。

比如有个孩子抱怨说自己的母亲一天就和自己说六句话：

早晨说"快点快点，要不就上学迟到了"；

第二句是"早餐怎么也得吃点，要不上午的课顶不住"；

第三句是"过马路要小心，看着点车"；

第四句是"到了学校你千万努力"；

第五句是"中午学校的饭不太好吃，但你正在长身体，一定要多吃点"；

第六句是"放学回家先写作业，别着急看电视"。

这样日复一日地说，作为孩子自然而然地会感到厌烦，结果反倒事与愿违。所以作为家长应该注意和孩子沟通的方式方法，学会设计问题，用问话的方式来和孩子沟通，尽量不要用陈述句，而要尽可能地让孩子说。

"问"在今天是一种高级的交流形式，父母的提问也应该是具有很强的技巧性的，家长在这方面应该加强。

这个并不难，因为孩子们从幼儿时期起就在无拘无束地表达自己。如果家长总在批评他们、教训他们、告诫他们，挑他们的毛病，他们会由此加深苦恼，认为是父母不爱他们，讨厌他们，无形中和父母之间有了距离，这样的话，慢慢地交流的大门就关上了。

如果家长自由地接受孩子们的思想，与他们一块儿讨论，研究可能的结果，经常问"那样的话将会有什么发生？""你会有什么感觉？""别人会有什么感觉？"这样的话，孩子就会想到，在解决人生疑难的问题上，他有了同伴。另外，父母常向孩子问一些相关的问题乃是传播思想的好办法。

父母与孩子之间很难沟通，主要是由于双方所站的角度和心态不同，如果有一方非常执着，问题就来了。有人说，家长与孩子的谈话基本有三种情况：一是只有家长说，孩子不说；二是孩子与家长顶嘴；三是大家有商量地谈话。相信大家都愿意选择第三种沟通方式，但为什么我们往往都是处在第一或第二种的交谈模式之中呢？如何才是平等的交流方式呢？

第一，不要总是批评孩子，而是引导他们。要说出错误的所在，并且提出可能解决的办法。

当你发现孩子从图书馆借来的书已经过了归还的日期时，你会怎么说呢？也许会这样："怎么搞的！书过期不按时归还，你总是拖拖拉拉的，没有责任心！"正确的引导应该这么说："书应该归还图书馆了，已经到期了。"

第二，避免使用绝对性用词，如"你必须、你应该、你一定"……当孩子听到这些"绝对性词语"时，会感觉家长在指责自己。不要以偏概全，批评孩子的时候就事论事，不要使用"你总是、从来、一向"等词语。因为这些词语否定了孩子所作的努力，很容易打击他的自信心。

第三，要注意语气。哥斯达黎加心理学家基罗斯建议说，父母和孩子交流时应平心静气，不要因为孩子与自己的想法不一样而火冒三丈，要给孩子申辩的机会，让他们说出自己的真实感受。如果双方分歧确实很大，父母不妨放弃争论，再找合适的机会和子女沟通。

还应注意，父母在批评孩子时，切忌用手指指着孩子，这样做只能适得其反，让孩子产生更强烈的逆反心理；同时不可忽视目光的交流，真诚的目光会让孩子有充分的安全感，这有助于双方的沟通取得好效果。

此外，选择一个合适的地方进行交流也很重要。基罗斯建议父母选择一个安静的房间以免被打扰。如果在谈话中就某些问题达成一致，就让孩子写在纸上，并放在一个显眼的位置，以约束双方共同遵守。基罗斯特别强调说，每次谈话结束后，父母都应该给孩子一个拥抱，这可以让孩子感受到父母的爱，对化解矛盾也有特殊效果。

最后，恰到好处的赞美是父母与孩子沟通的兴奋剂、润滑剂。家长对孩子每时每刻的了解、欣赏、赞美、鼓励会增强孩子的自尊、自信。切记：赞美鼓励使孩子进步，批评抱怨使孩子落后。

适当照顾孩子的需求

你有没有想过为什么孩子有时候一口就拒绝父母的意见或指示？答案很简单：巩固他独立自主的权益，是孩子的本能。为了避免在这一点上和孩子发生冲突，父母给孩子"提供选择"是个好办法。

举个例子，孩子要买一套运动衣，家长就可以和孩子讨论，你说："儿子，这个运动衣马上就给你买，你是买70块钱的，还是买100块钱的？"

让他选择，他可能说买100块钱的，那就买100块钱的；他可能说买70块钱的，那就买70块钱的。这种选择是比较有意义的，给他一个民主的机会、一个话语权的机会。

不让他在处理问题时独来独往，给他一个小的范围，让他在这个范围里去实施他自己的计划。这样，孩子在听话与不听话之间，用这种选择的方式教育了自己，进而他就不跟家长对抗了。

实际上，我们家长会有很多智慧的方法不让孩子和家长分庭抗礼，产生对峙的。比如，在学习方面，孩子很可能会由于各种原因造成偏科，这时候家长可以尝试新的办法来教育孩子。

一方面，让自己站在孩子的角度去理解、领悟对方的感受，平等待人。提供选择，给他转圜余地，尊重孩子的选择，给予孩子重新考虑的机会。另一方面，让自己作为孩子的学习顾问，以建议的形式、探讨的语气给孩子以一定的宏观引导和帮助，告诉孩子：兴趣是学习最好的老师，兴趣应是多方面的，要培养自己广泛的兴趣爱好。

同时也让孩子明白：学习不能光凭兴趣，尤其是小学阶段，是接受基础教育的阶段，不能偏科。在生活方面，家长也可以改变以往的做法，让孩子自己选择，这样做更容易解决问题。孩子慢慢长大了，任性的花样开始层出不穷。

早上起来，王女士给儿子准备好黑色的袜子，他哭着就是不肯穿；换一双黄色袜子，他继续闹，仍然不肯穿进去，即使强制套到脚上，他还是使劲要脱下来。

闹完了，哭累了，脾气也发够，你让他自己挑，结果，他还是穿了原来那双黑色袜子。儿子天天这样，王女士苦恼不已。可幸运的是，在一次无意之中，王女士发现了孩子的秘密。

当时，为了省事，王女士预先拿好两双袜子，并没有强制给他穿上，而是询问了一句："儿子，你想先穿黑色的袜子，还是黄色的？""黄色。"儿子很干脆地回答，并没有做出往常不合作的举动。

太阳从西边出来了。儿子的合作让王女士大感纳闷儿，原本准备预留5分钟僵持的，没想到几秒钟就提前结束了。既然这么顺利，王女士就顺势多问了一句："儿子，你准备先穿左脚，还是右脚？"

"右脚。"儿子的回答依然爽快得令王女士难以置信，那天居然不费一点力气，"兵不血刃"地把"战斗"给解决了。

好的行为经常做，就可以固化为一种好的习惯；好的习惯养成了，就可以造就一种好的性格，但前提是要弄清楚这种好的行为是如何发生的。如今的孩子接触外界的机会很多，在许多事情上都开始有自己朦胧的看法与态度，包括"选择"在内的各种自我意识也渐渐萌发。

其实，孩子对黑色与黄色的袜子并没有太强烈的好恶区别，只是希望能通过选择得到大人的尊重和认同。他们潜意识里认为，大人能同意他的选择，就是尊重他，从而产生一种孩子特有的成功感和满足感。

李女士怀孕7个月左右的时候，在娘家住了大概两个月。那段时间，不到3周岁的小侄女茹茹一直跟她在一起。其间，她体会到了小孩子的教育真是挺有学问的。

每次李女士的父母带茹茹出去的时候，她肯定要求他们抱着她或背着她走，不管用什么方法，她肯定能说服爷爷奶奶乐意地为她服务。

有一次李女士带她出去，走得挺远的。但由于事先大人们都告诉过茹茹：不能让姑姑背你，姑姑肚子里有宝宝，怕累。所以她一直都没要求李女士背她，但的确是好像有点累了，她走着走着就停下了，说："姑姑，我好累啊！"

李女士知道，这家伙肯定又在打鬼主意。于是李女士也装着好累的样子说："这样啊，姑姑也好累啊，都走不动了，要不你背姑姑吧！"

李女士明显看到她的表情由惊讶变为失望，还有些难过，真的挺心疼的。于是李女士接着说："宝贝，我们先在这儿休息一下，然后一起加油走回去，爷爷一定会夸奖我们的！"

茹茹低头开始犹豫，李女士趁机说："看你要背姑姑回去，还是我们休息一下走回去？"

她终于说："我背不动姑姑，走回去好了。"于是，两人小小地休息了一下，再一起手牵手走了回去。

一到家，她立刻跟她爷爷炫耀："我是自己走回来的，姑姑都走不动，我走得动！"当然，她得到了大家的表扬，美得不行。

其实，不要小看孩子的能力，他们真的可以做得更好，只是作为大人的我们，要懂得放开手，让他们有更多锻炼的机会。不一定要骂他们打他们，给他们讲清楚坏处，让他们自己来选择。

不要小看孩子的判断力，他们绝对能选择好的、对他们成长有利的事情，只是有的时候，他们不知道某件事情的坏处到底有多坏。我们只要正确地引导，每个孩子都会凭借自己的分析，而做得更好！

李明小朋友挑食现象严重，如果不喜欢吃的东西一口也不吃。王女士对他反复劝导，他低着头看也不看王女士。

又到吃饭时间了，李明一看见满满的一碗饭、一盆鱼丸、白菜、蛋汤，眉头又皱了起来。王女士问他："是不是不要吃饭？"他摇头。"不要吃菜？"摇摇头。"不要喝汤？"他还是摇摇头。既然要吃的，为什么摇头呢？到底是什么原因？王女士耐下性子，先喂他，可他也不肯吃。

突然王女士脑中闪过一个念头，何不换一种方法试试，比如允许他少吃一点呢？于是，王女士对李明说："这样吧，你能吃多少就吃多少吧！"

他听了她的话，马上点点头，拿起筷子吃起来，一会儿就吃下了半碗饭菜，还一边吃一边瞄王女士一眼，王女士高兴地对他拍拍肩。

从这件事中，可以领悟到：孩子不吃饭其实是有他的想法和原因的。满满一碗饭对他是个心理负担，而王女士的一句提示话，给他一个选择的台阶，使他减轻心理负担，于是他就愉快轻松地进餐了。

由此联想到：孩子有他内心的想法需求，而有些想法他不善于用言语表达，却由行为表现出来。即使外显的行为，还会有多种不同的表现方式，而且在孩子的行为表现背后还有成人所不可理解的心结。

如果家长无法破译这份密码，就难以沟通，这样会影响孩子的发展。所以只有深入地了解孩子的内在需求，采取适当有效的对策，才有利于开启孩子的心志，培养其健康的人格。

孩子是独立的个体。而家长总是把孩子仅当作受教育的对象甚至是被动接受知识灌输的客体来对待，对孩子们只讲他们的责任，而很少提及他们的权利。

功利主义观念又促使家长自觉或不自觉地为孩子去选择道路，去设计未来，用自己的意志去控制孩子，忽视孩子本身的兴趣爱好。

遇到与孩子的意志发生冲突时，又缺乏应有的教育耐心，处理时求快求省求便，教育方法简单、粗暴，滥用权威，这样会严重挫伤孩子的主体积极性。

给孩子一些选择的机会，让孩子多一些选择的机会。如果我们只是用言语来劝告孩子这样不好，那样也不好等，也许孩子当时会照你的意愿去做，可久而久之，根本起不到什么作用。我们需要选择的机会，孩子更要选择的机会，所以请给孩子多一点选择的机会。

多站在孩子的立场想问题

随着孩子日渐成长，那些说大不大、说小不小的"顽症"却总令父母们伤透脑筋、束手无策。一些家长反映自己的孩子老是在同一件事上犯同样的错误，尽管大人百般提点、催促，他依然不改。

例如，进家门老忘穿拖鞋，每次回到家鞋一脱，光着脚丫就进屋了；做作业马虎，提醒过的错字总是一遍遍地错，似乎永远都记不住……

每当你谆谆教导，循循善诱，他虚心接受，可屡教不改，一旦你终于狠下心决定"以武服人"时，他却先声夺人，哭声震天，而后依然我行我素。家有如此宝贝，让父母真不知该如何是好。

孩子积习难改，究其根源，是因为形成了心理惯性和心理依赖。对这种孩子，简单的痛打是无济于事的，因为打骂只是对错误的惩罚，而不是对错误的纠正。

其实每个人都是在不断地改正错误中成长起来的。当孩子犯错误时家长朋友们要充分理解孩子，多从孩子的实际需要出发，多站在孩子的立场想问题；稍有进步则要及时表扬，还要教给孩子一些改正错误或是改掉不良习惯的方法。以下的小方法，不妨一试：

首先，可以让孩子做一本记录自己童年生活的杂记簿。事无巨细，只要是在日常生活中发生的点点滴滴都可记录在案，有据可查。

您也可以清晰地看到孩子成长的过程，还可以让孩子定期写一封"回忆信"，回忆自己曾做错的事情，现在是否有所改进，以帮助他们改进，写信的周期和频率可根据孩子改进的情况来调整。

其次，可以适当地"放权"。例如，早上起床后，让孩子自己选择要穿的衬衫和裤子，罗列一些小家务让孩子选择承担，鼓励他们收拾自己的小天地等。

当孩子做出错误的决定时，您可以提醒他这些错误决定可能导致不好的后果。比如说，当他把玩具随意扔到房间的地板上时，可以告诉他这样做的后果是那些玩具在一段时间内找不到了。

然后，可以和孩子一起做一次"长辈失败研究"。不妨告诉孩子，爸爸妈妈也有失败的时候，举一个他能力范围内所能思考和分析的例子，请他来分析当时爸爸妈妈失败是什么原因，如果是自己遇到类似的情况，又该怎么处理。

最后，不妨再给孩子一次机会。人的一生就像小孩学走路的过程，尽管会摔跤，但跌倒后爬起来就是成功。孩子可能摔倒了一千次，但仍有第一千零一次站起来的可能，所以，家长一定要给孩子一个成才的机会。

现在的孩子生活在蜜罐里，与我们小时候生活的环境大不相同，所以教育孩子也不能用同样的方法。对于我们大多数人来说，因为我们从小耳濡目染，挖苦、说教、警告、谩骂、威胁的词语已经植入我们的语言当中。

所以当孩子犯错误时，我们会下意识地使用一些惩罚手段，可是，过后我们往往后悔不已，有什么办法可以代替惩罚，又能够让我们轻易做到呢？那就要注意因材施教，对待不同的孩子要用不同的方法。

下面，列举常见的几种类型孩子的表现及主要教育方法。

精力过剩的孩子

此类孩子主要表现为爱玩，爱闹，爱打架，难以管教，但他们较聪明好动，反应快，接受能力强。

教育的主要方法：首先，要与孩子建立良好的人际关系，让他们明白自己不是一个"不听话的孩子"，这样他们容易在心理上接受教育和指导。

其次，要适当放手，管教适度。管教若太严，与他们性格不对劲，就会适得其反。要给他一定自由，一定的活动时间和空间。

最后，耐心教导：即耐心教育与疏导，通过讲道理，使孩子明白自己的一些"主见"并不那么好，并不那么符合社会道德与规范，从而自愿放弃自己的"主见"，克服自己的毛病，逐步走向成长之路。

上课不专心听讲的孩子

此类孩子主要表现为上课多动、好玩、爱讲话，甚至在家中学习也表现出心不在焉。对此类孩子的教育，有的家长说："那是学校的事，不该我来管，我又不能坐在孩子旁边。"

实际上，训练孩子专心听讲，要从日常生活入手，因为生活习惯和学习习惯是紧密相关的。教育的主要方法：

第一，父母要训练让孩子听一遍就马上做到；

第二，在生活中，家长可以有意识地训练孩子的听话能力，如安排三四件事，先做什么，后做什么，最后做什么，家长观察孩子是否如此；

第三，家长要有意识地训练孩子的注意力，和孩子讲话，一定要孩子看着你的脸听；

第四，家长还可以告诉孩子一些听讲的小窍门；

第五，家长应尽量要求孩子复述课堂内容，或谈上课中印象最深的问题。

追求金钱与物质享受的孩子

此类孩子主要表现为"穿要名牌，吃要精品"，讲究吃穿，有的上学要坐摩托车、三轮车。

教育的主要方法：

首先，家长自己要以身作则，艰苦朴素，告诉他们自己孩子时代的生活经历和故事；

其次，家长要把家庭收支计划告诉孩子，并适当征求孩子的意见；

最后，有效地教育孩子计划用钱，并用典型事例来教育孩子。

对长辈教育抱无所谓态度的孩子

此类孩子对父母、师长的教育，充耳不闻，当耳边风。

教育的主要方法：

一要让孩子理解父母的一片苦心，理解父母、师长的任何一种教育方法都是为了他们的健康成长；

二要在感情融洽的气氛中进行教育，消除他们的"敌意"，使他们愿意听从教导；

三要给孩子以说话的权利，让他说原因，说理由，哪怕是不正确或不真实的；

四要多一点宽容，教育之后，还会做错事，要给予改正的机会，要有耐心，要等待；

五是教育孩子的语气要坚定，父母两人说话口径要一致，有的父母嘻嘻哈哈，有的漫不经心，有的轻描淡写，有的各唱各的调，这都不利于教育。

具有严重惰性的孩子

此类孩子主要表现为学习被动，作业不完成或抄袭，造成考试交白卷或作弊，生活散漫。

教育的主要方法：

一是以平时的家务事开始训练，不要让孩子饭来张口、衣来伸手；

二是帮助孩子制订计划，并加强督促检查；

三是父母要以身作则，事事起表率作用；

四是要从孩子力所能及的日常小事上培养勤劳的习惯，并持之以恒，坚持训练。

下面再用一个案例来说明家长处理孩子屡教不改问题的方法：

王平总是不能按时回家，而妈妈认为他总是找各种各样的理由，也不遵守诺言。王平喜欢和同学放学后在操场上玩。他知道应该17：45回家，但有的时候，玩得高兴就忘了。以前他回家晚了，妈妈总是很生气。

妈妈对他大吼大叫："我已经听够你的借口了！再也不相信你了。这次你要接受惩罚。从下周开始，每天放学就回家，不能出去。也不能看电视。我不在的时候，我会让姐姐看着你。回你自己的房间吧，晚饭已经没了。"

可是这样做并没有达到预期的效果。

后来的几天王平不想让妈妈对他大发脾气。有一天他问同学几点了，同学告诉他18：15。他马上不玩了，跑回家。向妈妈解释："我真的是问时间了，但已经太晚了，我用最快的速度跑回家的。"

而妈妈也采取了不同的做法。妈妈说："你在尽力往家赶，但我还是不高兴。我不想再看到你那么急急忙忙的。我希望你说好17：45到家就能做到。我们已经吃过晚饭了。厨房也没剩什么吃的了，你要愿意就自己做个三明治。"

王平想：妈妈真生气了。从现在开始，我最好按时到家，她既然相信我，我不能让她失望……我也不想自己做三明治了。

妈妈采用这样的方法之后，王平总是能按时回家了。可见，对孩子大吼大叫的方法并不一定会起到作用，对待孩子要多一些温和，多一些理解，多一些引导。

天下没有教育不好的孩子，只有方法不对头的父母。作为家长，首先要有一个平和的心态。"人非圣贤，孰能无过"，当孩子犯了错误时，把孩子暴打一顿，表面上看是在教育孩子，其实是家长觉得丢了自己的面子。

打过之后，自己的情绪得到了发泄，但对孩子并不能起到真正的教育作用，甚至会使他自暴自弃。对待孩子犯错屡教不改的问题，应该冷静处理，站在孩子的角度考虑，多理解孩子，倾听孩子的心声，然后用引导的方法来帮助孩子改正错误。

以宽容的心态对待孩子

科威特作家穆尼尔·纳素夫曾说过："父母应从孩子的言谈中结合家庭情况引导他。父母的耳朵永远俯在孩子的心灵上，他们的智慧火花应该永远照耀着孩子前进之路。"

曾仕强教授在《组织行为学》视频讲座中举了一个教育孩子的例子。小孩子在墙上涂鸦，生气没有用，骂他也没用，但也不能放任。怎么办呢？曾教授的做法是这样的：

爸爸：（以欣赏的态度告诉儿子说）你画得真好啊，我怎么没发现。我们应该把这个带回去给祖父看好不好？

儿子：画在墙上怎么能带给祖父看呢？

爸爸：你真聪明啊，我怎么没想到啊？那怎么办？

儿子：画在纸上啊，就可以带过去了。

爸爸：好。（拿张纸给儿子）

儿子画完以后，爸爸下次带儿子去祖父那里时果然把画拿给祖父看，而且百分之百地获得了祖父的大力赞扬。儿子非常高兴，很有成就感，回到家里后——

爸爸：在墙上画画吧。

儿子：我不要在墙上画，要在纸上画，画了带给祖父看。

爸爸：那随便你吧。

曾教授得出结论：不能给小孩子讲道理，给孩子讲道理是讲不通的。要根据孩子的心理需求选择更好的沟通方法。

引导是一种根据孩子心理进行启发的教育方式。在教育学原理中，一直非常强调教育者要学会引导孩子，引导应该是教育的一种最主要的方法。

当孩子不会做某件事情的时候，你需要向孩子示范，引导孩子学会如何做；当孩子做错了某件事情的时候，你需要引导孩子自我反省，找到错误的地方，从而改正过来；当孩子取得一点成功的时候，你需要引导孩子看到更高更远的目标，从一个成功走向另一个成功。反之，当孩子不会做某件事情的时候，你呵斥他，孩子就会有一种受挫感；当孩子做错了某件事情的时候，你责骂他，孩子就会觉得非常委屈和无助；当孩子取得一点点成功的时候，你生硬地说道："一点点成功，有什么好骄傲的"，孩子的情绪一下子会非常沮丧。长期生活在这种环境下的孩子，必然对父母产生极大的怨恨，亲子关系不可能和谐。

教育上有句话叫作"教育是为了不教"。这句话的意思就是说，教育者之所以要教育他人，目的是引导他学会学习的方法，养成自我学习的能力。孩子做错事是难免的，有位哲人说："孩子是伴随着错误长大的。"做父母的责任就是不断纠正孩子的错误，让孩子从错误中学习成长。

一个人总是要走向社会的，不可能永远在父母的保护和指示下生活，他必须独立地处理各种事情，因此，引导孩子养成正确处事的方法非常重要。

每个孩子都会经历第一次，第一次做一件事情总会出现这样或者那样的问题，就连父母在教育孩子的时候都会出现问题，更何况是年幼的孩子！他们身心发展不健全，动手能力差，做起事来总是"心有余而力不足"，面对精彩的世界，他们想做一点事情，或者他们想帮大人做一点事，但是，他们总是做得不太好，尽管有良好的动机，却往往把好事变成坏事。

比如，孩子第一次帮父母洗碗却打碎了碗，孩子第一次帮父母做饭却把饭煮焦了，等等。面对这种情况，许多父母会呵斥："叫你不要洗你偏洗，现在把碗打碎了吧？快走开，我来洗！"

因为孩子是有自尊的，如果父母在孩子做错事的时候，对孩子严厉责备，甚至动粗打孩子，会让孩子产生逆反心理，对父母产生不满甚至是仇恨，会有意无意地做出更多的错事来，而且，孩子会失去尝试的勇气。

任何一个人都不可能生来就会做事情，在第一次做的时候必然会犯错误。当孩子有过错的时候，其内心肯定会出现自责和冲突，针对这种情况，父母要抓住时机，以宽容的心态对孩子进行正面教育，以引起孩子情感上的重视，这样反而能够让孩子学会如何做好一件事情。

有位妈妈看到孩子在洗碗的时候把碗打碎了，就和蔼地对孩子说："没关系的，打碎一只碗算什么呀？每个人第一次洗碗的时候总是会打碎碗的，妈妈第一次洗碗还打碎了两个呢！只要你像妈妈那样抓住碗的边缘，就不会掉下来了！"

这位妈妈边说边给孩子示范正确的洗碗方法，结果，孩子把剩下的碗洗得很干净，从此再也没有打碎一个碗。

高明的教育方法应该是"感化→说服→感化"，就是父母在教育孩子的时候要重视情感的沟通。比如，父母可以先夸奖孩子说："你做得不错。""你已经很努力了。"这就是前段的感化，因为这些语言对孩子来说比较容易接受。然后父母再指出孩子失败的原因，帮助孩子不断进步，这是教育的目的。

最后父母不要忘了安慰孩子："如果你再努力一些，你就能做得更好！"这样的正面教育能使孩子自动地检讨失败的原因，减少下次犯错误的机会。

正面引导是孩子比较容易接受的一种方式，当然，父母在教育孩子的时候要入情入理，注意感情的沟通，千万不能讲大道理，空洞说教，引起孩子的反感。

另外，父母还要注重引导孩子树立良好的品格。孩子良好品格的养成有赖于父母在日常生活中有意识地引导。简单的说教只会引起孩子的反感，引导则不仅能够让孩子更容易接受，而且能够让孩子明白为什么这样做的道理。

晚饭后，一家人正坐在客厅里看电视，这时，隔壁的刘奶奶带着一篮橘子来看4岁的明明。明明最爱吃橘子了，他高兴地把一篮子橘子藏到自己的身后，然后，剥开一个橘子吃了起来。

这时，爸爸走了过来，他也拿起一个橘子准备剥开吃，却被明明发现了。明明大叫起来："这是我的，不给你吃！"面对这种情况，大多数父母可能会说：

"这没良心的小祖宗，亏我对你这么好！"

"呵呵，这小鬼倒挺精的。"

"谁说这是你的！橘子上有写着你的名字吗？"

"小兔崽子，不给老子吃，老子就揍你！"

这些消极的沟通方式不会让孩子明白爱心的重要性，甚至会让孩子产生一种误解：想要获得东西，就需要通过暴力。

我们来看看明明的爸爸是怎么引导孩子的：

爸爸：为什么不给我吃呀？你每天吃的东西都是我给你买的呀！

明明：这是奶奶给我吃的，是我最喜欢吃的，你就是不能吃！

爸爸：如果别人送我许多你爱吃的东西，你想不想吃？

明明：这个……想吃！

爸爸：就是嘛，有好东西要学会与人分享，这样大家一起吃起来才高兴。而且，好孩子要有爱心，要懂礼貌，给爸爸妈妈、奶奶都剥一个。

明明：好吧。

当孩子在年幼的时候，往往以自我为中心，这并不是孩子的错，而是孩子的心理决定的。这时候，父母的引导是非常重要的。

如果父母对于孩子自私的行为视而不见，或者纵容，甚至责骂、恐吓，不仅不能引导孩子为别人着想，关心爱护他人，而且还会加剧亲子之间的隔阂。

第二章 /

批评孩子也有技巧

很多家长教育孩子不是打骂，就是吼叫，这种方法是非常不可取的。有些家长认为，打骂孩子是为了纠正孩子的不良行为，只要出发点是好的，就理所应当。

这种想法是不正确的。孩子也有自己的自尊，长期的打骂会伤害孩子的自尊心，打击他们的上进心，棍棒下教育出来的不仅不是我们希望的好孩子，说不定还是"逆子"。因此，教育孩子一定要讲求方式、方法。

批评孩子
也有技巧

要把批评的话说得好听

　　法国作家拉封丹曾写过一则寓言，讲的是北风和南风比威力，看谁能把行人身上的大衣脱掉。北风首先来一个冷风凛冽、寒冷刺骨，结果行人为了抵御北风的侵袭，便将大衣裹得紧紧的。

　　南风则徐徐吹动，顿时风和日丽，行人因为觉得身上暖洋洋的，始而解开纽扣，继而脱掉大衣。

　　这场北风和南风比威力的结果是，南风获得了胜利。这个故事被心理学家称为"南风效应"。

　　南风虽然无言，但却收到了胜过北风的脱人大衣之效应，是因为这徐徐吹拂的南风符合行人的心理状态，人们容易接受。而北风则不然。

　　同样，如果我们在批评时讲究方式方法，考虑到孩子的感受，注意不要使孩子产生抵触情绪，让忠言顺耳，孩子自然就可以听得进去，从而收到"南风效应"，达到预期效果。

　　爸爸、妈妈偶尔对孩子发脾气是正常的，但总结以往很多爸爸、妈妈的经验，在你想发脾气之前，请注意以下提示：

　　搞清事实真相再批评：不要因为我们的粗心误会了

孩子。

不比较其他孩子批评：注意保护孩子的自尊心。

事发当时及时批评：让孩子知道错在何处。

事态严重要严厉批评：以此为戒、杜绝再犯。

就事论事的批评：不要扩大化、不要翻老账。

不在吃饭前、吃饭时批评：批评的目的并不是为了不让孩子吃饭。

不做全盘否定式的批评：不要使孩子感到自己一无是处。

尽量个别批评：对自尊心强的孩子这会更有效。

家人态度一致的批评：使孩子建立明确的是非观念。

不带个人情绪的批评：既避免过分伤害孩子，也避免过后你懊悔不已。

在批评孩子的时候要讲究方法，当孩子犯了错误，家长可能会比较冲动，因而批评孩子的言辞也有些过激，这样会对孩子产生不好的影响，在批评孩子之前不妨冷静一下，不要急着批评。

家长不妨试试以下几种批评方法：

延时冷却法

有时，孩子犯的错误一时让家长接受不了，极为震怒，这时，家长最好是过一会儿再批评孩子。因为家长震怒时比较冲动，措辞一般比较激烈，很难做到冷静地选择合适的方式批评孩子，容易使孩子产生对立情绪。

循序渐进法

即先批评不痛不痒的小问题，使对方易于接受。并对孩子虚心接受意见的行为及时地给予肯定，然后循序渐进，深入到症结所在。孩子在受到了肯定之后，自尊心得到了满足，也就比较容易进一步地接受意见了。

搬梯下台法

有的人自尊心极强，明明知道自己错了，可是面对别人的批评，嘴上就是不肯接受，尤其当着外人的面。这时，你大可不必非要"立竿见影"才行。

只要他自己心里已明白了，你就不妨给他一个梯子下台吧。你给了孩子的面子，孩子心中自然会感激你的。这个感激就有可能化为孩子改正错误的动力。

难得糊涂法

即分明知道孩子犯了错，却装糊涂，不但不批评，反而对孩子说上几句关心的话，以间接地提醒孩子。使孩子在感动之余产生一种愧疚，从而改正错误。

这种方法适合那种初犯错误，陷得不深的孩子。比如有的孩子一时没有控制自己，玩电子游戏玩到很晚才回家，却对家长说自己是在同学家做作业，讨论难题。

有意无意法

即看似无意，实则有意。我们常在电影中看到有这样的镜头。某个人接受不了别人的意见。

有一次，他无意中路过某个地方，听到对方正在与别人聊天，仔细一听，结果听到对方的对白，从而解开心里的疙瘩。这是因为人们都具有这样一种心态，即一个人如果认为自己是怎样的一个人，自然也就希望别人对他的印象也是如此。

如果他发现别人心目中的自己并不如自己所想象的，有可能会改正自己，以纠正别人的看法。

根据这个心理特点，你在批评、规劝别人时，不妨通过第三者"漫不经心"地向他转述你的意见，或者创造条件让他"无意中"听到批评意见，这种批评的方法，常常能收到意想不到的效果。

其实，孩子也不愿意犯错误、做错事，他们本来已经有内疚感了，如果父母再不断地责骂孩子，孩子就会觉得非常委屈，进而对父母产生不满，影响亲子关系的和谐。

对待孩子的错误，父母一定要以宽容的心来对待，不可抓住孩子的小辫子不放，经常以此来揭孩子的伤疤。

比如，每个孩子都会在成长的过程中帮父母洗碗，当孩子不小心打破碗的时候，大部分父母往往是说下面这些话：

叫你不要洗，你不听，这碗很贵的！

你怎么这么笨？洗碗都不会！

太不小心了！你做事总是那么粗心！

走开，走开！我自己来洗！

这些话对于建立良好的亲子关系都是不利的。正确的做法应该是下面这样的：

厨房里，妈妈正在洗碗。这时，6岁的明明走进了厨房，他看到妈妈在洗碗，觉得很好玩，就缠着妈妈让他洗碗。看着好奇的儿子，妈妈决定让明明洗碗。

经过妈妈的示范，明明洗得有模有样的，妈妈忍不住夸奖了明明。当妈妈转身整理冰箱时，突然传来"砰"的一声，明明叫了起来："哇！妈妈，我打碎碗了！"

妈妈赶紧关心地问道："是吗？让妈妈看看，有没有伤到你的手？"

明明紧张地看着妈妈，说："没有。可是，碗已经破了！"

妈妈安慰道："没关系，打破一个碗不要紧。重要的是，我家的明明学会了洗碗，妈妈为你自豪。每个人要学会做一件事情都很不容易，会遇到各种困难。不要怕，妈妈把碎片收拾一下就好了，你愿意接着洗吗？"

明明不好意思地说："愿意。"

妈妈夸奖道："真是个勇敢的孩子。不过，在洗碗的时候，一定要小心，要用手抓紧碗的边沿，就像妈妈这样，知道吗？"

明明高兴地说："知道了，妈妈。"

在这里，妈妈的鼓励不仅让明明认识到了应该怎样正确地洗碗，而且鼓励了明明遇到困难时要努力克服，做一个勇敢的人。

别林斯基说过："幼儿的心灵最容易受到各种印象的影响，甚至最轻微印象的影响……常常受到强烈的惩罚而变成粗暴的人，会残忍起来，冷酷起来，不知羞耻，于是连任何惩罚对于他都很快变得无效了。"

可见，在对待孩子的问题上，父母一定要学会宽容，过多的批评往往加剧亲子关系的矛盾，而宽容则可以打开亲子关系的大门，让孩子体会到父母更多的爱。

批评孩子也要讲"艺术"

曾经有这样一个故事:

有一次,一位校长看到一个男生用泥块砸其他的同学,当即制止他,并让他课后到他办公室里去。

男生猜想自己要挨训了,下课后就早早地等在校长的办公室门口了。校长还没回来,男生的心里忐忑不安,在努力想着辩解的理由。

一会儿校长回来了,一见面,就拿出一块糖,送给这个男生,说:"这是奖给你的,因为你按时来到,而我却迟到了。"

男生惊疑地接过糖果。没想到,校长又掏出一块糖放到他的手里,说:"这块糖果也是奖给你的,因为当我不让你打时,你立即就住手了。这说明你很尊重我,我应该奖励你。"

男生更惊疑了,眼睛睁得大大的。

校长又掏出了第三块糖,塞到男生手里说:"我调查过了，你用泥块砸那些男生，是因为他们不遵守游戏规则，欺负女生。说明你正直善良，我应该奖励你。"

男生感动极了，眼泪开始流了下来。他有点泣不成声地说："校……长，校长，您……打我两下吧！是我错了，我砸的不是坏人，而是自己的同学啊！"

校长满意地笑了。他随即掏出第四块糖，连同一块面巾纸，一起递给那个男生，说："擦擦眼泪吧，小伙子。再奖励你一块糖果，为你能够正确地认识错误！不过，我只有这一块糖了，看来，咱们的谈话也该结束了。"

这种批评方式是多么奇特啊！这是流传甚广的一个著名校长的故事。我想，在那个男生的记忆中，这四块糖果将使他永远难忘。

对孩子来说，直接的批评如同一剂"苦药"，让他感到很难"下咽"，甚至不能接受。而我们给批评包裹上"糖衣"，就会让批评变得容易接受。

在此也想起这个故事：

球王贝利少年时，一度染上吸烟的毛病。一次被他父亲发现了，贝利非常害怕，担心受到责骂。

可他父亲却以朋友般的态度，非常和气地对他说："你踢球很有天分，以后或许能成为一名好手。可吸烟对身体是有害的，如果因为它而没能使你成为球星，你会遗憾的。吸不吸烟由你自己决定。"

说完把自己仅有的一点儿钱给了贝利。父亲这种民主、商讨的态度使贝利悔恨不已，从此，贝利改掉了吸烟

的毛病。当回想往事的时候，贝利说："如果当时父亲狠
狠地揍我一顿，那么我今天很可能只是个烟鬼。"

从这里我们可以得到一些启发：如果父母在批评孩子时讲究一
点艺术性和人情味，尊重孩子，努力让孩子明白父母是在爱他们、
关心他们，批评的效果将大不一样。

孩子感受到父母的爱护，就能心甘情愿地接受父母的批评。即
使对某个问题有不同看法，也能心平气和地讲是非论道理，而不是
成心顶撞，意气用事了。

以一种商量激励的态度进行批评，也会保护孩子的自尊心，使
他们自觉自愿地改正错误。

著名教育专家关鸿羽教授指出，批评是一种负强化法，家长在
批评孩子时如果不讲究方式、方法，结果只能是"家长出了气、孩
子不服气"，起不到应有的教育效果。

的确，家长通常采取的批评方式很有问题：唠叨、生硬、严
厉，结果越批孩子越皮，反弹力越大，越对着来、顶着干。最后搞
得父母筋疲力尽，却收效甚微，甚至适得其反。

其实，批评未必要义正词严，未必要话中带刺，更不能以泄愤
为目的讽刺挖苦、翻旧账、算总账。批评的目的是使孩子丢弃坏毛
病，养成好习惯。基于此，家长尽可以采取灵活的方式。

兵法上说，不战而屈人之兵，为上上策，对孩子进行批评，也
要讲究兵法，"心中有剑口中无剑"是批评的最高境界。我们不妨
看看下面几种别致的批评方式：

我的柔情你会懂

有个智力超群的男孩特别不喜欢做作业。妈妈怎么说都不听。后来妈妈跟他说："你不写作业，妈妈就担心你基础打得不牢固，今后就会考不上好的大学。而妈妈老是担心你，就特别容易变老。"这个小男孩害怕自己年轻漂亮的妈妈变老，就乖乖做起了作业。

分析：孩子是顽皮的，但富有爱心，就看家长会不会调动。顽皮孩子被家长和老师批评了不知多少次，被批评麻木了，照样我行我素。这个时候，回避直截了当的批评，调动起孩子的满腔柔情，就可以很容易达到目的。

你怎么舍得我难过

一个淘气的男孩经常惹祸。母亲每次都大喊大叫，甚至抡起藤条抽打他，却收效甚微。有次他偷了商店的玩具，差点被送警察局。母亲及时赶到，说服店主再给他一次机会。

回家后，男孩料想等待自己的会是一场狂风暴雨，谁知道妈妈什么也没说，只是让他回自己房里去。当他无意中到厨房拿水，发现母亲独自一人，呆呆地坐在厨房的椅子上，满脸的忧伤和疲惫。

这一刻，他如遭雷击。虽然没有任何语言的指责，却让他一下子想起妈妈日常的操劳，抚育他的呕心沥血。从此以后，他痛下决心，改过自新。

分析：假如孩子每天处在打骂和训斥之中，就会变得麻木不仁，而且还会产生这样一种想法："反正我是坏孩子，那就坏下去吧。"

父母的训斥、打骂反倒筑起一堵高墙，阻断了亲子间的情感交流，没能让孩子站在父母的立场上想问题，却增加了漠视和仇恨：

反正你们不爱我，所以也不需要你们来管教我。

而与之相反，如果关键时刻用沉默代替语言，实际上是对犯错的孩子进行无言的谴责。

在这个沉默的空间里，孩子卸除了被迫自卫的武装，有了很大的自我感受和思考的空间，并且受到强烈刺激，迫使他回想自己的所作所为，对父母的痛心和难过产生深切体会。一旦他能站在父母的立场思考问题，许多冲突就可以迎刃而解。

你是我永远的宝贝

有个小姑娘性格非常叛逆，整天跟父母对着干。妈妈什么方法都试过了，却无法扭转孩子的心。有一天，妈妈无意中翻出自己当年的育儿日记，那里面记录着女儿成长的一点一滴。

她拿出来给女儿念，从她出生时的喜悦，到她得病时妈妈的恐惧，以及对孩子的美好期望，全都包含在这几本日记里。刚开始女儿还似听非听，渐渐入了神，渐渐眼里有了泪。终于，她忍不住扑到妈妈怀里，哭着向妈妈道歉。

分析：爱可以感化一切。孩子虽然叛逆，但却不是草木，其实对父母有很深的爱。她之所以表现如此，是因为她觉得爸爸妈妈不爱她了，所以没必要听他们的话。当她明白了父母对她的爱有多深，她就会用百倍的爱来回报父母。

孩子的成长，从某种意义上说，就是不断改正错误的过程。做父母的应该努力以平心静气的心境，来随时面对孩子可能犯的大大小小的过失和错误。在批评孩子的时候，注意语言的表达，让批评裹上一层糖衣，使孩子快乐地接受。

每个孩子都需要肯定

孩子在成长过程中难免会犯一些错误，批评孩子可以说是所有为人父母者的必修课。但如果不分时间、地点，采用不适宜的方式批评孩子，甚至把批评变成对孩子的情感虐待，就有可能激起孩子的逆反心理，引起孩子和父母唱对台戏，与教育初衷背道而驰，最终造成孩子自卑、孤僻的性格。

为此，对于孩子的任何缺点和不足都不应归于长远，不能归罪于孩子本人，而应首先肯定孩子的本质是好的，他的缺点是暂时的、是外界原因造成的，这样他才有改变的可能性。

记住永远用语言来肯定孩子好的方面，引导他向好的方向发展，而不去固定他的缺点和弱点。

著名的教育家詹姆士说过一个教育孩子的诀窍：孩子们都需要肯定。这是很科学的断定，我们的平民教育家陶行知先生对学生王友打人的处理，就是实践了"肯定教育"。

现实中，很多父母在孩子犯错误的时候都会去批评和指责孩子，而批评和指责的本质都是消极暗示。

我们知道，潜意识的特性是无所甄别、照单全收的，所以，"你怎么这么笨啊"这句话就会被潜意识理解为"我笨"，并且形成自我定位；"你看看人家孩子，你再看看你"，潜意识理解为"我不如别人家孩子"；"都和你说多少次了，你怎么就是记不住"，潜意识理解为"我记不住"。

生活中，我们看到有些父母恨不能把嘴挖下来放在孩子耳朵边告诉他什么该做，什么不该做。可是，这样的孩子长大后往往很难成功。

这时，父母会很无奈地说："我已经尽力了，这些年为了这个孩子，我都不知道操了多少心，摊上这样的孩子，做家长的也只能认倒霉了。"

但是，他们哪里知道，恰恰是他们的消极暗示，造成了孩子的消极定位，使孩子丧失了追求成功的自信。而生活中恰恰还有这样一种人，他们从小很少得到父母的关爱，生活基本靠自己去谋划，虽然没有得到良好的教育，但是长大后却取得了非凡的成就。

为什么这种没怎么得到父母教育的孩子长大后能够取得成就呢？因为父母没有给他们太多的消极暗示。所以，有这样一句谚语：成人不用管，管死不成人。

为什么会有这句谚语呢？就是因为家长的方法用错了。用情绪化教育的方法，使孩子情绪激动，潜意识大门大开，然后不给孩子积极的暗示，而是把孩子的错事提了一遍又一遍，于是孩子的潜意识对错误行为的印象更加深刻，几次下来孩子被成功"引导"，成了你所说的样子。

近些年，周弘老师一直在推行的赏识教育不失为一种可行的方法。赏识教育正是运用了积极暗示这一理论，通过对孩子的肯定、相信、鼓励，使孩子产生积极的自我定位，通过积极引导将孩子带上正确的轨道。

我们再来分析赏识教育所用到的话："你已经做得非常好了，如果再加把劲你会更优秀"，潜意识会理解为"我是优秀的"；"你已经很努力了，我相信你一定可以在下次考试中取得更好的成绩"，潜意识会理解为"我很努力"；"爸爸上次和你说的事你做得非常好，这次忘记了没关系，我相信你下次一定可以记住的"，潜意识理解为"我能记住"。这样，通过积极暗示，孩子就会有一个积极的自我定位。

而积极引导，就是给孩子一个积极的暗示之后，告诉他如果再努力一些就会做得更好。这个积极引导是教育孩子的关键。

比如说孩子对学习不感兴趣（注意，这个方法只适合刚接触正规学习的孩子，因为时间久了之后他对学习的态度已经定位，这个方法就无效了），家长可以这样引导："儿子，我发现你在学习方面非常有天赋，你用这么短的时间就背下了这首诗。这说明你非常聪明，我相信你肯定会非常热爱学习的。"

也许孩子对学习一点兴趣都没有，背这首诗用了三天时间才背下来，不过没关系，我们只是要给孩子"你能行"这样一个信息，当他有了"我能行"的自我定位的时候，就会对学习产生兴趣，并且逐渐改善自身行为并持续努力。

由于不懂教育方法，大多数的家长都会在教育的过程中否定子女，造成孩子消极的自我定位。其实每个人都有机会成为牛顿或者是爱因斯坦，但我们之所以成为普通人，一个很重要的原因就是我们的父母运用了造就普通人的方法教育了我们。"没有不好的孩子，只有不会教育子女的家长"。

父母对子女的否定主要表现在以下六个方面：

　　给孩子否定、消极的暗示；

　　当孩子提出某些建议的时候，不予考虑；

　　给孩子设限，想当然地认为孩子不可能达到什么样的
程度；

　　对孩子的兴趣爱好实施打击；

　　当孩子表现出要做家务劳动或者回报父母的动作时，
予以制止；

　　对孩子的目标表示怀疑。

　　事实上，日常生活中父母对子女的否定不单表现在这六个方面。父母一切消极的行为和语言都是消极暗示。

　　孩子的年龄越小越容易受到暗示的影响，暗示的时间越长就会越顽固。自我定位一旦形成，就很难改变，会一直指导自己的人生。

　　对孩子来说，犯错误其实是一个认识规矩与规则的过程。因此，当孩子犯错误时，大人首先应该先弄清楚孩子是不是明白相关的社会规则与规矩，再判断应不应该批评孩子。

　　父母应该针对孩子所犯的错误，用简明、扼要的话语指出他的错误所在，并告诉他只要改正，仍然是讨人喜欢的孩子，引导孩子朝正确、积极的方向发展。

　　要避免当众批评孩子。当众批评往往易伤害孩子的自尊，最容易引起孩子的厌烦心理。有些父母认为，当着别人批评孩子，可以更好地激发孩子的自尊心，刺激孩子改正错误。但事实上，孩子的心灵是脆弱的，他们往往容易受到伤害。

　　要在肯定中批评。每个孩子都渴望得到赏识和肯定，父母批评

孩子时，也应该设法寻找孩子错误中的闪光点，肯定孩子以前的努力和成绩。肯定中批评是最有效的批评，不仅可以督促孩子改正错误，还可以帮孩子建立自信。

对事不对人。父母批评教育孩子时，应该尊重孩子的人格，对事不对人，不能因为一两次的小错误就否定孩子以前的努力，更不能搞大清算，把孩子以前所犯的错误一一列举出来，把孩子批评得体无完肤。

只需明白地告诉他，这件事情做得不好，错在什么地方，以后要注意改正，这就足以让孩子认识自己的错误，达到教育目的。

总之，我们要正确对待孩子的缺点和错误，先说是再说不。孩子有了错误时，不要用偏激的言辞去斥责，而要循循善诱，晓之以理，首先肯定孩子的积极方面，再和孩子一起分析事件的来龙去脉，指出孩子犯错误的原因以及造成的危害，进而帮助孩子改正错误。

一生都不犯错误的人是没有的，特别是孩子，人生观和道德观正在形成中，有缺点、错误在所难免。父母要充分理解他们、信任他们、鼓励他们，在肯定中批评，引导他们正确对待错误。

不要让你的话伤了孩子的心

一些儿童心理专家最近在调查中发现，孩子最感恐惧的是家长会对他们说出如下的话：

"傻瓜、没用的东西。"

"你简直是个废物。"

"你可真行，竟能做出这种事情。"

"住嘴！你怎么就是不听话呢？"

"我说不行就是不行！"

"我再也不管你了，随你的便好了。"

"求求你别再这样做好吗？"

"你若考了一百分，我就给你买……"

"你做这种事，真让我伤心透了。"

"你又做了错事，简直是坏透了。"

作为家长，你有没有想到过在说这些话的时候会深深地伤害自己的孩子。孩子毕竟是孩子，涉世不深，知识面窄，判断能力差，自理、自立能力有限，所以在日常生活中免不了说错话、做错事，家长也免不了要批评孩子，这是正常现象。

孩子的成长，从某种意义上说，就是不断改正错误的过程。做父母的应该努力以平心静气的心境，来随时面对孩子可能犯的大大小小的过失或错误。

孩子的心灵是脆弱的，他们希望得到支持和理解，每一句鼓励的话语，都会使孩子信心百倍。一句粗暴的呵斥，足可以使他们的尊严受到极大的伤害。

轻易地否定自己的孩子，对他们的能力表示怀疑，是非常可怕的。"傻、呆、笨、坏"，在孩子的心中是最严厉的判决，无情地将他们变成了一个家庭或学校的"另类"，在与周围环境格格不入的同时，他们的心灵世界也会变得一片灰暗。

多给孩子鼓励，多给孩子支持，在孩子遇到困难的时候，积极调动他们的自信心，引导他们鼓起勇气去面对困难，想办法去解决困难。千万不要轻易就对孩子说不。其实，往往是因为家长不经意的言语，大大打击了孩子的自信心。举个例子：

> 念小学二年级的童童，每次小测验，如果自己没有考好，爸爸妈妈便会很生气地说："你真没用，看看人家小强为什么每次都能考100分呢？你不好好学习长大了有什么出息。"

童童说她很不喜欢爸爸妈妈用这样命令的口气和自己讲话，其实自己学习还是很用功的。相信我们大家对这样的例子是再熟悉不过的了。

应该说，我们当中大部分人小时候或多或少因为不乖，都遭受过父母"没出息""没用""不好好学习看你以后有什么出路"等诸如此类的训斥。

面对这样的训斥，孩子的心里除了难过、沮丧，还有什么？父母是这个世界上最亲近的人，连父母都无法给自己勇气和希望，那让孩子去哪里寻找前进的动力？

也许父母没有意识到，这些对孩子否定性的言论，效果是非常糟糕的，年龄小的孩子自我认识能力差，自然会有些相信父母的话。

他们会想：我是天底下最笨的坏孩子，再努力也没用了。孩子的自尊心会受到严重的伤害，甚至攻击性行为增多，与父母冲突频繁发生，从而使父母陷入更大的烦恼之中。

其实，每个孩子在成长过程中都会出现一些问题，只是有些父母比较明智，巧妙地渡过了危机。聪明的父母在对待孩子时总是相信孩子是好的，相信孩子是聪明的。从批评中，能够让孩子体会到父母的良苦用心，从而越加的自尊自信。

台湾著名作家席慕蓉在《心中的彩虹》中讲了这样一个故事：

> 到了三年级，席慕蓉仍然是不受老师欢迎的迟钝学生，常常会逃学、说谎。有一次成绩单发下来是第三十五名，她在厕所用纸条贴上再用墨水涂改成第五名。
>
> 晚上，她父亲在客厅里等着姐妹们交出成绩单，两个姐姐是第一名、第二名，而当她两手发抖地交出成绩单时，她心里很清楚在场的人都知道她在作伪，奇怪的是大家都很"糊涂"。
>
> 两个姐姐都"糊涂"地站在旁边不言不语，父亲"糊涂"

地用很平和的口吻说：老师怎么把成绩单搞得这么脏？你明天问一下老师再告诉我，好吗？

席慕蓉后来回忆说，她非常感谢父亲和姐姐的"糊涂"，让她在第二天晚上心甘情愿地向父亲坦白了一切。

席慕蓉的父亲在批评孩子时，就讲究策略。当初如果勃然大怒，当众将女儿训斥一回，或者发人深省、意味深长地疏导一番，或许也能起到一定的教育效果，但终究会深深伤害了孩子的自尊心，终究难以摘获甜美的教育果实。

但席慕蓉的父亲深知：被人尊重和信任的愿望是人类天性最深刻的冲动。席慕蓉父亲的委婉让女儿更加自尊、自信。

孩子的自尊心是脆弱的，他们不喜欢父母赤裸裸地批评他们。如果父母能够采取委婉的手段，通过故事、寓言、名言等方式来批评孩子，取得的效果会更好。

罗荣桓的女儿罗北捷从小娇生惯养，怕吃苦。这让罗荣桓很担心，怎样才能温和地批评女儿，使她愿意改正这个弱点呢？有一次，罗荣桓带着女儿去看电影，播放的正好是动画片《蚯蚓和蜜蜂》。故事情节主要是：

在很久很久以前，蚯蚓和蜜蜂长得差不多，身体都是圆圆的。后来，蜜蜂每天采花酿蜜，时间一长，它的身上竟然长出了两只翅膀，能够飞来飞去采蜜了。

而蚯蚓却整天躺在大树底下玩耍，饿的时候就吃些果子。冬天来了，蜜蜂酿了许多蜜，它的日子过得非常惬意，但是，蚯蚓却整天为了食物而发愁。

有一天，蜜蜂带着自己酿的蜜去看望蚯蚓。蚯蚓远远就见到蜜蜂向自己走来，感到非常羞愧。

于是，它一头扎进了泥土里。后来，蚯蚓决定每天帮果树松松土，捉捉泥土里的虫子，改变懒惰的坏习惯。时间一长，蚯蚓圆圆的身子变得越来越细，受到了农民的赞扬。动画片的情节深深地吸引了罗北捷。看完片子后，罗荣桓问道："你愿意学小蜜蜂呢，还是学蚯蚓？"

"当然学小蜜蜂了！"罗北捷毫不犹豫地回答。

"那你说说看，小蜜蜂有哪些值得你学习的地方？"罗荣桓亲切地问道。"它爱劳动，不怕艰苦，勤学苦练。"小北捷兴奋地回答。

"你说得很对。不过，我倒觉得你不像小蜜蜂，甚至还不如知错能改的蚯蚓呢！"罗荣桓故意激一下小北捷。

听到爸爸这样说自己，小北捷自然不服气地嘬起了小嘴。这时，罗荣桓温和地说道："难道我说得不对吗？你想想看，你平时是怎样对待困难的？在学习上，你不爱动脑子，遇到一点点困难就去问别人，做不出算术题时还哭鼻子呢！你想过没有，一个不会克服困难的人，学习上怎么能够打下坚实的基础呢？没有基础，你以后怎么可能飞起来呢？"

爸爸的话，正好说中了小北捷的弱点，她不好意思地低下了头。罗荣桓继续开导她："蚯蚓的精神也是值得学习的。你别看它刚开始时是个懒汉，但是，它能够知错就改，踏踏实实地钻到泥土里去松土，最后把身子都拉得又细又长。每个人都会有一些缺点，只要能够知错就改，还是好样的！"

听了父亲的话，小北捷点了点头，说："爸爸，我懂了。我们不仅要学习勤劳的小蜜蜂，也要学习知错就改的蚯蚓，对吗？"看到女儿认识到自己的错误，罗荣桓慈祥地笑了。

在故事中，女儿自然领悟到了其中的道理，这比父母讲大道理的效果要好得多。可见，父母要积累一些有教育意义的故事。在孩子遇到相似情况时，用这种方法来教育孩子，不仅可以避免亲子冲突的产生，而且会让孩子感受到父母的涵养，进而更加尊重父母、崇拜父母，促进亲子关系的和谐。

家长们，在教育自己孩子的时候，你们是不是准确地把握了孩子的心态，考虑了孩子的逆反心理呢？在教育自己孩子的时候，请家长们谨记：委婉，委婉，再委婉。

讲究艺术性，考虑孩子心智发展的程度，借助寓言、故事、童话，加以适当的引申发挥，从侧面对孩子进行启发诱导，用商量的口吻与孩子对话，最终达成一致意见，让孩子心悦诚服。努力做孩子的好朋友，让孩子有思考和表达的时间和机会，让你的批评成为孩子成长的动力。

教育孩子要掌握分寸

现在的孩子，已经不是20世纪五六十年代那种拘谨内向型了。他们经受改革开放的熏陶，见多识广，思维创新，性格外露，活泼开朗，反应敏捷，在父母面前不是缩手缩脚，沉默少言，而是想说就说，说干就干。因此，与孩子对话需要讲究才行，具体说要把好三关：

注重父母的人格风范

在家庭教育中，一切都应以父母的人格为依据，因为家教的力量只能从人格的活的源泉中来，任何家规家法都不能代替父母的人格作用。

为此，与孩子对话要做到面带微笑，落落大方，彬彬有礼，心胸宽广，恭敬谦让，谈吐文明，举止文雅。这是创造对话空气的前提，既可消除孩子的紧张疑惧心理，又让孩子觉得你既是长辈，又是和蔼可亲的良师。它不仅使对话在无拘无束的气氛里进行，而且在情感相互交融的关系中不知不觉地完成。

对话中如果只是严肃，而无笑容，板着面孔摆出一副高高在上的架势，或以盛气凌人的态度，就会使孩子敬而远之，产生畏惧，出现心慌，堵塞思路，伤害心灵，情感交流及思想沟通就会成为一句空话。即使你用上一千个关心，一万个爱护，也不会让孩子高兴起来。

尽可能给孩子多赞赏

赞赏孩子，是家庭教育中最基本的育人艺术，也是对话中最实惠、风险最小、最乐意被孩子接受的一种技巧。家长要善于拿起这个"武器"，在孩子看重赞赏的问题上，多一些慷慨，少一点吝啬。

比如，赞成孩子谈话的观点就点点头示意，或说一声"对"，"很有意思"，"真好"；对孩子发言有兴趣时就微微一笑，并给予恰当的评价，如用"正是这样"，"有道理"，"可行"等词语加以肯定；若出现滑稽场面则鼓鼓掌拍拍手……

通过赞赏，孩子能获得满意的感受和鼓励，激发热情，诱导他认识自我价值，建立自信和自尊，常常给对话带来欢乐与合作，也给家庭带来幸福。

对话时多用赞赏，在父子母女之间架起一座相互沟通的桥梁，孩子自然而然地把你当作最可亲近和信赖的人，他就会同你推心置腹地谈思想，拉家常，讲理想，论学习，说感受，而你的教育就容易被接受。

孩子一旦接受了你的正面教育，就会变得聪明能干，讲文明懂礼貌。与孩子对话用赞赏，对顽皮孩子尤其重要，因为顽皮孩子心灵深处最需要尊重和信任，受到赞赏后能立即引起他的内心冲动，并由心动化为行动。

所以，父母机智而敏锐地向孩子投注赞赏的目光，及时输送赞赏的信息，从而激发他的心理正反馈，有利于保证对话质量，促进教育转化，达到育人的目的。

心理学研究表明，人在满足了生理需要以后，人性中最本质的需求就是渴望得到赞赏。对于一个孩子来说，成功的体验要比失败的体验更重要。就精神生活而言，每一个幼小的生命都是为了得到赞赏而来到人间，谁也不是为了挨骂而活着。所以，给孩子赞赏比给孩子金钱更重要。

善于倾听孩子意见

善于倾听孩子的意见，是家庭是否民主的重要标志，又是父母育人的一种能力体现，也是对话获取教育信息的源泉。

无论何时何地的对话，我们要洗耳恭听孩子的发言，从孩子的言谈中试探他对家庭教育及其他方面的看法和意见，了解他下意识脱口而出的心里话，从中发现孩子的要求和志趣，寻找解决问题、发展自我、超越自我的办法或途径。

比如，孩子需要学习资料，是他自己去买，或是父母陪同他去，还是父母代替他买，事先要征求孩子的意见，购买衣裤等生活用品也是如此。

特别需要注意的是，孩子有时在对话中向父母诉苦、出气、发火，而且情绪激动，言语过度，不太讲究分寸，这时父母要有耐心，可以让他尽情地倾吐，或允许他适度发泄心中的愤懑。切忌反驳或指责，或显得不耐烦，甚至轻易下结论。

这样做会火上浇油，激发矛盾，出现对抗，不利于对话进行，又伤害感情，也有损父母形象。

与孩子的沟通应该是一个双向互动的过程，如果你讲的话，孩子无法理解，那么沟通就不是有效的。有些父母经常会一厢情愿地喋喋不休，根本不考虑孩子有没有兴趣听、能不能理解自己所讲的话，久而久之，孩子就学会了对父母的话充耳不闻。这就是因为父母没有注意用孩子能够理解的语言进行沟通。

父母在与孩子沟通时，应注意掌握一些技巧：

一是低声。父母应以低于平常说话的声音批评孩子，"低而有力"的声音，会引起孩子的注意，也容易使孩子注意倾听你说的话，这种低声的"冷处理"，往往比大声训斥的效果更好。

二是沉默。孩子一旦做错了事，总担心父母会责备他，如果正如他所想的，孩子反而会有一种"如释重负"的感觉，对待批评和自己所犯过错也就不以为然了；相反，如果父母保持沉默，孩子的心理反而会紧张，会感到"不自在"，进而反省自己的错误。

三是暗示。孩子犯有过失，如果父母能心平气和地启发孩子，不直接批评他的过失，孩子会很快明白父母的用意，愿意接受父母的批评和教育，而且这样做也保护了孩子的自尊心。

四是换个立场。当孩子惹了麻烦遭到父母的责骂时，往往会把责任推到他人身上，以逃避父母的责骂。此时最有效的方法，是当孩子强辩是别人的过错、跟自己没关系时，就回敬他一句"如果你是那个人，你会怎么解释"，这就会使孩子思考：如果自己是别人，该说些什么？并发现自己也有过错，促使他反省自己把所有责任嫁祸他人的做法。

五是适时适度。幼儿的时间观念比较差，昨天发生的事，仿佛已经过了好些天了，加上孩子天性好玩，刚犯的错误转眼就忘了。因此，父母批评孩子要趁热打铁，不能拖拉，否则就起不到应有的教育作用。下面是一个母亲教育孩子的案例：

有一位16岁男孩的母亲，以前经常在家中与儿子发生争执，自从她通过学习改变了与儿子的沟通方式后，她欣喜地发现：儿子变了！

前几天，儿子又在客厅里踢球。为这事，她多次与儿子发生过争执，可是儿子还是我行我素。这天，她改变了沟通方式，对儿子说："地板被弄脏了，我好难过。因为我过会儿又要辛辛苦苦拖地板了。"

儿子听了妈妈这番话的感受是：妈妈好辛苦，好可怜，我这样做有点对不起妈妈。于是，他不好意思地收起了球，说："妈妈，对不起噢！"同时，马上帮忙去拿拖把，要帮妈妈一起拖地板。

妈妈高兴地说："儿子长大了，真懂事，谢谢你帮助妈妈。"儿子得到了妈妈的表扬很开心，他感受到自己身上对家庭的责任。他说："妈妈，我以后再也不在客厅踢球啦！"

从上面的事例中可以看出，孩子同样的行为（在客厅踢球），由于妈妈采用了两种不同的沟通方式，产生了完全不同的沟通效果。

批评、指责让孩子感到受威胁，激发起了青春期孩子的逆反心理，产生了反抗行为；而不指责孩子，仅表达父母对孩子行为的感受和关心，并且表达相信孩子会尊重理解父母的感受。

这样的沟通方式让孩子感到被尊重，从而激发起了内心的责任意识，产生了主动承担责任的行为。聪明的父母，可以运用有效的沟通方式，来达到让孩子主动改变不良行为的效果。

永远不要伤害孩子的自尊

成功的家教与父母的言语表达息息相关。现在，不少父母都说自己的孩子越来越不听话，但是很少有父母会这样反过来想一想，自己对孩子说的话"中听"吗？

是不是有时候自己说的话让孩子产生了逆反心理，使孩子难以接受父母的好意呢？其实，这样的情况的确并不少见。

同样的一句话，用不同的方式说出来，收到的效果可能大相径庭。俗话说：良言一句三冬暖，恶语伤人六月寒。特别是对理解能力和心理承受能力还较弱的儿童来说，更要讲究教育方式，尤其是说话的艺术。

孩子难免犯这样那样的错误，也难免做出让大人不满意的事情。这时应该怎样用语言来教育孩子，让他纠正自己的行为呢？

当孩子做了错事时，最好不要生硬地对孩子说："你做得不对，你怎么又做错了？"而应该委婉地告诉孩子："你再想一想，这样做对吗？是不是还有更好的方法呢？"

"永远不要伤害孩子的自尊"，这是教育工作者的忠告。如果在孩子成长的过程中，你始终用正面的、积极的思考方法对待孩子，那么孩子长大后也会以正面和积极的方式对待他人、思考人生；相反，如果孩子从小接触的就是恶意的、否定的言辞，他将来也会以负面的、消极的方式来看待生活中的人和事。

生活中常常会发现这样的现象：不同的人遇到不同的事，会以完全不同的态度去对待，最终结果也自然不同。

有的父母望子成龙心切，总是爱拿自己孩子的缺点去比别的孩子的优点。他们对孩子的教育往往是批评多、表扬少，甚至不表扬，还自以为这是对孩子的严格要求。久而久之，就会严重挫伤孩子的自尊心，孩子会认为，不管自己怎么努力，父母永远不会说自己好，从而丧失自信，甚至会激起孩子的逆反心理。

孩子画了一张非常稚拙的画，自己很得意，满怀希望想得到父母的夸奖。如果父母对他的画不屑一顾，说："你画的是什么呀，看上去乱七八糟的。比别的孩子画得差远了。"

孩子的情绪肯定会一落千丈，也许再也不想拿起画笔了。如果父母把孩子的画拿来仔细地看一看，猜猜孩子画的是什么，让孩子讲一讲自己的得意之作，表现出很感兴趣或恍然大悟的样子，并告诉孩子："你画得真不错，真有想象力，如果再把这个地方稍微改一改就更好了。"这时，孩子很可能就会听从你的建议，更加兴致盎然地画下去。

现实生活中家长对孩子的爱大多是用语言来表达出来的，父母一句鼓励的话可能会改变孩子的一生。

卡耐基小时候是一个公认的坏男孩，在继母到来之前，没有一个人称赞过他聪明。在他9岁的时候，父亲把继母娶进家门。

初次见面的时候，父亲一边向继母介绍卡耐基，一边说："亲爱的，希望你注意这个全郡最坏的男孩，他已经让我无可奈何。说不定明天早晨以前，他就会拿石头扔向你，或者做出你完全想不到的坏事。"

出乎卡耐基意料的是，继母微笑着走到他面前，托起他的头认真地看着他。接着，她对丈夫说："你错了，他不是全郡最坏的男孩，而是全郡最聪明最有创造力的男孩。只不过，他还没有找到发泄热情的地方。"

继母的话说得卡耐基心里热乎乎的，眼泪几乎滚落下来。就是凭着这一句话，他和继母开始建立友谊，并最终改变了他一生的命运。

也就是这一句话，成为激励他一生的动力，使他日后创造了成功的28项黄金法则，帮助千千万万的普通人走上成功和致富的道路。卡耐基14岁时，继母给他买了一部二手打字机，并且对他说："相信你会成为一名作家。"

卡耐基接受了继母的礼物和期望，开始向当地的一家报纸投稿。因为他了解继母的热忱，也很欣赏她的那股热忱，他亲眼看到继母如何用热忱改变了他们的家庭，所以，他不愿意辜负她。来自继母的鼓励激发了卡耐基的想象力和创造力，帮助他和无穷的智慧发生联系，最终使他成为美国的富豪和著名作家，成为20世纪最有影响的人物之一。

因此，可以说正是从继母的这些话开始，卡耐基改变了他的一生。

做父母的应该知道一句话的重要性，而不是遇到情绪不好的时候就会和孩子大发脾气，或随口就会对孩子说："你给我站好了，脑子那么笨，5+5×2=20吗？肯定上课的时候不注意听讲，老师不喜欢你，我看是应该的。"

家长的气话对孩子起了强烈的负面作用，简单的语言把孩子的人格全部否定了。孩子的心里会想："我就是笨孩子""老师就是不喜欢我""父母的内心深处也不喜欢我"。

家长一句气头上的话语，可能会使孩子如堕五里雾中、丧失自信，选择破罐子破摔，后果可想而知。

其实孩子特别希望得到成人特别是父母的信任，所以对孩子说话时要表现出充分的信任。

有个朋友，谈到他的父亲，总是感叹父亲对自己的影响之大。其实说起来也不过是一件平常的小事。他父亲平时工作繁忙，根本没时间管他。

有一次父亲偶尔闲下来了，跟他谈话，末了说了这么一句话："我都没怎么管你，一来我忙，二来我看你也很努力，功课不错。不过呢，也要注意劳逸结合，别搞垮了身体。"

这个朋友当时正上初中，成绩中上，平时玩得特别疯。父亲这一句话，让他心里觉得愧疚不已，但是又让他感受到了一种绝对的信任。

他在心里暗暗告诉自己：一定不能辜负父亲的信任和关心。事实上，他后来也的确做到了这一点。一句话感动一个人，影响一个人，改变一个人，并不是天方夜谭。很多孩子的人生，也许就因为父母的一句话而发生意想不到的改变。

父母在教育子女时，语言的使用艺术是举足轻重的。对待孩子，要从与人为善出发、从对孩子的真诚关心出发，尽可能地从正面鼓励和引导孩子；即使孩子真的有错，也应该和颜悦色，包装好语言再开口，循循善诱，这样才能收到良好的教育效果。

第四章 /

孩子需要动力

每个人的生活都离不开学习，学习是人与环境保持平衡、维持生存和发展所必需的条件，也是人类适应环境的手段。尤其对孩子来说，学习就更为重要。

因为一个不学习的孩子，是难以适应当今及未来这个复杂多变的社会环境的，更谈不上获得良好的发展。所以，对于孩子来说，学习是他们生活的重要内容。父母应该让孩子意识到学习是他们的责任，从而引导他们主动、积极地去学习。

孩子需要
动力

学习是孩子必做的事情

学习是孩子们获得知识和经验的唯一途径，而知识和经验是孩子在未来社会上生存所必须具备的。

没有知识和经验，孩子是不可能懂得如何去适应环境、发展自我的。因此，父母应该及早告诉孩子：学习是你必须要做的事情。

学习是通向光明的抉择

社会发展至今天，对国民素质的要求越来越高，特别是在升学、就业、务工、竞选、任职等一系列重大问题上，对知识和素质要求的门槛越来越高。

对此，很多家庭里，家长重视孩子的学习几乎已远远超出于其他方面。但孩子毕竟是孩子，况且孩子学习还需要他们自身去努力。

所以家长在重视孩子学习的同时，必须在培养和教育的方法上下功夫，要善于让孩子知道学习是每个孩子必做的事情，只有这样才能使孩子认识到学习的重要性，从而不断自主地去努力。

一个人的实力绝大部分来自学习。本领需要学习，机智与灵活反应也需要学习。健康的身心同样也是学会了健康的生活方式，特别是健康的心理活动模式的结果。

人生有许多困惑、许多悖论、许多选择，当你面临选择的痛苦的时候，你可以去学习，用学习和思想抚慰你的焦虑，缓解你的痛苦，启迪你的智慧，寻找你的答案。学习归根结底是通向真理、通向知识、通向光明的抉择。

心理学家研究表明，人的生理和心理会逐渐成熟，但是成熟并不是完全脱离外部环境和学习影响的纯自然过程，而是必须依靠孩子不断的自主学习才能获得。因此，学习是每个孩子都必须要做的事情。

引导孩子学习的方法

（1）讲述学习的意义

学习使个体生命更加完善，使人类文明得以发展，具有非常重要的意义。有人说，一个人一天不学习，不进行必要的反思就会落后他人一大步。因此，父母应该经常向孩子讲述学习的意义，指导孩子认识到学习是他们必须要做的事情。

陈从蓉是个四年级的女孩，今年刚10岁。陈从蓉以前非常不爱学习，写作业需要妈妈一遍又一遍地催。

有一天，她好奇地问妈妈："我每天学这些东西做什么啊？"

妈妈便告诉她："拿学习语文知识来说吧，可以培养你的语言能力，以后你在社会上便能够自如地与他人交流，你看看电视里那些叔叔阿姨说出来的话啊，如果没有丰富的词汇量和阅读水平、语言组织能力的积累，他们怎么能说出那么逻辑完整的优美语句呢？"

从那以后，妈妈常常跟女儿讲学习的意义，并告诉女儿:"学习是你必须要做的事情,不仅现在要学习,以后你也要不断地学习,否则就永远不能进步啊!"

父母应该从小就告诉孩子,不学习,人就不能独立地生存下去,更谈不上将来能够生活得更好;没有学习,人类社会就永远不能获得发展。教育孩子只有不断地学习,他们才能更好地适应不断变化的环境和纷繁复杂的社会。

(2)学生天职是学习

学习是每个孩子必须要做的事情,因为孩子还处于积累知识和经验的重要时期。如果他们这时候不学习,将来进入社会便难以适应。

父母应该告诉孩子在这个时期他们最重要的任务就是学习,只有打好坚实的知识基础,将来进入社会后才能够争取到更多的发展机会。

绿竹今年12岁,不太爱学习,成绩也不理想。她常常问妈妈:"为什么你们要把我送到学校去呢?为什么我不能像爷爷奶奶一样每天去公园里跳舞、练太极呢?"

妈妈耐心地告诉她:"你还小,知识储备不够,生活经验积累得也不多,因此,你必须学习。现在你必须掌握知识和经验,以便在将来获得更好的发展。你和爷爷奶奶是不一样的,爷爷奶奶在你这个年龄的时候,那时候条件非常艰苦,他们学习比你更刻苦、更有劲头呢。"

绿竹点了点头,便开始埋头写作业了。在以后的学习过程中,她越来越体会到了妈妈这些话的重要。

父母应该告诉孩子，学生的天职就是学习，尤其在知识经验严重不足的童年时期。为了适应将来的社会生活，孩子必须学习一定的知识，掌握一定的生活经验。

（3）不学习就会落后

不学习就会落后于他人，甚至难以在社会上生存。1972年联合国教科文组织国际教育发展委员会发表著名的题为《学会生存》的研究报告，就把学习同生存直接联系在一起，可见学习的重要性。

方仲永是宋朝末年的一个神童，有很强的写作天赋，很小的时候就可以写诗作对。5岁时，他的父亲让他当众作了一首诗，那首诗得到了很多人的好评。

可是，他的父亲为了炫耀，带着方仲永到处拜访，到处给人当众作诗。他认为既然孩子是神童，就没有必要让他再学习。

又过了几年，仲永已经十二三岁，著名诗人王安石去看望他，并叫他当场作一首诗，却发现其文采与辞藻都已经大不如从前。又过了7年，他已经变得和普通人一样了。

父母在平时的生活中应该多给孩子讲一讲不学习的严重后果，利用古今中外那些不认真学习导致人生失败的例子来引导孩子意识到学习的必要性和他肩上所负的责任。

（4）培养负责的意识

学习，说到底也就是孩子现阶段最重要的责任。如果孩子没有对自己负责任的意识，他就不能意识到自己肩负着学习知识、积累生活经验的重要责任，更不可能会主动、自觉地学习了。

> 李洪斌是个六年级的男孩，极具责任心，而且学习也很努力、认真。李洪斌的妈妈从小就告诉他："你自己的事情要自己做，而且必须学会自己做。学习也是你自己的事情，因此也是你必须要做的一件事情。这是你的责任。"
>
> 在妈妈的指导下，李洪斌把学习当作自己的事，因此总是主动、积极地去学习，成绩也很好。

因此，父母要培养孩子对自己负责、对自己人生和未来负责的意识，让他们意识到现在的学习关系到以后人生的成败，努力学习是他们对自己的未来负责任的一种表现。

（5）启发孩子主动学

古今中外，很多为人类做出巨大贡献的名人都从小热爱学习，毛泽东就是一个热爱学习、刻苦读书的良好典范。为了获得更多的知识，他甚至整天待在图书馆里，废寝忘食地读书。

曾两度获得诺贝尔奖的著名科学家居里夫人，为了读书，年轻时曾背井离乡去到巴黎，不怕过着清贫的生活。

名人的榜样作用对孩子的学习影响深远。因此，父母应该经常给孩子讲讲名人热爱学习的故事，以此激发孩子主动学习的兴趣。

用奋斗目标来激励孩子

俗话说，"一个确定的目标是成功的一半"。一个人只有确定了奋斗目标，才有一个努力拼搏的方向，才不会在前行中迷失自我。要相信，善于自我激励的人必然有着自己的前进目标，所以才会不断地朝着自己的奋斗目标前进。

为此，作为父母，要懂得用目标来激励孩子的学习热情。

了解目标的重要性

据有关调查表明，芸芸众生中，真正的天才与白痴都是极少数，绝大多数人的智力都相差不多。但是，这些人中有的成为赢家，有的却碌碌无为。在这些智力相近的一群人中，为何他们的成就却有天壤之别呢？

美国哈佛大学曾就这一问题对一群智力、学历、环境条件都相差无几的学生进行过一次关于人生目标的调查。调查表明，27%的人没有目标；60%的人目标模糊；10%的人有清晰但比较短期的目标；3%的人有清晰而长远的目标。

25年后，哈佛对上述对象再一次进行调查，结果令人吃惊：3%的人，25年间他们朝着一个方向不懈努力，几乎都成为社会各界的成功人士，其中不乏行业领袖、社会精英。

10%的人，他们的短期目标不断地实现，成为各个领域中的专业人士，大都生活在社会的中上层。60%的人，他们安稳地生活与工作，但都没有什么特别成绩，几乎都生活在社会中下层。剩下27%的人，他们的生活没有目标，过得很不如意，并且常常在抱怨他人、抱怨社会、抱怨这个"不肯给他们机会"的世界。

这是一个令人深思的结论。其实，他们之间的差别仅仅在于，25年前，他们中的一些孩子知道要干什么，而另一些孩子则不清楚或不很清楚。每一个立志成为赢家的人都必须明白，杰出人士与平庸之辈最根本的差别，并不在于天赋，也不在于机遇，而在于人生有无目标。

目标是人生的希望，是人生的动力。没有目标，就没有事业的成功和人生的辉煌，所有的成功者都是在执着的奋斗中，靠着顽强的信念在实践着自己的梦想与目标。

确定了自己的目标之后，一定要相信你自己，别让别人的一句话将你击倒。不管别人怎么跟你说，记住，命运在你自己的手里，而不是别人的嘴里。

孩子确定目标的方法

目标，是实现人生理想阶段性的要求，人只有通过完成各个不同时期的目标，才能逐步实现人生的最大目标，即理想。如果孩子没有具体的奋斗目标，或是目标过高、过低都不好，这不但不利于孩子的健康成长，还可能难以实现目标或落后于目标而直接影响到孩子实际能力的锻炼。因此，父母应善于为孩子确定目标。

（1）目标要有明确性

父母激励孩子树立奋斗的目标是孩子正确认识自我的前提。若自己的孩子比较外向，喜欢谈自己的理想、自己的未来，就算孩子有时说得不太靠谱，这时父母也不要嘲笑孩子天真烂漫的梦想，而应该对其表示鼓励，同时引导孩子向着自己的目标努力去做。

比如一个只有几岁的孩子说自己的目标是要当世界闻名的大歌星，这时，聪明的父母不妨引导孩子把这个目标写下来，并把它当成行动的计划，去做一些能够实现目标的事情。这样一来，才能离孩子奋斗的目标越来越近，才能把梦想变成现实。

家长在教育孩子学习书本文化知识时，可以让孩子在一年内学习两册科学知识读本。当然也不能全盘否定，只有树立当歌星、科学家、艺术家之类的远大目标才有意义。目标没有高低贵贱之分，不管孩子的目标是什么，只要父母善于引导孩子、正确地教育孩子，它都是一个好目标。

（2）目标要有挑战性

作为家长，在引导孩子树立自己的奋斗目标时，不宜过高也不宜过低，应该与孩子沟通后，找出孩子对哪个方面感兴趣，并且通过孩子的努力去实现。比如说，许多女孩喜欢唱歌、跳舞，父母可以引导孩子通过这些来延伸编舞或是作曲等。

（3）目标要有针对性

兴趣是活动的源泉，是激发孩子参与活动的动力。家长在为孩子寻找目标时，并不是单一地早早帮孩子确定以后要从事的职业方向，而是帮孩子发现他本人最想得到的和最感兴趣的东西。

只有最感兴趣的东西，孩子做起来才会不觉得累，才会以饱满的精神去面对，在取得成功时才能感觉到真正的成功感。

家长是最了解孩子的人，帮助他找到自己的奋斗目标，并帮助他们去实现它，则是势在必行要做的事情。而这一目标将会成为孩子生活的动力，其中也会让孩子发现自己走在一条自己所选择的道路上，所以他会很注意自己的一言一行、一举一动。因为他知道，自己今天所做的一切都是为了更好地实现远大的目标，会离目标越来越近。

父母在给孩子树立目标之前，不妨先与孩子面对面地、推心置腹地交流一番，然后再根据孩子的兴趣方面慢慢地培养。聪明的父母会从日常生活中发现孩子的兴趣、爱好，因为这些经常会在孩子的生活、玩乐中显露出来。

作为家长，应该尊重孩子的兴趣、爱好、特长，并为之感到高兴。当父母发现孩子的兴趣与自己想象的相差甚远时，父母不要打击孩子、讽刺孩子。

父母们一定要记住：只有孩子感兴趣的东西，他才会专心、用心地去做，才会取得更好的成绩。

无数的事实证明，勉强孩子去做自己不喜欢做的事情，那么其结果往往是背道而驰，费心又费时，只是蹉跎而已。如果父母发现孩子没有特别感兴趣的东西或是中间出现其他的情况时，一定要及时帮助并调整孩子的心态。

（4）目标要有创造性

每一个孩子的思维方式都各不相同。但是，也并不是与大多数不一样就是不正确的，事实证明，人云亦云的人才是没有思考能力的。

　　世界著名的作曲家莫扎特小时候曾从师于伟大的作曲家海顿。一天，年幼的莫扎特对海顿说："老师，我写了一首曲子，你肯定弹奏不了。"

　　"怎么可能呢？"海顿不以为然，"到底是什么样的曲子呢？"

这时，莫扎特将自己写好的曲谱递给海顿，海顿仔细看过曲谱，突然大声叫了一声道："这是什么曲子呀？乱弹琴，当两只手分别放在钢琴两端弹奏时，怎么会有一个音符出现在键盘的中间呢？这样看来，这首曲子是不能弹奏出来的。"

此刻，只见莫扎特在遇到键盘中间的音符时，便俯下身体，用鼻子弹了出来。海顿对此感慨不已。

为孩子实现理想创造条件时，首先激发孩子对目标的向往，父母自身应做好一个榜样。如果连父母都做不好，更何谈是年幼的孩子呢？激发孩子对目标感兴趣的事例无处不在。

（5）目标要有长远性

俗话说："一口不能吃个胖子，胖子是一口一口地吃出来的。"谁都想一步登天，实现自己的远大理想，但是又有谁能真正地做到这一点了呢？

所以，教育孩子对感兴趣的东西树立目标也要分短期与长期的。就拿平日的月考来说吧。父母对孩子的要求越高，也就越容易给孩子造成压力，易使之失去信心。

因此，家长不宜将孩子的目标定得太高，一定要拿第一或前几名。只要孩子每次的月考成绩比前几次好，哪怕是一点点的进步，父母也要不断地鼓励孩子，帮孩子树立自信心。那么，孩子才会在考试过程中越来越好，甚至可达到令人意想不到的效果。

要解决孩子上进心的关键，是在孩子心目中树立一个经他们努力能达到的好目标。所以，家长不妨试一下"一点点进步欣赏法"。其具体操作是把大目标形象化，从中间划分成一个又一个的小目标逐渐完成它。

（6）目标要有可行性

确立目标很容易，但是要想实现这个目标，却不是那么简单的事。要知道，实现目标的过程是坎坷的，如果孩子失败了，家长要及时开导他，帮他分析失败的原因，并找回勇气从头再来。

在这个过程中，父母要有足够的耐心与精力，同时也要注意言传身教的作用。

例如说，在孩子学习时，家长不看电视或不娱乐，做自己工作分内的事，和孩子一起工作，一起学习。这样的话，孩子看在眼里才会更有动力。

由此可以看出，制定目标也是要靠父母与孩子相互沟通交流得出的一个具体结果，并且还要在一定的家庭氛围内逐渐形成的。家长要用心去倾听孩子的心声，帮助孩子找到自己生活的目标和航向，进一步引导孩子走在他自己所期望的道路上。

不要给孩子施加太多压力

有些家长要孩子学习，不是根据孩子的兴趣爱好培养特长，激发学习热情，而是通过孩子来实现自己未曾实现的理想。这是家长的一种代偿心理，会给孩子造成巨大的压力。

日本教育学者山本光明，把从事某种活动的意愿表现为充满斗志、被强迫做、不想做、无法做四种方式。认为凡是被强迫学习的孩子都缺乏学习的主动性和动力。所以家长不要给孩子一味地施加太多压力，应以一颗平和的心态来教育孩子。

压力大会导致心理危害

现如今，有心理障碍的孩子越来越多。心理学家指出，压力过大是导致孩子出现心理问题的一个重要因素。目前，有很多中小学生面对着学习和考试压力，这种学习压力，确确实实已大大超过了他们的心理和生理的承受能力，从而致使出现一系列的逆反心理乃至精神变异。

静静是小学一年级学生，只因为一次拼音测验成绩不理想，她竟背上了沉重的思想包袱，在睡梦中，发出了"我能跟上！"的呼喊。

静静的父母平时总给孩子灌输"要做最优秀的学生"的思想，对她的要求标准非常高。

自从她一入学，静静的爸爸妈妈便像大多数父母一样，开始不自觉地把考试和分数挂在嘴边，和孩子交流时也会习惯性地问："今天考试了吗？"这给孩子的心理造成了极大的压力。

所以，自从她拿回一张考得极差的试卷之后，笑容就从她稚嫩的脸上消失了，眼睛里多了一份忧伤和迷茫，睡觉不再香甜，有一次竟在睡梦中大喊："不，你们瞎说，我能跟上！我能跟上！"

静静的梦语，吓坏了她的父母，也惊醒了她的父母：他们没料到一次考试的失误竟带给孩子那么大的心理压力。"分数曾经把我们这一代压得喘不过气来，没想到如今我又将分数的压力施加在孩子身上。"

静静的父母开始和静静交流，帮助她化解内心已形成的压力。慢慢地，灿烂的笑容再次回到了她的脸上。

众所周知，教育并不是一朝一夕就能见到成效的，而是一个循序渐进的慢过程，其中包括认知能力、自控能力、人际社交能力、生活独立自主能力等都是需要长时间的教导才能养成的。

家庭教育是一门艺术，家长最好不要给孩子树立过高的期望值，别一味关注分数，多给孩子游戏和玩耍的时间，尽量让孩子每天保持一份快乐的心情。

父母对孩子的要求过分苛刻，会让孩子因压力过大而精神受到压抑，无法释放；孩子年龄小，有时压力过大，也不会用语言的形式表达出来，就算是表达也无法让大家听得清楚，因此，有的时候他们无法得到成人一样所期望得到的帮助。除此之外，他们也会因自身对事物不了解、对人际处世缺乏经验，独立处理问题的能力差，导致无法排解压力。

专家说，当压力过大或持续过长时，孩子就会产生抑郁症、失眠症、恐惧症等一系列的生理或心理连环反应；孩子学习压力过大，还会导致孩子在整个学习过程中思维混乱，无心学习，对问题回答时缓慢，犹豫不决，进而影响到对问题的第一认识。

另外，高压制度下往往都是反抗，让孩子更不听管教，更不爱学习，可见，这是种极不正确的教育方式。

以平和的心态看待成绩

父母在看到孩子的成绩时，首先要找出没有考好的原因；其次多让孩子做这方面的作业，避免下次再犯同样的错误。

每个父母都希望自己的孩子更优秀，比自己更有出息，但这也不是急就能急出来的。所以，家长不妨降低你的期望值，为孩子减去过重的压力负荷，让孩子可以轻松自如地前行。

家长应保持一颗平和的心态，特别是在看待孩子的成绩时，更应该保持良好的心态，因为你的心态将对孩子在今后成绩好坏中起着至关重要的作用。与其给孩子处处施加压力，还不如给他提要求、定目标，要尽量恰如其分，帮助孩子树立一个"跳一跳，够得到"的目标。

常言道：知子莫如父母。孩子的秉性如何，其他各方面的能力如何，做父母的可谓是心如明镜。作为父母，不要一味地抱怨孩子如何不争气，不要总是不知足，不要将目标定得太高，不要时刻给孩子强调只许成功、不许失败的话语。

只有化解了这种不良的教育观念，才能减轻孩子过大的精神压力，进而坚定学习的信念。因此，只有家长的心态好，才有利于孩子学习态度的改变。

"欲速则不达""水到渠成"这些词语所表达的含义是永恒不变的真理。父母们要想提高孩子的学习质量，千万不可有急躁情绪，不能操之过急，尤其是在孩子的学习兴趣上，更不要处处施压。

如果你逼得太紧，孩子就会产生焦躁、不耐烦，潜意识产生抵触情绪。让孩子对学习产生恐惧感，那可是后患无穷。

帮助孩子消除压力的要诀

为了避免给子女施加太多压力，家长很有必要注意自己的言谈举止及教育方式。对此，心理专家为广大家长提出了如下一些建议，必将对孩子的教育有良好的促进作用。

（1）谨防孩子逆反心理

一旦孩子产生了反抗心理，那么便会和家长的关系处于紧张的边沿。他讨厌家长督促、检查他的一举一动，不愿意和家长讨论有关学习的事情，更不愿意与之进行推心置腹的交流，会对家长提出的成绩及排名要求非常反感……连进取心都没有了，哪里还谈得上有学习兴趣？

（2）平等地与孩子沟通

对于这一点，相信很多父母都很难做到。正所谓"爱你没商量"是很多包括家长在内的人奉行的理念，但从某角度来讲，这种爱是极其自私自利的。

家长不应该把自己的意志与意愿强加于孩子的身上，放下自己所谓的经验与长辈的架子，用心去融入孩子天真无邪的纯洁世界，才能让孩子做回真正的自己。

生活中，父母很少与孩子进行心与心的交流，更多的是镇压与指责，其实家长不妨静下心来与孩子多沟通，平等地与孩子进行沟通，看他真正需要的是什么。

给孩子尝试生活，他才能发现生活，从而拥有正常生活的权利。让孩子真切地了解自己是怎么样的一个人，正确地认识自己、分析自己，找出自己的优点与缺点，从而扬长避短、战胜自我、挑战自我、超越自我，成为新我。

家长们只要跟孩子站在一起，像朋友一样去帮助孩子前进，实现目标，成就属于他自己的未来。

（3）不要与他人相比较

通常情况下，常常拿孩子与别人相提并论，往往使孩子产生厌恶心理，还没有站在起跑线上，就自动放弃比赛，放弃进取。

在生活中，我们不难听到"你怎么就这么笨呀？你看看人家，学得不但好，每次考试不是90分就是100分，而且还有特长。你说你是怎么考的呢"？这样贬低自己孩子、抬高别人孩子的做法无疑是给孩子幼小的心灵雪上加霜。

家长老是这样拿自己的孩子与他人进行比较，会使孩子怀疑自己的能力是不是真的那么差劲，并渐渐开始给自己一种"我不行"的心理暗示。久而久之，他的自卑心理、内疚心里就越来越强。

我们知道，孩子在自己的学习成绩不好的情况下，心里本来就难免伤心，甚至是打退堂鼓。特别是那些经济条件不好的孩子，更是如此，觉得自己很对不起养育自己的父母，父母的这种做法无疑更是加重孩子不必要的心理负担，进而学习成绩也就更难上去了。

（4）多给予鼓励和赞美

一个全面发展、心灵健康的孩子，无论到哪里都是人才。作为家长，要保持一颗平常心看待孩子的学习成绩，多给孩子一些鼓励、支持和赞美，使他相信在他人生的道路上，他并不孤单。

父母的信任及鼓励也能增强孩子的自信心，对孩子的学习有极大的帮助。另外，相对宽松的环境和心态，才能激发孩子的潜能，才更有可能做得更好。

（6）及时了解学习状况

及时了解孩子的学习基本状况，对父母在教育孩子过程中所起的作用非常重要。只有充分地了解了孩子的学习基本状况，父母才能及时给予孩子帮助、鼓励和支持，特别是在发现孩子在学习以外的优点和长处时，及时表扬，不仅达到强化学习动机的目的，还能给孩子自信。

比如：孩子学习差是为什么呢？有些孩子学习差是因为他本来的底子就很差，所以在老师授课时几乎听不懂在讲些什么；也有的孩子是由于临场发挥紧张过度，导致进考场后脑子一片空白。若是这种情况，父母应该帮助孩子从最基础的内容补起，同时帮助孩子树立自信心。

21世纪，如今学生的学习压力不亚于工作中的父母们，他们面临着升学、就业、家庭等诸多因素的影响，从主观上已经对孩子产生了心理的压力。

俗话说：可怜天下父母心。一语道破天下所有父母们望子成龙、望女成凤的迫切心情。所以在教育过程中，要冷静，不对孩子唠唠叨叨；要修身养性，从自己的改变做起，千万不要给孩子太多的压力，以避免物极必反、事与愿违。

让书本生活化、学习游戏化

我国著名教育学家叶圣陶先生曾说："全部的课程就是全部的生活，一切生活就是一切课程。"书本中有太多的知识都是来源于生活中的点点滴滴，只是长期的、单一的应试教学模式，使原本的生活内容逐渐背离了生活。

生活犹如一个大课堂，在这个大课堂里可以让孩子学到更多的知识，并且在学习中愉悦心情。

家长做到适时事事启发孩子

生活中，大多数的家长们喜欢要孩子学这学那、背这背那，总是强逼孩子死记硬背一些公式和定理法则，其实这完全是不符合现代教育理论的。

聪明父母的做法则是启发孩子发现问题、解决问题，培养其独立处事的能力。而这种能力无论在任何情况下，都是必不可缺少的。

在家里，父母们要注意给孩子创造良好的学习环境和生活空间。不管是父母教孩子整理衣物、放置物件，或是使用各种劳动工具，都要提出具体的要求，并在其过程中给予具体的指导，使他做事井井有条、有始有终，养成不达目的誓不罢休的精神。

　　某市有一所幼儿园，为了把数学教育书本生活化，让学习游戏化，让幼儿在生活中学习、在学习中生活，让学习服务生活、提高生活质量，经过幼儿园领导们的一致同意，实施了这么一个妙招。比如说，开展"认识图形"的活动，就充分挖掘周围存在的各种颜色、图形，墙上的各种图形及图形组合，通过让幼儿用不同颜色、不同形状的砖头铺路，用各种颜色、形状的亮光纸装饰墙壁，给小动物喂饼干等一系列的游戏化的活动形式，让这些天真活泼，又爱调皮捣蛋的幼儿们在轻松愉快的气氛中主动学习，巩固对图形及图形组合的认识。

　　另外，还有"按物体的长短、大小排列"一系列的活动，让幼儿在愉快吃点心的过程中，很自然地比食物的长短，并按长短顺序来排列。

　　除此之外，要数最有效的教育方式，那就是"小鱼吹泡泡"了，布置"小鱼吹泡泡"的墙饰，让幼儿喝完一杯水，就在自己做的小鱼嘴边有规律地贴上一个图片，今天喝了几杯水，小鱼嘴边就有多少个泡泡。

　　这个活动不仅锻炼孩子的动手能力，还能提高孩子对数学的认识。对这一特殊的教育方式，家长们也都提出了宝贵的意见，在实施的过程中，家长也表示相当的满意。

　　可见，如今的教育方式绝不能局限于以往的应试教育，而是越来越靠近科学教育，就是我们常常提起的"素质教育"，教育孩子全面发展。

有许多父母认为孩子只有"一心只读圣贤书，两耳不闻窗外事"，整天闭门造车才是真正地"学"，当他们看到孩子玩耍时，就一脸的不高兴。现实生活中，有很多孩子在父母们的催逼下学习，其结果却没有明显的效果。

其实这并不是因为孩子笨，而是因为学习方法不佳所造成的。真实的情境带给孩子的是所见即所得、所做即所悟。

这个时候，家长要善于引导、善于发现，善于将教学中的内容融入日常生活中，做到信手拈来，创设一些生动、有趣、贴近生活的实例，并且把生活中的教学原型生动地运用到课堂上，使孩子在对待学习时不再那么枯燥不安，从而也使其一改往日的厌倦心理，富有感情、具有活力地去学习。只有这样不断地丰富他们的知识面，扩展生活视野，注重培养他们的实地考察等多方面的能力，才会不断发展他们的形象思维，促进语言和抽象思维的发展。

书本生活化、学习游戏化方法

让书本生活化、让学习游戏化的重要方法在于，家长应该经常引导孩子认真观察生活，从而保持在学习中愉快，在愉快中生活。

现实生活中，有很多家长常带孩子一块去公园，这时便可以教导他，人、事物、景物如何在脑中留下深刻的印象，介绍过后再问一下他自己简单的想法。

教育专家说，当孩子还处于发育阶段时，他的大脑就好比是一棵小树苗的成长，需要得到充分的养分与尽心尽力、方法得当的养护。因此，家长在促进孩子的智能发育上应从营养和教育这两方面入手，抓准时机、抓住根本，才能起到最佳的成效。

有关教育专家建议，为了更好地做到让书本生活化、让学习游戏化，父母还应该让孩子亲身体验和了解居住地区的发展轨迹、风土人情、自身所处的环境。

从根本上说，学习地理是为了了解我们的生存环境，并了解自身与其他同龄人之间的差距到底有多大，在利用环境的同时，来协调融合，达到"天人合一"的目的。

家长应密切关注周围的生活现象，并适时地引入孩子的学习中，和孩子一起探究其形成发展的地理原因，从而也提高了孩子的综合知识。

特别是语文课本上的知识无疑是生活的外延，换句话来说就是等于生活，因为阅读的内容都是反映生活的，在生活中阅读，让生活的乐趣在阅读中充分得到发挥。

众所周知，中华民族历来都有将生命化作花叶的文化根基，"生如夏花之绚烂，死如秋叶之静美"。各式各样的花可以看作是人生的不同阶段，人的一生不可能一帆风顺，但有的时候却可以平平淡淡，有的时候则可以轰轰烈烈。

告诉孩子人生的每一个阶段都要活出绚烂，活出精彩，从花的淡雅高洁中感觉到人不要自暴自弃，要学会珍惜生命，珍惜学习机会。

消除孩子的考试恐惧症

与平日的学习压力一样，过分的恐惧与考试成绩的好坏有着直接的联系。

所以，在孩子备考期间，父母应尽量摆脱各种外界的干扰，经常保持比较平和的心态，这对孩子能以稳定的情绪、平和的心态去对待考试是很有意义的。

考试恐惧症产生原因

孩子对考试的恐惧已成为一个普遍存在的现象。越来越多的儿童走进咨询中心，以便在或长或短的治疗中解决与考试恐惧相关的冲突。仔细的人们也不难发现，在完全不同的社会体系中，考试及有关的理论知识和非理论知识的恐惧影响着周围的每一个人。

每逢遇到对考生具有代表性的考试时，比如说改变命运、扭转乾坤的考试，考生的心理状态就会发生一系列的异常变化。比如在考试前情绪上明显焦虑不安、烦躁、紧张，睡眠不足等。

有的孩子平时很用功，考试前也会做一系列的温习工作，积极备战，但是当真正走进考场时，就会感到头晕、恶心、手心冒出冷汗等，以至于头脑一片空白，交卷后才醒悟过来，此时为时已晚了。

正常情况下，孩子在考试过程中，常有这么两种压力导致考试恐惧症。一种是来自于对自身的过高期望；另一种是来自于自身的知识经验准备不足，从而担心自己是否能够顺利通过考试，常常在学习中表现出焦虑不安等一些不良情绪。就算是成绩名列前茅的孩子在考试时，也会过分地担心考试结果到底如何。

他们平时成绩好，所以处处要求自己过高，争强好胜的心理也会占据上风，总想着拿第一，希望自己能考出好成绩，却不能面对考试不好的结果，越是强烈地要求自己考好，可往往事与愿违，其结果总是差强人意。

众所周知，孩子的学习中，面对着繁多的功课、父母的厚望以及自身对未来美好前途的强烈渴望，内心的矛盾让孩子产生害怕考试，进而到恐惧考试的心理。

期待水平是影响考生考试恐惧的重要因素。这种现象往往是考生对自己的要求远远超过了自身所具有的水平，在考试之前没有把握而失去信心，影响效果及考试质量。有的甚至是在心烦意乱的情况下，注意力不集中，连正常的水平都得不到发挥。

燕子今年面临着中考，她不停地对妈妈说："妈妈，我希望我快点长大。"妈妈很好奇，便问她，为什么要长大，现在的生活不是很好吗？

只见燕子频频摇头，以示不愿意。细问原因之后，才知原来答案竟然那么简单明了，那就是：大人不用考试。因为燕子对考试有一定的恐惧，所以她的情绪极不稳定，生活、学习中的琐事，都相继进入了低迷期，同时成绩也是起伏不定。

这种现象给她的妈妈带来了很大的困扰，一时无措，不知如何是好。并且随着时间的推移，燕子的考试恐惧症越来越严重，让人担心不已。

燕子的考试恐惧症，只不过是生活中众多例子的一个缩影，像这样的例子比比皆是。那么，怎样解决这一问题呢？

消除考试恐惧症方法

心理专家建议，消除孩子的考试恐惧症，既要治标，又要治本。对此不妨注意如下方面：

（1）扭转自我消极

一般情况，有些孩子在考试前往往会产生焦虑的心理体验，自我威胁，自我恐惧等，完全是由于自信心不足所造成的，对自己的评价过于消极。

这时父母应做的就是教会孩子表达出自己的内心情感，扭转自我消极来克服不当的学习压力和考试恐惧。

（2）要转移注意力

平时多注意孩子的一举一动，及时引导孩子走出心理阴影。正常情况下，大部分的孩子在考试前，情绪一般都较低，这时，家长不妨把孩子不愉快的事情转移到孩子感兴趣的地方。

比如让孩子唱他最喜欢的歌，带他去最想去的地方，或是重新布置一下自己的小房间……这些方法都在改善不良心理的过程中起着至关重要的作用。

在简而易做的情况下，较高的心理压力会产生奇佳的成绩；在复杂难做的情况下，较低的心理压力将产生较高的成绩。

（3）让孩子放轻松

在考试之前，细心的父母会发现，有的孩子心里非常想好好学习，可就是学不进去，尤其是对一遍又一遍地重复学习相同的知识，逐渐产生的厌倦心理；还有一些孩子越是临近考试，成绩越是提高得慢，比起以往的记忆力差之又差，为此而烦恼不堪……

这时家长要做的就是，尽力让孩子放轻松，让他把心中的郁闷、恐惧心理说出来，并结合孩子的年龄应面对的考试给予适应的准备，要让孩子明白，考试不过是检验他平时的学习状况的一个手段，不能代表未来，只有这样才能改变这种不佳的情绪状况。

如果家长一味地把分数看重，孩子就会把每次考试看重，给自己增加压力，进而对考试产生恐惧心理，这种后果非常严重。父母要明白，学习压力与考试焦虑总是结伴而行的。

第五章 /

好心态助孩子健康成长

心理学研究表明：人的性格基本在孩童时形成。对于大部分的孩子来说，从小主要是和父母待在一起，潜移默化影响其性格的就是父母。

因此，父母送给孩子最好的礼物不是拥有诸多的玩具，而是帮助孩子建立并形成一个良好的性格。因为良好的性格能使人受益一生。

好心态助孩子健康成长

让乐观陪伴孩子成长

乐观是一种性格，也是一种品质，乐观的人心胸宽阔，勇于面对现实，正确对待顺境和逆境，是具有多种积极素质的综合表现。乐观的态度是一个人快乐的加油站。对于孩子来说，父母只要培养他一种乐观的性格，快乐就会像泉水一样汩汩而出。

但在生活中保持乐观向上的精神面貌并不容易，需要不断地磨炼。对此，父母应善于将乐观的品质潜移默化地传给孩子，这对他们一生都有好处。

乐观是一种最可贵的性格

理想的人生应当是快乐的、向上的、幸福美满的，可以说，没有比这样的人生更令人向往，更值得追求的了。孩子正处于人生的起步阶段，每一个父母都希望自己的孩子将来人生幸福快乐，能从容地面对世间的一切，为此，就必须从小培养他们乐观的性格。因为这种性格最具有生命活力。

乐观，作为一种最为积极的性格因素之一，就是指无论在什么情况下，即使条件和环境再差也保持良好的心态，相信坏的遭遇总会过去，相信阳光总会再来的心境。

乐观的心态就是承认事物的不完整性，就是不被偶尔的挫折和磨难所感伤，因为感伤并不能把我们的命运改变。的确，生活从来不是十全十美、万事如意的，但乐观者从不怨天尤人，而总是让生活伴随着憧憬和追求。

综上所述，生活不论是遇到困难、挫折、失败、灾难还是取得成就，一个人只要拥有开朗乐观的性格，就能拥有永久的幸福。这样的人不论处于何种境况，都会拥有一种人生最宝贵的活力。

身为家长，如果想让孩子有一份乐观的心态，由此更好地主宰今后的人生，不妨注重从小对孩子乐观性格的培养。

培养孩子乐观性格的方法

（1）用自身乐观的态度感染孩子

父母是孩子的第一任老师，孩子性格的生成在很大程度上也会受到父母的影响。所以在日常的生活当中，父母在孩子面前要尽量表现出乐观来，努力营造出一种快乐的气氛。

在现代的家庭教育中，我们越来越发现，养育孩子的过程也是父母不断充实与学习的过程。所以更为重要的，是父母要拥有一颗真正乐观的心，要知道，父母乐观处事的事例对于孩子是最好的教科书。

（2）让孩子多参加有意义的活动

有资料显示，与人多交流和参加一些有意义的活动都可以增进人体的健康和人的乐观情绪。当一个人创造出了某件成果或完成了某项有意义的活动时，很自然地就会感觉到快乐。

因此可以说，快乐是伴随完成某种成就的努力而产生的，它是一种动机力量，有利于孩子的健康成长。

例如孩子在学校举办的运动会上取得了较好的名次，受到了学校的表彰和同学的羡慕，此时他内心中体验到的就是真正的快乐，因为他通过努力完成了一件事情，而且取得了成功，会有一种成就感。正是这种感觉，使他得到了充沛的力量和信心，对自己有了更进一步的肯定。

快乐不是人追求的直接结果，也就是说人不会因为想要快乐就会得到快乐，所以作为父母，我们不能教给孩子如何去快乐，而应该让孩子多参加一些有意义的活动。

孩子在与人交往和游戏的过程中，会在不知不觉中增长对自己的信心，会在活动和活动成果中得到更多的体验，更关键的是，从中孩子还可以得到对世界、对社会和他人的信心，得到对人宽容和忍耐的力量，而这些是一个人乐观的基础。

（3）不要给孩子施加太多压力

快乐是一种基本的情绪，在人的本性中就有快乐的成分。孩子在出生后的两个月左右，就有了社会性的微笑。可是随着孩子年龄的一天天增加，父母的要求也水涨船高。

孩子还很小的时候，叫一声"爸爸、妈妈"，父母就因此高兴半天，可长大了之后，为了孩子的升学、就业，父母总会一厢情愿地作出诸多安排，对于孩子个人的想法、兴趣爱好总是在各方面作出过分的限制，目的就是为了让孩子按照自己设定好的方向发展。

这样一来，孩子的天性被压抑了下去，每天只能像个木偶似的，又怎么会有快乐呢？因此，如果想让孩子得到快乐，就应该减轻他们身上的负担，给他们一个自由自在活动的空间。

（4）不要对孩子总表现感情冷淡

有关专家曾指出，一个从小就没有感情体验和感情依恋的孩子，在他长大之后也不会对他人施以爱和同情，他将生活在一种冷漠无情的氛围之中，很少体验快乐，难以与人相处，当然也就不会具备乐观的精神。

因此，不管自己的工作有多么繁忙，也要尽可能多抽出一些时间来陪陪孩子，和他一起做游戏，询问一下他觉得今天发生的哪些事情是有趣的，或者就某个问题交换一下彼此的看法。对孩子的抚养不要依赖于孩子的祖父母，甚至保姆，也不要把所有教育孩子的责任都推卸给老师。

（5）让孩子要持有一颗平常心

由于现在的家庭中大多只有一个孩子，所以他们从一生下来就受到爸爸妈妈、爷爷奶奶、外公外婆的多重疼爱，可以说是在温室中长大的，没有经历过多少风雨，因此在他们的意识中根本就不知道有艰难困苦的存在，更不要说如何去面对和克服它们了。

就是因为这个原因，在日常的生活当中父母应该给孩子多一些接触各类事物的机会，当孩子接触到的事情多了，见识广博了，心胸自然也就随之开阔，悲观的思想便不容易产生了。

用一颗平常心来面对生活中遇到的各种困难，并不是一种消极的态度。在孩子开始接触事物的时候，父母可以采用暗示的方法来让孩子主动提问、主动要求、主动学习。在孩子做一件事情的过程中，父母要用表扬、奖励等方法来强化孩子的自主观念。

当孩子在行动的过程中遭受到了挫折和打击，父母要帮助孩子总结经验和教训，并且激励孩子，告诉他失败了一次不要紧，还可以重新再来一次。

一位母亲带着她的孩子乘飞机，因为天气突变最后被困在了机场。孩子因为长时间的等待哭了起来，这位母亲一边把自己的衣服披在孩子身上，一边安慰哭泣中的孩子说："孩子，你不觉得，这一切，都是我们的奇遇吗？"

孩子闻言停住了哭泣，开始用疑惑的眼神打量着周围。后来，这位孩子不但不再哭了，还和母亲兴趣盎然地谈论着这个神奇的遭遇。

乐观是一种对人生的态度，是人快乐的加油站，在人一生的旅途中，谁都难免会碰到各种各样的困境，记住，让孩子随身携带好快乐的加油站。

自信是成功的第一秘诀

　　自信是一个人赖以成功的阶梯和不断前进的动力。在许多伟人身上，我们都可以看到超凡的自信性格。正是在这种自信的驱动下，他们敢于对自己提出更高的要求，并在失败中看到成功的希望，鼓励自己不断努力，从而获得最终的成功。

　　孩子的成长如果有自信同行，其成功是不难想象的。可以说，自信是成功的第一秘诀。然而，孩子的自信从何处而来呢？它需要家长对孩子从小就注重自信性格的培育和塑造。

自信对人生具有重要意义

　　自信性格是一种强大力量，是一种最宝贵的资源。在人生的旅途上，是自信开阔了求索的视野；是自信，催动了奋进的脚步；是自信，成就了一个又一个梦想。

　　可以说，没有自信，梦想只会是海市蜃楼；没有自信，生命只会是灰色基调；没有自信，再简单的事都会被认为是跨越不过去的障碍。所以自信对于孩子的成长与成功是极具重要意义的。从下列案例中我们便能获得深刻的感受。

　　撒切尔夫人出身于平民，但后来却当选为英国历史上第一位女首相，而且连续三届当选。她在重大国际、国内问题上，思路清晰，观点鲜明，立场强硬，做事果断，在相当长的一段时间里影响了整个英国乃至欧洲，被誉为欧洲政坛上的"铁娘子"。

然而，她绝非是天生的政治天才，她的性格、气质、兴趣等都深受父亲的影响，她人生之路的成就源自父亲为她培养起来的高度自信。

她的父亲罗伯茨经常这样教育她：要有主见，有自己的理想，特立独行和与众不同最能显示一个人的个性，随波逐流只能使个性的光辉湮没在芸芸众生之中。

这样的家庭教育培养了像撒切尔夫人这样的高度自信、独立不羁的个性，并使她常常有一种心理优越感。

居里夫人在法国求学的时候，艰苦的生活是常人所无法想象的，但是她并不气馁，而是以超人的毅力和勤奋，在短短的三年里，先后获得物理学和数学学士学位。

居里夫人的名言就是："我们应该有恒心，尤其要有自信！我们必须相信，我们的天赋是要用来做某种事情的，无论代价多大，这种事情必须做到。"

如此看来，一个人的家庭教育与他的成长密切相关。自信是孩子成长过程中的精神核心，是促使孩子面对困难、努力完成自己愿望的动力。

撒切尔夫人和居里夫人的成功经历也告诉父母们一个道理：鼓励能激发孩子的自信心，有了自信心，就有了战胜困难的基础。古希腊科学家阿基米德曾说过：给我一个支点，我就可以撬动地球。

即使把我放进一个核桃壳里，我也要做自己拥有无限空间的国王。这些都是自信的表现。

自信乐观的习惯对一个人一生的发展所起的作用，无论在智力体力上，还是处事能力上，都起着基石性的支持作用。一个缺乏自信的人，便缺乏在各种能力上的主动积极性。

自信就像一个人走向成功的催化剂，将孩子的一切潜能都激活，甚至将各部分的功能推动到最佳状态。可以说，是自信造就了成功。

塑造孩子自信性格的方法

要塑造孩子的自信性格，我们家长不妨从以下几点做起。

（1）赞赏孩子的点滴进步

由于成人与孩子眼中的世界是不一样的，但是，成人的评价对孩子产生自信心至关重要。所以，家长必须注意自己对孩子的评价，多为孩子的长处而骄傲，不为孩子的短处而遗憾。

在日常生活中，家长要以正面鼓励为主，要善于发现孩子身上的闪光点，不盲目地拿自己的孩子同别人的孩子进行比较，而是多拿孩子的过去与现在进行比较，让孩子知道自己长大了，进步了，从而产生相应的自信心理。

尤其是特别要给予发展慢的孩子以更多的关怀和鼓励，让孩子懂得人人都有长处，使这些孩子逐渐树立起对自己的正确评价。

（2）创造建立自信的机会

在日常生活中，家长要为孩子提供一些他们自己能完成的任务，比如摆碗、盛饭等，他做到了就给予适当的表扬。有时也可让孩子做一些比较困难的事，如洗手绢、擦皮鞋、整理玩具上架等，会做了更要大为表扬，树立他的自信心。早上起床和晚上睡觉要让他自己穿衣服、脱衣服，锻炼自己的独立性。

作为家长要知道：孩子的自信心是要孩子从一点一滴中做起的，而不是抽象的。

所以，在日常生活中，要创造各种机会让孩子自己发现自己的各种能力，并在孩子取得成绩时，及时表扬，充分肯定进步，才能让孩子体验到成功的喜悦，从而产生积极愉快的情绪体验。

（3）从成功喜悦中获自信

培养孩子自信性格的条件是让孩子不断地获得成功的体验，而过多的失败体验，就往往会使孩子对自己的能力产生怀疑。因而，家长应根据孩子发展的特点和个体差异，提出适合孩子水平的任务和要求，确立一个适当的目标，使其经过努力能完成。

他们也需要通过顺利地学会一件事来获得自信，另外，对于缺乏自信的孩子，要格外关心。如对胆小怯懦的孩子，要有意识地让他们在家里或班级上担任一定的工作，在完成任务的过程中培养大胆自信。

创造民主、和谐的家庭气氛像人类赖以生存的阳光、空气那样，无时无刻不在影响着孩子的身心健康和智力发展。

所有的小孩子都有一个共同的心理需求，那就是喜欢称赞、鼓励、赞许，不喜欢被禁止、阻抑或批评。

因此，儿童教育专家主张给孩子积极的鼓励，并指出："无论什么人，受激励而改过，是很容易的，受责骂而改过，是不太容易的，而小孩尤其喜欢听好话，而不喜欢听恶言。"

如果家长总是用消极的语言对待孩子，其结果是，孩子在改过的时候总会有抵触的情绪和逆反的心理。

孩子自信的源泉来自家长。他们往往根据家长对他们的评价来进行自我评价。家长的信任和积极评价能使孩子对自己产生积极的认识。孩子天生就具有强烈的上进心，这也包括那些缺点、毛病比较多的孩子，他们全都希望能够得到父母的肯定、鼓励和表扬。

> 吴佳妮从小生活在一个幸福的家庭，父母加上爷爷奶奶、姥姥姥爷的宠爱，可谓集万千宠爱于一身。
>
> 从小到大，佳妮几乎没做过什么家务活，都是奶奶替她做的，只要佳妮想做点什么时，奶奶就说："妮妮，让奶奶来，你去一边玩吧！"
>
> 佳妮慢慢长大后，真的成了一个什么家务都不会干的孩子，为此，父母经常和佳妮的奶奶起冲突，他们也当着佳妮的面说，佳妮是一个笨孩子，什么也学不会。每次面对父母的冷言冷语，佳妮心里都很不是滋味。
>
> 四年级的时候，在一次烹饪比赛的班队活动中，其他同学都做出了好吃、好看的菜，佳妮却连菜都洗不干净。
>
> 自从这件事以后，佳妮像是换了一个人似的，一直很消沉，老是觉得自己什么都不行，做事也越来越没有信心了。

其实，佳妮之所以会变成这样的孩子，完全与家庭教育有关，有的父母总是期许孩子可以做得更好，但却又总是忽略其本身的教育责任。

培养孩子做事果断的性格

　　果断是一种气质，一种性格，一种意境。果断让人感觉希望明朗，能给人更多的安全感，让人捕捉更多成功的机会。

　　孩子从小到大，从最初的爸爸妈妈替他们做主拿主意中慢慢长大，可孩子大了，爸爸妈妈不可能一直待在孩子身边帮其拿主意。这个时候，就需要孩子自己拿主张做决定了。

　　而就现实来看，当今孩子由于从温室中长大的比重成分较多，结果出现性格懦弱、做事不果断的情况也比较普遍。这对未来人生把握机遇或谋求发展无疑是有很大影响的。那么父母该如何培养孩子果断的性格呢？

**　　果断是一种可贵的性格**

　　人生有无数个机遇，也有许多的困惑，面对这些，该怎么办呢？是等待观望，还是决意行动？这时，果断的性格或精神便显得难能可贵。

　　果断的人，即使在机会不够成熟的时候，也会先行一步，赢得主动，占据有利位置。一旦时机成熟，就会出手而发，赢得全局。因此，可以说果断型性格的人是最能善于把握机遇的。

林红从一所普通的大学刚一毕业，就兴致勃勃地来到人才市场上求职。整个会场人头攒动，她转了一圈，发现唯有澳柯玛公司的展台前无人问津，这与其他展台的热闹形成了鲜明的对比。

百思不解的林红走过去看了一下，暗自吃了一惊。原来，招聘启事上写得很明白，所招的几名业务员点名只要名牌大学毕业生，还必须有两年以上的工作经验。条件如此苛刻，难怪大家望而却步。

林红转身想走，但转念一想，这工作挺有吸引力的，他们不就是招聘普通员工嘛！于是林红心一横，打算去试一试。她径直来到应聘桌前，那个主管指了指招聘启事："看过了吗？""看过了，不过有点遗憾，我一来不是名牌大学毕业，二来没有工作经验。"林红不慌不忙地回答。

那位主管把林红打量了好半天，才说："那你干吗还来应聘，不怕吃闭门羹吗？"

林红微微一笑，说："主要是因为我热爱这份工作，虽然没有工作经验，但我觉得我完全有这个工作能力。学历是能力的一种参考，但绝不是唯一的参考。经验是在过程中形成的。"林红停了停，又说："如果我具有你们所要求的那些条件，我就会来应聘像你这样的主管职位。"

那位主管笑了笑，竟出人意料地收下了林红的简历。更让人惊奇的是，第三天林红就接到通知，告诉她被录用了。林红问原因，主管说："那些招聘条件只不过是故意设置的门槛，谁有挑战这一门槛的勇气和果敢，谁就有可能是我们所需要的。"

很多时候，绊住我们脚步的，往往不是我们的实力，也不是那些所谓的条件限制，而是自己的果敢和勇气。要敢想，更要果断地敢做，这样才能脱离平庸，造就不凡。

孩子缺乏果断的主要原因

孩子做事拿不定主意、犹豫不决、不果断是意志薄弱的表现。究其原因主要有以下两种：

（1）孩子依赖性强

成人出自好心，唯恐委屈了孩子，一味包办代替或过多干涉孩子的事情。这样，孩子就无独立做事的经验，一旦遇事让他拿主意时，就不知所措，祈求别人的帮助。

（2）孩子自信不足

爸爸、妈妈望子成龙心切，对待孩子往往期望过高，总是不满意孩子的表现，赞许少，批评多。有的爸爸、妈妈还让孩子做力不能及的事，又不帮助他，结果，孩子常常感到失败的痛苦，无自信，害怕做错事，更拿不定主意。

孩子果断良方

第一，对因过分保护造成的，成人可从以下两方面去锻炼孩子。放手让孩子去做力所能及的事，克服依赖性。孩子的特点是好奇好动的，一般都愿意参加一些活动。成人要尽早让孩子练习一些基本生活技能，如穿衣、穿鞋、擦桌子，独立完成简单的委托任务。

凡是孩子能够做到的，成人尽量不插手，给孩子足够的时间去思考、尝试，发现自己的能力。孩子感觉自己有能力去做好某件事，就会果断地去做。

创造机会，鼓励孩子下决心。一个人在做出一个决定之前，需要考虑利弊得失后，再做出最佳选择。成人应在一定范围内给孩子充分自主的机会，让孩子有自我决策和选择的权利，凭自己的思考、能力去决定做什么事，如何做。

如到商店给孩子选购衣服，价钱由父母选定后，鼓励孩子自己拿主意选择自己喜欢的款式与花色。

第二，对因过分严格要求造成的，家长应注意以下三点。

一是正确评价孩子做的事。对孩子要求不要过高，要多鼓励、少批评。对竭尽全力也没做好的事，成人要给予理解，告诉孩子："没关系，以后再慢慢努力。爸爸小时候也常常这样。"成人正确的评价，可减轻孩子的心理压力，下次做事，他会再一次鼓起勇气去拿定主意。

二是给予孩子必要的帮助。对于较难做的事，成人应同孩子一起去做，并给予适当帮助，教孩子逐步学会一些克服困难的方法和技巧。孩子有了成功的经验，就会增强自信，做事果断。

三是让孩子做事时，成人提要求要具体、明确。尽量让孩子明白如何做。含糊不清、笼统会使孩子感到无从下手，拿不定主意。

另外，成人还可通过一些培养机敏、果断的体育、智力游戏来有意识地培养孩子的果断性。

不要让自卑笼罩孩子的心头

在父母看来，自己的孩子是最无忧无虑的，因为任何父母都会把自己的孩子照顾得很好。但事实上，孩子也有自己的苦恼，自卑性格就是其中最可怕的一种。自卑，简单地说就是自己轻视自己，自己看不起自己。这是对自我潜能的一种压抑，对他人能力的一种过高判断的心理。

自卑的孩子通常会用一种怀疑的眼光看待自己，而且对周围人的言行、态度反应也是格外的敏感。这样的孩子在生活中，往往在内心深处隐藏着永不消散的愁云。这对孩子的健康成长是十分不利的。所以家长要注重对孩子的心理教育，不要让自卑感笼罩孩子的心头。

了解自卑性格的特质与危害

所谓自卑性格，简明地说，就是指一个人严重缺乏自信，他们常常认为自己在某些方面或各个方面都不如别人，常用自己的短处和别人的长处相比，具体体现在遇事不相信自己的能力，办起事来爱前思后想，总怕把事情办错被人讥笑，且缺乏毅力，遇到困难畏缩不前。说得直接一点也就是自我评价过低，自己瞧不起自己。

自卑是一种性格上的缺陷，一种失去平衡的行为状态。自卑常以一种消极的防御的形式表现出来如妒忌、猜疑、羞怯、孤僻、迁怒、自欺欺人、自暴自弃、回避竞争竞赛、焦虑等。

自卑使人变得十分敏感，经不起任何刺激。一个孩子如果被自卑心理所笼罩，就会失去阳光与活力，其身心发展及交往能力将受到严重的束缚，聪明才智也得不到正常的发挥。

> 艳艳是一位六年级的女同学，她长着一对会说话的大眼睛，头发黄黄的，稍稍有些卷曲。成绩上游，非常腼腆，性格内向，在人面前不苟言笑，上课从不主动举手发言，老师提问时总是低头回答，声音很小，而且脸涨得通红。
>
> 下课除了上厕所外，总是静静地坐在自己的座位上发呆，老师叫她去和同学玩，她会冲你勉强笑一下，仍坐着不动。平时总是把自己关在房里不和同学玩。遇到节假日，父母想带她一起出去玩、到朋友家做客她都不去，甚至她连外婆家也不去。

上面的现象在许多孩子身上可能都有所体现，究其原因都是自卑的产物。但是，孩子的这种现象却让父母常常注意不到，即使有的父母看到了也会觉得这是孩子的自然习性，而不加以重视，这是极其错误的。自卑会对人的一生产生消极的影响，长期生活在自卑阴影中的孩子，会背上沉重的心理包袱，甚至一生都被自卑所困扰，这势必会形成孩子的心理障碍，影响孩子的健康成长，这种危害无疑是极大的。

认识孩子产生自卑感的原因

孩子自卑并不是生来就有的，它是在外界环境的影响下形成的。一般来说，孩子自卑的产生，主要有以下几方面的原因：

（1）对孩子期望过高

父母能力特强，对孩子期望过高，往往会使孩子产生自卑。生活在这种家庭环境下，孩子总认为"爸爸妈妈什么都行，我什么都比不上他们，怎么努力都没用"。

能力特别强的家长，一般对孩子的要求也很高，追求十全十美，而孩子不可能每一件事都做得十全十美，于是就会受到家长过多的指责，使孩子对自己的能力产生怀疑，逐渐失去自信，产生自卑。

（2）家庭状况不完整

家庭状况不完整容易使孩子产生自卑。生活在破裂家庭中的孩子得不到父母足够的爱，觉得自己是被社会抛弃的孩子，当看到别的小朋友能跟爸爸妈妈在一起时，就更加伤心，感到很自卑。

（3）专横的教育方式

父母粗暴、专横的教育方式。由于家长不能以理服人，常常对子女采取简单粗暴的棍棒教育，严重地伤害了孩子的自尊心，往往使孩子产生自卑心理。

（4）父母有自卑情绪

父母自身有自卑情绪，容易使孩子产生自卑。自卑是后天形成的一种情绪，如果父母遇事总说"我不行"，孩子不但会模仿父母的这种处世态度，还会认为"父母都不行，我就更不行了"。因此父母的这种倾向潜移默化地影响了孩子。

学会帮助孩子消除自卑的方法

孩子都需要以不断的心理上的自我肯定，来获取前进中必不可少的原动力。所以，为了帮助孩子摆脱自卑，父母应注重如下方面。

（1）善于发现闪光点

每个孩子都有一定的长处，也都有他的短处。作为家长，在生活当中要注意并善于发现孩子的优点和点滴的进步，并经常给予肯定和表扬。孩子认为自己有优点，也能取得一定的成绩，便会增强取得更大更好成绩的信心和希望了。

（2）不要总贬低孩子

我们有些家长爱用大人或"神童"的标准去要求孩子，达不到要求就以侮辱性的语言讽刺、嘲笑孩子，数落他的短处，故意贬低孩子。经常受到这种斥责的孩子往往自信心受到强烈冲击，时间久了，就会在不知不觉当中接受家长的暗示，承认自己的素质差，慢慢地就失去了信心。因此，要帮助孩子克服自卑感，家长首先要改变对孩子的看法，要用家长的信心去鼓舞孩子的信心。

（3）不做出负面判断

不管你的孩子表现如何，都不能随便做出"没有出息"之类的负面判断，也不能任意给孩子贴上"窝囊废"之类的灰色标签。

因为这非但起不到教育的作用，还会使孩子形成错误的自我认识，孩子的自尊心也会受到伤害，对孩子的健康成长十分不利。

（4）引导孩子表现欲

自我表现欲是青少年时期最主要的欲望之一。当孩子的自我表现欲受到压抑时，就会产生自卑感。但不要单纯抽象地用貌美、聪明、学习成绩好等来展现孩子的自我表现欲，而要尽可能地在具体的不同层次的其他孩子身上，让自己的孩子看到自己特有的优势，从而满足自我表现欲。

（5）重视成功的经验

要教育孩子重视自己每一次的成功经验。成功的经验越多，孩子的自信心也就越强。平时要注意教导孩子无论做什么事情都要量力而行，不可好高骛远，以免挫伤成功的积极性。

（6）要注意扬长避短

要让孩子知道，只要付出，就会有收获；付出的越多，收获的就越多。同时要让孩子明白，在生活当中具有多种才华和非凡能力的人只是少数，人各有所长，又各有所短。

要采他人之长，补自己之短；要扬己之长，避己之短。这样，就能充分发挥长项，取得更大的成绩。

让孩子从胆怯的阴影中走出

在日常生活中，有些孩子每次家里来了客人，总闻声而逃，害怕与陌生人打招呼；临到考试就紧张；仅能在很小的范围内自由发言，如在课堂上或公共场合上总是怯场，老师一叫，就紧张得发抖，以至说不出话来……在未成年的岁月里，说不清有多少恐惧的事情。

胆怯只是个性中的最普通的一种，孩子胆小也是比较正常的。但如果孩子胆怯影响到他的生活，作为父母的就需要注意了。人人皆知，即使在成年人中，胆怯也是广泛存在的，更何况是孩子呢？

人不是一生下来就什么都会的，胆大也不是通过遗传获得的，任何人面对陌生世界都有一个熟悉并主动进入的过程。为了让孩子走出胆怯的阴影，大方开朗地生活，作为父母的你，首先要有信心帮助孩子克服胆怯，教育你的孩子勇于向前，大胆与人交流。

探寻孩子的恐惧胆怯之源

有一些专家早就指出，胆怯来自对未知世界的恐惧。所以，不妨让孩子平静下来，说出都有哪些胆怯。是怕生人，还是怕考试？是怕黑暗，还是怕孤单？

另外，建议孩子将这些胆怯的东西写出来，记下来，然后，试着分析，哪些是情景性胆怯？哪些是非情景性胆怯？为什么会胆怯？找出病因，再对症下药。

有时候，帮孩子分析清楚恐惧的荒谬，胆怯便会消失。比如，鲁迅从日本留学回来后，有一段时间在故乡绍兴教书时，他曾给孩子讲过一个他治"鬼"的故事，从此，孩子便对黑暗及黑暗中的各种声音，少了许多恐惧。

其实，总结一下，孩子怕生、胆怯的原因无非有以下几种：

（1）生活范围小

有的孩子从出生只在很小的范围内活动，不常与外界接触，使孩子胆小怕生。

（2）教育方法不得当

如当孩子不听话时，成年人就恐吓孩子，使孩子产生恐惧感，失去安全感，从而胆小。

（3）对孩子限制过多

在日常生活中，有的家长不准孩子这，不准孩子那，如孩子摸摸茶杯，大人就嚷："别动，看，摔了！"孩子摸摸扫帚，大人就说："扎着你，多脏，快放下！"……这些都易造成孩子不敢尝试、不敢实践，从而导致知识面的狭窄，直至胆怯。

父母应该知道，胆小的孩子，一般勇敢精神不足，创造性也差。其实，孩子是不是胆怯，从他的言辞及动作就可以看得一清二楚。羞怯、胆怯的表现主要是冷淡、闪烁其词等，往往从他的身上一眼就可以看出"我胆怯、我害怕、我不安"等。

然而，很多的家长却并不注意这些，这使胆怯者更加迟疑不安。另外，很多的胆怯者特别注重自己留给对方的印象，为此他感到与人交谈十分困难，不敢大声交谈，不敢畅所欲言。有时，会为了不使谈话中途停止而用"是的，我同意"或"多有趣啊"来敷衍。

面对这些，家长应培养教育孩子不该做的事不做，应该做的事就要勇于尝试，不要伤害孩子的探索精神。那么具体该如何消除孩子的胆怯心理呢？

帮助孩子克服胆怯的方法

在帮助孩子克服胆怯时，家长需要做到以下几点：

（1）给孩子更多交往的机会

随着年龄的增长，逐渐扩大孩子的眼界，使之多接触生人，多认识世界。让孩子多和小朋友交往，让孩子到伙伴中去。

比如说多带孩子和别的小朋友一起玩，鼓励孩子参加别的小朋友的生日派对，鼓励孩子给好朋友打电话，组织角色扮演的游戏等，别担心孩子小会被欺负，让孩子在与人交往的过程中逐渐流露天性，变得开朗外向。其次，可以带孩子参加一些适当的社交活动，如朋友聚会、喜宴等，在不同的场合，帮助孩子与他人多交流，慢慢地孩子就不会那么胆小了。

（2）要帮助孩子树立自信心

首先，即使孩子真的胆子很小、做事畏缩、怕这怕那，父母也不要给孩子贴上胆怯的标签。比如，动不动就埋怨孩子"真没用""胆小鬼"等话是任何一个家长都不应该说的，特别是当着孩子的面，更不可在平日里对他产生隐性的消极情绪。反之，久而久之会让孩子认为自己就是这样的人。要让孩子变得勇敢大方，就应该暗示他一定不再会胆小，给他积极的期待。

其次，孩子遇到了问题时，家长要鼓励孩子积极面对，让他学着自己去解决；当孩子表现好的时候，要及时地给予表扬；平时让老师多给孩子一些克服胆怯的机会，并给他适当的帮助。

再次，如果孩子愿意，不妨带孩子到人多热闹的地方大声地朗读，如果孩子怕，就先到人较少的地方。比如说你们傍晚散步的路边草坪、公园等地，不管身边人来人往，如入无人之境。

最后，让孩子照顾比他小的孩子，或者带小狗去遛弯儿、让他和弟妹一起玩等，锻炼孩子，并让他从内心觉得自己是优秀的，有责任帮助他人，进而做出让人眼睛一亮的大胆举动。

（3）教育孩子的交往技巧

家长可以通过讲故事及唱儿歌的形式，教孩子简单的交往技巧，也可以通过问孩子问题的方法，为孩子交往中遇到的问题出谋划策。

如小伙伴抢了自己的玩具，用什么方法要回来比较妥当；好朋友生气了，怎样和他重归于好等。有了父母的认可，孩子一定更自信，交往起来更加游刃有余。另外，家长作为孩子的第一任老师，其示范作用是极其重要的，因此在日常生活中，多给孩子做好示范。

（4）鼓励孩子探索与尝试精神

家长切记不要一个劲儿地对孩子发布禁令，说这也不行，那也不许。在生活中，不要恐吓孩子，引导孩子去自己克服胆怯心理。比如，家长可以吃饭或散步时，随意地讲讲你的童年故事，你可以针对他的弱点编造一些出来。如你可以说，"我上学的时候，我班有个同学，胆子特别小……"如此讲述一个从胆小变胆大的过程，给他一个参照，效果将比对他直说好得多。

（5）帮助孩子做好心理工作

事实上，很多孩子胆怯、担忧的根源来自对自己的不自信，他们怕自己让其他人失望，怕自己在众人面前表现不好，丢脸面。如有的孩子害怕演讲，害怕在人多的地方讲话，这时家长要告诉孩子，说错了不要紧，最坏的结果是被同学嘲笑，一般不传播，因为人人都有错的时候。从而使孩子能轻松自如地参与社交、发言……

另外，家长也不妨帮助孩子把自己划分为生活中的你和角色中的你。就是说，面对胆怯，告诉孩子假设自己此时此刻只是剧中的某一角色，只是在舞台上表演角色性格。当这样假设时，窘迫感就会减少，逐渐消失。

> 曾经有个孩子想改变自己不喜欢的"爱好"，但怕让望子成龙的父母失望，就一直压制着自己，久而久之，不但在学校里没有朋友可以说知心话，就是在家里也很少和家长交流，都是父母问他什么说什么，学习成绩由原来的前几名很快跌到了最后几名。
> 家长着急，可是又不晓得如何帮他。偶尔的一个机会，心理学家告诉他们，不妨和儿子进行一次深入的交流，比如父母提出的问题，他本人该如何作答等，不久，这位孩子很快克服种种顾虑，与家长交流了他思想中的各方面问题。

可见，胆怯者往往太顾及自己的言行留给别人的印象，因而难以表现出真实的自我。当一个人知道自己的角色，已准备好即将说什么，对将要进行的活动充满信心的话，就会容易消除真实角色与扮演角色的界线，从而让这种行为表达出明确意义，反映出其真实的自我。比如说，要孩子陪你去赴个约会，应先告诉孩子来客多有哪些，怎么称呼他们，他们的职业情况及兴趣爱好，应注意的细节等，并教会孩子一些待人接物的技巧，如会见一个未曾谋面的人时，应先弄清他们的背景。待开始谈话时，他便会感到自我控制能力较以往大为增强了。

善于改变孩子任性的性格

任性是孩子们的天性，孩子们几乎毫无例外的都有任性的一面。只是有的孩子能够把握任性的分寸与尺度，家长认为这是孩子的可爱与率真的表现；而有些孩子的任性则表现得肆无忌惮，令家长感到发愁与无奈。

孩子之所以无止境地任性，在很大程度上是受父母、家庭环境的影响而形成的，更是在父母的言行中不断助长的。

孩子在摸爬滚打中逐渐适应着社会生存，也逐渐试探着自己可以触及的权力范围，有了第一次任性的成功战果，孩子便长了一点本事，觉得可以一试，便侥幸地尝试第二、第三次，如果仍然屡试不爽，孩子就会认为这样是可以的，是自己的权力。从此就更加的任性，来不断地达到自己的目的。

那么，父母们应该怎样面对这样任性的孩子呢？

任性性格形成的原因

孩子任性，从心理学的角度来看，是个性偏执、意志薄弱和缺乏自我约束能力的表现。一般来说，其形成原因有如下方面：

（1）遗传的因素

从心理学的角度分析，人的性格有多血质、胆汁质、抑郁质和黏液质等类型，孩子受遗传的影响，有的天生气质就属于较兴奋的类型，情绪表现较强烈，属于那种有个性的孩子，这与家长的遗传因素有很大关系，如果后天再不注意改良，这样的孩子最容易出现任性的行为。

（2）心理反抗期

婴孩在正常发育的情况下，两三岁就开始出现心理反抗现象，出现强烈的独立需求意识。如愿意自己吃饭、自己穿衣服，上下楼梯不愿别人牵领，自己家的东西不让别人动，处处以自我为核心，遇到不满意不顺心的事情大哭大闹，劝阻和强制都不起作用，直至家长妥协，自己满意为止等。

从以上不难看出，孩子的任性是由多种因素造成的，内在的、外来的、社会的、自身生长发育期的等。作为家长应该及早发现、分析、及时纠正，运用科学的方法，根据生长发育规律进行教育。

在2岁左右时，大部分孩子思维、语言、动作已经发育得相当好，有些孩子反抗意识也逐渐表现出来，随着年龄的增长，反抗的意识越来越强烈，表现的形式也更加多样化。

家长就要抓住婴孩阶段这个有利时机迅速进行调整，如果认为孩子小一味地去迁就，任性的个性就可能越来越厉害。任性的个性一旦形成，要想从根本上改变是有相当难度的。

孩子以后的生活、学习和工作，都可能因性格的制约受到影响，成为事业成功的最大障碍。

任性性格形成的最主要原因是后天教养不当所造成，是溺爱的结果。在教养方式上，家长该制止的不制止，一味地迁就；该鼓励的不鼓励，使孩子分不清是非对错，认为只要哭闹就可达到自己的目的，助长了孩子的偏激与任性，最终造成了孩子性格的缺陷。

（3）后天的养成

任性与遗传因素有一定关系，与人的神经类型有关。但是，关键还是后天的教育和影响。一是家长对孩子溺爱、娇惯、放任、迁就。据调查，独生子女孩子任性率较高，达到60%左右。孩子任性往往与他们在家庭中受到百般宠爱有关。二是家长对孩子简单粗暴。有些家长教育方法简单粗暴，造成孩子的逆反心理，不管家长说的对不对，孩子都不接受，从而埋下了任性的种子。

有些家长无视孩子生理、心理的发展，无视孩子的兴趣、爱好，对孩子一味限制，要求孩子绝对服从，想出各种方法让孩子就范。这种做法不仅违背孩子的意愿，也违背孩子的身心发展规律，同时，这种做法也是孩子形成任性的重要原因。三是家长蔑视孩子的人格。有些家长总爱讽刺、挖苦、谩骂孩子，或者当着众人面数落孩子，有时家长的话虽然是对的，但刺伤了孩子的自尊心，孩子心里明白自己错了，可为了保全面子也不能接受批评，于是就"拧"来对抗。

教育任性孩子的策略

爱，也要讲科学，也要有理性；爱，绝不能溺爱，不能宠；爱，也应该有限度。如果儿童任性心理长期得不到纠正的话，会妨碍孩子的心理健康和心理的正常发展。

因为任性会导致人无法正确认识和判断事物，个性固执不明事理，妨碍生活能力的发展，不善与人交往，难以适应环境，不被别人接受而陷入孤独，经不起生活的考验和挫折，对孩子健康成长极为不利，严重的还会由于易冲动而犯罪。

对此，教育任性的孩子，家长应注重如下策略：

（1）习惯法

培养孩子良好的行为习惯，能从根本上解决孩子的任性。家长让孩子从小养成良好的行为习惯，处处按要求做，孩子就能自觉地和大人保持一致。一旦孩子养成了良好的生活习惯，干什么就都有规矩，不会随意提出特殊要求。

（2）预防法

孩子的任性发作一般都是有规律的，当可能诱发孩子任性的条件临近时，要事先预测好，做好预防工作。可以事先约法三章，提出要求。

（3）严格法

孩子任性往往是抓到了家长的弱点。家长越怕孩子哭，孩子越哭个没完；家长越怕孩子满地打滚，孩子就偏在地上滚个没完。家长对孩子提出的不合理要求，不管他怎么哭，怎么闹，决不能有任何迁就的表示，态度要坚决，而且要坚持到底。

（4）转移法

转移孩子的注意力。当孩子任性的时候，可以利用孩子易于被其他新鲜的事物所吸引的心理特点，把孩子的注意力从他坚持要做的事情上转移开，从而改变孩子的任性行为。

如一个跟着母亲购物的儿童，在商场里玩得很上瘾。母亲急着赶回家，可他就是不愿意走。如果母亲说，"我们回家吧"，他可能坚持要在商场玩；如果母亲说，"走，妈妈带你去坐汽车"，他可能愉快地答应了。然后妈妈领着他坐公共汽车回家。

（5）理解法

在情绪上表示理解，但在行为上要坚持对他的约束。如吃饭的时候，孩子忽然想起爱吃的菜今天没有，就生气地拒绝吃饭。

即使冰箱里有原料，母亲也不应该迁就孩子给他做，应明确表示饭菜准备好了，就不应该随便更换。如果孩子继续闹，可以让他饿一顿，等他感到饥饿时，自然会找食物吃。

（6）回避法

有些孩子的不合理要求没有得到满足就纠缠不休，这时，家长可以暂时不去理他，让他感到哭闹的方法是无效的，他就会停止。事后可以与他坦诚地交流，让他说明原因。当然，解决孩子任性的方法还很多，关键在于培养孩子认识和判断事物的能力。

（7）交往法

让孩子多和伙伴们一起玩耍，群体生活的一个重要原则就是少数服从多数，如果个人的意愿与多数人不一致，那么就会被否定。父母应该多让孩子和他的同学、伙伴一起玩耍。

而且，在群体中，那些通情达理、不任性的孩子也会在无形中给任性的孩子以示范，让他们感到任性只会遭人厌弃，而通情达理才会融入群体之中。久而久之，孩子身上任性的毛病就会逐渐淡化。

（8）知识法

孩子有时任性是因为知识少，认死理，往往把错误的行为当成正确的行为，固执己见。孩子还不易分清坚强与固执、谦让与软弱、勇敢与蛮干的界限。家长要想办法使孩子扩大视野、增长见识，孩子知识多了，就会改变自己过去一些错误的做法。

（9）诱导法

有的家长认为，自己的孩子是"生成的骨头，长成的筋，天生的拧种"，改不了！其实不然，孩子毕竟还小，只要诱导得法，完全可以改变他任性的毛病。

诱导时要多抓积极因素，用积极因素克服消极因素。每当孩子要犯拧时，家长就表扬他的优点，孩子听到表扬可能情绪就转过来了。

（10）强化法

要让孩子感到家长喜欢的是不任性的孩子。当孩子刚要任性发作时，家长可以借以前听话时的例子引导他克制自己，不任性。这样有利于调动孩子自己克服任性的积极性，提高孩子控制自己情绪的能力。

家长还可以在孩子任性时或任性后，对其任性给予一定的批评或惩罚。这样会使孩子感到家长的严格要求，使孩子认识到任性是一种错误的行为。

锻造出孩子勇敢的品性

一个人能否成功，不仅要看他掌握知识的多少，还要看他能否勇敢地面对挫折。而现在不少独生子女骄气十足，在外边在家里都是小皇帝脾气，做父母的宁可自己历尽磨难，也不忍心让孩子吃一点点苦，受一点点累，千方百计为孩子铺垫人生坦途。因此，在这样的环境中成长起来的孩子，普遍缺乏勇敢精神。对此，家长应引起必要的重视。

了解勇敢品性的特征

一般来说，具有勇敢品质的孩子，主要有如下特征：

（1）开朗直率爱发议论

他们能与人正常交往，没有心理障碍，做事情不优柔寡断、瞻前顾后；学习效率较高；在同学老师面前，敢于发表自己的观点，比较受同学敬佩。

（2）意志坚强勇于进取

他们在困难面前，比一般的孩子显得顽强得多。有位孩子在作文中写道："摔倒了并不可怕，可怕的是摔倒后不能爬起来；惊涛骇浪不可怕，可怕的是在惊涛骇浪面前失去了镇定。要知道，在希望与失望的决斗中，如果你用勇气去面对挑战，那么胜利必属于希望。"

这是一位具有勇敢品格的孩子写的，可以看出他在学习、生活的困难面前所表现出的顽强勇气，有这样的勇气，还有什么困难不能克服的呢？

（3）思维敏捷富有才干

具有勇敢品质的孩子，往往不满足于已有的知识、成绩、现状，不墨守成规；他们的思维总是处于兴奋活跃状态，善于抓住新的知识，归纳出自己独特的见解。

一位初二学生回答老师提出的问题，老师提问：苏东坡的诗句"竹外桃花三两枝，春江水暖鸭先知"中，为何鸭子最先感受到春江水变暖呢？这位同学回答说：因为鸭子最勇敢，只有勇敢向前的人，才能做到真正的先知。

这位同学的发言受到老师同学们的赞赏，但更精彩的回答在后头。当老师问道：那么，你是否愿意做一位先知的勇敢者呢？这位同学回答道：我愿意，因为幸运喜欢光顾勇敢的人，这是达尔文的名言，我要向他学习。

无疑，这是位具有勇敢品质的孩子，在知识的春江里，像鸭子一样，将最先感知到知识的"水暖"。

（4）明辨是非伸张正义

具有勇敢品质的孩子，在集体利益与个人利益相冲突时，能维护集体利益，表现出无私精神；在正义与邪恶相斗争时，能挺身而出、维护正义，表现出大无畏的气概；在他人遇到困难时，能见义勇为、乐于助人，表现出崇高的道德感情。他们的勇敢不同于鲁莽、粗暴、出风头，往往表现出机智、灵活、沉着、冷静，行为动作具有明确的目的性，并且雷厉风行，说干就干。

培养勇敢品性的原则

家庭教育是诸多教育渠道中的重要一环，作为家长，应该怎样培养孩子勇敢的品性呢？其实，家长只要遵守几个原则，让孩子变得勇敢就并非难事。

（1）少些无谓关心

孩子都是家中的宝贝，家长的过度关心和呵护成了培养孩子勇敢品质的一大障碍。这些无谓的关心会让孩子认为"原来这件事这么严重，我肯定会很难过"，或是觉得"原来这件事这么困难，我肯定做不到"。

这种错觉让他失去对问题和自我能力的正确把握，即使面对一些自己能够克服的困难，也会因没有自信而丧失勇敢面对的勇气。

生活中，家长应适时冷漠，给孩子独立面对困难的机会，让他认识到自己的能力可以应付所遇情况，从而克服对家长的依赖心理，锻炼独立性和自信心。

比如孩子不小心摔倒了，如果情况并不严重，家长就应鼓励孩子自己站起来。等孩子站起来后，再通过及时的夸奖来强化这种行为。这样，当孩子下次再摔倒时，就会勇敢地自己站起来了。

（2）少些威胁恐吓

孩子关于恐惧的体验是后天形成的，来自家长的威胁和恐吓是形成孩子恐惧体验的主要来源。学龄前孩子对家长的依恋性很强，如果动辄扬言"不要你了""送给别人"，孩子容易产生被遗弃的感觉，变成内向胆小的"惊弓之鸟"。

有的家长在孩子哭闹时经常用"狼来吃你了""妖怪来了"等

语言吓唬孩子，也会让孩子的心理感到恐慌。

家长在教育孩子时要讲究方法，不要依靠威胁和恐吓获得孩子暂时的乖巧，应该善于发现孩子不听话的原因，然后对症下药。同时善于理解和赏识孩子，不要用过高的标准来要求他做力所不能及的事情，要站在孩子的立场，及时发现他的长处和进步。

例如孩子吃饭时总是把饭菜掉到餐桌上，家长首先要明白，孩子的精细动作和自制能力还不完善，出现这种现象是很正常的。然后通过赏识和鼓励，促使孩子改掉缺点，比如："你已经比以前好多了，继续加油，就能成为一个节约粮食的好孩子了！"

（3）多点亲身体验

孩子往往会因为对事物缺乏了解而产生恐惧，比如有的孩子害怕色彩鲜艳的东西，有的害怕突然出现的小动物等。另外，孩子对某些事物的恐惧也来自家长的影响，比如妈妈看到蟑螂时连声尖叫，孩子就会因此觉得蟑螂是件可怕的东西。

如果家长因为孩子害怕就任由他远离事物，不给他观察和接触的机会，只会让他对这些事物产生更深的恐惧心理。

孩子的这种胆怯大多是因为缺乏自信才产生的，而自信要建立在必要的知识和技能基础上。当孩子对某些事物产生恐惧时，家长应先教给孩子相关的知识，帮助他建立对事物的正确认识，让孩子明白这个事物并不可怕，然后再通过亲身示范，鼓励孩子自己去感受和体验，从而消除恐惧感。

如有的孩子害怕小动物，家长可以给孩子讲关于小动物的故事，让他建立对小动物的正确认识和良好印象，然后通过示范和这些小动物相处的方法，鼓励孩子去亲身接触，这样，孩子的恐惧就会烟消云散了。

（4）多点快乐冒险

勇敢与冒险是紧密相连的，适度的冒险是培养孩子勇敢品质的重要方法。有些家长因为怕出危险，往往忽视了对孩子冒险精神的培养，这样会让孩子滋生依赖性强、意志薄弱、责任感差等缺点，不利于孩子的成长。因此，当孩子对冒险性的活动产生兴趣时，家长千万不要毫无理由地拒绝孩子，更不要训斥和吓唬他："掉下来就没命了！""你想找死啊！"这会扼杀孩子可贵的冒险精神，使孩子变得胆小怯懦。

在有安全保障的前提下，应该鼓励孩子玩一些带有冒险成分的游戏，比如荡秋千、滑板、游泳、骑自行车等；如果条件允许，还可以尝试坐过山车、登山、跳水等。

面对孩子的冒险活动，家长要从容对待，并不失时机地给予肯定和赞赏。当然，家长一定要事先给孩子讲明活动的危险性和需要注意的事项，让孩子做好充分的心理准备；必要时，和孩子一起活动，一起冒险，给他具体的指导和必要的保护。

锻造勇敢性格的要诀

为了锻造孩子勇敢的性格，家长不妨掌握如下一些要诀：

（1）消除孩子的恐惧感

心理学家认为只有当孩子感到你承认他们害怕的东西是客观存在的时候，他才会相信你对解除他的害怕所做的解释。做父母的要正确对待孩子所害怕的事物。

一种非常有效的方法是教给孩子关于某些事物的知识。如有的孩子害怕猫、狗等小动物，父母就可以给孩子讲一些有关这些动物的小故事，并告诉他们这些动物一般不会伤害人，但要学会与它们相处的方法。这样，就可以帮孩子增强安全感。

有些孩子会怕虫子、老鼠或者青蛙，父母应该找一些这些动物的图片，先让孩子看图片，然后解释某些小动物的特点。比如虫子有很多种，它们有一些可以起到保护植物的作用，是益虫，不用害怕；即使有一些是害虫，但它们都很弱小，人类可以战胜许多强有力的动物，只要有勇气、有胆量、有智慧。对儿童的恐惧心理采取逐步地减弱直至最后消退的方式。

（2）注重父母榜样力量

孩子特别爱模仿自己父母的言行，因而，父母的榜样作用对孩子影响极大，父母应该以自己无所畏惧的形象来影响孩子。另外，父母还应该坦率地承认自己也曾害怕过某些东西，但现在已经不再害怕它们了。这样，孩子就会明白，他并不是世界唯一害怕这些事物的人。从你的身上他可以知道，这些事物并不那么可怕，是可以被征服的，恐惧的心理便会得到克服。

（3）了解真正害怕的原因

孩子们往往言行不一地掩盖他们真正所害怕的事情。如一些孩子每当父母要外出时总是哭闹不止，不让父母出去，而实际上他是怕一个人待在屋子里。因此，要细心观察孩子的日常言行，了解他真正害怕的事情，然后对症下药加以解决。

（4）培养孩子的独立性

要鼓励孩子自己去面对困难，克服其依赖性，使他们感到自己有能力、有办法应付遇到的问题和困难。不要对孩子过分呵护，要相信他们自己能够做到很多我们认为他们难以做到的事情。

总之，要培养出勇敢的孩子，父母们就要从自身做起，并经常与孩子进行沟通，了解他们的真实想法，有意识地锻炼他们的独立性。坚持下去，你就会发现自己的孩子正渐渐成为一个勇敢、坚强独立的小家伙。

父 | 母 | 学 | 堂

如何说**孩子**才会听
怎么听孩子才会说

杨光　编著

民主与建设出版社

·北京·

◎ 民主与建设出版社，2020

图书在版编目（ＣＩＰ）数据

父母学堂 . 1，如何说孩子才会听，怎么听孩子才会

说 / 杨光编著 . -- 北京：民主与建设出版社，2020.8

ISBN 978-7-5139-3133-5

Ⅰ . ①父… Ⅱ . ①杨… Ⅲ . ①家庭教育 Ⅳ . ① G78

中国版本图书馆 CIP 数据核字 (2020) 第 138683 号

如何说孩子才会听，怎么听孩子才会说

RU HE SHUO HAI ZI CAI HUI TING，ZEN ME TING HAI ZI CAI HUI SHUO

编　　著	杨光
责任编辑	刘树民
封面设计	喆人
出版发行	民主与建设出版社有限责任公司
电　　话	（010）59417747 59419778
社　　址	北京市海淀区西三环中路 10 号望海楼 E 座 7 层
邮　　编	100142
印　　刷	三河市德利印刷有限公司
版　　次	2020 年 8 月第 1 版
印　　次	2020 年 8 月第 1 次印刷
开　　本	880 毫米 ×1230 毫米　　1/32
印　　张	6
字　　数	120 千字
书　　号	ISBN 978-7-5139-3133-5
定　　价	168.00 元（全 5 册）

注：如有印、装质量问题，请与出版社联系。

前　言

　　所谓家庭教育者，就是家庭里能够对孩子产生影响和教育的人，主要是指孩子的父母。家庭是孩子人生的第一站，也是孩子第一所学校。孩子在父母的抚育关怀和直接教导中学习，也从父母的一言一行中进行模仿，父母的潜移默化使孩子受到了最初的教育。因此，父母是孩子的第一任老师，也是孩子永远的老师。

　　著名教育家苏霍姆林斯基说过："如果没有整个社会的教育，特别首先是家庭高素质的教育，那么不管在学校老师付出了多大努力，都可能达不到完美的效果。孩子在学校里的一切问题，都会在家庭里折射出来，而学校复杂教育过程所产生一切困难的根源也都可以追溯到父母。"由此可见，父母对孩子教育的作用是多么的重要啊！

　　其实，所有父母都希望培养出一个优秀的孩子，都希望自己孩子从小就具有良好的品格、出众的成绩和较强的能力，长大以后更是能够出类拔萃，功成名就，集成功与荣耀于一身。

　　但是，愿望毕竟是愿望，要使美好的种子开花结果，就必须进行辛勤施肥和浇灌，就必须进行良好的家庭培育。因为只有把根基扎稳了，才能长出参天的大树来。

问题是每个父母都尽其所能地教育和培养自己的孩子，可为什么有的孩子能够十分优秀，而有的孩子却非常平庸呢？造成孩子差别的根本原因，就在于有没有采用正确的教育方法，如果从心理学的角度来说，就是有没有根据孩子的心理特点采取针对性和适宜性的教育，这是孩子是否成才的关键。

俗话说，知子莫如父，知女莫如母，这个"知"就是指要知道孩子的心理，然后采取有的放矢的教育。如果你连自己孩子的心理都不知道，那么就更谈不上正确的教育和培养。

那么，怎样了解孩子的心理，又怎样针对孩子的心理进行良好的教育呢？

为了帮助家庭教育者解决家庭教育的困惑，我们特地编撰了本套丛书，包括《不吼不叫培养好孩子》《如何说孩子才会听，怎么听孩子才会说》《好妈妈胜过好老师》《正面管教》《没有教不好的孩子，只有不会教的父母》五册书，分别讲述了作为家长如何培养孩子的良好习惯，怎样提高孩子的情商智商，如何培养孩子的学习精神、道德品质以及独立能力等问题。可以说，这些是成就孩子一生最重要的资本。

总之，本套书集针对性、指导性和实用性于一体，对于进行良好的家庭教育大有好处，每个父母都可以从中发现适宜用来教育孩子的不同方法和诸多措施，是一套家庭教育的优秀读本，适合不同年龄段孩子的父母学习和珍藏。

目 录

上篇　如何说孩子才会听

第六章 ／放下姿态，让孩子感到尊重

下篇 怎么听孩子才会说

第七章 ／做个"听话"的好父母

上篇

如何说
孩子才会听

第一章 ／

沟通是教育孩子的基本形式

孩子的表现，会受父母言语的引导

无法定义的人生

曾经有这样一群孩子组成的班级：他们都是一些曾经失足的孩子，有的吸过毒，有的进过警察局。家长和老师对他们非常失望，甚至想放弃他们。一位名叫米菲的女教师主动要求接手这个班。米菲的第一节课，并不像以前的老师那样整顿纪律，而是在黑板上给大家出了一道选择题，让学生们根据自己的判断选出一位将来能够造福于全人类的人物。她列出 3 个候选人：

A．笃信巫医，有两个情妇和多年的吸烟史，而且嗜酒如命。

B．曾经两次被赶出办公室，每天都要睡到中午才起床，每晚都要喝大约1升的白兰地酒，而且有吸食鸦片的记录。

C．曾是国家的战斗英雄，一直保持素食的习惯，不吸烟，偶尔喝一点儿酒，年轻时从未做过违法的事。

结果可想而知，大家选择的答案都是C。

最后，米菲公布答案：

A．是富兰克林·罗斯福，唯一连任四届的美国总统。

　　B．是温斯顿·丘吉尔，英国历史上最著名的首相。

　　C．是阿道夫·希特勒，法西斯恶魔。

　　听完老师公布的结果，大家都惊呆了。米菲满怀激情地告诉大家："孩子们，过去的荣誉和耻辱只能代表过去。真正能代表一个人一生的，是他现在和将来的作为。从现在开始，努力做自己一生中想做的事，你们都将成为了不起的人！"

　　米菲的这番话，改变了这群孩子一生的命运。他们当中，就有华尔街最年轻的基金经理人——罗伯特·哈里森。

　　其实，孩子对自己有一个清晰而正确的认识是需要一个过程的。在这一认识过程中，父母的评价是帮助孩子进行自我认识的一个重要因素。

　　如果你总是在孩子的耳边说："你真不听话，怎么不好好学习呢，你怎么就不知道用功呢……"你是否考虑过这样的问题——难道孩子从一开始就是这样的吗？

　　这时，你肯定会说："当然不是！"

　　那么，孩子是怎样变成这样的呢？

情景1

　　小磊学习了一天，吃过晚饭后，他看着电视，想休息一会儿再去学习。这时，爸爸却对小磊说：

　　"你怎么就不知道时间的宝贵呢？就那么不愿意学习吗？"

情景2

　　周日上午，小磊一直在学习，快到吃饭的时候，他想喝杯咖啡，就去了厨房。可妈妈看见他却说：

　　"你太不认真了，对待学习这么懒怠，考试怎么会考好呢？"

情景3

　　这次期中考试，由于试题偏难，很多同学的成绩都不理想，小磊也不例外。可妈妈知道成绩后却说：

　　"你平时不努力，考试成绩怎么会好呢？"

　　每次听到父母这样说自己，小磊心里都很难受。可是小磊又不知道应该怎么办。渐渐地，他也就习惯了父母说的那些话，既然自己无法得到父母的理解，小磊也就不愿意继续努力了。

　　如果你的言语给孩子贴上不爱学习的标签，慢慢地孩子就会认为自己的确不爱学习；如果你的言语给孩子贴上不爱干净的标签，慢慢地孩子就会认为自己就是不爱干净……

　　于是，孩子在不知不觉中受到了父母言语的引导。

　　这就提醒我们一个十分重要的问题——父母怎么评价孩子，会引导孩子怎么看待自己。

　　我们的想法，不仅会影响孩子的内心感受，更会影响到孩子的行为。下面这个过程更加清晰地说明了这一点。

　　感受评价→熟悉评价→不抗拒并逐渐接受评价→按照评价行动→最终形成与评价一致的结果。

　　所以，我们尽可能地不要给孩子下定义、贴标签，可以评价孩子的行为，但是不要给孩子的行为下定义、贴标签。因为我们的话语和行为会影响到孩子认识自己、认识世界。

　　所以，父母要正确地和孩子进行沟通，不要让不良话语妨碍了孩子的健康发展。

不要过多干涉孩子的生活

回想一下，生活中，我们是否常常在很多细节上过多地干涉孩子的生活？

"写作业时，身体要坐直……"

"看电视时，离电视机远一点儿，我看你都快进去了……"

"这件衣服不好看，你换件别的吧！"

"这支笔又是新买的？不是还有可以继续用的吗？真浪费！"

每每听到我们这些话，孩子都会不耐烦地说："妈（爸）！"言外之意即："你们总这样说，烦不烦啊？我这样做，与你们有什么关系啊？"

孩子应该有自主的权利和对自己负责的精神。当我们引导孩子明白要为自己的行为或者所做的事情负责的道理以后，在孩子的诸多生活细节上，我们最好不要一再地干涉孩子。

孩子写作业时，弯着腰，没坐直——也许是因为孩子学习太累了。

　　孩子看电视时，离电视机很近——也许是因为孩子的眼睛开始有些近视了，看不清画面才往前凑。

　　孩子总是穿着一件我们认为不好看的衣服——也许是因为这件衣服穿起来很舒服，让孩子不会产生被束缚或者死板的感觉。

　　孩子又买了一支新笔——也许是因为原来的笔不好用了，孩子才买了一支新笔。

　　这些事情都不是什么大事，我们要学会留给孩子适当的空间和自主的权利，不能什么事情都管，要给孩子一定的自由。

　　虽然说要给孩子自由和空间，但这要建立在孩子已经明白相关道理的基础之上。我们作为父母，一定要谨记自己的身份，那就是孩子的引路者或引导者。很多忠告、道理，我们是有必要向孩子讲清楚的。

　　超超小的时候，超超妈妈和很多妈妈一样，一旦看见超超把手放在嘴里或者撕纸，就会唠叨个不停，制止超超的这类行为。

　　可渐渐地，超超妈妈意识到很多小孩子都爱吃手、撕纸，也许超超长大以后自然就不这样了，自己即使一再告诫孩子，也没有太大的作用。如果总是把精力放在这些琐碎的事情上，可能反倒忽略了告诉孩子一些有重要意义的大道理。

　　于是，超超妈妈决定不在琐碎的小事上和孩子唠叨了。超超已经10岁了，有的时候说起话来就像个小大人。超超妈妈偶然间看到一篇有关一位母亲写给孩子的信，便将这封信抄写后装在信封里，并且送给了超超。她希望信里的话能够帮助超超更好地成长。

我的孩子：

你什么都不缺，你要自由自在地成长。无论你将来是否成才，父母都希望你能成人——成为一个堂堂正正的人。

你要孝顺。你的身体受之父母，你的成长源于亲情。世界上什么都可能是假的，唯有亲情最真。家——永远是你最坚实的后盾。

你要坚强。人生之路并非坦途，总会有风有雨有荆棘，无论是爱是恨是酸是苦，你可以哭泣，可以跌倒，但是你不能不站起来。人永远不能放弃的是自己。做个坚强的人，做个独立的人，做个从眼泪里寻找太阳的人。

你要自信。芸芸众生，人群汹涌，你不过沧海一粟，可你这一粟是独一无二的。你有温馨的家庭，有美丽的容颜，有聪慧的头脑，有健康的身体。你什么都不比别人差，你应该自信。自信，就是一种自我肯定。拥有自信，你就拥有一半的成功。

你要不断完善自己。你的自信来源于你的不断完善，从知识上、品质上，从与人处事、待人接物上完善自己。你要从书本上学习知识丰富你的内心，你还要从社会中不断汲取经验完善你的人格。人的一辈子就是学习的过程，是学习的一辈子，没有最好只有更好。

你要有原则。你的一生会遇到无数的选择，孰是孰非、孰轻孰重、孰黑孰白，你要衡量，要思考。为人处事可以圆滑，为人之本必须方正。只有行得正才能立得稳。人后不做亏心事，人前方可昂首过。

你要善良。与人为善就是与己为善，怀着一颗善良的心，你可以拥有天空的湛蓝、阳光的灿烂，你可以感受到人间的美好，体验人心的和善。坚强是你的钢盔，善良是你的软甲。

你要身体健康。

你要学会思考。

你要懂得放弃。

你要把握自己。

你要一生努力。

人的一生很辛苦，没有辛苦你不会知道甜。

人的一生很平淡，没有平淡你不会懂得灿烂。

我们只希望你的一生健康快乐。

我们只希望你好好做人，做一个步态轻盈、脊梁挺直的人！

孩子，妈妈觉得要做到这些并不难，只要用心去做，就一定能做到。

妈妈相信你！

送给一生幸福的、我的孩子！

爱你的妈妈

不难发现，我们给孩子反复强调的大都是一些琐碎的小事，但是在重要的方向性问题上，我们却没有在意，疏忽了给孩子提出一些重要的忠告。而这些忠告往往对孩子的成长和发展有着重要作用。

交流不止有学习相关的事

"怎么又在看电视？学习都学好了？"

"不是说下周有考试吗？怎么还有时间看课外书啊？"

"不要总是玩玩具，老师今天都讲什么了？哪个同学表现最好？是你吗？"

每当我们说这些话时，就会发现孩子听我们这么说并不高兴，他们一听到"学习"两个字就头疼。

其实，孩子一听到"学习"就头疼的原因，往往就是我们在与孩子沟通时只谈和学习有关的事情，而忽略了兴趣才是孩子学习最大的动力。

孩子为什么讨厌学习

晚饭时间——"今天考试了吗？成绩怎么样？期末考试一定要进步5名才行啊！"

早饭时间——"最近，课上学的东西能当天消化吗？一定要利用好上课时间啊！"

不上学的时候——"好好学习，其他的事情少想。勤奋耕耘，才会有收获。"

我们每天都时刻提醒孩子"学习，学习，再学习"，使得孩子谈"学习"色变，从而产生厌学情绪。

以下两方面，值得引起我们每位家长的重视。

在学习方面把孩子逼得太紧

很多时候，我们和孩子之间的沟通或者给孩子提出的建议，仅仅局限于孩子的学习方面。我们时刻督促孩子学习，"与其谈其他的事情，还不如抓紧时间督促孩子学习呢"。我们常常这样想。可是，如果我们只关注孩子的学习，会给孩子造成"父母只重视我的学习成绩，而对于我的其他方面并不在意"的感觉。我们这样的关注不但没有起到预期的效果，而且使孩子渐渐地厌倦了学习。

如果我们一再向孩子唠叨"好好学习"，提醒孩子争取进步和学习成绩的提高，就等同于向孩子变相地施压。在这样的压力之下，孩子怎么会认为学习是轻松、有趣的呢？所以，孩子的厌学情绪也就自然而然地产生了。

孩子在学习中难以感受到快乐，就会厌学

学习有痛苦，进步有难度，这件事一点儿都不快乐——这就是孩子讨厌学习的原因。如果我们观察生活中那些成绩好的、经常名列前茅的学生，就不难发现，他们都是一些爱学习的孩子，这是因为他们在学习的过程中能够感受到极大的乐趣。

这两种不同的结果其实是由人的天性决定的，那就是"趋利避害、追求快乐、逃避痛苦的自然心理"。当一个人感到做一件事情很快乐、很容易的时候，自然就愿意去做，会不断地维持这种快乐、轻松、美好的感觉。反之，当一个人感到做一件事情是痛苦的、总也没有尽头的时候，自然就会对这件事情产生厌烦的心理。

那么，对于孩子已经产生的厌烦心理，我们要怎样做呢？

兴趣是最大的学习动力

如何引起孩子的兴趣，才能使孩子在做某件事情的过程中不轻易放弃或者半途而废？有这样一个十分有效而有趣的方法，那就是——当孩子对某一事物感兴趣的时候，不马上满足孩子的心理需求。

比如，孩子欣赏钢琴演奏后，向父母表示想要学习钢琴。但是，学习钢琴需要很多学费，而且购买钢琴更是一笔不小的开销，如果孩子在学习钢琴的过程中半途而废，就会白白浪费很多钱。可如果不让孩子学，孩子目前对钢琴已经产生了浓厚的兴趣，这样做可能会耽误孩子的成长，影响孩子未来的发展。所以，在决定为培养孩子投入大量资金之前，我们必须正确教育、引导孩子。

当孩子央求我们要学钢琴时，先不要立刻满足孩子的愿望，可以这样对孩子说："学钢琴很累、很苦，妈妈担心你身体受不了，还是不要学了。"

因为孩子很想学，所以这时孩子会说："我不怕苦，不怕累！我要学。"

"学好钢琴需要很长时间，而且还要天天练习……花那么多钱买钢琴，要是你不练了，多可惜啊！"听到我们这么说，孩子一定会好好地想一想。

如果孩子不想学，我们无论说学琴苦，还是说学琴好，孩子都是不愿意的。可如果孩子对弹奏钢琴很有兴趣，就会好好坚持学下去，也不会半途而废。

我们这样说，一方面是在教育孩子，一方面也是在"故作姿态"，避免带给孩子"自己是被逼迫才学"的感觉。

我们可以这样对待孩子的兴趣爱好，至于对待孩子的学习，当然也不例外。如果我们不再那么注重孩子的学习成绩，孩子自然会更加上心，会自觉地主动学习。

要对孩子充满信心

A："记得帮我带那本书啊！"

"好的。"

B："别忘了给我带书啊！"

"知道了。"

比较以上两种情况，我们是不是更容易接受情况 A 呢？在情况 B 的对话中，回答者心里会有这样的潜台词——"真是的，我有那么健忘吗"，心里有种很不舒服的感觉。

既然这样，我们为什么总是常常对孩子这样说话呢？

从前，陈妈妈和儿子小强在生活中经常这样对话：

陈妈妈："是不是快月考了？"

小强："是啊，还有两周。"

陈妈妈："你为什么还不知道着急呢？还在这儿看电视！"

小强："妈妈……"

陈妈妈："别看电视了，快去学习吧！这样能考好才怪呢！"

陈妈妈感慨地说："每次听到我这样说，小强就不再说话了，乖乖地回房间写作业。但是这一次我看到了孩子脸上不高兴的表情，他看起来很沮丧。于是我仔细观察了孩子学习时的情况，他的学习状态非常不好，一点儿也不专心。自然，每次的考试成绩都很不理想。我就想，这样下去可不行。可能我对待孩子的态度真的存在问题。从那以后，我就试着努力地改变自己。我改变之后，孩子竟然开始努力地学习了，成绩也慢慢地提高了。而我只是做了一点小小的改变，就使孩子发生了巨大的变化！"

陈妈妈："是不是快期中考试了？"

小强："是啊！"

陈妈妈："对于这次考试，你已是胸有成竹了吧？"

小强："嗯……差不多啦！"

陈妈妈："再看一会儿，就去复习吧！做好准备，一定会考得更好。"

小强："我会好好复习的，一定会考得很好！"

我们相信孩子，孩子会非常高兴。这种愉快的心理会使孩子达到一个良好的学习状态，从而取得好成绩。孩子会感到轻松，并且满足于来自父母的鼓励和信任。

不要忽视孩子的询问

孩子在很小的时候，都会问一个问题，那就是"我是从哪儿来的"。回忆一下，我们小的时候，长辈是怎么告诉我们的？再想一想，当我们的孩子问这个问题时，我们又是怎么对孩子说的？

我们的父母或者其他长辈可能是这样回答的：

"你是捡来的……"

"我从垃圾堆里把你捡回来的……"

"从河里捞出来的……"

……

类似的回答不胜枚举。

那么，我们是否也要那样回答孩子的提问呢？

虽然很多父母都会那样说，但是也有部分家长会这样告诉孩子：

"你是从花朵里来的。妈妈看见一朵美丽的大花苞，花苞慢慢绽放后，妈妈就看见了躺在花蕊上熟睡的你。"

不考虑这种说法的科学性问题，单就这类说法本身而言，是不是感觉很美啊？让孩子在人生之初就满怀美好的心情和期待，对孩子的成长具有很重要的意义。孩子会一直带着这个美好的心境快乐地成长。孩子会因为自己来自于美丽的花朵而骄傲，认为自己的人生有如此美丽的开始，这样别人也会羡慕自己有一个智慧而阳光的妈妈的。

孩子总是有问不完的问题，以上介绍的问题只是其中一个例子。事实上，孩子无论什么时候或者遇到什么情况，一旦有感到疑惑的问题，就会立即向我们发问。

可我们常常并不在意孩子的询问，认为这些问题和我们想要提出的忠告并无关系，从而忽略了我们不经意间的回答可能给孩子带来的影响。

很多家长喜欢在孩子的面前说悄悄话，而当孩子询问"你们在说什么"时，却回答说"这不关你的事"。当孩子饶有兴致地专注于某件事情的时候，我们却常常突然给孩子提出一些建议和忠告，刻意地对孩子进行说教，让孩子感觉我们所说的话莫名其妙，这样的忠告自然难以发挥应有的教育效果。

无论是孩子听到我们的谈话后提问，还是孩子主动向我们提出一些问题，我们都不要忽视孩子的询问。对于不方便说的话，我们也要采取积极的方式来回答。比如，当妈妈向爸爸抱怨公司的人际关系复杂时，如果孩子询问，不妨对孩子说："良好的为人处事方式很重要。"我们身为父母，不但要关爱孩子、细心呵护孩子的成长，还要运用智慧来处理和孩子有关的所有问题。

用讲故事的方式和孩子沟通

　　小雪妈妈一直有很好的阅读习惯，看到有教育意义的好句子就记到本子上，方便随时翻看；看到有意义的育人故事时，也会把这些故事存在电脑里，方便随时查阅。渐渐地，小雪妈妈积累了很多类似的资料。

　　小雪8岁时，有一天，小雪妈妈突然想到，在自己积累的故事中挑出对小雪的成长有帮助的故事，适时地讲给她听该有多好啊。

　　于是，小雪妈妈开始分类整理这些故事。

　　当小雪缠着妈妈陪她睡觉时，妈妈就给小雪讲狐狸妈妈教小狐狸独立的故事；当小雪遇到困难不够自信时，妈妈就给小雪讲总打不到球的小棒球手给自己鼓劲儿的故事……

小狐狸的独立

　　一群小狐狸渐渐长大了，狐狸妈妈便"逼"它们离开家。

　　小狐狸们不肯走，谁愿意离开妈妈呢？它们还是喜欢和妈妈一起去散步。

　　此时，很护崽的狐狸妈妈忽然像发了疯似的，就是不让小狐狸们进家门，又是咬又是赶，非把它们从家里撵出去不可。

最后，小狐狸们只好依依不舍地离开了家，开始自己的独立生活。

小棒球手的故事

有一个小男孩刚开始学打棒球，他头戴棒球帽，手拿球棒与棒球，全副武装地走到自家的后院去练习打球。

"我是世界上最伟大的击球手！"他自信地说完之后，把球往空中一扔，然后用力挥棒，却没有打中。

他并不气馁，将球捡起来，大喊一声："我是最厉害的击球手！"然后又把球扔向了空中。可当他再次挥棒时，还是没能打中球。

他愣了半晌，然后仔细地将球棒检查了一番，决定再试一次。这一次，他对自己说："我是最杰出的击球手！"

然而，他的第三次尝试仍旧是挥棒落空。而此时，他对自己说："虽然没有打中，但我仍然相信自己可以做一流的击球手。"

于是一有时间，小男孩就会在后院练球。在长期努力练习和不断的自我鼓励之后，小男孩终于可以准确无误地击中球了。

第二章 ／ 与孩子建立亲密关系

孩子什么时候需要我们

孩子莫名其妙地大喊大叫时

父母是孩子最亲近的人，孩子在内心深处是十分渴望与父母亲近的。因为和父母亲近，会让孩子拥有安全感和归宿感。而一旦孩子出现某些怪异行为的时候，比如孩子大喊大叫、总是盯着父母看、总喜欢围在父母身边……这就说明此时孩子的内心很需要父母情感上的关爱。

这个时候，我们要做的就是——理解孩子突发性的怪异行为，根据孩子的内心和情感需求给予忠告。一方面，我们要用行动来表达对孩子的爱，让孩子不再有情感方面的缺失，让孩子知道父母是爱自己的，并且时刻都在关注自己。另一方面，我们要教会孩子独立，告诉孩子自立自强的道理，让孩子意识到父母不能一直陪伴其左右，自己要有独立面对困难的勇气。因为很明显，孩子此时表现出这样的行为，是因为对我们的依赖性过强。

此时表达我们对孩子的爱，是为了满足孩子的情感需求，而及时地给孩子关于独立、自强、勇敢等的忠告，是为了帮助孩子在爱的教育中获得成长的力量。

婷婷妈妈最近发现婷婷总是无缘无故地大喊大叫，而且不管做什么，总是要弄出很大的声音，还故意夸大动作，嘴里还自言自语地唠叨些什么，似乎想要引起家里每个人的注意。这样的情况持续几天之后，婷婷妈妈终于想明白了——原来问题出在自己身上。这段时间，由于工作太忙，婷婷妈妈回到家后，做完家务就累得只想休息，已经好长时间没好好地陪女儿婷婷了。而婷婷这段时间的暴躁，很可能就是因为缺少了妈妈的关爱。婷婷是想用这样的举动来引起妈妈的注意和关心！

意识到了这一点以后，婷婷妈妈决定多陪陪女儿。可是女儿已经9岁了，是小学三年级的学生了，总这么依赖家长可不行。所以，婷婷妈妈决定利用陪女儿看书、看动画片的机会，让女儿明白：无论父母是否陪伴在自己身边，都是爱自己的。同时，婷婷妈妈还给婷婷灌输了独立、自强、勇敢的观念，希望婷婷可以独立一些，不要过于依赖家人。

孩子感觉害怕时

虽然说"无知者无畏"，但是孩子终归有害怕、畏惧的时候，比如：担心成绩无法继续提高，担心在欺负同学后被父母训斥，等等。一般而言，无论孩子是否犯错，内心都难免产生一时的害怕或者忧虑的感觉，而这些感觉是会影响孩子的学习和身体健康的。

所以，我们不要无端地批评孩子，而是要适时地向孩子提出忠告，让其明白道理——人难免会犯这样或那样的错误，但是担心错误是无济于事的，只有勇敢地面对错误并且改正错误，才能使自己变得更加强大和优秀。我们还要让孩子明白，人生道路上会出现很多问题和困难，只要勇敢、镇定地应对，就一定会迎来转机，让人生变得更加美好。

读懂孩子的心里话

在学校里，一些要好的同学经常凑到一起，谈论的话题之一就是：心里有很多话，想对父母说，可是一开口，还没等自己把心里话说完，家长就十分不理解地责备起了自己。这样一来，孩子们就再也不愿意多说什么了。

下课了，菲菲看佳琪一个人呆呆地看着课本，就知道自己的好朋友又不开心了。

菲菲："佳琪，你怎么了？能和我说说吗？"

佳琪："昨天，我和妈妈聊天。刚开始聊得挺好的，可是聊着聊着不知怎么就吵了起来，我再也不想多说一句话了！"

菲菲："我和我妈妈也经常这样，不知为什么总是说不到一块儿去，谁都不理解谁。"

佳琪："昨天我和妈妈争吵，这也不是第一次了。其实我并不是没有教养或者不尊重她，只是不知道怎样与她对话。"

说到这儿，菲菲和佳琪不再言语，都陷入了沉默。不知道她们能否找到解决问题的办法。

菲菲和佳琪的家离得很近，她们俩几乎每天放学都一起走，今天也不例外。放学路上，两个好朋友相互探讨着自己想到的办法。

菲菲："你想到怎么解决争吵问题了吗？"

佳琪："我觉得应该让爸爸妈妈明白我们内心的想法，把我们的心里话告诉他们，这样他们才能够理解我们。同时我们也要让爸爸妈妈意识到，他们也应该站在我们的立场想一想问题，不能我们的话还没有说完，他们就根据自己的想法开始数落我们了。"

于是，菲菲和佳琪决定用写信的方式将想法告诉父母，因为她们怕和父母对话时，又出现谁也不听对方的话并且争吵起来的结果。

佳琪给妈妈写了一封长长的信。在信中，佳琪告诉妈妈每次和妈妈吵起来的时候自己心里都非常难过，其实自己非常渴望能够与妈妈心平气和地好好沟通，让妈妈了解自己的真实想法，也很愿意接受妈妈的意见，但不知道为什么每次总也说不到一起去……佳琪希望通过这封信，把自己的心里话如数告诉妈妈，希望妈妈可以在不生气的情况下了解自己的心声。

菲菲也像佳琪那样通过写信的方式，把自己的心里话告诉给了父母。

两个孩子的家长在读到孩子写给自己的信时，顿时感慨万千，回想起平时和孩子争吵的样子，后悔不已。他们都决定改变以往这种与孩子错误的沟通方式……

症结所在

从菲菲和佳琪这两个孩子的对话中，我们可以看出，家长和孩子之间的对话最终变成争吵的症结就是：①听话只听一半；②把自己的想法强行附加在孩子所说的话语上。

解决之道

明了了我们和孩子之间的对话变争吵的症结所在，也就等于是找到了我们与孩子不再争吵的解决之道。而这正是沟通和倾听的艺术所在：①听话不要只听一半；②不要把我们的想法附加到孩子所说的话上面。

不要随意给孩子"贴标签"

"上次考试这样，这次考试还这样，下次是不是也一样不及格啊？"妈妈生气地喊道。

"就知道打架，也不学习。我看你是没救了，这样能考上高中才怪呢！"妈妈很伤心。

回想一下，生活中，我们是否经常对孩子说这样的话？

孩子的学习成绩、日常表现稍不理想，更准确地说是没有达到父母的要求和期望，父母就开始数落孩子，给孩子随便下一个"什么发展前途"的定义。而父母的这种行为，大都是在极不冷静的时候产生的——一旦发现孩子有什么不对的地方，就失去了耐心，不经思考立刻火冒三丈。

孩子的学习成绩或各方面的表现，出现一定的起伏波动是在所难免的。因为学习的最终结果并不完全取决于孩子自身的努力，还有很多外在因素会产生影响，比如，孩子的健康状况、心理状态、环境因素、试题的难易程度等。

身为父母的我们，一定要时刻提醒自己：

孩子的可塑性很强，只要我们教育、引导得恰到好处，今天的分数并不代表明天的成绩。

因此，对待孩子一时的淘气或者成绩的不稳定，我们要有足够的耐心，相信孩子会不断地调整自己，总有一天会调动起自身巨大的潜能，成长为十分优秀的人才。

我们要给孩子时间，不要随意给孩子贴上不好的标签。

　　"我女儿就是棒，连续三年都是三好学生，成绩总是第一名，考上名校没有一丁点儿问题……"

　　雨薇的妈妈经常这样说，一方面是鼓励女儿学习，一方面是自豪地向别人炫耀。

　　雨薇也很争气，从小到大，每次考试都是前三名。她不仅学习成绩好，还多才多艺，钢琴早就已经过了八级，报纸上也经常出现报道她的文章。

　　可就是这样一个品学兼优的好学生，却在高考中失利了，离本科线差了15分。这是任何人都无法相信的事实。

　　好孩子雨薇怎么了？

　　其实，正是"好学生"这个"好标签"害了她。

过多的夸奖会带来压力

过多的好评和夸奖会给孩子带来无形的压力。平时，那些压力不会表现出来，但这并不代表压力不存在。一旦环境中充满了紧张的气氛，孩子就可能难以控制内心潜藏的压力。

维持良好的形象会让孩子感觉很累

孩子拉琴，我们常常会鼓励说："这段拉得真好！"其实，这句话有让孩子继续拉一段的潜在含义。

在学业方面，我们对孩子的鼓励和表扬当然也不例外。也就是说，我们对孩子的赞扬有让孩子继续这样做的寓意。

孩子会为了得到表扬和不让父母失望而努力地维持自己的好形象，这样做是很辛苦的。不但要想着学习，还要想着结果，孩子的内心能不累吗？

这便是很多平时学习成绩十分优秀的学生在大型考试中发挥失常的原因。

经常听到表扬或好评的孩子，承受困难和挫折的能力一般较差，因为他们很少经历困难和挫折的锻炼，也就不能很好地应对挫折带来的一些负面情绪和心理压力，因此他们的心理承受能力较差，难以经受住巨大压力的考验。

"后来者居上"的现象

有人做过这样的调查：

很多成名、成家、成大器的人，都属于大器晚成型人物。他们在学校读书时并不是名列前茅的佼佼者，更有甚者成绩和各方面的表现都很差。可是，他们却在成长道路上不断地脱颖而出，最终成就了一番辉煌的事业和美丽的人生。

人们把这种现象称为"第十名现象"，也就是说，成绩平平的孩子后来发展的势头和取得的成就与曾经名列前茅的同学一样甚至超越了他们。

这说明了什么道理呢？

就像前面所说的那样，学生时代的成绩佼佼者无不承受着来自外界的很多压力，他们的身心十分疲惫，一旦遭遇挫折就会觉得没有面子，难以承受不顺利、不成功的感觉。

而名列前茅的佼佼者就像跑步时的领跑者，体力和心力都面临巨大的考验，他们要努力地维持佼佼者的身份，绝不能落后。

相比于这些佼佼者，其他孩子就显得轻松多了。成绩与名次的提高、前进，会被认为是进步；没考好，也不会有很大的压力和过多的责备。

这也许就是"第十名"的优势所在。拥有的不算好，也就不必固守，会一直处于开创的状态。

相比于"好学生"，那些不被老师和家长的殷切期望所笼罩的孩子，自然不会把全部时间都花在学习上面。他们会在自己的兴趣爱好上"浪费时间"，虽然只是"玩一玩"，但是得到了全面发展。他们走入社会后，环境适应能力一般比较强，因为曾经经历过各种起伏波动，也就能够在各种压力下表现得游刃有余。

不把孩子拿来做比较

生活中，我们似乎早已习惯了比较，孩子更是我们经常拿来比较的对象。

除了与同事、朋友比较各自的孩子，就连对待孩子的时候，我们也总是以"比较"的方式来与孩子沟通。

我们常常按照自己的想法和社会公认标准来要求孩子，而不考虑孩子的先天禀赋和心理愿望。很多家长教育孩子时，常常会说："别人能做好的事情，你怎么就做不好呢？"这种做法不仅仅是在贬低孩子，更是不顾及孩子的内心感受和情绪，最终会破坏孩子努力的决心。

"比较"暴露了哪些问题

"你看看，幼儿园的虹虹比你乖多了……"

"这次考试，关月比你多20分，你就不能超过她吗？"

"你看，人家郭珊多好。你怎么就不能像她那样呢？"

我们这样和孩子说话，总拿孩子与别人比较，孩子的内心会有怎样的感受呢？

"我就是我，不要拿我和别人比！"

"好像从记事起，我的爸爸妈妈就不断地拿我和别人比，每次开完家长会后，每次考试之后……即使是鼓励我的时候，他们也总拿我和别人比，希望我像某个榜样那样，好像那就代表优秀和成功似的。既然他们觉得别人好，那就让别人做他们的儿子好了。再说，我不是不想学好，我也在努力。可为什么他们总看不到我的努力和用功呢？我甚至都不想再待在家里了，我讨厌所有人……"

这就是我们的话语和行为在孩子的内心深处所引起的波澜。我们的想法是好的，希望通过这种比较的方式，让孩子认识到自己的不足，从而激励孩子，使孩子能够不断地进步。

其实，"家长老给孩子树立榜样"是一种相当普遍的家庭教育方式，但是这种方式存在很多弊端，一般是由家长的盲目攀比心态造成的，最主要的原因就是——家长不以孩子为教育的中心，不从孩子的心理出发，不了解孩子，主要表现在以下三个方面：

不了解孩子的发展动力

在孩子的成长过程中，作用于孩子心理的有外驱力和内驱力。外驱力来自于环境，是我们对孩子的要求、表扬、批评等因素；内驱力则是孩子内心深处的需求，孩子要求自己进步的主动性。孩子在成长的过程中会不断地为自己树立内心认同的价值观，也会确立自己想要追求的目标。而来自外在的力量会影响甚至剥夺孩子自身的能动性，迫使孩子成为自己人生道路中的一名乘客而不是决定前进方向的司机。

忽略了孩子成长的个性因素

每个孩子都是独立的个体，有着与他人不同的个性特征和理想。但是家长却要将不具备可比性的孩子，按照自己的标准放在一起比较。这样是不公平的，难以产生一个正确的比较结果。而父母应该做的是——将用于比较的工夫花在培养孩子、发现孩子的优势上面。

不同的家庭养教方式会培养出不同的孩子

我们拿自己的孩子和别人的孩子比较，容易导致孩子产生逆反心理。比较的行为会让孩子产生挫败感，难以取得进步。

所以，我们要让孩子变得优秀、取得进步，就绝对不可拿自己的孩子和别人的孩子比较，而要注重对待孩子、养育孩子的态度——尊重孩子，相信孩子能够取得进步。孩子感受到我们的期望后，又怎么会不努力呢？

了解以上三方面的问题之后，我们就能理解"比较"行为带给孩子的伤害，以及孩子会产生怎样的心理反应了。

孩子容易产生挫败感

对于家长树立的榜样，孩子在心里是不服气的，他们通常难以接受，更不会努力向"榜样"学习，很容易产生挫败感。

家长总是这样比较，会使孩子产生永远达不到目标的感觉，因为不断有新的"榜样"出现。一直努力想要得到赞扬和认可，孩子会因此而身心疲惫，累得不想努力。

担心批评和否定

如果对孩子抱有不切实际的期望，孩子达不到要求，家长就会批评孩子、否定孩子，进而引发孩子的自我否定。

容易产生恐慌退缩心理

孩子在成长中遇到困难，难以进步，就会紧张、害怕，需要并希望得到来自家长的帮助和建议，如果家长不考虑孩子此时的心理需求，而是仍将孩子和他人进行比较，孩子就会感到恐慌，并且产生退缩的心理。家长的这种行为是对孩子心灵和情感的一种伤害。

我们的一切用意和行为最终都会作用在孩子身上，但是需要通过孩子的配合和努力才能实现目标。所以，我们必须考虑孩子的心理和情绪。这并不是说"比较"的教育方式不好，因为比较之下，我们能够更清晰地看到孩子的不足与优点，也能更加地明确努力的方向。需要注意的是，我们应该怎样比较。因为比较可分为很多种方式，只有正确的比较方式，才能起到积极的作用，从而促进孩子健康成长。

让孩子和自己比较

不要给孩子设置身边的、具体的竞争对手

竞争是一把双刃剑，人人都有可能把持不好分寸，孩子当然也不例外。不要因为竞争伤害了孩子之间的友谊。

"你看，邻居家的小朋友这次考了 100 分，你呢？"类似的话，会极大地挫伤孩子的自尊心。这样的比较是没有意义的，也是不客观的，容易使孩子产生不健康的竞争心理。一旦孩子产生了"我一定要比他强"的想法，那么为了"真的比他强"，产生一些过激的行动，也是有可能的。

就算需要提到其他孩子，我们也一定要在肯定孩子的优点和进步的前提下，再表达出想让孩子学习其他孩子优点的期望。可以让孩子学习他人的长处，但是不要拿孩子去比较。这样，孩子会更容易接受我们的建议和鼓励。

让孩子和自己比，和自己的昨天比赛

生活中，有很多家长喜欢"比较"。在孩子还很小的时候，就比身高、体重，比谁先说话、先走路；孩子长大后，可比的事情就更多了。

在孩子的成长过程中，我们总是不断地拿孩子与他人进行比

较，却很少对孩子说："要和自己比，看看自己有没有比昨天更优秀，看看自己的进步在哪里……"

让孩子"和自己比"，只要孩子今天比昨天进步一点，明天就一定会比今天再进步一点。而这对于孩子来说，就是最好的进步。

陈妈妈的苦恼

陈妈妈的女儿西西和邻居家的女儿罗嘉是同班同学，两人一直非常要好，可以说是形影不离，好得跟一个人似的，而且学习成绩都名列前茅。在一次考试中，西西因疏忽成绩突然下滑，而好朋友罗嘉的成绩却稳居第一。陈妈妈知道后，就批评西西："你考得这么差，就是因为没努力。你看人家罗嘉，比你踏实多了！"听到妈妈的话后，西西嘟囔道："她好，你就叫她做你的女儿吧！"

这之后，西西开始疏远罗嘉，上学不和罗嘉一块儿走，放学也不和罗嘉一块儿回家，甚至连话都很少和罗嘉说了。

孩子想胜过别人，但又不知道采取什么样的方法，于是就产生了羞愧、恼怒、怨恨等复杂的情绪。当家长拿孩子与他人比较时，孩子容易将怨恨的情绪转移到对方的身上，这时，就会产生嫉妒的心理。家长要理解孩子这一心理特点，与孩子平静地交流，不要拿孩子和他人比较，让孩子明白在失利的时候应该从自身查找原因，帮助孩子把嫉妒心转化为进取心。

我不是"别人家的孩子"

最近，一则名为"别人家的孩子"的文章迅速走红网络。

文章中，一个小孩写道：

"从小我就有个宿敌叫'别人家的孩子'。这个孩子从来不玩游戏，不聊QQ，不喜欢逛街，天天就知道学习。长得好看，又听话又温顺，回回年级第一，不让人操心……"

这个孩子的文章，如实反映了很多家长在教育孩子的过程中普遍存在攀比和焦虑的心理。

这类家长往往过于迷信"榜样的力量是无穷的"，却忽略了"人比人，气死人"所导致的负面影响——伤害孩子的自尊心。

"别人家的孩子"到底好在哪儿，为人父母者通常颇为迷茫。"别人家孩子"的好，就真的是成功的典范吗？其实未必。夸奖别人家的孩子，贬低自己的孩子，这种"扬短避长"式的比较，反映了家长盲目的"攀比"心理，很难比来孩子的优秀，甚至适得其反。

所以，千万别让"别人家的孩子"成为自己孩子的宿敌。其他孩子成功的案例只能作为参考，绝不能试图拿来复制。家长应该结合孩子自身的特点，不可照搬成功的模式。

总之，孩子成才是内外因素共同作用的结果。内因，多半靠孩子自己努力。为人父母者，应该在为孩子营造良好的成长环境方面多加努力。

懂得示弱的父母才最强

　　现在很多家庭的孩子都是独生子女，他们在家庭中无时无刻不在享受着长辈们的关爱、呵护与照顾，很容易养成自私、自理能力差、不会体谅别人、缺乏爱心等缺点。身为父母的我们，如果能够经常在孩子面前示弱一下，让孩子感到自己有时也很能干，也能帮助成人做很多事情，相信孩子会慢慢变得自信起来。

　　也许有的家长会说："我在事业上努力做出成绩，难道是在对孩子犯错误？"我们要有示弱心理，并不是指我们对事业的态度，而是说不要把事业的成功和强势带到生活中来，在孩子面前要懂得示弱，不要给孩子压力，要给孩子努力的空间，让孩子感觉到努力后成功的希望。

　　我们一定要在孩子面前学会示弱，这是我们对孩子最好的鼓励，因为我们的示弱，是在给孩子提供成长和强大的机会，无论是心理、意志方面，还是行动方面。

　　这不难理解，当孩子面对无所不能的父母的时候，通常只有两个选择，一个是向无所不能的父母学习，不断追求卓越和完美，不能容忍自己的任何不足和失误；另外一个选择就是，孩子什么都不做，因为无所不能的父母凡事都能做，自己再怎么努力也难以超越父母！

知道了和孩子相处的示弱心理之后，我们也就知道应该怎样做了。

不妨在孩子面前表现出一点儿不完美、一点儿脆弱，把我们存在的一些可以和孩子说的问题告诉孩子。这样孩子不但不会变得脆弱，反而会变成有责任感的人，想要成为帮我们遮风挡雨的依靠。当我们示弱时，孩子会得到可以施展能力的舞台，让潜能得到最大程度的发挥。

所以，与其鼓励、赞美孩子，希望孩子有一个好的发展，并且尽可能为孩子多做事，倒不如在孩子面前示弱，这样孩子会收获更多。我们要记住——

我们什么都做，样样强，孩子就不会去做，不一定样样强；

我们有 40% 不能做，孩子就能完成 40%；

我们示弱的方面，就是孩子出众、强大的方面；

我们在孩子面前显示出自己的弱势，孩子就可能拥有更多的变得优秀和成功的机会。

父母示弱，能增强孩子的荣誉感

在孩子的成长过程中，父母始终处于优势地位，孩子的心里容易产生"永远也不可能强过父母"的感觉。如果在必要的时候，父母恰当地向孩子示弱，就会收到事半功倍的教育效果。你不妨向孩子求教一个你知道答案的问题。孩子有可能一知半解，但只要你虚心去问，他一定会想办法满足你的。他会去查资料，动脑筋思考，当他的答案得到你的认可时，他会有很强的荣誉感，觉得自己很能干，这会极大地增强孩子的自信心。

父母示弱，能增强孩子的成就感

当孩子解答了父母提出的问题后，会很有成就感，甚至会进一步产生很强的优越感，孩子的自信心也会越来越强。问题来临时能够积极地处理并解决问题，这绝不仅仅是增强成就感这么简单，对孩子的一生都会产生积极的影响。

父母示弱，能增强孩子的独立性

在孩子心目中，大人几乎是无所不能的，所以他们总是会想：我要是长大了，该有多好啊！

所以，我们要懂得示弱。如果孩子连大人提出的问题都能解答，他们就会产生自己和大人一样强、一样优秀的感觉。于是，孩子一点点强大起来，再不是父母眼中的小不点儿了。以后，当孩子遇到问题的时候，会主动尝试独立自主地解决问题，而不再总是依赖父母。

对待孩子不可过于强势

案例1

赵女士是某出版社的主编，在业内有着很高的声望，能力强，有事业心，在家里家外都是能干的女强人，内心充满了自豪感和成就感。

所有事情，几乎都是赵女士自己说了算，女儿佟心更是完全在自己的掌握之中。出现这种情况，完全是赵女士的强势心理所致。

佟心学习成绩一般，各方面的能力也一般。从小到大，佟心一直生活在母亲成功的影子中。佟心在生活中的每件事情、每个细节都能感受到妈妈身上的光环，经常都能听到大家对妈妈的好评。再加上妈妈对自己的严加管教和领导，佟心在内心深处不得不承认自己确实很自卑，总是有很大的压力——妈妈那么优秀，而自己似乎永远也赶不上妈妈……

案例2

孙女士在3年前开了一家会计师事务所，由于经验丰富、业务能力强，很快就打响了自己的品牌，事业越做越好，她也就更加繁忙。

但是孙女士并没有把工作上的女强人形象带回家。回到家里，她总是一副疲惫不堪的样子，让女儿帮自己揉揉肩、捶捶背，有时还让女儿和自己一起做饭。

生活方面如果遇到难题，孙女士就向女儿请教，如果女儿也不懂，她俩就一起查找资料、共同学习。工作上遇到了问题，孙女士也经常和女儿聊一聊，问问女儿的想法，想找到解决问题的途径。

其实，孙女士并不脆弱。陶桃知道妈妈有自己的事业，而且还做得相当出色。而在自己的学习和生活方面，妈妈并没有过多地干涉。在给妈妈揉肩、捶背的过程中，陶桃感受到了妈妈的辛苦。

当妈妈跟自己讨论工作中遇到的问题时，陶桃的心里总有一种说不出来的高兴和美滋滋的感觉。她暗下决心，要分担妈妈的劳累，可这样就会减少一些学习时间，所以她必须提高自己的学习效率。她认为自己还要变得更强大，且足够坚强，好让自己能够成为妈妈停靠的"港湾"。

从以上两对母女的相处中，你看到了什么？

比较要强的父母，他们的孩子通常性格显得不太强，因为父母太强大，压制了孩子的个性，总是使孩子处于俯首听命的状态，限制了孩子自我发展的空间。向孩子展示自己的成功和强势，父母就会不自觉地把自己放在强势的位置上，这样孩子就会被父母的威严和取得的成功所吓倒，心里产生巨大的压力，自然也就难以超越父母，取得一番骄人的成绩。

给孩子提供施展的空间

苏美有个聪明可爱的儿子。她是个有教育智慧的妈妈，常常会将许多大家认为不应该的事情交给年仅9岁的儿子天天去做。

譬如，她会告诉儿子："妈妈这两天很想学做一道新菜，你写完作业后，帮我下载菜谱好吗？我不会弄啊。"

天天的积极性非常高，开始忙着上网查找妈妈要的菜谱。两天后，便将妈妈要的菜谱下载好了。

苏美常和朋友这样说："其实并非我不会下载，而是想通过这种示弱的方式，让天天成长起来。一来能够提高孩子的动手能力，二来也可以分散孩子一味追逐游戏乐趣的注意力。"

事实证明，苏美的这种偶尔在孩子面前示弱的教育方法，还是很有成效的。一天放学回家后，天天告诉妈妈："班上的计算机实习课，我几乎整堂课都不能安静地坐着，总是被同学们叫去帮忙解决各式各样的问题。"

"我比老师还要忙呢！"天天自豪地说道。

就像苏美那样，适当地在孩子面前示弱，让孩子体会父母的无奈与无助，获得孩子的理解与支持，确实不失为教育孩子的一计良策。

激发孩子的责任心

张妍带着女儿方方上街时，方方总是要吃肯德基。这时，张妍会很为难地对女儿说："宝贝，昨天妈妈刚给了奶奶、姥姥零花钱，剩余的钱不太多了，吃一次肯德基很贵的……"

话音未落，女儿方方就说："那我们买瓶橙汁，回家后再炒两个菜，好吃又便宜，还是回家吃饭吧。"

张妍告诉朋友："我并不是因为孝敬了老人就没有足够的钱吃肯德基了，而是不想给孩子不懂得节俭、大手大脚花钱提供机会。我想让方方养成节俭的好习惯，培养她对家庭的责任感。"张妍的这种教育方式让方方学会了节俭，也懂得了关心家人。

有一次，方方快过生日了，张妍说要给她买生日蛋糕，可方方却说："前几天，我同桌过生日时，我已经吃过蛋糕了，所以妈妈不用给我买蛋糕了。快到冬天了，奶奶没有新棉鞋，我们给奶奶买一双暖和的新棉鞋吧！"

听到女儿这样说，张妍别提有多高兴了。

在孩子面前示弱，也是激发孩子潜能的一种方式。

当孩子面对一个无所不能的人的时候，他只有两个选择，一个是学习这个无所不能的人，追求完美，不能容忍自己的缺点；另外一个选择就是什么都不做了，因为这个能人什么都能做！

反而言之，如果能够在孩子们面前表现出那么一点点不完美，或者一点软弱，孩子就会变得宽容和坚强，成长为一个能够为家庭挡风遮雨、有责任感的人！

所以，让孩子体会自己比成年人还要强大，能够帮助孩子建立自信并激发潜能。

请孩子帮忙，孩子更快乐

生活中，在超市、游乐场等公共场所，我们经常能见到家长在大庭广众之下高声呵斥孩子的情景。相信不少父母都有过类似上述情形的经历。当然，我们都喜欢听话的孩子，也希望自己的孩子能够听话。可是孩子毕竟年龄小，很多事情都不懂，这不能成为我们生气、打骂孩子的理由。

其实，很多时候，出现这样的结果，并不是因为孩子不懂事、不听话，而是因为家长在失去说服、教育孩子的耐心后脾气变得过于暴躁。而我们却一而再、再而三地误解和伤害孩子。

孩子1岁多时，特别想自己拿勺吃饭，而我们却怕孩子弄脏衣服和饭桌，嫌麻烦，就不让孩子自己吃……

当我们洗衣服时，孩子乐呵呵地跑过来，把小手伸进水盆里想要帮忙，却马上遭到我们的呵斥，因为我们怕孩子弄湿了衣服……

当孩子玩沙子时，我们嫌沙子脏，害怕孩子弄脏衣服和小手，就制止孩子玩沙子……

很多家长在回忆孩子一点一滴的成长过程时，都有这样的感受。

当孩子渐渐长大了，懂事了，看我们因为忙着做家务而焦头烂额的时候，跑过来想要帮忙，可我们是怎样对待孩子的呢？

"你添什么乱呢？让我省省心吧！快去学习！你只管把学习搞好就行了……"

这就是很多家长的反应。孩子想帮我们的忙、减轻我们的负担，可是我们却对孩子的一片好意和孝心不领情，总是怀疑、否定孩子，认为孩子是在贪玩、捣乱。我们的这种行为总是在不经意间打消了孩子的积极性，打击了孩子的自尊心，甚至还抱怨孩子不知道我们的辛苦和对他们的付出。

这一方面说明家长看重孩子的学习成绩，另一方面则反映了家长对孩子的不信任感，而家长的这种感觉，孩子是完全可以感受得到的。其实，问题的根源就是我们还没有养成站在孩子的立场思考问题的习惯，总是认为孩子还小，不懂事，只需学好知识就行了。

而我们这么做，在某种程度上可以说是没有考虑到孩子内心的成长需求——孩子在内心深处是渴望被理解、被尊重、被认可的。而我们请孩子来帮忙、满足孩子的帮助心理，就是在认可、尊重孩子。

我们拒绝孩子的好意，是会给孩子带来挫败感的。那么，面对孩子的任性、不听话、不懂事，我们应该怎么做呢？这个问题很简单，答案就是我们要请孩子来帮忙。

请孩子来帮忙，对孩子有哪些积极影响呢？又会给孩子的内心带来哪些积极的情绪呢？

让孩子从具体事务中感受自己的价值

请孩子来帮忙，是与孩子进行良好沟通的一种行之有效的方式。

我们以"请孩子来帮忙"这种方式与孩子进行沟通，会让孩子感觉到自己很重要，从而在心里充满自豪感、成就感和满足感。孩子能够从中感受到我们的尊重和重视，会感到自己是有用的人。

> 晚饭时，欣欣一会儿工夫就吃了两碗粥、一个馒头，爸爸又高兴又惊讶地问欣欣："你今天怎么吃得这么多啊？都不用妈妈催促。"欣欣则很高兴地说："我今天和妈妈一起干活了。妈妈洗衣服，我帮妈妈把衣服放到洗衣机里。"妈妈对爸爸说："欣欣可能干了，帮了我不少忙呢！"听到妈妈这么说，欣欣的脸上笑开了花。

当我们洗衣服的时候，让孩子帮我们取衣服、递水盆，孩子不但跑来跑去觉得很好玩，还会觉得自己是有价值的，而且这个过程还是孩子与我们亲密相处的时光。所以，孩子是非常乐意帮忙的。

孩子和父母一起干活，会很开心

所有父母都希望自己的孩子开心，能够快快乐乐地成长。所以，不要总是认为孩子帮忙干活是在捣乱。请孩子来帮忙干活，孩子不但会有所收获，而且会非常开心。

> 星期天，晴晴的妈妈忙着收拾房间—卧室、客厅、厨房、卫生间，也真够她收拾一阵子的了。
>
> 妈妈先收拾卧室，她让晴晴在客厅玩。晴晴因为平时没有多少时间可以和妈妈待在一起，就缠着妈妈，怎么也不肯走开。妈妈没有办法，只好不再坚持了。可是，妈妈刚收拾完衣柜，晴晴就摸摸这件衣服又摆弄摆弄那件衣服，不一会儿就把衣柜给弄乱了。妈妈很生气，但也知道

生气无济于事，一想干脆这样吧，让孩子帮自己干活，就算干不了什么实质性的家务，最起码能让她跟着忙活少捣乱。

于是，妈妈让晴晴跟着自己一起收拾房间："妈妈做什么，你就做什么；妈妈怎么做，你就也跟着怎么做。这样好不好？"晴晴觉得妈妈是想和自己玩过家家，就满心欢喜地答应了。

收拾的时候，晴晴能做的，就和妈妈一起做；不能做的，就看着妈妈做。这样一来，晴晴反倒高兴了，在妈妈跟前跑前跑后的，和妈妈一起说说笑笑，别提多高兴了。

让孩子来帮我们的忙，不只是让孩子帮我们干活，还能促进我们和孩子的近距离接触，通过这种方式来增进我们与孩子之间的沟通。这不但能够融洽亲子关系，还能让孩子有更多的时间和我们在一起，从而变得更加开心。

孩子帮忙时注意的问题

不要责备孩子帮倒忙

常常有家长又气又恼地抱怨：小家伙今天又帮倒忙了！帮着打扫屋子，碰翻了花瓶；帮着刷碗，打碎了盘子；帮着洗衣服，弄湿了衣裤……总之，就是越帮越忙！家长的耐心都在收拾"残局"的过程中消磨掉了。

也难怪，正处于热衷"帮忙"的成长阶段的孩子，往往愿意参与，勇于尝试，渴望帮助他人并得到赞美和肯定。但由于生活经验和实际能力不足，孩子们往往"好心"办了"坏事"，"帮忙"变成了"帮倒忙"。当孩子仰着小脸，天真、可爱地关心我们说："妈妈，我来帮帮你吧？"我们究竟是不耐烦地拒绝孩子，还是接受孩子的帮忙呢？答案当然是接受了。

在此，关于"请孩子来帮忙"，我们要明白一个道理，那就是——我们请孩子来帮忙，并不是要培养、锻炼孩子变成"帮到忙"的小帮手。

请孩子来帮忙，不是真的让孩子帮我们做很多家务，实际上，这还是一种教育、引导孩子，和孩子进行良好沟通的方式。

请孩子来帮忙，不需要直接用"你真棒、你一定行"这样的字眼来赞美孩子，这是一种比直接的表扬更能激励孩子、培养孩子好品质的有效方法。

不要看重帮忙的形式和结果

请孩子来帮忙，我们不要过于看重帮忙的形式和具体结果。

就算孩子帮倒忙，没有起到帮忙应该有的作用，我们也不要试图教育孩子怎样帮忙才能帮好（具体怎么帮），因为这样会打击孩子的积极性，导致孩子以后再也不愿帮忙了。

在请孩子帮忙的过程中，我们必须正视的一个问题就是—请孩子来帮忙，实际上是要让孩子在无形之中形成那些良好的品质。请孩子来帮忙，实质上是在培养孩子独立的意识和在生活及学习中吃苦耐劳的精神，让孩子了解真实的生活，避免孩子长大以后缺乏自强自立的品质。

彤彤妈妈的洗衣烦恼

彤彤妈妈每次洗衣服的时候，彤彤总是跟着忙来忙去的。因为妈妈洗衣服的时候，彤彤也不愿意闲着。妈妈洗，她也洗；妈妈漂洗衣服，她往盆里加洗衣粉。

妈妈一边洗衣服，一边还要管着彤彤，总是弄得手忙脚乱。脏衣服倒是洗干净了，可彤彤身上穿的干净衣服也都湿了，而且屋子里一片狼藉，地上到处是脏水和洗衣粉。

每次洗完衣服，妈妈都要再给彤彤换上一身干净的衣服，再洗彤彤换下来的湿衣服，还要收拾地上的脏水和洗衣粉。

妈妈要忙上大半天，才能把衣服洗好，把屋子收拾干净。

几次之后，彤彤妈妈就意识到了这个问题。想了想，她终于找到了一个好办法。

在洗衣服的时候，彤彤妈妈准备了一块小香皂和两个小盆。一个盆里盛上小半盆水，再把彤彤的手绢、毛巾之类的小件物品放入另一个小盆里，交给彤彤来洗。

妈妈还要给彤彤划分一小块地方，作为她的"独立王国"。安排好之后，就各干各的，互不干扰。

洗的时候，彤彤还常常把她洗的"衣服"拿起来，问："妈妈，干净吗？"

妈妈总是说："干净。再洗一洗会更干净的。"然后，彤彤就又认真地洗了起来，其实就是在水里揉啊揉的。

"这个办法真好。"这样做以后，彤彤妈妈轻松了不少。

其实，彤彤和妈妈一起洗衣服，并不是存心想给妈妈添乱、帮倒忙。所以，彤彤妈妈并没有批评、数落孩子，否则就会伤害孩子，况且彤彤也不会明白其中的原因。

父母最好给帮倒忙的孩子创造一个独立的空间或条件，让孩子去尽情地享受帮忙的乐趣，而不要认为孩子的行为是错误的，从而打消孩子尝试和帮忙的积极性。

明远妈妈上班迟到的原因

每天早晨起床，明远总是和妈妈抢着整理被子。可是，明远不仅把被子叠得奇形怪状，并且笨手笨脚、慢腾腾的，可真是让人看得心急如焚啊。

于是，明远叠被子耽搁的那几分钟就成了妈妈上班经常迟到的"罪魁祸首"。

为此，明远妈妈曾经非常生气。

可是，又有什么办法呢？这么小的孩子，很多事情是和他说不清楚的。

慢慢地，明远妈妈就意识到：孩子爱叠被子的行为说明他想劳动，是在无意识地学习呢！不能因为自己上班迟到就责怪孩子。

"孩子叠被子慢腾腾的，就要给孩子充分的时间；要想被子叠得好，需要经过一段时间的练习才行。"想到这儿，明远妈妈就知道自己应该怎么做了。

明远妈妈："你是不是每天早晨起床时都很想叠被子？"

明远："嗯……"

明远妈妈："那你听妈妈说，你叠得比妈妈慢，需要多花一些时间，我们晚上早点儿睡觉，如果你要整理被子，不是不可以，我们比以前早起10分钟，怎么样？"

明远："好的。我知道了，我现在去睡觉了。"

虽然明远妈妈没有彤彤妈妈那样的辛苦和烦恼，但是在引导孩子养成好习惯时，还是遇到了一点儿小问题。但是这个小问题，明远妈妈处理得很明智。

我们只要能给孩子充分的时间来帮忙，相信孩子一定会做得更好。

对孩子说出合理的期望

美国著名心理学家罗森塔尔认为，如果成人对孩子的能力充满信心，孩子的智慧就会得到充分的发挥和发展；如果成人对孩子不予关注，也没有期望，孩子就会感到自己被忽视、没有价值，就会像一棵无人修剪的小树一样难以成长为栋梁之材，甚至会枯萎。所以，父母对孩子的合理期望是重要的，而且要适时地以正确的方式对孩子说出自己的期望。

李女士的儿子考上了名牌大学，有人向她请教教子秘诀，可李女士并没有讲什么方法，只是道出了自己养育儿子的辛酸和苦心。

第一次参加家长会，幼儿园的老师说："你的儿子有多动症，在板凳上连3分钟都坐不了，您最好带他去医院看一看。"

回家的路上，儿子问她老师说了些什么，她鼻子一酸，差点儿流下泪来。然而，她还是告诉儿子："老师表扬你了，说宝宝原来在板凳上坐不了1分钟，现在能坐3分钟了，其他的妈妈都非常羡慕我呢，因为全班只有我的宝宝进步了。"

那天晚上，儿子破天荒地吃了两碗米饭，并且没让她喂。

儿子上小学了。家长会上，老师说："全班50名同学，这次数学考试，你儿子排第40名，我们怀疑他的智力有些障碍，您最好能带他去医院检查一下。"

听完老师的话，她流下了泪。然而，当她回到家里，却对坐在桌前的儿子说："老师对你充满了信心。老师说了，你并不是个笨孩子，只要能细心些，就会超过你的同桌。"

说这话时，她发现儿子原本黯淡的眼神一下子充满了光彩，沮丧的脸也一下子舒展开来。第二天上学时，儿子去得比平时都要早。

儿子上了初中，又一次家长会，老师告诉她："按你儿子现在的成绩，考重点高中可能有点儿困难。"

路上，她拍拍儿子的肩膀，脸上洋溢着难以名状的甜蜜，告诉儿子："班主任对你非常满意。老师说了，只要你努力，很有希望考上重点高中。"

儿子高中毕业了。

第一批大学录取通知书下达时，学校打电话让儿子到学校去一趟。儿子从学校回来，把一封印有清华大学招生办公室的特快专递交到她的手里，突然转身跑到自己的房间里大哭起来，边哭边说："妈妈，我知道我不是个聪明的孩子，可是，这个世界上只有你欣赏我……"

这时候，她悲喜交加，再也按捺不住十几年来积聚在心中的泪水，任其落在手中的信封上……

第三章 / 学习最有效的沟通方式

杜绝命令的沟通方式

命令的沟通方式

当我们对孩子抱有某种希望，或者对孩子提出某种要求时，往往不是用商量的态度和语气，而是用生硬的态度和强硬的语气来命令孩子。其实，孩子的内心是反感命令的。和命令比起来，孩子更容易接受"商量"。因为命令会给孩子带来一种父母高高在上的感觉，而商量会让孩子觉得父母是尊重自己并且理解自己的意愿或想法的，也就愿意并能够接受父母提出的要求和意见了。

表扬结果的沟通方式

很多时候，只有当孩子的学习成绩或某些行为令我们满意或达到我们的要求时，我们才会表扬孩子。一般情况下，很多家长都会吝啬于表扬孩子。这样，当孩子听到父母的表扬后，难免会在心里产生"父母只关心成绩和结果，一点儿都不关心我"的复杂情绪。

批评的沟通方式

当孩子的某些行为、表现或学习成绩没有达到我们的要求时，我们就会严厉地批评孩子，而根本不考虑孩子的情绪和感受，也从不站在孩子的立场或角度考虑问题。这时，孩子就会想"爸爸妈妈根本不爱我，他们爱的只是听话和考试成绩好的时候的我"。父母的批评是会伤害孩子的心灵和感情的。

讲大道理的沟通方式

当我们希望孩子能够表现得更好时，总是苦口婆心地抓紧一切时间给孩子讲方方面面的大道理，就算明知道孩子听不进去，仍然固执地认为"多说"总比"不说"强，却从来不站在孩子的立场考虑问题—孩子听得多了，听得烦了，是会将耳朵"关闭"上的。而孩子是否"关闭"了耳朵，是否将我们语重心长的话语听了进去，我们是无从考证的。细心的父母会从孩子的表情、情绪等各种小细节深入了解孩子。

以上介绍的命令、表扬结果、批评和讲大道理的4种沟通方式，都存在很多弊端，原因就在于父母单方面的想法和意图，没有考虑孩子的心理和情绪，也没有从调动孩子的积极性这一点出发。

那么，既然这4种沟通方式都不是教育和引导孩子的好方法，也不是和孩子沟通的好办法，我们应该以什么样的方式来和孩子沟通呢？又要怎样做，才能起到教育孩子的良好效果呢？答案就是——说出我们对孩子的期望！

用表扬的方式表达出我们的期望，会让孩子意识到取得的成绩只是暂时性的，避免产生骄傲的心理。孩子会继续努力，不断进取。

但是，我们所表达的期望一定要是合理的，否则不但见不到应有的效果，还可能伤害孩子，打击孩子努力取得进步的积极性和主动性。

亲子沟通是需要一种具体的、能够落到实处的互动的，一定要调动起孩子的积极性，让孩子行动起来，而不是父母单方面的说教。

如果我们以"表达出自己的期望"这种沟通方式和孩子说话，孩子就会知道"到底要怎么做"了。我们不需要命令、强迫、监督孩子，也不要随便地表扬或者批评孩子，孩子会产生一种为自己做主的主人翁的感觉，并认为父母只是在提建议和帮助自己更好地成长。

这样经过一段时间之后，我们就会发现孩子有了明显的转变和进步，同时孩子自己也能感觉这种进步。而这种进步或者变化的原因就在于孩子主动地配合了父母的期望。孩子会十分陶醉于自己所取得的进步，享受这种美好的感觉。

对孩子表达期望，孩子能够更加客观和清楚地认识到自己的优缺点；

对孩子表达期望，孩子能够知道自己的真实水平，不会妄自菲薄，也不会狂妄自大；

对孩子表达期望，孩子能够更加清楚自己的努力方向和目标，更有信心去实现目标。

说出重点，切勿该说的没说

孩子小的时候，我们总是提醒孩子不要吃手、不要撕书，可孩子就是不听。现在，孩子长大了，不用我们提醒也不再吃手、撕书了。

在孩子的成长过程中，我们每天都在告诉孩子应该做什么、不能做什么。一些话，孩子会听；另一些话，就算我们反反复复地唠叨，孩子仍旧不听。

这里，我们先不讨论我们的话孩子是否听得进去，而是来看一下，我们一直在对孩子说些什么。

"总吃手，别再吃了……"——当孩子还小时，每次看到孩子吃手，我们总是忍不住这样提醒孩子。

"别把书撕烂了……"——每次看到孩子撕书时，我们也总要说一说。

因为孩子还小，所以我们总是提醒孩子"不要把手放在嘴里咬，不要撕书"，可孩子就是不听。即便如此，一旦孩子稍大一些，自然就不再吃手、撕纸了。

孩子上小学了，从上学第一天起，我们就不厌其烦地对孩子灌输"好好学习"、"要考第一"、"将来争取上名牌

大学"……诸如此类的话。然而随着孩子渐渐长大，我们
才发现其实孩子的学习成绩和考试分数并不是最重要的方
面。

……

这样的事情不胜枚举。那么，在孩子的成长过程中，我们都在
说些什么呢？我们对孩子常说的话真的那么重要吗？

我们对孩子的教诲和引导，大体上可划分为以下 3 个方面：

总是和孩子谈与学习有关的事儿

"上课好好听讲……"

"学习要认真一点儿！"

"好好学习，才能考出好成绩。"

……

每天孩子都要从我们的口中听到很多的有关学习的话语。可是，
我们的这些话只能说是一种提醒，而如此频繁的提醒，会使孩子对
其产生抵触情绪和漠视的心理。其实，孩子想要好好学习的主动性
与我们提醒的频率并无直接关系。

总在无关紧要的小事上规范孩子的行为

"怎么这么大了还不会系鞋带啊？"

"走路时，别总踢路边的石子！"

"别总在雪地里踩，会冻伤脚的。"

……

孩子在生活中的方方面面我们都看在眼里，对孩子的每个行为
细节我们都想要引导、教育。我们总是觉得孩子的行为不够好，也

总在想办法规范孩子的种种行为。但事实上，孩子的这些行为细节大都是无关紧要的小事，我们完全不必要对其过分关注。待孩子长大一些之后，孩子的这些幼稚的行为自然就消失了。

告诉孩子很多长大后自然会明白的道理

生活中，我们常常像"忠告不能毁掉孩子的希望"一节里介绍的那位父亲一样，告诉小男孩"葡萄不能种在花盆里，而应该长在葡萄藤上"。这样的话并不是给孩子提出的必要的忠告，因为类似的道理，孩子会在从书本或者课堂上学习、理解，迟早会懂得这个道理。

如果我们在孩子自己弄明白之前，将这些道理讲给孩子，就很可能破坏孩子的想象力和创造力。

现在，了解以上3个方面的内容之后，我们在与孩子交流、给孩子提出忠告时，就不要在一些细小的、无关紧要的行为方面过多地干涉孩子了，最好是给孩子创造一个独立、自由的成长空间。

和孩子沟通的话题

我们要知道：在和孩子说话时，要注意提及与忠告内容相关的方面，而不只是唠叨琐碎的事情。

要管大方向，琐碎之事不用管

孩子吃手、撕纸，这样的小事我们就不用管，这类行为是孩子认识世界的一种方式。随着年龄的增长，孩子过了这个特定的认识阶段，即使我们不管教，孩子也会自行纠正这类行为。所以，我们不要把教育孩子的精力放在这些琐碎的事情上，而要把握住孩子成长过程中的大方向。比如，当孩子还没有形成"买东西要付钱，否则就是偷窃行为"的认识时，如果孩子随便拿商店货架上陈列的食品吃，我们就要告诉孩子："货架上的食品是属于商店的，我们付了钱，才能拿来吃。"我们要让孩子清楚地理解这个道理，而不是随便给孩子扣上很多"帽子"，不分青红皂白地数落孩子："你怎么偷东西啊？你怎么那么馋啊？"

学习是一生的事情

虽然我们不能只和孩子谈"学习"，但是"学习"这件事还是必须和孩子谈的。

在父母的殷切期望下，很多孩子厌倦了学习，一心想着大学毕业赶紧工作了，以便逃离学习的"苦海"，以为自己不用学习就再也不会感受上学的痛苦了。

孩子之所以会产生这样的想法，很大程度是父母一味强调"学习"的重要性所致。

学习，绝不仅仅是学习书本知识、取得好成绩、考入名校这么简单。学习是一个十分广泛的概念，俗话说"活到老，学到老"，就是这个道理。生活中，有很多值得我们学习的方面。更准确地说，孩子具备良好的学习能力比学习成绩好更加重要。当孩子拥有了较强的学习能力后，他最终会成长为一名拥有卓越能力的优秀人才。

所以，我们绝不能让孩子厌烦学习，而要帮助孩子端正学习的态度，让孩子成为学习能力较强的人。这样孩子才会热爱学习，并最终获得良好的成长。

时间和健康最重要

时间一去不复返，是人生最为宝贵的资源。尤其是在年少时，孩子大都以学习为第一要务，在这期间，我们一定要帮助孩子好好地利用时间，为孩子的健康成长打下扎实的基础。

对任何人而言，工作、人文素养和文化底蕴都十分重要。在学生时代，孩子因为年纪小、记忆力好，学习效率会特别高。所以，学生时代是孩子最为宝贵的学习时间。

我们要注意的是，不能让孩子因为学习而牺牲了身体健康。健康的体魄和良好的心理素质有助于孩子在成长的道路上不断攀登一座又一座高峰。

让孩子拥有自信

孩子的心智还未完全发育，难免存在一些问题和不足之处，可能受到老师、长辈的批评和指正，这是很正常的现象。这时，我们就要告诉孩子—人无完人，谁都有犯错误的时候，但是犯错误并不代表不优秀，要增强自信心，勇敢地战胜自己，改正错误，吸取教训，从而不断地进步。

由于孩子年纪尚小，阅历和经验都很不足，还有很多道理是我们必须告诉孩子的。无论孩子的心境或者情绪怎样、处在怎样的成长过程中，我们都要思考到底要告诉孩子什么道理、给孩子提出怎样的忠告。不要等孩子已经不知不觉长大后，我们才恍然发现，唠唠叨叨地说了很多，但该说的、重要的内容都没有说。这时，我们将追悔莫及。

消极提醒效果差

很多家长不管什么时候，不管孩子的行为表现怎样，都一概用"你真棒、你真好、你一定行"等夸奖的话语来鼓励孩子。这样做，久而久之就给孩子留下一种敷衍自己的感觉，会给孩子造成一种错觉，不利于孩子规范自己的行为。

当然，提醒也一样。孩子各方面的经历和经验都不足，我们应该给孩子提出忠告和建议。但是，我们需要注意表达方式，因为有些好话会伤着孩子。这些话是我们经常说的，但起不到很好的效果。

"我告诉你……"

很多时候，我们怎么说，孩子都不听，或者无论我们说多少，孩子都屡教不改。每当这时，我们就会变得气急败坏，不知道应该怎样教育孩子。

回想一下，我们是不是经常对孩子说这样的话：

"我告诉你，你要是再不听我的话，再不改正错误，我就真的不管你了。你愿意好就学好，不愿意好就学坏，没人管你……"

"我告诉你，你要是再不听话，还这样下去，你就真的没救了……"

"我告诉你，我再怎么管你，你不改正，也没有用……"

也许在说过这些话后，你会说："那些都是气话。"可是，对于我们一时的气话，孩子是会当真的。而我们的这些气话，不但不是忠告，还会对孩子产生很坏的影响。

"你不要再……"

"你不要再看电视了。"

"你不要再把房间弄得这么乱了！"

"你不要再在课堂上睡觉了！"

……

生活中，我们经常这样苦口婆心地和孩子好好说话、好好商量。这些话语，看起来好像比"我告诉你……"的方式温和多了，但是这样的话也不是忠告。孩子从这样的话语难以体会到"为什么要这样做，这样做的好处是什么"。

"你不要再……"的话语反映了我们的无奈——三番两次地教导孩子，可孩子就是不理我们这一套。我们总是这样说，会给孩子造成这样一种感觉——没什么大不了的，爸爸妈妈会一直这样说下去的。

知道了孩子听到这些话以后的心理反应，我们是不是应该仔细地思考一下和孩子说话或者给孩子忠告的方式了？

"你必须记住……"

"你必须记住……"这种表达方式，不管后面说的是忠告的大道理，还是要孩子记住的生活中的小细节，即便出发点是好的，也会给孩子造成一种命令式的强迫的感觉。一旦孩子产生这样的感觉，就会自然生出一种强烈的抵触情绪，也就不会按照我们的要求去做了。因为话一旦说出去，在孩子心里所造成的影响将是我们难以控制的。

所以，这种提醒不但不是好的沟通方式，而且会强化孩子的这种不好的行为。

不要让对话变成了争吵

在日常生活中，家长们会对孩子说很多话，要求孩子做很多事。可是大家仔细想过没有，我们说的话有几句孩子真正听到了心里？有几件事孩子真正按照要求去完成了？我们和孩子的对话是否总是收效甚微呢？

孩子不听家长的话，当然也就不会乖乖地按照家长的要求去做。更让家长尴尬的是，即使自己主动接近孩子，想要和孩子谈心，但无论说到什么话题，最后都以争吵结束。这究竟是为什么呢？首先，我们不得不正视以下几个方面的问题。

只考虑自己

很多父母在和孩子说话时，往往忽略了维持良好人际关系的一个重要原则——说话的对象性，即考虑对方的心理和所处的情景，这样才能使我们的话语达到预期的目的，拥有预期的效果。我们和孩子说话时当然也不可忽略这个原则。

我们要考虑孩子的感受和孩子的自身条件，不能按照我们的主观意愿去强求孩子。大人希望小孩听自己的话，小孩希望大人能尊重自己的意愿，可是双方通常只考虑自己而不肯站在对方的立场思考问题，自然就产生了一个不良的结果——争吵。

责怪

妈妈："作业写了这么长时间，怎么还没写完呢？"

女儿："这道题有点难，我不会。"

妈妈大声地斥责女儿："你为什么不会啊？是不是上课又没注意听讲？你怎么就不知道用功呢？"

女儿委屈地高声喊道："我没有不用功，我上课认真听讲了，可这道题我就是不会。"

妈妈："你喊什么？你这样和妈妈说话，对吗？"

女儿："我也不愿意这样，谁让你先对我喊的。我真的很认真地听讲了。"

遇到问题，不是冷静地听孩子解释，与孩子一起寻找解决问题的办法，而只知道生气，然后不分青红皂白、怒不可遏地责怪孩子。孩子认为自己并没有错，当然不能乖乖地接受父母的指责。所以，"话不投机半句多"，父母和孩子吵起来也就是自然而然的事情了。

强制

每个人都有自己的想法。在内心深处，孩子对于自己的兴趣和未来有很多的憧憬，并且渴望着尝试。但多数情况下，家长并不考虑孩子的想法或者无视孩子的想法，认为孩子只是一时兴起，或者是贪玩，三分钟热度之后，又将有新的关注点。所以，不管孩子怎么逆反，都意志坚定地命令孩子"一定要"怎样。而面对家长的强制，孩子一般都会反抗。家长越强硬，孩子越反抗，争吵也就在所难免了。

拒绝争吵的办法

生活中，每天我们都要和孩子说很多话。有时听到我们的话，孩子会默不作声；有时听到我的话，孩子会大吵大闹……孩子出现这些不同的反应，一般都和我们说话的方式和态度有密切的关系。那么，生活中我们一般会怎样和孩子沟通呢？

情景 1

"看电视，别离电视机那么近！"

"不要边听音乐边看书，把音乐关掉！"

"快把玩具收拾好，屋子太乱了。"

……

想让孩子做某件事情时，我们常常这样和孩子说。

情景 2

"真乖！帮妈妈收拾房间了！"

"这次考得不错，还要继续努力！"

"如果下次还能考满分，爸爸有奖励哦！"

……

孩子达到了我们的要求，或者我们想让孩子表现得更好时，我们通常这样表扬孩子。

情景 3

"你怎么这么笨啊,什么都做不好!"

"就不能认真一点儿吗?丢三落四的,什么都得提醒,要不,准出错。"

"你别再给我添乱了,行不行?"

……

我们对孩子的行为、表现不满意,或者孩子的努力没有达到我们的要求时,我们就用批评的方式来对待孩子。

情景 4

"要注意听讲,好好学习,再用功一点儿,这样才能考上大学,才能有好的发展。记住了吗?"

"在学校要好好表现,你要是表现不好,老师不但批评你,还要给家长打电话。我去学校会很没有面子,等我回到家就会批评你。明白了吗?所以,你还是好好表现为好。"

……

当我们想让孩子明白道理、少犯错误时,就会给孩子讲很多我们自认为有用的大道理。

从以上 4 种情景中,不难看出我国家庭目前常见的 4 种亲子沟通方式,它们分别是:

沟通方式 1——要求与命令

沟通方式 2——表扬结果

沟通方式 3——批评

沟通方式 4——讲大道理

仔细想一想,就会发现,我们平时确实是在用这 4 种方式和孩子沟通。

亲子关系是一种友善、积极的关系。如果沟通方式不对，就会出现很多弊端。亲子双方的相处，关系到孩子能否健康、快乐地成长。在亲子沟通过程中，我们应尽量为孩子的成长提供一切优质的教育，同时孩子也会给予我们很多人生的启发，带给我们一次又一次意想不到的快乐和惊喜。

那么，我们要如何做才能使我们和孩子之间的对话不再变成争吵呢？

就事论事

当我们面对孩子时，不要有先入为主的想法。我们一旦对事情产生了先入为主的想法，遇到问题时就不会考虑孩子的感受和事情客观真实的情况，而是一股脑儿地从自己的主观想法出发，这时无法控制的脾气就会立即占据上风，打破我们和孩子之间平静、友好的气场。

所以，在和孩子沟通、对话时，就事论事是一项十分重要的原则，也是需要家长谨记的亲子沟通的技巧。

不随便否定孩子的感受

当孩子说"妈妈，这道题我不会"时，我们首先要考虑的是"孩子真的遇到难题了，我们要怎样和孩子一起解决问题"，而不是想"孩子不会做这道题，一定是因为上课没有认真听讲"。

又比如，我们总是认为孩子年纪小，总是活蹦乱跳的，根本不知道累。所以，当我们让孩子学习到夜里11点或让孩子赶着上特长班的时候，孩子有时会说"累"，而我们却总是说："小小年纪，知道什么是累吗？"

我们要考虑到现在的孩子身心承受了太多的压力，他们肯定会有感觉累的时候，我们绝不能想当然地否定孩子的感受。

多听听孩子的话

如果无论孩子做什么，我们都不断教训他们，这样会给孩子留下和父母无法沟通或者父母不理解自己的印象。

事实上，我们应该问一问孩子内心的想法。听孩子说话，是了解孩子最直接、最有效的办法。

注意态度和表情

有时，我们就算很生气，也要记住：要和孩子讲道理。我们绝对不能怒不可遏、劈头盖脸地打骂孩子。

我们和孩子对话时，和蔼、亲切的态度与表情是十分重要的。因为和蔼、亲切的态度与表情的内在心理因素就是尊重和理解孩子。当孩子面对尊重、理解自己的人时，是十分愿意进行沟通和对话的。在这种情况下，孩子会更轻松、更自在地对父母说出自己的心里话。

不论我们和孩子以什么样的方式进行对话，我们都要表达出对孩子的爱。因为爱是可以通过话语让人真切地感受到的。这样说，不是要求父母一定要对孩子说"爸爸妈妈很爱你"或者"你知道爸爸妈妈有多爱你吗"这样的话，而是要在言谈之间流露出真切的感情。因为我国的父母普遍吝啬对孩子表达爱意，总是将自己的情感掩藏起来，而以不关注或严厉的方式来表达自己对孩子的关心和爱护。

好好爱孩子。当我们掌握了正确的方法并调整好自身的态度时，我们和孩子之间就不会再发生不必要的争吵了。

第四章 ／

聪明的父母善于赞美孩子

赞美孩子是一门学问

赞美孩子是一种有效的教育手段。卡耐基曾说："使孩子发挥自己最大潜能的方法，就是赞美和鼓励，尤其是来自父母的赞美。"但是，在日常生活中，父母常常会忽略对孩子的赞美，他们总是很容易发现孩子的缺点和不足，而忽视了孩子的长处和闪光点。其实，如果父母能够及时赞美孩子，往往就能有效激发起孩子的信心，对孩子的成长产生积极的引导。

赞美孩子是促进亲子关系良好发展的重要技巧之一。聪明的父母善于发现孩子的优点，并且用正确的方式赞美孩子，帮助孩子在成长的过程中建立自信与自尊，从而得到更好的发展。

天气预报报道最近将有台风侵袭这座海滨小城，人们开始紧张而积极地投入到应对台风的准备工作中。一位妈妈忙碌着收拾东西，旁边站着她的小女儿。

"这该死的台风……"妈妈一边收拾东西，一边咒骂。

"我喜欢台风。"旁边的小女孩不同意妈妈的说法。

妈妈很诧异，台风破坏力极强，会毁坏庄稼，吹倒房屋，阻塞交通，给人们的生活带来不便并造成巨大的损失。可眼前这个不懂事的"小不点儿"居然说她喜欢台风。

"孩子，告诉妈妈，你为什么喜欢台风？"妈妈疑惑不解地问小女孩。

"上次台风来了，就停了电。"小女孩不假思索地回答。

"停了电又怎么样？"

"晚上就会点蜡烛。"

"你喜欢点蜡烛，是吗？"

"是的，那回（指上次刮台风的晚上）我拿着蜡烛走来走去，您说我像小天使。"

母亲顿时无言，旋即停止了收拾，抱起女儿，亲吻着她的小脸蛋，凑近她的耳朵说：

"孩子，你永远都是妈妈的小天使！"

孩子渴望得到赞美，赞美会使孩子的内心产生美好的感觉，这是一种普遍的心理效应。

美国心理学家威廉·杰姆斯曾说："人性最深层的需要就是渴望得到别人的赏识。"

赞扬、赏识和肯定的态度在对孩子的教育上有一种神奇的力量，哈佛大学心理学教授罗森塔尔通过小白鼠走迷宫的试验将这种力量淋漓尽致地表现了出来。

小白鼠	条件及评价	试验人员对待小白鼠的态度	试验结果
A组	非常聪明，经过了专门训练	认真训练，热情地鼓励小白鼠"一定能够成功"	顺利地走出了迷宫，并且缩短了专家预计的时间
B组	智力一般，各方面都普普通通	按部就班地训练，不抱有太大的希望	表现一般，只有一半走出了迷宫，所用时间比专家预计的稍长一些

续表

C 组	智力低下，十分愚笨	随便训练就可以了，反正其本质是无法改变的	只有两只小白鼠走出了迷宫，所用时间长达专家预计的数倍

面对着这样的试验结果，罗森塔尔教授解释说："3 组小白鼠是随机划分的，评价也完全是人为界定的，而影响试验结果的因素就是 3 组试验人员对待小白鼠的态度，这就很明显地体现了赞赏和肯定的作用与影响。"

所以，我们要相信自己的孩子，在生活中细心观察，捕捉孩子的闪光点，看到孩子的长处和优势。每当孩子取得一个小小的进步时，我们就应该不失时机地给予孩子鼓励和表扬，激发孩子的上进心和自信心，使孩子坚信自己能做得更好。

赞美孩子的基础是相信孩子

当孩子渴望得到我们的信任和鼓励时，我们总是给孩子泼冷水："你不行、失败了可不能哭鼻子啊、你能行吗、那不是你的强项……"之所以这样说孩子，是因为很多家长的心里认为孩子有可能实力不足，担心孩子会失败。一旦孩子没有达到预期的目标，家长就认为孩子不会开心，不能战胜困难或者难以顺利地走出困境。

先不说孩子进行某项活动的成与败，就说父母对待孩子的这种态度，就是对孩子心灵的最大伤害。父母所要做的就是相信孩子，鼓励孩子去大胆尝试，与结果相比，更重要的是让孩子体会、了解、尝试各种不同的经历。

孩子渴望获得他人的信任（特别是来自父母的信任），因此孩子的努力是一种积极进取的行为表现。在获得信任时，孩子的心理素质、办事能力都将得到很好的锻炼和发挥。

孩子对父母具有特殊的信任感，就会常常把父母看作自己学业及知识上的启蒙老师、言行举止的榜样、生活中的亲密顾问、情感上的真挚朋友……同时，孩子也希望通过各方面的良好表现来博得父母的信任与肯定，像朋友一样和父母进行平等、真挚、有效的沟通和交流。因此，来自父母的信任与肯定，会让孩子产生莫大的满足感，孩子会更有信心地为自己的目标奋斗。

女儿的小秘密

每位父母在孩子成长的过程中，都可能因为某些事情或感觉对孩子产生一定程度的担心。

不知从什么时候开始，12岁的肖子月在书桌的抽屉上加了一把锁，而且经常半夜房间里还亮着灯。

有一天，肖妈妈看见女儿神秘兮兮地把一个小盒子放在了那个抽屉里，便不经意地问了女儿一声，女儿高兴地说："保密。"

肖妈妈收拾房间时，发现垃圾桶里有一团被女儿揉皱的纸，好奇地捡起来一看，上面写着"我爱你……"，后面的字被墨水弄脏了看不清楚。

肖妈妈非常吃惊，想起了每天晚上女儿房里的灯光，还有女儿拿着的盒子……觉得女儿很不对劲。但她转念一想：不，我相信我的女儿，她不会……一定是我弄错了，我绝对相信我的女儿！

此后几天，肖妈妈都没有"监视"女儿，仍像往常一样对待女儿。

一天晚上，肖子月放学后早早回到家里，帮妈妈做家务，还亲自下厨，炒了妈妈最喜欢吃的菜。

吃饭的时候，肖子月从房里取出了一个盒子和一张纸条。肖妈妈非常吃惊，因为女儿手里的盒子正是那天女儿放进抽屉的盒子。

女儿依偎在妈妈的背上，拿出纸条，深情地念着：

"妈妈，我爱你！如果我是荷花，您就是为荷花遮风挡雨的荷叶……"

女儿念完后，笑着说："妈，今天是您的生日，这首诗是我反复修改后写的，这个礼物是我用零花钱买的，送给您，祝您生日快乐！"

这一刻，肖妈妈全明白了。

肖妈妈非常感动，也觉得有些不好意思，就把原来的想法告诉了女儿。肖子月听完后，笑着说："妈，您不是没偷看我的抽屉嘛，而且您也仍然信任我啊，只是'想想'，没关系的。"

肖妈妈笑了，庆幸自己当初只是"想想"而已。

肖妈妈的经验告诉我们：孩子产生某些异常的行为，一般都是有原因的。我们不但要看到孩子的行为，还要清楚行为背后的原因，这样我们的态度和行为才不会伤害孩子稚嫩的心灵。

赞美孩子，要注意表达方式

我们对孩子提出要求、表达期望，或者对孩子的行为和决定表达看法时，孩子并不仅仅接收到我们的要求、期望或看法的具体内容，同时还会感受我们说话时的态度和语气。

同样是支持孩子参加棒球比赛的表达方式有："孩子，爸爸妈妈相信你。好好准备，加油啊！""既然已经决定了，就尽量去做吧，名次要是不好，可不要太伤心啊！"这两种来自父母的截然不同的话语，会使孩子产生完全不同的心理感受。

既然已经报名参加了比赛，我们就不要使孩子泄气，而要为孩子打气；不要在乎结果，要使孩子在比赛的过程中得到充分的锻炼，并一直保持愉快的心情。

适度表扬，让表扬永远有效

就算孩子各方面一直都表现很好，我们也不能频繁地事事都表扬孩子，这样会使孩子产生"表扬疲劳感"。他们可能会想："我真的每件事都做得那么好吗？难道没有一点儿需要改进的地方吗？"所以，适度表扬，才会提高表扬的价值和地位，避免孩子对表扬产生"免疫力"，不把表扬当回事。

少表扬，多鼓励

表扬往往指的是结果，孩子做好了，我们才会表扬孩子；鼓励关注的则是孩子努力的过程。由此可见，表扬孩子，不如多多鼓励孩子。在孩子考虑、决定做某件事或正在做某件事的过程中，为孩子加油、鼓劲，让孩子以良好的状态和精神百倍地投入其中。这样，孩子在整个过程中都会心情愉快、信心百倍、意志坚决地行动。孩子一旦这样做了，便会有极大的可能取得最终的胜利。

对于孩子的教育问题，情况也是一样的。我们对待孩子的方式、对孩子说话的态度会影响到孩子的未来。

所以，我们要多加注意自身的言行举止，赞美、肯定孩子的话多说，批评、忠告的话要有选择、有技巧地说，否定、打击的话一定不要说。

那么，具体到现实生活中，我们该怎样注意自己的言行呢？

赞美孩子的行为

对于孩子的可爱行为，说"孩子，你是个小天使"，而不说"孩子，你是个捣蛋鬼"，更能让孩子内心愉快，并愿意做得更好。

和孩子对话时，多采用正面的词语

当孩子做作业遇到困难时，我们不要说"这么简单的题都不会，上课怎么不认真听讲呢"，而要对孩子说"别着急，慢慢想，一定能够找到方法，得出答案"。

把孩子值得赞扬、肯定的行为总结为一个词，方便孩子理解和记忆

孩子已经背了一个小时的课文了，我们可以对孩子说："你很有耐心。"然后，让孩子知道有耐心的必然结果就是"很多事情都会坚持到最后，而且会完成得很好"。

赞美的成功教育典范

　　著名成功学家拿破仑·希尔从小就被认定是一个坏孩子。母牛走失了、树莫名其妙地被砍倒了……大家都认为这些坏事是他做的，就连他的家人也认为他很坏。人们都认为母亲去世、没有人管教是拿破仑·希尔变坏的主要原因。

　　既然大家都这么想，希尔也就觉得自己再怎么努力改变，也没有人会相信自己，所以他也就什么都不在乎了。

　　一天，希尔的父亲说要再婚，大家都担心新妈妈会是个坏女人。拿破仑·希尔也打定主意，根本不把新妈妈放在眼里。

　　陌生的女人终于走进了家门，她走进每个房间，愉快地向每个人打招呼。当她走到希尔面前时，希尔像枪杆一样站得笔直，双手交叉在胸前，冷漠地瞪着她，一丝欢迎的意思也没有。

　　"这就是拿破仑，"父亲介绍说，"全家最坏的孩子。"

　　令希尔永生难忘的是继母当时所说的话。她把手放在希尔肩上，看着他，眼里闪烁着光芒。

"最坏的孩子？"她说，"一点儿也不坏，他是全家最聪明的孩子，我们要把他的本性诱导出来。"

后来的事实证明，继母造就了拿破仑·希尔，因为她坚信他是个好孩子。父母对孩子有这种信心，孩子就会成功！

当大家都说希尔是个坏孩子时，慢慢地，希尔会觉得"自己再怎么努力改变，也没有人会相信自己"，所以也就不会在乎自己的行为了。

但是继母的赞美让希尔意识到"自己的努力和改变是有价值的，因为有人相信自己是一个好孩子"。

这就告诉我们，父母的赞扬对孩子来说有多么重要。

当孩子听到我们的赞扬后，就会对自己产生相应的评价，从而学会欣赏自己、赞扬自己。

表扬孩子也有技巧

现在很多家长都提倡赏识教育，就是说要多表扬孩子，不要打骂、批评孩子。所以，不管孩子做什么、怎么做，家长都会对孩子说"你真棒、你能行"，而不考虑孩子的实际情况和努力程度等因素。

然而，有一些家长已经意识到了这个问题——难道赏识教育就是要一味地表扬孩子吗？其实，表扬孩子是要讲究一定的方法和技巧的，否则不但起不到好的教育效果，还容易适得其反。

通常，当孩子取得成绩或获得成功时，我们才会给予孩子应有的表扬。但这种做法是否会对孩子产生积极的作用，还有待于我们在长期的家庭教育过程中去检验。

心理学研究表明，在表扬孩子时，不应过多地夸奖孩子的成绩或任务完成的结果，而应该更多地表扬孩子所做出的努力。因为很多时候，孩子的成绩或者任务完成的结果并不完全取决于孩子个人的努力。比如，孩子是否能够在考试中取得好成绩，还受到试题的难易程度、考场环境以及个人身体状况等因素的影响。对于成长中的孩子而言，付出的努力比取得的成绩显得更为重要。

让孩子在努力中进步

经常被表扬"好成绩"的孩子，会为了父母的表扬而一心追求好成绩，一旦成绩不理想，就容易受到很大的打击，变得垂头丧气、失去信心。

经常被赞扬"努力"的孩子，即使一时成绩不理想，进步不是很明显，也不会因此而失去信心，而是会更加努力，迎头赶上。

所以，表扬孩子，不要只是表扬结果，而是要表扬孩子的努力，这样做对孩子大有裨益。

让孩子知道学无止境

取得的好成绩是暂时的，只能说明在这段时间内的学习情况和努力的精神，并不能代表将来。就算取得了好成绩，如果以后不努力，也难以保持这样的好成绩。

肯定孩子的努力，就等于鼓励孩子要不断进取，使自己逐渐变得更加优秀。让孩子知道父母在乎的不是成绩，而是努力和进步，这一点非常重要。

告诉孩子，我们在乎的不是他的成绩，而是他付出的努力和取得的进步。这样可以避免孩子觉得父母忽视了自己在学习或完成任务的过程中所付出的努力和艰辛。其结果是，孩子会在每一件小事中都尽心尽力地努力完善自己，同时还可以保持健康的心态和愉悦的心情。

文文和很多孩子一样，都是很用功、用心学习的孩子，但是考试的成绩在很大程度上并不是由用功和刻苦的程度来决定的。

文文也能感受到爸爸妈妈的期望，所以，无论是复习的时候，还是考试的时候，他都十分地努力，但也会时不时地想到"这次考试的结果能否让爸爸妈妈满意"，总是在这个过程中感觉很累。

这些，文文妈妈都看在眼里、记在心上了。

这次考试成绩出来后，文文有些担心，分数和名次不如上次考试好……

文文妈妈知道这个情况后，并没有像以前一样一味地强调"结果"或者"分数"，而是说：

"一次的分数并不能说明什么。妈妈知道你一直很努力，这就是最好的成绩。努力学习了，学到的知识早晚会用到的。不管结果怎样，全心全力地努力就好。"

听到妈妈这么说，文文受到了很大的鼓舞，也就不再伤心难过了，而是更加努力地投入到学习中。因为文文懂得了这个道理：不一定要追求很高的考分，学到的知识早晚会用上的，不用太看重结果！

其实，妈妈表扬文文时，文文一点儿都不轻松，他会有很大的压力。文文并不是不想取得好成绩、不想努力，只是在努力的过程中不能专心，总是担心万一考不好妈妈会有怎样的反应，还总是牵挂着考试的结果，这样一来就会分心。都说"只问耕耘，不问收获"才会取得好成绩，才能心无杂念地努力。可是这样一来，文文总是会很累，担心辜负了妈妈。

如果父母并不是只看重成绩，也能看到孩子的努力，孩子就会感觉比较轻松，也不会过于在意成绩一定要好或者考不好该怎么办的问题了，从而可以一心一意地专注于学习。如此一来，孩子通常会有所进步。

赞美让孩子更加自信

在孩子的成长过程中，我们一直在想方设法地教育孩子，想让孩子变得更优秀一些，能够取得更大的进步。

作为父母，作为孩子的第一任老师，我们一直在努力，希望培养出优秀的孩子。可很多父母却发现往往事与愿违，问题到底出在了哪里？我们的良苦用心为什么没能收到令人满意的效果？

其实，问题就在于，我们在和孩子沟通交流或者教育、引导孩子的时候，往往只是自己单方面地努力，常常忽视了孩子的内心感受。

事物的发展是内因与外因共同作用的结果，而外因是通过内因发挥作用的。我们所做的一切努力都是孩子成长的外因，而孩子自身的主动性和积极性才是其良好成长的内因，也是起着决定性作用的要素。我们教育孩子的一切方式或方法，都必须能够被孩子从心底接受，这样孩子才会和我们产生互动，也才会主动去努力。

我们在教育孩子的过程中对孩子进行赞美，这一点十分重要，因为这样可以让孩子充满自信，相信自己很优秀。这一点正是我们赞美孩子、引导孩子最重要的目的和最希望看到的结果。

要让孩子充满自信。让孩子在任何情况下、任何处境下，都能够做到不怀疑自己，相信自己的能力，相信自己可以解决一切问题、战胜一切困难，并最终取得成功。而这一切的前提，就是孩子必须有一颗坚强的心，相信自己足够优秀。

而孩子是否自信、是否相信自己足够优秀，则在很大程度上取决于我们如何看待孩子。

父母看待孩子的方式＝孩子看待自己的方式

父母如何看待孩子，非常重要。因为孩子认识自己是需要一个过程的，而这个过程不是孩子自己可以独立完成的，常常是伴随着他人的协作，孩子才逐渐完成了对自我的认知。而其中最重要的协作者就是父母。孩子通过父母看待自己的眼神、对待自己的态度、对自己的评价等一系列信息，经过一段时间的熟悉和固化，可完成这一认识过程的信息整合，也就形成了自己对自己的认识、态度和评价。

明白了这一点，我们也就知道了父母对待孩子的方式是多么重要。

父母如何看待孩子

细节 1

肯定孩子：当看到孩子的某一行为或知道孩子的某种想法后，我们表现出赞美、肯定的态度，孩子就会获得"自己的行为和想法是正确的"这样的自我认知信息，从而得出这样的结论——这样是对的，以后一定要这样做。

否定孩子：当看到孩子的某一行为或知道孩子的某种想法后，我们表现出打骂、数落的态度，孩子就会获得"自己的行为和想法是不正确的"这样的自我认知信息，从而得出这样的结论——这样是错的，以后一定不能这样做。

细节 2

肯定孩子：我们表现出支持的态度，孩子就会获得"自己的这一行为、想法或态度是正确的"这样的自我认知信息，从而得出这样的结论——这样是对的，以后一定要这样做。

否定孩子：我们表现出不支持或反对的态度，孩子就会获得"自己的这一行为、想法或态度是错误的"这样的自我认知信息，从而得出这样的结论——这样是错的，以后一定不能这样做。

孩子在接收到来自我们的各种信息后，内心就会产生对自我的评价。

孩子如何看待自己

方式 1

经常获得肯定和赞扬的孩子，会对自己充满自信。因为当孩子接收到很多正面的"对"的信息，就会产生"自己的行为和想法是对的，自己做的事情是对的，自己很少犯错"等心理。

孩子会由于外界对自己的认可，从而在内心产生对自己的认可，其自信心也就在无形中建立起来了。也就会在言谈举止中流露出自信的特征，会以"原来自己足够优秀"的态度激励自己，并且积极地行动。

自信心理、"自己足够优秀"的观念一旦产生，孩子就会勇往直前地努力。就算遇到一些困难和挫折，拥有这种优胜自信心理的孩子，是不会轻易认输和气馁的。

方式2

经常遭遇数落和批评的孩子，内心会充满了自卑和恐惧。因为孩子接收到了太多的负面的"错"的信息，容易产生"自己的行为和想法是错的，自己做的事情是错的，自己总是犯错，自己永远不会把事情做好"等心理。

由于外界对自己的否定，孩子逐渐产生了怀疑自己、否定自己的心理。这样，孩子时时处处都会表现出一副毫无自信、怯怯懦懦的自卑模样。就算没有困难和阻力，孩子也会对自己没有信心。在事情还没开始时，就有一个声音在暗示孩子："你是不会成功的，事情很难，你是不会坚持下来的。"而这其实都是孩子接收了外界的评价后，对自己的一种评价。

孩子一旦产生自卑心理，就不会相信自己有战胜困难、取得成功的力量，更会害怕挫折，不敢迎接挑战。

由此可见，我们一定要给孩子积极的评价和赞美，就算孩子做得不好，无法给予孩子肯定，也不能用批评、数落的态度来对待孩子。总之，无论孩子是对是错，都要善待孩子，不要轻易伤害孩子的心灵和感情。

让孩子相信自己很优秀

无论孩子现在的成绩和能力如何，也无论孩子是对是错、是听话还是淘气，我们都要想办法让孩子相信自己是优秀的。当孩子对自己有了这样的认识后，在某种程度上，也就说明我们的教育取得了一定的成功。

让每一个孩子都抬起头来走路，无论这个孩子表现得怎样，因为自信就是一种优秀。

"抬起头来"，意味着孩子对自己、对未来、对自己所做和要做的事情充满了信心。

任何人，当他昂首挺胸、大步前进的时候，他的心里都会有诸多的潜台词—我能行，我的目标一定能达到，我会干得很好，小小的挫折对我来说不算什么。如果你的孩子拥有这样的自信，相信他一定会成为一个优秀的人。

鼓励孩子成为最优秀的自己

帮助孩子找到自身独特的优势，分条逐项地记录在本子上，分析实现这一优势的方法，让孩子意识到通过努力完全有可能让自己变得更优秀。

这样的办法能够使孩子在实践中不断地建立起自信，以使自己更加优秀。

让孩子明白积极的自我评价很重要

当孩子由于某些原因陷入自卑的情绪时，你可以告诉他："孩子，其实你完全没有必要自卑。世界上没有比瞧不起自己更伤心的事情了。自卑会使人变得憔悴，更糟糕的是自卑会使人失去活力和奋斗的力量。而自信则使人尊重自己，相信自己，敢于积极地展现自己。"

让孩子对自己有一个积极的心理暗示，客观而积极地评价自己，就能使孩子在任何情况下都自信地完成一个又一个目标，变得越来越优秀。

做真实的自己，比做他人眼里的"好孩子"更重要

把孩子从各种角色的束缚中解放出来，告诉孩子不要为了做父母眼里的"好孩子"和老师眼里的"好学生"而努力地维持好形象。做真实的自己，远比"好孩子"、"好学生"更加重要。

人不可能不犯错误。如果孩子做得不够好，犯了一点儿错误，可为了"好孩子"、"好学生"的光荣形象，就要极力地弥补，这样会导致孩子心里忐忑不安。所以，父母不能一味地要求孩子做"好孩子"，而要鼓励孩子做最真实的自己。

苏苏的自信

苏苏第一天上学，妈妈送女儿到学校门口，并在苏苏进校门之前告诉她："在课堂上要多举手，不要害怕不会回答，也不要担心回答不好，积极一点儿，自信一点儿，勇于尝试就好。"

苏苏很听话，遵照妈妈的叮咛，时时记得举手。老师发问时，她总是第一个举手的学生。不论老师所问的是什

么，也不论她是否了解、是否能够回答，她都举手。

随着日子一天天过去，老师对这个爱举手的学生印象越来越深刻。每当她举手提问或者举手回答问题时，老师都会优先让她开口。不知不觉之中，苏苏在学习上有了很大的进步，在自我肯定方面也有了极大的提高。苏苏妈妈发现女儿越来越自信了。

妈妈的建议让苏苏勇敢地举起了手，并且变得越来越自信了。拥有了这一良好素质，苏苏一定会成为一个优秀的孩子。因为自信的人生充满了无限的可能性。

撒切尔夫人的故事

20世纪30年代，在英国一个不出名的小镇上，有一个叫玛格丽特的小姑娘，自小就受到严格的家庭教育。父亲对她的教育很严格，经常向她灌输这样的观点：无论做什么事情都要力争一流，永远赶在别人前面，而不落后于人。即使是坐公共汽车，也要争取坐在第一排。父亲从来不允许她说"我不能"或"太难了"之类的话。

父亲的"残酷"教育培养了玛格丽特积极向上的决心和信心。在以后的学习、生活和工作中，她时时牢记父亲的教导，总是抱着一往无前的精神和必胜的信念，尽自己最大的努力克服一切困难，事事必争第一，以自己的行动实践着"永远坐在第一排"。

玛格丽特上大学时，学校要求学生们学习5年的拉丁文课程，她凭着自己顽强的毅力和拼搏精神，硬是在一年之内全部学完了。玛格丽特不光在学业上出类拔萃，还在体育、音乐、演讲及学校的其他活动方面也都一直走在前列，是学生中的佼佼者之一。

因此，父母要告诉孩子：不要害羞，也不要害怕，勇于进取就会拥有战胜一切的自信。在内心拥有自我肯定之后，孩子会更加自信地去追求梦想。

40年后，英国乃至整个欧洲政坛上出现了一颗耀眼的明星，她就是1979年成为英国第一位女首相、雄踞政坛长达11年之久、被世界政坛誉为"铁娘子"的玛格丽特·撒切尔夫人。

无论做什么事情，态度决定高度。"永远争坐第一排"是一种积极而自信的人生态度，带着这种自信，孩子会有一往无前的勇气和争创一流的精神，会不断努力，同时也没有什么可以打败内心自信的信念。

第五章 / 给孩子忠告要有方式方法

忠告要有正确的表达方式

当孩子两三岁大的时候，会对小孔、小眼儿感兴趣，这时我们对孩子说："不要乱动，小心触电！"

当孩子拿剪刀的时候，我们还不清楚孩子想要做什么，就对孩子说："放下，会伤到手的！"

当孩子上学后，我们对孩子说："好好学习，否则将来就没有好工作，得卖苦力。"可是对于孩子来说，好工作的概念是什么，并不十分明确。而且孩子刚刚入学，将来能做什么、适合做什么，我们现在又怎么知道呢？

当孩子到了青春期，对异性产生懵懂的感情时，虽然仅限于此，我们还是不停地告诫孩子："早恋是不对的，如果你早恋，看我怎么收拾你！"

当孩子要参加考试的时候，我们会对孩子说："好好复习，考好了，有奖励；考不好，就挨打。"

……

这样的情况，在孩子的成长过程中屡见不鲜。

有些家长认为这是对孩子的关心、教育和引导。然而，事情果真如此吗？

忠告不是警告，也不是批评

其实，在我们看来，这些话都是"出发点很好"的忠告，但是这样的忠告会让孩子难以理解和接受。更为准确地说，这些话是我们对孩子严厉的警告和批评。

因为怕孩子受伤，孩子可能遇到危险之前，我们就警告孩子，防患于未然。对于这样的安全隐患，虽然我们都很清楚，但是孩子还小，并不明白。孩子可能出于好奇，想要探索未知的世界而尝试这些危险的动作，可我们却什么都不告诉孩子，也不允许孩子尝试，只是突如其来地警告孩子："这样不行！会受伤的，不能动……"

对于批评的话语，我们更是常常挂在嘴边。一旦发现孩子早恋，就要收拾孩子；孩子考试不理想，就要惩罚孩子……

无论警告还是批评，这些话语的表达形式都是严厉的。一旦父母的话过于严厉，孩子就很有可能不愿意接受。

让我们再看一下，刚才提到的那些亲子之间的对话，是我们在孩子还没有思想准备的时候提醒孩子。通常，我们似乎并没有将孩子引导向好的一面，只是在告诉孩子一个事实，并且令孩子一知半解，从而更加增添了孩子的好奇心。比如，孩子早恋就是一个典型的例子。

"我们要给孩子忠告，这难道不对吗？"给孩子忠告，当然没有问题。但是，我们在给孩子忠告时候一定要注意忠告与警告、批评的差异。

忠告要怎样表达，孩子才易于接受

忠告就像洋娃娃，要有美丽的外表，才足够吸引人。所以，我们绝对不能用警告、批评的话语形式来对孩子进行忠告。

建议孩子、提醒孩子时，我们一定要好好说。因为忠告只有让孩子接受以后才能对孩子产生正面的影响，从而发挥应有的效果。

忠告要有意义

对孩子有重大影响的方面、关乎孩子未来的方面，是我们应该向孩子提供的忠告的内容，比如，我们要忠告孩子拥有好品德和积极进取的心态。

而生活中的一些琐事，比如孩子系鞋带的方式与我们不一样之类的事情，我们就不必将其提升到需要忠告的高度。因为这些琐事无关孩子的品质、能力等方面，通常不会对孩子的成长和发展产生重大的影响。

及时忠告比时时刻刻忠告更有用

孩子正在思考问题或者刚犯了错误的时候，是很好的忠告时机。我们把握住这一时机给孩子提出忠告，比时时刻刻唠唠叨叨地告诫孩子更有用。

因为这时进行忠告，正好符合孩子的需求，这样可让孩子明白父母的忠告是有用的，能够帮助自己解决实实在在的问题。这时候的忠告，孩子更容易从心底接受并且牢牢记住，一般不会产生排斥忠告的心理。

我们给孩子提出忠告时，还要注意态度问题，不要让孩子感觉我们是在用经验来强迫他记住应该做什么和不要做什么，也不要对孩子摆出一副"爸爸妈妈就是对的"这种架势。我们要平等地与孩子沟通，让孩子知道我们是希望他越来越好。这样，孩子才会将我们的话牢牢记住，避免以后再出现类似的问题。

给孩子忠告，你的姿态正确吗？

和孩子沟通时，父母的姿态是很重要的。表扬孩子、倾听孩子心声时，我们要有尊重孩子、专注倾听的姿态。如果孩子年龄尚小，我们最好蹲下来和孩子说话。这样孩子就不用仰着脸看我们，更不会给孩子一种父母高高在上的感觉。而对待大孩子时，不管孩子的身高是否已达到我们的高度，我们都最好与孩子面对面地坐在一起，以一种平等的姿态和孩子交流、谈心。

所以，不仅仅是表扬孩子、倾听孩子心声时需要考虑交流的姿态，给孩子忠告时也要求我们具备正确的姿态。回想一下，我们平时给孩子忠告时，有没有什么习惯性的姿态呢？

一边忠告孩子，一边还对孩子指手画脚，这绝对不是父母对孩子提出忠告时的正确姿态。

如果对孩子提出忠告时，我们采取了不正确的姿态，就算是再好的忠告，也难以发挥良好的教育效果，有时候可能适得其反。

那么，我们到底要用怎样的姿态来给孩子提出忠告呢？

1. 忠告孩子时，绝对不能用手指点孩子。

2. 双手叉腰的姿势也不对。

3. 孩子站着，父母坐着——这样的对话方式并不好。

给孩子忠告，也是我们与孩子之间的一种平等对话，所以不要给孩子造成一种我们总是居高临下地下命令的感觉。也就是说，我们给孩子忠告时，不要用手指点着孩子，也不要把手叉在腰间。那么，我们给孩子忠告时，不好的姿态会给孩子带来什么不良的影响呢？孩子的内心又会有怎样的情绪反应呢？

1. 用手指点孩子——"你们不尊重我，我很没有面子。"

2. 我们双手叉腰——"你们不理解、不了解我，还总是用命令来强迫我。"

3. 孩子站着，我们坐着——"不平等，我说什么，你们愿意听吗？"

不好的姿态很容易让孩子产生这样的负面情绪。如果我们以这样的姿态对孩子提出忠告，即使忠告的内容非常好，孩子也是难以接受的。其实，以这样的姿态忠告孩子，就错在我们的心态。

我们忠告孩子时的这些不好的姿态，究竟反映了我们哪些错误心态呢？

1. 用手指点孩子——对孩子不满，想要指责、批评孩子。

2. 双手叉腰——父母的话就是权威，孩子必须照办。

3. 孩子站着，我们坐着——孩子就该接受我们训话。

以上 3 种情况，都反映了我们对待孩子的错误心态。其实，良好的忠告姿态源于我们对待孩子的正确心态。只有真正从内心尊重孩子，我们才能改变这种总是凌驾于孩子之上的错误姿态。

以身作则是一种无声的忠告

平时，我们总是在用话语和孩子进行沟通，却往往忽略了行为的重要性。而事实上，忠告不仅仅可用话语来表达，以身作则的无声忠告也是忠告的一种形式，而且可以说是最好的忠告形式。

大家一定对一则电视广告非常熟悉，那就是——一个小男孩看到疲惫的妈妈给奶奶倒水洗脚，然后小男孩也端来一盆水，但是他太小了，端得不稳，水都溢出来了。他跟跟跄跄地把水盆端到妈妈的跟前，说："妈妈，洗脚！"

这就是父母以身作则对孩子的影响。平时，我们只是一遍又一遍地告诉孩子"孝敬老人"的道理，孩子可能难以理解或者真正做到孝敬，但是，我们的一个实际行动却能够让孩子牢牢记在心里，并且仿照我们的行为去做。

生活中，我们要时刻提醒自己，孩子一直都在关注我们，会将我们的一切言行都看在眼里、记在心上。

晓风的爸爸在建筑工地上班，每次上工之前，他总要到路旁的酒馆先喝一杯酒。晓风爸爸这样做已经有很长一段时间了。一天早晨，路上到处都是积雪，晓风爸爸照常出去上工，每走一步，都会留下一个脚印。忽然，他听见后面有微小的脚步声，回头一看，竟是7岁的儿子晓风。晓风正跟随他的脚印在吃力地行走。看到晓风后，爸爸就说："儿子，你出来做什么？小心伤风啊，赶快回家去。"可晓风却说："我喜欢跟着爸爸的脚印走。"这天，当晓风的爸爸再次经过酒馆的时候，突然产生了一种感觉，这种莫名的感觉阻挡自己进入酒馆，最终他真的没有走进去。到了工作的地方，晓风爸爸仍然听见晓风的声音回响在耳边："我喜欢跟着爸爸的脚印走。"这时，晓风爸爸开始仔细反省自己的行为："我每晚醉酒回家，随便骂人。但我爱我的儿子，他也爱我，他要跟随我的脚步走。如果我的脚步是错误的，这怎么可以呢？"于是，他幡然醒悟，决定痛改前非，立志要当儿子的好榜样，引导儿子步入美好的世界。晓风爸爸终于认识到，总是用嘴来说"好好学习，成为有用的人"，不如用行动来指引孩子。

从那以后，晓风爸爸在工作之前再也不喝酒了，对工作也更加敬业了。因为他意识到，自己的行为时时刻刻都被儿子看在眼里，将对儿子的一生产生重要的影响。他决心要用行动来给晓风提出最好的忠告。

从这个故事，我们能深切地体会到父母的"脚印"对于孩子来说是何等的重要。

言传不如身教，想让孩子明白什么道理，与其用语言反复提醒孩子，不如用实际的行动来向孩子证明。这样，孩子的印象会更深刻。也会使孩子产生"父母能做到，我也要做到"的努力心理。做到之后，孩子还会产生强烈的成就感和自豪感。

我们以身作则所表现出来的良好品德，孩子看在眼里，也就知道了自己行动和努力的方向，自然也就相当于我们的"忠告"发挥了作用。

所以，我们平时不要总是唠唠叨叨地劝说孩子听从我们的忠告。有些道理和忠告，除了用言语表达出来，还需要我们采取实际的行动来展示忠告的力量。我们要留意自己的每一个行为细节，默默地给孩子施以良好的影响，用这种无声的忠告来引导孩子，让孩子拥有更好的行为品质。

我们的言语忠告，孩子不一定会听到心里去，但是我们以身作则的行为却可能影响孩子的一生。

> 大为爸爸是一名普通的公司职员。大为怎么形容爸爸呢？他说爸爸每天下班回家进院子的时候会和一个收废品的人打招呼，说："您忙着呢？"而收废品的人则会说："忙着呢，您下班了。"之后，妈妈就在一旁说："像好朋友一样啊，好像你们是老熟人一样。"爸爸说："怎么不可以成为朋友呢？"
>
> 大为还发现爸爸每次去卖废品的时候，收废品的人总是笑呵呵的，称完后还说："九块八，给您十块吧。"而爸爸却说："不用，给九块就够了。"两人就这样，你不想多收，我不想多要。
>
> 每天，大为都看到爸爸一看到那个收废品的人，就和他打招呼，而他就很兴奋。大为还发现那人经常蹲在离他们家不远的地方，每天爸爸从那儿过，都会主动跟爸爸打招呼，而如果旁边还有别的人，那个收废品的人就显得特别自豪。

大为将这一切都看在了眼里，懂得了一个词，那就是
"尊重"。大为记得小的时候，爸爸就和自己说过："人没有
高低贵贱之分，所有人都值得尊重。如果没有清洁工，我
们的环境就不会这么清洁；如果没有收废品的人，我们的废
品就会堆积如山。"而现在，大为从爸爸的行动中实实在
在地感受到了这句话的意义。

所以，大为特别有礼貌。再长大一些后，大为说话
就很温文尔雅，很有男子汉的风度，比如，和女孩子在一
起的时候，他知道给女孩子让座；别人说话时，会先仔细
听，再表达自己的观点；遇到熟人，他会礼貌地主动打招
呼问好。总之，大为从爸爸的行动中学会了尊重他人和礼
貌待人。

孩子时时刻刻都在关注我们，如果我们的行为不好，那么我们
的言语忠告就难以在孩子身上发挥作用。所以，我们不但要用语言
对孩子进行忠告，还要用行动来引导孩子。这样才是给孩子最好的
忠告，也才能使我们的忠告有效。

父母的行为会给孩子带来无穷的动力与前进的力量。因为对于
孩子来说，身边最近的、影响力最大的榜样就是父母。

言传不如身教。美国教育家克莱尔曾说："如果你自己都不准
备有所成就，你也就不能期待你的孩子去做什么。"语言的告诫会
让孩子产生一种困惑——"爸爸妈妈告诉我这样做，可是爸爸妈妈
为什么不这样做呢？"而父母的以身作则会让孩子不自觉地模仿。
孩子的模仿能力和可塑性都很强，而且孩子的一双眼睛无时无刻不
在关注着、记录着父母的一言一行。

忠告不能毁掉孩子的希望

由于孩子年龄尚小，心智还不够成熟，并且具有很大的可塑性，所以孩子的很多行为可能并不是错误的，只是不符合成人世界的标准或者规则。所以，身为父母的我们，在给孩子提出忠告的时候，一定要注意保护孩子的梦想，别让忠告毁掉孩子的希望，而要努力保护孩子的梦想，让孩子的人生更加美好。

一个小男孩每次吃葡萄时，都会把葡萄籽埋在一个装满土的花盆里。起先，并没有人在意，可时间久了，小男孩的父母就问他："你怎么老把葡萄籽埋在花盆里啊？"

"我想种出葡萄来。"小男孩头也不抬地说。

"可种葡萄是要用葡萄藤插栽的，你这样是种不出来葡萄的。"

"我知道。"

"那你为什么还这样做？"

"种葡萄非要用葡萄藤吗？我想创造奇迹。"孩子抬起头，眼里满是希望。

后来，男孩一天又一天地认真地为他的葡萄浇水，然后就蹲在花盆前发呆，眼中皆是希望。小伙伴叫他去玩，他也不理，因为他完全沉浸在了自己的希望里。

爸爸慢慢地意识到了小男孩的古怪，他发现孩子每天什么都不做，只知道给种有葡萄籽的花盆浇水，然后就盯在那儿，看啊看啊！爸爸很生气，就问："你在干什么？"孩子的心思全在花盆里，葡萄籽种了很久了，还没有发芽，他有些失望地说："我在想，这葡萄怎么不发芽？"

爸爸听了，大声说："以前就跟你说过，这样没用，你真是执迷不悟。"说着，举起花盆，把它摔碎了。

小男孩看着满地的泥土与碎片，哭了。

不久之后，院子里有一个小女孩吃葡萄时也把葡萄籽埋在花盆里，小男孩看见了，就过去和小女孩说："你怎么老是把葡萄籽埋在花盆里啊？"

"我想种出葡萄来。"

"种葡萄是要用葡萄藤插栽的，你这样种不出来。"

"我知道。"

"那你干吗还这样？"

"种葡萄非要用葡萄藤吗？我想创造奇迹。"小女孩抬起头，眼里满是希望。

小男孩说："真的，你这样做没用，我以前也这样做过，没有用的。"

"种下去要每天浇水，你知道吗？"小女孩问小男孩。

小男孩点点头，张了张嘴，还想说什么，但却什么也没说就跑回家了。

几天后，小女孩的花盆里居然长出了嫩嫩的葡萄藤，小女孩开心极了。她把院子里的小伙伴都叫来看她的奇迹。

但是那个小男孩没有接受她的邀请，只对小女孩说了一句："你爸爸真好。"

回家后，小男孩趴在床上痛哭不止。因为葡萄藤是小女孩的爸爸放进去的，他看见了。

同样是父亲，一个孩子在爸爸的忠告下变得现实了，但是他心里的希望却消失了；另一个孩子的爸爸则保护了孩子的想象力，让孩子满怀希望和憧憬地快乐成长。

从这两个父亲身上，我们可以看出，给孩子的忠告一定不要是"什么事情是不能做的"。因为那些不能做的事情，随着孩子的慢慢长大，他会逐渐明白的。

"事实不是这样的"、"那样做是不可能有结果的"……凡此种种，实际上会限制孩子的想象力和禁锢孩子的希望，是阻碍孩子奇思妙想的禁令。

那位小女孩的爸爸很聪明，他没有对孩子说"葡萄应该长在什么地方"或者"花盆里是不可能长出葡萄的"等类似的道理。因为他明白，等女儿长大之后，拥有了知识，自然就知道葡萄是怎样长出来的，也就会明白花盆里长不出葡萄的道理。

"葡萄籽种在花盆里能长出葡萄"，这就是孩子的希望。所以，我们最好不要用常规的思维定式去警告孩子，因为孩子长大之后，知识和阅历丰富了，自然就会知道应该怎样做。但是，我们在孩子年龄尚小的时候，就给孩子这样的"忠告"，不但会让孩子觉得莫名其妙、不知所措，还容易毁掉孩子想象力和希望，使孩子变得谨小慎微、亦步亦趋，不知道自己到底要怎么办才好。

用忠告保护孩子的希望

　　给孩子忠告是对的，但是忠告并不是让孩子被定向思维的条条框框所限制，从而失去大胆的创新能力和富有想象力的希望。

　　我们给孩子的忠告不能仅仅局限于忠告的字面含义，换言之，让孩子改正错误、接受意见的忠告并不具备太大的意义，我们不要经常给孩子提出这样的忠告。这是因为：①孩子年龄尚小，具有很大的可塑性；②孩子的很多行为并不是错误的，只是不符合成人世界的行事标准或规则。所以，我们要时刻提醒自己注意以下3个方面：

　　忠告不一定是用道理来劝勉孩子

　　也就是说，用行动来引导孩子，也是忠告孩子的一种方式。更何况"言教不如身教"，再有说服力的道理用言语表达起来也难免空洞，尤其是孩子感觉父母是在教诲自己的时候，更会对父母的忠告产生排斥心理，还可能会因为逆反心理而违背忠告产生反面的行为。

　　为了孩子的人生更美好而忠告

　　真正的忠告，并不仅仅是帮助孩子改正错误或接受我们的建议这么简单，而要在平时多给孩子提出一些关于美好人生的展望等建议，让孩子在接受我们的忠告后能够生活得更加美好。

　　让孩子成为梦想和希望的主人

鉴于前述的两点，我们在给孩子提出忠告时就要多多地思考，用我们的忠告给孩子指出一个积极的、有意义的方向，告诉孩子生活充满了多种可能性，只要满怀憧憬或期望，很多梦想都是可能实现的。而孩子要怎样选择、怎样走自己的人生道路，那是孩子自己的事情，孩子会根据自己的兴趣爱好或计划进行选择和行动。与其忠告孩子不犯错误或少犯错，不如给孩子提出更加有益的忠告，鼓励孩子怀揣的梦想和希望，让孩子的人生变得更加美好。

我们给孩子提出忠告的目的，绝不仅仅是让孩子接受我们的建议，更重要的是让孩子拥有自己的判断力和想法，成为一个有主见、有思想的人。

总之，忠告不能扼杀孩子的想象力和创造力，也不能让孩子过早地受到条条框框的限制和养成思维定式。我们给孩子提出忠告的最终目的是帮助孩子更加健康、快乐地成长，从而获得美丽的人生。

冰冰爸爸经常发现儿子冰冰见到能拆的东西就拆，但他从来不管，因为觉得冰冰的这些行为其实是无关紧要的，也没到非管不可的程度。

有一天，冰冰放学后兴奋地对爸爸说：

"爸爸……爸爸……"

"怎么了，儿子？"爸爸迎出来问道。

"我今天在学校发现了一个重大的秘密。"孩子的小手比画着，一脸的天真。

"哦，那是什么呢？"爸爸忍住笑，心想一个低年级的小学生能有什么重大发现。

"我发现每一个苹果里面都藏着一颗星星！"冰冰得意

扬扬地宣布着自己的发现。

"哦？是吗？爸爸还真不知道。但是，你是怎么发现的？能演示给爸爸看吗？"爸爸惊奇地问道。

"当然。"孩子从冰箱里挑出一个大苹果，然后用水果刀费力地切了下去。但是，他并没有像我们平常切苹果那样从茎部往底部竖着切，而是将苹果横向拦腰切开了。

冰冰将切开的一半苹果展示给爸爸看："爸爸你看，苹果里藏着一颗多么漂亮的星星啊。"

这时，爸爸惊呆了：苹果被横着切开以后，果核果然在中心处呈现星星的形状。

身为大人的我们，已记不清自己吃过多少苹果，可几乎每次都规规矩矩地竖着切，从没想过其他的切法，所以自然难以发现苹果里还有美丽的星星。这并不是说孩子比大人聪明，而是大人们已经习惯于生活中各种约定俗成的条件的束缚，形成了思维定式，缺乏突破常规的想象力和创新能力，难以对既定的生活模式持有改变的希望。

我们没能在苹果里发现星星，而孩子却惊喜地发现了这一现象，这颗星星就好比孩子的希望。如果我们一看到孩子没有按照常规方式切苹果，就马上告诉孩子不要那样切，这就相当于我们用不当的忠告方式毁掉了孩子的梦想和希望。

在合适的时机提出忠告

　　春雨贵如油，雨下在春天尤显珍贵；瑞雪兆丰年，雪下在冬天预示来年的丰收。我们对孩子进行忠告也是这个道理—凡事都需要一个适当的时机，我们费尽心思给孩子提出忠告也需要把握好时机。一旦我们在正确、合宜的时机给孩子提出忠告，就能够发挥很好的教育作用。

　　那么，这个好时机是什么时候呢？也许在生活中，每位家长都有自己认为的好时机。事实上，孩子犯错时正是最好的忠告时机。当孩子犯错的时候，对孩子提出忠告，就是父母的明智之选。

原因1

　　有针对性，有助于帮助孩子联系实际，更加深刻地认识问题。孩子印象深刻了，可以避免以后再犯同样的错误。

原因2

　　孩子犯错后，很难有狡辩的机会，容易心悦诚服地接受父母提出的忠告。

原因3

　　孩子在犯错之后，一般会经历一个自我反省和改正的过程。这个时候，我们不批评孩子，而是给孩子提出建议和忠告，就是在孩子进行自我反省的过程中，给孩子提供帮助和自我改正的方法。

孩子犯错后，父母如何有效地提出忠告

孩子犯错后，我们要及时忠告孩子，那么，在忠告的过程中，我们还需要注意哪些问题呢？

最先想到的不应该是批评

孩子犯错以后，会有一个自我反省和改正错误的过程。我们的批评只会把孩子的注意力引向如何为自己辩解和反驳我们的批评上来，显然这无益于孩子改正错误。

要忠告，而不要警告

面对孩子的错误，我们应该对孩子讲道理，让孩子在明白道理之后改正错误。而不是警告孩子说："如果你以后再敢犯这样的错误，看我打不打你！"

不可伤害孩子的自尊心

就算我们平心静气地给孩子提出忠告，孩子的内心也可能难以承受。因为孩子在犯错之后可能变得比较敏感，很可能在我们看来并非过激的话语，却会伤害孩子的自尊心。所以，我们一定要注意，忠告孩子的时候不可伤害孩子的自尊心。

其实，以上介绍的需要父母注意的方面，也就是孩子犯错后父母忠告孩子的一些方法。

方法1：安慰孩子，鼓励孩子，和孩子一起想办法改正错误，将错误所造成的损失降到最低程度。

方法2：亲切地给孩子提出忠告，帮助孩子明白道理。

方法3：理解孩子犯错之后的羞怯和自尊，不说伤害孩子心灵的话。

我们在了解忠告孩子的原因、注意事项和方法后，就能更好地把握忠告孩子的时机和技巧了。正确、合宜的忠告，不但不会伤害孩子的自尊心，还会取得最好的教育效果。

10岁的科科放学以后气冲冲地回到家里，进门以后便使劲跺脚。这时，爸爸正在院子里干活，看到科科生气的样子，就把他叫了过来，想和他聊聊。

科科不情愿地走到爸爸跟前，气呼呼地说："爸爸，我真的非常生气。唯唯以后甭想再得意了。"

爸爸一面干活，一面静静地倾听儿子的发泄。科科说："唯唯让我在朋友面前丢了脸，我现在特别希望他遇上几件倒霉的事情。"

听到儿子这么说，科科爸爸走到墙角，找到一袋木炭，对科科说："孩子，你把前面挂在绳子上的那件白衬衫当成唯唯，把这个塑料袋里的木炭当成你想象中的倒霉的事情，然后用木炭去砸白衬衫，每砸中一块，就想象成唯唯已经遇到了一件倒霉的事情。等你把木炭砸完后，我们再来看看会是什么结果。"

听到爸爸的话，科科没有多想，只觉得这个游戏挺好玩的。他拿起木炭就往衬衫上砸去，别提多痛快了。可是衬衫挂在比较远的绳子上，科科把木炭扔完了，也没有几块真正扔中了衬衫。

这时，爸爸问科科："你现在觉得怎么样？"

科科说："累死我了，但我很开心，因为扔中了好几块木炭，白衬衫上有好几个黑印子了。"

看到儿子没有明白自己的用意，爸爸便让科科去照照镜子。科科在一面大镜子里看到被木炭染得满身黑乎乎的自己，顿时吓了一跳，张开嘴巴惊呼了一声，才看到白白的牙齿。

爸爸这时对科科说："你看，你扔了那么多木炭，但是白衬衫并没有变得有多脏，而你自己却成了一个'黑人'。你想让别人身上发生很多倒霉的事情，结果却让这些倒霉的事情落到了自己的身上。有时候，我们的坏念头虽然在别人身上兑现了一部分，但是这些坏念头也同样在我们自己的身上留下了难以抹去的污迹。"听到爸爸这么说，科科似乎明白了什么，慢慢低下了头。

科科爸爸在这个时候，用形象、生动的劝说来给孩子提出忠告，是十分明智的。如果科科没有这一想法和举动，即使爸爸让他做这个扔木炭的游戏，他也难以理解爸爸的用意，不能很好地明白这个道理。

所以，我们要在孩子犯错误时及时给孩子提出忠告，帮助孩子认识到自己的错误。我们的忠告会让孩子明白不能再犯此类错误的道理。

生活中，我们要善于在孩子犯错误以后平心静气地对孩子提出忠告。根据我们的忠告，孩子能够正确地认识到自己的不当之处，并且在我们的帮助下及时地改正错误，就像科科爸爸那样给孩子及时而必要的忠告。

第六章 /

放下姿态，让孩子感到尊重

父母的尊重让孩子更懂自尊

每个人都渴望得到他人的尊重，都有着强烈的自尊心。一个人只有拥有了自尊心，才会自强不息。我们对孩子自尊心的培养首先应该从对孩子的尊重开始。

生活中，我们一定要注意的就是，在言行举止间尊重孩子。因为孩子最初的自尊意识正是源于父母的尊重。因此，我们一定要端正态度，不要轻视孩子，也不要随便批评孩子，更不要挖苦孩子。我们要心平气和地给孩子提出忠告，无论忠告的内容是什么，都要以尊重孩子为基础。

如果我们能够做到时时处处尊重孩子，孩子不但会牢牢记住我们的忠告，而且还会从我们的尊重中感受到尊严的价值，从而增强自尊心。

苏联著名教育家苏霍姆林斯基曾说："教育者只有关心人的尊严感，才能使被教育者通过学习而受到教育。教育的核心就其本质而言，就是让被教育者始终体验到自己的尊严感。"

潇潇爸爸的忠告

潇潇爸爸是一家跨国公司的部门经理，总是将一副派头十足的职场形象带回家里，特别是在对待儿子潇潇的时候，从来都是一副居高临下的姿态。潇潇今年才9岁，面对着大块头爸爸的威严，总是害怕得不得了，尤其是挨训的时候根本记不住爸爸都说了些什么。

当妈妈意识到这种情况后，就对爸爸说："对待孩子，不应该是一副高层领导的架势。爸爸就应该是亲切的爸爸才对啊！还有，大道理一次就说一个，少说点儿，说那么多，孩子也记不住。"另外，妈妈还建议爸爸不要用手指点着数落孩子。

当爸爸对待潇潇的姿态转变后，潇潇的变化也很大，他不仅将爸爸所说的话听到心里去了，而且每次听爸爸讲大道理时，也总是表现得很虚心，还不忘点头表示接受了。

现在，潇潇不但能从爸爸的忠告中受益，还能够真切地感受到爸爸给自己的浓浓父爱。

鲁鲁虽然是个女孩，但是相当淘气，经常一不小心就把花盆弄倒了，撒了一地的土，弄得到处脏兮兮的，要么就是反复地犯各种各样的小错误。

鲁鲁妈妈不厌其烦地唠叨，以图教育好鲁鲁，甚至还有几次很强硬地拉着鲁鲁的胳膊、拽着鲁鲁的衣服，把她弄到自己的跟前，居高临下地大声训斥。

面对妈妈的大声呵斥，鲁鲁表现得非常倔犟，无论妈妈怎么说，就是不改。

鲁鲁妈妈感到很无奈，却毫无办法。

可是有一天，当鲁鲁妈妈又开始"教训"鲁鲁的时候，鲁鲁却说：

"妈妈也犯过这样的错误，可是奶奶也没有像你对待我这样教训你啊！"

鲁鲁妈妈意识到"鲁鲁奶奶通常只是关切地说'小心点，下次注意'"，并没有得理不让人，不依不饶地教训自己。于是，鲁鲁妈妈就知道自己应该怎么做了。

鲁鲁妈妈轻轻地搂着鲁鲁，一起坐在了沙发上，对鲁鲁说：

"以前是妈妈不好，妈妈以后不再那样对待你了。以后无论发生什么事情，我们都要坐下来，好好地聊一聊，好及时地解决问题。"

听到妈妈这样说，鲁鲁也不再像以前那样倔犟了。就在这一瞬间，鲁鲁感受到了妈妈的尊重和爱护。

妈妈的道歉让倔强的鲁鲁发生了如此巨大的转变。所以，我们在给孩子提出忠告时，一定要做到尊重孩子，这样才能让我们的忠告真正有效。

忠告的道理，说一遍就好

给孩子的忠告要简洁明了

在我们和孩子说话时，总是不厌其烦地一遍又一遍地唠叨，以为这样的"灌输"就能够使我们所说的话或者忠告引起孩子足够的重视。于是，我们每天唠唠叨叨，而且这样一唠叨就是好多年，结果却不见任何效果。

面对父母饱含殷切希望的唠叨，很多孩子却认为，父母一点儿都不了解自己，对自己说的话也没有多大意义，还觉得父母只知道一味地唠叨，内容都是千篇一律。父母唠叨了半天，却没有一句话能够帮助自己解决实际问题，还让自己凭空生出了许多烦恼。

从孩子的这种反应，我们可以看出，孩子并不喜欢我们耳提面命的唠叨，而是希望能从我们这里得到一些有意义的、建设性的建议和忠告。

所以，并不是我们唠叨得越多，给孩子传达的内容也就越多，或者对孩子的帮助也就越大。唠叨并不是和孩子沟通的好方式，也不会让我们的忠告变得更加有效。

事实上，我们唠唠叨叨地说，很难引起孩子的重视。这会让孩子认为，反正我们会一直这样说下去，他可以想听的时候才听，不用担心听不到我们的话或者忠告。

那么，我们给孩子的忠告应该采用怎样的表达方式呢？

答案当然是—简洁明了的方式。

告诉孩子"我们不再唠叨了"

即使孩子意识到我们的忠告对他很有用，可如果我们反反复复地说，再好的忠告，也会使孩子产生厌烦心理，而且还会在很大程度上降低忠告的说服力度，使孩子感觉无所谓。

如果我们将忠告的道理只说一遍，就是在告诉孩子"你要认真对待，父母不会再说第二遍了。如果你不记住，以后遇到问题的时候就会很麻烦。想让父母再说一遍，你就得首先承受训斥和批评——以前说的时候，为什么不留心"？

另外，我们摒弃唠叨，也是在给孩子提供锻炼的机会——让孩子学会自我管理，做自己的主人。

> 萱萱早上总是赖床，还磨磨蹭蹭的，所以上学总是迟到。而一段时间以后，妈妈就意识到了，必须让萱萱明白"为自己的行为负责"的道理。
>
> 妈妈决定不再每天唠唠叨叨地叫萱萱起床了，要让孩子抓紧时间，避免迟到，还要知道时间的宝贵……妈妈给萱萱买了一个闹钟，然后告诉萱萱："什么时候起床，由你自己来决定。爸爸妈妈不再叫你起床了，你自己定好可以起床而且不会迟到的时间。如果这样，自己还不能起床，迟到了，挨老师批评，也不要埋怨别人，更不要不高兴。"
>
> 第二天，妈妈真的没有叫萱萱起床。因为妈妈平时总是唠唠叨叨的，萱萱以为妈妈买来闹钟，只是说说而已，

并不会真的不叫自己起床。但是事实证明"自己想错了"。从那天开始，萱萱每天都自己主动起床，而且起得都很早。一段时间以后，妈妈发现，萱萱不但每天都自己起床，而且学习自主性也增强了。

孩子一而再再而三地不听话、犯错误，是在所难免的，但是为了孩子不再重复这样的问题，我们就一定要唠唠叨叨才行吗？

萱萱妈妈的唠叨，并没有改变萱萱爱磨蹭的坏习惯；可当她不再唠叨，转而以行动来告诫女儿磨蹭的后果时，很快就让女儿明白了"为自己的行为负责"的道理。可见，父母的唠叨，对于孩子的教育并没有什么效果。

思思妈妈觉得小孩子应该多看动画片，但是却没想到让思思养成了一种不好的习惯，尤其是上初中之后，思思的这个坏习惯就很明显了。

小学生的作业不多，学业负担也不重，所以思思每天放学回家的第一件事就是打开电视机看动画片，一个台接着一个台地看。等吃完晚饭了，思思才在妈妈的督促下开始写作业。

可是，上了初中之后，思思还是这样。每天都得妈妈唠唠叨叨地催促好几次，才极不情愿地去写作业。渐渐地，妈妈发现这样天天唠叨既没有意义，也没有什么效果。

一天，思思又在看电视，妈妈对思思说："你现在已经不是小学生了，而是大孩子了。刚步入初中，一定要尽快适应中学的学习节奏，才不至于手忙脚乱和学习成绩下降。现在，你要学会克制自己，等作业写完了后做完预习，再看一会儿动画片，这样既得到了调节和放松，又能把握好学习的时间，以免造成恶性循环。"

妈妈没有批评思思，思思却明白了妈妈讲的道理。刚上初中，思思确实有很多方面还不适应，而内心的紧张更使得她一回到家就不想学习，只想看电视。

"但是妈妈既然这样说了，我就必须克制自己，不能再贪玩了。"思思这样想。

由于慢慢地调整了学习习惯和方式，一段时间之后，思思放学回家就立刻开始写作业。就算作业写完了，她也不看电视，而是预习第二天的功课。渐渐地，思思适应了初中的学习生活，不再感觉手忙脚乱了，也没有那么大的学习压力了。

思思觉得妈妈不再唠叨，和自己讲道理，这样挺好的。

可见，孩子需要的是父母有针对性的、及时的引导，而不是反复的唠叨。

赞美孩子也需因材施教

在我国，孔子是因材施教的先驱。所谓因材施教，就是根据孩子的不同特点来选择与之适合的学习内容和教育方法。

关于这方面，我国唐代文学家、思想家韩愈曾提出，培养孩子要像木匠处理、使用木材一样——适合做梁的做梁，适合做檩的做檩，适合做椽子的就做椽子。

对于孩子的教育，我们需要因材施教。所以，表扬赞美孩子时，也需要因材施教，即根据孩子的性格特点、脾气秉性来选择相应的教育方式。采用表扬的方式还是批评的方式，是轻声细语地开导还是声色俱厉地呵斥……需要我们拿捏好孩子的特点，做到因材施教。

有些家长会说："现在提倡赏识教育，表扬孩子就行了。还说什么因材施教？"赏识教育的观点是对的，但是也不能盲目地将其贯彻到生活中的所有细节。赏识教育是总的指导思想，而遇到具体的情况需要用因材施教的方式来具体分析。否则，一味地表扬，不但起不到应有的教育、引导效果，而且会适得其反，阻碍孩子的发展和进步。

所以，无论是表扬孩子，还是批评孩子，我们都要坚持一个原则——表扬或者批评都是第二位的，首先应该考虑孩子的性格特点以及孩子此刻的心理状态和情绪反应。只有了解了这一点，我们才能让孩子从心里接受并认同我们所说的话，而无论这些话是批评还是表扬。

孩子不同，表扬有别。下面，我们一起来了解一下孩子的性格特点。

孩子性格特点 1

外向的孩子：性格开朗；凡事大大咧咧，对批评和指责不会过于在意，更不会将其放在心上；乐观、阳光，总能找到让自己快乐的理由。

内向的孩子：不愿意表达；会将听到的、看到的全部放在心里；谨小慎微，总是担心自己做得不够好。

孩子性格特点 2

大胆的孩子：永远是一副初生牛犊不怕虎的架势，什么事情都敢尝试；不怕失败；没有什么能吓倒自己。

怯弱的孩子：胆小，感情脆弱；遇到一点儿困难或难关，就情绪低落，哭鼻子；容易一蹶不振。

孩子性格特点 3

不听话的孩子：总能做出让家长批评的事情；就算家长反复地告诫，也无济于事；对家长和老师越不让做的事情，越是充满了好奇心；想方设法地尝试新鲜事物。

听话的孩子：只做大人允许做的事情，大人不让做的事情绝对不会去做；凡事都会请示大人，得到许可后再做。

仅从以上 3 个方面并不能把孩子的性格特点全面地分析透彻。但是，通过这些分析，我们大致能了解孩子的性格特征，探索适合孩子的教育方式。

结合上面的情况，我们不难看出：外向的、大胆的、不听话的孩子，可以将其性格归为"批评型"。对这种性格的孩子，只有通过批评的方式，才能够使其认识到自己的不足，也只有"批评"的力量才能够"制伏"这类性格的孩子。表扬可能使他们的性格更加活跃，不听家长的管教。

内向的、怯弱的、听话的孩子，可以将其性格归为"表扬型"。对这种性格的孩子，我们要多表扬，慎重而委婉地批评。否则，批评会使他们变得更加内向和怯弱。所以，我们要多鼓励、表扬他们，让他们逐渐地变得更加自信。

综上所述，我们表扬孩子的时候，不但要考虑孩子的性格特点，还要考虑孩子此刻的心理状态和情绪反应。只有考虑到这一点，我们对孩子的表扬才能够恰到好处。

表扬要注意孩子的情绪

一般情况下，孩子的心理状态或者情绪反应大概是高兴或不高兴、舒服或不舒服两种类型。那么，针对孩子不同的心理状态和情绪反应，我们应该怎样做呢？

孩子得意时

孩子表现出得意的心理状态和情绪反应时，常常是因为取得了成绩、得到了他人的肯定或鼓励、做了自己感兴趣或喜欢的事情，这时孩子会变得很开心，心理状态和情绪都很愉快。因为心情好，很多平时不太愿意做的事情，只要父母提出来，孩子通常会高高兴兴地接受。

父母的做法

对待得意时的孩子，父母要切记—绝对不能批评孩子。

这时，我们批评孩子，无疑是给孩子的热情和信心浇了一盆冷水，孩子的内心会莫名其妙地感到失落。我们不妨肯定孩子，然后利用这一时机，提出要求。孩子因为愉快的情绪和得意的心理，是会欣然接受我们的要求的。

在这种情况下，孩子会心情愉快地做平时不愿意做的事情，而事情也会顺利地进行。孩子在完成事情之后，内心也会同样愉悦而且充满成功的感觉。在拥有了这样的内心体验之后，平时不愿意做的事情，自然而然地便被孩子接受了，变成了孩子愿意做的事情。

孩子消沉时

孩子会表现出低落的心理状态和情绪反应，此时，孩子一定是遇到了麻烦、困难或苦衷了。孩子会提不起精神，什么事情都不愿意做—平时喜欢做的事情，现在也不想做了；平时不愿意做的事情，现在就更反感了。

家长的做法

对待消沉的孩子，父母要切记—绝对不能批评，更不能指责、数落孩子。

这时，我们要做的，就是安慰孩子，让孩子的心里感觉舒服一些。然后，和孩子好好沟通一下，问明缘由。我们绝对不能看到孩子一副无精打采的样子，就不分青红皂白地指责、数落孩子。这样只能让孩子更加失落，使孩子关上心扉，拒绝与我们沟通。因为那样对待孩子，就表示我们对孩子不理解，也不想去理解孩子。

问明缘由后，我们就要开导孩子、鼓励孩子，多说孩子的优点和长处，让孩子变得高兴、自信起来，帮助孩子走出负面的情绪。

任何事情，在任何情况下，如果简单、教条地运用一种方法，肯定是不合适的，也是不科学的。在了解孩子性格特点的基础上，结合孩子特定时期的心理状态和情绪反应，来对孩子进行适当的赞扬或批评，这才是父母最理智的做法。

孩子，良好的品德是做人之本

大哲学家康德曾经说过："这个世界唯有两样东西能让我们的心灵感到深深的震撼，一是我们头顶上灿烂的星空，二是我们内心崇高的道德法则！"好的道德品质影响着一个人的前途和人生，它可以决定人生道路的"长度"和"高度"。

对于年龄尚小、涉世未深的孩子而言，德育就更显得尤为重要了。拥有良好的品德，永远是孩子最需要学习的东西。在孩子的成长和发展过程中，学习成绩不一定能决出优胜，但良好的道德品质却可以让孩子随时脱颖而出。

美国的哈佛大学要招一名中国籍留学生，这名学生的所有费用由美国政府全额提供。初试结束了，有 30 名学生成为候选人。

考试结束后的第 10 天，是面试的日子，30 名学生及其家长云集在锦江饭店等待面试。当主考官劳伦斯·金出现在饭店的大厅时，他一下子被大家包围了起来。人们用流利的英语向他问候，有的人甚至迫不及待地开始向他进行自我介绍。

这时，只有一名学生，由于起身晚了一步，没来得及围上去。等他想接近主考官时，主考官的周围已经是水泄不通，根本没有插空而入的可能。

于是他错过了接近主考官的大好机会，但他并没有懊恼，而是静静地站在一旁。正在这时，他看见一个外国女人有些落寞地站在大厅一角，目光茫然地望着窗外。他想：身在异国的她是不是遇到了什么麻烦？也许自己能够帮上忙。

于是，他走过去彬彬有礼地向她打招呼，在简单的自我介绍后问道："夫人，您有什么需要我帮助的吗？"接下来，两个人聊得非常投机。

后来，这名学生被劳伦斯·金选中了。在30名候选人中，他的成绩并不是最好的，而且面试之前他还错过了跟主考官套近乎、加深自己在主考官心目中印象的最佳机会，但是他却无心插柳柳成荫。

原来，那位外国女子正是劳伦斯·金的夫人。这件事曾经引起很多人的震撼—原来这场关于品德的考试才是最有价值的考试。

记得启发孩子的好奇心和想象力

就学习而言，孩子的创造力和想象力远比考试成绩重要得多。成绩好，确实是升学、进入名校的决定因素，但是学业上的好成绩并不能证明孩子就是身心健康、全面发展、有思想、有主见、有创新能力的优秀人才。

17世纪英国著名教育家洛克曾说："孩子的好奇心，是一种追求知识的欲望，所以应该加以鼓励。这不独因为它是一种好现象，而是因为它是自然赋予孩子的一个好工具，孩子可用之去除生来的无知。孩子如果不好问，无知就会使他们变成一种愚蠢无用的动物。"

孩子对很多事情感兴趣，脑子里会时常出现五花八门的想法，很多家长却因此常常呵斥孩子，认为孩子没有好好学习，总是在贪玩。其实，很多发明、创造都是凭借人类大胆的想象力而产生的。

飞机的出现，就是莱特兄弟想摘月亮的突发奇想所致。所以，我们不要限制孩子的想法，不要用常规的思维定式来要求孩子，因为想象力和创造力一旦被常规的思维定式所限就再难以突破了。

要让孩子快快乐乐地成长

平时，在和孩子沟通的时候，我们不要仅仅在学习方面给孩子提出建议、提醒和忠告，还要关注孩子的身体健康和成长的快乐。

不管孩子暂时的学习成绩如何或者将来的发展如何，我们最大的心愿就是孩子能够快快乐乐地成长、生活。孩子如果感觉到快乐，自然就会将这种快乐的心态和情绪带到学习和生活的方方面面，也就能够快快乐乐、轻轻松松地度过每一天。

我们要记住，孩子的快乐是最重要的。只有心灵快乐了，孩子才有好心情去努力、去进取。

下篇

怎么听
孩子才会说

第七章

做个『听话』的好父母

有"听话"的父母才有"听话"的孩子

通常情况下，家长们只要凑到一块儿，马上就会围绕"孩子"的话题展开讨论。而在谈论孩子时，家长们最常谈到的话题之一就是"孩子是否听话"。

好像只要孩子听话，父母就不必为孩子的成长操心了。而很多家长确实认为，孩子听话，教育起来更容易，自己养育孩子也会特别地轻松。

基于这种想法，很多家长看到孩子不听话或者不满意孩子的行为时，都会对孩子说："你怎么这么不听话啊！"

而孩子呢？他们的反应又如何呢？

虽然听到爸爸妈妈说自己"不听话"，但是自己是怎样做的、到底有没有听话，只有自己心里最有数。或者，更准确地说，孩子不听话的原因，只有孩子自己才明白。

而我们做父母的，却不去关注孩子的内心，不愿意去想孩子不听话的原因，而只是通过孩子表现出来的行为举止，主观、片面地断定"孩子不听话"。

我们在前面提到过，生活中很多父母都习惯用命令、表扬结果、批评和讲大道理的沟通方式与孩子交流。如果说孩子不愿意接受命令、批评、讲大道理的沟通方式，那么，为什么我们表扬孩子的时候，孩子仍然不听话呢？

这就引发了一个值得我们认真思考的问题——孩子不听话，到底是什么原因所致？

其实，孩子不听话的根本原因就是——父母没有把话说到孩子的心里去，而只是一味地命令、有目的地表扬、不分青红皂白地批评和总是讲空洞的大道理。

如果父母不了解孩子的心理，不顾及孩子的情绪，就算话语里面饱含着期望或鼓励，孩子也会打心眼里抵触父母的话语。

我们对待孩子的方式，就是孩子不听话的原因。我们一直单方面地给予自己想给孩子的一切，却从来不考虑孩子内心的想法。这就导致双方之间无法形成有效的互动——我们没有考虑到孩子的情绪和心理需求，而孩子因为自己的需求得不到满足而不肯听我们的话。简言之，孩子不听话，是因为父母没有听到孩子心里的话。

要想孩子听话，我们就必须调整自己的态度和做法，努力成为了解孩子、懂得倾听孩子、能够读懂孩子心声的父母。而这就是孩子听话的基本前提。

那么，我们要怎样做，才算是"听话"的父母呢？

"听话"的父母会捕捉孩子的心声

当我们明白了"要想孩子听话，我们就先要成为听话的家长"的道理后，就应在行为上主动、自发地向"听话的家长"的方向去努力。要想成为"听话"的家长，就要懂得"听话"的艺术，也就是要懂得倾听。倾听孩子的心声，能够从中听到孩子的情感需求和变化的情绪。然后，根据倾听到的信息，有针对性地引导孩子，与孩子沟通。当我们成为"听孩子话"的家长后，孩子自然就会听话了。

下面，我们来看看如何捕捉孩子的心声。

孩子大声喊叫：

当我们在忙着自己的事情或者家务时，孩子因为一个人待的时间过久会烦躁地大声喊叫。而如果我们在远处对孩子嚷道："别叫了，乱喊什么？"这样做是没有任何效果的，反而会使孩子喊叫得更加厉害。这和我们充耳不闻的结果是一样的，同样会使孩子变本加厉地胡乱喊叫。

孩子的心声：

孩子不会无缘无故地大声乱喊乱叫。孩子之所以这样做，其实是想引起我们的注意，希望用喊叫声让我们意识到"我们已经好久没有理他了"、"没有陪他玩了"，或者"他已经自己待了很久了，一点儿意思都没有"。

所以，我们不要大声地呵斥孩子，而要理解孩子希望和父母亲近的情感需求。走到孩子身边，和孩子说几句话；让孩子参与自己正在忙的事情中；多抽出一些时间和孩子待在一起，不要让孩子感觉我们冷落了他。

世界卫生组织公布的一项研究成果表明，平均每天能与父母共处2小时以上的孩子，智商和与人沟通的能力都比那些被父母冷落的孩子要高一些。所以，我们不但要经常地倾听孩子的心声，还要尽可能多地和孩子在一起，不要让孩子处于情感饥饿的状态，而要让孩子充分地感受到父母的爱。因为只有感受到爱的孩子，才懂得爱父母。

倾听是亲子沟通永恒的秘诀

把话说到孩子心里去，可不是一件容易的事。我们要做到这一点，就要不断地倾听孩子。这样既能了解孩子，也能说出孩子易于接受的话。

要想了解孩子、听懂孩子的话语和心声，我们就必须多花心思，留意孩子成长过程中的每一个细节。

倾听孩子成长时内心的情感需求和渴望获得帮助与指导的心理，及时地给孩子必要的忠告、真诚的鼓励和友善的批评与建议。

理解孩子积极努力却总是无法突破的难过的心理，和孩子一起找出原因，陪伴孩子一起努力。

善于观察孩子，于细微之处了解孩子的兴趣爱好或在某一特定时期的情绪波动，给孩子正确的指导和及时的心理疏导，让孩子轻轻松松地追求梦想。

无论鹃子妈妈让鹃子做什么，鹃子都不听。生活中，总是能听到鹃子妈妈批评女儿不听话的责骂声。

妈妈："鹃子，去外面跳绳吧！听说经常跳绳个子高。"

鹃子："我不想去。"

妈妈："你怎么总是不听话？前天让你跟陈阿姨学唱歌，你也不去。邻家的肖航和丁丁都去了。"

鹃子："我就是不想去跳绳，也不想去学唱歌。"

妈妈："你怎么才能听话？妈妈这都是为了你好。"

就算妈妈这样说，鹃子也能体会到妈妈的良苦用心，可鹃子就是不想按照妈妈所说的去做。鹃子心想：个子高矮无所谓，我又不喜欢跳绳。陈阿姨是歌剧演员，唱歌当然好。我又不想唱歌剧，为什么还要耽误人家的宝贵时间？我知道自己想做什么，过得很快乐就行了。妈妈的话听起来真令人烦哪！

鹃子妈妈却想：这样的事情已经不是第一次了，鹃子总是不听自己的话。我要怎么办，鹃子才能听话呢？

后来，鹃子妈妈又命令了女儿几次，可是鹃子还是不听话。这回，鹃子妈妈不打算和自己较劲了，不再根据自己的想法给鹃子建议和下命令了，而是想看看鹃子到底想怎么样。

经过观察，鹃子妈妈发现，鹃子对书法和篆刻感兴趣，几乎所有的课余时间，鹃子都用来练习毛笔字和刻印章。而这完全是自学的，鹃子在网上查找了很多资料和讲课的视频。同时，鹃子妈妈还发现，女儿练习的工具和材料都有些过于简陋——练习书法用的不是宣纸，而是毛边纸；刻印章用的不是石料，而是橡皮。

知道了这些情况，鹃子妈妈对鹃子说："和妈妈一起去文化用品店吧。"

"为什么？"

"妈妈要买些东西，但是不太懂。你愿意给妈妈当参谋吗？"

"没问题。"

一路上，鹃子妈妈从鹃子那儿了解到，毛边纸比宣纸便宜，鹃子认为自己还处于初学阶段，等过一段时间再用宣纸也可以，要不就太浪费了。另外，鹃子感兴趣的是古文字，在橡皮上刻字就是为了留个纪念。

所以，在文化用品店，鹃子妈妈又给女儿买了一些毛边纸和橡皮，并对女儿说："好好练，最好不要半途而废啊！"

这一次，鹃子爽快地答应道："没问题，我天天练习！"

这时，鹃子妈妈自言自语道："这次回答得真痛快，从来没这么听话过。"

当妈妈不善于"听话"时，鹃子就不听话；可当妈妈变成一个"听话"的妈妈时，鹃子就听话了。

由此可见，如果我们倾听孩子的心声、了解孩子，孩子自然就会成为一个听话的孩子。

倾听，让孩子和我们更亲近

我们倾听孩子，就要关注孩子的方方面面，特别要观察孩子的情绪状态。如果孩子的某些情绪是和我们有关的，我们就一定要想办法将孩子的情绪调整好。

由于工作很忙，楚楚妈妈每天回到家仍然穿着那身黑白相间的职业装，可是，时间一长，本来就很内向的楚楚更不愿意和妈妈亲近了。

有一天，楚楚妈妈的一个好朋友来家里玩，楚楚意外的举动让妈妈十分惊讶。虽然楚楚和这位阿姨并不是很熟，但是楚楚十分高兴，与平时相比，她话也多了，还总是想坐到阿姨身上，让阿姨抱着，一副很开心的样子。

后来，妈妈终于想明白了。原来阿姨那天穿的衣服颜色非常鲜艳，而且是休闲款式，布料是纯棉质地，摸上去手感很好。所以，楚楚很愿意和那位阿姨亲近，看上去也比平时开朗很多。

妈妈常穿的那身黑白相间的古板职业装，楚楚怎么会喜欢呢？原来是黑色职业装导致楚楚对妈妈产生了距离感。

意识到这一点之后，妈妈在家时就换上颜色鲜艳的休闲装。而楚楚也开始亲近妈妈了。

看来，不仅我们的话语、态度会影响到我们倾听孩子的质量，就连我们的衣着装饰也是影响我们倾听孩子的质量与效果的因素之一。所以，我们一定要细心地倾听孩子的种种情感需求，拉近我们和孩子之间的距离。

由于工作太忙，妈妈已经好长时间没好好地陪女儿一诺了。

最近，妈妈发现一诺总是无缘无故地大喊大叫，而且不管做什么，总是要弄出很大的声音，还故意夸大动作。后来，妈妈意识到，女儿出现这种情况，很可能是因为自己太忙，没有时间陪她玩。

这天晚上发生的事情，让妈妈决定开始改变，多和一诺亲近亲近。

事情是这样的，为了第二天的重要会议，妈妈正在准备衣服，可挑来挑去，总是觉得没有一件合适的，这时，一诺却拿着一件衣服跑了过来，对妈妈说："妈妈穿这件衣服最漂亮。"妈妈接过衣服一看，原来是睡衣，于是就问女儿："为什么妈妈穿睡衣最漂亮啊？"一诺很得意地说："妈妈穿上睡衣，就不用出门了，可以和我玩啦。"

从那以后，不管多忙，妈妈只要一回到家就换上睡衣。然后不管做什么事，总是时不时地和女儿说几句话、尽可能好好陪陪她。

其实，很多时候，孩子并不需要我们说多少话，只要能经常和我们待在一起，孩子的心里就会很满足。

听听孩子的"碎碎念"

我们在生活中要注意倾听孩子的心声，从而了解孩子的内心，而倾听孩子心声的一个重要方面，就是听听孩子总在念叨什么。

倾听孩子的心声，了解孩子的内心

生活中，我们总能听到有些家长这样抱怨：

"真不了解孩子是怎么想的，什么都不肯和我们说，我们可是从来不批评孩子的啊！"

——当我们无法了解孩子时常常会产生这样的困惑。

"不知道怎样了解孩子。他喜欢什么？有哪些兴趣爱好？不告诉我，我怎么能知道啊！"

——当我们不知道孩子的兴趣爱好时，就埋怨孩子没有告诉我们。

"那些飞机模型真漂亮，我要是能造出真正的飞机就好了！"孩子满怀向往地感叹道。"别做梦了，还是脚踏实地地把学习成绩提上去吧！造飞机是那么容易的事情吗？你说想造，就能造啊？"

——孩子说出了自己的愿望，又如何呢？我们不但不去关心，还挖苦、讽刺孩子的梦想。而这就是很多家长平时对孩子的所作所为。

孩子不说，我们就抱怨孩子什么事情都不告诉我们；当孩子和我们说时，我们又不理解孩子，甚至还打击孩子；我们不了解孩子时，说不知道孩子是怎么想的……生活中，很多家长都忽视了对孩子的深入了解。

要想倾听孩子的心声、了解孩子，有一个方面是我们必须时刻关注的，只要做到了这点，了解孩子就不难了。也就是说，这一点是我们倾听孩子时绝不能忽略的要点，那就是—孩子平时总在念叨什么。

倾听孩子的细节

我们要倾听孩子的心声、了解孩子的心理，完全可以从孩子的很多行为细节中察觉。比如，留意孩子不经意间说的一句话，留意孩子在一段时间内总是在说些什么、关注什么，这些都是我们倾听孩子、了解孩子必须留意的重要细节。

如果我们不去主动观察，或者我们没有想到要观察孩子，那么，不了解孩子就不是孩子不肯告诉我们的问题，而是我们没有花心思去了解孩子所致。

那么，哪些细节是我们必须留意的呢？

留意孩子喜欢的话题

孩子有了自己的想法，无论能否得到外界的认可，他都会在不经意间表露出来。比如，有的孩子总是谈论足球；有的孩子总是谈论汽车、飞机；有的孩子一有空闲就书不离手，总是谈论书里的内容……

有的孩子不仅仅自己念叨，还要说给父母听，想让父母知道自己喜欢什么、想要什么，希望他们能够在自己不断的念叨声中理解自己的小心思。

可是，很多父母往往忽略了这一细节，从不认真听孩子的话，也不管孩子到底在念叨什么，从而错过了倾听孩子心声、了解孩子的重要时机。

观察孩子什么时候最快乐

观察孩子什么时候最快乐和做哪些事情的时候最快乐，那就是孩子的兴趣和特长所在。通过观察孩子最快乐的时间，我们能够真切地了解孩子，从而帮助孩子找到自己的优势，积极地引导孩子，让孩子既快乐又能够拥有光明的未来。

很多时候，孩子在做喜欢的事情时，往往是最快乐的。做自己喜欢的事情时，孩子会表现出最大的热情和最坚决的克服困难的决心，并且能够以一种轻松的心态来对待所做的事情，还能将事情又快又好地完成。

所以，我们要善于观察孩子，看看哪些事情是孩子主动做的，而且孩子在这个过程中充满了快乐。

注意孩子没事的时候在做什么

要发现孩子兴趣，还有一个方法就是注意孩子没事的时候在做什么。这体现了孩子在不受强迫、没有任何功利想法的前提下的主动性和自发性。

这很可能是连孩子自己都没有发觉的细节。孩子或许只是简单地认为做某件事很有意思，充满了乐趣，但其实这正是孩子最大的兴趣点。

允许孩子拥有自己的快乐

了解了从哪些细节观察孩子的兴趣后，我们还要注意的一点就是尊重孩子的个性。每个孩子都有自己的个性特征，父母不能按照统一的标准来要求孩子。

生活中，我们常常会看到这样的情景：

有的孩子学习成绩一般，每当学习、做作业或者考试的时候就头疼；可一旦和伙伴们在一起玩就会变得活力四射，好像有无穷的快乐，能够很好地调节伙伴之间的各种关系及矛盾，总是很愉快，而且很受伙伴们的喜欢和信任。

——对这样的孩子，父母就要善于发现孩子出色的人际交往和沟通能力，要有针对性地培养孩子的特长。

有些孩子，在学习数学、物理、化学等功课时，很痛苦，每每提起这些功课就会变得无精打采、一筹莫展；而在学习语文、英语、历史等功课时，就会变得兴趣浓厚、乐此不疲。

——通过孩子的这些表现，父母应该可以看出，孩子对逻辑性、推理性要求较高的学科不太感兴趣，而是对语言等文科性质的学科有兴趣。

这些现象都说明孩子在自己感兴趣的方面，会表现出十足的自信，可以轻轻松松地将事情做得很完美。

孩子经常在和你说些什么

有时候，我们不要强求孩子"尽善尽美，遍地开花"，而是要善于发现孩子的特长，并且积极引导，发展孩子的兴趣爱好。

晓雨妈妈发现女儿晓雨上了初中之后，变得比以前沉默了。中学生的学习负担要比小学生重很多，妈妈认为这就是晓雨变得沉默的原因。但是，也有例外的时候。每当妈妈询问晓雨考试成绩或学习情况时，晓雨最先说的总是数学和语文，而且说起来滔滔不绝。有时候，就算妈妈不问，晓雨也会主动和妈妈说数学课或语文课上的情况，比如自己学了什么、其他同学又如何……可是，对于其他课，晓雨从来没有主动向妈妈提起过。即使妈妈问起来，晓雨也不太愿意说，并且总是将话题转移到数学和语文上来。

一段时间之后，晓雨妈妈就察觉到了这一情况。于是，妈妈给晓雨买回了几本练习册。而这些练习册都是关于数学和语文知识的。妈妈想通过孩子的热情和兴趣，来提高晓雨这两门功课的成绩，让语文和数学成为晓雨的绝对优势。妈妈想让晓雨先提高这两门功课的成绩，再提高其他课程的成绩。妈妈认为，现在就让晓雨加大学习其他功课的力度，可能会打消晓雨的学习积极性，也容易使本来学得挺好的数学和语文成绩掉下来。

晓雨妈妈的方法还真是不错。不到一学期的时间，晓雨各门功课的成绩都提高了，而且语文和数学成绩还一直在班里位居第一名。

晓雨妈妈通过晓雨经常和自己倾诉的内容，了解到了孩子的心声和兴趣爱好，从而更好地引导孩子，同时帮助晓雨更好地成长。

倾听孩子经常和我们说什么，是我们和孩子进行良好沟通、建立融洽亲子关系的重要途径。

第八章 /

好父母要会听孩子的话

做孩子信赖的听众

　　与孩子进行良好的沟通，做到这一点对父母来说并非易事。这就要求我们努力创造愉快的沟通氛围，以宽容心态耐心聆听孩子的倾诉，做孩子信赖的听众，而不要一味地教训孩子。

　　其实，倾听是父母必须掌握的沟通技巧，我们在倾听孩子的过程中要接受孩子的感受和情绪，耐心解答孩子的各种疑问，还要适时地给予孩子爱的鼓励……只有这样，我们才能深入了解孩子的内心。

　　　　楠楠放学回来，和妈妈说的第一句话就是："妈妈，我把小伟打了，打伤了……"

　　　　还没等楠楠把话说完，妈妈急着教育楠楠："妈妈有没有和你说过，在学校不能欺负同学，要和同学好好相处？你把同学打了，同学会疼，你也会疼。那么，反过来，同学打你，你愿意吗？你会高兴吗？打人的后果你想过没有？老师要找家长，妈妈去学校就会挨老师的训，还要向单位的领导请假，而请假是要扣钱的，还会耽误妈妈的工作。爸爸去学校，也是一样，回到家后，爸爸还会再打你一顿……”

听了妈妈的话后，楠楠委屈地回到自己的房间，趴在桌子上伤心地哭了起来。楠楠有一肚子话想和妈妈说，想告诉妈妈自己为什么会打小伟。可是，妈妈根本不问缘由，就认定是自己的不对，楠楠太伤心了。

生活中，很多父母都像楠楠妈妈那样不懂得倾听，只是一味地教训孩子，给孩子讲很多大道理。

然而，在教育孩子以及与孩子沟通时，我们是一定要倾听的，否则就无法了解孩子所遇到的事情、所处的境况和心里的感受。

冬冬放学回来，和妈妈说的第一句话就是："妈妈，我把童童打了，打伤了……"

妈妈一听，就问："童童伤得很严重吗？"

冬冬用力地点了点头。

冬冬妈妈又问："告诉妈妈，你为什么打童童啊？"

听到妈妈这样问，冬冬"哇"的一声哭了。

妈妈抱着冬冬，什么也没有说，只是用手轻轻地拍着冬冬的背，抚摸着冬冬的头。

哭了一会儿，冬冬终于不哭了，对妈妈说："童童总是欺负我，总向我借作业抄。我不借，他就打我，这样的事情已经发生过好几次了。今天，我实在是太生气了，就打了他……"

其实，很有可能楠楠的情况和冬冬是一样的，都是自己受了委屈，忍无可忍才打了人。但是，楠楠妈妈不懂得倾听这种沟通技巧，也没有意识到父母要成为孩子最忠实、最值得信赖的听众。

怎样博得孩子的信赖

父母是家长，即使父母亲切、随和，孩子在父母面前一般也会有一些顾忌和胆怯。所以，我们要想成为孩子值得信赖的听众，让孩子向我们敞开心扉、和我们说心里话，的确存在一定的难度。但无论怎样，我们要想成为孩子信赖的听众，还是有方法可循的。

接受孩子的感受和情绪

任何时候，我们都要无条件地接受孩子的感受和情绪。这就是说，客观上，无论孩子对错与否，我们在表扬或批评孩子之前，一定要先认同并接受孩子内心的情绪和反应。不要让孩子认为"自己产生这样的情绪和反应是不对的"。因为这样的意识一旦产生，孩子的内心就会有一种难以抹去的挫败感。而挫败感会使孩子失去自信，也不再愿意表达。因为孩子认为，无论自己说什么，都会被父母批评或指责。

当孩子倾诉内心的情绪和感受时，我们接受并认同孩子的感受，会让孩子感觉很舒服，同时也会让孩子认为我们是很好的倾听者。

不要认为自己无所不知

当孩子告诉我们心里的秘密或者和我们聊天时，我们不要摆出一副自己无所不知、凡事都能解决的家长做派，而是要把自己当成孩子的同龄人，以朋友的身份来理解孩子所说的一切。因为大人和孩子在面对同一问题或者同一件事情时的态度和心情是不一样的。

就事论事，不要拿过去的事说事

当孩子向我们倾诉时，我们很自然地将听到的话"记录在案"。

如果以后孩子又遇到这样的问题，我们就会说"以前就是这样的"或者"这已经不是第一次了"。

然而，这样的做法是会破坏我们在孩子心目中的形象的。只要我们这样说一次，孩子以后就可能不再向我们倾诉了。所以，我们不要拿过去的事说事，而要就事论事。

很多时候，我们要做的仅仅是陪在孩子的身边

年龄小的孩子，会在遇到心事的时候，向我们倾诉。可是，孩子一旦长大了，可能就会变得很沉默，不开心的时候会不想说话。

这时，我们一定不要数落孩子，只要静静地陪在孩子身边就好。虽然我们没有说什么话，但是这表明我们十分理解孩子。父母安静地陪在孩子身边，不让孩子感觉很孤单，这也是很好的沟通方式。

不懂倾听，孩子就不愿意倾诉

敏敏放学回家后，非常生气地向妈妈抱怨：

"小锐是个坏孩子！他真讨厌！他是个讨厌鬼！我再也不和他一起玩了，也不想和他做朋友了。"

敏敏妈妈听到后，就对敏敏说：

"你们是好朋友，你怎么能这样说呢？好孩子是不能说别人的坏话的。你想想，你这样做对吗？妈妈平时是怎么教育你的？那些话，你都忘了吗……"

听到妈妈这样说，敏敏眼里含着泪，委屈地说：

"讨厌，不想听，不想听……"

敏敏用双手捂着耳朵跑进了自己的房间，不理还在教育自己的妈妈。

孩子委屈、伤心时，我们要倾听并认同孩子的感受，就算要教育、引导孩子，那也是之后的事情。

也就是说，在这个时候，教育、纠正孩子的任何行为都是不合时宜的。这样做对于事情的解决或者我们与孩子的沟通一点帮助都没有。

蕾蕾一边哭一边声嘶力竭地喊着：

"我再也不去合唱团了，爸爸妈妈打我、说我，我不去了，不学了……"

蕾蕾妈妈见此情景，并没有打骂蕾蕾，或者命令蕾蕾必须去，而是捧着孩子的脸，说："蕾蕾，你怎么了？告诉妈妈不愿去的原因，妈妈可以不要求你再去。"

蕾蕾开始向妈妈解释道：

"昨天老师说我笨，因为我总是唱不好。同学也在议论我，他们还说我影响集体，不会唱歌来合唱团做什么……"

妈妈把蕾蕾抱在怀里，安慰道：

"这点小事，怎么能难倒努力的蕾蕾呢？想一想，喜欢不喜欢唱歌和参加合唱团。要是不喜欢，活动的时候不快乐，就不去了。如果喜欢，那么努力练好就行了。怎么能因为一点批评就不去了呢？"

听了妈妈的话，蕾蕾的心里觉得很舒服。一到下次参加活动的时间，蕾蕾就主动要求妈妈送自己去合唱团。

孩子委屈、伤心时，接受并认同孩子的感受，这是任何时候都应该放在首位的事情。耐心倾听，给孩子表达和倾诉的机会，就是最好的亲子沟通和情感交流方式。

沟通不畅的问题需注意

生活中，我们都有这样的体会，和孩子说话时，说着说着，孩子就不理我们了，有时甚至还会冲我们生气。而在这之后，我们与孩子之间的沟通就会出现一段空白。无论我们说什么，孩子都不理我们、不和我们交流。然后，我们就不愿意主动地说话了，想借助时间来缓解这种尴尬。

也许，有这种想法的家长是对的，时间真的可以解决亲子之间沟通不畅的尴尬。但是导致这种情况的原因究竟是什么？如果有，我们不去寻找原因，不主动解决问题，而是一味地拖延时间，是否会使问题变得更加严重？或者不断发生类似的问题，却一直依赖于时间来解决问题呢？

首先，我们要明确的是，借助时间来解决问题，不但不是正确的办法，而且还是一个十分消极、不科学的办法。

我们必须承认的是，时间确实可以将亲子之间难以沟通的矛盾化解开，无非是冷战一段时间后，某一方主动示好，给对方台阶下，而对方也就没有必要板着冷面孔了。

我们将这一问题交给时间来解决，而每隔一段时间之后，这种局面又会重新上演。这就告诉我们，时间是解决不了亲子沟通障碍的。因为问题一直存在，而我们却置之不理，没有得到彻底解决的问题当然会一而再、再而三地出现。

孩子为什么不愿意与我们沟通

前面提到过，孩子不愿意和我们沟通，是因为我们不了解孩子、不理解孩子，没有把话说到孩子的心里去。但是，当我们注意了这些细节时，还是会出现沟通困难的问题。所以，不知道你是否留意，在怎样的情况下孩子不愿意和父母沟通（或者继续沟通下去）。

细心的、愿意从自身找原因的家长也许会说："当我们和孩子说话时，通常都不太专心，会一边做着事情一边和孩子说话。"

拥有这样的父母的孩子是幸福的，最起码父母意识到了问题的所在，而没有埋怨孩子，或者认为孩子是错误的。

有太多的父母在和孩子沟通时，都不够专心——一边忙着要做或正在做的事情，一边和孩子说话。比如：

> 妈妈一边洗衣服，一边对孩子说："和同学相处得怎么样？有没有和同学闹矛盾、打架……"
>
> 妈妈一边择菜，一边絮絮叨叨地询问正在客厅学习的孩子："这次考试考得怎么样？谁是第一名啊？第一名比你高多少分啊？"

在这样的情况下，孩子说着说着就不愿意多说了，开始抱怨："别再唠叨了！"然后结束对话，再也不回答父母的任何问话了。

有些家长认为，这是因为那些问话都是和学习有关的方面，孩子当然不愿意说，所以不想和父母沟通是很自然的事情。

事情果真如此吗？如果我们以这样一种方式和孩子说话，不和孩子谈学习，孩子的态度又会怎样呢？

妈妈一边择菜，一边对孩子说："我听陈阿姨说，最近你没找小胖一起玩，是吗？"

"是。"孩子答道。

"那你这几天都和谁一起玩啊？"

"林林。"

"你为什么不和小胖一起玩啊？和林林一起玩，也不带着小胖……"

"不知道……您怎么管这么多闲事啊？"孩子不耐烦地说着，跑进了自己的房间。

这位妈妈没和孩子谈学习吧，为什么她和孩子之间的对话仍然是还没有说上几句，孩子就不肯继续说了呢？这其中肯定是有原因的。

如果我们和孩子说话时，一边做着事情，一边和孩子说话，这就会给孩子带来一种我们不重视他、不认真对待他的感觉。孩子看不到我们的表情，感受不到我们的眼神，只能听见我们的话语和体会我们的态度。此外，如果我们不留出专门用来和孩子沟通的时间，也会导致孩子不愿意和我们多说话。因为很多事情不是三言两语就能说明白的，如果父母和孩子说话时抱着不认真的态度，就更难与孩子沟通顺畅了。这样，孩子自然就不愿意多说了。

我们平时疏忽的这些小细节，正是亲子之间难以沟通顺畅的原因所在。而这也表明了孩子在与父母沟通时通常会有"洁癖"。

我们不够专心，一边忙着自己的事情一边和孩子说话；与孩子沟通时，目光不专注于孩子；没有安排专门用于和孩子沟通的时间……

了解了这些问题，我们也就知道孩子不愿意和我们沟通的原因了。

认识孩子的沟通"洁癖"

　　一项面向两万多名中小学生的调查研究结果显示，我国超过七成的中小学生有心事不愿和父母说，其中小学生首选父母作为倾诉对象的比例为 34.21%，而中学生仅为 17.79%，并且这一比例会随着孩子年龄的增长而逐年下降。

　　为什么孩子不愿意把心事告诉父母？原因就在于父母与孩子的沟通方式存在问题。其实，孩子对父母的沟通是有"洁癖"的。我们只有充分认识到孩子的沟通"洁癖"，才能有效地倾听孩子的心声，避免沟通不畅的问题。

　　认识了孩子的沟通"洁癖"，我们也就知道怎样解决亲子间的沟通障碍了。以下是孩子常见的 4 种沟通"洁癖"。

"洁癖" 1：父母不给我说话的机会

　　爸爸妈妈总是唠唠叨叨地一直说，一个问题接着一个问题地追问，就像机关枪一样说个不停。我很烦，不愿意回答，也不愿意多说什么。不管怎样，总得给我说话的机会吧！他们这样一直说，让我有种挨训的感觉。

孩子喜欢的方式：父母倾听孩子，给孩子说话的机会

　　我们和孩子沟通时，要以听为主，可以适当地说一些话，引导

一下孩子。但不是让孩子一直听我们说，主要是我们听孩子说。

让孩子感受到我们是在用心听，这样孩子才会有和我们说话的欲望。我们要给孩子说话的机会，这样孩子才会将心里话说出来。

"洁癖"2：父母一边忙自己的事，一边和我说话

不管爸爸妈妈做着什么，只要一看到我，就要唠叨、教训几句。从小到大，任何时候，都是这样，以至于我一看到他们在家，就想立刻躲到自己房间。后来发现，就算我心不在焉地听，他们也不知道，因为他们每次都是一边忙着做家务，一边和我说话。

孩子喜欢的方式：父母安排专门用于沟通的时间来倾听孩子

既然我们希望了解孩子、和孩子进行沟通，那么为什么不抽出专门的时间来和孩子交谈、倾听孩子的心声呢？

如果我们抽出专门的时间和孩子交谈、倾听孩子，孩子就会感受到一种受到尊重的感觉，同时也会觉得父母是在认真地听自己说话，很在乎自己的想法。

这样一来，父母和孩子之间就不会出现沟通困难的问题了。

"洁癖"3：父母听我说话时只用耳朵，从不配合其他感官

爸爸妈妈每次说话时，总是只用耳朵听或者用后背对着我，手里还忙着其他的事情。而我一说话或者一听他们说话，就不能专心看书或学习了。他们一点儿都不考虑我的感受，有谁愿意对着别人的后背说话呢？

孩子喜欢的方式：父母倾听孩子说话，孩子可以看到父母的眼睛和表情

我们无论是和孩子说话，还是倾听孩子说话，都最好是停下正在做的事情，一心一意地听孩子说，让孩子看到我们的眼睛和表情。

也就是说，当孩子说话的时候，我们可以通过眼神、表情和反应，让孩子知道，我们一直在听，而且是在用心地听，从而引导孩子更好地表达自己内心的想法。

如果我们这样做，孩子会觉得和我们说话是一件很愉快的事情。

"洁癖"4：父母不理解我的心情，所以我不愿意说话

我说话的时候，爸爸妈妈总是打断我的话——"不能这样，不能那样，这样不对……"我当时的心情就是：我说出来，他们还不理解我；就算我什么都不说，他们也一样会训斥我、批评我。他们从来不理解我的心情，不站在我的立场来考虑问题，所以我不愿意和他们多说话。

孩子喜欢的方式：父母理解孩子，考虑孩子的心情

我们倾听孩子，不仅仅是用耳朵听孩子说话，还要用心理解孩子，考虑孩子在那一刻的处境和感受。我们不能在不了解情况的时候不分青红皂白地数落孩子。

总之，我们要用心倾听孩子，理解孩子的处境和心情，才会使孩子打开心扉，愿意真诚地与我们交流。

章妈妈工作很忙，下班后回到家就忙着做饭、洗衣服、收拾房间……所以，每当女儿燕子放学回来时，章妈妈总是一边忙着做家务，一边督促燕子学习，问问燕子在学校的事情或者学习情况等。

一开始，燕子还愿意回答妈妈的提问。可是后来章妈妈意识到，女儿不愿意和自己多说话了。这样一来，有好长一段时间，章妈妈无法知道女儿的学习情况。就算是无事闲聊，燕子也不愿意和妈妈多说话，总是刚说上几句就悄悄地溜回了自己的房间。

一天，章妈妈心想：这样下去可不行，必须和女儿好好谈一谈。

章妈妈看女儿不忙的时候，直截了当地对女儿说："燕子，你最近为什么总是不爱和妈妈说话啊？"燕子也毫不隐瞒，回答道："妈妈不总是很忙吗？妈妈能一边干活一边和我说话，可我不能一边说话，还一边学习。所以，我就干脆不说了，还是一心一意地学习吧！"

听到女儿这样说，章妈妈这才恍然大悟。一直以来，自己确实是一边干活一边和孩子说话，没想到这样给孩子留下了一种心不在焉的感觉。知道原因之后，章妈妈就开始注意纠正自己的问题。忙的时候，章妈妈就简单地和孩子交谈几句，然后让孩子去学习；和孩子说话的时候，章妈妈会停下手里的活儿认真与孩子沟通。

如果有什么需要谈的话，或者想向孩子了解的情况，章妈妈都会腾出专门的时间，倾听孩子的心声。

章妈妈及时地认识到了自身的问题，转变了与女儿的交流方式。我们与孩子沟通时，需要用心倾听孩子的心声，这样才能理解孩子的处境和感受，排除一切沟通障碍，从而使孩子打开心扉。

"嗯"、"哦"也是一种有效的倾听

很多时候，当我们看出孩子有心事时，就会想让孩子说出心里话，我们要不责备孩子，耐心地倾听孩子诉说就可以了。

当孩子向我们倾诉时，我们用"嗯"、"哦"、"是这样啊"来回应孩子，让孩子知道我们在专注地倾听，就会使孩子心里感觉好一些，也愿意将更多的心事、不快和委屈全部倾诉给我们。

用"嗯"、"哦"倾听的好处

平时，我们向孩子灌输了太多的大道理，可是孩子都听进心里去了吗？我们不如从现在开始，尝试用"嗯"、"哦"、"是这样啊"、"然后呢"之类的话语，与孩子进行对话。用这种方式和孩子进行交流，我们会收到意想不到的好效果。

孩子认为父母在认真地听，会很愿意表达自己的想法和感受

我们不再长篇大论地讲道理，而是用这样一种倾听的方式，耐心地听孩子说，孩子会觉得我们很真诚，也会觉得我们能够理解他的想法和关心他的感受，这样孩子就不会有太多的杂念，也会很愿意表达出自己的想法和感受。而这就是我们和孩子之间进行良好沟通的开始。

孩子在倾诉的过程中，有可能找到解决问题的办法

孩子在叙述自己所遭遇的事情或内心感受的过程中，会重新梳理事情的来龙去脉或者产生问题的原委，所以孩子很可能说着说着就找到了解决问题的办法，或者使自己的不良情绪得到排解。

我们以"嗯"、"哦"、"是这样啊"、"然后呢"等表示了解、领会、知道以及希望进一步听下去的话来回应孩子，不打断孩子的思路和正在宣泄的情绪，孩子的倾诉过程就会变成整理情绪和问题的过程，这样孩子会主动找到解决问题的办法，调节自己的心理，不再那么激动和情绪化。

"嗯……"——表示"知道了"。

"哦……"——表示"领会了"。

"这样啊！"——表示"了解了"。

"然后呢？"——表示"希望进一步听下去"。

让孩子感受到父母的理解，知道父母正站在自己的立场看待问题

孩子无论是对是错，都希望得到父母的理解和宽容。当我们倾听孩子时，没有先入为主地判断，没有严厉地斥责，而是安静地倾听孩子，时不时地用"嗯"、"哦"来表达我们的关注和理解。这样，孩子就会变得很愉快。

当我们给孩子留下这样的印象和感觉时，其实是在为孩子将来说出心里话打下重要的基础。我们理解孩子，站在孩子的立场看待问题，孩子就会感受到我们的尊重，当然就愿意敞开心扉了。

当我们学会用"嗯"、"哦"的方式倾听孩子后，自然会意识到一点——在生活中和孩子相处时，我们要习惯当配角。

沟通中，父母要当配角

我们以"嗯"、"哦"的方式倾听孩子，让孩子淋漓尽致地表达自己的情绪和遭遇，就表示我们已经意识到：在和孩子的沟通过程中，孩子才是主角，而我们只是配角。**让孩子说出心里的话才是最重要的**，这样就可以避免很多大大小小的问题在孩子的心里沉积下来。我们在和孩子沟通时甘当配角，其实是在为孩子提供一个宣泄情绪、抒发情感的出口。父母当配角，才会给孩子留出说话的时间和机会，而父母也才能借此机会倾听孩子内心的困惑和需求。

由于长久以来，我们已经习惯于权威家长的身份，对于在沟通中当配角存在一些需要避免的态度。那么，这些态度究竟是什么呢？

平等地交流，不给孩子压力

通常情况下，在和孩子交流时，我们总是会摆出一副"法官"的架势，好像随时准备"审判"孩子说的每一句话、做的每一件事、内心的每一个想法……

如果我们以这样的方式或态度对待孩子，就会在和孩子沟通的过程中发现，孩子说起话来战战兢兢、吞吞吐吐的，总是胆怯地看着我们，生怕因为一句话不对招来我们的指责、数落甚至打骂。在压力和恐慌之中，孩子怎么会向我们倾诉心里话呢？

我们不能把孩子当成问题少年，不要认为孩子只会犯错误，也不要有先入为主的想法，要善于发现孩子的可爱之处，平等地和孩子交流。孩子在没有压力的心境下，才会感受到我们的关怀和温暖，这样我们才有可能倾听孩子的心声，了解孩子最真实的想法。

做孩子商量的伙伴，不做命令孩子的大家长

英国著名教育家斯宾塞曾说："对孩子要少下命令，命令只有在其他方式不适用或失败时才用。所以，父母不管要求孩子做什么事情，一定要注意用商量的口吻，而不要用命令的口吻。父母与孩子之间应该存在着商量，而不是命令，也不应该是命令。"

这段话道出了我们和孩子沟通的态度——是商量，而不是命令。同时也表明商量与命令在亲子沟通中以不同的方式连接着父母与孩子两方。

大家长（主动）→命令（沟通方式）→孩子（被动）→执行

孩子（主动）→商量（沟通方式）←父母（互动）

从上面这个公式中，我们可以看出命令是一种单向的沟通，接收到命令的孩子只能被动地执行命令。而下命令的我们，在孩子眼里就是大家长—威严、不给孩子留有说话的余地和表达内心想法的机会。

然而，商量就大不同了。商量是我们与孩子之间的一种互动，我们给孩子充分的主动权，调动孩子的积极性。懂得民主的我们，对孩子而言，是亲切、没有距离感的父母。孩子乐于沟通，愿意告诉我们心里话。而这就是互动式的商量所具备的神奇力量。

陈妈妈很懂得倾听女儿陈敏的心声，也总是能够平静地倾听女儿的心事，不像有的家长要么没耐心，要么还没听完就开始数落起孩子来了。

这一天，陈敏非常沮丧，回到家心情还是很低落。

妈妈一看就知道，女儿一定遇到了什么事，因为女儿平时很开朗。

妈妈问："怎么了？"

陈敏张了张口，还没说话就哭了。

妈妈这时什么也没说，只是拉着女儿在沙发上坐了下来，抱着哭得泣不成声的女儿。

哭了一会儿，陈敏说："期中考试马上就要到了，学习很紧张，任务很重。我们还在准备学校的舞台剧会演，老师想让我们拿到好的名次。我的剧本写得很辛苦，这段时间压力很大，可是老师什么都没问就说了一句'不好，重写吧'……"

陈敏向妈妈哭诉着，而妈妈并没有插话，只是时不时地说一些"嗯"、"也是"、"正是的"之类的话。痛快地诉说完之后，陈敏的心里好受多了，就又开始写剧本了。

陈妈妈虽然没有说过多的话，却使女儿感受到了自己的真诚，也感受到自己的理解，所以陈敏的情绪能够得到很好的释放和调整。

陈妈妈的做法，让我们体会到她是在真诚地倾听孩子的心事。

父母在倾听之后，还需要给孩子真诚地提出宝贵的意见。

当陈敏写了一阵子剧本后，妈妈对她说："孩子，咱们聊聊。"

于是，陈敏很高兴地走出了房间，平常她和妈妈经常这样愉快地开始聊天。

妈妈说："孩子，刚才我听了你的话，你感到委屈，我可以理解。妈妈要告诉你的是，可以委屈，但不要抱怨。因为抱怨是于事无补的。而且，你在做事情之前，为什么不问清楚老师的要求与想法呢？"

妈妈的一席话，让陈敏明白了很多道理。

陈妈妈真的很厉害，在孩子感到委屈和情绪激动时，她能够真诚地倾听；在孩子冷静之后，她又能对孩子提出很好的建议和忠告。这样的妈妈，真是既聪明又理智。

其实，很多时候我们并不需要多说什么，对于孩子来说，一个好的倾听者比什么都重要。

无论愉快还是沮丧，孩子只是想说出自己心里的感受，或者宣泄一下自己的情绪。至于父母能否解决自己的问题，并不在孩子的考虑范围之内。

孩子只是希望我们在听完之后能够说一声"了解了"、"明白了，能想到你是怎样的感受"，这样孩子就会很满足。

陈敏的妈妈，在这方面就做得很好。

第九章 /

好父母要听懂孩子的话

听懂孩子的"话外音"

作为父母，我们教育孩子的前提是要耐心地倾听，除了听懂孩子话语的表面意思之外，还要学会听懂孩子的"话外音"，这样才能深入地了解孩子复杂的内心世界，并且有的放矢地引导教育孩子。

听懂孩子"话外音"的技巧

首先，要在思想上把孩子看成自己的朋友一般平等对话。支持孩子的正当要求，与孩子心理相通、情感交融。当我们与孩子出现意见分歧时，首先要进行换位思考，然后提出问题让孩子思索，允许孩子发表自己的见解。我们只有走进孩子内心，才能真正听懂孩子的"话外音"。

一次，梓芸的妈妈带着女儿梓芸去书店。妈妈看到喜欢的书，就独自看了起来。梓芸则一本又一本地挑选着书架上的书。

梓芸拿起一本精装的图画书，跑到妈妈面前，对妈妈说："妈妈，这本书可好看了！"

妈妈看了一眼，说："那你就看吧！"

梓芸又说了一遍："这本书可好看了！"

妈妈不耐烦地说："我知道，你别吵。看书吧！"

梓芸只好不出声了，手里拿着书，盯着封面看。过了一会儿，梓芸又对妈妈说："这本书可好看了！"

妈妈心想：这是一本图画书啊，有什么用呢？就对女儿说："这样的书没什么用。"

梓芸却说："真的可好看了，好几个同学都买了。"

这时，妈妈才明白，原来女儿说"这本书可好看了"的意思是想买书。

生活中，你是否也像梓芸的妈妈一样，要等到孩子说出"同学都买了"，才能意识到孩子话语中的真实含义呢？

那么，孩子既然想买，为什么不肯直接说出来呢？

孩子不肯直接说出自己内心的真实想法，往往是因为孩子在生活中听到太多来自父母的否定。孩子告诉我们想吃糖，听到的往往是"不行，吃糖对牙不好"；孩子想看电视，听到的往往是"不行，看电视对眼睛不好"……渐渐地，孩子就不再直接表达自己的要求了，而是换了一种形式，用"评价某样东西很好"的方式来表达自己的需求，如："这件衣服真漂亮"，"那个篮球真好"……

虽然，孩子的这种表达是有声的，可是我们还是常常忽略。我们倾听孩子的心声时，不要流于形式，要倾听孩子内心真实的需求。否则，我们就可能让孩子伤心。

那么，当孩子这样表达内心的渴望时，我们应该怎样做？又要怎样在这种情况下进行有效的亲子沟通呢？

首先，我们要清楚地认识到孩子的渴望包括合理和不合理两种类型。合理的渴望，要予以满足；不合理的渴望，要在拒绝孩子的同时对孩子进行正确的引导和教育。

然后，我们要处理好在这种情况下的亲子沟通，不能打击孩子的积极性和渴望获得知识、求得进步的心理，应该合理地引导孩子，让孩子更好地成长。

如何回应孩子的"话外音"

当我们听懂了孩子没有直接表达出来的愿望后，有两个方面是需要我们多加注意的。

利用机会好好引导孩子

如果孩子的愿望合理，我们一定要满足他，这样做，对孩子的好行为会起到一种正确的引导和鼓励作用。"这本书可好看了"一听到孩子这句话之后，我们为孩子买书，实际上是在肯定、鼓励孩子的行为，是在对孩子说"看书好，妈妈赞成你多看书"。

如果孩子的要求不合理，我们又该怎么办？比如，孩子已经有了一件新衣服，可看到别的衣服还想买。"妈妈，那件衣服真好看。我要是穿上了，肯定很漂亮！"听到孩子这么说，通常情况下，很多家长会立刻斥责孩子："都有那么多衣服了，还买什么呀？""不是已经买了新衣服了吗，不能再买了！"

其实，这完全是一个我们引导、教育孩子的好机会。"宝贝，你现在穿的衣服也很好看啊，自信、阳光、积极进取的女孩穿什么衣服都漂亮！"这样说，既能拒绝眼下孩子的无理要求，又能不失时宜地向孩子传递健康而正确的生活态度和价值观。这样做，总比专门找一个时间对孩子进行批评教育更好吧？

让孩子真切地感受到父母的爱

这并不仅仅是为孩子买一本书或者一件衣服的问题，而是我们是否察觉到了孩子内心的需要。

当孩子说"……多好"的时候，如果我们说"我知道了"或者

"我就不觉得有多好"，是会伤害孩子的心灵的。因为我们没有读懂孩子的语言，孩子的情感没有得到正常的宣泄。如果我们无论是否接受孩子的渴望和请求，只要意识到孩子想拥有某件物品并且合理地向孩子说明道理，孩子就不会执意地哭闹或者独自生闷气了。

这样做，就说明我们能够理解孩子内心的想法，孩子会很高兴，能够很真切地感受到我们的爱。而这就是亲子沟通的一个目的。

我们倾听孩子的心声，不仅是要关注孩子的行为、认真听孩子的话语，还要多分析孩子言语中表达出来的情绪和想法。这样做，我们才能真正地了解孩子，并让孩子感受到我们的爱和关心。

听出孩子话语中隐藏的意思

不要忽视孩子所说的话，孩子口中的小事情有可能真的是小事情，但也有可能隐藏着不容忽视的大问题。如果我们没有及时地发现孩子话语中隐含的大问题，就很有可能错过倾听孩子、帮助孩子解决困难的大好时机。

所以，我们一定要细心，听出孩子话语中所隐藏的深刻含义。

文君的爸爸妈妈都事业有成，他们对文君寄予了很高的期望。他们毫不吝惜，花高额的辅导费为文君聘请了钢琴教师，还为文君安排了各种课程——舞蹈、书法、英语、象棋……虽然文君学得有点儿吃力，但爸爸妈妈觉得这样在朋友面前很有面子，因为大家都羡慕地称文君为"小天才"。但是，每次上课前文君都会对爸爸妈妈说："学这么多东西，多累啊！"听到孩子这么说，爸爸妈妈总是说："一个小孩子，累什么？现在多学点儿，长大会省很多力气的！"

直到有一天，文君累倒了，身体虚弱的他就晕倒在钢琴旁。文君晕倒的原因正是压力过大，心理负担过重，最终还导致了厌食。

乔乔一直是老师眼里的好学生、同学们心里的好榜样和渴望赶超的对象。可是，临近高考时，乔乔却得了严重的"厌学症"，不但成绩一落千丈，还对学习失去了兴趣，产生了十分强烈的抵触心理。

一个好苗子、优秀人才怎么能这样？老师、家长、同学都在想办法。后来，大家通过乔乔的同桌平平才了解到，原来，很长一段时间以来，只要有人夸乔乔，乔乔都会说"好像我的名字叫优秀似的"。乔乔还经常和平平说"感觉自己活得好累"。

听到平平的话时，乔乔的爸爸妈妈顿时醒悟了。其实，乔乔在家里也常常对他们说"好像我的名字叫优秀似的"。他们虽然听到了，但是并没有意识到这句话里所隐含的问题。

大问题要及时解决

生活中，像文君和乔乔这样的孩子还有很多。而我们却常常忽略了孩子所说的话，一心只为孩子好，却不注意孩子话语中隐藏的大问题。等到后果已经产生时，我们才恍然大悟，但为时已晚，因为事情已经对孩子的身心造成了一定的伤害。

所以，我们在教育孩子、和孩子沟通的时候，一定要注意听孩子所说的话。不放掉任何一个倾听孩子心声的机会，及时地帮助孩子减压，使孩子的不良情绪得到释放。

同时，我们也要正确地对待孩子。孩子和我们一样拥有独立的人格，我们不能因为面子而让孩子超出身心所能承受的极限去学习各种才艺和特长，也没有权力让孩子生活在"好孩子、好学生、优秀人才"的角色或者身份之中。因为孩子能够健康、快乐地成长，就是我们最大的幸福。

对于孩子的教育，我们不要带有功利之心。如果父母功利心强、好胜心重，孩子的身心通常就会很累。而当孩子用话语表达了不堪如此重负的思想时，我们一定要倾听到孩子的这些"苦处"，及时地纠正自己不当的做法，让孩子可以轻松快乐地成长。

每周六上午，小铁妈妈都要带小铁去学书法。

最近，书法班又举办了一次书法展览，所以这几次的上课内容都是点评参展作品。这一次也不例外。

一上课，老师照例点评优秀作品。老师从一堆作品里拿出一位12岁男孩写的"国富民强"。这几个字对于大家来讲，再熟悉不过了。

老师解释说，这个作品曾经参加了两次书法比赛，还得过奖。小铁妈妈一面欣赏着那幅字，一面感叹："这个孩子真了不起啊！"

这一节课，小铁听得很认真，可是妈妈却什么也没听进去，因为她一直在想着老师表扬的那个孩子—小铁什么时候才能像那个孩子那样优秀呢？

于是，小铁妈妈决定对小铁进行强化训练。

回到家，小铁就预习起了第二天的功课。等小铁预习完功课后，妈妈就对小铁说："你好好练习书法，妈妈希望你可以像那个小哥哥一样，写一手好字，然后参加比赛，也得个什么奖。所以，你以后一定要刻苦地练习，上课好好听讲，把写好的作品多拿给老师看，然后请老师给你指点指点……"

可还没等妈妈把话说完，小铁就已经听不进去了，急忙对妈妈说："妈妈，你让我学书法是为了什么啊？"

听到小铁的话，妈妈才意识到：自己这是怎么了？

因为当初妈妈让小铁学习书法的出发点是让小铁陶冶情操、修身养性。可是，一看到别的孩子那么优秀，妈妈就忘记了自己的初衷。这次多亏小铁的一句提醒，妈妈才及时地意识到自己的问题。

家长不应存在用孩子的特长互相攀比的心理，这种用这个孩子的缺点去盲目比较那个孩子优点的做法，是不公平的，也是不科学的。

因为孩子的成才是多方面的。家长应根据孩子的特点，尊重孩子的意愿，重点培养孩子的性格及创新精神，同时要善于发现和引导孩子的特长，因势利导、扬长避短地对孩子进行培养。

因此，家长要弄清楚到底什么是特长。一般来讲，特长即特别需要培养的长处，比如音乐、美术、体育等，是为了社会生存的长远需要。特长不应是适应社会的一种生存技能，而是孩子提高其他能力的一种基本素质，家长必须根据孩子的兴趣来正确引导。

听懂孩子的情感需求

如今，很多家长都是忙碌的上班族，孩子要么送到幼儿园，要么交给年迈的老人照顾。相比之下，孩子与父母待在一起的时间就很少。这些缺少父母陪伴的孩子，对父母会有一种十分强烈的情感需求，他们渴望父母的关注和呵护，和父母待在一起就会表现得很快乐、很活跃。

其实，父母和子女相处的时间不多，也不完全因为父母忙于工作，孩子的时间也是有限的。因为孩子白天要上幼儿园或上学，放学后和小朋友在一起玩，还要做老师布置的家庭作业。

既然父母和孩子相处的时间不多，那么什么时间才是我们和孩子沟通、亲近的最佳选择呢？答案就是全家围桌吃饭的时候。

孩子在幼儿园或学校与老师、同学相处一天，或者在家与爷爷奶奶、姥姥姥爷待在一起，会发生很多事情，孩子多么想跟我们说一说这些事情啊！回想一下，每天晚上吃饭的时候，孩子是什么样子：

嘴里塞满了食物，可还是忍不住想要说话，也不管我们能否听清楚。说到兴头上的时候，更是停下来，不再吃饭，眉飞色舞地说开了。

总之，孩子吃饭时是闲不住的，总想说说这、问问那，想让父母对自己说的话题感兴趣，还想将学校里的新鲜事告诉父母。

可我们是怎么做的呢？

面对孩子滔滔不绝、兴高采烈的"演讲"，我们常常说："别说了，好好吃饭。吃饭时说话，影响消化。"

在这样的情况下，我们总是忽略或无视孩子的情感需求。

我们就这样无视孩子想要和我们亲近的需求，对孩子不在我们身边的那段时间里发生的事情漠不关心。孩子想说一些学校里发生的新鲜事，我们却总是疏于倾听，以"吃饭时说话，影响消化"、"快吃饭，然后做作业"等理由破坏孩子渴望表达的好心情，当然也就难以顾及孩子渴望得到关心的情感需求。

其实，这个时候我们应该做的事情很简单，那就是——让孩子说，配合孩子，表示我们在听并且很感兴趣。让孩子将想说的话和在学校的经历讲出来，这样既锻炼了孩子的语言表达能力，又能使亲子关系更加融洽，我们何乐而不为呢？

如果孩子要讲的是其在学校里遇到的苦恼与麻烦，家长就更要认真倾听孩子讲的每一个细节，然后客观而真诚地给孩子提供一些建议和可以参考的解决方法。在这之前，我们最好询问一下孩子的感受和想法。

其实，吃饭时说说话，既不会影响孩子的消化，也不会耽搁孩子学习的时间。更为重要的是，这样做还满足了孩子渴望被重视的心理需求，并且还能帮助孩子解决遇到的困难与心理压力。在这一过程中，孩子会觉得父母在认真倾听自己、关心自己、渴望了解自己，倾听表示我们在满足孩子的情感需求。

倾听是在满足孩子的情感需求

试想一下，你的孩子是否每次见到你都像"话痨"似的，或者只要一有机会和你在一起就亲昵得不得了？

　　不知你是否思考过，这到底是为什么呢？

　　这是因为平时孩子和我们在一起的时间太少了，我们对孩子的关心和关注太少，导致孩子的内心处于一种"情感饥饿"的状态——觉得父母不关心自己，就想方设法地希望得到父母的关注。所以，孩子会喋喋不休地说个不停，总是想和我们待在一起。

利用一切时间和孩子待在一起

　　我们在业余时间要尽可能多地和孩子待在一起。

　　孩子成长过程中的诸多关键期，大都集中于6岁之前和小学阶段。比如，2-3岁是孩子发展语言表达能力的关键期，幼儿阶段是孩子发展观察能力的关键期……这时，我们多和孩子待在一起，多与孩子交流，多在情感上支持孩子，不但能够培养孩子的表达能力、提高孩子的观察能力，还能避免孩子出现"情感饥饿"的现象。所以，我们应该在业余时间里尽可能多地和孩子待在一起。

征求孩子的意见

　　很多时候，我们总是按自己的想法和喜好来要求孩子。其实，我们可以和孩子交换一下角色。做饭时，让孩子决定吃什么，让孩子帮忙打下手；问问孩子喜欢我们在家里穿什么衣服，让孩子帮我们挑选服装；购买或更换家里的物品时，征求一下孩子的意见……

　　这时，孩子一般会积极建议，认真表达自己的想法和观点。所以，这是我们侧面了解孩子的好时机。

　　征求孩子的意见，是我们倾听孩子、了解孩子的一种有效的方式，同时也能让孩子感觉到我们的关心和重视。

听懂孩子的"行为语言"

孩子有时候会滔滔不绝，有时候却缄默不语。孩子说话的时候，我们要明白孩子的心思并不难，可是孩子默不作声的时候，我们又该怎样了解孩子呢？

答案很简单，那就是——观察＋细节，即多观察孩子的举手投足。

举手投足细节 1

孩子用手托着下巴，眼睛向上看，特别是望向窗口的时候，或者用手托着脸，眼睛向下凝视的时候，一定是有心事或者有困扰，这样的动作说明孩子在思索着某些事情，而且很有可能是到目前为止，孩子还没有想明白。比如，孩子在兴趣爱好、与朋友之间的沟通等方面存在一些问题。

举手投足细节 2

孩子的口中偶尔会出现"唉"这样的叹息声。

而我们在听到之后，总是不以为然，认为孩子是"身在福中不知福、少年不知愁滋味"。其实，孩子也会遇到烦心事，也会有一筹莫展的时候。所以，当我们再听到孩子叹息时，一定要注意，和孩子好好沟通，让孩子把心事说出来。

举手投足细节 3

当孩子表现出疲惫的感觉时，我们一定不要指责孩子："小小年纪，知道什么是累？精神点儿……"

我们这样说，就表明我们的确不了解孩子。孩子小小年纪，总是表现得很活跃、很快乐。所以，孩子一旦表现出疲倦的感觉，就说明可能有些事情让孩子心累了，孩子才会表现出一蹶不振的颓废样子。

总之，孩子从小到大，举手投足之间有很多无声却富有含义的"行为语言"，我们要善于抓住这些细节。

以上介绍的几点只是沧海一粟，更多有价值的"行为语言"还有待我们去认真地倾听孩子。

最近，陈鹏回到家中，妈妈发现陈鹏总是唉声叹气的，也不多说什么，除了吃饭，就在房间里学习，但总是一副无精打采、疲惫不堪的样子。

妈妈虽然看到了这些，但是觉得陈鹏小小年纪，能知道什么累不累的，就算有烦恼，过不多久也会烟消云散。所以，妈妈并没有太在意。

可是，大概两周以后的一天，正在上班的陈鹏妈妈接到陈鹏老师的电话，让她马上到学校来一下。妈妈到了学校后才知道，今天的语文测验课上陈鹏竟然晕倒了。老师向陈鹏妈妈了解情况，当陈鹏妈妈说出陈鹏在家的一些表现后，老师立即就明白了，原来陈鹏是感觉到了学习的压力，由于过度的紧张、疲劳得不到缓解，才导致了考场晕倒现象。当老师说出这些话时，陈鹏妈妈才恍然大悟，后悔自己竟然忽视了这个大问题。同时，陈鹏妈妈也从老师那里学习到了留意孩子无声语言的重要性。这天晚上，妈妈和陈鹏聊了很久。妈妈告诉陈鹏："有压力、有苦恼，就和爸爸妈妈说，不要憋在心里，大家一起找到解决的办法。也不要把学习看得太重，轻松地面对才会有好成绩。"

陈鹏妈妈是在陈鹏老师的帮助下才懂得倾听孩子无声的语言的。

在很多方面，我们表现得过于殷勤，总是不厌其烦地唠唠叨叨个不停，可是该注意的地方却往往忽略了。生活中，我们绝不能像陈鹏妈妈那样粗心大意，而是要细心地观察，注意孩子行为举止的每一个细微之处。

听懂孩子的各种语言

要想把话说到孩子心里去，就要充分地了解孩子，这就要求我们必须懂得倾听孩子的心声。而孩子的心声绝不仅仅是说出来让我们听到的有声语言，还有很多心声是在无声地诉说着，而倾听、读懂这些语言就显得更加重要了。

那么，我们要怎样才能知道孩子的各种语言呢？读懂孩子、了解孩子，就要从我们能够看到的方方面面入手。

你了解孩子的性格色彩吗？人的性格是有色彩的，孩子的性格也一样。一般来说，孩子喜欢什么颜色，就是哪一种色彩性格。

喜欢红色的孩子

非常活泼，崇尚自由，想做什么就做什么，一般不把父母、老师规定的纪律放在心上。有团队精神，合作能力很强，人际关系很好。

喜欢粉红色的孩子

内心细腻，个性温柔体贴。有着一种与生俱来的优雅、高贵的气质。性格坚忍不拔，对所有事情都持有积极的态度。

喜欢橙色的孩子

性格开朗活泼，很容易适应周围的环境。有着丰富、充实、友爱、豪爽、积极的态度。

喜欢黄色的孩子

平时生活中表现得非常冷静，十分理智，总是有选择性地交朋友。智商很高，坚决果断，意志坚强，反应也十分敏捷。人际关系很不错，在小朋友当中很受欢迎。另外，喜欢黄色的孩子内心充满了幸福感。

喜欢绿色的孩子

注意力集中，往往很有主见，对事物有很强的判断力，想象力也十分丰富，而且懂得努力进取的道理，也愿意采取努力的行动。一般温柔而顺从，审美意识出众，十分热爱大自然。

喜欢蓝色的孩子

性格平和，安静。做事认真，富于责任感，总是在慎重思考之后才会采取行动。

喜欢紫色的孩子

性格往往固执，但是持久力强。智商较高，应用能力很强。思维缜密，任何事情都能够顺利地圆满完成。十分喜欢交友和运动，具有丰富的感受力，内心细腻而敏感，审美情趣高雅。

喜欢黑色的孩子

做事情时常常表现出不安或恐惧的心理，有时表现得温顺、听话，往往能够很快适应周围的环境，但内心世界却常常处于极度封闭的状态。

喜欢白色的孩子

有着内向、封闭的性格。固执，还有些骄傲，不善于和小伙伴相处或者沟通。

通过观察孩子对某种色彩的偏爱，我们可以看出孩子有哪些优点和缺点。所以，我们要留意这些细节，通过色彩读懂孩子的心声，从而帮助孩子更好地成长。

每个孩子都有一种喜欢的色彩。色彩又大致可分为暖色调和冷色调两种类型。那么，喜欢暖色和冷色的孩子，分别在告诉我们什么呢？

喜欢暖色的孩子

喜欢暖色的孩子思维活跃，注重与父母、小伙伴之间的情感交流。他们的内心就像暖色系的色彩一样热情、大方、活跃。所以，他们大都喜欢自由，向往自由。性格上的热情与活跃，使得他们待人也十分热情、大方。与人相处时，喜欢暖色的孩子通常会表现出很强的沟通能力和较强的适应能力。

喜爱冷色的孩子

喜欢冷色的孩子，一般比较孤僻，不轻易向人敞开心扉，也就表现得意志坚定、好独处，对大人不是很依赖。他们的主观意识很强。

孩子的语言有很多种，无论是有声的，还是无声的。而每个孩子的语言又不尽相同，所以我们要多留心，捕捉孩子每一个细微之处，从多方面倾听孩子的声音，读懂孩子的各种语言。